東洋古典譯註叢書 103

譯註 墨子閒詁 2

校注 孫詒讓
책임번역 李相夏
공동번역 金太年 李奎泌

전통문화연구회

國譯委員

責任飜譯　李相夏
共同飜譯　金太年 李奎泌
諮問委員　吳圭根
潤　　文　朴勝珠 南賢熙 田炳秀
校　　訂　李孝宰 兪在衡
出　　版　郭成龍 金主賢 金曉東
管　　理　咸明淑
普　　及　徐源英

東洋古典譯註叢書를 발간하면서

우리의 古典國譯事業은 민족문화 진흥의 기초사업으로 1960년대부터 政府 支援으로 古文獻 現代化 작업을 추진하여 많은 成果를 거두었다. 당시 이 사업 추진의 先行課題로 東洋古典이라 일컬어지는 중국의 基本古典을 먼저 飜譯하여야 한다는 學界의 주장이 있었음에도 불구하고 우리 고전이 아니라는 일부의 偏狹한 視角과 財政 事情 등으로 인하여 배제되어 왔다.

전통적으로 중국의 기본고전은 우리 歷史와 함께 숨쉬며 각종 교육기관의 教科書로 활용됨은 물론이고 지식인들의 必讀書가 되어 왔으며, 우리 文化의 基底에 자리잡고 거의 모든 방면의 體系와 根幹을 형성하여 왔다. 그래서 학문연구의 기본서 역할을 해 왔을 뿐만 아니라 오늘날에도 우리의 國學徒 및 東洋學 研究者들에게 같은 역할을 하고 있음은 주지의 사실이다. 그럼에도 불구하고 中國古典은 우리 것이 아니라 하여 專門機關의 飜譯對象에 포함하지 않음으로써, 대부분 原典에서의 직접 번역이 아닌 重譯이나 拔萃譯의 방식이 주를 이루면서 教養水準으로 出版되어 왔다.

오늘날 東洋 三國 중에서 우리의 東洋學 연구가 가장 부진한 이유는, 東洋基本古典에 대한 폭넓은 이해의 부족과 漢文古典 讀解力의 저하에 기인함을 우리는 솔직히 인정하여야 한다. 따라서 이들 중국고전에 대한 신뢰할 만한 國譯이 이루어지는 것이 한국학 연구를 촉진시키는 시급한 先行課題라 할 수 있다.

이에 韓國學 및 東洋學의 연구와 古典現代化의 基盤構築을 위해서는, 전문기관으로 하여금 동양고전을 단기간에 각 분야의 專門 研究者와 漢學者가 상호 협동하여 연구번역하여 飜譯의 傳統性과 效率性, 研究의 專門性을 높일 수 있도록 政策的 配慮가 있어야 한다.

이에 本會에서는 元老 및 中堅 漢學者와 斯界의 專攻者로 하여금 協同研究飜譯하여 공부하는 사람들이 믿고 引用하거나 깊이 있는 註釋 등을 활용할 수 있게 하고, 知識人들의 教養을 증진시켜 줄 수 있는 東洋古典의 國譯書 간행을 지속적으로 추진해 왔다. 근래에 다행히 이 사업에 대하여 각계 지도층의 폭넓은 이해와 지원에 힘입어 2001년도부터 國庫補助를 받아 東洋古典譯註叢書를 간행하게 되었다. 이를 계기로 우리 先學의 註釋과 見解를 반영하는 등 국역사업의 內實을 기하게 되었음을 이 자리를 빌어 衷心으로 감사드리며, 아울러 國譯에 參與하신 관계자 여러분의 勞苦에 깊은 謝意를 표한다.

끝으로 우리의 이러한 작업은 오랜 역사 위에 축적된 先賢들의 業績과 現代學問을 이어주는 튼튼한 架橋와 礎石이 되어 진정한 韓國學과 東洋學 발전에 기여할 것을 굳게 믿으며, 21세기를 우리 文化의 世紀로 열어 가는 밑거름이 되도록 우리의 力量을 本 事業에 경주하고자 한다. 江湖諸賢의 부단한 관심과 지원을 기대해 마지않는다.

社團法人 傳統文化硏究會 會長 李啓晃

凡 例

1. 본서는 ≪譯註 墨子閒詁≫의 제2책이다.
2. 본서의 底本은 ≪墨子閒詁≫(孫詒讓, 中華書局, 2001)로 하되, ≪墨子閒詁≫(孫詒讓, 掃葉山房, 1907, 고려대학교 도서관 소장본), ≪墨子閒詁≫(孫詒讓, 1910, 續修四庫全書 수록본), ≪墨子閒詁≫(孫詒讓, 漢文大系 卷14, 富山房, 1913), ≪墨子注≫(畢沅, 經訓堂本, 1835), ≪郡經平議·墨子評議≫(兪樾, 世界書局, 1881), ≪墨子經說解≫(張惠言, 國粹學報館, 1909), ≪墨經校釋≫(梁啓超, 中華書局, 1922), ≪墨子集解≫(張純一, 文史哲出版社, 1932), ≪墨子斠證≫(王叔岷, 中央研究員 歷史語言研究所, 1959), ≪墨子 上·下≫ (新釋 漢文大系 卷50·51, 明治書院, 1972), ≪墨子雜志≫(王念孫, 墨子集成 卷9, 成文出版社, 1975), ≪墨子注≫(畢沅, 中華書局, 1985), ≪墨子校注≫(吳毓江, 中華書局, 2006) 등을 참고하였다.
3. 본서는 원전의 傳統性과 번역의 現代性을 구현하기 위해 노력하였다.
4. 原文에는 우리나라 전통방식의 懸吐를 하였다.
5. 原文은 저본의 體制에 따라 단락을 구분하고, 각 단락마다 일련번호를 부여하였다.
6. 飜譯은 原義에 충실하게 하되, 이해가 어려운 부분은 意譯 또는 補充譯을 하였다.
7. 飜譯文은 한글과 漢字를 混用하였으며, 맞춤법과 띄어쓰기는 한글 맞춤법과 표준어 규정을 따르는 것을 원칙으로 하였다.
8. 譯註는 校勘, 異說, 인용문의 出典, 故事, 역사적 사건, 전문용어, 難解語, 人物, 制度, 官職 등에 관한 사항을 밝혔다.
9. 校勘은 원문의 誤字, 脫字, 衍字, 倒文 등을 대상으로 하였다.
10. 각 篇마다 간략한 해설을 달아 독자의 이해를 돕고자 하였다.
11. ≪墨子閒詁≫에서 諸家들이 참고한 書目의 略稱과 概要는 다음과 같다.
    - 道藏本 : 明朝 正統 10年(1445)에 張宇初(1359~1410)가 교정한 판본이다. ≪道藏≫은 ≪道教一切經≫, ≪道藏經≫, ≪道一切經≫이라고도 하며, 道教 관련 문헌들을 망라한 道教叢書이다. 明나라 正統 연간(1436~1449)에 칙명에 의해 張宇初가 편찬

하여 大道觀에 반포한 ≪正統道藏≫을 가리킨다. 이후 萬曆 연간(1573~1619)에 ≪續藏≫을 추가하였다. 현전하는 ≪墨子≫ 판본들은 이 ≪正統道藏≫에 들어 있는 '道藏本'으로부터 시작된 것이다. 明나라의 많은 ≪墨子≫ 刊本들이 이를 토대로 삼았고, 畢沅 등 많은 淸나라 학자들이 이 판본을 대본으로 교감하였다.

- 吳鈔本 : 明朝 弘治 연간(1488~1505)에 吳寬(1435~1504)이 鈔한 寫本이다.
- 正德本 : 明朝 正德 元年(1506)에 兪弁(1488~1547)이 鈔한 寫本이다. 正德兪鈔三卷本이라고도 한다.
- 陸本 : 明朝 嘉靖 31年(1552)에 陸穩(?~?)이 교정한 活字本이다. 嘉靖壬子陸校銅板活字本이라고도 한다.
- 唐堯臣刻本 : 明朝 嘉靖 32年(1553)에 刊刻한 판본이다. 唐堯臣據陸穩壬子活字本刊刻이라고도 한다. 四部叢刊 수록본이다.
- 沈本 : 明朝 隆慶 元年(1567)에 沈津(?~?)이 刊刻한 판본이다. 隆慶丁卯沈刻百家類纂本이라고도 한다.
- 茅本 : 明朝 萬曆 연간(1573~1620)에 茅坤(1512~1601)이 교정하고 童思泉(?~?)이 刊刻한 판본이다. 萬曆辛巳茅校書坊刻本, 茅坤本이라고도 한다.
- 緜眇閣本 : 明朝 萬曆 연간(1573~1620)에 馮夢禎(1548~1606)이 緜眇閣에서 刊刻한 판본이다.
- 堂策檻本 : 明朝 天啓 연간(1621~1627)에 郎兆玉(?~?)이 堂策檻에서 刊刻한 판본이다.
- 寶曆本 : 日本 寶曆 7年(1757)에 秋山儀(秋山玉山, 1702~1764)가 교정한 校刻本이다. 日本寶曆七年秋山儀校刻本이라고도 한다. 明나라 茅坤本을 倣刻한 것으로 모두 6권이다.
- 畢本 : 淸朝 乾隆 48年(1783년)에 畢沅(1730~1797)이 교정한 판본이다. 畢沅校刻本이라고도 한다. 전 16권이다. 畢沅은 明나라 때 간행된 道藏本을 저본으로 삼았으며, 兩江總督採進本 및 萬曆 연간의 潛庵子本, 郎氏堂策檻刊本을 참고하였다. 여기에 盧文弨(1717~1795)와 孫星衍(1753~1818), 翁方綱(1733~1818) 등의 校勘 내용을 참고하여 校注를 완성하였다.
- 四庫全書本 : 淸朝 乾隆 연간(1736~1795)에 刊刻한 판본이다.
- 顧本 : 淸朝에 顧千里(1766~1835)가 道藏本을 교정한 것이다. 顧校道藏本이라고도 한다.

12. ≪墨子閒詁≫에서 손이양이 인용한 주요 註釋家는 다음과 같다.

- 盧文弨(1717~1795) : 淸 浙江 仁和 사람으로 자는 紹弓, 호는 磯漁 또는 號檠齋·抱經이며, 晩號는 弓父이다. 戴震·段玉裁 등과 교유하였으며, 校勘學者이자 藏書家·敎育家로서 당대 크게 이름을 떨쳤다. 교감한 고적으로는 ≪逸周書≫, ≪孟子音義≫, ≪荀子≫, ≪呂氏春秋≫, ≪韓詩外傳≫, ≪春秋繁露≫, ≪方言≫, ≪白虎通≫ 등이 있다. 저서에 ≪抱經堂文集≫, ≪儀禮注疏詳校≫, ≪鍾山箚記≫, ≪龍城箚記≫, ≪廣雅釋天以下注≫, ≪廣雅注≫ 등이 있다.
- 畢沅(1730~1797) : 淸 江蘇 鎭洋 사람으로 자는 纕蘅 또는 秋帆, 호는 靈巖山人이다. 乾隆 25년(1760)에 進士가 되고, 陝西巡撫와 湖廣總督 등을 역임하였다. 沈德潛과 惠棟에게 수학하였고, 경학으로는 漢儒, 문자학으로는 許愼을 종주로 했다. 經史, 書畫, 小學, 金石, 詩文, 地理 영역에 두루 통달하였다. 저서에 ≪經典文字辨正書≫, ≪音同義異辨≫, ≪說文解字舊音≫, ≪關中金石記≫, ≪中州金石記≫, ≪傳經表≫, ≪晏子春秋音義≫, ≪呂氏春秋校正≫, ≪靈巖山人詩文集≫, ≪墨子注≫ 등이 있으며, 대부분 經訓堂叢書에 수록되어 있다.
- 汪中(1744~1794) : 淸 江蘇 江都 사람으로 자는 容甫이다. 經學과 史學에 정통하였으며, 특히 先秦圖書와 古代 學制興廢를 깊이 연구하였다. 王念孫·劉台拱과 교유하였으며, 阮元·焦循 등과 더불어 '揚州學派'로 일컬어진다. 저서에 ≪述學≫, ≪容甫先生遺詩≫, ≪春秋述義≫, ≪廣陵通典≫, ≪秦蠶食六國表≫, ≪知新記≫, ≪金陵地圖考≫ 등이 있다.
- 王念孫(1744~1832) : 淸 江蘇 高郵 사람으로 자는 懷祖, 호는 石臞이다. 乾隆 40年에 進士가 되고, 翰林院 庶吉士와 工部 主事 등을 역임하였다. 戴震에게 수학하였으며, 音韻學, 文字學, 訓詁學, 校勘學에 조예가 깊었다. 당대 錢大昕, 盧文弨, 邵晉涵, 劉台拱 등과 '五君子'로 일컬어졌다. 저서에 ≪讀書雜志≫, ≪釋大≫, ≪王石臞先生遺文≫, ≪廣雅疏證≫, ≪古韻譜≫, ≪道河議≫, ≪河源紀略≫ 등이 있다. ≪讀書雜志≫에 ≪墨子雜志≫ 6권이 있다.
- 張惠言(1761~1802) : 淸 江蘇 武進 사람으로 자는 皐聞 또는 皐文, 호는 茗柯이다. 嘉慶 4년(1799)에 進士가 되고, 翰林院 庶吉士와 編修 등을 역임하였다. 詞에 능하여 常州詞派를 창시했다. 후에 古文에 전념하여 韓愈와 歐陽脩를 종주로 삼았으며, 經學과 음운학에도 정통하였는데, 특히 ≪周易≫과 ≪儀禮≫ 연구로 이름이 높아

'陽湖派古文'으로 일컬어졌다. 저서에 ≪虞氏易禮≫, ≪虞氏易事≫, ≪虞氏易言≫, ≪周易鄭氏義≫, ≪讀儀禮記≫, ≪茗柯文編≫, ≪詞選≫, ≪七十家賦鈔≫, ≪說文諧聲譜≫, ≪墨子經說解≫ 등이 있다.

- 洪頤煊(1765~1837) : 清 浙江 臨海 사람으로 자는 旌賢, 호는 筠軒, 晩號는 倦舫老人이다. 孫星衍의 門人으로 경전의 訓詁에 밝았고 天文, 地理, 文學, 碑版, 鄕邦文獻 방면에 조예가 깊었다. 저서에 ≪尙書洪範五行傳論輯本≫, ≪校正竹書紀年≫, ≪讀書叢錄≫, ≪台州劄記≫, ≪諸史考異≫, ≪管子義證≫, ≪尙書古文敍錄≫, ≪筠軒詩文抄≫ 등이 있다.
- 王引之(1766~1834) : 清 江蘇 高郵 사람으로 자는 伯申, 호는 曼卿이다. 王念孫의 아들이다. 翰林院 編修, 戶部尙書, 吏部尙書, 禮部尙書, 工部尙書 등을 역임하였다. 聲韻學, 文字學, 訓詁學 등에 정통하였다. 왕염손의 학통을 이어 ≪爾雅≫, ≪說文解字≫, ≪音學≫ 등의 책을 정밀히 연구하였다. 저서에 ≪經義述聞≫ 32권, ≪經傳釋詞≫ 10권이 있다.
- 顧廣圻(1766~1835) : 清 江蘇 元和 사람으로 자는 千里, 호는 澗蘋 또는 思適居士이다. 당대의 저명한 校勘學者이자 藏書家・目錄學家이다. 四部圖書를 博覽하였으며, 經史, 訓詁, 曆算, 輿地, 諸子經學에 두루 통하였다. 阮元・胡克家・孫星衍의 초빙을 받아 고서 및 ≪說文解字≫, ≪禮記≫, ≪儀禮≫, ≪國語≫, ≪戰國策≫, ≪文選≫ 등의 제서를 교감하였으며, 특히 校讎學・目錄學에 정통하여 孫星衍・黃丕烈 등과 더불어 당대 校勘學의 거장으로 일컬어졌다. 저서에 ≪思適齋集≫ 등이 있다.
- 蘇時學(1814~1874) : 清 藤縣 藤城鎭 사람으로 字는 斅元, 號는 琴舫 또는 爻山이다. 晩年에는 猛陵山人으로 불렸다. 평생 벼슬에 뜻을 두지 않았으며, 清 同治 연간에 한번 內閣中書 요직에 나아갔으나, 이때에도 內府의 經典을 열독하는 데 潛心求學하였다. 청년 시절 廣州, 香港, 杭州, 上海 등지에서 유학하였으며, 생전에 著述이 매우 많아 '藤州才子'로 일컬어졌다. 저서에 ≪寶墨樓詩冊≫, ≪寶墨樓楹聯≫, ≪遊瑤日記≫, ≪羊城遊記≫, ≪爻山筆話≫, ≪鐔津考古錄≫, ≪墨子刊誤≫ 등이 있다.
- 兪樾(1821~1906) : 清 浙江 德清 사람으로 자는 蔭甫, 호는 曲園이다. 道光 30년(1850) 進士에 급제하여 翰林院 編修, 河南學政 등을 역임하였다. 經學, 諸子學, 史學, 訓詁學, 戲曲, 詩詞, 小說, 書法 등에 두루 능통하였다. 관직을 그만둔 뒤 蘇州 紫陽書院, 上海 求志書院, 杭州 詁經精舍 등에서 후학을 양성하였다. 王念孫 부자의

학문 경향을 추종하였으며, 당대의 큰 스승으로 추앙받았다. 저서에 ≪群經平議≫, ≪諸子平議≫, ≪古書疑義擧例≫, ≪春在堂隨筆≫, ≪茶香室叢鈔≫, ≪詁經精舍自課文≫, ≪賓萌集≫, ≪古書疑義擧例≫, ≪春在堂詩編≫, ≪小浮梅閑話≫, ≪右臺仙館筆記≫ 등이 있다. 그의 ≪諸子平議≫에 ≪墨子平議≫ 15권이 들어 있다.

- 戴望(1837~1873) : 淸 浙江 德淸 사람으로 자는 子高이다. 同治 연간에 江寧書局 校勘이 되었다. 淸 咸豐 7년(1857)에 陳奐에게 수업하여 聲韻과 訓沽의 經師家法을 익혔으며, 宋翔鳳에게 ≪春秋公羊傳≫을 수업받고 西漢儒說을 연구하였고, 후에 孫治讓과 함께 金文을 考訂하였다. 저서에 ≪論語注≫, ≪管子校正≫, ≪顏氏學記≫, ≪謫麐堂遺集≫, ≪墨子校記≫ 등이 있다.

13. 본서에 사용된 주요 符號는 다음과 같다.

" " : 對話, 각종 引用

' ' : " " 안에서 再引用, 强調

「 」: ' ' 안에서 再引用, 强調

( ) : 원문에서는 讀音이 특수한 글자나 僻字의 音

번역문에서는 간단한 譯註

〔 〕: 번역문과 뜻은 같으나 音이 다른 漢字나 句節, 譯註에서 인용한 原文

≪ ≫ : 書名이나 典據

〈 〉: 篇章名, 作品名, 補充譯

14. 본서의 校勘에 사용된 符號는 다음과 같다.

( )〔 〕: (저본의 誤字)〔교감한 正字〕

〔 〕: 저본의 脫字 補充

( ) : 저본의 衍字

參考書目

1. 저본 및 주요 참고본

- ≪墨子閒詁≫, 孫詒讓, 中華書局, 2001.
- ≪墨子閒詁≫, 孫詒讓, 掃葉山房, 光緒33(1907) 刊〔고려대학교 도서관 소장본, 육당C7-B3-1-8〕
- ≪墨子閒詁≫, 孫詒讓, 宣統2(1910) 重刊本〔續修四庫全書 수록본〕
- ≪墨子閒詁≫, 孫詒讓, 漢文大系 卷14, 富山房, 1913.
- ≪墨子≫(道藏本), 上海 涵芬樓 影印本, 1925.

2. 교감주해서 및 번역서

〔中 國〕

- ≪墨子注≫, 畢沅, 經訓堂本, 1835.
- ≪郡經平議·墨子評議≫, 兪樾, 世界書局, 1881.
- ≪墨子經說解≫, 張惠言, 國粹學報館, 1909.
- ≪墨子閒詁箋≫, 張純一, 世界書局, 1922.
- ≪墨經校釋≫, 梁啓超, 商務印書館, 1922.
- ≪定本墨子閒詁校補≫, 李笠, 商務印書館, 1925.
- ≪墨學講義≫, 欒調甫, 齊魯大學, 1925.
- ≪墨子刊誤≫, 蘇時學, 中華書局, 1928.
- ≪墨子集解≫, 張純一, 文史哲出版社, 1932.
- ≪墨子大義述≫, 倍非百, 國民印務局, 1933.
- ≪墨辯疏證≫, 范耕硏, 商務印書館, 1935.
- ≪墨辯新注≫, 魯大東, 中華書局, 1936.
- ≪墨子拾補≫, 劉師培, 藝文印書館, 1936.
- ≪墨子新證≫, 于省吾, 藝文印書館, 1938.

- ≪墨子新論≫, 王寒生, 中華文化出版社業委員會, 1956.
- ≪續墨子閒詁≫, 劉載賓, 藝文印書館, 1957.
- ≪墨經校詮≫, 高亨, 世界書局, 1958.
- ≪墨子斠證≫, 王叔岷, 中央硏究員 歷史語言硏究所, 1959.
- ≪墨子新箋≫, 高亨, 山東人民出版社, 1961.
- ≪墨子閒編≫, 嚴靈峯, 商務印書館, 1968.
- ≪經義述聞≫, 王引之, 中華書局, 1970.
- ≪墨子新釋≫(無求備齋墨子集成, 이하 墨子集成), 尹桐陽, 成文出版社, 1975.
- ≪墨子通解≫(墨子集成), 張其鍠, 成文出版社, 1975.
- ≪墨子箋≫(墨子集成), 曹耀湘, 成文出版社, 1975.
- ≪墨子刊誤≫(墨子集成), 蘇時學, 成文出版社, 1975.
- ≪墨子雜志≫(墨子集成), 王念孫, 成文出版社, 1975.
- ≪墨子辯經講疏≫(墨子集成), 顧實, 成文出版社, 1975.
- ≪墨子今註今譯≫, 李漁叔, 商務印書館, 1980.
- ≪墨經分類譯註≫, 譚戒甫, 中華書局, 1981.
- ≪墨子校詮≫, 高亨, 世界書局, 1981.
- ≪墨辯解故≫, 伍非百, 中國古代名家者言整理本, 1983.
- ≪墨經中的數學和物理學≫, 方孝博, 中國社會科學出版社, 1983.
- ≪墨子今註今譯≫, 李漁叔, 台灣商務印書館, 1984.
- ≪墨子注≫, 畢沅, 中華書局, 1985.
- ≪墨學源流≫, 方授楚, 中華書局, 1989.
- ≪墨子選譯≫, 譚家健, 鄭君華 選譯, 上海古籍出版社, 1992.
- ≪墨子大全≫, 任繼愈, 李廣星 主編, 北京圖書館出版社, 2004.
- ≪墨子校注≫, 吳毓江, 中華書局, 2006.
- ≪墨子大詞典≫, 王裕安・孫卓彩・郭震旦 編著, 山東大學出版社, 2006.
- ≪墨子今注今譯≫, 孫中原・譚家健, 商務印書館, 2012.

〔韓 國〕

- ≪묵자≫, 송정희 역, 명지대학출판부, 1972.
- ≪墨子≫, 李元燮 譯註, 玄岩社, 1974.

- ≪新墨子≫, 李元燮 譯, 良友堂, 1985.
- ≪墨子≫, 권오석 譯解, 홍신문화사, 1994.
- ≪墨子 : 천하에 남이란 없다. 上·下≫, 기세춘 역저, 초당, 1995.
- ≪묵자≫, 朴文鉉·李俊寧 共解譯, 자유문고, 1995.
- ≪묵자≫, 박문현 외 역, 자유문고, 1995.
- ≪묵자≫, 박재범 역, 홍익출판사, 1999.
- ≪(新完譯) 墨子 : 新選明文東洋古典大系≫, 金學主 譯著, 明文堂, 2003.
- ≪(묵점 기세춘 선생과 함께하는) 묵자≫, 기세춘 역저, 바이북스, 2009.
- ≪묵자≫, 김득순 역, 연변인민출판사, 2010.
- ≪묵자≫, 박문현 옮김, 지만지, 2012.
- ≪묵경≫, 염정삼 주해, 한길사, 2012.
- ≪묵자≫, 이운구 옮김, 길, 2012.
- ≪묵자≫, 김학주 譯著, 明文堂, 2014.
- ≪묵자 : 겸애와 비공을 통해 이상사회를 추구한 사상가≫, 신동준 옮김, 인간사랑, 2014.
- ≪묵자≫, 윤무학 옮김, 길, 2015.

〔日 本〕
- ≪和譯墨子·和譯列子≫, 田岡嶺雲 譯註, 玄黃社, 1911.
- ≪墨子≫(中國の思想), 和田武司 譯, 德間書店, 1964.
- ≪墨子≫(中國古典文學大系), 藪內淸 譯, 平凡社, 1968.
- ≪墨子≫(ちくま學芸文庫), 森 三樹三郎 譯. 筑摩書房, 2012.

3. 원전자료

〔經 部〕
- ≪經傳釋詞≫, 王引之 撰, 黃侃·楊樹達 批本, 岳麓書社, 1982.
- ≪經典釋文≫, 陸德明 撰, 文淵閣四庫全書, 臺灣商務印書館, 1986.
- ≪廣雅≫, 張揖 撰, 文淵閣四庫全書, 臺灣商務印書館, 1986.
- ≪群經音辨≫, 賈昌朝 撰, 文淵閣四庫全書, 臺灣商務印書館, 1986.

- ≪論語注疏≫, 何晏 注, 邢昺 疏, 北京大學出版社, 1999.
- ≪論語集註大全≫, 朱熹 集註, 胡廣 等 編, 朝鮮 內閣本, 影印本, 學民文化社.
- ≪唐韻正≫, 顧炎武 撰, 文淵閣四庫全書, 臺灣商務印書館, 1986.
- ≪大戴禮記詳解≫, 王聘珍 撰, 中華書局, 1989.
- ≪大學章句大全≫, 朱熹 集註, 胡廣 等 編, 朝鮮 內閣本, 影印本, 學民文化社.
- ≪孟子注疏≫, 趙岐 注, 孫奭 疏, 北京大學出版社, 1999.
- ≪孟子集註大全≫, 朱熹 集註, 胡廣 等 編, 朝鮮 內閣本, 影印本, 學民文化社.
- ≪毛詩正義≫, 毛公 傳, 鄭玄 箋, 孔穎達 正義, 北京大學出版社, 1999.
- ≪方言≫, 楊雄 撰, 文淵閣四庫全書, 臺灣商務印書館, 1986.
- ≪尙書正義≫, 孔安國 傳, 孔穎達 正義, 北京大學出版社, 1999.
- ≪說文解字≫, 許愼 撰, 文淵閣四庫全書, 臺灣商務印書館, 1986.
- ≪書傳大全≫, 蔡沈 集傳, 胡廣 等 編, 朝鮮 內閣本, 影印本, 學民文化社.
- ≪說文解字注≫, 段玉裁 撰, 文淵閣四庫全書, 臺灣商務印書館, 1986.
- ≪詩三家義集疏≫, 王先謙 撰, 中華書局, 1987.
- ≪呂氏家塾讀詩記≫, 呂祖謙 撰, 文淵閣四庫全書, 臺灣商務印書館, 1986.
- ≪禮記正義≫, 鄭玄 注, 孔穎達 正義, 北京大學出版社, 1999.
- ≪禮記集說大全≫, 陳澔 集說, 胡廣 等 編, 朝鮮 內閣本, 影印本, 學民文化社.
- ≪龍龕手鑑≫, 釋行均 撰, 潘重規 編, 中華書局, 1988.
- ≪六書正譌≫, 周伯琦 撰, 文淵閣四庫全書, 臺灣商務印書館, 1986.
- ≪玉篇≫, 顧野王 撰, 文淵閣四庫全書, 臺灣商務印書館, 1986.
- ≪韻補≫, 吳棫 撰, 文淵閣四庫全書, 臺灣商務印書館, 1986.
- ≪儀禮注疏≫, 鄭玄 注, 賈公彦 疏, 北京大學出版社, 1999.
- ≪爾雅注疏≫, 郭璞 注, 邢昺 疏, 北京大學出版社, 1999.
- ≪一切經音義≫, 釋元應 撰, 文淵閣四庫全書, 臺灣商務印書館, 1986.
- ≪周禮注疏≫, 鄭玄 注, 賈公彦 疏, 北京大學出版社, 1999.
- ≪周易正義≫, 王弼・韓康伯 注, 孔穎達 正義, 北京大學出版社, 1999.
- ≪周易傳義大全≫, 程頤 傳, 朱熹 本義, 胡廣 等 編, 朝鮮 內閣本, 影印本, 學民文化社.
- ≪中庸章句大全≫, 朱熹 集註, 胡廣 等 編, 朝鮮 內閣本, 影印本, 學民文化社.
- ≪集韻≫, 丁度 等 編, 上海古籍出版社, 1985.
- ≪春秋穀梁傳注疏≫, 范寧 註, 楊士勛 疏, 北京大學出版社, 2000.

• ≪春秋公羊傳注疏≫, 何休 註, 徐彦 疏, 北京大學出版社, 2000.
• ≪春秋左氏傳注疏≫, 杜預 註, 孔穎達 疏, 北京大學出版社, 2000.
• ≪韓詩外傳≫, 韓嬰 撰, 文淵閣四庫全書, 臺灣商務印書館, 1986.
• ≪孝經注疏≫, 唐 玄宗 注, 邢昺 疏, 北京大學出版社, 1999.

〔史 部〕
• ≪舊唐書≫, 劉昫 撰, 中華書局, 1975.
• ≪國史經籍志≫, 焦竑 撰, 廣文書局, 1975.
• ≪隋書經籍志≫, 長孫無忌 撰, 藝文印書館, 1965.
• ≪國語≫, 韋昭 注, 文淵閣四庫全書, 臺灣商務印書館, 1986.
• ≪東觀漢記≫, 劉珍等 撰, 文淵閣四庫全書, 臺灣商務印書館, 1986.
• ≪史記≫, 司馬遷 撰, 中華書局, 1999.
• ≪史記索隱≫, 司馬貞 編, 文淵閣四庫全書, 臺灣商務印書館, 1986.
• ≪史記正義≫, 張守節 撰, 文淵閣四庫全書, 臺灣商務印書館, 1986.
• ≪史記集解≫, 裴駰 撰, 文淵閣四庫全書, 臺灣商務印書館, 1986.
• ≪水經注≫, 酈道元 撰, 文淵閣四庫全書, 臺灣商務印書館, 1986.
• ≪新唐書≫, 歐陽脩・宋祁 撰, 中華書局, 1975.
• ≪晏子春秋≫, 晏嬰 撰, 文淵閣四庫全書, 臺灣商務印書館, 1986.
• ≪隸釋≫, 洪适 撰, 文淵閣四庫全書, 臺灣商務印書館, 1986.
• ≪戰國策≫, 高誘 注, 文淵閣四庫全書, 臺灣商務印書館, 1986.
• ≪漢書≫, 班固 撰, 中華書局, 1962.
• ≪後漢書≫, 司馬彪 撰, 中華書局, 1965.

〔子 部〕
• ≪賈子新書≫, 賈誼 撰, 文淵閣四庫全書, 臺灣商務印書館, 1986.
• ≪鶡冠子≫, 無名氏 撰, 文淵閣四庫全書, 臺灣商務印書館, 1986.
• ≪古今譚概≫, 馮夢龍 撰, 文淵閣四庫全書, 臺灣商務印書館, 1986.
• ≪古今事文類聚≫, 祝穆 撰, 文淵閣四庫全書, 臺灣商務印書館, 1986.
• ≪孔子家語≫, 王肅 注, 文淵閣四庫全書, 臺灣商務印書館, 1986.
• ≪公孫龍子≫, 公孫龍 撰, 文淵閣四庫全書, 臺灣商務印書館, 1986.

- ≪管子≫, 管仲 撰, 文淵閣四庫全書, 臺灣商務印書館, 1986.
- ≪括地志輯校≫, 李泰 撰, 中華書局, 2005.
- ≪群書拾補≫, 盧文弨 撰, 中華書局, 1985.
- ≪群書治要譯注≫, 魏徵 等 撰, 中國書店出版社, 2012.
- ≪老子≫, 王弼 注, 文淵閣四庫全書, 臺灣商務印書館, 1986.
- ≪論衡≫, 王充 撰, 文淵閣四庫全書, 臺灣商務印書館, 1986.
- ≪讀書雜志≫, 王念孫 著, 江蘇古籍出版社, 2000.
- ≪墨子≫, 墨翟 撰, 文淵閣四庫全書, 臺灣商務印書館, 1986.
- ≪白虎通義≫, 班固 撰, 文淵閣四庫全書, 臺灣商務印書館, 1986.
- ≪法言≫, 揚雄 撰, 李軌・柳宗元 注, 文淵閣四庫全書, 臺灣商務印書館, 1986.
- ≪山海經≫, 郭璞 注, 文淵閣四庫全書, 臺灣商務印書館, 1986.
- ≪說苑≫, 劉向 撰, 文淵閣四庫全書, 臺灣商務印書館, 1986.
- ≪世說新語≫, 劉義慶 撰, 文淵閣四庫全書, 臺灣商務印書館, 1986.
- ≪荀子集解≫, 王先謙 集解, 中華書局, 1988.
- ≪荀子箋釋≫, 盧文弨 校, 謝墉 輯校, 上海古籍出版社, 1986.
- ≪尸子≫, 尸佼 撰, 文淵閣四庫全書, 臺灣商務印書館, 1986.
- ≪尸子≫, 尸佼 撰, 李守奎 譯注, 黑龍江人民出版社, 2003.
- ≪新書≫, 賈誼 撰, 文淵閣四庫全書, 臺灣商務印書館, 1986.
- ≪新序≫, 劉向 撰, 文淵閣四庫全書, 臺灣商務印書館, 1986.
- ≪愼子≫, 愼到 撰, 文淵閣四庫全書, 臺灣商務印書館, 1986.
- ≪申子≫, 申不害 撰, 文淵閣四庫全書, 臺灣商務印書館, 1986.
- ≪揚子法言≫, 揚雄 撰, 李軌・柳宗元 注, 文淵閣四庫全書, 臺灣商務印書館, 1986.
- ≪呂氏春秋≫, 呂不韋 編, 高誘 注, 文淵閣四庫全書, 臺灣商務印書館, 1986.
- ≪列子≫, 張湛 注, 文淵閣四庫全書, 臺灣商務印書館, 1986.
- ≪藝文類聚≫, 歐陽詢 撰, 文淵閣四庫全書, 臺灣商務印書館, 1986.
- ≪日知錄≫, 顧炎武 撰, 文淵閣四庫全書, 臺灣商務印書館, 1986.
- ≪莊子集釋≫, 莊周 撰, 郭象 注, 陸德明 釋文, 成玄英 疏, 郭慶藩 輯, 中華書局, 1961.
- ≪諸子平議≫, 兪樾 著, 中華書局, 1954.
- ≪太平御覽≫, 李昉 等 撰, 文淵閣四庫全書, 臺灣商務印書館, 1986.
- ≪太玄經≫, 揚雄 撰, 文淵閣四庫全書, 臺灣商務印書館, 1986.

• ≪通雅≫, 方以智 撰, 文淵閣四庫全書, 臺灣商務印書館, 1986.
• ≪韓非子≫, 韓非 撰, 文淵閣四庫全書, 臺灣商務印書館, 1986.
• ≪淮南子≫, 劉安 撰, 高誘 注, 文淵閣四庫全書, 臺灣商務印書館, 1986.

〔集 部〕
• ≪經義述聞≫, 王引之 撰, 世界書局, 1975.
• ≪經傳釋詞≫, 王引之 撰, 黃侃 楊樹達 批本, 岳麓書社, 1982.
• ≪群書治要譯注≫, 魏徵 等 撰, 中國書店出版社, 2012.
• ≪讀書雜志≫, 王念孫 著, 江蘇古籍出版社, 2000.
• ≪文選≫, 蕭統 撰, 文淵閣四庫全書, 臺灣商務印書館, 1986.
• ≪文選注≫, 蕭統 撰, 李善 注, 世界書局, 1962.
• ≪諸子平議≫, 兪樾 著, 中華書局, 1954.
• ≪集韻≫, 丁度等 編, 上海古籍出版社, 1985.
• ≪楚詞補註≫, 洪興祖 撰, 文淵閣四庫全書, 臺灣商務印書館, 1986.
• ≪韓詩外傳≫, 韓嬰 撰, 文淵閣四庫全書, 臺灣商務印書館, 1986.

4. 전자자료
• 電子版 文淵閣四庫全書, 迪志文化出版社, 北京, 1999.
• 尙友千古(http : w.s-sangwoo.kr)
• 韓國古典綜合DB(http : db.itkc.or.kr)
• 東洋古典綜合DB(http : db.cyberseodang.or.kr)
• Chinese Text Project(http://ctext.org)

目 次

附 錄

尙同 下 第十三　제13편 윗사람에 동조함 하

〈尙同〉 하편 역시 윗사람의 뜻에 동조하여 화합하는 것에 대해 논하고 있다. 윗사람이 政治를 할 때에 아랫사람의 實情을 잘 안다면 다스려지고 아랫사람의 실정을 잘 알지 못하면 어지러워지는데, 여기서 '실정을 잘 안다'는 것은 바로 백성들이 선한가 그렇지 못한가에 밝다는 것이라고 하였다.

윗사람이 되어 자기 아랫사람을 다스리지 못하고, 아랫사람이 되어 자기 윗사람을 섬기지 못하는 이유는 서로 義가 같지 않아 위아랫사람이 서로를 해치기 때문이며, 오직 尙同하여 義를 하나로 하여 정치를 할 수 있어야만 아랫사람의 실정을 잘 알 수 있다는 논리를 펴고 있다.

이러한 尙同의 설을 天子에게 적용하면 천하를 다스릴 수 있으며, 諸侯에게 적용하면 그 나라를 다스릴 수 있으며, 家君에게 적용하면 그 집안을 다스릴 수 있으니, 위로는 聖王의 道에 부합하기를 바라고 아래로는 국가와 백성들의 이로움에 합치하기를 바란다면 마땅히 정치의 근본이자 정치의 핵심인 尙同의 說을 살펴야 한다는 주장이다.

畢云 中興書目[1)]에 **云 一本**은 **自親士至上同**히 **凡十三篇者**라하니 **卽此已上諸篇**이요 **非有異本**[2)]이라하다

畢沅 : ≪中興書目≫에 "어떤 本은 〈親士〉부터 〈上同〉까지 모두 13편이다."라 하였으니, 곧 이 이상의 모든 篇이요, 異本이 있는 것은 아니다.

1) 中興書目 : 陳騤(1128~1203)가 編한 ≪中興館閣書目≫을 말한다. 淳熙 5년(1178)에 原書 70卷, 序例 1卷, 分 52門, 收書 44,486卷을 刊行하였으나, 亡佚되었다. 이후에 ≪中興藝文志≫, ≪玉海≫, ≪山堂考索≫ 등 일부를 採錄하고, 趙士煒가 1,019家, 原釋 882條, 考 678條를 모아 ≪中興館閣書目輯考≫ 5卷으로 編成하였다.

2) 非有異本 : 대부분의 板本을 살펴보면, 〈親士〉부터 〈上同〉까지 권1의 〈親士〉·〈修身〉·〈所染〉·〈法儀〉·〈七患〉·〈辭過〉·〈三辯〉, 권2의 〈尙賢 上〉·〈尙賢 中〉·〈尙賢 下〉, 권3의 〈尙同 上〉·〈尙同 中〉·〈尙同 下〉 총 13편이다.

13-1-1 **子墨子言曰 知者之事**에 **必計國家百姓〔之〕**[3]**所以治者**하여 **而爲之**하고 **必計國家百姓之所以亂者**하여 **而辟**(피)**之**라하시니라

子墨子께서 말씀하셨다.

"지혜로운 사람은 일을 할 때에 국가와 백성이 다스려지는 까닭을 헤아려 그 일을 하고, 국가와 백성이 어지러워지는 까닭을 헤아려 그 일을 피한다."

畢云 辟(피)는 **同避**라하다

畢沅 : '辟'는 '避(피하다)'와 같다.

13-1-2 **然計國家百姓之所以治〔亂〕**[4]**者**는 **何也**오 **上之爲政**에 **得下之情**이면 **則治**요 **不得下之情**이면 **則亂**하니라 **何以知其然也**오 **上之爲政**에 **得下之情**은 **則是明於民之善非也**니라 **若苟明於民之善非也**면

그렇다면 국가와 백성이 다스려지거나 어지러워지는 까닭을 헤아린다 함은 무엇인가. 윗사람이 政治를 할 때에 아랫사람의 實情을 잘 찾아내면 다스려지고 아랫사람의 實情을 잘 찾아내지 못하면 어지러워진다. 어떻게 그러한 줄을 아는가. 윗사람이 정치를 할 때에 아랫사람의 實情을 잘 찾아낸다는 것은 바로 백성들이 선한가 그렇지 못한가에 밝다는 것이다. 만일 백성들이 선한가 그렇지 못한가에 밝다면,

畢云 若苟二字는 **舊倒**러니 **據下文改**라하다

畢沅 : '若苟' 2자는 舊本에 〈'苟若'으로〉 뒤바뀌어 있었는데, 아래 글에 의거하여 고친다.

13-1-3 **則得善人而賞之**하며 **得暴人而罰之也**니 **善人賞而暴人罰**이면 **則國必治**하니라

---

3) 〔之〕 : 저본에는 '之'가 없으나, 漢文大系本 考證에 "百姓 아래에 '之'자가 빠져 있다."라 한 것에 의거하여 보충하였다.

4) 〔亂〕 : 저본에는 '亂'이 없으나, 漢文大系本 考證에 "'所以治' 아래에 '亂'자가 빠져 있다."라 한 것에 의거하여 보충하였다.

上之爲政也에 **不得下之情**이면 **則是不明於民之善非也**니라 **若苟不明於民之善非**면 **則是不得善人而賞之**하며 **不得暴人而罰之**니 **善人不賞而暴人不罰**하여 **爲政若此**면 **國衆**[5]**必亂**하니라 **故**로 **賞〔罰〕**[6]에 **不得下之情**을

善良한 사람을 찾아내어 그에게 賞을 내리고 暴惡한 사람을 찾아내서 그에게 罰을 내릴 것이니, 선량한 사람이 상을 받고 포악한 사람이 벌을 받으면, 나라는 반드시 잘 다스려질 것이다.

윗사람이 정치를 할 때에 아랫사람의 實情을 잘 찾아내지 못한다면 이는 백성들이 선한가 그렇지 못한가에 밝지 못하다는 것이다. 만일 백성들이 선한가 그렇지 못한가에 밝지 못하다면, 이는 선량한 사람을 찾아내어 그에게 상을 내리지 못하고 포악한 사람을 찾아내어 그에게 벌을 내리지 못한다는 것이니, 선량한 사람이 상을 받지 못하고 포악한 사람이 벌을 받지 못하여 정치가 이와 같다면, 나라는 반드시 어지러워질 것이다. 그러므로 상과 벌을 내릴 때 반드시 아랫사람의 실정을 잘 찾아내지 못하는 것을

蘇云 賞下에 **當脫罰字**라하다 **兪校同**이라

蘇時學 : '賞' 아래에 응당 '罰'자가 빠져 있다. 兪樾의 校勘이 같다.

13-1-4 **而不可不察者也**니라

살피지 않을 수 없다.

兪云 而不可는 **當作不可而**니 **猶言不可以也**라하다

兪樾 : '而不可'는 응당 '不可而'가 되어야 하니, '不可以(~할 수 없다)'라고 말하는 것과 같다.

---

5) 衆 : 漢文大系本에 "秋山儀는 '「衆」은 아마도 「家」자인 듯하다.'라 하였는데, 옳다."라 하였다. 이에 의거하여 '國家'로 번역하였다.

6) 〔罰〕 : 저본에는 '罰'자가 없으나, 蘇時學의 注에 의거하여 보충하였다.

13-2-1 **然計得下之情**인댄 **將柰何可**오 **故**로 **子墨子曰 唯能以尙同一義爲政然後**에 **可矣**라하시니라 **何以知尙同一義之**라야 **可而爲政於天下也**오

그렇다면 아랫사람의 실정을 잘 찾고자 한다면 장차 어떻게 해야 되는가. 그러므로 子墨子께서 말씀하셨다.

"오직 尙同하여 義를 하나로 하여 정치를 할 수 있어야만 가능하다."

상동하여 뜻을 하나로 모아야만 천하에 정치를 할 수 있다는 것을 어떻게 아는가.

而는 **陳壽祺**[7]는 **讀爲能**이라 **今案**컨대 **而**는 **亦猶以也**니 **說詳尙賢下篇**이라 **下文**의 **諸侯可而治其國**과 **家君可而治其家**로 **同**이라

'而'는 陳壽祺는 '能'으로 읽었다. 이제 생각해보건대 '而'는 또한 '以'와 같으니, 설명이 ≪墨子≫ 〈尙賢 下〉에 자세히 보인다. 아래 글의 "諸侯可而治其國(諸侯는 그 나라를 다스릴 수 있다.)'과 '家君可而治其家(家君은 그 집안을 다스릴 수 있다.)"가 〈'而'를 '以'로 읽는 것이〉 같다.

13-2-2 **然胡不審稽古之**(治)〔**始**〕[8]**爲政之說乎**아

그렇다면 어찌 옛날 처음으로 정치를 할 때의 말씀을 상고하지 않는가.

王云 然은 **猶則也**니 **然胡不**은 **則胡不也**라하다 **兪云 治字**는 **乃始字之誤**라 **下文**에 **曰 古者天之始生民**하여 **未有正長也云云**이라하니 **是**는 **從古之始爲政者說**이라 **故**로 **此**는 **云胡不審稽古之始爲政之說乎**라

王念孫 : '然'은 '則'과 같으니, '然胡不'은 '則胡不'이다.

---

7) 陳壽祺 : 1771~1834. 字는 恭甫, 號는 左海, 晩號는 隱屛山人이며, 福建 侯官人이다. 淸나라 高宗 乾隆 36년에 출생, 嘉慶 4년(1799)에 進士가 되었으며, 道光 9년(1829)에 福建 通志局에서 ≪福建通志≫를 重修하면서 그를 초빙하여 ≪福建通志≫를 總纂하였다. 藏書 10만卷을 書樓에 소장하고 그 이름을 '小館'이라 하였다. 宣宗 道光 14년에 卒하였다. 저서에 ≪左海文集≫ 10卷, ≪左海騈體文≫ 3卷, ≪絳跌堂詩集≫ 6卷 등이 있다.

8) (治)〔始〕: 저본에는 '治'로 되어 있으나, 兪樾의 주에 의거하여 '始'로 바로잡았다.

兪樾 : '治'자는 곧 '始'자의 誤字이다. 아래 글에 "古者天之始生民 未有正長也……"라 하였으니, 이는 옛날 처음으로 정치를 한 유래를 말한 것이다. 그러므로 이는 "胡不審稽古之始爲政之說乎"라는 말이다.

13-2-3 **古者**에 **天之始生民**하여 **未有正長**[9]**也**엔 **百姓爲人**이라

옛날에 하늘이 처음으로 백성을 내어 아직 正長이 없었을 때에는 백성들이 제각각이었다.

戴[10]**云 此人字**는 **讀如人偶**[11]**之人**이라하다

戴望 : 여기서의 '人'자는 '人偶'의 '人'과 같은 의미로 읽는다.

13-2-4 **若苟百姓爲人**이면 **是**는 **一人一義**요 **十人十義**요 **百人百義**요 **千人千義**요 **逮至人之衆**하여 **不可勝計也**면 **則其所謂義者**도 **亦不可勝計**라 **此皆是其義而非人之義**라 **是以**로 **厚者**엔 **有鬭**하고 **而薄者**엔 **有爭**이라

만일 백성이 제각각이라면, 이는 한 사람이면 하나의 義가 있을 것이며, 열 사람이면 열 가지의 義가 있을 것이며, 백 사람이면 백 가지의 義가 있을 것이며, 천 사람이면 천 가지의 義가 있을 것이며, 사람이 많아져 헤아릴 수조차 없게 되

---

9) 正長 : ≪爾雅≫ 〈釋詁〉에 "正은 長이다."라 하였고, ≪書經≫ 〈立政〉에 "立民長伯立政(백성의 長과 伯을 세우셨다. 正을 세움에)"이라 하였는데, 孫詒讓이 이에 대해 11-2-6에서 注하기를 "'政'은 '正'과 같으니, '正長'은 곧 ≪墨子≫ 〈尙同 中〉에서 말한 左右將君·大夫 및 鄕里의 長이다."라 하였다.

10) 戴 : 戴望(1837~1873)을 가리킨다. 淸나라 浙江 德淸 사람으로, 字는 子高이다. 陳奐(1785~1863, 字 倬雲, 號 碩甫)에게 聲音과 訓詁를 배웠으며, 常州學派 宋翔風에게 ≪春秋公羊傳≫을 배웠다. 姚宗諶, 施補華, 兪剛, 黃宗羲, 凌霞, 陸心源과 함께 七子로 일컬어졌다. 저서에 ≪論語注≫, ≪管子校正≫, ≪謫麐堂遺集≫, ≪顔氏學記≫가 있다. ≪墨子閒詁≫의 교정을 보았다는 내용이 孫詒讓의 序文에 보인다.

11) 人偶 : '相敬' 혹은 '相親'의 뜻이다. ≪儀禮≫ 〈聘禮〉에 "公揖 入每門 每曲揖(공이 읍하고 들어가 문이나 구비마다 읍한다.)"이라 하였는데, 漢나라 鄭玄의 注에 "每門輒揖者以相人偶爲敬也(문마다 매번 읍하는 것은 서로 짝이 되는 사람으로 여겨 공경의 뜻을 표한 것이다.)"라 하였다. 여기서는 제각각 혹은 끼리끼리 친밀하게 지낸다는 뜻으로 번역하였다.

면 그 義라는 것도 헤아릴 수 없게 될 것이다. 이는 모두 자기의 義를 옳다 하고 남의 義를 그르다 하는 것이다. 이런 까닭에 심한 경우에는 주먹다짐을 하고 심하지 않은 경우에는 다툼이 있다.

畢云 薄은 舊作蕩이요 一本如此라하다

畢沅 : '薄'은 舊本에는 '蕩'으로 되어 있으며, 어떤 本이 이와 같다.

13-2-5 是故로 天(下)[12)]之欲同一天下之義也니라

이런 까닭에 하늘은 천하의 義를 동일하게 하고자 한다.

上天下二字는 疑當作天이라 畢云 文選注[13)]에 引作古者同天之義라하다

앞의 '天下' 2자는 아마도 응당 '天'이 되어야 할 듯하다.

畢沅 : ≪文選注≫에 〈이 대목을〉 인용한 곳에는 '古者同天之義(옛날에는 하늘의 뜻을 같이하였다.)'로 되어 있다.

13-2-6 是故로 選擇賢者하여 立爲天子하니라

이런 까닭에 賢能한 자를 가려 뽑아 그를 세워 천자로 삼는다.

文選王元長[14)]三月三日曲水詩序注에 引此作上聖立爲天子라하니 蓋李善[15)]所改易이요 又袁彦伯[16)]三國名臣序贊注引이 則竝與此同이라

---

12) (下) : 저본에는 '下'가 있으나, 孫詒讓의 주에 의거하여 衍文으로 처리하였다.

13) 文選注 : ≪文選≫은 梁나라 昭明太子 蕭統이 秦・漢 이래 齊・梁代까지의 대표적인 詩文을 모아 엮은 책이다. 총 30권으로 ≪昭明文選≫이라고도 한다. ≪文選注≫는 李善이 唐 高宗 顯慶 연간에 지어 조정에 바친 책이다. 총 60권이다. 唐나라 이전 최고 수준의 古書 注釋으로 일컬어진다.

14) 王元長 : 王融(467~493)을 가리킨다. 字는 元長이며 琅邪 臨沂(지금의 山東) 사람이다.

15) 李善 : 630?~690. 唐나라 揚州 江都 사람으로, 호는 書麓이다. ≪文選≫에 정통하여 文選學이라 불리었으며, 顯慶 3년(658)에 ≪文選注≫ 60권을 지어 조정에 바쳤다. 저서에 ≪漢書辨惑≫ 등이 있다.

16) 袁彦伯 : 袁宏(328~376)을 가리킨다. 字는 彦伯, 저서에 ≪后漢紀≫・≪竹林名士傳≫ 등

≪文選注≫의 王元長 〈三月三日曲水詩序〉에 이 대목을 인용한 곳에는 "上聖立爲天子(上聖을 세워 천자로 삼았다.)"로 되어 있으니, 아마도 李善이 고친 듯하다. 또 ≪文選注≫의 袁彦伯 〈三國名臣序贊〉에 이 대목을 인용한 곳이 모두 이와 같다.

13-2-7 **天子**는 **以其知力爲未足獨治天下**라 **是以**로 **選擇其次**하여 **立爲三公**이라 **三公**은 **又以其知力爲未足獨左右天子也**니라 **是以**로 **分國建諸侯**라 **諸侯**는 **又以其知力爲未足獨治其四境之內也**라 **是以**로 **選擇其次**하여 **立爲卿之宰**라

天子는 자기의 지혜와 힘만으로는 천하를 홀로 다스리기에 부족하다고 여긴다. 이런 까닭에 그에 버금가는 자를 가려 뽑아 그를 세워 三公으로 삼는다. 삼공은 또 자기의 지혜와 힘만으로는 천자를 홀로 補佐하기에 부족하다고 여긴다. 이런 까닭에 나라를 나누어 諸侯를 세운다. 제후는 또 자기의 지혜와 힘만으로는 사방 국경의 안쪽을 홀로 다스리기에 부족하다고 여긴다. 이런 까닭에 그에 버금가는 자를 가려 뽑아 그를 세워서 卿과 宰로 삼는다.

之는 **猶與也**라

〈'卿之宰'의〉 '之'는 '與'와 같다.

13-2-8 **卿之宰**는 **又以其知力爲未足獨左右其君也**라 **是以**로 **選擇其次**하여 **立而爲鄕長家君**이라 **是故**로 **古者**에 **天子之立三公諸侯卿之宰鄕長家君**은 **非特富貴游佚而擇(조)之也**요

卿과 宰는 또 자기의 지혜와 힘만으로는 홀로 그 임금을 보좌하기에 부족하다고 여긴다. 이런 까닭에 그에 버금가는 자를 가려 뽑아 그를 세워 鄕長과 家君으로 삼는다. 이런 까닭에 옛날에 天子가 三公과 諸侯, 卿과 宰, 鄕長과 家君을 세운 것은 그저 富貴를 누리며 편히 노닐라고 그들을 그 자리에 둔 것이 아니라

擇는 **當依中篇**하여 **讀爲措**라

이 있다.

〈'非特富貴游佚而擇之也'의〉 '擇'는 응당 ≪墨子≫ 〈尙同 中〉에 의거하여 '措(두다)'로 읽어야 한다.

13-2-9 **將使助治亂刑政也**니라

장차 刑政을 다스리는 일을 돕게 하고자 한 것이다.

治下亂字는 **疑衍**이라

'治' 아래의 '亂'자는 아마도 잘못 들어간 듯하다.

13-2-10 **故**로 **古者**에 **建國設都**하여 **乃立后王君公**하여 **奉以卿士師長**하니 **此**는 **非欲用(說)〔逸〕**[17]**也**요

그러므로 옛날에 나라를 세우고 도읍을 설치하여 后王과 君公을 세워 卿士와 師長으로 받들게 하였으니, 이는 〈그렇게 함으로써 后王과 君公을〉 편안하게 해주려고 해서가 아니라,

王云 說(열)**字**는 **義不可通**이라 **說**은 **當爲逸**이니 **字之誤也**라 **中篇**에 **曰 夫建國設都**하고 **乃作后王君公**은 **否用泰也**요 **卿大夫師長**은 **否用佚也**라한대 **否用佚**은 **卽非用逸**이니 **是其證**이라 **否**는 **猶非也**니 **說見尙賢下**라 **僞古文**[18]**說**(열)**命**에 **建邦設都**하여 **樹后王君公**하시고 **承以大夫師長**하심은 **不惟逸豫**라하니 **卽用墨子而小變其文**이라하다 **案 王說**이 **是也**라 **僞孔傳**에 **云 言立國設都**하여 **立君臣上下**하심은 **不使有位者**로 **逸豫民上**이니 **言立之主使治民**이라하다

王念孫：'說'자는 뜻이 통하지 않는다. '說'은 응당 '逸'자일 것이니 誤字이다. ≪墨子≫ ≪尙同 中≫에 "夫建國設都 乃作后王君公 否用泰也 卿大夫師長 否用佚也(나라를 세우고 도읍을 설치하자 이에 后王과 君公을 일으킨 것은 교만을 부리려 해서가 아니며 卿大夫와 師長을

---

17) (說)〔逸〕：저본에는 '說'로 되어 있으나, 王念孫의 주에 의거하여 '逸'로 바로잡았다.

18) 僞古文：≪僞古文尙書≫를 말한다. 晉代 梅賾(혹은 梅頤)이 晉 元帝에게 바친 ≪尙書≫로, 古文經에 假託하여 僞造하였으므로, ≪僞古文尙書≫ 혹은 ≪僞孔傳≫이라 칭한다.

둔 것은 편안하려고 해서가 아니다.)"라 하였는데, '否用佚'은 곧 '非用逸'이니, 이것이 그 증거이다. '否'는 '非'와 같으니, 설명이 ≪墨子≫ ≪尙賢 下≫에 보인다. ≪僞古文尙書≫ 〈說命〉에 "建邦設都 樹后王君公 承以大夫師長 不惟逸豫(나라를 세우고 도읍을 설치하여 后王과 君公을 세우고 大夫와 師長으로 돕게 한 것은 안일하게 즐기려고 해서가 아니다.)"라 하였으니, ≪墨子≫의 글을 가져다 쓰면서 그 글을 약간 바꾼 것이다.

案 : 王念孫의 說이 옳다. ≪僞古文尙書≫에는 "言立國設都 立君臣上下 不使有位者逸豫民上 言立之主使治民(國과 都를 세우고 君臣上下를 세운 것은 지위에 있는 자들이 백성의 위에서 편안하게 누리게 하려고 해서가 아니라는 말이며, 이들을 세워 백성을 다스리는 일을 주관케 한다는 말이다.)"이라 하였다.

13-2-11 唯辯而使助治天明[19]也니라

오직 〈직분을〉 나누어 天明을 다스리게 하고자 한 것이다.

舊本에 助治天下에 有助字라 王云 下助字는 衍이라 唯辯而使助治天明者에 辯은 讀爲徧(변)하니 古徧字는 多作辯하다 天明은 天之明道也라 哀二年左傳에 曰 二三子順天明[20]이라하니 言所以設此卿士師長者는 唯徧使助治天道也라 中篇에 作維辯使治天均이라하다 案 王謂下助字衍이라하니 是也라 今據刪하다 辯은 當訓爲分이어늘 王讀爲徧하니 尙未得其義라 左傳哀二年孔疏에 釋天明爲天之明道라하니 卽王說所本이라 大戴禮記[21]虞戴德篇에 云 法于天明하여 開施教于民이라하고 左昭二十五年傳에 云 則(칙)天

---

19) 唯辯而使助治天明 : 본서 12-8-5에 "否用佚也 維辯使治天均(편안하려고 해서가 아니다. 오직 나누어 天均을 다스리게 하려는 것이다.)"이라고 하였는데, 孫詒讓의 注에 "'辯'은 '辨'자와 통용한다. ≪周易集解≫에서 鄭玄의 注를 인용한 곳에 '辯은 나눈다는 뜻이다.'라 하였으니, 職責을 나누어주어 天均을 다스리게 하였다는 말이다.……≪詩經≫ 〈大雅 節南山〉에 '秉國之均(나라의 均을 잡아)'이라 하였는데, 毛氏의 傳에 '均은 공평하다는 뜻이다.'라 하였다. ≪墨子≫ 〈尙同 下〉에는 '治天明'으로 되어 있다."라고 하였다.

20) 二三子順天明 : ≪春秋左氏傳≫ 哀公 2년 조에 "今鄭爲不道 棄君助臣 二三子順天明 從君命 經德義 除詬恥 在此行也(지금 鄭은 無道하여 임금을 버리고 신하를 도우니, 여러분들이 天命에 따르고 君命에 服從하며, 德義를 常道로 삼고 恥辱을 제거하는 것이 이번 戰爭에 달려 있다.)"라고 보인다.

21) 大戴禮記 : 전한시대 금문 예학가였던 戴德이, 劉向이 수집한 예에 관한 기록들(130편)을

之明이라하니 義竝略同이라 僞古文書說(열)命에 作惟以亂民하니 疑僞孔讀天明爲天民이라

舊本에는 '助治天' 아래에 '助'자가 있다.

王念孫 : 아래의 '助'는 잘못 들어간 것이다. "唯辯而使助治天明"에서 '辯'은 '徧(두루)'으로 읽으니, 古字에 '徧'자는 대부분 '辯'으로 되어 있다. '天明'은 하늘의 밝은 道이다. ≪春秋左氏傳≫ 哀公 2년 조에 "二三子順天明(여러분들이 하늘의 밝은 道에 따르고)"이라 하였으니, 이 卿士와 師長을 세우는 것은 오직 두루 하늘의 道를 도와 다스리게 하기 위해서였다는 말이다. ≪墨子≫ 〈尙同 中〉에는 "維辯使治天均(오직 두루 天均을 다스리게 하려는 것이다.)"으로 되어 있다.

案 : 王念孫은 아래의 '助'가 잘못 들어간 것이라 하였으니, 옳다. 이제 그의 설에 의거하여 삭제한다. '辯'은 응당 '分'으로 풀이하여야 하는데, 王念孫은 '徧'으로 읽었으니, 여전히 그 뜻이 통하지 않는다. ≪春秋左氏傳≫ 哀公 2년 조의 孔穎達 疏에 "天明爲天之明道(天明은 하늘의 밝은 道이다.)"라고 해석하였으니, 곧 王念孫의 說이 이에 뿌리를 둔 것이다. ≪大戴禮記≫ 〈虞戴德〉에 "法于天明 開施教于民(하늘의 밝음을 본받아, 펼쳐 백성에게 가르침을 베풀다.)"이라 하였으며, ≪春秋左氏傳≫ 昭公 25년 조에 "則天之明"이라 하였으니, 뜻이 모두 대략 같다. ≪僞古文尙書≫ 〈說命〉에는 "惟以亂民"으로 되어 있으니, 아마도 孔安國은 '天明'을 '天民'으로 읽은 듯하다.

13-3-1 今此何爲人上而不能治其下하고 爲人下而不能事其上고 則是上下相賊也일새니라

지금은 어찌하여 윗사람이 되어 자기 아랫사람을 다스리지 못하며, 아랫사람이 되어 자기 윗사람을 섬기지 못하는가. 바로 위아랫사람이 서로를 해치기 때문이다.

賊은 舊本에 譌賤이러니 今依王校正하다 說詳尙賢中篇이라 蘇云 賤은 當作殘하니 或殘賊二字는 各脫其偏傍이라하니 非라

묶어서 85편으로 재편한 것이다. ≪大戴記≫라고도 한다. 대덕의 조카인 戴聖이 49편으로 재편한 것은 ≪小戴禮記≫ 또는 ≪小戴記≫라고 한다.

'賊'은 舊本에 '賤'으로 잘못되어 있는데, 이제 王念孫의 교감에 의거하여 바로잡는다. 설명이 ≪墨子≫ 〈尙賢 中〉에 자세히 보인다. 蘇時學은 "'賤'은 응당 '殘'이 되어야 하니, 간혹 '殘'과 '賊' 두 자는 각기 그 부수가 떨어져 나가기도 한다."라 하였는데, 옳지 않다.

13-3-2 **何故以然**고 **則義不同也**일새니라 **若苟義不同者有黨**한대 **上以若人爲善**하여 **將賞之**인댄

어째서 그러한가. 바로 義가 같지 않기 때문이다. 만일 〈윗사람과〉 義가 같지 않은 자들이 무리를 짓고 있는데, 윗사람이 이러한 사람을 善하다고 여겨 장차 그에게 상을 내리려고 하면,

畢云 賞은 舊作毁요 一本如此라하다

畢沅 : '賞'은 舊本에 '毁'로 되어 있으며, 어떤 本이 이와 같다.

13-3-3 **若人**은 **唯使得上之賞**이라도

이러한 사람은 가령 윗사람에게서 賞은 받더라도

唯雖는 字通이라

'唯'와 '雖'는 글자를 통용한다.

13-3-4 **而辟**(피)**百姓之毁**라

백성의 誹謗은 피하고자 할 것이다.

辟(피)避는 字亦同이라 後文에 辟避錯出이라

'辟'와 '避'는 글자가 또한 같다. 아래 글에서 '辟'와 '避'가 뒤섞여 나온다.

13-3-5 **是以**로 **爲善者必未可使勸見**(현)**有賞也**니라 **上以若人爲暴**하여 **將罰之**면 **若人**은 **唯使得上之罰**이라도 **而懷百姓之譽**라 **是以**로 **爲暴者必未可使沮見**(현)**有罰**

也라 **故**로 **計上之賞譽**컨대 **不足以勸善**하며 **計其毁罰**컨대 **不足以沮暴**니 **此何故以然**고 **則義不同也**일새니라

이런 까닭에 善을 행하는 자들에게 반드시 褒賞이 있음을 보여주어 〈善을〉 권면할 수 없을 것이다.

〈만일 진실로 윗사람과 義가 같지 않은 자들이 무리를 짓고 있는데〉 윗사람이 이러한 사람을 포악하다고 여겨 장차 그에게 벌을 내리려고 하면, 이러한 사람은 가령 윗사람에게서 罰은 받더라도 백성의 칭찬은 받고자 할 것이다. 이런 까닭에 포악한 짓을 하는 자들에게 반드시 벌이 있음을 보여주어 〈포악함을〉 저지할 수 없을 것이다.

그러므로 윗사람이 내리는 상이나 칭찬을 헤아려보건대 善을 권면하기에는 부족하며, 그 비방이나 벌을 헤아려보건대 포악함을 저지하기에는 부족하니, 이는 어째서 그러한가. 바로 〈윗사람과〉 義가 같지 않기 때문이다.

13-4-1 **然**

그렇다면

舊本에 **脫此六字**[22]하다 **王云 此何故以然**은 **是問詞**요 **則義不同也**는 **是答詞**이니 **然則欲同一天下之義將柰何可**는 **又是問詞**라 **舊脫中六字**하여 **則上下文皆不可通矣**니 **今據上文補**라하다 **案 王校是也**니 **今從之**하다

舊本에는 이 여섯 글자(則義不同也然)가 빠져 있다.

王念孫 : "此何故以然"은 묻는 말이고, "則義不同也"는 답하는 말이니, "然則欲同一天下之義 將柰何可"는 다시 묻는 말이다. 舊本에 중간의 여섯 글자가 빠져 있어 위아래 글이 모두 뜻이 통하지 않았는데, 이제 위 글에 의거하여 채워 넣는다.

案 : 王念孫의 校勘이 옳으니, 이제 그 설을 따른다.

13-4-2 **則欲同一天下之義**면 **將柰何可**오 **故**로 **子墨子言曰 然胡不**(賞)〔嘗〕[23]**使**

22) 此六字 : 앞 문단(13-3-5)의 '則義不同也'와 이 문단(13-4-1)의 '然'을 말한다.

家〔人總其身之義하여 **以尙同於家〕**[24]**君**하고 **試用家君**으로 **發憲布令其家**하여

천하의 義를 동일하게 하고자 한다면 장차 어떻게 해야 되는가. 그러므로 子墨子께서 말씀하셨다.

"그렇다면 어찌 시험 삼아 집안 사람으로 하여금 각기 자신의 義를 모아서 家君에게 尙同하게 하며, 시험 삼아 家君으로 하여금 자기 집안에 家法을 펴게 하여

王云 賞字義不可通하니 **賞**은 **當爲嘗**이라 **嘗賞**은 **字相似**하고 **又涉上下文賞罰而誤**하다 **使家君三字**는 **則涉下文使家君而衍**하다 **旣言用家君**인댄 **則不得又言使家君**이라 **胡不嘗試用家君發憲布令其家**는 **作一句讀**(두)라하다 **案 王校是矣**라 **然**이나 **下文說國君發憲布令**은 **則云 故又使家君總其家之義**하여 **以尙同於國君**이요 **說天子發憲布令**은 **則云 故又使國君選其國之義**하여 **以尙同於天子**니 **則此文疑亦當云 胡不嘗使家人總其身之義**하여 **以尙同於家君**하고 **試用家君**으로 **發憲布令其家**라야 **前後文例乃相應**이라 **蓋今本**의 **胡不嘗使家下**에 **脫十一字**하며 **使家君三字**는 **非衍文也**라 **發憲**은 **猶言布憲**이라 **憲者**는 **法也**니 **非命上篇**에 **云 先王之書**는 **所以出國家布施百姓者 憲也**라하다

王念孫 : '賞'자는 뜻이 통하지 않으니, '賞'은 응당 '嘗(시험 삼아)'이 되어야 한다. '嘗'과 '賞'은 字形이 비슷하고, 또 위아래 글에서 '賞'과 '罰'이 나왔기 때문에 잘못된 것이다. '使家君' 3자는 아래 글 '使家君'에 영향을 받아 잘못 끼어들어간 것이다. '用家君'이라고 이미 말했다면 다시 '使家君'이라고 말할 수 없다. "胡不嘗試用家君發憲布令其家"는 하나의 句로 읽는다.

案 : 王念孫의 校勘이 옳다. 그러나 아래 글에 "國君發憲布令"을 말한 것은 "故又使家君總其家之義 以尙同於國君"이라 하였기 때문이며, "天子發憲布令"을 말한 것은 "故又使國君選其國之義 以尙同於天子"라 하였기 때문이니, 이 대목의 글은 아마도 또한 응당 "胡不嘗使家人總其身之義 以尙同於家君 試用家君 發憲布令其家"라고 말해야 前後의 文例가 서로 호응할 듯하다. 아마도 今本의 "胡不嘗使家" 아래 11字가 빠진 듯하며, '使家君' 3字는 衍文이 아니다. '發憲'은 '布憲'이라고 말하는 것과 같다. '憲'이란 法이니, ≪墨子≫ 〈非命

---

23) (賞)〔嘗〕: 저본에는 '賞'으로 되어 있으나, 王念孫의 주에 의거하여 '嘗'으로 바로잡았다.

24) 〔人總其身之義 以尙同於家〕: 저본에는 '人總其身之義以尙同於家'자가 없으나, 孫詒讓의 주에 의거하여 보충하였다.

上〉에 "先王之書 所以出國家布施百姓者 憲也(선왕의 글에, 국가에서 백성들에게 알리어 시행하도록 하는 것이 법이다.)"라 하였다.

13-4-3 曰 **若見愛利家者**어든 **必以告**하며 **若見惡**(오)**賊家者**어든 **亦必以告**하라 **若見愛利家以告**도 **亦猶愛利家者也**니 **上得且賞之**요 **衆聞則譽之**요 **若見惡賊家不以告**도 **亦猶惡賊家者也**니 **上得且罰之**요 **衆聞則非之**리라 **是以**로 偏**若家之人**이

〈家君이〉 말하기를 '만일 집안 사람을 사랑하고 이롭게 하는 자를 보거든 반드시 이를 고하며, 만일 집안 사람을 미워하고 해치는 자를 보거든 또한 반드시 이를 고하라. 만일 집안 사람을 사랑하고 이롭게 하는 자를 보고서 이를 고한다면 이 역시 집안 사람을 사랑하고 이롭게 하는 자이니, 윗사람이 〈이러한 실정을〉 알고서 그에게 賞을 내릴 것이며 집안 사람들이 이 사실을 들으면 그 〈고한 자를〉 칭찬할 것이다. 만일 집안 사람을 미워하고 해치는 자를 보고서 이를 고하지 않는다면 이 역시 집안 사람을 미워하고 해치는 자이니, 윗사람이 〈이러한 실정을〉 알고서 그에게 벌을 내릴 것이며 집안 사람들이 이 사실을 들으면 그 〈고하지 않은 자를〉 비방할 것이다.'라고 할 것이다.

이런 까닭에 이 집안 사람이 두루

畢云 偏은 舊作徧요 一本如此라 下同이라하다

畢沅 : '偏'은 舊本에는 '徧'로 되어 있으며, 어떤 本이 이와 같다. 아래도 같다.

13-4-4 **皆欲得其長上之賞譽**하고 辟(피)**其毁罰**이라 **是以**로 **善言之**하고 **不善言之**하니라

다 윗사람의 賞과 稱讚은 받고자 하고 윗사람의 誹謗과 罰은 피하고자 할 것이다. 이런 까닭에 善한 일도 말해주고 선하지 못한 일도 말해줄 것이다.

畢云 舊脫四字요 一本有라하다

畢沅 : 舊本에는 〈'不善言之'〉 4자가 빠져 있으며, 어떤 本에는 있다.

13-4-5 **家君**은 **得善人而賞之**하고 **得暴人而罰之**니 **善人之賞而暴人之罰**하면 **則家必治矣**리라 **然計若家之所以治者**는 **何也**오 **唯以尙同一義爲政故也**일새니라

家君은 선한 사람을 잘 찾아내어 그에게 賞을 내리고 포악한 사람을 잘 찾아내어 그에게 벌을 내려야 하니, 선한 사람이 賞을 받고 포악한 사람이 罰을 받는다면 집안은 반드시 다스려질 것이다. 그렇다면 이 집안이 다스려지는 이유를 헤아려보건대 무엇이겠는가. 오직 尙同하여 義를 동일하게 하여 정치를 하기 때문이다.

13-5-1 **家既已治**어든 **國之道盡此已邪**(야)아 **則未也**니라 **國之爲家數也甚多**어늘

집안이 이미 잘 다스려졌다면, 나라의 도가 이것으로 다한 것이겠는가. 아직은 아니다. 나라 안의 집의 수가 매우 많은데,

國之는 **舊本**에 **作天下**하다 **畢云 天下下**에 **當脫之字**요 **一本**에 **天下**는 **作國之**라하다 **詒讓案 國之**가 **是**라 **下文**에 **云 天下之爲國數也甚多**라하니 **則此**는 **不當作天下**가 **明矣**라 **今據正**하다

'國之'는 舊本에 '天下'로 되어 있다.

畢沅 : '天下' 아래에 응당 '之'자가 빠져 있으며, 어떤 本에 '天下'는 '國之'로 되어 있다.

詒讓案 : '國之'가 옳다. 아래 글에 "天下之爲國數也甚多(天下에 나라의 수가 매우 많다.)"라 하였으니, 여기서는 응당 '天下'라고 써서는 안 됨이 분명하다. 이제 이에 의거하여 바로잡는다.

13-5-2 **此皆是其家**하고 **而非人之家**라 **是以**로 **厚者有亂**하고 **而薄者有爭**이라 **故**로 **又使家君**이 **總其家之義**하여

이들이 모두 자기 집안을 옳다 하고 남의 집안을 그르다 한다. 이런 까닭에 심한 경우에는 亂이 있고 가벼운 경우에는 분쟁이 있다. 그러므로 또 家君으로 하여금 자기 집안의 義를 모아

畢云 舊脫此字요 **一本有**라하다

畢沅 : 舊本에는 '此'자가 빠져 있으며, 어떤 本에는 있다.

13-5-3 以尙同於國君하고 **國君**도 **亦爲發憲布令於國之衆**하여 **曰 若見愛利國者**어든 **必以告**하며 **若見惡賊國者**어든 **亦必以告**하라 **若見愛利國以告者**도 **亦猶愛利國者也**니 **上得且賞之**요 **衆聞則譽之**요 **若見惡賊國不以告者**도 **亦猶惡賊國者也**니 **上得且罰之**요 **衆聞則非之**리라 **是以**로 **徧若國之人**이 **皆欲得其長上之賞譽**하고 **避其毁罰**이라 **是以**로 **民見善者**어든 **言之**하고 **見不善者**어든 **言之**하니라 **國君**은 **得善人而賞之**하고 **得暴人而罰之**하니 **善人賞而暴人罰**이면 **則國必治矣**니라 **然計若國之所以治者**는 **何也**오 **唯能以尙同一義爲政故也**일새니라

國君에 尙同하고 國君 또한 이를 위하여 나라 안의 뭇사람에게 法令을 펴게 하여 〈國君이〉 말하기를 '만일 나라를 사랑하고 이롭게 하는 자를 보거든 반드시 이를 고하며, 만일 나라를 미워하여 해치는 자를 보거든 또한 반드시 이를 고하라. 만일 나라를 사랑하고 이롭게 하는 자를 보고서 이를 고한다면 이 역시 나라를 사랑하고 이롭게 하는 자이니, 윗사람이 〈이러한 실정을〉 알고서 그에게 賞을 내리려 할 것이며 뭇사람들이 이 사실을 들으면 그 〈고한 자를〉 칭찬할 것이다. 만일 나라를 미워하여 해치는 자를 보고서 이를 고하지 않는다면 이 역시 나라를 미워하여 해치는 자이니, 윗사람이 〈이러한 실정을〉 알고서 그에게 罰을 내리려 할 것이며 뭇사람들이 이 사실을 들으면 그 〈고하지 않은 자를〉 비방할 것이다.'라고 할 것이다.

이런 까닭에 이 나라 사람이 두루 다 윗사람의 賞과 稱讚은 받고자 하고 윗사람의 誹謗과 罰은 피하고자 할 것이다. 이런 까닭에 백성이 善한 자를 보면 말해주고 선하지 못한 자를 보아도 말해줄 것이다. 國君은 善한 사람을 잘 찾아내어 그에게 賞을 내리고 暴惡한 사람을 잘 찾아내어 그에게 罰을 내려야 하니, 선한 사람이 賞을 받고 포악한 사람이 罰을 받는다면 나라는 반드시 다스려질 것이다. 그렇다면 이 나라가 다스려지는 이유를 헤아려보건대 무엇이겠는가. 오직 능히 尙同하여 義를 하나로 하여 정치를 하기 때문이다.

13-6-1 **國旣已治矣**어든 **天下之道盡此已邪**아 **則未也**니라 **天下之爲國數也甚多**어늘 **此皆是其國**하고

나라가 이미 잘 다스려졌다면, 천하의 도가 이것으로 다한 것이겠는가. 아직은 아니다. 천하 안의 나라의 수는 대단히 많은데, 이들이 모두 자기 나라를 옳다 하고

畢云 舊脫其字요 一本有라하다

畢沅 : 舊本에는 '其'자가 빠져 있으며, 어떤 本에는 있다.

13-6-2 **而非人之國**이라 **是以**로 **厚者有戰**하고 **而薄者有爭**이라 **故**로 **又使國君**으로 **選其國之義**하여 **以尙同於天子**하고

남의 나라를 그르다 한다. 이런 까닭에 심한 경우에는 戰亂이 있고 심하지 않은 경우에는 分爭이 있다. 그러므로 또 國君으로 하여금 자기 나라의 義를 모아 天子에 尙同하고

舊本에 以下에 有義字라 畢云 一本에 無此字니 是라하다 兪云 下義字는 衍文이라 上文에 云 故로 又使家君總其家之義하여 以尙同於國君이라하고 下文에 云 天子又總天下之義하여 以尙同於天이라하여 竝無下義字니 是其證也라 上下文竝言總이어늘 而此言選하니 選도 亦總也라 詩猗嗟篇에 舞則選兮라한대 毛傳[25]에 訓選爲齊하니 選其國之義는 猶齊其國之義라 曰總曰選은 文異而義同也라 史記[26]仲尼弟子列傳에 任不齊[27]는 字가 選이라하니 是選이 有齊義라 賈子[28]等齊篇에 曰 撰(선)然히 齊等이라한대 撰은 與選

25) 毛傳 : ≪毛詩故訓傳≫의 약칭이다. 漢나라 때 魯나라의 毛亨(大毛公)이 ≪詩故訓傳≫을 지어 趙나라의 毛萇(小毛公)에게 전수한 것이라고 한다. 毛亨은 經學에 정통하여 漢代 경학을 집대성하였다고 평가된다. 저서에 ≪毛詩傳≫, ≪周禮注≫ 등이 있다.

26) 史記 : 西漢의 司馬遷이 편찬한 紀傳體 역사서로, 상고시대 黃帝에서 漢 武帝에 이르는 3,000여 년간의 역사를 다루고 있으며, 뒤에 나온 ≪漢書≫·≪後漢書≫·≪三國志≫와 함께 '前四史'라 불린다. 本紀 12篇, 世家 30篇, 列傳 70篇, 表 10篇, 書 8篇, 모두 130篇으로 구성되어 있다.

27) 任不齊 : 춘추시대 楚나라 當陽侯로, 字는 子選이다.

通이라하다 **戴說**이 **同**이라 **案 一本**이 **是也**니 **今據刪**하다

舊本에는 〈'以尙同於天子'의〉 '以' 아래에 '義'자가 있다.

畢沅 : 어떤 本에는 이 글자(義)가 없으니, 이것이 옳다.

兪樾 : 아래의 '義'자는 잘못 들어간 글자이다. 위 글에 "故又使家君總其家之義 以尙同於國君"이라 하였으며, 아래 글에 "天子又總天下之義 以尙同於天"이라 하여 모두 아래에 '義'자가 없으니, 이것이 그 증거이다. 위아래 글에는 모두 '總'이라고 하면서 이 글에서는 '選'이라 하였으니, '選' 또한 '總'인 것이다. ≪詩經≫ 〈齊風 猗嗟〉에 '舞則選兮'라 하였는데, 〈毛傳〉에는 '選'을 '齊(가지런히 하다)'라고 풀이하였으니, '選其國之義'는 '齊其國之義'와 같다. '總'이니 '選'이니 말하는 것은 글자는 다르고 뜻은 같다. ≪史記≫ 〈仲尼弟子列傳〉에 "任不齊는 字가 選이다."라 하였으니, 이 '選'에 '齊'의 뜻이 있는 것이다. ≪賈子(新書)≫ 〈等齊〉에 "撰然齊等(가지런히 고르게 하다.)"이라 하였는데, '撰'은 '選'과 통한다.

戴望의 說이 같다.

案 : 〈畢沅이 보았던〉 한 本이 옳으니, 이제 이에 의거하여 〈'義'를〉 삭제한다.

13-6-3 **天子**도 **亦爲發憲布令於天下之衆**하여 **曰 若見愛利天下者**어든 **必以告**하며 **若見惡賊天下者**어든 **亦以告**하라 **若見愛利天下以告者**도 **亦猶愛利天下者也**니 **上得則賞之**하며 **衆聞則譽之**요 **若見惡賊天下不以告者**도 **亦猶惡賊天下者也**니 **上得且罰之**하며

天子 또한 이를 위하여 천하의 뭇사람에게 法令을 펴게 하여 〈天子가〉 말하기를 '만일 천하를 사랑하고 이롭게 하는 자를 보거든 이를 고하며, 만일 천하를 미워하여 해치는 자를 보거든 또한 이를 고하라. 만일 천하를 사랑하고 이롭게 하는 자를 보고서 이를 고한다면 이 역시 천하를 사랑하고 이롭게 하는 자와 같으니, 윗사람이 〈이러한 실정을〉 알고서 그에게 賞을 내리려 할 것이며 뭇사람들이 이 사실을 들으면 그 〈고한 자를〉 칭찬할 것이다. 만일 천하를 미워하여 해치는 자를

28) 賈子 : 漢나라 賈誼(B.C. 200~B.C. 168)가 찬한 책으로, 모두 10권이다. ≪賈誼新書≫ 또는 ≪賈子新書≫라고도 한다. 前 5권은 條奏文이며, 後 5권은 先賢의 禮樂政術 등을 인용·서술하였다. 원본은 58편이라고 하는데, 이 중 3편이 전하지 않는다. 賈子는 賈誼를 말한다.

보고서 이를 고하지 않는다면 이 역시 천하를 미워하여 해치는 자와 같으니, 윗사람이 〈이러한 실정을〉 알고서 그에게 罰을 내리려 할 것이며

畢云 且는 一本에 作則이라하다

畢沅 : '且'는 어떤 本에는 '則'으로 되어 있다.

13-6-4 衆聞則非之리라 是以로 偏天下之人이 皆欲得其長上之賞譽하고 避其毁罰이라 是以로 見善不善者면 告之하니라 天子는 得善人而賞之하고 得暴人而罰之하니 善人賞而暴人罰이면 天下必治矣리라 然計天下之所以治者는 何也오 唯而(능)以尙同一義爲政故也일새니라

뭇사람들이 이 사실을 들으면 그 〈고하지 않은 자를〉 비방할 것이다.'라고 할 것이다.

이런 까닭에 온 천하 사람이 모두 윗사람의 賞과 稱讚은 받으려 하고 윗사람의 誹謗과 罰은 피하려 할 것이다. 이런 까닭에 善한 자와 不善한 자를 보면 이를 고할 것이다. 天子는 선한 사람을 잘 찾아내어 그에게 상을 내리고 暴惡한 사람을 잘 찾아내어 그에게 벌을 내리니, 선한 사람이 상을 받고 포악한 사람이 벌을 받는다면 천하는 반드시 다스려질 것이다. 그렇다면 천하가 다스려지는 이유를 헤아려보건대 무엇이겠는가. 오직 〈윗사람에게〉 尙同하여 義를 하나로 하여 정치를 하기 때문이다.

畢云 一本에 無而字니 非라 而은 同能이라하다

畢沅 : 어떤 本에는 '而'자가 없으니, 옳지 않다. '而'은 '能'과 같다.

13-7-1 天下旣已治로대

천하가 이미 다스려졌으나

畢云 旣는 一本에 作計하니 非라하다

畢沅 : '旣'는 어떤 本에는 '計'로 되어 있으니, 옳지 않다.

13-7-2 **天子**는 **又總天下之義**하여 **以尙同於天**하니라

天子는 또 천하의 義를 모아서 하늘에 尙同한다.

舊本에 **天下**도 **亦作天子**하다 **兪云 當作天子**는 **又總天下之義**하여 **以尙同於天**하니 **義見上下文**이라하다 **案 兪校是也**니 **今據正**하다

舊本에는 '天下' 역시 '天子'로 되어 있다.
兪樾 : 응당 "天子 又總天下之義 以尙同於天"이 되어야 하니, 뜻이 위아래 글에 보인다.
案 : 兪樾의 校勘이 옳으니, 이제 이에 의거하여 바로잡는다.

13-7-3 **故當尙同之爲說也**를

그러므로 응당 尙同의 설을

同은 **舊本**에 **作用**하니 **蓋與下文互譌**[29]라 **蘇云 用**은 **當作同**이라하니 **是也**라 **今據正**하다

'同'은 舊本에 '用'으로 되어 있으니, 아마도 아래 글과 서로 뒤바뀌어 잘못된 듯하다. 蘇時學은 "'用'은 응당 '同'이 되어야 한다."라 하였으니, 옳다. 이제 이에 의거하여 바로잡는다.

13-7-4 **尙用之天子**하면

위로 天子에게 적용하면

舊本에 **用作同**하다 **畢云 一本**에 **作上同**이라한대 **王改尙用**하고 **云 舊本**에 **用作同**한대 **涉上句而誤**하니 **今據下文改**라하다 **案 王校是也**니 **今從之**라 **蘇云 當作上用**이라하다

29) 互譌 : 古籍의 글 上下 兩句의 文字가 서로 뒤바뀌어 잘못된 것을 말한다. 淸나라 兪樾의 ≪古書疑義擧例≫ 〈上下兩句互誤例〉에 "古書에서 上下의 兩句가 나란히 배열된 경우 傳寫하면서 그 글자가 서로 뒤바뀌어 잘못된 것이다.〔古書有上下兩句平列 而傳寫互誤其字者〕"라 하였다. ≪詩經≫ 〈江漢〉에 "江漢浮浮 武夫滔滔"라 하였는데, 王引之는 "응당 '江漢滔滔 武夫浮浮'가 되어야 한다. 經을 轉寫하는 자가 '滔滔'와 '浮浮'를 뒤바꿔 잘못 전사한 것이다."라 하였다.

舊本에는 '用'이 '同'으로 되어 있다. 畢沅은 "어떤 本에는 '上同'으로 되어 있다."라 하였는데, 王念孫이 '尙用'으로 고치면서 말하기를 "舊本에는 '用'이 '同'으로 되어 있는데, 위 구절에 영향을 받아서 잘못된 것이니, 이제 아래 글에 의거하여 고친다."라 하였다.

案 : 王念孫의 校勘이 옳으니, 이제 이를 따른다.

蘇時學 : 응당 '上用'이 되어야 한다.

13-7-5 可以治天下矣요 中用之諸侯하면 可而治其國矣요

천하를 다스릴 수 있으며, 가운데로 제후에게 적용하면 자기 나라를 다스릴 수 있으며,

王引之云 而는 與以同義라 故로 二字는 可以互用이라하다 案 王說이 是也라 詳尙賢下篇이라

王引之 : '而'는 '以'와 뜻이 같다. 그러므로 두 자는 서로 대체하여 쓸 수 있다.

案 : 王引之의 說이 옳다. ≪墨子≫ 〈尙賢 下〉에 자세히 보인다.

13-7-6 (小)〔下〕[30]用之家君하면 可而治其家矣니라

아래로 家君에게 적용하면 자기 집안을 다스릴 수 있을 것이다."

王引之云 小用之는 當作下用之니 與尙用之中用之로 對文이며 下文의 小用之는 則與大用之로 對文이라 今本에 下用이 作小用者는 卽涉下文小用之하여 而誤라하다

王引之 : '小用之'는 응당 '下用之'가 되어야 하니, '尙用之'・'中用之'와 對文이며, 아래 글의 '小用之'는 '大用之'와 對文이다. 今本에 '下用'이 '小用'으로 되어 있는 것은 아래 글인 '小用之'에 영향을 받아 잘못된 것이다.

13-7-7 是故로 大用之면 治天下不窕요 小用之면 治一國一家而不橫者는

이런 까닭에 '이를 크게 쓰면 천하를 다스림에 부족함이 없으며, 이를 작게 쓰

30) (小)〔下〕: 저본에는 '小'로 되어 있으나, 王引之의 주에 의거하여 '下'로 바로잡았다.

면 한 나라와 한 집안을 다스림에 막힘이 없다.'는 것은

畢云 爾雅[31]에 云 窕는 閒(간)也라하니 猶云無閒이라하다 王云 畢說은 非也라 窕는 不滿也요 橫은 充塞(색)也라 孔子閒居에 以橫於天下라한대 鄭[32]注에 橫은 充也라하며 祭義에 曰 置之而塞乎天地요 溥之而橫乎四海라하니 以小居大면 則窕요 以大入小면 則塞(색)이라 唯此尙同之道는 則大用之하면 治天下而不窕하며 小用之하면 治一國一家而不塞(색)也라 大戴記王言篇에 曰 布諸(저)天下而不窕요 內(납)諸尋常之室而不塞(색)이라하다 又云 廣雅[33]에 曰 窕는 寬也라하며 昭二十一年左傳에 鍾小者不窕[34]라한대 杜[35]注에 曰 窕는 細不滿也라하며 呂氏春秋[36]適音篇에 不詹則窕라한대 高[37]注에 云 窕는 不滿密也라하다

---

31) 爾雅 : 중국 最古의 訓詁書이다. ≪釋名≫ 또는 ≪釋言≫이라고도 한다. 저자와 편찬 시기는 분명치 않으며, 戰國時代(B.C. 403~B.C. 221) 말에서 前漢時代 武帝(B.C. 141~B.C. 87 재위) 사이일 것으로 추정할 뿐이다. ≪爾雅≫의 經文을 풀이하여 注를 낸 郭璞(276~324)의 ≪爾雅注≫와, ≪爾雅≫의 경문과 ≪爾雅注≫를 풀이한 邢昺(932~1010)의 ≪爾雅疏≫가 가장 널리 알려져 있다. 唐 高祖 때의 國學博士인 陸德明(550~630)이 ≪爾雅音義≫를 짓고 자신의 저서인 ≪經典釋文≫에 수록하였다.

32) 鄭 : 中國 後漢 때의 儒學者인 鄭玄(127~200)을 가리킨다. 자는 康成이고, 高密 사람이다. 경학의 今文과 古文 외에 天文, 曆數에 정통하였다. ≪周易≫, ≪尙書≫, ≪毛詩≫, ≪周禮≫, ≪儀禮≫, ≪禮記≫, ≪論語≫, ≪孝經≫ 등 경서에 주를 달았다.

33) 廣雅 : ≪博雅≫라고도 한다. 北魏 太和(227~232) 연간에 魏나라 학자 張揖이 ≪三蒼≫과 ≪說文解字≫ 등을 참고하여 ≪爾雅≫를 증보한 것이다. 총 10권이다. 古書의 字句를 해석하였으며 經書를 고증하고 주석을 달았다. 淸나라 王念孫(1744~1832)이 이를 증보하여 ≪廣雅疏證≫과 ≪釋大≫를 지었다.

34) 鍾小者不窕 : ≪春秋左氏傳≫ 昭公 21년 조에 "鍾音之器也……小者不窕 大者不槬 則和於物 物和則嘉成(鍾은 音을 내는 器具이다.……작은 樂器는 소리가 너무 가늘지 않고 큰 악기는 소리가 너무 굵지 않으면, 악기들의 소리와 調和를 이루고, 악기들의 소리가 조화를 이루면 아름다운 音樂이 이루어진다.)"이라 하였다.

35) 杜 : 杜預(222~284)이다. 西晉의 京兆 杜陵 사람으로, 字는 元凱이다. 저서에 ≪春秋經傳集解≫가 있다.

36) 呂氏春秋 : 秦나라의 呂不韋(?~B.C. 235)가 食客에게 저술을 맡겨 편찬한 것이다. 총 26권이다. 儒家를 중심으로 道家·墨家·法家·農家·陰陽家 등 선진시대의 諸說과 說話를 채택하여 수록하였다. 선진시대 사상사를 연구하는 데 주요한 자료로 꼽힌다.

37) 高 : 高誘(?~?)를 가리킨다. 涿郡 涿縣 사람이다. 後漢 末年에 활동했고, 馬融의 再傳弟子

畢沅 : ≪爾雅≫에 "'窕'는 '閒(사이지다, 틈나다)'이다."라 하였으니, 〈'不窕'는〉 '無閒(빈틈이 없다.)'이라고 말하는 것과 같다.

王念孫 : 畢沅의 說은 옳지 않다. '窕'는 채워지지 않는다는 뜻이고, '橫'은 채워 막는다〔充塞〕는 뜻이다. ≪禮記≫ 〈孔子閒居〉에 "以橫於天下"라 하였는데, 鄭玄의 注에 "'橫'은 '充(채운다)'이다."라 하였으며, ≪禮記≫ 〈祭義〉에 "置之而塞乎天地 溥之而橫乎四海(이것을 세워두면 천지를 꽉 매우고, 이것을 펼쳐두면 사해에 퍼진다.)"라 하였으니, 작은 것을 큰 데에 두면 공간이 남고〔窕〕 큰 것을 작은 데에 넣으면 미어진다〔塞〕. 이 尙同의 道는 이를 크게 쓰면 천하를 다스리더라도 부족함이 없고〔不窕〕, 이를 작게 쓰면 한 나라 한 집안을 다스리더라도 미어지지 않는다〔不塞〕는 말이다. ≪大戴禮記≫ 〈王言〉에 "布諸天下而不窕 內諸尋常之室而不塞(천하에 펼치더라도 부족함이 없으며, 내실에 들여놓아도 미어지지 않는다.)"이라 하였다.

王念孫 : ≪廣雅≫에 "'窕'는 '寬(넓다)'이다."라 하였으며, ≪春秋左氏傳≫ 昭公 21년 조에 "鍾小者不窕(鍾은, 작은 樂器는 소리가 너무 가늘지 않다.)"라 하였는데, 杜預의 注에 "'窕'는 소리가 가늘어서 만족스럽지 못한 것이다."라 하였으며, ≪呂氏春秋≫ 〈適音〉에 "不詹則窕(넉넉하지 못하면 만족스럽지 않다.)"라 하였는데, 高誘의 注에 "'窕'는 빽빽하게 채워지지 않는 것이다."라 하였다.

13-7-8 **若道之謂也**라 **故**로 **曰 治天下之國**이 **若治一家**요 **使天下之民**이 **若使一夫**라하니 **意獨子墨子有此**하고 **而先王(無此其有邪)〔無有此邪〕**[38]아

이 道를 두고 한 말이다. 그러므로 말하기를 "천하의 나라를 다스리는 것이 마치 한 집안을 다스리는 것과 같으며, 천하의 인민을 부리는 것이 마치 한 사람을 부리는 것과 같다."라 하였으니, 어찌 유독 子墨子께만 이러한 도가 있고 先王은 이러한 도가 없으셨겠는가.

疑當作無有此邪하다 **其字**는 **衍**이라

로 ≪淮南子≫ · ≪呂氏春秋≫ · ≪戰國策≫에 대한 주석이 있다.

38) (無此其有邪)〔無有此邪〕: 저본에는 '無此其有邪'로 되어 있으나, 孫詒讓의 주에 의거하여 '無有此邪'로 바로잡았다.

〈'無此其有邪'는〉 아마도 응당 '無有此邪'가 되어야 할 듯하다. '其'는 잘못 들어간 것이다.

13-7-9 **則亦然也**니라 **聖王皆以尙同爲政**이라 **故**로 **天下治**니라 **何以知其然也**오 **於先王之書也**에 **大**(태)**誓之言**이 **然**하니

先王 또한 그러하시다. 聖王께서는 모두 尙同으로써 정치를 하였다. 그러므로 천하가 다스려졌다. 무엇으로 그러함을 아는가. 선왕의 글에 〈太書(泰書)〉의 말씀이 그러하니,

書敍[39]에 **云 惟十有一年**에 **武王伐殷**할새 **一月戊午**에 **師渡孟津**하고 **作泰誓**라한대 **古書**에 **泰**는 **皆作大**(태)하다 **僞孔傳**[40]에 **云 大會以誓衆**이라하니 **則作大是**라

〈書敍〉에 이르기를 "惟十有一年 武王伐殷 一月戊午 師渡孟津 作泰誓(11년에 武王이 殷을 정벌할 적에, 1월 무오일에 군대가 孟津을 건너고 〈泰誓〉를 지었다.)"라 하였는데, 古書에 '泰'는 모두 '大'로 되어 있다. ≪僞古文尙書≫의 孔安國의 傳에 "大會以誓衆(대회를 얻어 무리에 맹서하였다.)"이라 하였으니, '大'로 쓰는 것이 옳다.

13-7-10 **曰 小人**아 **見姦巧**어든 **乃聞**이어다 **不言也**면 **發罪鈞**이리라

말하기를 "사람들아. 간악하고 교활한 일을 보거든 바로 고하라. 말하지 않은 것이 발각되면 그 죄가 같을 것이다."라 하였다.

畢云 孔書에 **無此文**이라하다 **蘇云 發**은 **當作厥**이라 **今泰誓**에 **云 厥罪惟鈞**이라한대 **江聲**[41]**云 發**은 **謂發覺也**요 **鈞**은 **同也**니 **言知姦巧之情而匿不以告**라가 **比事發覺**이면 **則**

---

39) 書敍 : 〈小序〉와 〈大序〉가 있다. 예부터 전해오는 ≪尙書≫의 서문으로 漢나라 때 魯恭王이 궁전을 지으려고 孔子가 살던 집을 헐었을 때 여러 가지 고서와 함께 얻은 것이다. ≪尙書≫ 각 편이 쓰인 연유를 간략히 설명하고 있다.

40) 僞孔傳 : 위조된 孔安國의 ≪尙書傳≫을 일컫는다. 약칭으로 '僞孔', '僞傳'이라 불리기도 한다.

41) 江聲 : 1721~1799. 字는 鯨濤·叔雲이며, 號는 艮庭이다. 江蘇 元和(지금의 蘇州) 사람이다. 淸나라 經學家이자 書法家이다. 저서에 ≪尙書集注音疏≫ 12卷, 附 ≪補誼≫ 9條, ≪識

其罪與彼姦巧者同이라하다

畢沅 : ≪僞古文尙書≫에는 이 글이 없다.

蘇時學 : '發'은 응당 '厥'이 되어야 한다. 지금의 ≪尙書≫ 〈周書 泰誓〉에 "厥罪惟鈞(그 죄가 같다.)"이라 하였는데, 江聲은 "'發'은 '發覺(발각되다)'이고, '鈞'은 '同(같다)'이니, 姦巧한 實情을 알고 있으면서도 숨기고서 고하지 않다가 이 일이 발각된다면 그 죄가 저 姦巧한 자와 같다는 말이다."라 하였다.

13-7-11 **此**는 **言見淫**辟**不以告者**는 **其罪**가 **亦猶淫**辟**者也**니라

이는 淫辟한 자를 보고서 이를 고하지 않는 자는 그 죄 또한 淫辟한 자와 같다는 말이다.

13-8-1 **故**로 **古之聖王治天下也**엔 **其所差論以自左右羽翼者 皆良**

그러므로 옛날 聖王이 천하를 다스리던 때에는 拔擢하여 자신의 補佐로 삼았던 자들이 모두 훌륭한

王云 差論은 **皆擇也**라 **爾雅**[42]에 **曰 旣差我馬**라한대 **差**는 **擇也**며 **所染篇**에 **曰 故**로 **善爲君者 勞於論人**하고 **而佚於治官**이라하며 **呂氏春秋當染篇**이 **同**한대 **高注**에 **論**은 **猶擇也**라하며 **非攻篇**에 **差論其爪牙之士 比列其舟車之衆**이라하니 **義與此同**이라하다

王念孫 : '差'와 '論'은 모두 '擇(고르다)'이다. ≪爾雅≫에 "旣差我馬(내 말을 골라놓고서)"라 하였는데 '差'는 '擇(고르다)'이며, ≪墨子≫ 〈所染〉에 "故善爲君者 勞於論人 而佚於治官(임금 노릇을 잘하는 자는 인재를 가려 쓰는 데에는 수고롭고, 관리를 다스리는 데에는 편안하다.)"이라 하였으며, ≪呂氏春秋≫ 〈當染〉이 〈≪墨子≫ 〈所染〉의 "故善爲君者 勞於論人 而佚於治官"과〉 같은데 高誘의 注에 "'論'은 '擇(고르다)'과 같다."라 하였으며, ≪墨子≫ 〈非攻 中〉에 "差論其爪牙之士 比列其舟車之衆(용맹한 군사를 선발하고 배와 수레의 병졸을 진열하여)"이라 하였으니, 뜻이 이 대목과 같다.

僞字≫ 1條, 前后 ≪逑外編≫ 1卷이 있다.

42) 爾雅 : 저본의 傍注에 "여기에서 인용한 ≪爾雅≫는 〈釋畜〉에 보인다."라고 하였다.

13-8-2 (外爲)[43]之人이요

사람이었고,

外爲二字는 疑誤라

'外爲' 두 자는 잘못 들어간 듯하다.

13-8-3 助之視聽者衆이라 故로 與人謀事에 先人得之하며 與人擧事에 先人成之하여 光譽令聞이 先人發之하니

〈聖王이〉 보고 듣는 것을 돕는 사람들이 많았다. 그러므로 다른 사람과 일을 謀議하더라도 남보다 먼저 계책을 얻으며 다른 사람과 동시에 일을 擧行하더라도 남보다 먼저 성취하여 빛나는 영예와 좋은 명성이 남보다 먼저 드러났으니,

光은 舊本에 作先之하다 畢云 二字는 一本에 作光하니 是라 今據改하다 兪云 光廣은 古通用하니 光譽는 卽廣譽라 孟子曰 令聞廣譽施於身이라하다 案 兪校是也라 非命下篇에 作光譽令問하니 問은 與聞字通이라 禮記孔子閒居鄭注에 云 令은 善也니 言以名德善聞이라

〈'光譽令聞'의〉 '光'은 舊本에 '先之'로 되어 있다.

畢沅 : 〈'先之'〉 두 자는 어떤 本에 '光'으로 되어 있으니, 옳다. 이제 이에 의거하여 고친다.

兪樾 : '光'과 '廣'은 옛날에는 通用하였으니, '光譽'는 곧 '廣譽'이다. ≪孟子≫ 〈告子 上〉에 "令聞廣譽施於身(좋은 명성과 넓은 명예가 몸에 갖추어져 있으니)"이라 하였다.

案 : 兪樾의 校勘이 옳다. ≪墨子≫ 〈非命 下〉에는 "光譽令問"으로 되어 있으니, '問'은 '聞'과 글자를 통용한다. ≪禮記≫ 〈孔子閒居〉 鄭玄의 注에 "'令'은 '善(좋다)'이니, 〈'令聞'은〉 名德(이름난 덕성)과 善聞(좋은 명성)을 말한다."라고 하였다.

13-8-4 唯信身而從事라 故로 利若此니라 古者에 有語焉에 曰 一目之視也는

오로지 수족이 될 사람들을 믿고 일하였기 때문에 그 이로움이 이와 같았다. 옛

---

43) (外爲) : 저본에는 '外爲'가 있으나, 孫詒讓의 주에 의거하여 衍文으로 처리하였다.

날 말씀에 "한쪽 눈으로 보는 것은

畢云 舊脫之字요 一本有라하다

畢沅 : 舊本에는 '之'자가 빠져 있으며, 어떤 本에는 있다.

13-8-5 不若二目之(視)〔睹〕[44]也며 一耳之聽也는 不若二耳之(聽)〔聰〕[45]也며

양쪽 눈으로 밝게 보는 것만 못하며, 한쪽 귀로 듣는 것은 양쪽 귀로 밝게 듣는 것만 못하며,

以下二句文例로 校之컨대 疑二目之視의 視는 當作睹하고 二耳之聽의 聽은 當作聰이어늘 今本에 皆傳寫掍之하다

아래의 두 구절의 文例를 가지고 헤아려보건대, 아마도 '二目之視'의 '視'는 응당 '睹'가 되어야 하고 '二耳之聽'의 '聽'은 응당 '聰'이 되어야 하는데, 今本에는 모두 傳寫하면서 섞여버렸다.

13-8-6 一手之操也는 不若二手之彊也라하니라

한 손으로 잡는 것이 두 손으로 강하게 잡는 것만 못하다."라는 말이 있다.

畢云 舊脫之字요 一本有라하다

畢沅 : 舊本에는 '之'자가 빠져 있으며, 어떤 本에는 있다.

13-8-7 夫唯能信身而從事라 故로 利若此니라 是故로 古之聖王之治天下也엔 千里之外에 有賢人焉이면 其鄕里之人이 皆未之均聞見也라도

무릇 오로지 手足이 될 사람들을 믿고 일하였기 때문에 이로움이 이와 같았다. 이런 까닭에 옛날 聖王이 천하를 다스릴 때에는 천 리 밖에 賢人이 있으면 그 鄕

44) (視)〔睹〕 : 저본에는 '視'로 되어 있으나, 孫詒讓의 주에 의거하여 '睹'로 바로잡았다.
45) (聽)〔聰〕 : 저본에는 '聽'으로 되어 있으나, 孫詒讓의 주에 의거하여 '聰'으로 바로잡았다.

里의 사람들이 두루 다 보고 듣지 못하였더라도

說文[46]**土部**에 **云 均**은 **平徧也**라한대 **此與中篇**에 **云 室人未徧知**하고 **鄕里未徧聞**이라하니 **義同**이라

《說文解字》〈土部〉에 "'均'은 '平徧(고르다)'이다."라 하였다. 이 대목은 《墨子》〈尙同 中〉에서 "室人未徧知 鄕里未徧聞(그 집안 사람들이 두루 알지 못하고 鄕里의 사람들이 두루 듣지 못하였더라도)"이라 한 것과 뜻이 같다.

13-8-8 **聖王**은 **得而賞之**하며 **千里之內**에 **有暴人焉**이면 **其鄕里〔之人〕**[47]이

聖王은 그를 찾아내어 賞을 내렸고, 천 리 안에 暴惡한 사람이 있으면 그 鄕里의 사람들이

畢云 據上文컨대 **當有之人二字**라하다

畢沅 : 위 글에 의거해보건대, 〈'鄕里' 뒤에〉 응당 '之人' 두 자가 있어야 한다.

13-8-9 **未之均聞見也**라도 **聖王**은 **得而罰之**라 **故**로 **唯毋以聖王爲聰耳明目與**라도

두루 다 보고 듣지 못하였더라도 聖王은 그를 찾아내어 罰을 내렸다. 그러므로 아무리 聖王이 귀 밝고 눈 밝다 하더라도

王云 唯도 **亦與雖同**이라하다 **案 毋**는 **語詞**라 **詳尙賢中篇**이라

王念孫 : '唯' 또한 '雖'와 같다.

案 : '毋'는 語詞이다. 《墨子》〈尙賢 中〉에 자세히 보인다.

---

46) 說文 : 《說文解字》이다. 後漢의 許愼(B.C. 58?~B.C. 147?)이 20여 년에 걸쳐 완성한 것으로, 漢字의 形·義·音을 체계적이고 종합적으로 설명하였다. 중국 最古의 字書로, 원본은 전하지 않는다. 남아 있는 것은 宋나라 徐鉉이 펴낸 교정본으로 본문 14권과 敍目 1권으로 이루어져 있다. 淸나라 段玉裁의 《說文解字注》가 《說文解字》의 주석서로 가장 널리 알려져 있다.

47) 〔之人〕 : 저본에는 '之人'이 없으나, 畢沅의 주에 의거하여 보충하였다.

13-8-10 豈能一視而通見千里之外哉며 一聽而通聞千里之外哉리오 聖王은 不往而視也요 不就而聽也니라 然而使天下之爲寇亂盜賊者 周流天下라도 無所重足者는

어찌 한 번에 보고서 천 리 밖을 환히 볼 수 있으며, 한 번에 들어서 천 리 밖을 속속들이 들을 수 있겠는가. 성왕은 가서 보지 못하고 가서 듣지 못한다. 그런데도 천하를 어지럽히고 도적질하는 자들이 온 천하를 돌아다녀도 발붙일 데가 없게 한 것은

詩無將大車鄭箋에 云 重은 猶累也라하다

≪詩經≫ 〈小雅 無將大車〉 鄭玄의 箋에 "'重'은 '累(묶다)'이다."라 하였다.

13-8-11 何也오 其以尙同爲政善也일새니라

어째서이겠는가. 그가 尙同으로써 정치를 잘했기 때문이다.

13-9-1 是故로 子墨子曰 凡使民尙同者는 愛民不疾하여도

이런 까닭에 子墨子께서 말씀하셨다.

"무릇 백성으로 하여금 尙同하게 하는 자는 백성을 사랑하는 일에 애써 힘을 쓰지 않더라도

以下文으로 校之컨대 不疾은 疑當作必疾이요 或當云 不可不疾이라 呂氏春秋尊師篇高注[48)]에 云 疾은 力也라하다

아래 글을 가지고 헤아려보건대, '不疾'은 응당 '必疾'이 되거나 혹은 응당 "不可不疾"이라고 말해야 한다. ≪呂氏春秋≫ 〈尊師〉 高誘의 注에 "'疾'은 '力(힘쓰다)'이다."라 하였다.

13-9-2 民無可使니 曰 必疾愛而使之하고 致信而持之하며

---

48) 高注 : ≪呂氏春秋注≫를 말한다. 秦 始皇帝 때 呂不韋(B.C. 292~B.C. 235)가 저술한 ≪呂氏春秋≫에 後漢의 高誘가 注를 단 것이다.

백성을 부릴 게 없으니, 말하기를 '반드시 백성을 사랑하기에 힘쓰면서 백성을 부리고 백성들이 믿도록 힘쓰면서 백성을 지키며

致는 舊本에 譌畋하니 今據道藏本[49]正하다 蘇云 畋은 當作敬이라한대 非라 國語越語韋[50]注[51]에 云 持는 守也라하다

'致'는 舊本에 '畋'으로 잘못되어 있으니, 이제 道藏本에 의거하여 바로잡는다. 蘇時學은 "'畋'은 응당 '敬'이 되어야 한다."라 하였는데, 옳지 않다. ≪國語≫ 〈越語〉 韋昭의 注에 "'持'는 '守(지키다)'이다."라 하였다.

13-9-3 **富貴以道其前**하고 **明罰以率其後**하여 **爲政若此**면 **唯欲毋與我同**이라도

富貴로써 그들의 앞에서 인도하고 분명한 罰로써 그들의 뒤에서 이끌어, 정치를 하는 것이 이와 같으면 비록 나에게 同調하지 말기를 바라더라도

唯는 畢本에 作雖하며 云 舊作唯한대 以意改라하다 王云 古者에 雖與唯通이니 不煩改字라하다 王引之云 禮記少儀에 雖有君賜[52]라한대 鄭注에 曰 雖는 或爲唯라하다 說文에 雖字는 以唯爲聲이라 故로 雖는 可通作唯요 唯도 亦可通作雖라하다

'唯'는 畢沅本에는 '雖'로 되어 있으며, 畢沅은 "舊本에는 '唯'로 되어 있는데, 내가 임의로 고친다."라 하였다.

王念孫 : 옛날에는 '雖'와 '唯'를 통용하였으니, 번거롭게 글자를 고치지 않는다.

王引之 : ≪禮記≫ 〈少儀〉에 "雖有君賜(임금으로부터 하사받을 때라도)"라 하였는데, 鄭玄

49) 道藏本 : 明나라 正統 10년(1445)에 간행한 도교의 경전집인 ≪正統道藏≫에 들어 있는 ≪墨子≫의 판본이다. 明나라의 많은 ≪墨子≫ 刊本들이 이를 토대로 삼았고, 畢沅 등 많은 淸나라 학자들이 이 판본을 대본으로 교감했다.

50) 韋 : 韋昭(204~273)이다. 字는 弘嗣이고 吳郡 雲陽(지금의 江蘇省 丹陽) 사람이다. 삼국시대 유명한 사학자로 東吳의 重臣이었다. 저서로 ≪吳書≫, ≪漢書音義≫, ≪國語注≫, ≪官職訓≫, ≪三吳郡國志≫ 등이 있다.

51) 韋注 : 삼국시대 吳나라의 韋昭가 저술한 ≪國語注≫이다.

52) 雖有君賜 : ≪禮記≫ 〈少儀〉에 "婦人吉事 雖有君賜肅拜(부인은 吉事에 비록 임금으로부터 하사받을 때라도 엄숙히 절한다.)"라고 보인다.

의 注에 "'雖'는 간혹 '唯'로 쓴다."라 하였다. ≪說文解字≫에서 '雖'자는 '唯'를 소리글자로 삼으므로 '雖'는 '唯'로 통용하여 쓸 수 있고, '唯' 또한 '雖'로 통용하여 쓸 수 있다.

13-9-4 將不可得也라하니라 **是以**로 **子墨子曰 今天下王公大人士君子**는 **中情將欲爲仁義**하고

장차 그렇게 할 수가 없을 것이다.'라 하였다."
이런 까닭에 子墨子께서 말씀하셨다.
"지금 천하의 王公大人·士君子는 진실로 장차 仁義를 행하고자 하고

王云 情은 卽誠字니 言誠將欲爲仁義면 則尙同之說不可不察也라 尙賢篇에 曰 且今天下之王公大人士君子 中實將欲爲仁義라한대 實은 亦誠也라 非攻篇에 情不知其不義也라 故로 書其言以遺後世라 若知其不義也면 夫奚說書其不義하여 以遺後世哉아한대 情不知는 卽誠不知니 凡墨子書中에 誠情을 通用者不可枚擧라 又齊策에 臣知誠不如徐公美라한대 劉本에 誠은 作情하다 呂氏春秋具備篇에 三月嬰兒는 慈母之愛諭焉이면 誠也라한대 淮南[53)]繆稱篇에 誠은 作情하다 漢書[54)]禮樂志에 正人足以副其誠이라한대 漢紀에 誠은 作情하니 皆古書誠情이 通用之證이라하다 洪云 中情欲三字는 書中屢見한대 或作中請欲하니 請은 卽情字이며 或作中實欲하니 情은 實也라 其義竝同이라하다

王念孫 : '情'은 '誠'자이니, 진실로 장차 仁義를 하고자 한다면 '尙同'의 說을 살피지 않을 수 없다는 말이다. ≪墨子≫ 〈尙賢 下〉에 "且今天下之王公大人士君子 中實將欲爲仁義(지금 만일 천하의 王公大人·士君子가 진실로 仁義를 행하고자 하고)"라 하였는데, '實'도 '誠

53) 淮南 : ≪淮南子≫를 말한다. 前漢의 淮南王 劉安이 賓客과 方士 수천 명을 불러 지었다고 한다. 內篇 21권, 外篇 33권으로, 현재 내편만 전해진다. '淮南子'라는 명칭은 梁나라 吳均의 ≪西京雜記≫에 처음 보이며, 그 전에는 ≪鴻烈≫ 또는 ≪淮南鴻烈≫이라 하였다. ≪漢書≫ 〈藝文志 雜家〉에 수록되어 있다.

54) 漢書 : ≪前漢書≫라고도 불린다. 後漢의 班固가 편찬한 紀傳體 역사서로, 漢 高祖 원년(B.C. 206)에서 新朝 王莽 地皇 4년(23)까지 230년의 역사를 다루고 있다. 紀 12篇, 表 8篇, 志 10篇, 傳 70篇 등 모두 100편(후대에 120권으로 나눔)으로 구성되어 있다. '二十四史' 중의 하나이며, ≪史記≫·≪後漢書≫·≪三國志≫와 함께 '前四史'라 불린다. 後唐 顔師古의 주석이 있다.

(진실로)'의 뜻이다. ≪墨子≫ 〈非攻 上〉에 "情不知其不義也 故書其言以遺後世 若知其不義也 夫奚說書其不義 以遺後世哉(실로 그것이 不義임을 모르는 것이다. 그렇기 때문에 그 말을 써서 후세에 전한다. 만약 그것이 불의인 줄을 안다면 어찌 불의임을 해설하여 써서 후세에 남길 것인가.)"라 하였는데, '情不知'는 바로 '誠不知'이니, 墨子의 글에서 '誠'과 '情'을 통용한 사례를 일일이 다 들 수조차 없다. 또 ≪戰國策≫ 〈齊策〉에 "臣知誠不如徐公美(신은 진실로 徐公만 한 미남이 아닌 줄을 압니다.)"라 하였는데, 劉本에는 '誠'이 '情'으로 되어 있다. ≪呂氏春秋≫ 〈具備〉에 "三月嬰兒……慈母之愛諭焉 誠也(3개월 된 갓난아기는……자애로운 어머니의 사랑은 이에 견주면 지성스럽다.)"라 하였는데, ≪淮南子≫ 〈繆稱〉에는 '誠'이 '情'으로 되어 있다. ≪漢書≫ 〈禮樂志〉에 "正人足以副其誠(바른 사람은 족히 그의 情에 부합한다.)"이라 하였는데, ≪三國志≫ 〈漢紀〉에는 '誠'이 '情'으로 되어 있으니, 이 모두가 古書에서는 '誠'과 '情'을 通用하였다는 증거이다.

洪頤煊 : '中情欲' 세 글자는 책 속에 자주 보이는데 간혹 '中請欲'으로 되어 있으니 '請'은 곧 '情'자이며, 간혹 '中實欲'으로 되어 있으니 '情'은 '實'이다. 그 뜻은 모두 같다.

13-9-5 **求爲上士**하며

上士가 되고자 하며

士上에 舊本에 無上字한대 王據各篇補하다

'士' 위에 舊本에는 '上'자가 없는데, 王念孫이 各篇에 의거하여 채워 넣었다.

13-9-6 **上欲中聖王之道**하고 **下欲中國家百姓之利**라 **故**로 **當尙同之說而不可不察**이니

위로는 聖王의 道에 부합하기를 바라고 아래로는 국가와 백성들의 이로움에 합치하기를 바란다. 그러므로 마땅히 尙同의 說을 살피지 않아서는 안 된다.

舊本에 作而不察한대 畢云 當云 不可不察이라하다 王亦據補하다

〈'而不可不察'이〉 舊本에는 '而不察'로 되어 있는데, 畢沅이 "〈'不察'은〉 응당 '不可不察'이라고 해야 한다."라 하였다. 王念孫 역시 이에 의거하여 채워 넣었다.

13-9-7 **尙同**은 **爲政之本而治要也**니라

尙同은 정치의 근본이며 정치의 핵심이다."

畢云 當云 治之要也라하다

畢沅 : 〈'治要也'는〉 응당 '治之要也'라고 해야 한다.

兼愛 上 第十四 제14편 아울러 사랑하라 상

墨子는 천하가 어지러워지는 근본 원인을 서로 사랑하지 않는 데〔不相愛〕에서 찾고, 그 해결책으로 차별하지 않고 모두 아울러 서로 사랑하는 것〔兼相愛〕을 제시한다. 남을 자기 몸처럼 사랑하고, 남의 부모를 내 부모처럼 사랑하고, 남의 家나 國을 자기 것처럼 사랑하면 도적질도 침략도 없어져 천하가 평안해진다는 것이다. 〈兼愛 上〉에서는 이러한 兼愛說의 大綱을 제시한다.

邢昺[1]爾雅疏에 **引尸子[2]廣澤篇云 墨子貴兼**이라하다 **畢云 炁**(애)**好之字作炁**라 **從夊者**는 **行皃**라 **經典通用此**라하다

邢昺의 ≪爾雅疏≫에서 ≪尸子≫ 〈廣澤〉을 인용하여 "墨子는 '兼'을 귀하게 여겼다."라 하였다.

畢沅 : '炁好'라고 할 때는 '炁'자를 쓴다. '夊'를 부수로 삼은 것(愛)은 걸어가는 모양을 〈본뜬 것이다.〉 경전에서는 이 〈'炁'와 '愛(愛)'를〉 통용한다.

14-1-1 **聖人**은 **以治天下爲事者也**니 **必知亂之所自起**라야

성인은 천하를 다스리는 일을 하는 사람이니, 반드시 난이 일어나는 원인을 알아야

句라

여기에서 句를 뗀다.

---

1) 邢昺 : 932~1010. 字는 叔明이며, 曹州 濟陰(지금의 山東 曹縣 邢寨村) 사람이다. 宋나라 經學家로 ≪論語注疏≫, ≪爾雅注疏≫, ≪孝經注疏≫ 등의 저서가 있다.

2) 尸子 : 책 이름으로, 戰國時代 楚나라의 尸佼가 지었다고 한다. 宋나라 때까지도 책이 전하였는데 그 뒤에 없어졌고 다른 문헌에 인용된 것이 남아서 전한다.

14-1-2 **焉能治之**요

비로소 잘 다스릴 수 있고,

王引之云 言知亂之所自起라야 乃能治之也라하다 顧[3]云 三焉字는 皆下屬이라하다 案王顧讀(두)가 是也라 焉訓乃니 說詳親士篇이라

王引之 : 난이 일어나는 원인을 알아야 비로소 잘 다스릴 수 있음을 말한 것이다.

顧廣圻 : 세 '焉'자(14-1-2, 14-1-5, 14-1-6)는 모두 아래 구절에 속하는 것이다.

案 : 王引之와 顧廣圻의 구두가 옳다. '焉'의 뜻은 '乃(비로소)'이니, ≪墨子≫ 〈親士〉에서 자세히 설명했다.

14-1-3 **不知亂之所自起**면 **則不能治**라 **譬之**컨대 **如醫之攻人之疾者然**하니

난이 일어나는 원인을 알지 못하면 잘 다스릴 수 없다. 비유하자면 마치 의원이 다른 사람의 병을 고치는 것과 같으니,

小爾雅[4]廣詁에 云 攻은 治也라하다

≪小爾雅≫ 〈廣詁〉에 "'攻'은 '治(다스리다)'이다."라 하였다.

14-1-4 **必知疾之所自起**라야

〈의원이〉 반드시 병이 생긴 원인을 알아야

---

3) 顧 : 顧廣圻(1766~1835)이다. 字는 千里이고, 號는 澗蘋·無悶子·思適居士·一云散人이며, 元和(지금의 江蘇省 蘇州) 사람이다. 淸나라의 교감학자·장서가·목록학자이다. 저서로 ≪思適齋文集≫ 18권이 있으며, ≪墨子(道臧本)≫, ≪說文≫, ≪禮記≫, ≪儀禮≫, ≪國語≫, ≪戰國策≫, ≪文選≫ 등을 교감했다.

4) 小爾雅 : 訓詁學 저작으로, ≪爾雅≫의 체제를 따라 古書에 나오는 詞語를 해석한 책이다. ≪漢書≫ 〈藝文志〉에 ≪小爾雅≫ 1편이 들어 있지만 편찬자의 이름은 전하지 않으며, ≪隋書≫ 〈經籍志〉와 ≪唐書≫ 〈藝文志〉에는 李軌가 주석한 ≪小爾雅≫ 1권이 목록에 있지만 원본은 전하지 않는다. 지금 ≪小爾雅≫라고 하는 것은 ≪孔叢子≫에 일부 수록된 것으로, 모두 13장으로 구성되어 있다.

句라

여기서 구두를 뗀다.

14-1-5 **焉能攻之**요 **不知疾之所自起**면 **則弗能攻**이라 **治亂者何獨不然**이리오 **必知亂之所自起**라야

비로소 잘 고칠 수 있고, 병이 생긴 원인을 알지 못하면 잘 고칠 수 없는 것이다. 난을 다스리는 사람만이 어찌 유독 그렇지 않겠는가. 반드시 난이 일어나는 원인을 알아야

句라

여기서 구두를 뗀다.

14-1-6 **焉能治之**요 **不知亂之所自起**면 **則弗能治**라

비로소 잘 다스릴 수 있고, 난이 일어나는 원인을 알지 못하면 잘 다스릴 수 없다.

14-2-1 **聖人**은 **以治天下爲事者也**니 **不可不察亂之所自起**라 **當**(상)**察亂何自起**면

성인은 천하를 다스리는 일을 하는 사람이니, 난이 일어나는 원인을 살피지 않을 수 없다. 난이 어디에서 일어나는지 한번 살펴보면

當은 讀爲嘗이니 同聲叚借字라 荀子[5]君子篇의 先祖當賢에 楊[6]注云 當은 或爲嘗이라하고 孟子[7]萬章篇에 是時孔子當阸이라하거늘 說苑[8]至公篇에 引當阸하여 作嘗阸이라하니 是

5) 荀子 : 荀子(B.C. 313~B.C. 238, 이름은 況, 字는 卿)의 저술이다. 〈勸學〉, 〈修身〉, 〈性惡〉 등 총 32편으로 구성되어 있다.

6) 楊 : 楊倞이다. 唐 憲宗 연간(805~820) 弘農(지금의 河南省 靈寶縣) 사람이다. 저서로 ≪荀子注≫가 있다.

7) 孟子 : 孟軻(B.C. 372~B.C. 289)의 언행을 제자가 기록한 책으로 유가 경전의 하나이다. 宋

其證이라 嘗은 試也라 下篇에 云 姑嘗本原若衆害之所自生이라하니 語意與此同이라

'當'은 '嘗'으로 읽어야 하니, 同聲假借字이다. ≪荀子≫ 〈君子〉의 "先祖當賢(조상이 일단 賢能하면)"에 대하여 楊倞은 "'當'은 간혹 '嘗'으로 되어 있다."라고 주석을 달았고, ≪孟子≫ 〈萬章〉에 "是時孔子當阨(이때 孔子께서 위험한 일을 당하셨는데)"라 하였는데, ≪說苑≫ 〈至公〉에서 이 '當阨'을 인용하면서 '嘗阨'이라 하였으니, 이것이 그 증거이다. '嘗'은 '試(해보다)'라는 뜻이다. ≪墨子≫ 〈兼愛 下〉에 "姑嘗本原若衆害之所自生(이러한 여러 가지 해로움이 생겨나는 원인을 한번 따져보면)"이라 하였으니, 〈이때의 '嘗'도〉 여기와 뜻이 같다.

14-2-2 起不相愛라 臣子之不孝君父를 所謂亂也니 子自愛不愛父하여 (故)〔欲〕[9] 虧父而自利하고

서로 사랑하지 않는 데서 일어난다. 신하와 자식이 임금과 아버지에게 효성스럽지 않음을 이른바 亂이라 한다. 자식은 자신만을 사랑하고 아버지를 사랑하지 않아 아버지를 손상시켜 자기를 이롭게 하려 하고

故는 意林[10]에 引作欲이니 下同이라

'故'는 ≪意林≫에서 인용하면서 '欲'이라 하였다. 아래도 마찬가지이다.

14-2-3 弟自愛不愛兄하여 (故)〔欲〕虧兄而自利하고 臣自愛不愛君하여

아우는 자신만을 사랑하고 형을 사랑하지 않아 형을 손상시켜 자기를 이롭게

代 이후 '四書'의 하나로 칭해졌다.

8) 說苑 : 前漢의 劉向(B.C. 77?~B.C. 6?)의 저술로, 총 20권이다. 춘추시대로부터 漢나라 초에 이르는 여러 학자의 전기와 일화를 모은 책이다. 宋나라의 曾鞏이 散佚된 것을 보충하였다.

9) (故)〔欲〕: 저본에는 '故'로 되어 있으나, 孫詒讓의 주에 의거하여 '欲'으로 바로잡았다. 아래도 같다.

10) 意林 : 唐 穆宗 때 사람인 馬總(?~823)의 저작으로, 모두 6권이며 諸子百家의 精華를 모은 것이라는 평가를 받고 있다.

하려 하며, 신하는 자신만을 사랑하고 임금을 사랑하지 않아

不下에 舊衍自字하니 今依道藏本删이라 上下文凡言不愛者는 不下에 皆無自字라

〈'不愛君'의〉 '不' 아래에 舊本에는 '自'자가 잘못 더 들어가 있는데, 이제 道藏本에 의거하여 산삭했다. 위아래 글에서 '不愛'라고 하는 경우, 모두 '不' 아래에 '自'자가 없다.

14-2-4 (故)〔欲〕虧君而自利하니 此所謂亂也라 雖父之不慈子하고 兄之不慈弟하고 君之不慈臣이라도 此亦天下之所謂亂也라 父自愛也不愛子하여 (故)〔欲〕虧子而自利하고 兄自愛也不愛弟하여 (故)〔欲〕虧弟而自利하고 君自愛也不愛臣하여 (故)〔欲〕虧臣而自利하니 是何也오 皆起不相愛니라 雖至天下之爲盜賊者라도 亦然하니 盜愛其室不愛(其)[11]異室하여

임금을 손상시켜 자기를 이롭게 하려 하니, 이것이 이른바 亂이라는 것이다. 비록 아버지가 자식에게 자애롭지 않고 형이 아우에게 자애롭지 않으며 임금이 신하에게 자애롭지 않을지라도 이것 역시 천하 사람들이 모두 난이라고 이르는 것이다. 아버지는 자신만을 사랑하고 자식을 사랑하지 않아 자식을 손상시켜 자기를 이롭게 하려 하고, 형은 자신만을 사랑하고 아우를 사랑하지 않아 아우를 손상시켜 자기를 이롭게 하려 하며, 임금은 자신만을 사랑하고 신하를 사랑하지 않아 신하를 손상시켜 자기를 이롭게 하려 하니, 이것은 무엇 때문인가. 모두 서로 사랑하지 않는 데서 일어난다.

비록 천하의 도적질을 하는 자에 이르기까지도 그렇다. 도둑은 자기 가족만 사랑하고 다른 가족은 사랑하지 않아

王云 下句에 不當有其字하니 蓋涉上下文而衍이라 下文에 不愛異家와 不愛異國에 皆無其字가 是其證이라 意林에 引無其字라하다

王念孫 : 아래 句('不愛其異室')에 '其'자가 있어서는 안 되니, 아마도 위아래 글에 〈'其'가 있어서〉 그 영향을 받아 잘못 들어간 것이리라. 아래 글의 '不愛異家'와 '不愛異國'에 모두

---

11) (其) : 저본에는 '其'자가 있으나, 王念孫의 주에 의거하여 衍文으로 처리하였다.

'其'자가 없으니, 이것이 그 증거이다. ≪意林≫에서도 인용하면서 '其'자가 없다.

14-2-5 (故)〔欲〕竊異室以利其室하고 賊愛其身不愛人〔身〕[12)]하여 (故)〔欲〕賊人〔身〕以利其身하니

다른 가족의 것을 훔쳐서 자기 가족을 이롭게 하려 하고, 남을 해치는 자는 자기 몸만 사랑하고 남의 몸을 사랑하지 않아 남의 몸을 해쳐서 자기 몸을 이롭게 하려 하니,

兪云 兩人字下에 竝奪身字하니 本作賊愛其身不愛人身故賊人身以利其身이라야 方與上句一律이라 下文에 云視人身을 若其身하면 誰賊이리오 亦以人身其身으로 對言하고 中篇에 云 今人獨知愛其身하고 不愛人之身이라 是以로 不憚擧其身以賊人之身이라하니 竝可證人下當有身字也라하다

兪樾 : 두 '人'자 아래에 모두 '身'자가 빠졌으니, 본래 "賊愛其身不愛人身 故賊人身以利其身"이라야 비로소 上句와 같은 형식이 된다. 아래 글에서 "視人身 若其身 誰賊(남의 몸을 자기 몸처럼 여긴다면 누가 남을 해치겠는가.)"이라 하여 역시 '人身'과 '其身'으로 對言하였고, ≪墨子≫ 〈兼愛 中〉에서 "今人獨知愛其身 不愛人之身 是以不憚擧其身以賊人之身(지금 사람들은 오직 자기 몸만 사랑할 줄 알고 남의 몸을 사랑하지 않기 때문에 자기 몸의 힘을 다 기울여 남의 몸을 해치는 것을 꺼리지 않는다.)"이라 하였으니, 모두 '人' 아래에 마땅히 '身'자가 있어야 함을 증명한다.

14-2-6 此何也오 皆起不相愛니라 雖至大夫之相亂家[13)]와 諸侯之相攻國者도 亦然하니 大夫各愛其家하고

---

12) 〔身〕 : 저본에는 '身'자가 없으나, 兪樾의 주에 의거하여 보충하였다. 아래도 같다.

13) 家 : 周나라의 봉건제도에 天子는 天下(四海)를, 諸侯는 國을, 大夫는 家를 다스리고 책임지는데, 여기서 '家'는 자신의 가문과 食邑(采邑) 및 그에 따른 식솔을 모두 일컫는 것으로 지금의 '집'보다 훨씬 넓은 개념이다. 따라서 '國'은 '나라'로 번역했지만, '家'는 그냥 두었다. 〈兼愛 中〉(15-1-4)의 孫詒讓의 주에 "≪周禮≫ 〈春官 敍官〉 鄭玄의 注에 '「家」는 租賦를 받는 大夫의 封邑을 이른다.' 하였다.〔周禮春官叙官鄭注云 家謂大夫所食采地〕"라는 설명이 나온다.

이것은 무엇 때문인가. 모두 서로 사랑하지 않는 데서 일어난다.

비록 大夫가 서로 남의 家를 어지럽히고 諸侯가 서로 남의 나라를 침공하는 경우에 이르기까지도 그렇다. 대부는 각자 자기 家만을 사랑하고

舊本에 無其字라 畢云 一本에 云 愛其家라하다 詒讓案 以下文校之컨대 有者가 是也니 今據增이라

舊本에는 〈'大夫各愛其家'에서〉 '其'자가 없다.

畢沅 : 어떤 本에서는 "愛其家"라 하였다.

詒讓案 : 아래 글로 교감해보면 〈'其'자가〉 있는 것이 맞으니, 이제 이에 근거하여 보태 넣는다.

14-2-7 不愛異家하여 (故)〔欲〕亂異家以利其家하고

다른 家를 사랑하지 않아 다른 家를 어지럽혀서 자기 家를 이롭게 하려 하고,

舊本에 無其字라 畢云 一本에 云 利其家라하다 詒讓案 以下文校之컨대 亦當有其字하니 今據增이라

舊本에는 〈'利其家'에서〉 '其'자가 없다.

畢沅 : 어떤 本에서는 "利其家"라 하였다.

詒讓案 : 아래 글로 교감해보면 역시 마땅히 '其'자가 있어야 하니, 이제 이에 근거하여 보태 넣는다.

14-2-8 諸侯各愛其國하고 不愛異國하여 (故)〔欲〕攻異國以利其國하니 天下之亂物은 具此而已矣라

제후는 각자 자기 나라만을 사랑하고 다른 나라를 사랑하지 않아 다른 나라를 침공하여 자기 나라를 이롭게 하려 하니, 천하의 어지러운 일들은 모두 여기에 다 갖추어져 있을 뿐이다.

物亦事也라 言天下之亂事가 畢盡於此라

'物'은 또한 '事'이다. 天下의 어지러운 일들은 모두 여기에 다 포함되어 있다는 말이다.

14-2-9 **察此何自起**면 **皆起不相愛**니라

이런 일들이 어디에서 일어나는지 살펴보면 모두 서로 사랑하지 않는 데서 일어난다.

14-3-1 **若使天下兼相愛**하고 **愛人**을 **若愛其身**하면

만약 천하 사람들로 하여금 아울러 서로 사랑하고 남 사랑하기를 마치 자기 몸을 사랑하듯이 하게 한다면

句首愛字가 舊本脫하니 今依盧校[14]補라

句 앞머리의 '愛'자가 舊本에는 빠져 있으니, 이제 盧文弨의 교감에 의거하여 보태 넣는다.

14-3-2 **猶有不孝者乎**아 **視父兄與君**을 **若其身**하면

그래도 여전히 불효한 자가 있겠는가. 父兄과 임금 보기를 마치 자신의 몸과 같이 여긴다면

舊本에 脫猶有以下十四字하니 王據下文校補猶有不孝者乎視父若其身十一字라 今案컨대 當於父下에 更補兄與君三字라 蓋墨子此文에 以無不孝로 晐無不忠不弟하니 猶下文에 以無不慈로 晐無不惠不和也라 上文에 亦云 臣子之不孝君父所謂亂也라하니 可證이라 王因下云 不孝라 故로 但補父而不及兄與君하면 則與下無不慈之兼子弟臣

14) 盧校 : 盧文弨(1717~1795)의 교감본이다. 盧文弨의 字는 召弓 혹은 紹弓이라 하고, 號는 磯漁・檠齋・抱經・弓父 등이다. 淸나라 仁和(지금의 浙江省 杭州) 사람으로, 교감학자이다. 그는 평생 戴震, 段玉裁 등과 교유하며 한자학과 교감학 연구에 몰두하여 ≪逸周書≫, ≪孟子音義≫, ≪荀子≫, ≪呂氏春秋≫, ≪賈誼新書≫, ≪韓詩外傳≫, ≪春秋繁露≫, ≪方言≫, ≪白虎通≫ 등을 교감했다. 저서로 ≪抱經堂集≫ 34卷, ≪禮儀注疏詳校≫ 17卷, ≪鐘山禮記≫ 4卷, ≪龍城禮記≫ 3卷, ≪廣雅釋天以下注≫ 2卷 등이 있다.

言者로 不相對矣라

舊本에는 '猶有' 이하의 14자가 빠져 있는데, 王念孫이 아래 글에 근거하여 교감하면서 '猶有不孝者乎視父若其身' 11자를 보태 넣었다. 지금 생각건대 마땅히 '父' 아래에 '兄與君' 3자를 더 보태 넣어야 한다. 아마도 ≪墨子≫의 이 글은 不孝한 자가 없다는 말로 不忠하고 공경하지 않는 자가 없다는 뜻을 포괄한 것이리니, 아래 글에서 자애롭지 않음이 없다는 말로 은혜롭게 대하지 않고 온화하게 대하지 않음이 없다는 뜻을 포괄한 것과 같다. 위 글에서도 "신하와 자식이 임금과 아버지에게 효성스럽지 않은 것을 亂이라 한다." 고 하였으니 증거로 삼을 만하다. 그래서 王念孫이 아래에서 "효성스럽지 않다."라 한 것이다. 그러므로 단지 '父'만 보태 넣고 '兄與君'을 넣지 않는다면 아래에서 "자애롭지 않음이 없다."는 말로 자식과 아우, 신하를 아울러 말한 것과 서로 對가 되지 않는다.

14-3-3 惡(오)施不孝아 猶有不慈者乎아 視弟子與臣을 若其身하면 惡施不慈아 故로 不孝不慈亡(무)有니라

어찌 불효하겠는가. 〈불효하지 않는데도〉 여전히 자애롭지 않는 자가 있겠는가. 자식과 아우, 신하를 마치 자신의 몸과 같이 여긴다면 어찌 자애롭지 않겠는가. 그러므로 효성스럽지 않거나 자애롭지 않는 경우는 없다.

王云 舊本에 脫故不慈有四字하니 畢據下文補有字라 今以上下文考之컨대 當作故不孝不慈亾有하니 不孝不慈亾有는 總承上文而言이라 下文에 日 故盜賊亾有라하고 故大夫之相亂家와 諸侯之相攻國者는 亡有라한대 與此文同一例니 今補라하다

王念孫 : 舊本에는 '故', '不', '慈', '有' 4자가 빠져 있는데, 畢沅이 아래 글에 근거하여 '有'자를 보태 넣었다. 이제 위아래 글을 토대로 검토해보건대 마땅히 "故不孝不慈亾有(그러므로 효성스럽지 않거나 자애롭지 않는 경우는 없다.)"가 되어야 하니, "不孝不慈亾有"는 위 글을 포괄하여 이어 말한 것이다. 아래 글에서 "故盜賊亾有(그러므로 도둑질하거나 남을 해치는 자가 없다.)", "故大夫之相亂家 諸侯之相攻國者 亡有(그러므로 대부가 서로 다른 家를 어지럽히고 제후가 서로 남의 나라를 침공하는 일이 있지 않다.)"라 하였는데 이 글과 같은 예이니, 이제 보태 넣는다.

14-3-4 **猶有盜賊乎**아 **(故)**[15]**視人之室**을 **若其室**하면

그래도 오히려 도둑질하거나 남을 해치는 자가 있겠는가. 남의 가족을 자기 가족처럼 여긴다면

故字는 **疑衍**이라

'故'자는 잘못 들어간 것 같다.

14-3-5 **誰竊**이리오 **視人身**을 **若其身**하면 **誰賊**이리오 **故**로 **盜賊亾**(무)**有**니라

누가 도둑질을 하겠는가. 남의 몸을 마치 자기 몸처럼 여긴다면 누가 남을 해치겠는가. 그러므로 도둑질을 하거나 남을 해치는 자가 없다.

畢云 二字舊倒하니 **非**라 **下同**이라하다

畢沅 : 〈'亾有'〉 2자가 舊本에서는 〈'有亾'로〉 도치되어 있는데, 잘못된 것이다. 아래도 마찬가지이다.

14-3-6 **猶有大夫之相亂家**하고 **諸侯之相攻國者乎**아 **視人家**를 **若其家**하면 **誰亂**이리오 **視人國**을 **若其國**하면 **誰攻**이리오 **故**로 **大夫之相亂家**와 **諸侯之相攻國者**는 **亡**(무)**有**라 **若使天下兼相愛**하면 **國與國不相攻**하고 **家與家不相亂**하고 **盜賊無有**하고 **君臣父子皆能孝慈**하리니 **若此則天下治**라 **故**로 **聖人**은 **以治天下爲事者**니 **惡**(오)**得不禁惡**(오)**而勸愛**리오 **故**로 **天下兼相愛則治**하고 **交相惡**(오)**則亂**이니라

그래도 오히려 대부가 家를 서로 어지럽히고 제후가 나라를 서로 침공하는 일이 있겠는가. 남의 家 보기를 마치 자기 家 보듯이 한다면 누가 〈남의 家를〉 어지럽히겠는가. 남의 나라 보기를 자기 나라 보듯이 한다면 누가 〈남의 나라를〉 침공하겠는가. 그러므로 대부가 서로 家를 어지럽히고 제후가 서로 남의 나라를 침공하는 일이 있지 않다.

---

15) (故) : 저본에는 '故'자가 있으나, 孫詒讓의 주에 의거하여 衍文으로 처리하였다.

만약 천하 사람들로 하여금 아울러 서로 사랑하게 한다면 나라들끼리 서로 침공하지 않고 家들끼리 서로 어지럽히지 않으며 도둑질을 하거나 남을 해치는 자가 없고 君臣과 부자가 모두 능히 효성스럽고 자애롭게 대할 수 있을 것이다. 이와 같다면 천하는 다스려질 것이다.

그러므로 성인은 천하를 다스리는 일을 하는 사람이니, 어찌 미워함을 금하고 사랑을 권하지 않을 수 있겠는가. 그러므로 천하가 아울러 서로 사랑한다면 다스려지고, 서로 미워한다면 어지러워질 것이다.

舊本에 脫交字하니 王據下二篇補라

舊本에 〈'交相惡則亂'의〉 '交'자가 빠졌는데, 王念孫이 아래 두 편(≪墨子≫ 〈兼愛 中·下〉)을 근거로 보태 넣었다.

14-3-7 故로 子墨子曰 不可以不勸愛人者라하니 此也라

그러므로 子墨子께서 말씀하시기를 "남을 사랑하는 일을 권하지 않을 수 없다."라 하였으니, 바로 이것이다.

兼愛 中 第十五　제15편 아울러 사랑하라 중

〈兼愛 中〉에서는 上篇에서 제시한 兼愛說에 대해 좀 더 자세하게 논증하는데, '아울러 서로 사랑하는 것〔兼相愛〕'에 '번갈아 서로 이롭게 하는 것〔交相利〕'을 추가하여 난세의 해법으로 제시한다.

이 장에서의 논증은 겸애설에 대한 반대 입장, 즉 겸애설은 이론은 좋지만 실현되기 어려운 것이라는 주장에 반론을 펼치는 방법으로 이루어진다. 임금이 좋아하는 것을 위해 士들이 굶주림과 죽음을 불사했던 楚나라와 越나라의 사례를 제시하면서 그보다 쉬운 겸애는 임금이 이를 국정 원칙으로 삼기만 하면 실현될 수 있다고 주장하는 한편, 禹임금이나 文王·武王 등 옛 성왕들의 사례를 들어 겸애를 근본으로 삼아 정사를 펼친 증거로 제시한다.

15-1-1 **子墨子言曰 仁人之所以爲事者**는 **必興天下之利**하고 **除去天下之害**하여 **以此爲事者也**라하다 **然則天下之利**는 **何也**며 **天下之害**는 **何也**오 **子墨子言曰 今若國之與國之相攻**하고 **家之與家之相**篡하고

子墨子께서 말씀하시기를 "어진 사람이 하는 일은 반드시 천하의 이익을 일으키고 천하의 해로움을 없애는 것이다. 이로써 할 일을 삼는 것이다."라 하였다.

그렇다면 천하의 이익은 무엇이고, 천하의 해로움은 무엇인가. 자묵자께서 말씀하시기를 "지금 나라끼리 서로 침공하고 家끼리 서로 빼앗으며

說文厶部에 **云** 屰**而奪取曰**篡이라하다

≪說文解字≫ 〈厶部〉에 "도리에 어긋나게 빼앗는 것을 '篡'이라 한다."라 하였다.

15-1-2 **人之與人之相賊**하고 **君臣不惠忠**하고 **父子不慈孝**하고 **兄弟不和調**니 **此則天下之害也**라하다 **然則**(崇)〔**察**〕[1]**此害**컨대 **亦何用生哉**아

사람끼리 서로 해치며 임금이 은혜를 베풀지 않고 신하가 충성하지 않으며 아버지가 자애롭지 않고 자식이 효성스럽지 않으며 형제간에 우애롭게 지내지 않으니, 이와 같은 것이 바로 천하의 해로움이다."라 하였다.

그렇다면 이러한 해로움을 살펴보건대 또한 무엇 때문에 생기는가.

兪云 祟字는 無義니 乃察字之誤라 何用生者는 何以生也라 一切經音義[2]卷七에 引蒼頡篇[3]曰 用은 以也라하고 詩桑柔篇에 逝不以濯이라한대 尙賢篇에 引作鮮不用濯이라하니 卽其證也라 言 國與國相攻하고 家與家相簒하고 人與人相賊하여 以及君臣父子兄弟之不惠忠不慈孝不和調하니 當察其害之何以生이라 故曰 然則察此害컨대 亦何用生哉아하니라 上篇에 曰 當察亂何自起라하니 與此同義라하다 案 兪說이 是也라 蘇云 用은 疑當作由라하니 非라

兪樾 : '祟'자는 뜻이 통하지 않으니, 곧 '察'자의 誤字이다. '何用生'은 '何以生'이다. ≪一切經音義≫ 권7에서 ≪蒼頡篇≫을 인용하면서 "'用'은 '以'이다."라 하였고, ≪詩經≫ 〈大雅 桑柔〉에서 "逝不以濯(물로 씻지 않겠는가)"이라 하였는데 ≪墨子≫ 〈尙賢 中〉에서 이를 인용하면서 "鮮不用濯"이라 하였으니, 이것이 그 증거이다. 나라끼리 서로 침공하고 家끼리 서로 빼앗고 사람끼리 서로 해쳐서 君臣・父子・兄弟간에 은혜를 베풀고 충성하지 않고 자애롭게 대하고 효성을 다하지 않으며 우애 깊이 지내지 않게 되니 마땅히 그 해로움이 무엇 때문에 생기는지 살펴야 한다는 말이다. 그런 까닭에 "그렇다면 이러한

---

1) (祟)〔察〕: 저본에는 '祟'으로 되어 있으나, 兪樾의 주에 의거하여 '察'로 바로잡았다.

2) 一切經音義 : 일종의 佛經 사전으로, 동일한 이름의 책이 3종 있다. 첫째, 649년 玄應이 449부의 불교 전적에서 뽑은 字句에 주석한 것으로 ≪玄應音義≫라고도 한다. 인용된 자료가 매우 풍부하여 훈고학자들에게 매우 중시되는 자료이며, 反切 注音法을 이용하여 중국어의 中古音을 연구하는 자료가 되기도 한다. 둘째, 807년 慧琳이 三藏 즉, 經・律・論 1,300부에서 가려 뽑은 자구에 주석한 것으로, 이를 ≪慧琳音義≫라고도 한다. 玄應의 ≪一切經音義≫와 慧苑의 ≪華嚴音義≫를 함께 수록하였기 때문에 玄應이 지은 것에 비하면 더욱 상세하다. 佛經音義의 집대성으로 일컬어진다. 셋째, 希麟이 지은 ≪續一切經音義≫이다. 대개 ≪衆經音義≫ 혹은 ≪一切經音義≫라 하면 希麟의 것을 지칭한다.

3) 蒼頡篇 : 漢나라 초기의 字書를 가리킨다. ≪蒼詰篇≫・≪爰歷篇≫・≪博學篇≫으로 구성되어 있으며, 이 3편을 총칭하여 ≪蒼頡篇≫이라고도 한다. ≪三蒼≫ 또는 ≪三倉≫이라고도 한다. ≪說文解字≫・≪爾雅≫ 등과 함께 주요 字書로 꼽힌다.

해로움을 살펴보건대, 또한 무엇 때문에 생기는가."라 한 것이다. ≪墨子≫ 〈兼愛 上〉에 "마땅히 亂이 발생하는 원인을 살펴야 한다."고 하였으니, 이것과 같은 뜻이다.

案 : 兪樾의 설이 옳다. 蘇時學은 "'用'은 아마도 '由'가 되어야 할 것 같다."고 했는데, 옳지 않다.

15-1-3 以(不)[4]相愛生邪(야)아

서로 사랑해서 생긴 일인가.

兪云 以不相愛生邪는 當作以相愛生邪니 乃反言以問之하여 起子墨子之正對也라 下篇에 云 姑嘗本原若衆害之所自면 此胡自生이리오 此自愛人利人生與아하면 卽必曰 非然也라 必曰 從惡人賊人生이라하고 又云 姑嘗本原若衆利之所自生이면 此胡自生이리오 此自惡人賊人生與아하면 卽必曰非然也라 必曰從愛人利人生이라하니 皆以反言發問하여 而起正對니 正與此同이라 若如今本이면 則文義複沓矣라하다

兪樾 : '以不相愛生邪(서로 사랑하지 않아서 생긴 일인가.)'는 마땅히 '以相愛生邪(서로 사랑해서 생긴 일인가.)'가 되어야 하니, 이는 반문하여 子墨子의 정답을 이끌어낸 것이다. ≪墨子≫ 〈兼愛 下〉에 "여러 해로움이 생긴 원인을 살펴보건대, 이것이 어디에서 생긴 것인가. 이는 사람을 사랑하고 사람을 이롭게 하는 데에서 생긴 것인가. 그러면 반드시 아니라고 할 것이고, 반드시 사람을 미워하고 사람을 해치는 데에서 생긴 것이라 할 것이다.〔姑嘗本原若衆害之所自 此胡自生 此自愛人利人生與 卽必曰 非然也 必曰 從惡人賊人生〕"라 하고, 또 "여러 이로움이 생긴 원인을 살펴보건대, 이것은 어디에서 생긴 것인가. 이는 사람을 미워하고 사람을 해치는 데에서 생긴 것인가. 그러면 반드시 아니라고 할 것이고, 반드시 사람을 사랑하고 사람을 이롭게 하는 데에서 생긴 것이라 할 것이다.〔姑嘗本原若衆利之所自生 此胡自生 此自惡人賊人生與 卽必曰 非然也 必曰 從愛人利人生〕"라 하니, 모두 반문하여 정답을 이끌어내는 것으로, 바로 이것과 같은 경우이다. 만약 今本과 같다면 文義가 중복된다.

15-1-4 子墨子言 以不相愛生일새니 今諸侯獨知愛其國하고 不愛人之國이라 是以로

---

4) (不) : 저본에는 '不'자가 있으나, 兪樾의 주에 의거하여 衍文으로 처리하였다.

不憚擧其國以攻人之國하며 **今家主獨知愛其家**하고

子墨子께서 말씀하셨다.

“서로 사랑하지 않기 때문에 생긴다. 지금 제후들은 오직 자기 나라만을 사랑할 줄 알고 남의 나라는 사랑하지 않기 때문에 자기 나라의 국력을 다 기울여 남의 나라를 공격하는 것을 꺼리지 않는다. 지금 卿大夫들은 오직 자기 家만을 사랑할 줄 알고

家主는 **謂卿大夫也**라 **周禮**[5]**春官敍官鄭注**에 **云 家**는 **謂大夫所食采地**라하고 **又大宰鄭衆**[6]**注**에 **云 主**는 **謂公卿大夫世世食采不絶者**라하다

‘家主’는 卿大夫를 이른다. ≪周禮≫ 〈春官 敍官〉 鄭玄의 注에 “‘家’는 租賦를 받는 大夫의 封邑을 이른다.”라 하였고, ≪周禮≫ 〈天官 大宰〉 鄭衆의 注에 “‘主’는 대대로 끊이지 않고 封邑에서 租賦를 받는 公卿大夫를 이른다.”라 하였다.

15-1-5 **而不愛人之家**라 **是以**로 **不憚擧其家以簒人之家**하며 **今人獨知愛其身**하고 **不愛人之身**이라 **是以**로 **不憚擧其身以賊人之身**이라 **是故**로 **諸侯不相愛**면 **則必野戰**하고 **家主不相愛**면 **則必相簒**하고 **人與人不相愛**면 **則必相賊**하고 **君臣不相愛**면 **則不惠忠**하고 **父子不相愛**면 **則不慈孝**하고 **兄弟不相愛**면 **則不和調**하니라 **天下之人皆不相愛**면 **强必執弱**하고 **〔衆必劫寡〕**[7]하고

남의 家는 사랑하지 않기 때문에 자기 家의 역량을 다 기울여 남의 家를 빼앗는 것을 꺼리지 않는다. 지금 사람들은 오직 자기 몸만을 사랑할 줄 알고 남의 몸을

---

5) 周禮 : 儒家의 경전으로 13경 가운데 하나이다. 周公의 저작으로 전해지지만, 실제로는 戰國시기에 만들어진 것이라 한다. ≪儀禮≫, ≪禮記≫와 함께 ‘3禮’라 불리며, 중국 先秦시대 봉건제도에 대한 사료일 뿐 아니라, 이후 동아시아 儒家의 經世論의 근거로 활용되었다고 평가받는다.

6) 鄭衆 : ?~83. 字는 仲師이고, 後漢의 경학자이다. 후대에는 鄭玄과 구별하기 위해 ‘先鄭’이라 불렸고, 또한 환관이었던 동명의 鄭衆과 구별하기 위하여 鄭司農이라 불렸다. 저서에 ≪春秋難記條例≫가 있다.

7) 〔衆必劫寡〕 : 저본에는 ‘衆必劫寡’가 없으나, 孫詒讓의 주에 의거하여 보충하였다.

사랑하지 않기 때문에 자기 몸의 힘을 다 기울여 남의 몸을 해치는 것을 꺼리지 않는다.

이런 까닭에 제후들이 서로 사랑하지 않으면 반드시 들판에서 전쟁을 벌이며, 경대부들이 서로 사랑하지 않으면 반드시 서로 빼앗으며, 사람들끼리 서로 사랑하지 않으면 반드시 서로 해치며, 君臣이 서로 사랑하지 않으면 은혜를 베풀고 충성하지 않으며, 父子가 서로 사랑하지 않으면 자애롭게 대하고 효성스럽지 않으며, 형제가 서로 사랑하지 않으면 우애롭지 못하게 된다.

천하 사람들이 모두 서로 사랑하지 않으면 강한 자가 반드시 약한 자를 위협하며 多數가 반드시 少數를 겁박하며

以下文校之컨대 此下에 疑脫衆必劫寡四字라

아래 글로 교감해보건대 이 글 아래에 '衆必劫寡' 4자가 빠진 것 같다.

15-1-6 富必侮貧하고 貴必敖賤하고

부유한 자가 반드시 가난한 자를 업신여기며 귀한 자가 반드시 천한 자에게 오만하게 굴며

畢云 敖는 一本作傲하니 此傲字는 假音이라하다

畢沅 : '敖'는 어떤 本에는 '傲'로 되어 있으니, 이 '傲'자는 借音字이다.

15-1-7 詐必欺愚라 凡天下禍簒怨恨은 其所以起者가 以不相愛生也라 是以로 仁者非之라하다

교활한 자가 반드시 어리석은 자를 속인다. 천하의 모든 화란·찬탈·원한이 생기는 원인은 서로가 사랑하지 않기 때문에 일어나는 것이다. 이런 까닭에 어진 사람은 그것을 잘못되었다 한다."

15-2-1 旣以非之면 何以易之리오 子墨子言曰 以兼相愛交相利之法으로 易之라하다

然則兼相愛交相利之法이 **將柰何哉**아 **子墨子言 視人之國**을 **若視其國**하고 **視人之家**를 **若視其家**하고 **視人之身**을 **若視其身**이라 **是故**로 **諸侯相愛**면 **則不野戰**하고 **家主相愛**면 **則不相簒**하고 **人與人相愛**면 **則不相賊**하고 **君臣相愛**면 **則惠忠**하고 **父子相愛**면 **則慈孝**하고 **兄弟相愛**면 **則和調**라 **天下之人**이 **皆相愛**하면 **強不執弱**하고 **衆不劫寡**하고 **富不侮貧**하고

이미 잘못되었다 한다면 어떻게 이런 상황을 바꾸겠는가. 子墨子께서 말씀하시기를 "아울러 서로 사랑하고 번갈아 서로 이롭게 하는 법으로 이를 바꾼다."라 하였다.

그렇다면 아울러 서로 사랑하고 번갈아 서로 이롭게 하는 법이란 장차 어떻게 한다는 것인가. 자묵자께서 말씀하셨다.

"남의 나라 보기를 마치 자기 나라 보듯이 하고, 남의 家 보기를 마치 자기 家 보듯이 하며, 남의 몸 보기를 마치 자기 몸 보듯이 한다. 이런 까닭에 제후가 서로 사랑하면 들판에서 전쟁을 벌이지 않으며, 卿大夫가 서로 사랑하면 서로 빼앗지 않으며, 사람들끼리 서로 사랑하면 서로 해치지 않으며, 君臣이 서로 사랑하면 은혜를 베풀고 충성을 다하게 되며, 父子가 서로 사랑하면 자애롭고 효성스럽게 되며, 형제가 서로 사랑하면 우애롭게 된다. 천하 사람이 모두 서로 사랑하면 강한 자가 약한 자를 위협하지 않으며, 다수가 소수를 겁박하지 않으며, 부유한 자가 가난한 자를 업신여기지 않으며,

自君臣相愛以下至此히 **凡四十字**는 **舊本**에 **誤入下文今天下之士之下**한대 **王置移於此**하니 **是也**라 **今從之**라

'君臣相愛' 이하 여기까지 40字가 舊本에서는 아래(15-3-1) '今天下之士' 아래에 잘못 들어가 있었는데, 王念孫이 여기로 옮겨놓았으니 옳다. 이제 이를 따른다.

15-2-2 **貴不敖賤**하고 **詐不欺愚**라 **凡天下禍簒怨恨**을 **可使毋起者**는 **以相愛生也**라 **是以**로 **仁者譽之**라하다

귀한 자가 천한 자에게 오만하게 굴지 않으며, 교활한 자가 어리석은 자를 속이

지 않는다. 천하의 모든 화란・찬탈・원한이 일어나지 않도록 할 수 있는 것은 서로 사랑하기 때문에 일어나는 것이다. 이런 까닭에 어진 사람은 그것을 칭찬한다."

15-3-1 然而今天下之士

그런데 지금 천하의 士

自貴不敖賤以下至此히 凡三十八字는 舊本에 誤入上文君臣相愛之上한대 王移置於此하고 又凡天下禍簒怨恨을 可使毋起者는 以相愛生也라 是以로 仁者譽之에 舊本脫去以相愛生也是六字한대 王據上文云 凡天下禍簒怨恨은 其所以起者가 以不相愛生也라 是以로 仁者非之하여 補六字하니 是也라 今竝從之라

'貴不敖賤' 이하 여기까지 38자가 舊本에서는 위 글의 '君臣相愛'의 위에 잘못 들어가 있었는데, 王念孫이 여기로 옮겨놓았다. 그리고 "凡天下禍簒怨恨 可使毋起者 以相愛生也 是以仁者譽之(천하의 모든 화란・찬탈・원한이 일어나지 않도록 할 수 있는 것은 서로 사랑하기 때문에 일어나는 것이다. 이런 까닭에 어진 사람은 그것을 칭찬한다.)"에서 舊本에서는 '以相愛生也是' 6자가 빠져 있었는데, 王念孫이 위 글에서 "凡天下禍簒怨恨 其所以起者 以不相愛生也 是以仁者非之(천하의 모든 화란・찬탈・원한이 생기는 원인은 서로가 사랑하지 않기 때문에 일어나는 것이다. 이런 까닭에 어진 사람은 그것을 잘못되었다 한다.)"라고 한 부분에 근거하여 6자를 보태 넣었으니 옳다. 이제 모두 이를 따른다.

15-3-2 君子曰

君子들은 말하기를

王云 然而今天下之士君子曰이 爲一句라 舊本에 君子曰이 作子墨子曰한대 此는 因與下文子墨子言曰로 相涉而誤라 下文에 云 然而今天下之士君子曰이라하니 今據改라하다 案 王校가 是也라 畢本에 作子墨子言曰이라하니 尤誤라 道藏本에 無言字라

王念孫 : "然而今天下之士君子曰"이 한 구이다. 舊本에는 '君子曰'이 '子墨子曰'로 되어 있는데, 이는 아래 글의 '子墨子言曰'과 관련되어 잘못된 것이다. 아래 글에 "然而今天下

之士君子曰"이라 하니, 이제 이에 근거하여 고친다.

案 : 王念孫의 교감이 옳다. 畢沅本에는 '子墨子言曰'로 되어 〈'言'자가 있는데,〉 더욱 잘못된 것이다. 道藏本에는 '言'자가 없다.

15-3-3 然이라

"그렇다.

句라

여기서 구두를 뗀다.

15-3-4 乃若兼則善矣나

아우르는 것이 좋기는 하다.

王引之云 乃若은 轉語詞也라하다

王引之 : '乃若'은 轉語詞이다.

15-3-5 雖然이나 天下之難物于故也라하니라

그러나 비록 그렇더라도 이는 천하의 어렵고 우활한 일이다."라 한다.

于는 舊本에 作於라 今據道藏本正이라 俞云 於故二字는 當爲衍文이라 下文에 云 然而今天下之士君子曰 然이라 乃若兼則善矣나 雖然이나 不可行之物也라한대 正與此文一律이라 惟其爲難物이라 故로 爲不可行之物也니 今衍於故二字면 則無義矣라하다 案于故는 雖難通이나 然非衍文也라 竊疑于卽迂之借字라 文王世子云 況于其身以善其君乎아한대 鄭注에 于讀爲迂라하니 是其證이라 故者는 事也라 迂故는 言迂遠難行之事라 尙同中篇에 云 故로 古者에 聖人之所以濟事成功하여 垂名於後世者는 無他故異物焉이라한대 此云 難物迂故는 與他故異物로 文例正同이라

'于'는 舊本에 '於'로 되어 있다. 이제 道藏本에 근거하여 바로잡는다.

兪樾 : '於故' 두 자는 응당 衍文일 것이다. 아래 글에 "然而今天下之士君子曰 然 乃若兼則善矣 雖然 不可行之物也(그러나 지금 천하의 사군자들은 "그렇다. 아우르는 것이 좋기는 하다. 그러나 비록 그렇더라도 〈이는〉 할 수 없는 일이다."라고 한다.)"라는 말이 있는데, 바로 이 글과 같은 형식이다. 하기 어려운 것이기 때문에 행할 수 없는 것이 된다. 지금처럼 '於故' 두 자가 잘못 들어가면 뜻이 통하지 않는다.

案 : '于故(於故)'는 비록 뜻이 통하기 어렵지만 衍文은 아니다. 아마도 '于'는 '迂(멀다)'의 假借字일 것이니, ≪禮記≫ 〈文王世子〉에 "況于其身以善其君乎(하물며 자기 몸을 굽혀서 그 임금을 선하게 하는 데 있어서랴.)"라고 했는데, 鄭玄의 注에서 "'于'는 '迂'로 읽는다."고 하였으니, 이것이 증거이다. '故'는 '事'이다. '迂故'는 멀어서 행하기 어려운 일을 말하는 것이다. ≪墨子≫ 〈尙同 中〉에 "故古者 聖人之所以濟事成功 垂名於後世者 無他故異物焉(그러므로 옛날 성인들이 일을 잘해내고 공업을 이루어 후세에 이름을 드리웠던 것은 다른 이유가 있는 것이 아니다.)"이라 하였는데, 여기서 말하는 '難物迂故'는 '他故異物'과 文例가 똑같다.

15-3-6 子墨子言曰 天下之士君子가 **特不識其利辯其〔害〕**[8]**故也**일새니라

子墨子께서 말씀하셨다.

"천하의 士君子들이 다만 그 이로움을 알지 못하고 그 해로움을 가리지 못하기 때문이다.

兪云 辯其下脫害字라 **下文**에 **愛人者**는 **人必從而愛之**하고 **利人者**는 **人必從而利之**라하니 **是其利也**라 **惡**(오)**人者**는 **人必從而惡之**하고 **害人者**는 **人必從而害之**라하니 **是其害也**하다 **案 害字**는 **似不必增**이라

兪樾 : '辯其' 아래에 '害'자가 빠졌다. 아래 글에 "愛人者 人必從而愛之 利人者 人必從而利之(다른 사람을 사랑하는 자는 다른 사람이 반드시 그를 따라 사랑하고, 다른 사람을 이롭게 하는 자는 다른 사람이 반드시 그를 따라 이롭게 한다.)"라 하였으니, 이것이 그 이로움이다. "惡人者 人必從而惡之 害人者 人必從而害之(다른 사람을 미워하는 자는 다른 사람이 반드시

8) 〔害〕 : 저본에는 '害'가 없으나, 兪樾의 주에 의거하여 보충하였다. 孫詒讓은 '害'를 보충할 필요가 없을 것 같다고 했으나, 문맥상 兪樾의 설을 따라 '害'를 보충하여 번역하였다.

그를 따라 미워하고, 다른 사람을 해치는 자는 다른 사람이 반드시 그를 따라 해친다.)"라 하였으니, 이것이 그 해로움이다.

案: '害'자가 반드시 들어갈 필요는 없을 것 같다.

15-3-7 **今若夫攻城野戰**하여 **殺身爲名**은 **此天下百姓之所皆難也**로대 **苟君說**(열)**之**면 **則士衆能爲之**온 **況於兼相愛交相利**엔 **則與此異**아 **夫愛人者**는 **人必從而愛之**하고 **利人者**는 **人必從而利之**하고 **惡**(오)**人者**는 **人必從而惡**(오)**之**하고 **害人者**는 **人必從而害之**하리니 **此何難之有**리오 **特上弗以爲政**하고 **士不以爲行故也**일새니라하다

지금 성을 공격하고 들판에서 전투를 벌여 자신을 죽여 이름을 얻는 일과 같은 것은 천하의 백성 모두가 어려워하는 일이지만, 만일 임금이 이를 좋아한다면 士들이 이를 능히 해낼 수 있거늘, 하물며 아울러 서로 사랑하고 번갈아 서로 이롭게 하는 일은 이것과 다르겠는가.

다른 사람을 사랑하는 자는 다른 사람이 반드시 그를 따라 사랑하고 다른 사람을 이롭게 하는 자는 다른 사람이 반드시 그를 따라 이롭게 하며, 다른 사람을 미워하는 자는 다른 사람도 반드시 그를 따라 미워하고 다른 사람을 해치는 자는 다른 사람도 반드시 그를 따라 해칠 것이니, 이것에 어찌 어려움이 있겠는가. 다만 임금이 이런 방침에 따라 정치하지 않고 士들이 이런 식으로 일하지 않기 때문이다."

5-4-1 **昔者**에 **晉文公**[9]이 **好士之惡衣**라

옛날 晉 文公은 士들의 검소한 옷차림을 좋아하였다.

畢云 太平御覽[10]에 **引作服**이라하다

---

9) 晉文公 : B.C. 671 혹은 B.C. 697~B.C. 628. 姓은 姬이고 이름은 重耳로, 春秋時代 晉나라의 22대 임금이며 '春秋五霸' 중 한 명이다.

10) 太平御覽 : 宋代의 유명한 類書로, 北宋의 李昉・李穆・徐鉉 등이 왕명으로 편찬한 책이다. 天・地・人・事・物의 순으로 55부로 구성되었으며, 1,000여 종의 古書가 인용되어 宋代 이전의 문헌자료를 대량으로 보존하고 있다.

畢沅：≪太平御覽≫에서 이를 인용하면서 〈'衣'를〉 '服'이라 하였다.

15-4-2 **故**로 **文公之臣**은

그러므로 文公의 신하들은

畢云 太平御覽에 **引作大夫二字**라하다

畢沅：≪太平御覽≫에서 이를 인용하면서 〈'故文公之臣'을〉 '大夫' 두 자로 썼다.

15-4-3 **皆牂**(장)**羊之裘**요

모두 암컷 양의 갖옷을 걸치고

詩小雅苕之華에 **云 牂羊墳首**라하니 **毛傳**에 **云 牂羊**은 **牝羊也**라하다 **畢云 爾雅**에 **云 羊**은 **牝牂**이라하다

≪詩經≫ 〈小雅 苕之華〉에 "牂羊墳首(암컷 양이 머리만 크며)"라 하였는데, 이에 대한 〈毛傳〉에서 "牂羊은 牝羊이다."라 하였다.

畢沅：≪爾雅≫에 이르기를 "羊은 牝牂이다."라 하였다.

15-4-4 **韋以帶劍**하고

가죽 끈만으로 칼을 차며

畢云 舊作錢하니 **據太平御覽改**라하다 **詒讓案 公孟篇**에 **正作劍**이라 **漢書東方朔傳**에 **云 孝文皇帝以韋帶劍**이라한대 **顔注云 但空用韋**하고 **不加飾**이라하다

畢沅：舊本에는 〈'劍'이〉 '錢'이라 되어 있는데, ≪太平御覽≫에 의거하여 고쳤다.

詒讓案：≪墨子≫ 〈公孟〉에는 '劍'으로 제대로 되어 있다. ≪漢書≫ 〈東方朔傳〉에 "孝文皇帝以韋帶劍(효문황제는 가죽 끈으로 칼을 차고)"이라 하였는데, 顔師古가 주석에서 "다만 가죽 끈만 사용하고 장식을 더하지 않았다."고 하였다.

15-4-5 **練帛之冠**이요

거친 명주로 지은 冠을 쓰고

練帛은 詳辭過篇이라 畢云 太平御覽에 引此練作大라하다 詒讓案 練帛은 蓋卽大帛이라 左閔二年傳에 衛文公大帛之冠한대 杜注에 云 大帛은 厚繒이라하고 後漢書[11]馬皇后傳李[12]注에 云 大練은 大帛也라하다

'練帛'은 ≪墨子≫ 〈辭過〉에 상세하다.

畢沅 : ≪太平御覽≫에서 이를 인용하면서 '練'을 '大'라 하였다.

詒讓案 : '練帛'은 아마도 '大帛'일 것이다. ≪春秋左氏傳≫ 閔公 2년 조에 "衛文公大帛之冠(위 문공이 거친 명주로 지은 관을 쓰고)"이라 하였는데, 杜預의 注에 "大帛은 厚繒이다."라 하였고, ≪後漢書≫ 〈馬皇后傳〉의 李賢 注에 "大練은 大帛이다."라 하였다.

15-4-6 〔大布之衣요 且苴之履〕[13]로 入以見(현)於君하고 出以踐於朝라

거친 베옷을 입고 허름한 신발을 신고 들어가 임금을 알현하고 나와서 조정에 섰다.

舊本에 踐下脫於字하니 王據上句補라 畢云 淮南子齊俗訓에 云 晉文君이 大布之衣요 牂羊之裘요 韋以帶劍하여 威立于海內라하다 王云 練帛之冠下에 當有大布之衣且苴之履八字나 而今本脫之라 上文에 曰 晉文公 好士之惡衣라하니 此但言冠而不言衣면 則與上文不合이라 入以見於君은 是總承上文而言이요 出以踐於朝는 則專指且苴之履而言이나 今本에 脫且苴之履四字니 則踐字義不可通이라 下篇에 曰 大布之衣하고 牂羊之

11) 後漢書 : 南朝 宋代의 范曄이 편찬한 紀傳體 역사서이다. ≪史記≫, ≪漢書≫, ≪三國志≫와 함께 '前四史'라 불린다. 紀 10篇, 列傳 80篇, 志 8篇으로 구성되어 있으며, 後漢의 光武帝 建武 元年(25)에서 獻帝 建安 25년(220)까지 195년의 역사를 다루고 있다.

12) 李 : 李賢(654~684)으로, 唐나라 章懷太子이다. 字는 明允이고 高宗의 여섯째 아들이자 則天武后의 둘째 아들이다. 형이 죽은 후에 한 번 太子에 봉해졌지만, 얼마 후 廢庶人 되었다. 張大安, 劉訥言, 格希元 등의 학자를 모아 范曄의 ≪後漢書≫에 주석을 달았다. 이외에 ≪列藩正論≫, ≪春宮要錄≫, ≪修身要覽≫ 등의 저술이 있다.

13) 〔大布之衣 且苴之履〕 : 저본에는 '大布之衣且苴之履'가 없으나, 王念孫의 주에 의거하여 보충하였다.

裘하고 **練帛之冠**하고 **且苴之屨**하여 **入見文公**하고 **出以踐之朝**라하니 **是其證**이라하다

舊本에는 '踐' 아래에 '於'자가 빠져 있는데, 王念孫이 위 구절에 의거하여 보태 넣었다.

畢沅 : ≪淮南子≫ 〈齊俗訓〉에 "晉文君 大布之衣 牂羊之裘 韋以帶劍 威立于海內(晉 文公은 거친 베옷에 암컷 양 갖옷을 걸치고 가죽 끈으로 검을 차고서 천하에 위엄을 세웠다.)"라는 말이 있다.

王念孫 : '練帛之冠' 아래에 응당 '大布之衣 且苴之屨' 8자가 있어야 하는데, 今本에는 빠져 있다. 위 글에서 "晉 文公은 士들의 검소한 옷차림을 좋아하였다.〔晉文公好士之惡衣〕"라 하였는데, 여기에서는 다만 冠만을 언급하고 衣에 대해서는 말하지 않았으니, 그렇다면 위 글과 합치하지 않는다. '들어가서 임금을 알현하고〔入以見於君〕'라는 것은 위 글을 총괄하여 말하는 것이고, '나와서 조정에 섰다.〔出以踐於朝〕'는 것은 오직 '허름한 신발〔且苴之屨〕'만을 가리켜 말하는 것인데, 今本에는 '且苴之屨' 4자가 빠져 있으니, '踐'자의 뜻이 통하지 않는다. ≪墨子≫ 〈兼愛 下〉에 "大布之衣 牂羊之裘 練帛之冠 且苴之屨 入見文公 出以踐之朝(거친 베옷을 입고 암컷 양의 갖옷을 걸치며 거친 명주로 지은 관을 쓰고 허름한 신발을 신고 들어가 문공을 알현하고 나와 조정에 섰다.)"라 하였으니, 이것이 그 증거이다.

15-4-7 **是**는 **其故何也**오 **君說**(열)**之**라 **故**로 **臣〔能〕**[14)]**爲之也**라

이는 그 까닭이 무엇인가. 임금이 그것을 좋아하였기 때문에 신하들이 그렇게 할 수 있었던 것이다.

王云 爲上脫能字라 **下文**에 **君說之**라 **故**로 **臣能之也**라하니 **能下脫爲字**라 **前文**에 **曰 苟君說之**면 **則士衆能爲之**라하고 **後文**에 **曰 若苟君說之**면 **則衆能爲之**라하니 **皆其證**이라하다

王念孫 : '爲' 위에 '能'자가 빠졌다. 아래 글에 "君說之 故臣能之也"라 하니, 이는 '能' 아래에 '爲'자가 빠진 것이다. 앞의 글에서는 "苟君說之 則士衆能爲之"라 하고 뒤의 글에서는 "若苟君說之 則衆能爲之"라 하니, 모두 그 증거이다.

15-4-8 **昔者**에 **楚靈王**[15)]이 **好士細要**라

---

14) 〔能〕 : 저본에는 '能'자가 없으나, 王念孫의 주에 의거하여 보충하였다.

15) 楚靈王 : ?~B.C. 529. 姓은 芈(미)이고 熊氏이며, 初名은 圍이고 왕이 된 후 虔으로 이름

옛날 楚 靈王은 士의 가는 허리를 좋아하였다.

畢云 舊作腰하니 **俗寫**라 **後漢書注**에 **引此云 楚靈王**이 **好細腰**하여 **而國多餓人**이라하다 **詒讓案 晏子春秋**[16]**外篇**에 **云 楚靈王**이 **好細腰**하여 **其朝多餓死人**이라하고 **韓非子**[17]**二柄篇**에 **云 楚靈王**이 **好細腰**하여 **而國中多餓人**이라하니 **後漢書注**는 **疑涉彼二書而誤**라

畢沅 : 舊本에는 〈'要'가〉 '腰'로 되어 있는데, 俗字이다. ≪後漢書≫의 注에서 이를 인용하면서 "楚靈王 好細腰 而國多餓人(초 영왕이 가는 허리를 좋아하여 나라에 굶는 자들이 많았다.)"이라 하였다.

詒讓案 : ≪晏子春秋≫ 〈外篇〉에서 "楚靈王 好細腰 其朝多餓死人(초 영왕이 가는 허리를 좋아하여 그 조정에 굶어죽은 사람이 많았다.)"이라 하였고, ≪韓非子≫ 〈二柄〉에서 "楚靈王 好細腰 而國中多餓人(초 영왕이 가는 허리를 좋아하여 나라 안에 굶는 사람들이 많았다.)"이라 하였으니, ≪後漢書≫의 注는 아마도 이 두 책의 영향을 받아 잘못 인용한 것이리라.

15-4-9 **故**로 **靈王之臣**이

그러므로 靈王의 신하들은

故字는 **畢本脫**하니 **今據道藏本補**라

'故'자는 畢沅本에서는 빠져 있는데, 이제 道藏本에 근거하여 보태 넣는다.

15-4-10 **皆以**(一)〔三〕[18]**飯爲節**하고

을 바꿨다. 楚 共王의 次子로 조카인 郟敖를 죽이고 왕위에 올랐다. 春秋時代 유명한 昏主이자 暴君으로, 蔡 靈侯를 죽이고 나라를 멸망시켰으며, 吳나라를 무력으로 위협하기도 했다. 결국 楚나라 백성들에게 쫓겨나 죽음에 이르게 되었다.

16) 晏子春秋 : 춘추시대 齊나라 晏嬰의 言行을 문답식으로 기록한 책이다. 內篇인 〈諫上〉, 〈諫下〉, 〈問上〉, 〈問下〉, 〈雜上〉, 〈雜下〉와 外篇으로 구성되어 있다.

17) 韓非子 : 戰國시대 말기 韓나라 法家의 집대성자였던 韓非(B.C. 280~B.C. 233)의 저작이다. 현존하는 것은 55편으로 대부분 韓非 자신의 저술이며, 이 책에 담긴 法家사상은 이후 秦나라의 통일에 큰 영향을 주었다고 평가받는다.

18) (一)〔三〕 : 저본에는 '一'로 되어 있으나, 畢沅의 주에 의거하여 '三'으로 바로잡았다.

모두 〈한 끼에〉 세 가지 요리만 먹고

畢云 太平御覽에 引此一作三이라하다 詒讓案 戰國策[19]楚策에 莫敖子華曰 昔者에 先君靈王이 好小腰하여 楚士約食하여 馮而後能立하고 式而後能起라한대 吳師道[20]校注에 引此云 楚靈王이 好士細腰라 故로 其臣皆三飯爲節이라하니 與御覽同이라

畢沅：≪太平御覽≫에서 이 부분을 인용하면서 '一'을 '三'이라 했다.

詒讓案：≪戰國策≫ 〈楚策〉에 "莫敖子華가 말하길 '옛날 先君 靈王께서 가는 허리를 좋아하셔서 楚나라 士들은 먹는 걸 줄여 기대고서야 설 수 있었고 式(수레 앞에 가로로 댄 나무)을 붙잡아야만 일어날 수 있었습니다.'라고 했다."라는 말이 있는데, 吳師道의 校注에서 이를 인용하면서 "초 영왕이 선비들의 가는 허리를 좋아했기 때문에 그의 신하들은 모두 〈한 끼에〉 세 가지 요리만을 먹었다."라 하였으니, ≪太平御覽≫과 같다.

15-4-11 脇息然後帶하고

숨을 들이쉰 뒤에 띠를 두르며

畢云 脇은 舊作肱하니 據太平御覽改라하다 案 戰國策校注引도 亦不誤라

畢沅：'脇'이 舊本에서는 '肱'으로 되어 있는데, ≪太平御覽≫에 근거하여 고쳤다.

案：≪戰國策校注≫에서 인용한 데에도 〈'脇'으로 되어 있으니〉 틀리지 않았다.

15-4-12 扶墻然後起하니

벽에 기댄 뒤에 일어서니

兩然字는 戰國策校注에 引竝作而라

---

19) 戰國策：前漢 때 劉向이 편찬한 책이다. 전국시대에 활약한 謀士들의 말과 문장을 모은 것으로 秦·齊·楚 등 12개국으로 나누어져 있다. 총 33권이다.

20) 吳師道：1283～1344. 字는 正傳이고, 元나라 婺州 蘭溪(지금의 浙江省 金華 蘭溪) 사람이다. 朱子學者로 ≪易詩書雜說≫, ≪春秋胡傳附辨≫, ≪戰國策校注≫, ≪敬鄉錄≫과 文集 20卷의 저서가 있다.

〈'脇息然後帶 扶墻然後起'의〉 두 '然'자는 ≪戰國策校注≫에서 인용하면서 모두 '而'라 하였다.

15-4-13 比期年하여 朝有黧(려)黑之色이라

1년에 지나자 조정에는 검은 얼굴빛만이 있었다.

畢云 黧는 非古字니 當爲黎라 呂氏春秋[21]行論에 云 禹官爲司空하여 以通水潦하니 顔色黎黑이라하여 只作黎라 玉篇[22]에 云 黧는 亦作黎라하다 色은 舊本에 作危라하다 王引之云 危與黧黑二字는 義不相屬이니 危當爲色이라 人疲則面色黧黑하니 義見上文이라하다 案 王校가 是也라 蘇說同하니 今據正이라

畢沅 : '黧'는 古字가 아니니 응당 '黎'가 되어야 한다. ≪呂氏春秋≫ 〈行論〉에 "禹官爲司空 以通水潦 顔色黎黑(禹임금은 司空이 되어 물길을 통하게 하다가 안색이 검게 되었다.)"이라 하여 단지 '黎'라고만 했다. ≪玉篇≫에서는 "'黧'는 또한 '黎'이다."라 하였다. '色'은 舊本에 '危'라고 되어 있다.

王引之 : '危'와 '黧黑' 2자는 뜻이 서로 통하지 않으니, '危'는 응당 '色'이 되어야 한다. 사람이 피곤하면 얼굴빛이 검어지는데, 그 뜻은 위 글에 보인다.

案 : 王引之의 교감이 옳다. 蘇時學의 설도 같으니, 이제 이에 근거하여 바로잡는다.

15-4-14 是는 其故何也오

이는 그 까닭이 무엇인가.

何는 舊本에 譌是하니 蘇云 當作何라하다 今據正이라

---

21) 呂氏春秋 : 秦나라의 呂不韋(?~B.C. 235)가 食客에게 저술을 맡겨 편찬한 것이다. 총 26권이다. 儒家를 중심으로 道家・墨家・法家・農家・陰陽家 등 선진시대의 諸說과 說話를 채택하여 수록하였다. 선진시대 사상사를 연구하는 데 주요한 자료로 꼽힌다.

22) 玉篇 : 六朝時代 梁나라 顧野王(519~581)의 저술로, ≪說文解字≫ 계통의 字書이다. 총 30권이며, 문자마다 反切音을 달았다. 經傳史子의 訓注와 音義를 취하여 類書 형식의 상세한 解說을 한 것이 특징이다.

'何'는 舊本에서 '是'로 잘못되어 있는데, 蘇時學이 "응당 '何'로 되어야 한다."고 하였다. 이제 이에 근거하여 바로잡는다.

15-4-15 **君說**(열)**之**라 **故**로 **臣能〔爲〕**[23]**之也**라

임금이 그것을 좋아하였기 때문에 신하가 할 수 있었던 것이다.

能下에 **王校補爲字**하니 **說詳上**이라

'能' 아래에 王念孫이 교감하여 '爲'자를 보태 넣었다. 자세한 설명은 위 글에 있다.

15-4-16 **昔**에 **越王句踐**[24]이 **好士之勇**이라 **教馴**(훈)**其臣**하여

옛날 越나라 왕 句踐은 士들의 용맹을 좋아하였다. 그 신하에게 일러

馴은 **讀爲訓**하니 **詳脩身篇**이라

'馴'은 '訓(가르치다)'으로 읽으니, ≪墨子≫ 〈脩身〉에 자세한 설명이 있다.

15-4-17 (**和合之**)〔**私令人**〕[25]하여

몰래 사람을 시켜

此三字는 **無義**하니 **疑當作私令人**하여 **屬下讀**이라

이 3자는 뜻이 통하지 않으니, 아마도 마땅히 '私令人'으로 바꾸어 아래 글과 연결하여 읽어야 할 것이다.

---

23) 〔爲〕: 저본에는 '爲'자가 없으나, 王念孫의 주에 의거하여 보충하였다.

24) 句踐 : ?~B.C. 465. 會稽山 전투에서 吳王 夫差에게 참담하게 패배한 뒤 夫差의 奴僕으로 자처하며 치욕을 당하였다가 B.C. 473년에 吳나라를 멸망시키고 春秋시대 말 吳·越 양국의 대결구도를 완전히 종식시켰다. 文種과 范蠡를 책사로 두어 내정 개혁에 힘쓰고 부국강병을 꾀하여 북으로 淮水를 건너 徐州에서 제후를 회합시키고 周나라에 조공함으로써 方伯의 명을 받아 霸主가 되었다.

25) (和合之)〔私令人〕: 저본에는 '和合之'로 되어 있으나, 孫詒讓의 주에 의거하여 '私令人'으로 바로잡았다.

15-4-18 焚(舟)〔內〕[26]失火라

일부러 궁의 침소에 불을 지르게 하였다.

舟는 非藏寶之所라 御覽宮室部에 引墨子作自焚其室이라 疑舟當爲內하니 內謂寢室이라 呂氏春秋用民篇에 云 句踐試其民於寢宮한대 民爭入水火하여 死者千餘矣하니 遽擊金而卻之라하다 劉子新論[27]閱武篇도 同하고 韓非子內儲說上篇도 亦云 焚宮室하니 竝與此事同이라 內와 舟는 形近而譌라 非攻中篇에 徙大舟라한대 舟는 譌作內니 與此可互證이라 下篇도 亦同이라 黃紹箕[28]云 御覽에 引作焚其室하니 竊疑本當作焚舟室이라 越絶外傳[29]記越地傳에 云 舟室者는 句踐船宮也라하니 蓋卽敎舟師之地라 故로 下篇에 云 伏水火而死者를 不可勝數也라하니 言或赴火或蹈水死者가 甚衆也라 後人이 不喩舟室之義하여 則誤刪舟字하고 校本書者가 又刪室字하여 遂致歧互矣라하다 案 黃說도 亦通이라

'舟'는 보물을 보관하는 곳이 아니다. ≪太平御覽≫ 〈宮室部〉에서 ≪墨子≫를 인용하면서 '自焚其室'이라 하였으니, 아마도 '舟'는 응당 '內'가 되어야 한다. '內'는 침실을 일컫는 것이다. ≪呂氏春秋≫ 〈用民〉에 "句踐이 자신의 인민을 寢宮에서 시험해보자, 인민들이 물불을 가리지 않고 다투어 들어가니 죽은 자가 천여 명이었다. 갑자기 종을 울려 퇴각시켰다.〔句踐試其民於寢宮 民爭入水火 死者千餘矣 遽擊金而卻之〕"라 하였는데, ≪劉子新論≫ 〈閱武〉에도 같은 내용이 있다. ≪韓非子≫ 〈內儲說 上〉에서도 '궁실을 불태웠다.〔焚宮室〕'고 하였으니, 또한 이 일과 같다. '內'와 '舟'는 모양이 비슷하여 잘못 쓴 것이다. ≪墨子≫

---

26) (舟)〔內〕: 저본에는 '舟'로 되어 있으나, 孫詒讓의 주에 의거하여 '內'로 바로잡았다.

27) 劉子新論 : 北齊의 문장가인 劉晝(514~565) 혹은 ≪文心雕龍≫의 작자인 南朝 梁의 劉勰(465~?)의 저작으로 알려져 있는 책이다. ≪劉子≫ 혹은 ≪新論≫으로 불리기도 한다. 모두 15卷 55篇이며 雜家로 분류된다. 儒家와 道家의 사상을 宗旨로 하면서 ≪易經≫과 法家, 農家 등의 사상을 융합하고 있다고 평가받는다.

28) 黃紹箕 : 1854~1908. 浙江省 瑞安 사람이다. 金石書畫에 정통하였다.

29) 越絶外傳 : ≪越絶書≫의 한 부분이다. ≪越絶書≫는 春秋 말년에서 戰國 초기까지 吳나라와 越나라 간 爭霸의 역사가 주된 내용인데, 당시 吳·越 지역의 민속·정치·경제·군사·천문·지리·언어 등 다방면에 대한 언급이 있어 '地方志의 鼻祖'로 평가받는다. 또한 책에 기술된 내용 중에는 현존하는 다른 문헌에는 나오지 않는 것이 많으며, 다른 문헌과 겹치는 부분은 교감자료로 활용되기도 한다.

〈非攻 中〉의 '徙大舟'에서 '舟'도 '內'의 誤字이니, 이것과 서로 증명할 수 있다. ≪墨子≫ 〈非攻 下〉도 마찬가지이다.

黃紹箕 : ≪太平御覽≫에서 인용하면서 '焚其室'이라 하였으니, 아마도 원래는 응당 '焚舟室'이었을 것이다. ≪越絶書≫ 〈外傳 記越地傳〉에 "'舟室'은 句踐의 船宮이다.〔舟室者 句踐船宮也〕"라 하였으니, 아마도 곧 水軍을 교육하는 장소였을 것이다. 그러므로 ≪墨子≫ 〈兼愛 下〉에서 "물과 불을 무릅쓰고 죽은 자가 셀 수 없었다.〔伏水火而死者 不可勝數也〕"라 하였으니, 이는 혹 불에 뛰어들고 혹 물에 빠져 죽는 자가 매우 많았다는 뜻이다. 後人들이 '舟室'의 뜻을 알지 못하고 잘못 '舟'자를 산거하였고 이 책을 교감하는 자가 또한 '室'을 삭제하여 결국 착오가 생긴 것이다.

案 : 黃紹箕의 설도 통한다.

15-4-19 試其士曰 越國之寶가 盡在此라하고 越王이 親自鼓其士

그리고 그 士들을 시험해보려고 말하기를 "越나라 보물이 모두 다 여기에 있다."라고 하면서 월나라 왕이 몸소 북을 두들겨 그 士들로 하여금

畢本에 鼓改爲鼔하고 云 鼔擊之字從攴하고 鐘鼓之字從壴라하다 案 周禮小師鄭注에 云 出音曰鼓라하니 此與六鼓之鼓字로 同이나 而義小異라 經典에 凡鍾鼓與鼓[30]擊字는 通如此作이라 說文攴部에 雖別有鼔字나 而音義殊異라 畢從宋毛晃[31]說하여 强爲分別하니 非也라

畢沅本에서 '鼓'를 '鼔'로 고치고, "'鼔擊'의 '鼔'는 '攴'을 부수로 하고, '鐘鼓'의 '鼓'는 '壴'을 부수로 한다."라 하였다.

案 : ≪周禮≫ 〈小師〉 鄭玄의 注에 "소리를 내는 것을 '鼓'라 한다."고 하였으니, 이것과 '六鼓'의 '鼓'자는 〈모양은〉 같지만 뜻이 조금 다르다. 經典에서 모든 '鍾鼓'와 '鼓擊'은 이와 같이 통하여 쓴다. ≪說文解字≫ 〈攴部〉에서는 비록 '鼔'자를 따로 두고 있지만 음과

30) 鍾鼓與鼓 : 저본 傍注에 "이상 두 '鼓'자는 원래 모두 '鼔'로 잘못되어 있으나, 孫詒讓의 주석에 의거하여 고쳤다."라고 하였다.

31) 毛晃 : 字는 明權이고, 南宋代 江山 사람이다. ≪增修互注禮部韻略≫ 5卷, ≪禹貢指南≫ 4卷을 편찬하였다.

뜻이 서로 같지 않다. 畢沅이 宋나라 毛晃의 설을 따라 억지로 분별하였으니, 잘못된 것이다.

15-4-20 而進之라

〈불을 끄러〉 달려들게 하였다.

畢云 舊此下에 有曰字하니 衍文이라하다

畢沅 : 舊本에는 이 아래에 '曰'자가 있는데 衍文이다.

15-4-21 士가 聞鼓音하고 破碎(췌)亂行하여

士들이 북소리를 듣고 앞다투어 대오를 어지럽히며

碎는 疑萃之借字니 萃亦行列之謂라 穆天子傳[32)]의 七萃之士에 郭璞[33)]注云 萃는 集也요 聚也라하다 蓋凡卒徒聚集部隊를 謂之萃라 破萃亂行은 皆謂凌躐其曹伍하고 爭先赴火也라

'碎'는 아마도 '萃'의 假借字일 것이니, '萃' 또한 行列을 일컫는 것이다. ≪穆天子傳≫의 '七萃之士'에 郭璞이 注를 달아 "'萃'는 '集'이고 '聚'이다."라 하였다. 대개 병졸들이 모여 부대가 된 것을 '萃'라 한다. '破萃亂行'은 모두 그 대오를 어지럽히고 다투어 불로 달려드는 것을 말한다.

15-4-22 蹈火而死者가 左右百人有餘하니

32) 穆天子傳 : 西周의 穆王이 西巡한 행적을 수록한 책으로, ≪周王傳≫, ≪穆王傳≫, ≪周穆王傳≫, ≪周穆王游行記≫로 불리기도 한다. 西晉 太康 2년(281)에 河南省 汲縣에서 발견된 戰國時代 魏나라의 묘에서 출토된 竹簡, 이른바 ≪竹書紀年≫ 중에 있던 ≪穆天子傳≫과 ≪周穆王美人盛姬死事≫를 뒤에 합하여 지금 전해지는 ≪穆天子傳≫이 되었다.

33) 郭璞 : 276~324. 東晉 河東 聞喜 사람으로, 字는 景純이다. 詩賦에 特長이 있었으며, 古文奇字·曆算·卜筮術에도 밝았다. 저서에 ≪爾雅注≫, ≪方言注≫, ≪山海經注≫, ≪水經注≫, ≪楚辭注≫가 있으며, 문집에 ≪郭弘農集≫이 있다.

불을 밟고서 죽은 자가 측근들 중에 백여 사람이 되자

畢云 太平御覽引云 越王好士勇하여 自焚其室曰 越國之寶가 悉在此中이라하고 王自鼓하니 蹈火而死者가 百餘人이라하다

畢沅 : ≪太平御覽≫에서 이 부분을 인용하면서 "越나라 왕이 士들의 용맹함을 좋아하여 스스로 자신의 침실을 불태우고서 '월나라 보물이 이 안에 다 있다.'라 하고, 왕이 스스로 북을 쳐서 〈나아가게 하니 士들 중에〉 불을 밟고 죽은 자가 백여 인이었다."라 하였다.

15-4-23 **越王**이 **擊金而退之**라

越나라 왕이 징을 쳐서 그들을 퇴각시켰다.

15-5-1 **是故**로 **子墨子言曰 乃若夫少食惡衣**하고 **殺身而爲名**은

이런 까닭에 子墨子께서 말씀하셨다.
"밥을 적게 먹고 검소한 옷을 입으며 자기 몸을 죽여 이름을 얻는 것은

王引之云 乃若은 發語詞也라하다

王引之 : '乃若'은 發語詞이다.

15-5-2 **此天下百姓之所皆難也**로대 **若苟君說**(열)**之**면 **則衆能爲之**온 **況兼相愛交相利**는 **與此異矣**아 **夫愛人者**는 **人亦從而愛之**하고 **利人者**는 **人亦從而利之**하고 **惡**(오)**人者**는 **人亦從而惡**(오)**之**하고 **害人者**는 **人亦從而害之**하니 **此何難之有焉**이리오 **特上**[34]**不以爲政**하고 **而士不以爲行故也**일새니라

천하 백성들이 모두 어려워하는 것이지만, 만일 임금이 이를 좋아한다면 인민들은 능히 해낼 수 있거늘, 하물며 아울러 서로 사랑하고 번갈아 서로 이롭게 하

---

34) 上 : 저본 傍注에 "'上'은 원래 '士'로 잘못되어 있는데, 畢沅刻本에 의거하여 고친다."라 하였다.

는 일은 이것과 다르겠는가.

다른 사람을 사랑하는 자는 다른 사람 역시 그를 따라 사랑하고 다른 사람을 이롭게 하는 자는 다른 사람 역시 그를 따라 이롭게 하며, 다른 사람을 미워하는 자는 다른 사람 역시 그를 따라 미워하고 다른 사람을 해치는 자는 다른 사람 역시 그를 따라 해친다. 그러니 이것에 어찌 어려움이 있겠는가. 다만 임금이 이런 방침에 따라 정치하지 않고 士들이 이렇게 행하지 않기 때문이다."

15-6-1 然而今天下之士君子曰 然이라 **乃若兼則善矣**나 **雖然**이나 **不可行之物也**니 **譬若挈太山越河(濟)〔沛〕**[35]**也**라하니라

그런데도 지금 천하의 士君子들이 말하기를 "그렇다. 아우르는 것이 좋기는 하다. 그러나 비록 그렇더라도 〈이는〉 할 수 없는 일이니, 비유컨대 太山을 들고서 黃河나 沛水를 건너는 것과 같다."라 한다.

淮南子俶眞訓高注에 云 挈은 擧也라하다 孟子梁惠王篇에 云 挾泰山以超北海를 語人曰 我不能이라하면 是는 誠不能也라하니 與此語로 意相類라 畢云 此濟字는 當爲沛니 卽出山西垣曲縣王屋山之沇水也라 从齊者는 石濟水니 出直隸贊皇縣也라하다

≪淮南子≫〈俶眞訓〉 高誘의 注에 "'挈'은 '擧(들다)'이다."라 하였다. ≪孟子≫〈梁惠王〉에 "泰山을 옆에 끼고 北海를 뛰어넘는 일을 사람들에게 '내가 할 수 없다.'라 한다면 이는 진실로 할 수 없는 것이지만〔挾泰山以超北海 語人曰 我不能 是誠不能也〕"이라 하니 〈≪墨子≫의〉 이 말과 뜻이 서로 같다.

畢沅 : 이 '濟'자는 응당 '沛'가 되어야 하니, 바로 山西 垣曲縣에 있는 王屋山에서 나오는 沇水이다. '齊'가 들어간 글자는 石濟水니, 直隸 贊皇縣에서 나오는 것이다.

15-6-2 子墨子言 是非其譬也라 **夫挈太山而越河(濟)〔沛〕**는 **可謂畢(劫)〔勁〕**[36]**有**

---

35) (濟)〔沛〕 : 저본에는 '濟'로 되어 있으나, 畢沅의 주에 의거하여 '沛'로 바로잡았다. 아래도 같다.

36) (劫)〔勁〕 : 저본에는 '劫'으로 되어 있으나, 孫詒讓의 주에 의거하여 '勁'으로 바로잡았다.

力矣니

子墨子께서 말씀하셨다.

"이는 제대로 된 비유가 아니다. 太山을 들고서 黃河나 泲水를 건너는 것은 민첩하고 강건하며 힘이 세다고 할 만하니

淮南子覽冥訓에 云 體便輕畢이라한대 高注에 云 畢은 疾也라하다 劫은 於義無取니 疑當爲劼(갈)之誤요 廣韻[37]十八黠에 云 劼은 用力也라하다 或當爲勁이니 下篇及非樂上篇에 竝有股肱畢强之文하니 勁與强은 義亦同이라

≪淮南子≫ 〈覽冥訓〉에 "體便輕畢(몸이 편하여 가볍고 빠르다.)"이라 하였는데, 高誘의 注에 "'畢'은 '疾(빠르다)'이다."라 하였다. '劫(위협하다)'에서는 취할 만한 뜻이 없으니, 아마도 응당 '劼'의 誤字일 것이고, ≪廣韻≫ 〈十八黠〉에 "'劼'은 힘을 쓴다는 뜻이다."라 하였다. 혹은 응당 '勁(굳세다)'이 되어야 할 것이니, ≪墨子≫ 〈兼愛 下〉와 〈非樂 上〉에 모두 '股肱畢强(민첩하고 굳센 팔과 다리)'이라는 글이 있으니, '勁'과 '强'은 뜻이 또한 같다.

15-6-3 自古及今히 未有能行之者也라 況乎[38]兼相愛交相利는 則與此異하여 古者에 聖王行之하니 何以知其然가 古者에 禹[39]治天下에 西爲西河(漁)〔渭〕[40]竇(독)하여

예로부터 지금에 이르기까지 그것을 행한 자는 아직 없었다. 그러나 아울러 서로 사랑하고 번갈아 서로 이롭게 하는 일은 이것과 달라 옛날 성왕은 그것을 행하셨다. 어떻게 그런 줄 아는가. 옛날에 禹임금이 천하를 다스릴 적에 서쪽으로는 西河와 渭竇(瀆)을 다스려

書[41]禹貢에 黑水西河에 惟雍州라하고 又云 浮于積石하여 至於龍門西河하여 會於

37) 廣韻 : 원래 이름은 ≪大宋重修廣韻≫이며, 北宋時代의 韻書로, 1008년 陳彭年·丘雍이 前代의 ≪切韻≫·≪唐韻≫ 등의 韻書를 수정 보완하여 編修한 것이다.

38) 況乎 : 문맥이 통하지 않아 번역하지 않았다.

39) 禹 : 夏나라의 시조이다. 姓은 姒이고, 이름은 文命이며, 大禹·帝禹라 불리기도 한다. 治水의 공업으로 舜임금에게 발탁되어 帝位를 계승하였다.

40) (漁)〔渭〕: 저본에는 '漁'로 되어 있으나, 孫詒讓의 주에 의거하여 '渭'로 바로잡았다.

41) 書 : ≪尙書≫, ≪書經≫이라고 불리는 책으로 중국 상고시대의 기본 사료이다. 秦 始皇帝의

渭汭라한대 僞孔傳에 云 龍門之河는 在冀州西라하고 孔疏에 云 在冀州西界라 故謂之西河라하다 王制에 云 自東河而東至於西河[42]히 千里而近이라하니 是河相對而爲東西也라하다 畢云 西河는 在今山西陝西之界하고 漁竇은 疑卽龍門이라하다 詒讓案컨대 漁는 疑卽渭之譌라

≪尙書≫ 〈夏書 禹貢〉에 "黑水와 西河에 雍州가 있다."라 하고, 또 "積石에서 띄워 龍門과 西河에 이르러 渭水와 汭水로 모인다."라 하였는데, ≪僞古文尙書≫의 孔安國 傳에 "龍門의 黃河는 冀州의 서쪽에 있다."라 하고, 孔穎達의 疏에 "冀州의 西界에 있기 때문에 '西河'라 한다."고 하였다. ≪禮記≫ 〈王制〉에 "東河

仿唐人大禹治水圖

焚書 이후 전하지 않다가 漢나라 伏生(伏勝)의 口述에 의해 ≪今文尙書≫(28篇)가 복원되었고 西漢 시기 孔子 故宅에서 ≪古文尙書≫(44篇)가 발견되어 孔安國에 의해 정리되었다. 西晉 永嘉 연간 전란 중에 ≪古文尙書≫가 산실되었고, 東晉 初年에 梅賾이 조정에 ≪古文尙書≫(59篇)와 孔安國의 傳을 바쳤다. 唐나라 孔穎達은 ≪五經正義≫를 편찬하면서 이를 ≪尙書正義≫의 대본으로 삼았지만, 이는 후대에 위조된 것으로 여겨져 '僞古文尙書', '僞孔傳'이라 불렸다.

42) 自東河而東至於西河 : ≪禮記≫ 〈王制〉에는 "自東河至於西河"로 되어 있다. 이에 의거하여 번역하였다.

에서 西河에 이르기까지 천 리에 못 미친다."라 하였으니, 이는 黃河끼리 서로 對하여 東이니 西니 하는 것이다.

畢沅 : 西河는 지금의 山西와 陝西의 경계에 있고, 漁竇은 아마도 龍門일 것이다.

詒讓案 : '漁'는 아마도 '渭'가 잘못된 것이리라.

15-6-4 以泄(渠孫皇)〔蒲弦澤〕[43]之水하고

蒲弦澤의 물을 빠지게 하였고,

畢云 未詳其水라하다 詒讓案 此章所擧江河淮漢嘑池孟諸五湖는 皆周禮職方氏九州川浸澤藪之名이니 此渠孫皇도 亦必雍州大川澤之一이라 以職方攷之컨대 疑當作蒲弦澤하니 卽雍州澤藪之弦蒲也라 鄭注에 云 弦蒲는 在汧이라한대 鄭衆云 弦或爲汧하고 蒲或爲浦라하고 漢書地理志에 云 右扶風汧北에 有蒲谷鄉弦中谷하니 雍州弦蒲藪라 汧水는 出西北하여 入渭라한대 蒲渠字는 竝從水旁하니 因而致誤라 弦은 正字作㢸이니 亦類孫字라 澤作皇者는 澤从睪聲일새니라 古書에 睪或掍作皋라 史記天官書에 澤字는 作澤하고 封禪書에 澤山이라한대 集解[44]引徐廣[45]云 澤은 一作皋라하고 左襄十七年傳에 澤門이라한대 釋文[46]에 云 澤은 或作皋라하니 皆其證也라 顏元孫[47]干祿字書[48]에 云 皐

---

43) (渠孫皇)〔蒲弦澤〕: 저본에는 '渠孫皇'으로 되어 있으나, 孫詒讓의 주에 의거하여 '蒲弦澤'으로 바로잡았다.

44) 集解 : ≪史記集解≫이다. ≪史記≫에 대한 주석으로, 南朝 宋 때 裴駰이 지은 것이다. 모두 80권이다. 원래는 단행본이었는데, 北宋 때 司馬貞의 ≪史記索隱≫, 張守節의 ≪史記正義≫와 함께 ≪史記≫ 원문 아래에 주석으로 편입되었다.

45) 徐廣 : 352~425. 字는 野民이고, 東莞 姑幕(지금의 山東省 莒縣) 사람으로 ≪晉記≫ 46권을 편찬했다. ≪車服儀注≫, ≪答禮問≫, ≪毛詩背隱義≫ 2권, 文集 15권, ≪史記音義≫ 13권 등의 저술이 있다.

46) 釋文 : ≪經典釋文≫을 가리키는 것으로, 이는 唐代 經學家인 陸德明의 저작이다. ≪周易≫, ≪古文尙書≫, ≪毛詩≫, ≪周禮≫, ≪儀禮≫, ≪禮記≫, ≪春秋左氏傳≫, ≪春秋公羊傳≫, ≪春秋穀梁傳≫, ≪孝經≫, ≪論語≫, ≪爾雅≫, ≪老子≫, ≪莊子≫ 등의 古音과 訓義에 대하여 고증한 것으로, 魏晉 이래 혼란해진 注音을 통일하기 위해 經文과 注文에 모두 反切이나 直音을 달았을 뿐 아니라 漢魏六朝의 경학자들의 音切과 訓詁를 망라하여 수록함으로써 이후 經學의 기본서가 되었다.

47) 顏元孫 : ?~714. 字는 聿修이고, 唐 高宗과 玄宗 때 활동했다. 대대로 訓詁와 書法으로 유

俗作睾하니 通作皐라하고 漢孔彪碑[49]에 又作臯하니 與皇字로 竝絶相似라 故로 傳寫譌互矣라 據漢志컨대 弦卽汧水니 入渭한대 渭復入河라 故西河渭瀆에 可泄此澤之水하며 而蒲谷鄕與弦中谷을 合而名澤이라 故로 弦蒲도 亦可倒稱蒲弦이라 參互審校면 似無疑義라 弦蒲藪는 在今陝西隴州西四十里라

畢沅 : '水'에 대해서는 알려져 있지 않다.

詒讓案 : 이 장에서 거론하는 長江, 黃河, 淮水, 漢水, 嘑池, 孟諸, 五湖는 모두 ≪周禮≫ 〈職方氏〉에 나오는 九州의 川, 浸(저수지), 澤藪(큰 연못)의 이름이니, 이 '渠孫皇' 또한 반드시 雍州의 큰 川澤 중 하나일 것이다. ≪周禮≫ 〈職方氏〉의 내용으로 고증해보건대 아마도 응당 '蒲弦澤'이 되어야 하니, 곧 雍州의 큰 연못인 '弦蒲'이다. 鄭玄의 注에 "弦蒲는 汧에 있다."고 했는데, 鄭衆이 "'弦'은 혹 '汧'이고, '蒲'는 혹 '浦'이다."라고 하였고, ≪漢書≫ 〈地理志〉에 "右扶風 汧水 북쪽에 蒲谷鄕과 弦中谷이 있는데 雍州의 弦蒲藪이다. 汧水는 西北쪽에서 나와 渭水로 들어간다."고 하였는데, '蒲'와 '渠'자는 모두 '水'를 부수로 삼으니, 이로 인해 잘못 쓰게 된 것이다. '弦'은 正字로 '𢏳'으로 쓰는데, 또한 '孫'자와 비슷하다. '澤'이 '皇'으로 되어 있는 것은 '澤'이 '睪'聲을 따르기 때문이다. 古書에 '睪'은 간혹 섞여서 '皋'으로 되어 있기도 하다. ≪史記≫ 〈天官書〉에 '澤'자는 '澤'으로 되어 있고, ≪史記≫ 〈封禪書〉에 '澤山'이라 하였는데 ≪史記集解≫에서 徐廣을 인용하면서 "'澤'은 어떤 本에는 '皋'으로 되어 있다."고 하였고, ≪春秋左氏傳≫ 襄公 17년 조에 '澤門'이라 하였는데 ≪經典釋文≫에 "'澤'은 혹 '皋'으로 되어 있다."고 하였으니, 모두 그 증거이다. 顏元孫의 ≪干祿字書≫에 "'皐'는 俗字로 '睾'로 쓰고 통용하여 '皐'로 쓴다."라 하였고, 漢나라 〈孔彪碑〉에 또한 '臯'로 되어 있으니, '皇'자와 모두 서로 매우 비슷하기 때문에 傳寫하면서 와전되어 바뀐 것이다. ≪漢書≫ 〈地理志〉에 의거하면 '弦'은 곧 '汧水'니 渭水로 들어가는데 이 渭水가 다시 黃河로 들어가기 때문에 西河와 渭瀆에 이 연못의 물을 흘려보낼 수 있으며, 蒲谷鄕과 弦中谷을 합하여 '澤'이라 부르기 때문에 '弦蒲' 또한 '蒲弦'이라

명했던 琅琊 顏氏 가문 출신으로 그의 高祖父는 顏之推이고 伯祖父는 顏師古이며, 조카는 顏眞卿이다. ≪干祿字書≫를 편찬한 것으로 알려져 있다.

48) 干祿字書 : 唐代의 字書이다. 顏元孫이 撰寫한 것으로, 모두 1권이다.

49) 漢孔彪碑 : 後漢 建寧 4년(171) 7월에 세워진 것으로, 隸書로 새겨졌다. 曲阜 孔廟에 있다. 이 碑의 주인인 孔彪는 字가 元上이고 孔子의 19세손으로 博陵太守를 지냈다. 博陵의 故吏인 崔烈 등이 碑를 세워 그의 업적을 칭송한 것이다.

뒤바꾸어 부를 수 있다. 여러 사실을 서로 참조하여 교감하면 의심스러운 뜻이 없을 듯하다. 弦蒲藪는 지금의 陝西 隴州 서쪽 40리에 있다.

15-6-5 **北爲防原泒**(고)하여

북쪽으로는 原水와 泒水에 제방을 만들어

說文自部에 **云 防**은 **隄也**라하고 **周禮稻人**에 **云 以防止水**라하다 **原**은 **亦水名**이니 **無考**라 **畢云 泒**는 **疑卽雁門泒水也**라하다 **詒讓案 說文水部**에 **云 泒水**는 **起鴈門葰人戍夫山**하여 **東北入海**라하니 **卽呼池之原**이라 **此擧其原**하고 **下又詳其委也**라

≪說文解字≫ 〈自部〉에 "'防'은 '隄(제방)'이다."라 하였고, ≪周禮≫ 〈稻人〉에 "以防止水(제방으로써 물을 멈추게 한다.)"라 하였다. '原'도 水名인데 상고할 데가 없다.

畢沅 : '泒'는 아마도 곧 雁門의 泒水일 것이다.

詒讓案 : ≪說文解字≫ 〈水部〉에 "泒水는 鴈門 葰人 戍夫山에서 나와 동북쪽으로 바다로 흘러간다."라 하였으니, 〈泒水는〉 곧 呼池의 근원이다. 여기에서 그 물의 발원지를 거론하고, 아래에서는 또한 하류에 그 물이 모이는 곳에 대해 상세하게 설명하였다.

15-6-6 **注**(后之邸)〔**昭余祁**〕[50)]

昭余祁와

畢讀注屬上句하니 **非**라 **此**는 **與下注五湖之處**로 **文例正同**이라 **后之邸**는 **疑卽職方氏幷州澤藪之昭余祁也**라 **爾雅釋地十藪**에 **燕有昭餘祁**라하고 **釋文引孫炎本**하여 **祁作㡳**하니 **祁㡳邸**는 **竝音近相通**이라 **昭作后者**는 **疑省**(생)**昭爲召**하고 **又誤作后**라 **之余**는 **音亦相轉**이라 **漢書地理志**에 **太原郡鄔**에 **九澤在北**하니 **是爲昭余祁**한대 **幷州藪**라 **在今山西太原府祁縣東七里**라하다

畢沅은 '注'를 위 句에 연결하여 읽었는데 잘못된 것이다. 이것은 아래의 "注五湖之處"

50) (后之邸)〔昭余祁〕: 저본에는 '后之邸'로 되어 있으나, 孫詒讓의 주에 의거하여 '昭余祁'로 바로잡았다.

와 文例가 꼭 같다. '后之邸'는 아마도 곧 ≪周禮≫ 〈職方氏〉에 나오는 幷州에 있는 澤藪인 昭余祁일 것이다. ≪爾雅≫ 〈釋地〉 十藪에 燕 땅에 昭餘祁가 있다고 하였고, ≪經典釋文≫에 孫炎本을 인용하면서 '祁'를 '底'로 썼는데, '祁'와 '底'와 '邸'는 모두 음이 비슷하여 서로 통용하는 것이다. '昭'를 '后'로 쓴 것은 아마도 '昭'에서 〈'日'을〉 생략하여 '召'라 하고 또 이를 '后'라 잘못 쓴 것이리라. '之'와 '余'는 音이 같아서 바뀌었다. ≪漢書≫ 〈地理志〉에 "太原郡 鄔 땅에 九澤이 북쪽에 있으니, 이를 '昭余祁'라 하는데 幷州의 큰 연못이다. 지금의 山西 太原府 祁縣 동쪽 7里에 있다."라 하였다.

15-6-7 (**呼池**)〔虖沱〕[51]**之竇**하고

虖沱로 물이 빠지게 하였고,

職方氏에 **幷州**는 **其川虖池**라한대 **鄭注**에 **云 虖池**는 **出鹵城**이라하다 **案 漢書地理志**에 **亦作虖池**라하고 **禮記**[52]**禮器**에 **作惡池**라한대 **注云 惡當爲呼**하니 **聲之誤也**라하니 **嘑呼**는 **字同**이라 **戰國策秦韓中山策**에 **竝作呼池**라 **畢云 卽虖沱河**니 **出今山西繁時縣**이라 **古無池字**하니 **卽沱異文**이라 **故此亦以池爲沱也**라하다 **顧云 竇卽瀆字**하니 **周禮大宗伯注**에 **四竇**라하고 **釋文**에 **本亦作瀆**이라하다

≪周禮≫ 〈職方氏〉에 "幷州의 川은 虖池이다."라 하였는데, 鄭玄의 注에 "虖池는 鹵城에서 나온다."고 하였다.

案 : ≪漢書≫ 〈地理志〉에도 '虖池'로 되어 있다. ≪禮記≫ 〈禮器〉에는 '惡池'로 되어 있는데, 注에 "'惡'는 응당 '呼'가 되어야 하니, 소리가 〈비슷해서〉 잘못된 것이다."라 하였다. '嘑'와 '呼'는 글자가 같다. ≪戰國策≫ 〈秦策〉·〈韓策〉·〈中山策〉에 모두 '呼池'로 되어 있다.

畢沅 : 이는 곧 虖沱河이니 지금의 山西 繁時縣에서 나온다. 옛날에는 '池'자가 없었으니 〈'池'는〉 곧 '沱'의 異文이다. 그러므로 여기에서도 '池'를 '沱' 〈대신에〉 쓴 것이다.

---

51) (呼池)〔虖沱〕: 저본에는 '呼池'로 되어 있으나, 孫詒讓의 주에 의거하여 '虖沱'로 바로잡았다.

52) 禮記 : 5經과 13經에 속하는 유가의 경전으로 중국 고대의 典章制度를 담고 있으며 모두 24卷 29篇이다. ≪小戴禮記≫ 혹은 ≪小戴記≫라고도 하며 西漢의 戴聖이 편찬했다고 전해진다. ≪儀禮≫, ≪周禮≫와 함께 '3禮'에 속한다.

顧廣圻 : '竇'은 곧 '瀆'자이다. ≪周禮≫ 〈大宗伯〉의 注에 '四竇'이라 했는데, ≪經典釋文≫에 "본래는 또한 '瀆'으로 되어 있었다."라 하였다.

15-6-8 洒爲(底)〔厎〕[53]柱하고

물길을 나누어 厎柱山을 만들고

洒는 與下文灑로 同이니 當讀所宜反이라 底는 當作厎니 禹貢에 東至于厎柱라한대 僞孔傳에 云 厎柱는 山名이라 河水分流하여 包山而過하니 山見水中하여 若柱然이라 在西虢之界라하다 洒는 卽謂分流也라 畢云 說文에 云 灑는 汎也라하다 洒는 假音字라 水經에 云 砥柱山은 在河東大陽縣東河中이라하고 括地志[54]에 云 底柱山은 俗名三門山이니 硤石縣東北五十里黃河之中이라하다 案 在今山西平陸縣東五十里니 三門山東이라하다

'洒'는 아래 글의 '灑(나뉘다)'와 같으니, 응당 '所'와 '宜'의 反切로 읽어야 한다. '底'는 응당 '厎'가 되어야 하니, ≪尙書≫ 〈夏書 禹貢〉에 "동쪽으로 厎柱에 이른다."고 했는데, ≪僞古文尙書≫의 孔安國 傳에 "'厎柱'는 山名이다. 黃河의 물이 나뉘어 흘러 산을 감싸고 지나가는데, 산이 물 가운데에 보이니 마치 기둥과 같다. 서쪽 虢의 경계에 있다."고 하였다. '洒'는 바로 '나뉘어 흐르는 것'을 일컫는다.

畢沅 : ≪說文解字≫에 "'灑'는 '汎'이다."라고 하였으니, '洒'는 借音字이다. ≪水經≫에 "砥柱山은 河東 大陽縣 東河의 가운데에 있다."고 하였고, ≪括地志≫에 "底柱山은 속칭 '三門山'이라 하니, 硤石縣 동북 50리 黃河의 가운데에 있다."고 하였다.

案 : 지금의 山西 平陸縣 동쪽 50리에 있으니, 三門山의 동쪽이다.

15-6-9 鑿爲龍門하여

〈龍門山을〉 뚫어 龍門을 만들어

53) (底)〔厎〕: 저본에는 '底'로 되어 있으나, 孫詒讓의 주에 의거하여 '厎'로 바로잡았다.

54) 括地志 : 唐나라 초기 魏王 李泰主가 편집한 地理書이다. 본문 550권, 序略 5권으로 구성되어 있다. ≪漢書≫ 〈地理志〉와 顧野王의 ≪輿地志≫ 두 책을 기반으로 새로운 地理書 체제를 만들어 ≪元和郡縣志≫, ≪太平寰宇記≫의 先河가 되었다고 평가받는다.

畢云 水經에 云 龍門山은 在河東皮氏縣西라하고 括地志에 云 龍門山은 在同州韓城縣北五十里라하니 山은 在今河津韓城二縣界라하다

畢沅 : ≪水經≫에 "龍門山은 黃河의 동쪽 皮氏縣의 서쪽에 있다."라 하고, ≪括地志≫에 "龍門山은 同州 韓城縣 북쪽 50리에 있다."라 하니, 산은 지금의 河津과 韓城 두 縣의 경계에 있다.

15-6-10 **以利燕代胡貉(맥)與西河之民**이라

燕·代·胡·貉과 西河 유역의 인민들을 이롭게 하였다.

畢云 貉은 非攻中에 作貊하니 是라 疑左傳[55]云 狄之廣莫이 于晉爲都라한대 廣은 卽少廣[56]이요 莫은 卽貊也라하다 案 畢說은 非也라 貊은 貉之俗이니 說文豸部에 云 貉은 北方豸種也라하고 職方氏에 有九貉[57]하고 漢書高帝紀顔注에 云 貉은 在東北方하니 三韓之屬은 皆貉類也라하고 考工記鄭注에 云 胡는 今匈奴라하다

畢沅 : '貉'은 ≪墨子≫ 〈非攻 中〉에 '貊'으로 되어 있으니, 이것이 옳다. 아마도 ≪春秋左氏傳≫ 莊公 28년에 "戎狄의 廣莫이 晉나라의 都市가 될 수 있으니"라 하였는데, '廣'은 곧 少廣이고 '莫'은 곧 貊인 것 같다.

案 : 畢沅의 說은 옳지 않다. '貊'은 '貉'의 俗字이니, ≪說文解字≫ 〈豸部〉에 "'貉'은 북방의 豸種이다."라 하였고, ≪周禮≫ 〈職方氏〉에 "九貉이 있다."라 하였고, ≪漢書≫ 〈高帝紀〉의 顔師古 注에 "貉은 동북방에 있으니, 三韓에 속하는 것은 모두 貉類이다."라 하였고, ≪周禮≫ 〈考工記〉의 鄭玄 注에 "'胡'는 지금의 匈奴이다."라 하였다.

---

55) 左傳 : ≪春秋左氏傳≫이다. 춘추시대 末年 魯나라의 左丘明이 ≪春秋≫를 注解한 것으로 알려져 있는데, ≪春秋公羊傳≫·≪春秋穀梁傳≫과 함께 '春秋三傳'이라 칭해진다. 모두 35권으로 13經의 하나이다.

56) 少廣 : ≪莊子≫ 〈大宗師〉에 "坐乎少廣"이란 말이 나오는데, 여기에 나오는 '少廣'은 세계의 서쪽 끝에 있다고 하는 산의 이름(崔譔, 成玄英), 혹은 동굴 이름(司馬彪) 등으로 풀이된다.

57) 貉 : 저본 傍注에 "'貉'은 원래 '貊'으로 잘못되어 있었는데, ≪周禮≫ 〈夏官 職方氏〉에 의거하여 고친다."라 하였다.

15-6-11 東(方)〔爲〕[58]漏(之)〔大〕[59]陸하고

동쪽으로는 大陸의 물을 흘리고

以上下文例로 校之컨대 東方의 方은 當作爲하니 與西爲北爲南爲로 文正同이라 漏之陸은 疑當作漏大陸이라 淮南子本經訓에 說禹治水云 鴻水漏하니 九州乾이라하니 言大陸之水漏而乾也라 畢讀漏之陸防句하여 云 陸防은 疑卽大陸이니 在今山東鉅鹿縣이라하다 案 畢說은 不誤나 而讀(두)則非라

위아래의 文例로 교감해보면, '東方'의 '方'은 응당 '爲'가 되어야 하니, '西爲'・'北爲'・'南爲'의 文例와 똑같다. '漏之陸'은 아마도 응당 '漏大陸'이 되어야 한다. ≪淮南子≫ 〈本經訓〉에서 禹임금의 治水에 대해 말하면서 "鴻水가 새나가니 九州가 말랐다."라고 하니, 大陸의 물이 새서 말랐다는 말이다. 畢沅은 '漏之陸防'을 한 句로 읽고, "'陸防'은 아마도 곧 '大陸'이니, 지금의 山東 鉅鹿縣에 있다."라 했다.

案 : 畢沅의 說은 틀리지 않으나, 구두는 잘못되었다.

15-6-12 防孟諸(저)之澤하고

孟諸의 습지에 제방을 쌓고

禹貢에 豫州는 導菏澤하여 被孟豬라하고 史記夏本紀에 作明都하고 漢書溝洫志에 作盟諸하고 職方氏에 云 靑州는 其澤藪曰望諸라하고 爾雅釋地에 云 宋有孟諸라하니 此는 與爾雅로 字同이라 漢書地理志에 云 孟豬는 在梁國睢陽縣東北이라하다 畢云 澤은 在今山東虞城縣西北十里니 有孟諸臺하고 接商邱縣界라 水經[60]에 云 明都澤은 在梁郡睢陽縣東北이라하니 明孟諸都는 音相近이라하다

---

58) (方)〔爲〕: 저본에는 '方'으로 되어 있으나, 孫詒讓의 주에 의거하여 '爲'로 바로잡았다.

59) (之)〔大〕: 저본에는 '之'로 되어 있으나, 孫詒讓의 주에 의거하여 '大'로 바로잡았다.

60) 水經 : 중국의 주요 河流水道 137條의 정황에 대해 기술한 책으로, 晉代의 郭璞 혹은 後漢의 桑欽이 편찬한 것으로 알려져 있다. 한편 ≪水經注≫는 北魏 말기에 酈道元이 ≪水經≫의 내용을 확충하여 편찬한 것으로, 여러 地圖와 地志를 참고하여 1,252條의 하천 수계를 기준으로 하여 그 부근의 도시와 邑 및 古跡과 지형을 기록한 지리서이다. 모두 40권이다.

≪尙書≫ 〈夏書 禹貢〉에 "豫州에 菏澤을 이끌어 孟豬에 이르게 하였다."라 하고, ≪史記≫ 〈夏本紀〉에 '明都'로 되어 있고, ≪漢書≫ 〈溝洫志〉에 '盟諸'로 되어 있고, ≪周禮≫ 〈職方氏〉에 "靑州는 그 큰 연못을 '望諸'라 한다."라 하고, ≪爾雅≫ 〈釋地〉에 "宋에는 孟諸가 있다."고 하니, 〈≪墨子≫의〉 이 부분은 ≪爾雅≫와 글자가 같다. ≪漢書≫ 〈地理志〉에 "孟豬는 梁國 睢陽縣 동북쪽에 있다."고 하였다.

畢沅 : 澤은 지금 山東 虞城縣 서북쪽 10리에 있으니, 孟諸臺가 있고 商邱縣과 경계를 접하고 있다. ≪水經≫에 "明都澤은 梁郡 睢陽縣 동북쪽에 있다."고 하니, '明'과 '孟', '諸'와 '都'는 음이 서로 비슷하다.

15-6-13 灑爲九澮하고

물길을 나누어 九河를 만들고

畢云 此는 巜字之假音이라 爾雅에 云 水注溝曰澮라하고 說文에 以澮爲水名이라하다 案컨대 九巜는 卽九河也라하다 詒讓案 灑는 釃字通이라 漢書溝洫志에 云 禹迺釃二渠하여 以引其河라한대 注에 孟康云 釃는 分也라 分其流하여 泄其怒也라하다 史記河渠書에 釃作廝한대 索隱에 云 廝는 漢書에 作灑라 史記舊本에 亦作灑하니 字從水라 韋昭[61]云 疏決爲灑라하다 此는 與史漢舊本으로 字正同이라 漢書司馬相如傳에 決江疏河하고 灑沈澹災라한대 顔注에 云 灑는 分也니 所宜反이라하고 淮南子要略에 云 禹劉河而道九岐라하다

畢沅 : 이 '澮'는 '巜'자의 借音字이다. ≪爾雅≫에 "물을 도랑에 댄 것을 '澮'라 한다."고 하였고, ≪說文解字≫에 '澮'를 물의 이름이라 하였다. 생각건대 '九巜'는 곧 九河이다.

詒讓案 : '灑'는 '釃(나누다)'자와 통용한다. ≪漢書≫ 〈溝洫志〉에 "禹迺釃二渠 以引其河(禹임금이 이에 두 도랑으로 나누어 黃河를 거기로 이끌었다.)"라 했는데, 注에 "孟康이 '釃는 나누는 것이다. 물의 흐름을 나누어 사나운 기세를 누그러뜨린 것이다.'라 하였다."라 하였다. ≪史記≫ 〈河渠書〉에 '釃'가 '廝'로 되어 있는데, ≪史記索隱≫에 "'廝'는 ≪漢書≫에 '灑'로 되어 있다. ≪史記≫의 舊本에도 '灑'로 되어 있으니 '水'를 부수로 하는 글자이다.

61) 韋昭 : 204~273. 字는 弘嗣이고 吳郡 雲陽(지금의 江蘇省 丹陽) 사람이다. 삼국시대 유명한 사학자로 東吳의 重臣이었다. 저서로 ≪吳書≫, ≪漢書音義≫, ≪國語注≫, ≪官職訓≫, ≪三吳郡國志≫ 등이 있다.

韋昭는 '개통하는 것이 灑이다.'라 하였다."라 하였다. 이 〈≪墨子≫의 '灑'는〉 ≪史記≫·≪漢書≫의 舊本과 글자가 똑같다. ≪漢書≫ 〈司馬相如傳〉에 "決江疏河 灑沈澹災(長江과 黃河를 터서 물길을 나누고 깊이 파서 재해를 없애)"라 하였는데, 顔師古의 注에 "灑은 分이니 '所'와 '宜'의 反切이다."라 하였고, ≪淮南子≫ 〈要略〉에 "禹임금이 黃河를 준설하여 九岐로 이끌었다."라 하였다.

15-6-14 以楗東土之水하여

동쪽 땅의 물을 막아

畢云 說文에 **云 楗**은 **門限**이라하니 **則此蓋言限也**라 **玉篇**에 **渠偃切**이라하다 **詒讓案 呂氏春秋愛類篇**에 **云 禹**가 **於是**에 **疏河決江**하고 **爲彭蠡之障**하여 **乾東土**하니 **所活者**가 **千八百國**이라하다

畢沅 : ≪說文解字≫에 "楗은 문지방이다."라 하니, 이는 아마도 경계를 말한 것이리라. ≪玉篇≫에 "〈楗은〉 '渠'와 '偃'의 反切이다."라 하였다.

詒讓案 : ≪呂氏春秋≫ 〈愛類〉에 "禹가 이에 黃河와 長江을 트고 彭蠡의 제방을 만들어 동쪽 땅을 말렸으니 〈그 결과〉 살게 된 것이 1,800國이었다."고 하였다.

15-6-15 以利冀州之民이라

冀州의 인민을 이롭게 하였다.

爾雅釋地에 **云 兩河間曰冀州**라하고 **說文北部**에 **云 冀**는 **北方州也**라하니 **案**컨대 **古通以中土爲冀州**라 **穀梁**[62]**桓五年傳**에 **云 鄭**은 **同姓之國也**니 **在乎冀州**라한대 **楊士勛**[63]**疏**에 **云 冀州者**는 **天下之中州**니 **唐虞夏殷**이 **皆都焉**이라하고 **逸周書**[64]**嘗麥篇**에 **云 在大國**

---

62) 穀梁 : ≪春秋穀梁傳≫이다. ≪春秋≫의 注解書로 ≪春秋左氏傳≫·≪春秋公羊傳≫과 함께 '春秋三傳'이라 칭해진다.

63) 楊士勛 : 唐 太宗 貞觀 시기의 사람으로 孔穎達의 五經正義 편찬에 참여하여 ≪春秋正義≫를 편집하였다. 또한 晉나라 范甯의 ≪春秋穀梁集解≫를 토대로 ≪穀梁疏≫를 편찬하기도 하였다.

64) 逸周書 : ≪周書≫ 혹은 ≪周志≫, ≪汲塚周書≫라고도 한다. ≪汲冢周書≫라고 하는 것은

有殷이 **是威厥邑**하니 **無類於冀州**라하고 **晏子春秋問上篇**에 **云 桓公**이 **撫存冀州**라하고 **淮南子墬**(지)**形訓**에 **云 正中冀州曰中土**라한대 **高注**에 **云 冀**는 **大也**니 **四州之主**라 **故曰 中土**라하고 **又覽冥訓注**에 **云 冀**는 **九州中**이니 **謂今四海之內**라하고 **山海經**[65]**大荒北經 郭注**에 **云 冀州**는 **中土也**라하다

≪爾雅≫ 〈釋地〉에 "두 河 사이를 '冀州'라 한다."라 하고, ≪說文解字≫ 〈北部〉에 "'冀'는 북방의 州이다."라 하였으니, 생각건대 옛날에는 '中土'를 통칭해서 '冀州'라 하였다. ≪春秋穀梁傳≫ 桓公 5년 조에 "鄭은 同姓國이니, 冀州에 있다."라 하였는데, 楊士勛의 疏에 "冀州는 천하의 中州로 唐·虞·夏·殷이 모두 거기에 도읍을 두었다."라 하였고, ≪逸周書≫ 〈嘗麥〉에 "大國 殷이 그 邑에서 위세를 떨치니 冀州에 남은 것이 없었다."라 하고, ≪晏子春秋≫ 〈問上〉에 "桓公이 冀州를 위무했다."고 하고, ≪淮南子≫ 〈墬形訓〉에 "한가운데 冀州를 中土라 한다."고 하였는데 高誘의 注에 "'冀'는 '大'이니, 四州의 主가 되기 때문에 '中土'라 한다."고 하고, 또 ≪淮南子≫ 〈覽冥訓〉의 注에 "冀는 九州의 중심이니, 지금의 四海之內를 일컫는다."고 하고, ≪山海經≫ 〈大荒北經〉 郭璞의 注에 "冀州는 中土이다."라 하였다.

15-6-16 **南爲江漢淮汝**하여 **東流之**하여 **注五湖之處**하여

남쪽으로는 長江·漢水·淮水·汝水를 다스려 동쪽으로 흐르게 하여 五湖 일대로 물을 대서

玉海[66]**地理門**에 **引作東流注之五湖**하니 **范成大**[67]**吳郡志**[68]**同**이라 **淮南子要略**에

汲冢이란 곳에서 竹簡 형태로 발굴되었기 때문이다. 汲冢에서 발굴된 일체의 문건을 汲冢書라 하는데, 현전하는 ≪逸周書≫는 발굴하고 유전하는 과정에서 많은 부분 유실되었다. 현전하는 ≪逸周書≫는 총 10권이다. 正文 70편으로 구성되어 있는데, 周 文王·周 武王·周公·成王·康王·穆王·厲王·景王의 사적이 실려 있다.

65) 山海經 : 戰國時代 中後期에서 漢代 初中期 사이에 楚나라 혹은 巴蜀 땅 사람이 지은 것으로 여겨지는 책으로, 민간 설화에 나오는 妖怪와 怪獸에 대한 설명과 신화를 수록하고 있다. 이 책을 통해 고대의 신화, 지리, 동식물, 광물, 종교, 역사, 의약, 민속 등 여러 방면의 정보를 얻을 수 있다고 평가받는다. 현존하는 것은 18篇이다.

66) 玉海 : 南宋 때 王應麟이 지은 類書로 모두 204권이다. 天文, 地理, 官制, 食貨 등 21門으로 구성되어 있다.

云 禹가 鑿江而通九路하고 辟五湖而定東海라하고 職方氏에 揚州에 其浸五湖라한대 鄭注에 云 五湖는 在吳南이라하고 國語[69]越語韋注에 云 五湖는 今太湖라하다 此云 注五湖는 蓋專據江漢言之라 水經沔水酈[70]注에 云 南江東注於具區하니 謂之五湖口라 五湖는 謂長蕩湖太湖射湖貴湖滆湖也라하고 又引虞翻[71]說太湖云 是湖有五道라 故曰五湖라하다 案컨대 晉唐人이 釋五湖名에 多差異하니 要不出太湖之枝別이니 今不具論이라 畢云 文選注에 云 張勃吳錄에 曰 五湖者는 太湖之別名也니 周行五百餘里라하다 今案컨대 江南의 吳吳江宜興武進無錫과 浙江의 烏程長興七縣은 皆瀕此湖也라하다

太湖圖

67) 范成大：1126~1193. 字는 致能이고 號는 石湖居士로, 平江府 吳縣(지금의 江蘇省 蘇州) 사람이다. 저서로 ≪石湖詩集≫, ≪石湖詞≫, ≪桂海虞衡志≫, ≪驂鸞錄≫, ≪吳船錄≫, ≪吳郡志≫ 등이 있다.

68) 吳郡志：≪吳門志≫라고도 한다. 南宋의 平江府志로, 地方志의 모범으로 평가받는다. 모두 50권이다.

69) 國語：≪春秋外傳≫ 혹은 ≪左氏外傳≫이라고 칭해지기도 하며, 春秋時代 말기 魯나라 左丘明이 지은 것으로 전해지지만 현재는 戰國時代의 학자가 春秋時代 각국의 사료를 토대로 편찬한 것이라 여겨진다. 중국 최초의 나라별 역사서로, 周王室과 魯·齊·晉·鄭·楚·吳·越 등의 기사를 싣고 있으며, 이는 B.C. 947에서 B.C. 453까지 약 500년간의 역사를 포괄하는 것이다. 모두 21권이다.

70) 酈：酈道元(466 혹은 472~527)을 일컫는 것이다. 字는 善長이고, 范陽郡 涿縣(지금의 河北省 涿州市) 사람이다. 北魏의 지리학자로 ≪水經注≫를 남겼다.

71) 虞翻：164~233. 字는 仲翔이고 會稽 余姚(지금의 浙江省 余姚) 사람이다. 三國時代 吳나라의 학자로 ≪周易≫에 조예가 깊었다고 알려졌다.

≪玉海≫ 〈地理門〉에서 이를 인용하면서 "東流注之五湖(동쪽으로 흘러 五湖에 물을 댔다.)"라 하였으니, 范成大의 ≪吳郡志≫와 같다. ≪淮南子≫ 〈要略〉에 "禹임금이 長江을 뚫어 9개의 수로를 개통했고 五湖를 다스려 東海를 안정시켰다."라 했고, ≪周禮≫ 〈職方氏〉에 "揚州에 있는 浸(저수지)은 五湖이다."라 했는데 鄭玄의 注에 "五湖는 吳의 남쪽에 있다."고 하였고, ≪國語≫ 〈越語〉 韋昭의 注에 "五湖는 지금의 太湖이다."라 하였다. 여기에서 '五湖에 물을 댔다.'라 하니, 이는 아마도 오로지 長江과 漢水 부근의 지역에만 의거하여 말한 것이리라. ≪水經≫ 〈沔水〉 酈道元의 注에 "南江은 동쪽으로 具區로 흘러가니, 五湖口라 한다. 五湖는 長蕩湖, 太湖, 射湖, 貴湖, 滆湖를 이른다."라 하였고, 또 虞翻이 太湖에 대해 말한 것을 인용하여 "이 湖에는 다섯 개의 물길이 있기 때문에 '五湖'라 한다."고 하였다. 생각하건대 晉나라와 唐나라 사람들은 五湖의 이름에 대한 해석에서 차이가 많은데, 요컨대 太湖의 곁가지에서 벗어나지 않으니, 지금은 갖추어 논하지 않는다.

畢沅 : ≪文選注≫에 "張勃의 ≪吳錄≫에 '五湖는 太湖의 別名이니, 둘레가 500여 리이다.'라 하였다."고 하였다. 지금 생각하건대 江南의 吳・吳江・宜興・武進・無錫과 浙江의 烏程・長興 7縣은 모두 이 湖에 닿아 있다.

15-6-17 以利荊楚干越과

楚・吳・越과

干은 畢本에 作于하고 云 四字는 舊作楚荊越與하니 據文選注改라하다 王云 畢改는 非也라 文選江賦注에 本作荊楚干越之民이라하니 干은 古寒反이라 今本墨子에 作楚荊越與南夷之民이나 但[72]誤倒荊楚二字하고 又脫干字耳라 若與南夷之與는 則不誤也라 上文에 云 燕代胡貉與西河之民이라하고 此文에 云 荊楚干越與南夷之民이라하니 與는 非誤字明矣라 南夷는 謂荊楚干越以南之夷라 故曰 荊楚干越與南夷라하니라 文選注에 無與南夷三字하니 省(생)文耳이나 畢誤以楚荊越與連讀이라 故刪去與字耳라 干越은 卽吳越이니 非春秋所謂於越也라 畢改干越爲于越하니 亦非라하다 又云 莊子刻意篇에 曰 夫

72) 但 : 저본 傍注에 "'但'은 원래 '也'로 잘못되어 있었는데, 活字本에 의거하여 고친다."라 하였다.

有干越之劍者라한대 釋文에 司馬彪云 干은 吳也라 吳越出善劍也라하다 案컨대 吳有谿名干谿하고 荀子勸學篇에 曰 干越夷貉之子라한대 楊倞曰 干越은 猶言吳越이라하고 淮南原道篇에 曰 干越生葛絺라한대 高注에 曰 干은 吳也라하니 是干越은 卽吳越也라 干越은 爲二國이니 若春秋之於越은 卽是越이라 而以於爲發聲이니 與干越不同이라하다 劉台拱[73]云 干은 與哀九年左傳의 吳城邗하고 溝通江淮之邗으로 同이라하다 案 王劉說이 是也라 干은 邗之借字라 說文邑部에 云 邗은 國也니 今屬臨淮라 一曰邗本屬吳라하고 管子[74]內業篇에 云 昔者에 吳干戰이라하니 據管子說이면 則吳干은 本二國이로되 後干爲吳所滅하여 遂通稱吳爲干이라 故此云干越矣라

'干'은 畢沅本에 '于'로 되어 있고, "〈荊楚干越〉 4자는 舊本에 '楚荊越與'라 되어 있으니, ≪文選注≫에 의거하여 고친다."라 하였다.

王念孫 : 畢沅이 고친 것은 틀렸다. ≪文選≫ 〈江賦〉의 注에는 본래 "荊楚干越之民"이라 하였으니, '干'은 '古'와 '寒'의 反切이다. 今本 ≪墨子≫에 "楚荊越與南夷之民"으로 되어 있지만, '荊楚' 두 자가 잘못 뒤바뀐 것이고, 또 '干'자가 빠졌을 따름이다. '與南夷'의 '與'의 경우에는 誤字가 아니다. 위 글에 "燕代胡貉與西河之民"이라 하였고, 이 글에 "荊楚干越與南夷之民"이라 하였으니, '與'는 誤字가 아님이 분명하다. '南夷'는 荊楚干越 이남의 夷를 말하기 때문에 "荊楚干越與南夷"라 한 것이다. ≪文選注≫에는 '與南夷' 3자가 없으니, 생략된 것일 따름인데, 畢沅은 '楚荊越與'로 잘못 연결하여 읽었기 때문에 '與'를 刪去했을 따름이다. '干越'은 곧 '吳越'이니, ≪春秋≫에 이른바 '於越'은 아니다. 畢沅이 '干越'을 '于越'로 고쳤는데, 이 또한 잘못된 것이다.

王念孫 : ≪莊子≫ 〈刻意〉에 "夫有干越之劍者(무릇 吳나라나 越나라에서 만들어진 명검을 가지고 있는 자가)"라 하였는데, ≪經典釋文≫에 "司馬彪가 '干은 吳이다. 吳越에서는 좋은 劍이 난다.'고 하였다."고 하였다. 생각하건대 吳에 이름이 干谿인 계곡이 있고, ≪荀子≫

---

73) 劉台拱 : 1751~1805. 字는 端臨・江嶺・子階이며, 江蘇 寶應 사람이다. 독실한 주자학자로서 음운학과 문자학에 조예가 깊었고 ≪論語駢枝≫, ≪方言補校≫, ≪經傳小記≫, ≪國語補校≫, ≪荀子補注≫, ≪淮南子補校≫, ≪漢學拾遺≫ 등이 ≪劉端臨先生遺書≫에 실려 있다.

74) 管子 : 春秋時代 齊나라의 유명한 정치가였던 管仲(B.C. 723~B.C. 645)의 이름을 딴 저작으로, 管仲의 영향을 받은 후대 稷下學派에 의해 작성된 것으로 알려져 있다. 四庫全書의 子部 法家類에 속해 있으며, 당대 법가사상을 대표하는 저작으로 평가받는다.

〈勸學〉에 "干越夷貉之子"라 했는데 楊倞이 "干越은 吳越과 같은 말이다."라 하였고, ≪淮南子≫ 〈原道訓〉에 "干越에서는 葛絺(칡베)가 난다."고 했는데 高誘의 注에 "'干'은 '吳'이다."라 하였으니, 이 〈≪墨子≫의〉 '干越'은 곧 '吳越'이다. 干越은 두 나라이니, ≪春秋≫의 '於越'은 바로 越나라이다. 〈이 경우〉 '於'는 발어사니 '干越'과 다른 것이다.

劉台拱 : '干'은 ≪春秋左氏傳≫ 哀公 9년 조에 "吳城邗 溝通江淮(吳나라가 邗에 성을 쌓고 수로를 뚫어 長江과 淮水를 통하게 했다.)"의 '邗'과 같다.

案 : 王念孫과 劉台拱의 說이 옳다. '干'은 '邗'의 假借字이다. ≪說文解字≫ 〈邑部〉에 "'邗'은 國이니, 지금의 臨淮에 속한다. '邗'은 본래 吳에 속한다는 설도 있다."고 하였고, ≪管子≫ 〈內業〉에 "昔者 吳干戰(옛날에 吳와 干이 전쟁을 벌였다.)"이라 하였는데, ≪管子≫의 說에 의거하면, 吳와 干은 본래 두 나라였는데 뒤에 干이 吳에게 멸망하여 결국 吳를 통칭하여 '干'이라 하였기 때문에 여기에서 '干越'이라 한 것이다.

15-6-18 **與南夷之民**이라

南夷의 인민을 이롭게 하였다.

畢云 江淮汝는 **在荊**하고 **五湖**는 **在越也**라하다

畢沅 : 長江・淮水・汝水는 荊州에 있고, 五湖는 越에 있다.

15-6-19 **此**는 **言禹之事**니 **吾今行兼矣**라 **昔者文王之治西土**에 **若日若月**하고 **乍光于四方**하고 **于西土**하니

이것은 禹임금의 일을 말한 것이니, 나는 이제 〈그가 행한〉 '아우름'을 행할 것이다.

옛날에 文王께서 서쪽 땅을 다스릴 적에 〈그 덕이〉 해와 달같이 금새 사방으로 빛나 서쪽 땅을 비추었으니,

周 文王

下篇에 **引作泰誓**라 **蘇云 此**는 **與泰誓略同**하니

疑有脫誤라하다 詒讓案 今僞古文은 卽采此書하니 僞孔傳에 云 言其明德充塞四方하여 明著岐周라하다 義互詳下篇이라

≪墨子≫ 〈兼愛 下〉에 이 부분을 인용하면서 '泰誓'라 하였다.

蘇時學 : 이는 ≪尙書≫ 〈周書 泰誓〉와 내용이 대략 같으니, 아마도 오탈자가 있는 것 같다.

詒讓案 : 지금의 ≪僞古文尙書≫는 곧 이 글에서 채록한 것이니, ≪僞古文尙書≫의 孔安國 傳에 "그 明德이 四方에 가득 차서 岐周에 밝게 드러났다는 말이다."라고 하였으니, 그 뜻이 ≪墨子≫ 〈兼愛 下〉에 상세히 설명되어 있다.

15-6-20 不爲大國侮小國하고 不爲衆庶侮鰥寡하고 不爲暴勢奪穡人黍稷狗彘하니

大國이라 하여 小國을 얕보지 않고, 多數라 하여 홀아비나 과부를 업신여기지 않으며, 광포한 권세가 있다 하여 농민의 곡식과 개·돼지 등을 빼앗지 않았으니,

畢云 說文에 云 嗇은 愛濇也니 从來从㐭이라 來者는 㐭而臧之라 故로 田夫謂之嗇夫라하니 穡은 與嗇通이라하다

畢沅 : ≪說文解字≫에 "'嗇'는 '愛濇'이니 '來'와 '㐭'으로 구성되어 있다. 밀(소맥)은 창고(㐭)에 넣어 보관하는 것이기 때문에 '田夫'를 '嗇夫'라 한다."라 하였으니, '穡'은 '嗇'과 통용한다.

15-6-21 天이 屑臨文王慈라

하늘이 문왕의 자애로움을 돌아보셨다.

以上은 疑竝出古泰誓한대 今僞古文止采下篇이라 故無之라 後漢書馬廖傳李注에 云 屑은 顧也라하다 畢云 漢書武帝紀에 云 屑然如有聞이라하다

이상은 아마도 모두 ≪古文尙書≫의 〈泰誓〉에 나오는 말일 것인데, 지금의 ≪僞古文尙書≫는 다만 ≪墨子≫ 〈兼愛 下〉에서 채록한 것이기 때문에 이 내용이 없다. ≪後漢書≫ 〈馬廖傳〉 李賢의 注에 "'屑'은 '顧'이다."라 하였다.

畢沅 : ≪漢書≫ 〈武帝紀〉에 "屑然如有聞(절절하게 들리는 듯하였다.)"이라 하였다.

15-6-22 **是以**로 **老而無子者**가 **有所得終其壽**하고 **連獨無兄弟者**가

이런 까닭에 늙어서 자식이 없는 자도 그 수명을 다할 수 있었고, 가련하고 외로우며 형제가 없는 자도

畢云 連은 同鰥하니 音相近하고 字之異也라 經典에 或作煢하고 或作惸하니 皆假音이라하다 王引之云 無兄弟는 不得謂之鰥이라 鰥煢惸三字는 聲이 與連으로 皆不相近이니 畢說은 非라 連與獨은 文義不倫하니 連은 疑當作逴이라 與連相似而誤라 逴은 猶獨也라 故以逴獨連文이라 莊子大宗師篇에 彼特以天爲父하여 而身猶愛之온 而況其卓乎인저한대 郭注에 曰 卓者는 獨化之謂也라하고 秋水篇에 吾以一足趻卓而行이라하고 玉篇에 逴은 敕角切이니 蹇也라한대 蹇者는 獨任一足이라 故謂之逴이라 逴은 與卓通이니 漢書河間獻王傳에 卓爾不羣이라하고 說苑君道篇에 踔然獨立이라하고 說文에 䟽은 特止라한대 徐鍇曰 特止는 卓立也라하다 卓踔䟽은 竝與逴同聲이니 皆獨皃也라하다 洪云 爾雅釋畜에 未成雞가 僆이라한대 郭璞注에 江東에 呼雞少者를 曰僆이라하니 連은 與僆同이니 連獨은 猶言幼獨也라하다 兪云 連은 當讀爲離니 連은 與離一聲之轉이라 淮南子原道篇에 終身運枯形于連嶁列埒之門이라한대 高注에 曰 連嶁는 猶離嶁也라하니 是其證也라 又本經篇에 愚夫惷婦皆有流連之心이라한대 注에 曰 流連은 猶爛漫하니 失其職業也라하니 然則流連은 卽流離也니 亦其證也라하다 詒讓案 連은 疑當讀爲矜하니 一聲之轉이니 猶史記龜策傳에 以苓葉爲蓮葉이라 爾雅釋言[75]에 云 矜은 苦也라하고 詩小雅鴻鴈에 云 爰及矜人이라한대 毛傳에 云 矜은 憐也라하고 又何草不黃에 云 何人不矜이라하니 連獨은 猶言窮苦煢獨耳라 矜從令聲한대 今經典竝从今하니 誤라

畢沅 : '連'은 '鰥'과 같다. 音이 서로 비슷하고 글자가 다른 것이다. 經典에는 어떤 경우에는 '煢'으로 되어 있고, 어떤 경우에는 '惸'으로 되어 있는데, 모두 借音字이다.

王引之 : 兄弟가 없는 경우에는 '鰥'이라 부를 수 없다. '鰥', '煢', '惸' 3자는 소리가 '連'과 모두 서로 비슷하지 않으니, 畢沅의 說은 잘못된 것이다. '連'과 '獨'은 뜻이 다르니 '連'은 아마도 '逴'이 되어야 할 것 같다. '連'과 모양이 비슷하여 잘못 쓴 것이다. '逴'은

75) 言 : 저본 傍注에 "'言'은 원래 '詁'로 잘못되어 있었는데, ≪爾雅≫에 의거하여 고친다."라 하였다.

'獨'과 같은 뜻이기 때문에 '逴獨'으로 이어서 쓴 것이다. ≪莊子≫ 〈大宗師〉에 "彼特以天爲父 而身猶愛之 而況其卓乎(저들은 다만 하늘을 아버지로 여겨서 자기 몸으로 그를 사랑하는데 하물며 그 獨化에 대해서는 어떻겠는가.)"라 하였는데 郭象의 注에 "'卓'은 '獨化'를 일컫는 것이다."라 하였고, ≪莊子≫ 〈秋水〉에 "吾以一足趻踔而行(나는 한 발로 깡충거리며 다니지만)"이라 하였고, ≪玉篇≫에 "'逴'은 '敕'과 '角'의 反切이니, '蹇'이다."라 하였는데 '蹇'은 오직 한 발에만 맡기는 것이기 때문에 '逴'이라 한다. '逴'은 '卓'과 통용하니, ≪漢書≫ 〈河間獻王傳〉에 "卓爾不羣(홀로 우뚝 서서 무리를 이루지 않는다.)"이라 하였고, ≪說苑≫ 〈君道〉에 "踔然獨立(탁월하게 홀로 선다.)"이라 하였고, ≪說文解字≫에 "'䅵'은 '特止'이다."라 하였는데, 徐鍇가 "'特止'는 '卓立'이다."라고 하였다. '卓', '踔', '䅵'은 모두 '逴'과 소리가 같으니, 모두 홀로 있는 모양이다.

洪頤煊 : ≪爾雅≫ 〈釋畜〉에 "병아리가 '健'이다."라 하였는데, 郭璞의 注에 "江東에서 병아리를 불러 '健'이라 한다."고 하였다. '連'은 '健'과 같은 뜻으로, '連獨'은 '幼獨'과 같은 말이다.

兪樾 : '連'은 응당 '離'로 읽어야 하니, '連'은 '離'와 소리가 같아 바뀐 것이다. ≪淮南子≫ 〈原道訓〉에 "終身運枯形于連嶁列埒之門(종신토록 병든 몸으로 구부러지고 기울어진 문으로 다닌다.)"이라 했는데, 高誘의 注에 "'連嶁'는 '離嶁'와 같다."고 했으니, 이것이 그 증거이다. 또 ≪淮南子≫ 〈本經訓〉에 "愚夫惷婦皆有流連之心(어리석은 사내와 여인네들이 모두 떠돌아다니려는 마음이 있다.)"이라고 하였는데, 注에 "'流連'은 '爛漫(방랑)'과 같으니, 그 직업을 잃은 것이다."라 하였으니, 그렇다면 '流連'은 곧 '流離'이니, 이 또한 그 증거이다.

詒讓案 : '連'은 아마도 응당 '矜'으로 읽어야 하니, 소리가 같아 바뀐 것으로 ≪史記≫ 〈龜策傳〉에서 '苓葉'을 '蓮葉'이라 한 것과 같다. ≪爾雅≫ 〈釋言〉에 "'矜'은 '苦'이다."라 하였고, ≪詩經≫ 〈小雅 鴻鴈〉에 "爰及矜人(이에 불쌍한 사람에게 미치니)"이라 하였는데 〈毛傳〉에 "'矜'은 '憐'이다."라 하였고, 또 ≪詩經≫ 〈小雅 何草不黃〉에 "何人不矜(누가 가련하지 않으리오.)"이라 하였으니, '連獨'은 '窮苦煢獨'과 같은 뜻일 따름이다. '矜'은 '令'의 소리를 따르는데, 지금의 經典에는 모두 '今'을 따르니 잘못된 것이다.

15-6-23 有所雜於生人之閒하고

사람 사이에서 생업을 이어나갈 수 있었고,

雜은 讀爲集이라 廣雅釋詁에 云 集은 成也요 就也라하다 言連獨之人이 得以成就其生業이라

'雜'은 '集'으로 읽는다. ≪廣雅≫ 〈釋詁〉에 "'集'은 '成'이고 '就'이다."라 하였다. 가련하고 외로운 사람들이 자신의 생업을 이룰 수 있다는 말이다.

15-6-24 少失其父母者도 有所放依而長이라

어려서 그 부모를 잃은 자도 의지하며 자랄 수 있었다.

放依는 義同이라 檀弓에 子貢曰 哲人其萎하니 則吾將安放이리오하다

'放'과 '依'는 뜻이 같다. ≪禮記≫ 〈檀弓〉에 "子貢曰 哲人其萎 則吾將安放(子貢이 말하길 "哲人이 죽으면 우리는 장차 누구를 의지할 것인가."라 하였다.)"이라 하였다.

15-6-25 此는 〔言〕[76]文王之事니

이것은 文王의 일을 말한 것이니,

以上下文校之컨대 此字下에 亦當有言字라

위아래 글로 교감해보면 '此'자 아래에 또한 응당 '言'자가 있어야 한다.

15-6-26 則吾今行兼矣라 昔者武王將事泰山隧에

나는 이제 〈그가 행한〉 '아우름'을 행할 것이다. 옛날 武王이 泰山의 隧道에 가서 제사를 지낼 때

廣雅釋詁에 云 將은 行也라하고 周禮小宗伯에 云 將事于四望[77]이라하다 畢云 隧는 或爲隊라 穆天子傳에 云 鈃山之隊라하고 玉篇에 云 隊는 以醉切하니 掘地通路也라

76) 〔言〕: 저본에는 '言'자가 없으나, 孫詒讓의 주에 의거하여 보충하였다.

77) 四望 : 五嶽·四鎭·四瀆 등 山川에 지내는 제사를 말한다. 천자가 五嶽·四鎭·四瀆에 일일이 가서 제사하지 못하고, 멀리서 바라보면서 제사한다고 하여 望이라는 말을 썼다.

或作⿰谷遂라하다 案컨대 隊隧字는 皆說文⿰𨺅遂字之省이라하다 閻若璩[78]云 玩其文義컨대 乃是武王既定天下後에 望祀山川이어나 或初巡守岱宗禱神之辭요 非伐紂時事也라하다

≪廣雅≫〈釋詁〉에 "'將'은 '行'이다."라 하였고, ≪周禮≫〈小宗伯〉에 "將事于四望(〈有司가〉 四望에 祭를 지내러 간다.)"이라고 하였다.

畢沅 : '隧'는 혹 '隊'로 쓰인다. ≪穆天子傳≫에 '鈃山之隊'라 하였고, ≪玉篇≫에 "'隊'는 '以'와 '醉'의 反切로, 땅을 파서 길을 통하게 하는 것이니, 혹 '⿰谷遂'로 쓰기도 한다."라 하였다. 생각하건대 '隊'와 '隧'자는 모두 ≪說文解字≫의 '⿰𨺅遂'자의 省文이다.

閻若璩 : 그 文義를 음미해보면 이것은 武王이 이미 천하를 평정한 뒤에 山川에 望祀를 지내거나 처음으로 岱宗(泰山)을 巡狩하면서 기도하는 글이지 紂를 정벌할 때의 일이 아니다.

周 武王

15-6-27 傳에 曰 泰山이여 有道曾孫周王有事라

전해지는 글에 이르기를 '泰山의 신이시여. 道가 있는 증손인 周王이 제사 올립니다.

僞古文書武成에 襲此文云 告于皇天后土와 所過名山大川하여 曰 惟有道曾孫周王發이라한대 孔疏에 云 自稱有道者는 聖人至公하여 爲民除害하여 以紂無道로 言己有道하니 所以告神求助에 不得飾以謙辭也라 稱曾孫者는 曲禮에 說諸侯自稱之辭니 云臨祭祀外事하여 曰曾孫某侯某라하다 哀二[79]年左傳에 蒯聵禱祖에 亦自稱曾孫하니 皆

78) 閻若璩 : 1636~1704. 字는 百詩이고, 號는 潛丘이며, 淸初 經學家이다. ≪尙書古文疏證≫, ≪四書釋地≫, ≪潛邱札記≫, ≪困學記聞注≫, ≪孟子生逐年月考≫, ≪眷西堂集≫ 등의 저술이 있다. 특히 ≪尙書古文疏證≫ 8권은 ≪古文尙書≫가 東晉 梅賾의 위작임을 밝힌 책으로, 후대 학자들의 높은 평가를 받았다.

是已承籍上祖奠享之意라

≪僞古文尙書≫ 〈周書 武成〉에서 이 글을 이어받아 "告于皇天后土 所過名山大川 曰 惟有道曾孫周王發(皇天과 后土, 지나는 바의 명산대천에 고하여 말씀하시기를 '道가 있는 증손인 周王 發이'라 했다.)"이라 했는데, 孔穎達의 疏에 "'有道'라고 자칭한 것은, 聖人이 至公하여 인민들을 위해 해를 제거하여, 紂의 無道함으로써 자신은 有道하다는 것을 말한 것이니, 神에게 고하여 도움을 청하면서 겸사로 꾸밀 수 없었기 때문이다. '曾孫'이라고 한 것은 ≪禮記≫ 〈曲禮〉에 諸侯들이 스스로 칭하는 말이라 하면서 "祭祀와 外事(郊祭 혹은 사냥)에 임하여 '曾孫某侯某'라 한다."고 하였다. ≪春秋左氏傳≫ 哀公 2년 조에 蒯聵가 조상에게 기도할 때도 '曾孫'이라 스스로 칭하니, 이는 모두 자신이 조상의 仕籍을 이어받아 제물을 갖추어 제사 드린다는 뜻이다.

15-6-28 **大事旣獲**하니

큰일은 이미 이루었으니,

小爾雅廣言에 云 **獲**은 **得也**라하다

≪小爾雅≫ 〈廣言〉에 "'獲'은 '得'이다."라 하였다.

15-6-29 **仁人尙作**하여

어진 사람이 일어나

說文人部에 云 **作**은 **起也**라하다

≪說文解字≫ 〈人部〉에 "'作'은 '起'이다."라 하였다.

15-6-30 **以祗商夏蠻夷醜貉**하소서

商夏, 蠻夷, 醜貉의 인민을 구하게 해주소서.

---

79) 二 : 저본 傍注에 "'二'는 원래 '六'으로 잘못되어 있었는데, ≪尙書≫ 〈周書 武成〉의 疏와 ≪春秋左氏傳≫에 의거하여 고친다."라 하였다.

僞武成에 云 予小子旣獲仁人하여 敢祗承上帝하여 以遏亂略하니 華夏蠻貊이 罔不率俾하나이다한대 僞孔傳에 云 仁人은 謂太公周召之徒니 言誅紂敬承天意하여 以絶亂路라하다 案컨대 祗는 當讀爲振이라 內則에 祗見孺子라한대 鄭注에 云 祗는 或作振이라하고 國語周語에 云 以振救民이라한대 韋注에 云 振은 拯也라하니 此는 謂得仁人하여 以拯救中國及四夷之民이라 僞書에 改爲祗承上帝라하니 失其恉矣라 醜貉者는 九貉類衆多라 爾雅釋詁에 云 醜는 衆也라하다

≪僞古文尙書≫ 〈周書 武成〉에 "予小子旣獲仁人 敢祗承上帝 以遏亂略 華夏蠻貊 罔不率俾(저 소자는 이미 어진 사람을 얻어 감히 상제를 공경히 받들어서 혼란의 길을 막으니, 華夏와 蠻貊이 모두 따르지 않는 자가 없습니다.)"라 했는데, ≪僞古文尙書≫의 孔安國 傳에 "어진 사람은 太公, 周公, 召公의 무리를 일컫는다. 紂를 주벌하고 하늘의 뜻을 경건하게 받들어 혼란의 길을 끊는다는 말이다."라고 하였다.

案 : '祗'는 응당 '振'으로 읽어야 한다. ≪禮記≫ 〈內則〉에 "祗見孺子(삼가 아이를 보여드립니다.)"라 하였는데 鄭玄의 注에 "'祗'는 혹 '振'으로 쓴다."고 하였고, ≪國語≫ 〈周語〉에 "以振救民(인민을 건져 구한다.)"이라 하였는데 韋昭의 注에 "'振'은 '拯'이다."라 하였으니, 이 〈≪墨子≫에서는〉 어진 사람을 얻어 중국과 四夷의 인민들을 건져서 구하는 것을 말한다. ≪僞古文尙書≫에서 '祗承上帝'라 고쳤으니, 그 뜻을 잃은 것이다. '醜貉'은 類가 많은 九貉이니, ≪爾雅≫ 〈釋詁〉에 "'醜'는 '衆'이다."라 하였다.

15-6-31 雖有周親이나 不若仁人이라 萬方有罪면 維予一人이라하니

비록 가까운 친척이 있다 하나 어진 사람만 못합니다. 여러 나라에 죄가 있다면 〈그것은 모두〉 저 한 사람의 것입니다.'라 하였다.

蘇云 書泰誓篇에 若作如하고 萬方有罪作百姓有過하고 維作在라하다 詒讓案 僞古文泰誓는 卽誤采此文이라 僞孔傳에 云 周는 至也니 言紂至親雖多나 不如周家之少仁人이라 民之有過면 在我敎不至라하고 又論語[80]堯曰篇에 云 雖有周親이나 不如仁人이요 百姓有過는 在予一人이라한대 集解[81]에 孔安國云 親而不賢不忠이면 則誅之하니 管蔡가 是

80) 論語 : 孔子의 言行을 제자들이 기록한 책으로 儒家의 기본 경전이다.

也라 仁人은 謂箕子微子니 來則用之라하고 又說苑貴德篇에 云 武王克殷하고 問周公曰 將柰其士衆何오하니 周公曰 使各宅其宅하고 田其田하여 無變舊新하소서 惟仁是親하고 百姓有過면 在予一人이라하니 尙書大傳[82]과 韓詩外傳[83]과 淮南子主術訓의 文이 竝略同이라 羣書治要[84]에 引尸子綽子篇云 文王曰 苟有仁人이면 何必周親이리오하니 則以爲文王語로 與墨子韓詩說苑으로 竝異라

蘇時學 : ≪尙書≫ 〈周書 泰誓〉에 '若'이 '如'로 되어 있고, '萬方有罪'가 '百姓有過'로 되어 있으며, '維'가 '在'로 되어 있다.

詒讓案 : ≪僞古文尙書≫ 〈周書 泰誓〉는 곧 〈≪墨子≫의〉 이 글을 잘못 채록한 것이다. ≪僞古文尙書≫의 孔安國 傳에 "'周'는 '至'이다. 紂가 가까운 친척이 비록 많지만 周나라 가문의 적은 어진 사람들만 못했다. 인민들에게 과오가 있으면 나의 교화가 미치지 못해서 그런 것이라 했다."고 했다. 또 ≪論語≫ 〈堯曰〉에 "비록 지극히 가까운 親戚이 있더라도 어진 사람만 못하며 백성들의 과오는 〈그 책임이〉 나 한 사람에게 있다."라 하였는데, ≪論語集解≫에 "孔安國이 '친척이더라도 현능하지 못하고 충성스럽지 않다면 주벌했으니 管叔과 蔡叔이 그 경우이다. 어진 사람은 箕子와 微子를 이르니, 오면 등용했다."라 했고, 또 ≪說苑≫ 〈貴德〉에 "武王이 殷을 이기고 周公에게 묻기를 '장차 이 士衆을 어찌해야 하는가?'라 하니, 周公이 '각자 자기 집에서 그대로 살고 자기 밭을 그대로 갈게 하여 옛것을 새롭게 개혁하지 마십시오. 오직 어진 사람만 친애하며 백성에게 과오가 있으면 나 한 사람의 탓으로 돌리십시오.'라 하였다."라 하였다. ≪尙書大傳≫, ≪韓詩外傳≫, ≪淮南子≫ 〈主術訓〉의 글들이 모두 대략 같다. ≪羣書治要≫에서는 ≪尸子≫ 〈綽子〉를 인용하면서 "文王이 말하길 '진실로 어진 사람이 있으면 어찌 반드시 지극히 가까

81) 集解 : 論語集解이다. 삼국시대 何晏(?~249)이 지은 ≪論語≫ 주석서이다.

82) 尙書大傳 : ≪尙書≫에 대한 해설서로, 前漢 때 伏生의 제자였던 張生과 歐陽生이 스승의 학설을 바탕으로 편찬한 것으로 여겨지는 今文學派 저작이며, 漢代 緯書의 濫觴이라고 평가받는다.

83) 韓詩外傳 : 前漢 景帝 때 韓嬰이 저술한 ≪詩經≫ 해설서이다. 內傳 4권과 外傳 6권으로 총 10권이었으나 南宋 이후로 外傳만 전한다. 古事와 說話를 인용한 후, 그 뒤에 관련된 ≪詩經≫의 내용을 기술하는 형태로 되어 있다.

84) 羣書治要 : 唐初 魏徵・虞世南・褚遂良・蕭德言 등이 唐 太宗의 명을 받아 편찬한 經世書이다. 六經, 四史, 諸子百家 등의 65개 문헌에서 經世 관련 자료를 추출한 것으로 50권으로 구성되었다.

운 친척만 쓰겠는가.'라 하였다."고 하였으니, 이는 文王의 말로 여긴 것으로 ≪墨子≫, ≪韓詩外傳≫, ≪說苑≫과 모두 다르다.

15-6-32 **此**는 **言武王之事**니 **吾今行兼矣**라하다

이것은 武王의 일을 말한 것이니, 나는 이제 〈그가 행한〉 '아우름'을 행할 것이다."

15-7-1 **是故**로 **子墨子言曰 今天下之君子**가 **忠實欲天下之富**

그러므로 子墨子께서 말씀하셨다.
"지금 천하의 군자들이 진심으로 천하가 부유하기 바라고

畢云 忠은 一本作中이라 舊云 士富라하니 士字는 衍이라하다 詒讓案 忠中은 通이라

畢沅 : '忠'은 어떤 本에는 '中'으로 되어 있다. 舊本에 '士富'라 했는데, '士'자는 잘못 들어간 것이다.

詒讓案 : '忠'과 '中'은 통용한다.

15-7-2 **而惡**(오)**其貧**하고 **欲天下之治而惡**(오)**其亂**하면 **當兼相愛交相利**하니 **此聖王之法**이요 **天下之治道也**니 **不可不務爲也**라하다

천하가 가난한 것을 싫어하며, 천하가 다스려지기 바라고 천하가 어지러워짐을 싫어한다면, 마땅히 아울러 서로 사랑하고 번갈아 서로 이롭게 하여야 하니, 이것이 聖王의 법이고 천하의 다스리는 道다. 그러니 힘써 하지 않을 수 없는 것이다."

兼愛 下 第十六 제16편 아울러 사랑하라 하

〈兼愛 下〉에서도 기본적으로 上·中편과 같은 주장을 하고 있는데, '아우름〔兼〕'과 '가름〔別〕'의 대비를 통해 논증을 진행한다는 것이 특색이다.

우선 개인적인 차원에서 남과 나를 가르는 태도를 가진 사람보다 아우르는 태도를 가진 사람을 모두가 좋아한다는 것을 논증하고, 그것은 國政 차원에서도 마찬가지라고 주장한다. 자신만을 위하는 임금과 백성을 아울러 사랑하는 임금 중 누가 더 좋으냐는 것이다. 이렇게 '아우름'이 '가름'보다 낫다고 주장한 후, 아우름의 정치의 실현 가능성에 대해 중편과 같은 방식으로 논증한다.

16-1-1 **子墨子言曰 仁人之事者**는 **必務求興天下之利**하고 **除天下之害**라하다 **然當今之時**에 **天下之害**는 **孰爲大**아 **曰 若大國之攻小國也**와 **大家之亂小家也**와 **强之劫弱**과 **衆之暴寡**와 **詐之謀愚**와 **貴之敖賤**이

子墨子께서 말씀하셨다.

"어진 사람이 하는 일은 반드시 힘써 천하의 이로움을 일으키고 천하의 해로움을 없애려는 것이다."

그렇다면 지금 천하의 해로움들 중에 무엇이 가장 큰가. 말하자면 다음과 같다.

큰 나라가 작은 나라를 공격하는 것, 큰 家가 작은 家를 어지럽히는 것, 강한 자가 약한 자를 위협하는 것, 다수가 소수에게 사납게 구는 것, 교활한 자가 어리석은 자를 속이는 것, 귀한 자가 천한 자에게 오만하게 구는 것,

畢云 敖는 **一本作傲**라하다

畢沅 : '敖'는 어떤 本에는 '傲'로 되어 있다.

16-1-2 **此天下之害也**라

이 같은 것들이 천하의 해로움이다.

呂氏春秋侈樂篇에 云 故彊者劫弱하고 衆者暴寡하고 勇者淩怯하고 壯者慠幼하니 從此生矣라하니 語意與此同이라

≪呂氏春秋≫ 〈侈樂〉에 "그런 까닭에 강한 자가 약한 자를 위협하고 다수가 소수에게 사납게 굴고 용감한 자가 겁 많은 자를 능멸하고 어른이 아이에게 오만하게 구니 〈이런 일들은〉 이로부터 생겨나는 것이다."라 하니, 글의 뜻이 〈≪墨子≫의〉 이 구절과 같다.

16-1-3 又與爲人君者之不惠也와

또 남의 임금 된 자가 은혜를 베풀지 않는 것,

又與는 舊本作人與라 王云 人與는 當依下文作又與라 廣雅에 與는 如也라하고 上文에 若大國之攻小國也云云하니 若은 如也요 此文兩言又與도 亦謂又如也라 畢反欲改下又與爲人與하니 傎矣라하다 案 王校是也라 蘇說同이라

'又與'는 舊本에 '人與'로 되어 있다.

王念孫 : '人與'는 응당 아래 글에 의거하여 '又與'가 되어야 한다. ≪廣雅≫에 "'與'는 '如'이다."라 하였고, 위 글에 "若大國之攻小國也……."라고 하였으니 '若'은 '如'이고, 이 글에서 두 번 '又與'라 한 것도 '又如'를 이르는 것이다. 畢沅이 도리어 아래 글의 '又與'를 '人與'로 고치려 하였는데, 이는 거꾸로 된 것이다.

案 : 王念孫의 교감이 옳다. 蘇時學의 설도 같다.

16-1-4 臣者之不忠也와 父者之不慈也와 子者之不孝也도 此又天下之害也라 又與今(人)[1]之賤人이

신하 된 자가 충성하지 않는 것, 아버지 된 자가 자애롭지 않는 것, 자식 된 자가 효성스럽지 않는 것, 이 같은 것들 역시 천하의 해로움이다. 또 지금 천한 자가

1) (人) : 저본에는 '人'자가 있으나, 王念孫의 주에 의거하여 衍文으로 처리하였다.

王云 今下衍人字라하다

王念孫 : '今' 아래에 '人'자가 잘못 들어가 있다.

16-1-5 執其兵刃毒藥水火하여 以交相虧賊도 此又天下之害也라 姑嘗本原若衆害之所自生인댄

병기, 독약, 물과 불을 가지고 번갈아 서로 손상시키는 것, 이 같은 것 역시 천하의 해로움이다. 이러한 여러 가지 해로움이 생겨나는 원인을 한번 따져보면

舊脫此字하니 今依下文衆利章補라

舊本에는 '此'자가 빠져 있는데, 이제 아래 글 衆利章(16-2-4)에 의거하여 보태 넣었다.

16-1-6 此胡自生가 此自愛人利人生與아 卽必曰非然也라하고 必曰從惡(오)人賊人生이라하니라 分名乎天下惡(오)人而賊人者면 兼與아 別與아 卽必曰

이는 어디에서 생기는 것인가. 이것이 남을 사랑하고 남을 이롭게 하는 데에서 생기겠는가. 그러면 반드시 그렇지 않다고 할 것이고, 반드시 남을 미워하고 남을 해치는 데에서 생긴다고 할 것이다. 천하에서 남을 미워하고 남을 해치는 것에 이름을 붙이자면 '아우름'이겠는가, '가름'이겠는가. 그러면 반드시

畢云 舊脫此字하니 據上文增이라하다

畢沅 : 舊本에는 '此'자가 빠져 있는데, 위 글에 의거하여 더하였다.

16-1-7 別也라하리니 然卽之交別者가

'가름'이라 할 것이다. 그렇다면 바로 이 '번갈아 가르는 것'이야말로

卽則同이요 交別은 猶言交相別이라

'卽'과 '則'은 같고, '交別'은 '交相別'과 같은 말이다.

16-1-8 **果生天下之大害者與**인저

과연 천하의 큰 해로움을 낳는 것이겠다.

16-2-1 **是故**로 (別非也 子墨子曰)〔**子墨子曰 別非也**〕[2]라하니라

이런 까닭에 子墨子께서 "'가름'은 잘못된 것이다."라 하셨다.

兪云 此本作是故子墨子曰別非也하니 **下文**의 **是故子墨子曰兼是也**가 **與**[3]**此爲對文**하니 **可證**이라하다

兪樾 : 이는 본래 "是故 子墨子曰 別非也"로 되어 있는데, 아래 글의 "是故 子墨子曰 兼是也"가 이것과 對文이 되니 증거로 삼을 만하다.

16-2-2 **非人者**는 **必有以易之**하니 **若非人而無以易之**면 **譬之猶**(以水救火)〔**以水救水以火救火**〕[4]**也**니

남을 그르다고 하는 자는 반드시 〈남의 주장을〉 바꿀 수 있어야 하는데 만약 남을 그르다고 하면서 이를 바꿀 수 없다면, 비유하건대 〈이는〉 마치 물로 물을 막고 불로 불을 끄려고 하는 것과 같으니

畢云 一本에 **作火救水**라하다 **顧校李本**[5]도 **同**이라 **蘇云 火救水**가 **是也**라 **當據改**라하다 **兪云 以水救火**가 **何不可之有**리오 **畢校云 一本**에 **作火救水**라하나 **然**이나 **墨子此譬**는 **本明無以易之之不可**니 **若水火**는 **是相反之物**이니 **無論以水救火以火救水**하고 **皆是有以**

2) (別非也 子墨子曰)〔子墨子曰 別非也〕: 저본에는 '別非也 子墨子曰'로 되어 있으나, 兪樾의 주에 의거하여 '子墨子曰 別非也'로 바로잡았다.

3) 與 : 저본 傍注에 "'與'는 원래 '爲'로 잘못되어 있으나, 兪樾의 ≪諸子平議≫ 卷9에 의거하여 고쳤다."라 하였다.

4) (以水救火)〔以水救水以火救火〕: 저본에는 '以水救火'로 되어 있으나, 兪樾의 주에 의거하여 '以水救水以火救火'로 바로잡았다.

5) 顧校李本 : ≪墨子閒詁≫ 孫詒讓의 自序에 "顧廣圻의 교정본에는 또 '季本'이 있는데, 傳하는 기록에 '李本'으로 되어 있기도 하니, 어느 것이 옳은지 모르겠다.〔顧校又有季本 傳錄 或作李本 未知孰是〕"라 하였다.

易之라 與設喩之旨로 不合이라 疑墨子原文에 本作猶以水救水以火救火也라 故曰 其說將必無可라 今本에 作水救火하고 別本에 作火救水하니 皆有脫文이라하다 案 兪說이 近是라

畢沅 : 어떤 本에는 '火救水(불로 물을 막는다.)'로 되어 있다.

顧廣圻가 교감한 季本도 같다.

蘇時學 : '火救水'가 옳으니 응당 이에 의거하여 고쳐야 한다.

兪樾 : '以水救火(물로 불을 끈다.)'가 안 되는 이유가 어디에 있는가. 畢沅이 교감하면서 "어떤 本에는 '火救水'라고 되어 있다."라 하였으나, 墨子의 이 비유는 원래 바꿀 수 없음이 잘못된 것을 밝히려 한 것이니, 물과 불과 같은 것은 相反된 것이니 물로 불을 끈다고 하건 불로 물을 막는다고 하건 모두 바꿀 수 있어 비유를 한 취지와 맞지 않다. 아마도 ≪墨子≫ 原文에는 원래 "猶以水救水以火救火也(마치 물로 물을 막고 불로 불을 끄려고 하는 것과 같으니)"로 되어 있기 때문에 "그 주장이 장차 반드시 옳다고 인정받을 수 없을 것이다."라 한 것이리라. 今本에는 '水救火'로 되어 있고 다른 本에는 '火救水'로 되어 있으니, 모두 빠진 글자가 있다.

案 : 兪樾의 설이 옳은 것 같다.

16-2-3 其說將必無可焉이라 是故로 子墨子曰 兼以易別이라하다 然卽兼之可以易別之故는 何也오 曰 藉爲人之國을 若爲其國하면 夫誰獨擧其國以攻人之國者哉아 爲彼者由爲己也라

그 주장이 장차 반드시 옳다고 인정받을 수 없을 것이다. 이런 까닭에 子墨子께서 말씀하시기를 "'아우름'으로써 '가름'을 바꾸겠다."라고 하셨다.

그렇다면 '아우름'이 '가름'을 바꿀 수 있는 이유는 무엇인가. 말하자면 다음과 같다.

가령 남의 나라를 자기 나라처럼 위한다면 그 누가 홀로 자기 나라의 〈국력을〉 다해 남의 나라를 공격하겠는가. 저들을 자기처럼 위하기 때문이다.

畢云 由는 同猶라하다

畢沅 : '由'는 '猶'와 같다.

16-2-4 爲人之都를 若爲其都하면 夫誰獨擧其都以伐人之都者哉아 爲彼猶爲己也라 爲人之家를 若爲其家면 夫誰獨擧其家以亂人之家者哉아 爲彼猶爲己也라 然卽國都를 不相攻伐하고 人家를 不相亂賊하면 此天下之害與아 天下之利與아 卽必曰 天下之利也라하니라 姑嘗本原若衆利之所自生하면 此胡自生가 此自惡(오)人賊人生與아 卽必曰 非然也라하고 必曰 從愛人利人生이라하니라 分名乎天下愛人而利人者면 別與아 兼與아 卽必曰 兼也라하리니 然卽之交兼者가 果生天下之大利者與인저 是故로 子墨子曰 兼是也라하니라 且鄕吾本言曰

남의 도성을 자기 도성처럼 위한다면 그 누가 홀로 자기 도성의 〈힘을〉 다해 남의 도성을 攻伐하겠는가. 저들을 자기처럼 위하기 때문이다. 남의 家를 자기 家처럼 위한다면 그 누가 홀로 자기 家의 〈역량을〉 다 기울여 남의 家를 어지럽히겠는가. 저들을 자기처럼 위하기 때문이다. 그렇다면 나라와 도성을 서로 공벌하지 않고 남의 家를 서로 어지럽히거나 해치지 않는다면 이것이 천하의 해로움이겠는가, 천하의 이로움이겠는가. 그러면 반드시 천하의 이로움이라 할 것이다.

이러한 여러 가지 이로움이 생겨나는 원인을 한번 따져보면 이는 어디에서 생기는 것인가. 이것이 남을 미워하고 해치는 데에서 생기겠는가. 그러면 반드시 그렇지 않다고 할 것이고, 반드시 남을 사랑하고 남을 이롭게 하는 데에서 생긴다고 할 것이다.

천하에서 남을 사랑하고 남을 이롭게 하는 것에 이름을 붙이자면 '가름'이겠는가, '아우름'이겠는가. 그러면 반드시 '아우름'이라 할 것이다. 그렇다면 이 '번갈아·아우르는 것'이야말로 과연 천하의 큰 이로움을 낳는 것이겠다. 이런 까닭에 子墨子께서 "'아우름'이 옳다."라 하셨다.

또한 전에 내가 본래 말하기를

畢云 鄕은 曏(향)字省文이니 說文에 云 曏은 不久也라하고 鄭君注儀禮云 曏은 曩也라하다

畢沅 : '鄕'은 '曏'자의 省文이니, ≪說文解字≫에 "'曏'은 '不久(오래되지 않아)'이다."라 하였고, 鄭玄이 ≪儀禮≫에 주석을 달아 "'曏'은 '曩(접때)'이다."라 하였다.

16-2-5 **仁人之事者**는

"어진 사람이 할 일은

舊本에 **事譌是**하니 **今據道藏本正**이라

舊本에는 '事'가 와전되어 '是'로 되어 있는데 이제 道藏本에 의거하여 고쳤다.

16-2-6 **必務求興天下之利**하고 **除天下之害**라하다 **今吾本原兼之所生**컨대 **天下之大利者也**요

반드시 힘써 천하의 이로움을 일으키고 천하의 해로움을 없애려는 것이다."라 하였다. 지금 내가 '아우름'이 낳는 결과를 살펴보건대 천하의 큰 이로움이고,

舊本에 **脫**하니 **今據道藏本補**라

舊本에는 빠져 있는데 이제 道藏本에 의거하여 보태 넣었다.

16-2-7 **吾本原別之所生**컨대 **天下之大害者也**라 **是故**로 **子墨子曰 別非而兼是者**는 **出乎若方也**라하다

내가 '가름'이 낳는 결과를 살펴보건대 천하의 큰 해로움이다. 이런 까닭에 子墨子께서 말씀하시기를 "'가름'이 그르고 '아우름'이 옳다는 주장은 이와 같은 방법에서 나온 것이다."라 하였다.

樂記 鄭注에 **方**은 **猶道也**라하다 **畢云 乎**는 **舊作平**이니 **以意改**라하다

≪禮記≫ 〈樂記〉 鄭玄의 注에 "'方'은 '道'와 같은 뜻이다."라 하였다.
畢沅 : '乎'는 舊本에 '平'으로 되어 있는데 임의로 고쳤다.

16-3-1 **今吾將正求(與)〔興〕**[6]**天下之利而取之**면

지금 내가 장차 천하의 이로움을 일으켜 그것을 얻고자 한다면

---

6) (與)〔興〕: 저본에는 '與'로 되어 있으나, 蘇時學의 주에 의거하여 '興'으로 바로잡았다.

蘇云컨대 與는 當作興이라하다

蘇時學 : '與'는 응당 '興'이 되어야 한다.

16-3-2 **以兼爲正**[7]이라 **是以**로 **聰耳明目**이 **相爲**[8]**視聽乎**하고

'아우름'으로써 정치해야 할 것이다. 그래야 밝은 귀와 눈이 서로 도와 보고 들을 수 있고,

舊本에 是下에 衍故字하니 今據道藏本刪이라 與下句文例로 正同이라

舊本에 '是' 아래에 '故'자가 잘못 들어갔는데 이제 道藏本에 의거하여 산삭한다. 아래 句의 글의 예와 꼭 같다.

16-3-3 **是以**로 **股肱畢強**이

그래야 민첩하고 굳센 팔과 다리가

畢은 與中篇에 云 畢劫有力으로 義同이라

'畢'은 ≪墨子≫ 〈兼愛 中〉에 '畢劫有力'이라 한 것과 뜻이 같다.

16-3-4 **相爲動**(宰)〔**擧**〕[9]**乎**하고

서로 도와 움직이며

畢云 舊動下에 有爲字한대 一本無라하다 詒讓案 宰는 疑當作擧라 尙同中篇에 云 使人之股肱助己動作이라하니 動擧는 與動作으로 義同이라

畢沅 : 舊本에는 '動' 아래에 '爲'자가 있는데 어떤 本에는 없다.

---

7) 正 : 政과 같다.

8) 爲 : 저본 傍注에 "'爲'는 원래 '與'로 잘못되어 있으나, 畢沅의 刻本에 의거하여 고친다."라 하였다.

9) (宰)〔擧〕 : 저본에는 '宰'로 되어 있으나, 孫詒讓의 주에 의거하여 '擧'로 바로잡았다.

詒讓案 : '宰'는 아마도 응당 '擧'로 되어야 한다. ≪墨子≫ 〈尙同 中〉에 "使人之股肱助己動作(사람들의 팔다리로 나의 동작을 돕게 한다.)"이라 하니, '動擧'는 '動作'과 뜻이 같다.

16-3-5 **而有道**가 **肆相教誨**라

道 있는 자가 힘써 서로 가르치게 된다.

爾雅釋言에 **云 肆**는 **力也**라하고 **文選東京賦**에 **厥庸孔肆**라한대 **薛綜注**에 **云 肆**는 **勤也**라하니 **言勤力相教誨**라

≪爾雅≫ 〈釋言〉에 "'肆'는 '力'이다."라 하고, ≪文選≫ 〈東京賦〉에 "厥庸孔肆(그 공업은 매우 애써 얻은 것이로구나.)"라 하였는데 薛綜의 注에 "'肆'는 '勤'이다."라 하였으니, 열심히 힘써 서로 가르친다는 말이다.

16-3-6 **是以**로 **老而無妻子者**는 **有所(侍)〔持〕**[10]**養以終其壽**하고

그렇게 하여 늙어 妻子 없는 자도 부양받을 데가 있어 그 수명을 다 마치고,

兪云 侍는 **當爲持**라 **古書**에 **多言持養**한대 **淺人**이 **不達而改爲侍**하니 **非是**라하다 **案 兪校**가 **是也**니 **詳七患及非命下篇**이라 **下竝同**이라

兪樾 : '侍'는 응당 '持'가 되어야 한다. 옛 글에서 '持養'이라고 하는 경우가 많은데, 학문이 모자란 사람들이 잘 모르고 '侍'라고 고쳤으니 옳지 않다.

案 : 兪樾의 교감이 옳으니, ≪墨子≫ 〈七患〉과 〈非命 下〉에 자세한 설명이 있다. 아래도 모두 같다.

16-3-7 **幼弱孤童之無父母者**는 **有所放依以長其身**하니 **今唯毋以兼爲正**하니

어려서 고아가 되어 부모 없는 자도 의지할 데가 있어 그 몸이 성장할 수 있으니, 지금 오직 '아우름'으로써 정치해야 하니

---

10) (侍)〔持〕 : 저본에는 '侍'로 되어 있으나, 兪樾의 주에 의거하여 '持'로 바로잡았다.

舊本에 **今譌令**이라 **蘇云 令**은 **當作今**이라하다 **戴云 毋**는 **語詞**라하다 **案 道藏本**에 **作今**하니 **今據正**이라

舊本에 '今'이 와전되어 '令'으로 되어 있다.
蘇時學 : '令'은 응당 '今'이 되어야 한다.
戴望 : '毋'는 語詞이다.
案 : 〈'令'은〉 道藏本에 '今'으로 되어 있으니, 이제 이에 근거하여 바로잡는다.

16-3-8 **卽若其利也**라

바로 이것이 그 이로움이다.

戴云 若은 **此也**라하다

戴望 : '若'은 '此'이다.

16-3-9 **不識天下之士**가

잘 모르겠지만, 천하의 士들이

畢云 舊作事하니 **一本如此**라하다

畢沅 : 〈'士'가〉 舊本에는 '事'로 되어 있는데 어떤 本이 이와 같다.

16-3-10 **所以皆聞兼而非〔之〕**[11]**者**는

모두 '아우름'을 듣고서 그르다고 하는 것은

非下에 **當有之字**라

'非' 아래에 응당 '之'자가 있어야 한다.

11) 〔之〕 : 저본에는 '之'자가 없으나, 孫詒讓의 주에 의거하여 보충하였다.

16-3-11 **其故何也**오

그 이유가 무엇인가.

16-4-1 **然而天下之士非兼者之言**이 **猶未止也**하니 **曰 卽善矣**나 **雖然**이나 **豈可用哉**아 **子墨子曰 用而不可**면 **雖我**라도 **亦將非之**라하니라

그러나 '아우름'이 그르다는 천하의 士들의 말이 여전히 그치지 않으니, 〈그들이〉 말하기를 "좋기는 좋다. 비록 그렇더라도 어찌 〈정치의 원칙으로 채택하여〉 쓸 수 있겠는가."라고 한다. 子墨子께서 말씀하시기를 "〈정치의 원칙으로 채택되어〉 쓰였는데도 〈제대로 시행할〉 수 없다면 비록 나라도 장차 그것을 그르다 할 것이다."라 하셨다.

雖我는 舊本에 作難哉라 王云 難哉二字는 與下文으로 義不相屬하니 難哉는 當爲雖我라 字之誤也라 言兼愛之道가 如其用而不可면 則雖我라도 亦將非之也라 下文에 曰 我以爲當其於此也하여 天下無愚夫愚婦하고 雖非兼者라도 必從兼君이 是也라하니 是其證이라하다 案 王說이 是也라 蘇校同하니 今據正이라

'雖我'는 舊本에 '難哉'로 되어 있다.

王念孫 : '難哉' 두 자는 아래 글과 뜻이 서로 통하지 않으니, '難哉'는 응당 '雖我'가 되어야 한다. 誤字이다. 아울러 사랑하는 방법이 만약 〈정치의 원칙으로 채택되어〉 쓰이더라도 제대로 시행할 수 없으면 비록 나라도 장차 그것을 그르다 할 것이라는 말이다. 아래 글에 "내가 생각하기에 이런 상황에서는 천하에 어리석은 사내와 어리석은 여인네 할 것 없이 비록 '아우름'을 그르다고 하는 사람일지라도 반드시 '아우름'을 주장하는 임금을 따름이 옳다."라 하니 이것이 그 증거이다.

案 : 王念孫의 說이 옳다. 蘇時學의 교감도 같으니 이제 이에 근거하여 바로잡는다.

16-4-2 **且焉有善而不可用者**아 **姑嘗兩而進之**라 (誰)〔設〕[12]**以爲二士**하여

그런데 좋은데도 쓸 수 없는 것이 어디에 있겠는가. 한번 둘로 나누어 〈논의를

12) (誰)〔設〕 : 저본에는 '誰'로 되어 있으나, 王引之의 주에 의거하여 '設'로 바로잡았다.

진행시켜〉 나아가보자. 두 士가 있다고 가정하여

王引之云 誰字는 義不可通하니 誰는 當爲設이라 言設爲二士於此하여 而使之各執一說也라 隸書에 設字作設하고 誰字作誰하여 二形畧相似라 故로 設誤爲誰라하다

王引之 : '誰'자는 뜻이 통할 수 없으니, '誰'는 응당 '設'이 되어야 한다. 여기에 두 士가 있다고 가정하여 그들로 하여금 각자 한 주장을 견지하게 하자는 말이다. 隸書로 '設'자는 '設'로 되어 있고, '誰'자는 '誰'로 되어 있어 두 자의 형태가 거의 서로 흡사하기 때문에 '設'이 '誰'로 잘못되었다.

16-4-3 使其一士者執別하고 使其一士者執兼이라 是故로 別士之言에 曰 吾豈能爲吾友之身을 若爲吾身하고 爲吾友之親을 若爲吾親이리오하니 是故로 退睹其友에 飢卽不食(사)하고 寒卽不衣하고

그중 한 士는 '가름'의 주장을 견지하고 한 士는 '아우름'의 주장을 견지한다고 치자. 그래서 '가름'을 주장하는 士는 "내가 어찌 내 친구 몸을 마치 내 몸처럼 위하고, 내 친구 부모를 마치 내 부모처럼 위할 수 있겠는가."라 할 것이다. 그래서 〈논변하는 자리에서〉 물러나 〈실제로〉 자신의 친구를 볼 때 〈그가〉 굶주리더라도 먹여주지 않고 추워하더라도 옷을 입혀주지 않으며

陳澧[13]云 此는 謂友飢而不餽以食하고 友寒而不贈以衣也라하다

陳澧 : 이는 벗이 굶주리더라도 밥을 주지 않고 벗이 추위에 떨더라도 옷을 주지 않는다는 말이다.

16-4-4 疾病不侍養하고 死喪不葬埋하니

병을 앓더라도 돌봐주지 않고 죽더라도 묻어주지 않으니,

13) 陳澧 : 1810~1882. 淸代의 학자로, 字는 蘭甫·蘭浦이고, 號는 東塾이며, 廣東 番禺 사람이다. 천문·지리·음악·산술·古文 등 다방면에 조예가 깊어 ≪東塾讀書記≫, ≪漢儒通義≫, ≪聲律通考≫ 등 120여 종의 저술을 남겼다.

畢云 當爲薶(매)라 說文에 云 薶은 瘞(예)也라하고 玉篇에 云 埋與薶同이라하고 本書에 或作貍라하다

畢沅 : 〈'埋'는〉 응당 '薶'가 되어야 한다. ≪說文解字≫에 "'薶'은 '瘞'이다."라 하고, ≪玉篇≫에 "'埋'는 '薶'와 같다."라 하며, 이 책에서 어떤 경우에는 '貍'로 되어 있다.

16-4-5 **別士之言若此**하고 **行若此**라 **兼士之言不然**하고 **行亦不然**하니 **曰 吾聞**컨대 **爲高士於天下者**는 **必爲其友之身**을 **若爲其身**하고 **爲其友之親**을 **若爲其親**이라하니 **然後**에 **可以爲高士於天下**라하니라

'가름'을 주장하는 士의 말이 이와 같고 행동이 이와 같다.
'아우름'을 주장하는 士의 말은 그렇지 않고 행동도 그렇지 않다. 〈그는〉 "내가 듣기에 천하에 이름 높은 士는 반드시 자기 친구의 몸을 마치 자기 몸처럼 위하고 자기 친구 부모를 마치 자기 부모처럼 위한다 하니 그렇게 한 뒤에야 천하에 이름 높은 士가 될 수 있을 것이다."라고 한다.

舊脫於字라 畢云 一本에 有라하다 案 有者是也니 今據增이라

舊本에는 '於'자가 빠져 있다.
畢沅 : 어떤 本에는 〈'於'자가〉 있다.
案 : 〈'於'자가〉 있는 것이 옳으니, 이제 이에 근거하여 더해 넣는다.

16-4-6 **是故**로 **退睹其友**에 **飢則食**(사)**之**하고 **寒則衣之**하고 **疾病侍養之**하고 **死喪葬埋之**하니 **兼士之言若此**하고 **行若此**하니 **若之二士者**는 **言相非而行相反與**인저

그래서 〈논변하는 자리에서〉 물러나 〈실제로〉 자신의 친구를 볼 때 〈그가〉 굶주리면 먹이고 추워하면 옷을 입히며 병을 앓으면 돌봐주고 죽으면 묻어주니, '아우름'을 주장하는 士의 말이 이와 같고 행동이 이와 같다. 이 두 士와 같은 경우는 말도 서로 다르고 행동도 서로 반대되는구나.

舊本에 無士字라 畢云 一本에 有士字니 是라하니 今據增이라

舊本에는 '士'자가 없다. 畢沅이 "어떤 本에는 '士'자가 있으니 이것이 옳다." 하였으니, 이제 이에 근거하여 더해 넣는다.

16-4-7 **當使若二士者**가

이 두 士가

王引之云 當은 **與儻同**이라 **若**은 **此也**라 **言儻使此二士之言行相合**이면 **則無言而不行也**라하다 **詒讓案 當**은 **疑當爲嘗之借字**니 **詳上篇**이라 **戴云 依下文**컨대 **當宜作常**이라하니 **非**라

王引之 : '當'은 '儻(가령)'과 같다. '若'은 '此'이다. 가령 이 두 士의 言行이 서로 합치하면 말하면 행하지 않는 것이 없다는 말이다.

詒讓案 : '當'은 아마 응당 '嘗'의 假借字일 것이니, ≪墨子≫ 〈兼愛 上〉에 자세한 설명이 있다. 戴望이 "아래 글에 의거해보면 '當'은 마땅히 '常'이 되어야 한다."고 했는데 옳지 않다.

16-4-8 **言必信**하고 **行必果**하여 **使言行之合**이 **猶合符節也**하여 **無言而不行也**면 **然卽敢問**이라 **今有平原廣野於此**하여 **被甲嬰冑**하고

말은 반드시 믿음직스럽고 행동은 반드시 과감하여 言行이 마치 符節을 합치듯 일치하여 말하면 행하지 않음이 없다고 한번 가정해보자. 그러면 감히 묻겠다. 지금 여기에 平原과 廣野가 있어 갑옷을 입고 투구를 쓰고서

漢書賈誼傳顔注에 **云 嬰**은 **加也**라하다 **畢云 說文**에 **云 嬰**은 **頸飾也**라하다

≪漢書≫ 〈賈誼傳〉 顔師古의 注에 "'嬰'은 '加'이다."라 하였다.

畢沅 : ≪說文解字≫에 "'嬰'은 목을 장식하는 것〔頸飾〕이다."라 하였다.

16-4-9 **將往戰**에 **死生之**(**權**)〔**機**〕[14]를

14) (權)〔機〕 : 저본에는 '權'으로 되어 있으나, 孫詒讓의 주에 의거하여 '機'로 바로잡았다.

장차 나가 싸우려 할 때 그 죽을지 살지 여부를

權은 **疑當作機**라

'權'은 아마도 응당 '機'가 되어야 한다.

16-4-10 **未可識也**라 **又有君大夫之遠使於巴越齊荊**에

아직 알지 못한다고 하자. 또 君大夫가 멀리 巴·越·齊·荊(楚)나라에 사신으로 떠나려 할 때

左傳桓九年杜注에 **云 巴國**은 **在巴郡江州縣**이라하고 **常璩華陽國志**[15]에 **云 巴**는 **黃帝高陽之支庶**로 **世爲侯伯**이라 **周武王**이 **克商**하여 **封其宗姬**[16]**於巴**하여 **爵之以子**라 **七國稱王**커늘 **巴亦稱王**한대 **周愼王五年**에 **秦遣張儀司馬錯**하여 **伐蜀滅之**한대 **因取巴**하여 **執王以歸**하고 **置巴郡**이라

≪春秋左氏傳≫ 桓公 9년 조 杜預의 注에 "巴國은 巴郡 江州縣에 있다."라 하였고, 常璩의 ≪華陽國志≫에 "'巴'는 黃帝와 高陽의 支庶로 대대로 侯伯이 되었다. 周 武王이 商을 이기고 周王室의 종친을 巴에 봉하여 子爵을 주었다. 7國이 王을 칭하자 巴도 王을 칭했다. 周 愼王 5년에 秦이 張儀와 司馬錯을 보내 蜀을 공벌해서 멸망시켰는데, 이를 기화로 巴도 취하여 王을 잡아서 귀순시키고 巴郡을 설치했다."고 하였다.

16-4-11 **往來及否**를 **未可識也**라

갔다 올 수 있을지 여부를 아직 알지 못한다고 하자.

舊本에 **重及否未三字**라 **王云 此**는 **當作往來及否未可識也**라하다 **案 王校**가 **是也**라 **今據刪**이라

---

15) 華陽國志 : ≪華陽國記≫라고도 불리며, 고대 중국 서남 지방의 역사·지리·인물 등에 대해 기술한 地方志이다. 東晉의 常璩가 편찬했으며, 총 12권이다. ≪越絶書≫와 더불어 현존하는 가장 이른 시기의 중국 地方志로 평가받는다.

16) 宗姬 : 周나라 왕실의 성이 '姬'이므로 周王室을 가리킨다.

舊本에는 '及否未' 세 자가 중복되어 있다.

王念孫 : 이는 응당 "往來及否未可識也"가 되어야 한다.

案 : 王念孫의 교감이 옳다. 이제 이에 의거하여 산삭한다.

16-4-12 **然卽敢問**컨대 **不識將惡**(오)〔**從**〕[17]**也**아

그러면 감히 묻겠다. 잘 모르겠지만, 누구를 따를 것인가.

兪云 惡下에 **脫從字**니 **將惡從也**는 **猶云將何從也**라 **下文**에 **曰 不識將擇之二君者**면 **將何從也**오하니 **是其證**이라하다 **蘇云 句有脫誤**라 **也字**는 **疑當作託**이라하다 **戴云 也字**는 **乃宅之誤**니 **二形相似**라 **宅**은 **居也**라 **或云 侂**(탁)**字誤**이니 **侂卽託**이라하다 **案 兪校**가 **近是**라 **據此**면 **則下文家室上**에 **當有脫文**이라 **下云寄託**이니 **則此不當云託**이라 **蘇戴說**은 **非**라

兪樾 : '惡' 아래에 '從'자가 빠졌으니 '將惡從也'는 '將何從也'와 같은 말이다. 아래 글에 "不識將擇之二君者 將何從也(잘 모르겠지만, 장차 두 임금 가운데 택한다면 장차 누구를 따를 것인가.)"라 하니, 이것이 그 증거이다.

蘇時學 : 句에 오탈자가 있다. '也'자는 아마도 응당 '託'이 되어야 한다.

戴望 : '也'자는 곧 '宅'의 誤字이니 두 자의 모양이 서로 비슷하다. '宅'은 '居'이다. 어떤 이는 "'侂'자는 誤字이니 '侂'은 '託'이다."라 하였다.

案 : 兪樾의 교감이 맞는 것 같다. 이에 근거하면 아래 글의 '家室' 위에 응당 빠진 글이 있을 것이다. 아래에서 '寄託'이라 하니, 여기에서는 응당 '託'이라 하면 안 된다. 蘇時學과 戴望의 說은 옳지 않다.

16-4-13 **家室**에 **奉承親戚**하고

집에서 부모를 받들어 모시고

錢大昕[18]**云 古人**은 **稱父母爲親戚**이라 **大戴禮記曾子疾病篇**에 **親戚旣沒**이면 **雖欲**

---

17)〔從〕: 저본에는 '從'자가 없으나, 兪樾의 주에 의거하여 보충하였다.

18) 錢大昕 : 1728~1804. 字는 曉徵, 號는 辛楣·潛研老人·竹汀이며, 江蘇 嘉定(지금의 上海)

孝라도 誰爲孝아하고 孟子盡心篇에 人莫大焉亡親戚君臣上下라하다 案컨대 錢說이 是也라 亦見節葬下非命上中篇이라

錢大昕：古人은 父母를 親戚이라 했다. 《大戴禮記》〈曾子疾病〉에 "親戚既沒 雖欲孝誰爲孝(부모가 돌아가시면 비록 효도하고 싶더라도 누구에게 효도하겠는가.)"라 하였고, 《孟子》〈盡心〉에 "人莫大焉 亡親戚君臣上下(사람에게 가장 큰 죄가 부모·군신·상하를 잊는 것이다.)"라 하였다.

案：錢大昕의 說이 옳다. 또한 《墨子》〈節葬 下〉, 〈非命 上〉, 〈非命 中〉에도 보인다.

16-4-14 **提挈妻子**하여 **而寄託之**에 **不識於兼之(有)〔友〕[19]是乎**아 **於別之(有)〔友〕是乎**아

처자를 데리고 가 맡기려 할 때 잘 모르겠지만 '아우름'을 주장하는 친구에게 맡기는 것이 옳겠는가, '가름'을 주장하는 친구에게 맡기는 것이 옳겠는가.

戴云 有字는 皆友之聲誤라하다

戴望：'有'자는 모두 '友'와 소리가 같아 생긴 誤字이다.

16-4-15 **我以爲當其於此也**하얀

내가 생각하기에 이런 상황에서는

我는 舊本에 譌哉라 王云 哉는 亦當爲我라하고 蘇校同하니 今據正이라

'我'는 舊本에 와전되어 '哉'로 되어 있다. 王念孫은 "'哉'도 응당 '我'가 되어야 한다."고 하였고, 蘇時學의 교감도 같으니, 이제 이에 의거하여 바로잡는다.

사람이다. 淸나라 학자로 음운학과 훈고학, 역사학 등에서 뛰어난 업적을 남겼다고 평가받는다. 저서로 《二十二史考異》, 《恒言錄》, 《十駕齋養新錄》, 《潛研堂文集》 등이 있다.

19) (有)〔友〕：저본에는 '有'로 되어 있으나, 戴望의 주에 의거하여 '友'로 바로잡았다. 아래도 같다.

16-4-16 **天下無愚夫愚婦**하고 **雖非兼之人**이라도 **必寄託之於兼之**(有)〔**友**〕**是也**니 **此**는 **言而非兼**이라도 **擇卽取兼**이니 **卽此言行費**(불)**也**라

천하에 어리석은 사내 어리석은 여인네 할 것 없이 비록 '아우름'을 그르다고 하는 사람일지라도 반드시 '아우름'을 주장하는 친구에게 맡기는 것이 옳다. 이것은 말로는 '아우름'을 그르다 하더라도 택할 땐 '아우름'을 취하는 것이니 바로 이것은 言行이 어긋나는 일이다.

畢本에 費은 改拂하고 云 舊作兼費하니 一本如此라하다 王云 古者에 拂은 與費通하니 不煩改字라 大雅皇矣篇에 四方以無拂라한대 鄭箋에 曰 拂猶佹也라하고 中庸[20]에 君子之道는 費而隱이라한대 注에 曰 費는 猶佹也라하고 釋文에 費는 本又作拂이니 同이라 扶弗反이라하니 是其證이라하다 顧說同이라

畢沅本에 '費'은 '拂(어긋나다)'로 고쳐져 있고, "舊本에 '兼費'로 되어 있으니, 어떤 本이 이와 같다."고 하였다.

王念孫 : 옛날에 '拂'은 '費'과 통용했으니, 번거롭게 글자를 고치지는 않는다. ≪詩經≫ 〈大雅 皇矣〉에 "四方以無拂(사방에서 어기는 이가 없도다.)"이라 하였는데 鄭玄의 箋에 "'拂'은 '佹(어긋나다)'와 같다."라고 하였고, ≪禮記≫ 〈中庸〉에 "君子之道 費而隱(군자의 도는 어긋나면 은거한다.)"이라 하였는데 〈鄭玄의〉 注에 "'費'은 '佹'와 같다."라 하였고, ≪經典釋文≫에 "'費'은 어떤 본에는 또한 '拂'로 되어 있으니 〈'費'과 '拂'은〉 같다. 〈'費'은〉 '扶'와 '弗'의 反切이다."라 하였으니, 이것이 그 증거이다.

顧廣圻의 說도 같다.

16-4-17 **不識天下之士**가 **所以皆聞兼而非之者**는 **其故何也**오

잘 모르겠지만, 천하의 士들이 모두 '아우름'을 듣고서 그르다고 하는 것은 그 이유가 무엇인가.

---

20) 中庸 : 子思가 지었다고 전해지는 것으로, 원래 ≪禮記≫의 한 편이었는데 宋나라 이후 二程, 朱熹 등에게 주목받아 '四書' 중 하나의 지위를 갖게 되었다.

16-5-1 **然而天下之士非兼者之言**은 **猶未止也**라 **曰 意可以擇士**이언정 **而不可以擇君乎**아하니

그러나 '아우름'이 그르다는 천하의 士들의 말이 여전히 그치지 않는다. 〈그들이〉 말하기를 "무릇 士의 경우에는 택할 수 있겠지만 임금의 경우에는 택할 수 없지 않은가."라고 한다.

舊本에 作子라 王云 子는 當爲乎하니 字之誤也라 乎는 與意로 文義相承이라 下文에 曰 意不忠親之利하고 而害爲孝乎아하니 是其證이라하다 案 王校가 是也니 今據正이라

舊本에 〈'乎'는〉 '子'로 되어 있다.

王念孫 : '子'는 응당 '乎'자가 되어야 하니 誤字일 것이다. '乎'는 '意'와 글의 뜻이 서로 통한다. 아래 글에 "意不忠親之利 而害爲孝乎(무릇 부모의 이익에 맞지 않고 효도하는 데 해가 되지 않는가.)"라 하였으니, 이것이 그 증거이다.

案 : 王念孫의 교감이 옳으니, 이제 이에 의거하여 바로잡는다.

16-5-2 **姑嘗兩而進之**라 (誰)〔設〕[21] **以爲二君**하여

한번 둘로 나누어 〈논의를 진행시켜〉 나아가보자. 두 임금이 있다고 가정하여

誰는 亦當依上文王校하여 作設이라

'誰'는 또한 응당 위 글에서 王念孫이 교감한 것에 의거하여 '設'이 되어야 한다.

16-5-3 **使其一君者**로 **執兼**하고 **使其一君者**로 **執別**이라

그중 한 임금은 '아우름'의 주장을 견지하고 한 임금은 '가름'의 주장을 견지한다 치자.

其字는 舊本에 脫이요 道藏本에 有하니 與上句同이라 今據補라

---

21) (誰)〔設〕: 저본에는 '誰'로 되어 있으나, 孫詒讓의 주에 의거하여 '設'로 바로잡았다. 16-4-2 참조.

'其'자는 舊本에서는 빠져 있고, 道藏本에는 있으니 위 句와 같다. 이제 이에 의거하여 보태 넣는다.

16-5-4 **是故**로 **別君之言**에 **曰**

그러면 '가름'을 주장하는 임금이

舊本에 **脫**하니 **今據道藏本補**라

舊本에는 〈'曰'이〉 빠져 있는데, 이제 道藏本에 의거하여 보태 넣는다.

16-5-5 **吾惡**(오)**能爲吾萬民之身**을 **若爲吾身**이리오

"내가 어찌 나의 萬民의 몸을 내 몸처럼 위할 수 있겠는가.

舊本에 **脫若字**하니 **今據道藏本補**라

舊本에는 '若'자가 빠져 있는데, 이제 道藏本에 의거하여 보태 넣는다.

16-5-6 **此**는 **泰非天下之情也**라

이것은 천하의 人情과 크게 다르다.

畢云 泰는 **一本作大**라하다

畢沅 : '泰'는 어떤 本에는 '大'로 되어 있다.

16-5-7 **人之生乎地上之無幾何也**니 **譬之**컨대 **猶駟馳而過隙也**라

사람이 땅 위에서 사는 시간은 얼마 안 되니 비유하자면 마치 駟馬가 틈 사이를 지나는 것과 같다."라 한다.

三年問에 云 若駟之過隙이라한대 鄭注에 云 喩疾也라하다 莊子知北遊篇에 云 人生天地之間이 若白駒之過郤忽然而已라한대 釋文에 云 郤은 本亦作隙한대 隙은 孔也라하고 又盜跖篇에 云 天與地無窮하고 人死者有時하니 操有時之具하여 而託於無窮之間이 忽然

無異騏驥之馳過隙也라하다 畢本에 隙改郤하고 云 郤은 舊作隙이라 據文選注컨대 引作郄하고 云 古隙字라하니 郄은 卽郤也라 說文에 云 隙은 壁際孔也라하고 郤은 節郤也라하니 節郤은 言節之會요 亦際縫之意니 皆通이라하다 詒讓案 隙은 郤通이니 不必改라

≪禮記≫ 〈三年問〉에 "駟馬가 틈 사이를 지나는 것과 같다."라 했는데 鄭玄의 注에 "빠름을 비유한 것이다."라 하였고, ≪莊子≫ 〈知北遊〉에 "人生天地之間 若白駒之過郤 忽然而已(사람이 하늘과 땅 사이에서 사는 것이 마치 준마가 달려 지나가는 것을 틈새로 보는 것같이 순식간일 따름이다.)"라 하였는데, ≪經典釋文≫에 "'郤'은 본래 또한 '隙'으로 되어 있는데 '隙'은 '孔'이다."라 하였고, 또 ≪莊子≫ 〈盜跖〉에 "天與地無窮 人死者有時 操有時之具 而託於無窮之間 忽然無異騏驥之馳過隙也(하늘과 땅은 무궁하지만 사람의 죽음은 일정한 때가 있으니 〈죽어야 할〉 때가 정해진 육체를 가지고 무궁한 천지 사이에 의탁하는 것은 짧음이 마치 騏나 驥와 같은 천리마가 달려 지나가는 것을 틈새로 보는 것과 다를 것이 없다.)"라 하였다. 畢沅本에는 '隙'을 '郤'으로 고치고, "'郤'은 舊本에 '隙'으로 되어 있다. ≪文選注≫에 의거하면 이 부분을 인용하면서 '郄'으로 쓰고 '古字는 隙이다'라고 하였는데 '郄'은 곧 '郤'이다. ≪說文解字≫에 '隙은 벽옥의 구멍이다.'라 하고, '郤은 節郤이다.'라 하였으니, 節郤은 〈대나무의〉 마디가 만나고 또한 붙는다는 뜻이니, 모두 통한다."라고 하였다.

詒讓案 : '隙'은 '郤'과 통용하니 고칠 필요가 없다.

16-5-8 是故로 退睹其萬民에 飢卽不食(사)하고 寒卽不衣하고 疾病不侍養하고 死喪不葬埋라 別君之言若此하고 行若此나 兼君之言不然하고 行亦不然이라 曰 吾聞컨대 爲明君於天下者는 必先萬民之身하고

그래서 〈논변하는 자리에서〉 물러나 〈실제로〉 자신의 萬民을 볼 때 그들이 굶주리더라도 먹여주지 않고 추워하더라도 옷을 입혀주지 않으며 병을 앓더라도 돌봐주지 않고 죽더라도 묻어주지 않는다. '가름'을 주장하는 임금의 말이 이와 같고 행동이 이와 같다.

〈그러나〉 '아우름'을 주장하는 임금의 말은 그렇지 않고 행동 역시 그렇지 않다. 〈그는〉 "내가 듣기에 천하의 明君은 반드시 만민의 몸을 먼저 위하고

畢云 先은 舊作萬하니 一本如此라하다

畢沅 : '先'은 舊本에 '萬'으로 되어 있는데, 어떤 本이 이와 같다.

16-5-9 **後爲其身**이라하니 **然後**에 **可以爲明君於天下**라하니 **是故**로 **退睹其萬民**에

자기 몸을 나중에 위한다고 하니 그렇게 한 뒤에야 천하의 明君이 될 수 있을 것이다."라고 한다. 그래서 〈논변하는 자리에서〉 물러나 〈실제로〉 자신의 만민을 볼 때

畢云 舊脫其字하니 以意增이라하다

畢沅 : 舊本에 '其'자가 빠져 있으니, 임의로 더해 넣었다.

16-5-10 **飢卽食**(사)**之**하고 **寒卽衣之**하고 **疾病侍養之**하고 **死喪葬埋之**라 **兼君之言若此**하고 **行若此**라 **然卽交〔兼交別〕**[22]**若之二君者**는

〈그들이〉 굶주리면 곧 먹이고 추워하면 곧 옷을 입히며 병을 앓으면 돌봐주고 죽으면 묻어준다. '아우름'을 주장하는 임금의 말이 이와 같고 그 행동이 이와 같다. 그렇다면 '서로 아우름'을 주장하고 '서로 가름'을 주장하는 이 두 임금과 같은 경우는

戴云 然卽交三字는 無義니 當是衍文이라하다 案 以上文校之컨대 疑當作然卽交兼交別若之二君者하니 今本交下脫三字耳라 戴校는 未塙라

戴望 : '然卽交' 3자는 뜻이 없으니, 응당 잘못 들어간 말일 것이다.

案 : 위 글로 교감해보면 〈'然卽交若之二君者'는〉 아마도 응당 "然卽交兼交別若之二君者"가 되어야 하니, 今本은 '交' 아래에 〈兼交別〉 3자가 빠졌을 뿐이다. 戴望의 교감은 옳지 않다.

---

22) 〔兼交別〕 : 저본에는 '兼交別'이 없으나, 孫詒讓의 주에 의거하여 보충하였다.

16-5-11 **言相非而行相反與**인저 (常)〔嘗〕[23]**使若二君者**가

말도 서로 다르고 행동도 서로 반대되는구나. 이 두 임금이

蘇云 據上文컨대 **常**은 **宜作當**이라하다 **案 常**은 **王亦讀爲儻**한대 **疑當讀爲嘗**이라 **詳前**이라

蘇時學 : 위 글에 의거하면 '常'은 마땅히 '當'이 되어야 한다.

案 : '常'은 王念孫도 '儻'으로 읽었는데, 아마도 응당 '嘗'으로 읽어야 한다. 앞에 자세한 설명이 있다.

16-5-12 **言必信**하고 **行必果**하여 **使言行之合**이 **猶合符節也**하여 **無言而不行也**라 **然卽敢問**컨대 **今歲有癘疫**하여 **萬民多有勤苦凍餒**하여

말은 반드시 믿음직스럽고 행동은 반드시 과감하여 언행이 마치 符節을 합치듯 일치하여 말하면 행하지 않음이 없다고 한번 가정해보자. 그러면 감히 묻겠다. 올해 역병이 돌아 萬民 대다수가 고생하며 추위에 얼고 배를 곯아

畢云 當作餧라하다

畢沅 : 〈'餒'는〉 응당 '餧'가 되어야 한다.

16-5-13 **轉死溝壑中者**가

죽은 시체가 〈매장되지 않고 그냥〉 밭도랑 구덩이에 버려지는 일이

孟子公孫丑篇에 **云 凶年饑歲**에 **子之民**이 **老羸轉於溝壑**이라한대 **趙注**에 **云 轉**은 **轉尸於溝壑也**라하고 **國語吳語**에 **云 子之父母**가 **將轉於溝壑**이라한대 **韋注**에 **云 轉**은 **入也**라하고 **逸周書大聚篇**에 **云 死無傳尸**가 **淮南子主術訓**에 **作轉尸**한대 **高注**에 **云 轉**은 **棄也**라하다 **案 高說**이 **爲允**이라

≪孟子≫ 〈公孫丑〉에 "凶年饑歲 子之民 老羸轉於溝壑(흉년으로 기근이 든 해에 당신의 백성 중에 노약자들은 시신이 구덩이에 굴러다니고)"이라 하였는데 趙岐의 注에 "'轉'은 시체가

---

23) (常)〔嘗〕 : 저본에는 '常'으로 되어 있으나, 孫詒讓의 주에 의거하여 '嘗'으로 바로잡았다.

구덩이에 굴러다닌다는 것이다."라 하였고, ≪國語≫ 〈吳語〉에 "子之父母 將轉於溝壑(그대의 부모가 장차 구덩이로 들어갈 것이다.)"라 하였는데 韋昭의 注에 "'轉'은 '入(들어가다)'이다."라고 하고, ≪逸周書≫ 〈大聚〉에 "死無傳尸(죽어서 시신을 버리는 일이 없었다.)"라 한 것의 〈'傳尸'가〉 ≪淮南子≫ 〈主術訓〉에 "轉尸(시신을 버리다.)"로 되어 있는데 高誘의 注에 "'轉'은 '棄(버리다)'이다."라 하였다.

案 : 高誘의 說이 믿을 만하다.

16-5-14 **旣已衆矣**라 **不識將擇之二君者**는 **將何從也**오 **我以爲當其於此也**하얀 **天下無愚夫愚婦**하고 **雖非兼者**라도

이미 벌써 많다고 하자. 잘 모르겠지만, 장차 두 임금 가운데 택한다면 장차 누구를 따를 것인가. 내가 생각하건대 이런 상황에서는 천하에 어리석은 사내 어리석은 여인네 할 것 없이 비록 '아우름'을 그르다 하는 사람일지라도

者는 舊本作君한대 王校改者하고 云 涉上下文兼君而誤라하다 案 王校가 是也니 今據正이라

〈雖非兼者의〉 '者'는 舊本에 '君'으로 되어 있는데, 王念孫이 교감하여 '者'로 고치고, "위 아래 글의 '兼君'의 영향을 받아 잘못된 것이다."라 하였다.

案 : 王念孫의 교감이 옳으니, 이제 이에 의거하여 바로잡는다.

16-5-15 **必從兼君**이 **是也**라 **言而非兼**이라도 **擇卽取兼**하니

반드시 '아우름'을 주장하는 임금을 따름이 옳다. 말로는 '아우름'을 그르다 하더라도 택할 땐 '아우름'을 취하니

畢云 二字[24]는 舊脫하니 據上文增이라하다 案 畢校가 是也라 然이나 以上文校之컨대 下句首에 仍當有卽字하니 因兩卽相涉而誤脫耳라

---

24) 二字 : 저본 傍注에 "'二字'는 원래 '舊字'로 잘못되어 있는데, 畢沅의 刻本에 의거하여 고친다. 살펴보건대, '二字'는 正文의 '取兼' 두 자를 가리킨다."라 하였다.

畢沅 : 〈'取兼〉 두 자가 舊本에는 빠져 있으니 위 글에 의거하여 더해 넣었다.

案 : 畢沅의 교감이 옳다. 그러나 위 글에 근거하여 교감하면 아래 구의 처음에 응당 '卽'자가 있어야 한다. 두 '卽'이 서로 영향을 미쳐 오탈자가 생겼을 뿐이다.

16-5-16 〔卽〕[25]**此言行拂也**라 **不識天下所以皆聞兼而非之者**는 **其故何也**오

바로 이것은 言行이 어긋나는 일이다. 잘 모르겠지만, 천하에서 모두 '아우름'에 대한 주장을 듣고서 그르다고 하는 것은 이유가 무엇인가.

16-6-1 **然而天下之士非兼者之言也**가 **猶未止也**니

그러나 '아우름'에 대한 주장이 그르다는 천하의 士들의 말이 여전히 그치지 않으니,

畢云 猶는 **舊作獨**하니 **一本如此**라하다

畢沅 : '猶'는 舊本에 '獨'으로 되어 있는데, 어떤 本도 이와 같다.

16-6-2 曰 **兼卽仁矣**요 **義矣**라 **雖然**이나 **豈可爲哉**아 **吾譬兼之不可爲也**면 **猶挈泰山以超江河也**라

〈그들이〉 말하기를 "'아우름'은 仁이고 義다. 비록 그렇더라도 어찌 할 수 있겠는가. 내가 〈'아우름'을〉 할 수 없다는 것을 비유하자면 마치 泰山을 들고 長江이나 黃河를 건너는 것과 같다.

畢云 泰는 **一本作太**라하다 **詒讓案 中篇**에 **作譬若挈太**[26]**山越河濟也**하니 **泰亦作太**라 **非攻中篇**과 **備梯篇**에 **又竝作大山**이라

畢沅 : '泰'는 어떤 本에 '太'로 되어 있다.

---

25) 〔卽〕 : 저본에는 '卽'자가 없으나, 孫詒讓의 주(16-5-15)에 의거하여 보충하였다.

26) 太 : 저본 傍注에 "'太'는 원래 '泰'로 되어 있는데, 本書 〈兼愛 中〉에 의거하여 고친다."라 하였다.

詒讓案 : ≪墨子≫ 〈兼愛 中〉에 "譬若挈太山越河濟也(비유컨대 泰山을 들고서 黃河와 濟水를 건너는 것과 같다.)"라고 되어 있으니, '泰'가 또한 '太'로 되어 있다. ≪墨子≫ 〈非攻 中〉과 〈備梯〉에는 또한 모두 '大山'으로 되어 있다.

16-6-3 **故**로 **兼者**는 **直願之也**니 **夫豈可爲之物哉**아 **子墨子曰 夫挈泰山以超江河**는 **自古(之)**[27]**及今**히

그러므로 아우른다는 것은 다만 그것을 바랄 뿐이지 그것이 어찌 할 수 있는 일이겠는가."라 한다. 子墨子께서 말씀하셨다.
"泰山을 들고 長江과 黃河를 건넌다는 것은 예로부터 지금까지

戴云 之字는 **衍**이라하다

戴望 : 〈'自古之及今'의〉 '之'자는 잘못 들어간 것이다.

16-6-4 **生民而來**로 **未嘗有也**라 **今若夫兼相愛交相利**는 **此自先聖(六)〔四〕**[28]**王者親行之**라하니라

인류가 생긴 이래로 있었던 적이 없다. 지금 저 아울러 서로 사랑하고 번갈아 서로 이롭게 한다는 것 같은 일은 옛날 네 분의 聖王들부터 몸소 행하던 것이다."

下文에 **止有四王**한대 **此六**이니 **疑四篆文之誤**라 **下同**이라

아래 글에는 단지 네 王이 있는데, 여기에는 '六'이니, 아마도 '四'의 '篆文'이 잘못 쓰여 〈'六'으로 오인한〉 것 같다. 아래도 같다.

16-6-5 **何〔以〕**[29]**知先聖(六)〔四〕王之親行之也**오

---

27) (之) : 저본에는 '之'자가 있으나, 戴望의 주에 의거하여 衍文으로 처리하였다.
28) (六)〔四〕 : 저본에는 '六'으로 되어 있으나, 孫詒讓의 주에 의거하여 '四'로 바로잡았다. 아래도 같다.
29) 〔以〕 : 저본에는 '以'자가 없으나, 畢沅의 주에 의거하여 보충하였다.

어떻게 옛날 네 분의 성왕이 몸소 행했다는 것을 아는가.

畢云 何下에 太平御覽引에 有以字라하다

畢沅 : '何' 아래에 ≪太平御覽≫에서 〈≪墨子≫의 이 부분을〉 인용한 곳에 '以'자가 있다.

16-6-6 子墨子曰 吾非與之竝世同時하여 親聞其聲하고 見(현)其色也나 以其所書於竹帛하고 鏤於金石하고 琢於槃盂하여

子墨子께서 말씀하셨다.
"내가 그분들과 세대를 같이하여 같은 때에 살면서 직접 그 음성을 듣고 그 얼굴을 뵌 것은 아니다. 그러나 나는 竹帛에 쓰고 金石에 새기고 쟁반과 사발에 쪼아 넣어

文選廣絶交論李注에 引云 琢之盤盂하고 銘於鍾鼎하여 傳於後世라하니 疑兼用魯問篇文이라 呂氏春秋求人篇에 云 功績銘乎金石하고 著於盤盂라한대 高注에 云 金은 鍾鼎也요 石은 豐碑也요 盤盂之器에 皆銘其功이라하다

≪文選≫ 〈廣絶交論〉 李善의 注에서 이를 인용하면서 "琢之盤盂 銘於鍾鼎 傳於後世(쟁반과 사발에 쪼아 넣고 종과 솥에 새겨 후세에 전했다.)"라 하였으니, 아마도 ≪墨子≫ 〈魯問〉의 글을 함께 쓴 것 같다. ≪呂氏春秋≫ 〈求人〉에 "功績銘乎金石 著於盤盂(공적을 금석에 새기고 쟁반과 사발에 드러냈다.)"라 하였는데, 高誘의 注에 "'金'은 鍾과 鼎이고, '石'은 공덕비이며, 쟁반과 사발 같은 그릇에 모두 그 공을 새긴다."라 하였다.

16-6-7 傳遺後世子孫者로 知之라하니라

후세 자손에게 전하여 남긴 것을 가지고 안다."

畢云 遺는 劉逵[30]注左思賦[31]에 引作于라하다 詒讓案 天志中非命下及貴義魯問四

30) 劉逵 : 晉나라 侍中을 지냈으며 左思의 〈三都賦〉에 주석을 달았다.
31) 左思賦 : 左思(250~305)의 〈三都賦〉를 말하는 것이다. 左思의 字는 太冲이고 臨淄(지금의

篇에 **皆作遺**하니 **劉引非**라

畢沅 : '遺'는 劉逵가 〈左思賦〉에 注를 달면서 이 부분을 인용했는데 '于'로 되어 있다.

詒讓案 : ≪墨子≫ 〈天志 中〉, 〈非命 下〉, 〈貴義〉, 〈魯問〉 4篇에 모두 '遺'로 되어 있으니, 劉逵가 인용한 것은 옳지 않다.

16-6-8 **泰誓**에 **曰**

〈泰誓〉에 이르기를

尙同下篇天志中篇非命上中下篇에 **竝作大誓**한대 **此作泰**하니 **與今僞孔本同**이라 **疑後人所改**라

≪墨子≫ 〈尙同 下〉, 〈天志 中〉, 〈非命 上・中・下〉에 모두 '大誓'로 되어 있는데, 〈'大'가〉 여기에는 '泰'로 되어 있으니, 지금의 ≪僞古文尙書≫本과 같다. 아마도 後人에 의해 고쳐진 것 같다.

16-6-9 **文王若日若月乍照**하여 **光于四方**하고 **于西土**라하다

"文王께서 해와 달과 같이 비추어 〈그 덕이〉 사방에 빛나고 서쪽 땅에 〈드러났다.〉"라고 하였다.

于는 **舊本**에 **竝作於**하니 **今據道藏本改**라 **畢云 孔書**에 **云 唯我文考**는 **若日月之照臨**하여 **光於四方**하고 **顯於西土**라하다 **孫星衍云 乍**는 **古與作通**이라하다

'于'는 舊本에 모두 '於'로 되어 있는데, 이제 道藏本에 의거하여 고친다.

畢沅 : ≪僞古文尙書≫에 "唯我文考 若日月之照臨 光於四方 顯於西土(우리 문왕께서 해와 달과 같이 환히 살피시어 사방에 빛나고 서쪽 땅에 밝게 드러났다.)"라 하였다.

孫星衍 : '乍'는 옛날에는 '作'과 통용하였다.

山東省) 사람으로 西晉의 문장가이다. 그가 지은 〈三都賦〉는 "사람들이 서로 다투어 베껴서 洛陽의 紙價를 높였다."라 할 정도로 당시 높은 평가를 받았다. 皇甫謐이 序를 짓고 張載와 劉逵가 注를 달았다.

16-6-10 **卽此言文王之兼愛天下之博大也**니 **譬之日月兼照天下之無有私也**니 **卽此文王兼也**라 **雖子墨子之所謂兼者**는

곧 이는 文王께서 천하를 아울러 사랑함이 넓고 크다는 말이니, 비유하자면 마치 해와 달이 천하를 아울러 비춤에 사사로움이 없다는 것이다. 바로 이것이 문왕의 아우름이다. 子墨子께서 말씀하신 '아우름'은

雖는 **與唯通**하니 **下竝同**이라

'雖'는 '唯'와 통용되니, 아래도 모두 같다.

16-6-11 **於文王取法焉**이라

文王에게서 본받은 것이다.

16-7-1 **且不唯泰誓爲然**하고

또한 다만 〈泰誓〉만 그런 것이 아니고

唯는 **舊本**에 **作惟**하니 **今據道藏本改**라

'唯'는 舊本에 '惟'로 되어 있는데, 이제 道藏本에 의거하여 고친다.

16-7-2 **雖禹誓**도

〈禹誓〉도

畢云 大禹謨文에 **云禹誓者**는 **禹之所誓也**라하다 **詒讓案 今大禹謨**는 **出僞古文**하니 **卽采此書爲之**라 **惠棟**[32]**云 皐陶謨**에 **言 苗頑勿卽功**이라하니 **則舜陟後**에 **禹當復**(부)**有征**

32) 惠棟 : 1697~1758. 清代의 漢學家로 漢學中吳派(蘇州學派)의 대표 인물이다. 字는 定宇이고 號는 松崖이며 小紅豆先生이라 불리기도 하며, 江蘇 元和(지금의 江蘇省 吳縣) 사람이다. 저서로 ≪古文尙書考≫, ≪後漢書補註≫, ≪九經古義≫, ≪明堂大道錄≫, ≪松文鈔≫ 등이 있다.

苗誓師之事라하다

畢沅 : ≪尙書≫ 〈大禹謨〉에 "'禹誓'는 禹가 맹세한 것이다."라 하였다.

詒讓案 : 지금의 〈大禹謨〉는 ≪僞古文尙書≫에 나오는 것으로, ≪墨子≫의 이 글에서 뽑아서 만든 것이다.

惠棟 : ≪尙書≫ 〈皐陶謨〉에 〈禹가〉 "苗族은 어리석어 일을 하려 하지 않으니"라 하였으니, 舜임금이 돌아가신 뒤에 禹임금이 응당 다시 苗를 정벌하면서 군사들에게 맹세한 일이 있었을 것이다.

16-7-3 **卽亦猶是也**라 **禹**[33]**曰 濟濟有衆**아

또한 이와 같다. 禹가 말하기를 "많은 군사들이여,

孔安國云 濟濟는 **衆盛之貌**라하다

孔安國 : "'濟濟'는 무리가 많은 모양이다."라 하였다.

禹

16-7-4 **咸聽朕言**하라

모두 나의 말을 들어라.

畢云 孔書에 **作命**이라하다

畢沅 : ≪僞古文尙書≫에 〈'言'이〉 '命'으로 되어 있다.

16-7-5 **非惟小子敢行稱亂**이라

내가 감히 난을 일으키려는 것이 아니다.

---

33) 禹 : 이 말을 할 당시에는 아직 禹가 즉위하지 않았을 때이므로 말하는 주체를 '禹임금'이라 하지 않고 그저 '禹'라 번역했다.

孔安國云 稱은 **擧也**라하다 **畢云 孔書**에 **無此八字**라하다 **蘇云 二語**는 **今見湯誓**하니 **惟**는 **作台**(이)라하다

孔安國이 "'稱'은 '擧'이다."라 하였다.

畢沅 : ≪僞古文尙書≫에는 이 8字가 없다.

蘇時學 : 〈'咸[34]聽朕言'과 '非惟小子敢行稱亂'〉 두 말은 지금 ≪尙書≫ 〈湯誓〉에 보이니, '惟'는 '台(나)'로 되어 있다.

16-7-6 **蠢玆有苗**에

준동하는 이 有苗에게

爾雅釋訓에 **云 蠢**은 **不遜也**라하고 **孔安國云 蠢**은 **動也**라하다

≪爾雅≫ 〈釋訓〉에 "'蠢'은 '不遜'이다."라 하였고, 孔安國은 "'蠢'은 '動'이다."라 하였다.

16-7-7 **用天之罰**이라

天罰을 쓰려 하는 것이다.

畢云 孔書에 **無此四字**라

畢沅 : ≪僞古文尙書≫에는 이 4字가 없다.

16-7-8 **若予旣率爾羣(對)〔封〕[35]諸羣以征有苗**라하다

이에 내가 너희 여러 나라 제후들을 이끌고 有苗를 정벌하려는 것이다."라고 하였다.

畢云 孔書에 **作肆予以爾衆士奉辭伐罪**하니 **羣**은 **猶衆**이라하다 **惠棟云 羣**은 **猶君也**라 **周書**에 **大**(태)**子晉云 侯能成羣**이면 **謂之君**이라하고 **堯典**에 **言羣后**라하다 **蘇云 羣字**는 **疑**

34) 咸 : ≪尙書≫ 〈湯誓〉에는 '咸'이 '悉'로 되어 있다.

35) (對)〔封〕 : 저본에는 '對'로 되어 있으나, 孫詒讓의 주에 의거하여 '封'으로 바로잡았다.

誤라 **或爲**辟이니 辟은 **君也**라하다 **案 惠說**이 **近是**라 **此**羣**對諸**羣은 **當讀爲**羣**封諸君**하니 **封**은 **與邦**으로 **古音近通用**이요 **封對**는 **形近而誤**라 羣**封諸君**은 **言衆邦國諸君也**라

畢沅 : ≪僞古文尙書≫에 "肆予以爾衆士 奉辭伐罪(이에 내가 너희 여러 군사들을 거느리고 〈帝의〉 명을 받들어 죄 지은 자를 정벌하니)"로 되어 있으니, '羣'은 '衆'과 같은 뜻이다.

惠棟 : '羣'은 '君'과 같은 뜻이다. ≪逸周書≫ 〈太子晉解〉에 "太子 晉이 말하길 '侯가 무리를 이룰 수 있으면 '君'이라 한다.'라고 하였다."라고 하였고, ≪尙書≫ 〈堯典〉에 '羣后' 라는 표현이 있다.

蘇時學 : '羣'자는 아마도 誤字인 것 같다. 어떤 경우에는 '辟'으로 되어 있는데, '辟'은 '君'이다.

案 : 惠棟의 說이 옳은 것 같다. 이 '羣對諸羣'은 응당 '羣封諸君'으로 읽어야 하니, '封'은 '邦'과 古音이 비슷해 통용하는데, '封'과 '對'는 字形이 비슷하여 잘못 쓰인 것이다. '羣封諸君'은 여러 邦國의 여러 君이라는 말이다.

16-7-9 **禹之征有苗也**는 **非以求(以)**[36]**重富貴**하고

禹가 有苗를 정벌한 것은 그것을 통해 富貴를 더하고

戴云 下以字는 **衍**이라하다

戴望 : 아래 '以'자는 잘못 들어간 말이다.

16-7-10 **干福祿**하고

福祿을 구하며

詩小雅假樂篇에 **干祿百福**이라한대 **鄭箋**에 **云 干**은 **求也**라하다

≪詩經≫ 〈小雅 假樂〉에 '干祿百福(祿을 구하여 百福을 얻었다.)'이라 하였는데, 鄭玄의 箋에 "'干'은 '求(구하다)'이다."라 하였다.

---

36) (以) : 저본에는 '以'자가 있으나, 戴望의 주에 의거하여 衍文으로 처리하였다.

16-7-11 **樂耳目也**요 **以求興天下之利**하고 **除天下之害**니 **卽此禹兼也**니 **雖子墨子之所謂兼者**는 **於禹(求)〔取法〕**[37]**焉**이라

눈과 귀를 즐겁게 하기 위해서 그런 것이 아니다. 천하의 이로움을 일으키고 천하의 해로움을 물리치고자 해서 그런 것이니, 바로 이것이 禹의 '아우름'이다. 子墨子께서 말씀하신 '아우름'은 禹에게서 본받은 것이다.

求는 **以上下文校之**컨대 **當作取法**이라

'求'는 위아래의 글로 교감해보건대 응당 '取法'이 되어야 한다.

16-8-1 **且不唯禹誓爲然**하고

또한 다만 〈禹誓〉만 그런 것이 아니고

唯는 **舊本**에 **亦作惟**하니 **今據道藏本改**라

'唯'는 舊本에 또한 '惟'로 되어 있으니, 이제 道藏本에 의거하여 고친다.

16-8-2 **雖湯說**도 **卽亦猶是也**라

〈湯說〉도 곧 이와 같다.

周禮에 **大祝六祈**하니 **六曰說**이라한대 **鄭注**에 **云 說**은 **以辭責之**라하고 **用幣而已**라하고 **此下文**에 **亦云 以祠說於上帝鬼神**이라하니 **若然**이면 **則說禮殷時已有之**라 **論語堯曰篇集解**에 **孔安國云 墨子引湯誓**라하고 **國語周語**에 **內史過引湯誓**한대 **與此下文畧同**하니 **韋注**에 **云 湯誓**는 **商書伐桀之誓也**라 **今湯誓無此言**하니 **則已散亾矣**라하다 **案 孔安國引此作湯誓**호대 **或兼據國語文**이라 **尙賢中篇引湯誓**한대 **今書亦無之**라

≪周禮≫에 大祝이 六祈를 관장하니 여섯째는 '說'이라 하였는데 鄭玄의 注에 "'說'은 말로 책망하는 것이다."라 하고 "幣(신에게 바치는 비단)만 쓸 뿐이다."라 하였고, 이 아래 글에 또한 "上帝와 鬼神에게 說祭를 지냈다."라 하였으니, 이와 같으면 說禮가 殷나라 때에

---

37) (求)〔取法〕: 저본에는 '求'로 되어 있으나, 孫詒讓의 주에 의거하여 '取法'으로 바로잡았다.

이미 있었던 것이다. ≪論語集解≫ 〈堯曰〉의 注에 "孔安國이 '≪墨子≫에서 〈湯誓〉를 인용했다.'라 하였다."라 하고, ≪國語≫ 〈周語〉에서 內史過가 〈湯誓〉를 인용하였는데 이 아래의 글과 대략 같으니 韋昭의 注에 "〈湯誓〉는 ≪尙書≫ 〈商書〉의 桀을 放伐하는 誓이다. 지금의 〈湯誓〉에는 이 말이 없으니, 이미 없어진 것이다."라 하였다.

案 : 孔安國이 〈≪墨子≫의〉 이것을 인용하여 〈湯誓〉를 만들었는데, 간혹 ≪國語≫의 글도 아울러 의거했다. ≪墨子≫ 〈尙賢 中〉에서 〈湯誓〉를 인용하였는데, 지금의 ≪尙書≫에는 또한 없다.

湯王

16-8-3 湯曰

湯王이 말하기를

畢云 今湯誥文이라하다

畢沅 : 지금의 ≪尙書≫ 〈湯誥〉의 글이다.

16-8-4 惟予小子履는

"이에 나 小子 履는

論語堯曰篇에 無惟字하고 孔注에 云 履는 殷湯名이니 此는 伐桀告天之文이라하다 案 孔以此爲伐桀時事하고 白虎通義[38]三正篇及周語韋注說이 同이나 然據此後文이면 則是湯禱旱之辭니 孔說蓋誤라 大戴禮記少閒篇에 云 乃有商履代興이라하고 白虎通義姓名篇에 云 湯王後更名하여 爲子孫法한대 本名은 履也라하다 畢云 孔書에 作肆台(이)小子라하다

≪論語≫ 〈堯曰〉에 '惟'자가 없고 孔安國의 注에 "'履'는 殷나라 湯임금의 이름이니, 이것은 桀을 放伐할 때 하늘에 고유한 글이다."라 하였다.

案 : 孔安國이 이것을 桀을 방벌할 때의 일로 여겼고, ≪白虎通義≫ 〈三正〉과 ≪國語≫

38) 白虎通義 : ≪白虎通≫ 혹은 ≪白虎通德論≫으로도 불린다. 漢 章帝 4년(79)에 白虎觀에서 五經에 대한 今文과 古文의 同異를 토론하였는데, 班固 등이 그 결과를 모아 만든 것이다. 今文經學을 기초로 經學의 통일을 추구했다는 평가를 받는다.

〈周語〉 韋昭의 注의 說이 같다. 그러나 이 뒤 글에 의거하면 이는 湯이 가뭄이 들었을 때 기도한 글이니, 孔安國의 說은 아마도 잘못된 것 같다. ≪大戴禮記≫ 〈少閒〉에 "이에 商나라의 履가 이어서 일어났다."라 하고, ≪白虎通義≫ 〈姓名〉에 "湯王은 뒤에 이름을 바꾸어 자손들의 본보기가 되었는데 本名은 '履'였다."라 하였다.

畢沅 : ≪僞古文尙書≫에는 〈'惟予小子履'가〉 "肆台小子(그러므로 나 小子는)"로 되어 있다.

16-8-5 敢用玄牡하여 告於上天后〔土〕[39]라

감히 검은 소를 바쳐 天地神明께 고합니다.

論語에 作敢昭告于皇皇后帝라한대 孔注에 云 殷家尙白하나 未變夏禮라 故로 用玄牡라 皇은 大요 后는 君也라 大는 大君이요 帝는 謂天帝也라하다 白虎通義三正篇에 云 論語曰 予小子履云云하니 此는 湯伐桀에 告天以夏之牲也라하니 與論語孔注로 說同이라 書湯誥孔疏에 云 鄭玄解論語云 用玄牡者는 爲舜命禹事라 於時에 總告五方之帝할새 莫適用하고 用皇天大帝之牲이라하니 其意가 與孔異라 國語周語에 皇天嘉禹하여 胙以天下라한대 韋注에 亦引論語帝臣不蔽二語하고 又詩閟宮孔疏에 云 論語曰 皇皇后帝라하니 論語說帝受終文祖하니 宜總祭五帝也라하니 竝從鄭以此爲禹事하니 與墨子尸子說異라 御覽八十三引帝王世紀하여 載此文한대 作告于上天后土하니 疑此后下에 亦脫土字라 畢云 孔書에 作上天神后라하다

≪論語≫에 "敢昭告于皇皇后帝(감히 거룩하신 상제께 아뢰니다.)"라 하였는데 孔安國의 注에 "殷나라 왕실은 흰색을 숭상하였지만, 〈이때에는〉 아직 夏禮를 바꾸지 않았기 때문에 검은 소를 희생으로 쓴 것이다. '皇'은 '大(크다)'이고 '后'는 '君(임금)'이다. '大'는 大君이고, '帝'는 天帝를 이르는 것이다."라 하였다. ≪白虎通義≫ 〈三正〉에 "≪論語≫에 '予小子履' 운운하였으니, 이것은 湯임금이 桀을 放伐하면서 夏나라의 희생을 올려 하늘에 고유한 것이다."라고 하였으니, ≪論語≫ 孔安國의 注와 說이 같다. ≪尙書≫ 〈湯誥〉 孔穎達의 疏에 "鄭玄이 ≪論語≫를 해설하면서 '검은 소를 쓴 이유는 舜이 禹에게 명했던 일 때

39) 〔土〕 : 저본에는 '土'자가 없으나, 孫詒讓의 주에 의거하여 보충하였다.

문이다. 그 당시에는 五方의 帝에게 모두 고하면서 玄牡를 쓰지 않고 皇天大帝의 희생을 썼다.'고 하였으니 그 뜻이 孔安國과 다르다."고 하였다. ≪國語≫ 〈周語〉에 "皇天嘉禹 胙以天下(皇天이 禹를 좋게 여겨 천하를 내려주었다.)"라 하였는데, 이에 대한 韋昭의 注에 또 ≪論語≫의 '帝臣不蔽(상제의 신하를 제가 감히 가리지 못한다.)' 두 말을 인용하였고, 또 ≪詩經≫ 〈閟宮〉 孔穎達의 疏에 "≪論語≫에 '皇皇后帝'라 하였는데, ≪論語≫에서는 帝(舜)가 文祖(堯)에게 제위를 물려받았으니, 의당 五方의 帝를 모두 모아 제사 지내야 한다는 것을 말한 것이다."라 하였다. 모두 鄭玄이 이 일을 禹임금 때의 일로 여긴 것을 따르니, ≪墨子≫와 ≪尸子≫의 說과 다르다. ≪太平御覽≫ 83에서 ≪帝王世紀≫를 인용하면서 이 글을 실었는데 "告于上天后土"로 되어 있으니, 아마도 이 '后' 아래에 또한 '土'자가 빠진 것 같다.

畢沅 : ≪僞古文尙書≫에는 '上天神后'로 되어 있다.

16-8-6 **曰 今天大旱**하니 **卽當朕身履**하나니

지금 하늘께서 큰 가뭄을 내리시니 바로 저 履의 책임입니다.

帝王世紀[40)]에 **云 湯自伐桀後**에 **大旱七年**커늘 **禱于桑林之社**하니 **其辭如此**라하다 **畢云 詳此文**컨대 **是湯禱旱文**이라 **孔書**에 **亦無此十字**라하다

≪帝王世紀≫에 "湯임금이 桀을 정벌한 뒤에 7년간 가뭄이 들자 桑林의 社에서 기도했는데 그 말이 이와 같았다."라 하였다.

畢沅 : 이 글을 살펴보건대 湯임금이 가뭄 때문에 기도한 글이다. ≪僞古文尙書≫에는 또한 이 10字가 없다.

16-8-7 **未知得罪于上下**라

아직도 위아래로 〈천지신명께〉 얼마나 많은 죄를 지었는지 알지 못합니다.

---

40) 帝王世紀 : 西晉의 皇甫謐(215~282)이 편찬한 것으로, 3皇 5帝에서 漢·魏까지 역대 제왕의 世系와 연보, 그리고 사적에 대해 기술한 책이다. 原書는 이미 실전되었고, 현존하는 10권은 후세에 모은 것이다.

畢云 孔書에 作未知獲戾於上下라하다

畢沅 : ≪僞古文尙書≫에는 "未知獲戾於上下"로 되어 있다.

16-8-8 有善不敢蔽하고 有罪不敢赦하니 簡在帝心이라

선한 일이 있으면 제가 감히 숨기지 않고 죄가 있으면 제가 감히 마음대로 용서하지 않으니 그 간택은 上帝의 마음에 맡깁니다.

論語集解[41]에 包咸[42]云 順天奉法이요 有罪者不敢擅赦라하고 何晏[43]云 言桀居帝臣之位로되 罪過不可隱蔽하니 以其簡在天心故라하다 案 論語에 作帝臣不蔽라한대 何氏以爲指桀하니 與此義不合하니 非也라 僞湯誥에 云 爾有善이면 朕弗敢蔽요 罪當朕躬이면 弗敢自赦니 惟簡이 在上帝之心이라한대 孔傳에 云 所以不蔽善人하고 不赦己罪는 以其簡在天心故也라하고 孔疏에 云 鄭玄注論語云 簡閱在天心은 言天簡閱其善惡也라하다 畢云 皆與孔書微異라하다

≪論語集解≫에 "包咸이 '하늘의 뜻을 따라 법을 받들어 행하였고 죄가 있는 자를 감히 마음대로 사면하지 않았다.'라 하였고, 何晏은 '桀이 帝臣의 지위에 있었지만 그 罪過를 숨기지 않았으니, 이는 그것을 간택하는 것이 天心에 달려 있기 때문이었다는 말이다.' 라 하였다."라 하였다.

案 : ≪論語≫에는 '帝臣不蔽'로 되어 있는데, 何晏은 이것이 桀을 가리킨 것이라 하였다. 이 글의 뜻과는 합치하지 않으니, 옳지 않다. ≪僞古文尙書≫ 〈湯誥〉에 "너희에게 선함이 있으면 내 감히 숨기지 않을 것이고, 죄가 내 책임이면 감히 스스로 용서하지 않을 것이니, 이를 간택하는 건 상제의 마음에 달려 있다."라 하였는데, 孔安國의 傳에 "善人을 가리지 않고 자신의 죄를 사면하지 않은 것은 그 간택하는 것이 天心에 달려 있기 때

41) 論語集解 : 삼국시대 何晏(?~249)이 지은 ≪論語≫ 주석서이다.

42) 包咸 : B.C. 7~A.D. 65. 字는 子良이고 會稽 曲阿(지금의 江蘇省 丹陽) 사람이다. 後漢의 經學者로 태자에게 ≪論語≫를 가르쳤고 ≪논어≫에 대한 章句를 지었다.

43) 何晏 : ?~249. 字는 平叔이고 南陽 宛(지금의 河南省 南陽) 사람이다. 삼국시대 魏의 大臣이었고, 玄學者이다. 저서로 문집 11권이 있고, 鄭冲 등과 함께 ≪論語集解≫를 지었다.

문이다."라 하였고, 孔穎達의 疏에 "鄭玄이 ≪論語≫에 注를 달면서 '簡閱이 天心에 달려 있다는 것은 天이 그 善惡을 簡閱함을 말한 것이다.'라 하였다."고 하였다.

畢沅 : 모두 ≪僞古文尙書≫와는 조금 다르다.

16-8-9 **萬方有罪**면 **卽當朕身**하고 **朕身有罪**면 **無及萬方**하소서하다

모든 나라에 죄가 있다면 그것은 바로 저의 책임이며 저에게 죄가 있다면 〈그 죄를〉 모든 나라에 미치게 하지 마소서."라고 하였다.

孔安國云 無以萬方은 萬方不與也요 萬方有罪는 我身之過라하고 羣書治要에 引尸子綽子篇云 湯曰 朕身有罪면 無及萬方하고 萬方有罪면 朕身受之라하고 帝王世紀에 云萬方有罪면 罪在朕躬이요 朕躬有罪면 無及萬方하소서 無以一人之不敏으로 使上帝鬼神傷民之命이라하니 竝與此文小異라 畢云 俱與孔書微異라 孔安國注論語의 有罪不敢赦하고 帝臣不蔽하니 簡在帝心하나이다 朕躬有罪는 無以萬方이요 萬方有罪는 罪在朕躬하여 云 墨子引湯誓에 其辭若此라하다 國語周語內史過引湯誓에 云 余一人有辠(죄)는 無以萬夫하고 萬夫有辠는 在余一人이라하다 詒讓案 僞湯誥에 云 其爾萬方有罪는 在予一人하고 予一人有罪는 無以爾萬方이라한대 孔傳에 云 在予一人은 自責化不至요 無用爾萬方은 言非所及이라하다

〈≪論語註疏≫에서〉 孔安國이 "'無以萬方'은 萬方과 관계가 없다는 말이고, '萬方有罪'는 내 잘못이라는 말이다.〔無以萬方 萬方不與也 萬方有罪 我身之過〕"라 하고, ≪羣書治要≫에서 ≪尸子≫ 〈綽子〉를 인용해서 "湯임금이 말하기를 '저에게 죄가 있으면 萬方에 미치지 말고, 萬方에 죄가 있으면 제가 받겠습니다.'라고 하였다.〔湯曰 朕身有罪 無及萬方 萬方有罪 朕身受之〕"라 하였고, ≪帝王世紀≫에 "萬方에 죄가 있으면 그 죄는 저에게 있고, 저에게 죄가 있으면 萬方에 미치지 마소서. 한 사람의 불민함 때문에 上帝와 鬼神으로 하여금 인민들을 상하게 하는 命을 내리게 할 수 없습니다.〔萬方有罪 罪在朕躬 朕躬有罪 無及萬方 無以一人之不敏 使上帝鬼神傷民之命〕"라 하니, 모두 이 글과는 조금 다르다.

畢沅 : 모두 ≪僞古文尙書≫와 조금 다르다. 孔安國이 ≪論語≫의 "죄가 있는 자를 감히 용서하지 않았고 帝臣인 〈桀의〉 죄과를 은폐하지 않았으니 간택하는 것은 天帝의 마음에 달렸습니다. 제 몸에 죄가 있는 것은 萬方과 무관하고 萬方에 죄가 있는 것은 그 죄

가 제 몸에 있습니다.〔有罪不敢赦 帝臣不蔽 簡在帝心 朕躬有罪 無以萬方 萬方有罪 罪在朕躬〕" 에 注를 달아 "≪墨子≫에서 〈湯誓〉를 인용했는데, 그 말이 이와 같다."라 하였고, ≪國語≫ 〈周語〉에서 內史過가 〈湯誓〉를 인용하면서 "나 한 사람에게 죄가 있는 것은 萬夫와 관계없는 것이고, 萬夫에게 죄가 있는 것은 나 한 사람의 책임이다.〔余一人有辠 無以萬夫 萬夫有辠 在余一人〕"라 하였다.

詒讓案 : ≪僞古文尙書≫ 〈湯誥〉에 "너희들 萬方에 죄가 있는 것은 나 한 사람의 책임이고, 나 한 사람에게 죄가 있는 것은 너희들 萬方과 관계없는 것이다.〔其爾萬方有罪 在予一人 予一人有罪 無以爾萬方〕"라 하였는데, 孔安國의 傳에 "'나 한 사람의 책임이다.'라는 것은 자신의 교화가 이르지 않았음을 자책하는 것이고, '너희들 萬方과 관계없는 것이다.'라는 것은 〈그 책임이 萬方에〉 미치는 바가 아니라는 말이다.〔在予一人 自責化不至 無用爾萬方 言非所及〕"라 하였다.

16-8-10 即此言湯貴爲天子하고 **富有天下**라도 **然且不憚以身爲犧牲**하여 **以祠說于上帝鬼神**이니

바로 이것이 湯王이 존귀하기로는 천자가 되었고 부유하기로는 천하를 소유했더라도 자신을 희생으로 삼아 上帝와 鬼神에게 說祭 지내기를 꺼리지 않았음을 말하는 것이다.

呂氏春秋順民篇에 云 昔者에 湯克夏而正天下할새 天大旱하여 五年不收하니 湯乃以身禱於桑林하여 曰 余一人有罪면 無及萬夫하고 萬夫有罪면 在余一人하소서 無以一人之不敏으로 使上帝鬼神傷民之命이니이다하다 於是에 翦其髮하고 鄏其手하여 以身爲犧牲하여 用祈福於上帝라하니 與此文合하니 則湯說은 即禱桑林之辭也라 御覽八十三에 引尸子及帝王世紀說하니 與呂畧同이라

≪呂氏春秋≫ 〈順民〉에 "옛날에 湯임금이 夏나라를 정벌하여 天下를 바로잡을 적에 큰 가뭄이 들어 5년간 수확이 없었다. 이에 湯임금은 桑林에서 몸소 기도를 드리면서 '저 한 사람에게 죄가 있으면 萬夫에게 미치지 말고, 萬夫에게 죄가 있으면 〈그 죄는〉 저에게 있습니다. 한 사람의 불민함 때문에 上帝와 鬼神으로 하여금 인민들을 상하게 하는 命을 내리게 할 수 없습니다.〔余一人有罪 無及萬夫 萬夫有罪 在余一人 無以一人之不敏 使上帝

鬼神傷民之命]'라 하였다. 그리고서 머리카락을 자르고 그 손을 비벼서 자신의 몸으로써 희생을 삼아 상제에게 복을 구하였다."라 하니, 이 글과 합치한다. 〈湯說〉은 곧 桑林에서 기도 드린 글이다. ≪太平御覽≫ 83에 ≪尸子≫와 ≪帝王世紀≫의 說을 인용했으니, ≪呂氏春秋≫와 대략 같다.

16-8-11 卽此湯兼也니 **雖子墨子之所謂兼者**는 **於湯取法焉**이라

바로 이것이 湯王의 '아우름'이다. 子墨子께서 말씀하신 '아우름'은 탕왕에게서 본받은 것이다.

16-9-1 且不惟(誓命)〔禹誓〕[44]與湯說이 **爲然**하고

또한 다만 〈禹誓〉와 〈湯說〉만 그런 것이 아니고

誓命은 **依上文**컨대 **當作禹誓**라 **漢書藝文志**에 **禹作**俞한대 **顔注**에 **云 古禹字**라하다 **此書**에 **多古字**하니 **蓋亦作**俞한대 **與命相似而譌**나 **校者不悟**하고 **又移著誓下**하여 **遂與上文不合矣**라

'誓命'은 위 글에 의거하면 응당 '禹誓'가 되어야 한다. ≪漢書≫ 〈藝文志〉에 '禹'는 '俞'로 되어 있는데, 顔師古의 注에 "'禹'의 古字이다."라 하였다. 이 책에 古字가 많으니, 아마도 이 책에도 '俞'로 되어 있었는데 '命'과 字形이 비슷해 와전되었지만 교감하는 자가 알지 못하고 또 '誓' 아래에 옮겨 적어서 결국 위 글과 맞지 않게 된 것이리라.

16-9-2 周詩도 **卽亦猶是也**라 **周詩**에 **曰 王道蕩蕩**하니 **不偏不黨**이라 **王道平平**하니 **不黨不偏**이라

〈周詩〉도 곧 이와 같다. 〈周詩〉에 이르기를 "王道는 확 트여 넓으니 치우치지 않고 사사롭지 않도다. 왕도는 평평하니 사사롭지 않고 치우치지 않도다.

44) (誓命)〔禹誓〕: 저본에는 '誓命'으로 되어 있으나, 孫詒讓의 주에 의거하여 '禹誓'로 바로잡았다.

蘇云 見書洪範篇하면 四不字作無라 玆稱周詩하니 或有據라하다 詒讓案 洪範에 云 無偏無黨하면 王道蕩蕩하며 無黨無偏하면 王道平平이라한대 僞孔傳에 云 蕩蕩은 言開闢이요 平平은 言辯治라하고 呂氏春秋貴公篇高注에 云 蕩蕩은 平易(이)也라하다 史記張釋之馮唐傳과 說苑至公篇에 引書無竝作不하니 與此同이라 古詩書는 亦多互稱하니 戰國策秦策에 引詩云 大武遠宅不涉이라한대 即逸周書大武篇所云 遠宅不薄이니 可以互證이라

蘇時學 : ≪尙書≫ 〈洪範〉을 보면 네 '不'자가 '無'로 되어 있다. 여기에서 '周詩'라 하는 것은 혹 근거가 있을 것이다.

詒讓案 : ≪尙書≫ 〈洪範〉에 "無偏無黨 王道蕩蕩 無黨無偏 王道平平(편벽됨이 없고 편당함이 없으면 왕도가 탕탕하며 편당함이 없고 편벽됨이 없으면 왕도가 평평하다.)"이라 했는데, ≪僞古文尙書≫의 孔安國 傳에 "'蕩蕩'은 '開闢'을 말하는 것이고, '平平'은 '辯治(다스려짐)'를 말하는 것이다."라 하였고, ≪呂氏春秋≫ 〈貴公〉 高誘의 注에 "'蕩蕩'은 '平易(고르다, 평탄하다)'이다."라 하였다. ≪史記≫ 〈張釋之馮唐傳〉과 ≪說苑≫ 〈至公〉에서 ≪尙書≫를 인용하면서 '無'를 모두 '不'이라 하였으니, ≪墨子≫의 이 부분과 같다. 옛날 詩와 書는 또한 서로 바꿔 부르는 경우가 많으니, ≪戰國策≫ 〈秦策〉에서 ≪詩經≫을 인용하여 "大武遠宅不涉(大軍은 집을 멀리 떠나 건너지 않는다.)"이라 했는데, 이것이 바로 ≪逸周書≫ 〈大武〉에서 말한 "遠宅不薄(집을 멀리 떠나 공격하지 않는다.)"이니, 서로 증명할 수 있다.

16-9-3 其直若矢하고 其易(이)若厎(지)라 君子之所履요 小人之所視라하니

그 곧기는 화살과 같고 그 평탄함은 숫돌과 같네. 군자가 실천하는 것이요, 소인이 보고 배우는 것이라네."라고 하였으니,

蘇云 詩大東篇에 作周道如砥하고 其直如矢라하고 下無兩之字라하다 詒讓案 親士篇에 云 其直如矢하고 其平如砥라하니 厎는 仍作砥하여 與毛詩同이라 小雅大東毛傳에 云 如砥는 貢賦平均也요 如矢는 賞罰不偏也라한대 鄭箋에 云 此는 言古者天子之恩厚也에 君子皆法傚而履行之하니 其如砥矢之平이요 小人又皆視之하니 共之無怨이라하고 孟子萬章篇에 引詩한대 砥亦作厎하니 字通이라 趙注에 云 厎는 平이요 矢는 直이요 視는 比也라 周道平直하여 君子履直道하고 小人比而則之라하다 案 厎는 道藏本에 作底하니 譌라 說

文厂部에 云 厎는 柔石也라한대 重文作砥하고 又广部에 云 底는 山居也요 下也라하니 二字逈別이나 今經典多互譌라

蘇時學：≪詩經≫〈小雅 大東〉에 "周道如砥 其直如矢"라 하고 아래에 두 '之'자가 없다.

詒讓案：≪墨子≫〈親士〉에 "其直如矢 其平如砥"라 하였으니, '厎'는 '砥'로 되어 있어 ≪毛詩≫와 같다. ≪詩經≫〈小雅 大東〉의 〈毛傳〉에 "'숫돌과 같다.〔如砥〕'는 것은 貢賦가 공평 균등한 것이고, '화살과 같다.〔如矢〕'는 것은 賞罰이 치우치지 않은 것이다."라 하였는데, 鄭玄의 箋에 "이는 옛날 天子의 은혜가 두터울 때 君子들이 모두 이를 본받아 실천하기를 숫돌과 화살의 평평함과 같이 하고, 小人들이 또한 모두 이를 보니 모두 함께 원한이 없었다는 말이다."라고 하였다. ≪孟子≫〈萬章〉에서 ≪詩經≫을 인용하면서 '砥'가 또한 '厎'로 되어 있으니 글자가 통용되는 것이다. 趙岐의 注에 "숫돌은 평평한 것이고 화살은 곧은 것이며 보는 것은 따른다는 것이다. 周道가 평평하고 곧으니 君子는 곧은길을 걸으며 小人은 따라 본받는다."라 하였다.

案：'厎'는 道藏本에 '底'로 되어 있으니, 와전된 것이다. ≪說文解字≫〈厂部〉에 "'厎'는 柔石이다."라 했는데 〈'石'과 '氐'가〉 겹쳐져서 '砥'가 되었다. 또 ≪說文解字≫〈广部〉에 "'底'는 '山에 은거하는 것'이고, '아래'이다."라 하였으니, 두 자는 완전히 다른데 지금의 經典에 와전되어 서로 바뀐 경우가 많다.

16-9-4 **若吾言非語道之謂也**오 **古者**에 **文武爲正**할새

나의 말이 道를 말하는 것이라는 것을 이르는 게 아니겠는가. 옛날에 文王과 武王이 정치를 할 때

正은 與政同이라

'正'은 '政'과 같다.

16-9-5 **均分賞賢罰暴**하여 **勿有親戚弟兄之所阿**하니

고루 나누고 어진 이에게 상 주고 포악한 자를 벌하면서 부모 형제라 하여 사사롭게 봐주는 일이 없었다.

呂氏春秋高義篇高注에 云 阿는 私也라하다

≪呂氏春秋≫ 〈高義〉 高誘의 注에 "'阿'는 '私(사사롭다)'이다."라 하였다.

16-9-6 卽此文武兼也니 雖子墨子之所謂兼者는 於文武取法焉이라 不識天下之人所以皆聞兼而非之者는 其故何也오

바로 이것이 文王과 武王의 '아우름'이니, 子墨子께서 말씀하신 '아우름'은 문왕과 무왕에게서 본받은 것이다. 잘 모르겠지만, 천하 사람들이 모두 '아우름'에 대한 주장을 듣고서 그르다고 하는 것은 이유가 무엇인가.

16-10-1 然而天下之非兼者之言이 猶未止라 曰 意不忠親之利하고 而害爲孝乎인저하니

그러나 '아우름'에 대한 주장이 그르다는 천하 사람들의 말이 여전히 그치지 않는다. 〈그들이〉 말하기를 "〈이런 주장은〉 무릇 부모의 이익에 맞지 않고 효도하는 데 해가 되리라."라고 한다.

蘇云 忠은 當作中하고 讀去聲이라하다 戴云 中은 當訓爲得이라하다

蘇時學 : '忠'은 응당 '中'이 되어야 하고 去聲으로 읽는다.

戴望 : '中'은 응당 뜻이 '得'이 되어야 한다.

16-10-2 子墨子曰 姑嘗本原之孝子之爲親度(탁)者면 吾不識孝子之爲親度(탁)者에 亦欲人愛利其親與아 意欲人之惡(오)賊其親與아

子墨子께서 말씀하셨다.

"효자가 부모를 위하여 헤아리는 것에 대해 한번 살펴보자. 나는 잘 모르겠지만, 효자가 부모를 위하여 헤아리는 경우 그 역시 남이 자기 부모를 사랑하고 이롭게 해주기를 바라겠는가, 아니면 남이 자기 부모를 미워하고 해치기를 바라겠는가?

蘇云 意讀如抑하니 下文亦然이라하다

蘇時學 : '意'는 '抑'과 같이 읽어야 하니, 아래 글도 그렇다.

16-10-3 **以說觀之**컨대 **卽欲人之愛利其親也**라 **然卽吾惡**(오)**先從事卽得此**아 **若我先從事乎愛利人之親**하면 **然後**에 **人報我〔以〕**[45]**愛利吾親乎**아

말로 보면 곧 남이 자기 부모를 사랑하고 이롭게 해주기를 바랄 것이다. 그렇다면 곧 내가 무엇을 먼저 해야 이것을 얻을 수 있겠는가. 내가 먼저 남의 부모를 사랑하고 이롭게 해주는 일을 하면 그런 뒤에 남이 나에 대한 보답으로 내 부모를 사랑하고 이롭게 해주겠는가.

愛利上에 **當有以字**라

'愛利' 위에 응당 '以'자가 있어야 한다.

16-10-4 **意我先從事乎惡**(오)**〔賊〕**[46]**人之親**하면

아니면 내가 먼저 남의 부모를 미워하고 해치는 일을 하면

兪云 惡下에 **脫賊字**하니 **當據上文補**라하다

兪樾 : '惡' 아래에 '賊'자가 빠졌으니, 응당 위 글에 의거하여 보태 넣어야 한다.

16-10-5 **然後**에 **人報我以愛利吾親乎**아 **卽必吾先從事乎愛利人之親**이니 **然後**에 **人報我以愛利吾親也**라 **然卽(之)**[47]**交孝子〔之〕**[48]**者**를

그런 뒤에 남이 나에 대한 보답으로 내 부모를 사랑하고 이롭게 해주겠는가. 반드시 내가 먼저 남의 부모를 사랑하고 이롭게 해주는 일을 한 뒤에 남이 나에 대한 보답으로 내 부모를 사랑하고 이롭게 해줄 것이다. 그렇다면 이렇게 서로 효자

---

45) 〔以〕 : 저본에는 '以'자가 없으나, 孫詒讓의 주에 의거하여 보충하였다.

46) 〔賊〕 : 저본에는 '賊'자가 없으나, 兪樾의 주에 의거하여 보충하였다.

47) (之) : 저본에는 '之'자가 있으나, 孫詒讓의 주(16-5-10)에 의거하여 衍文으로 처리하였다.

48) 〔之〕 : 저본에는 '之'자가 없으나, 孫詒讓의 주(16-5-10)에 의거하여 보충하였다.

노릇 해주는 것을

之交孝子는 **猶上云交兼交別**[49)]이라

'之交孝子'는 위에서 말한 "交兼交別"과 같다.

16-10-6 **果不得已乎**인저 **毋**[50)]**先從事愛利人之親者與**아 **意以天下之孝子爲遇**하여

과연 그만둘 수 없는 것이겠구나. 먼저 남의 부모를 사랑하고 이롭게 해주는 일을 하겠는가. 아니면 천하의 〈이런〉 효자들을 어리석다 하여

遇는 **當爲愚**하니 **同聲叚借字**라 **畢云 一本**에 **作偶**라하다

'遇'는 응당 '愚'가 되어야 하니, 同聲假借字이다.

畢沅 : 어떤 本에는 '偶'로 되어 있다.

16-10-7 **而不足以爲正乎**아 **姑嘗本原之**라

모범으로 삼기에 부족하겠는가. 한번 살펴보자.

舊本에 **脫此字**하니 **今據道藏本補**라

舊本에 이 〈'之'자가〉 빠져 있으니, 이제 道藏本에 의거하여 보태 넣는다.

16-10-8 **先王之(所)**[51)]**書**

先王의 글인

所字는 **疑衍**이라 **尙同中篇**에 **云 是以**로 **先王之書周頌之道之曰**이라하니 **是其證**이라

'所'자는 아마도 잘못 들어간 것 같다. ≪墨子≫ 〈尙同 中〉에 "是以 先王之書周頌之道之曰(그러므로 선왕의 글인 〈周頌〉에 이르기를)"이라 하니, 이것이 그 증거이다.

---

49) 交兼交別 : ≪墨子≫ 〈兼愛 下〉(16-5-10) 孫詒讓 注 참조.

50) 毋 : 語詞이다. 13-8-9 孫詒讓의 주 참조.

51) (所) : 저본에는 '所'자가 있으나, 孫詒讓의 주에 의거하여 衍文으로 처리하였다.

16-10-9 **大雅之所道**에 **曰 無言而不讎**하고 **無德而不報**라

≪詩經≫ 〈大雅〉의 말에 이르기를 '말하되 대답하지 않음이 없고, 덕을 베풀되 보답하지 않음이 없네.

大雅抑毛傳에 **云 讎**는 **用也**라한대 **鄭箋**에 **云 教令之出如賣物**하니 **物善則其售賈貴**하고 **物惡則其售賈賤**[52)]이라하다 **蘇云 大雅抑篇**에 **無兩而字**라하다

≪詩經≫ 〈大雅 抑〉의 〈毛傳〉에 "'讎'는 '用'이다."라 하였는데, 鄭玄의 箋에 "教令이 나오는 것은 물건을 파는 것과 같아 물건이 좋으면 파는 가격이 비싸고, 물건이 나쁘면 파는 가격이 싸다."라 하였다.

蘇時學 : ≪詩經≫ 〈大雅 抑〉에 두 '而'자가 없다.

16-10-10 **投我以桃**면 **報之以李**라하니

나에게 복숭아를 던져주면, 나는 오얏으로 보답하네.' 하였다.

鄭箋云 此는 **言善往則善來**하니 **人無行而不得其報也**라 **投**는 **猶擲也**라하다

鄭玄의 箋에 "이는 좋은 것이 가면 좋은 것이 오니, 갔는데 그 보답을 받지 못하는 사람은 없다는 말이다. '投'는 '擲(던지다)'과 같다."고 하였다.

16-10-11 **卽此言愛人者必見愛也**하고 **而惡(오)人者必見惡(오)也**라 **不識天下之士**

---

52) 大雅抑毛傳云……物惡則其售賈賤 : 〈毛傳〉에서 '讎'를 '用'이라 한 것에 대해 孔穎達의 正義에 "상대하는 것을 讎라 한다. 讎는 말을 사용하여 상대하는 것이기 때문에 '讎'를 '用'이라 한 것이다.〔相對謂之讎 讎者相與用言語 故以讎爲用〕"라고 하였다. 鄭玄의 箋에는 '讎'가 '售'로 되어 있고, "教令之出如賣物 物善則其售賈貴 物惡則其售賈賤"이라 한 것에 대한 공영달의 정의에 "정현의 전에서는 〈모전〉에서 '用'이라 한 것이 '讎'의 바른 訓이 아니라고 여겼다. 게다가 '報德(無德不報)'과 이어지는 문장이기 때문에 物價에 따라 대응하는〔讎報〕 것이라 여겼다. ≪爾雅≫ 〈釋詁〉에 '讎는 匹이다.'라고 하였으니, 匹敵하게 서로 보답하는 것이다. 그래서 物價에 대응하는 것을 '讎'라 한 것이다. 그 뜻은 '왕이 教令을 내면 백성은 그 교령의 좋고 나쁨에 따라 왕에게 응답하는 것'이라는 말이다.〔箋以用非讎之正訓 且與報德連文 故以爲讎報物價 釋詁云 讎 匹也 是匹敵相報 故應對物價謂之讎 其意言王出教令 民則從其善惡 以答王也〕"라고 하였다.

所以皆聞兼而非之者는 **其故何也**오

이는 바로 남을 사랑하는 사람은 반드시 사랑받고 남을 미워하는 사람은 반드시 미움받는다는 말이다. 잘 모르겠지만, 천하의 士들이 모두 '아우름'에 대한 주장을 듣고서 그르다고 하는 것은 그 이유가 무엇인가.

舊本에 **兼作愛**하니 **誤**라 **今據道藏本正**이라

舊本에 '兼'은 '愛'로 되어 있는데 誤字이다. 이제 道藏本에 의거하여 바로잡는다.

16-10-12 **意以爲難而不可爲邪**(야)아 **嘗有難此而可爲者**라 **昔荊靈王好小要**하니

어려워서 할 수 없다고 생각하는가.

일찍이 이보다 어려워도 해낼 수 있는 경우가 있었다. 옛날 荊(楚) 靈王이 가는 허리를 좋아하니

畢云 舊作腰하니 **非**라하다

畢沅 : 舊本에는 〈'要'가〉 '腰'로 되어 있는데, 잘못된 것이다.

16-10-13 **當靈王之身**하여 **荊國之士**는 **飯不踰乎**(一)〔三〕[53]한대 **固據而後興**하고

靈王이 나라를 다스릴 때 荊나라 士들은 한 끼에 세 가지 요리만 먹었는데, 〈나중에는〉 지팡이를 짚어야만 일어서고

畢云 固는 **一本作握**이라하다 **詒讓案 固據**는 **屬下讀**이라 **說文手部**에 **云 據**는 **杖持也**라하다 **別本**에 **蓋讀**(두)**一握句**하니 **非**라

畢沅 : '固'는 어떤 本에는 '握'으로 되어 있다.

詒讓案 : '固據'는 아래와 연결하여 읽어야 한다. 《說文解字》 〈手部〉에 "據는 杖持이다."라 하였다. 別本에서는 아마도 '一握'으로 句를 뗀 것 같은데 옳지 않다.

---

53) (一)〔三〕 : 《墨子》 〈兼愛 中〉(15-4-9, 10)에 "故靈王之臣 皆以一飯爲節"이라 하였는데, 畢沅과 孫詒讓이 《太平御覽》에서 《墨子》를 인용한 내용과 《戰國策》의 吳師道 주석을 근거로 '一'을 '三'으로 바꾸었으니, 이에 근거하여 여기도 저본의 '一'을 '三'으로 고쳤다.

16-10-14 **扶垣而後行**이라 **故約食爲**(其)〔甚〕[54]**難爲也**나

벽에 기댄 뒤에야 걷게 되었다. 그러므로 식사를 줄이는 것은 매우 하기 어려운 일이라지만

兪云 其는 當作甚이니 下二句竝同이라 甚難爲는 卽至難爲也라 下文에 曰 是故로 約食焚舟苴服은 此天下之至難爲也라하니 是其證이라하다

兪樾 : '其'는 응당 '甚'이 되어야 하니 아래 두 句도 모두 같다. '甚難爲'는 곧 '至難爲'이다. 아래 글에 "그런 까닭에 음식을 줄이고 궁실을 불태우고 검소한 옷을 입는 것은 모두 천하의 지극히 하기 어려운 일이다.〔是故約食焚舟苴服 此天下之至難爲也〕"라 하니, 이것이 그 증거이다.

16-10-15 **然**(後)〔衆〕[55]**爲而靈王說**(열)**之**라

그런데도 사람들은 〈그렇게〉 하고 靈王은 좋아하였다.

後는 疑當作衆이라 中篇에 云 若苟君說之면 則衆能爲之라하니 是其證이라 下竝同이라

'後'는 아마도 응당 '衆'이 되어야 한다. 《墨子》 〈兼愛 中〉에 "若苟君說之 則衆能爲之(만약 정말 임금이 좋아하면 사람들은 그것을 능히 할 수 있다.)"라 하니 이것이 그 증거이다. 아래도 모두 같다.

16-10-16 **未**(踰)〔渝〕[56]**於世而民可移也**는

세대가 바뀌지 않았는데도 인민이 바뀔 수 있었던 것은

踰는 當作渝니 下竝同이라 爾雅釋言에 云 渝는 變也라하니 言世未變而民俗已爲之移也라 非命上篇에 云 此世未易하고 民未渝어늘 在於桀紂則天下亂하고 在於湯武則天下治라하고 又中篇에 云 此世不渝而民不改어늘 上變政而民易教라하고 又下篇에 云 此世

54) (其)〔甚〕 : 저본에는 '其'로 되어 있으나, 兪樾의 주에 의거하여 '甚'으로 바로잡았다.

55) (後)〔衆〕 : 저본에는 '後'로 되어 있으나, 孫詒讓의 주에 의거하여 '衆'으로 바로잡았다.

56) (踰)〔渝〕 : 저본에는 '踰'로 되어 있으나, 孫詒讓의 주에 의거하여 '渝'로 바로잡았다.

不渝而民不易이어늘 上變政而民改俗이라한대 此云 未渝於世라하니 猶彼云 世不渝也라

'踰'는 응당 '渝'가 되어야 하니, 아래도 모두 같다. ≪爾雅≫ 〈釋言〉에 "'渝'는 '變'이다."라 하였다. 세대가 아직 변하지 않았는데도 민간의 풍속은 이미 옮겨졌다는 말이다. ≪墨子≫ 〈非命 上〉에 "此世未易 民未渝 在於桀紂則天下亂 在於湯武則天下治(이 世가 아직 바뀌지 않고 인민이 바뀌지 않았는데도 桀과 紂 때에는 천하가 어지러워지고 湯임금과 武王 때에는 천하가 다스려졌다.)"라 하고, 또 〈非命 中〉에 "此世不渝而民不改 上變政而民易教(이 世가 바뀌지 않고 인민이 바뀌지 않았는데도 위에서 정치를 바꾸자 인민의 교화됨이 바뀌었다.)"라 하고, 또 〈非命 下〉에 "此世不渝而民不易 上變政而民改俗(이 世가 바뀌지 않고 인민이 바뀌지 않았는데도 위에서 정치를 바꾸자 인민이 풍속을 바꾸었다.)"이라 하였는데, 여기(≪墨子≫ 〈兼愛 下〉)에서 "未渝於世"라 하였으니 거기(≪墨子≫ 〈非命 中·下〉)에서 "世不渝"라 한 것과 같은 것이다.

16-10-17 卽求以鄕其上也라

바로 그 윗사람이 〈좋아하는 쪽으로〉 향하려 했기 때문이다.

鄕은 與向字로 通이라

'鄕'은 '向'자와 통용한다.

16-10-18 昔者에 越王句踐好勇하니 敎其士臣三年이나 以其知爲未足以知之也하여

옛날에 越王 句踐이 용맹을 좋아하였다. 그 士와 신하들을 3년 동안 가르쳤지만 자신의 智力으로는 아직 〈자기 신하와 士들이 어느 정도 용맹한지〉 알지 못한다고 생각하여

蘇云 上知字는 當讀如智라하다

蘇時學 : 위 '知'자는 응당 '智'와 같이 읽어야 한다.

16-10-19 焚(舟)〔內〕[57]失火하고

궁의 침소에 불을 지르고

舟는 疑當作內니 詳上篇이라

'舟'는 아마도 응당 '內'가 되어야 하니, ≪墨子≫ 〈兼愛 上〉에 자세한 설명이 있다.

16-10-20 鼓而進之러니 其士偃前列하고

북을 쳐서 〈불을 끄러〉 달려가게 하였더니 士들 중에 앞줄에서 넘어지고

廣雅釋詁에 云 偃은 僵也라하고 儀禮鄕射禮鄭注에 云 偃은 猶仆也라하다

≪廣雅≫ 〈釋詁〉에 "'偃'은 '僵(쓰러지다)'이다."라 하였고, ≪儀禮≫ 〈鄕射禮〉 鄭玄의 注에 "'偃'은 '仆(엎어지다)'와 같다."고 하였다.

16-10-21 伏水火而死(有)〔者〕[58]를 不可勝數也라

물불 속에 엎어져 죽는 자를 이루 다 셀 수 없었다.

王云 有字는 文義不順하니 有는 當爲者라 字之誤也라 中篇에 曰 士聞鼓音하여 破碎亂行하여 蹈火而死者가 左右百人有餘라하니 是其證이라하다 案 王說이 是也라 蘇校同이라

王念孫 : '有'자는 文義가 順하지 않으니, '有'는 응당 '者'가 되어야 한다. 誤字이다. ≪墨子≫ 〈兼愛 中〉에 "士聞鼓音 破碎亂行 蹈火而死者 左右百人有餘(士들이 북소리를 듣고 앞다투어 대오를 어지럽히며 불을 밟고서 죽은 자가 측근들 중에 백여 사람이 되자)"라 하니, 이것이 그 증거이다.

案 : 王念孫의 說이 옳다. 蘇時學의 교감도 같다.

16-10-22 當此之時하얀 不鼓而〔不〕[59]退也며

이런 때를 당하여 북을 치지 않아도 물러서지 않으니

---

57) (舟)〔內〕: 저본에는 '舟'로 되어 있으나, 孫詒讓의 주에 의거하여 '內'로 바로잡았다.

58) (有)〔者〕: 저본에는 '有'로 되어 있으나, 王念孫의 주에 의거하여 '者'로 바로잡았다.

59) 〔不〕: 저본에는 '不'자가 없으나, 孫詒讓의 주에 의거하여 보충하였다.

退上에 疑脫不字라 謂士爭進前赴火하여 雖止不鼓라도 而仍不肯退也라

'退' 위에 아마도 '不'자가 빠진 것 같다. 士들이 다투어 앞으로 나아가 불에 뛰어들어 비록 다만 북을 치지 않더라도 여전히 물러나려 하지 않음을 말하는 것이다.

16-10-23 **越國之士**를 **可謂顫矣**라

越나라 士들을 가리켜 무섭다고 할 정도였다.

顫은 當讀爲憚이라 非攻下篇에 云 以譂其衆이라하니 顫譂은 竝與憚으로 同이라 畢云 玉篇에 云 顫은 動也라하니 言其驚畏라하다

'顫'은 응당 '憚(두려워하다)'으로 읽어야 한다. ≪墨子≫ 〈非攻 下〉에 "以譂其衆(그 무리를 두려워하다.)"이라 하였는데, '顫'과 '譂'은 모두 '憚'과 같다.

畢沅 : ≪玉篇≫에 "'顫'은 '動'이다."라 하였는데, 놀라고 무서워하는 것을 말하는 것이다.

16-10-24 **故焚身**은 **爲(其)〔甚〕**[60]**難爲也**나

몸을 불태우기란 매우 하기 어려운 일이라지만

其도 亦當作甚이라

'其'도 '甚'이 되어야 한다.

16-10-25 **然(後)〔衆〕**[61]**爲(之)〔而〕**[62]**越王說**(열)**之**라

그런데도 인민들은 〈그렇게〉 하였고 越王은 좋아하였다.

---

60) (其)〔甚〕: 저본에는 '其'로 되어 있으나, 孫詒讓의 주에 의거하여 '甚'으로 바로잡았다. 16-10-14 참조.

61) (後)〔衆〕: 저본에는 '後'로 되어 있으나, 孫詒讓의 주에 의거하여 '衆'으로 바로잡았다. 16-10-15 참조.

62) (之)〔而〕: 저본에는 '之'로 되어 있으나, 畢沅의 주에 의거하여 '而'로 바로잡았다.

畢云 上之字는 據前後文컨대 當爲而라하다

畢沅 : 위 '之'자는 앞뒤 글에 의거해볼 때 응당 '而'가 되어야 한다.

16-10-26 未(踰)〔渝〕[63]於世而民可移也는 卽求以鄕上也라 昔者에 晉文公이 好苴服이라

세대가 바뀌지 않았는데도 인민이 바뀔 수 있었던 것은 바로 윗사람이 〈좋아하는 쪽으로〉 향하려 했기 때문이다. 옛날에 晉 文公이 검소한 옷차림을 좋아하였다.

苴粗字는 通하니 猶中篇云惡衣라

'苴'와 '粗'자는 통용하니, ≪墨子≫ 〈兼愛 中〉에서 '惡衣'라 한 것과 같다.

16-10-27 當文公之時하여 晉國之士는 大布之衣요

文公이 다스릴 때에 晉나라 士들은 거친 베옷을 입고

左閔二年傳에 衛文公大布之衣라한대 杜注에 云 大布는 麤布라하고 淮南子齊俗訓許[64]注義同이라

≪春秋左氏傳≫ 閔公 2년 조에 "衛文公大布之衣(衛 文公이 거친 베옷을 입었다.)"라고 하였는데, 杜預의 注에 "'大布'는 '麤布'이다."라 하였고, ≪淮南子≫ 〈齊俗訓〉 許愼 注의 뜻도 같다.

16-10-28 牂羊之裘요 練帛之冠이요

---

63) (踰)〔渝〕: 저본에는 '踰'로 되어 있으나, 孫詒讓의 주에 의거하여 '渝'로 바로잡았다. 16-10-16 참조.

64) 許 : 許愼(58~147)을 이른다. 字는 叔重이고 後漢 汝南 召陵(지금의 河南省 漯河市 召陵區) 사람이다. 경학자로 중국 文字學의 개척자로 평가받는다. ≪說文解字≫를 지었고, 그 외에 ≪五經異義≫, ≪淮南鴻烈解詁≫ 등의 저작이 있다.

암컷 양의 갖옷을 걸치며 거친 명주로 지은 冠을 쓰고

二句는 中篇同이라

두 句는 《墨子》 〈兼愛 中〉과 같다.

16-10-29 且苴之屨로

허름한 신발을 신고

畢云 且는 當爲粗라하다 王云 且苴는 卽麤粗니 麤는 倉胡反이요 粗는 才戶反이라 廣雅釋詁에 粗麤는 大也라하다 案 王說이 是也라 春秋繁露[65]兪序篇에 云 始於麤粗하고 終於精微라하고 晏子春秋諫下篇에 云 縵密不能蔍苴라하고 論衡[66]量知篇에 云 夫竹木은 麤苴之物也라하고 說文角部에 云 觕는 角長貌라 讀若麤라하니 觕(추)는 與且苴로 竝聲近字通이라

畢沅 : '且'는 응당 '粗(거칠다)'가 되어야 한다.

王念孫 : '且苴'는 곧 '麤粗'이니, '麤'는 '倉'과 '胡'의 反切이고, '粗'는 '才'와 '戶'의 反切이다. 《廣雅》 〈釋詁〉에 "'粗'와 '麤'는 '大(거칠다)'이다."라 하였다.

案 : 王念孫의 說이 옳다. 《春秋繁露》 〈兪序〉에 "始於麤粗 終於精微(거칠게 시작해서 정미하게 끝을 맺는다.)"라 하였고, 《晏子春秋》 〈諫下〉에 "縵密不能蔍苴(면밀하여 거칠 수 없다.)"라 하였고, 《論衡》 〈量知〉에 "夫竹木 麤苴之物也(대나무는 거친 것이다.)"라 하였고, 《說文解字》 〈角部〉에 "觕는 뿔이 긴 모양이니, '麤'와 같이 읽는다."라 하였으니, '觕'는 '且'·'苴'와 모두 소리가 비슷하여 통용하는 글자이다.

16-10-30 入見(현)文公하고 出以踐之朝라 故苴服爲(其)〔甚〕[67]難爲也나

---

65) 春秋繁露 : 《春秋》의 주석서이다. 公羊學의 대가로 알려진 前漢 董仲舒의 저술이다. 南宋代에 4종류의 《春秋繁露》 저본이 있었으며, 淸나라 乾隆 50년(1785)에 盧文弨 등 13인의 학자들이 이 저본들을 모두 모아 교정하여 총 17권 82편을 완성하였다.

66) 論衡 : 後漢의 王充(27~97)이 지은 책으로, 현재 85篇(〈招致〉는 篇目만 전함)이 전한다.

67) (其)〔甚〕 : 저본에는 '其'로 되어 있으나, 孫詒讓의 주에 의거하여 '甚'으로 바로잡았다. 16-10-14 참조.

들어가 文公을 알현하고 나와서 조정에 섰다. 검소한 옷차림이란 매우 하기 어려운 일이라지만

其도 **亦當作甚**이라

'其' 또한 응당 '甚'이 되어야 한다.

16-10-31 **然(後)〔衆〕**[68]**爲而文公說**(열)**之**라 **未(踰)〔渝〕**[69]**於世而民可移也**는 **卽求以鄕其上也**라 **是故**로 **約食焚(舟)〔身〕**[70]**苴服**은

그런데도 인민들은 〈그렇게〉 하였고 文公은 좋아하였다. 세대가 바뀌지 않았는데도 인민이 바뀔 수 있었던 것은 바로 윗사람이 〈좋아하는 쪽으로〉 향하려 했기 때문이다. 그런 까닭에 식사를 줄이고 몸을 불태우고 검소한 옷차림을 하는 것은

焚舟는 **依上文**컨대 **當作焚身**이라

'焚舟'는 위 글에 의거하면 응당 '焚身'이 되어야 한다.

16-10-32 **此天下之至難爲也**나 **然(後)〔衆〕**[71]**爲而上說**(열)**之**니 **未(踰)〔渝〕**[72]**於世而民可移也**는 **何故也**오 **卽求以鄕其上也**라 **今若夫兼相愛交相利**는

천하에 지극히 하기 어려운 것이지만 인민들은 〈그렇게〉 하고 임금은 좋아했다. 세대가 바뀌지 않았는데도 인민이 바뀔 수 있었던 것은 그 이유가 무엇인가. 바로 그 윗사람이 〈좋아하는 쪽으로〉 향하려 했기 때문이다. 지금 '아울러 서로 사랑하

---

68) (後)〔衆〕: 저본에는 '後'로 되어 있으나, 孫詒讓의 주에 의거하여 '衆'으로 바로잡았다. 16-10-15 참조.

69) (踰)〔渝〕: 저본에는 '踰'로 되어 있으나, 孫詒讓의 주에 의거하여 '渝'로 바로잡았다. 16-10-16 참조.

70) (舟)〔身〕: 저본에는 '舟'로 되어 있으나, 孫詒讓의 주에 의거하여 '身'으로 바로잡았다.

71) (後)〔衆〕: 저본에는 '後'로 되어 있으나, 孫詒讓의 주에 의거하여 '衆'으로 바로잡았다. 16-10-15 참조.

72) (踰)〔渝〕: 저본에는 '踰'로 되어 있으나, 孫詒讓의 주에 의거하여 '渝'로 바로잡았다. 16-10-16 참조.

고 번갈아 서로 이롭게 하는 일' 같은 것은

舊本에 脫愛交相三字하니 今依王校補라

舊本에 '愛交相' 3자가 빠졌는데, 이제 王念孫의 교감에 의거하여 보태 넣는다.

16-10-33 此其有利且易(이)爲也를 不可勝計也라 我以爲則無有上說(열)之者而已矣라 苟有上說(열)之者하여 勸之以賞譽하고 威之以刑罰하면 我以爲人之於就兼相愛交相利也가

이로움이 있고 또 하기 쉽기가 이루 다 헤아릴 수 없다. 내가 생각하건대 이를 좋아하는 윗사람이 없을 따름이다. 만약 이를 좋아하는 윗사람이 있어 상과 칭찬으로 이를 권하고 형벌로 위협하면, 내가 생각하건대 사람들이 나아가 아울러 서로 사랑하고 번갈아 서로 이롭게 하는 것이

蘇云 於就는 當作就於라하다 案 於就不誤니 蘇校非라

蘇時學 : '於就'는 응당 '就於'가 되어야 한다.

案 : '於就'는 잘못된 것이 아니니, 蘇時學의 교감이 잘못되었다.

16-10-34 譬之컨대 猶火之就上하고 水之就下也하여 不可防止於天下라

비유하자면 마치 불이 위로 번지고 물이 아래로 쏟아지는 것과 같아 천하에서 막고 그만두게 할 수 없을 것이다.

16-11-1 故로 兼者는 聖王之道也요 王公大人之所以安也요 萬民衣食之所以足也라 故로 君子莫若審兼而務行之라 爲人君必惠하고 爲人臣必忠하고 爲人父必慈하고 爲人子必孝하고 爲人兄必友하고 爲人弟必悌라

그러므로 '아우름'은 聖王의 길이고 王公大人이 편안한 이유이며 萬民의 衣食이 충족될 수 있는 근거이니, 군자는 '아우름'을 살펴서 힘써 행하는 것이 가장 좋다. 남의 임금이 되어서는 반드시 은혜를 베풀고 남의 신하가 되어서는 반드시 충성

을 하며, 남의 아버지가 되어서는 반드시 자애롭고 남의 자식이 되어서는 반드시 효도하며, 남의 형이 되어서는 반드시 우애롭게 대하고 남의 아우가 되어서는 반드시 공경해야 한다.

畢云 當爲弟하니 此俗寫라하다

畢沅 : 〈'悌'는〉 응당 '弟'가 되어야 하니, 이 〈'悌'는〉 俗字이다.

16-11-2 故로 君子(莫)[73]若欲爲惠君忠臣慈父孝子友兄悌弟면

그러므로 군자가 만약 은혜를 베푸는 임금, 충성스런 신하, 자애로운 아버지, 효성스런 자식, 우애롭게 대하는 형, 공경하는 아우가 되고자 한다면

王云 若[74]欲爲惠君忠臣云云에 若上不當有莫字니 蓋涉上文莫若而衍이라하다

王念孫 : '若欲爲惠君忠臣……'에서 '若' 위에 응당 '莫'자가 있으면 안 되니, 아마도 위 글의 '莫若'의 영향을 받아 잘못 들어간 것이리라.

16-11-3 當若兼之不可不行也라

마땅히 '아우름'을 행하지 않을 수 없다.

當若은 猶言當如라 詳尙同中篇이라 戴云 若字疑知字誤라한대 非라

'當若'은 '當如'와 같은 말이다. ≪墨子≫ 〈尙同 中〉에 자세한 설명이 있다. 戴望이 "'若'자는 아마도 '知'자의 誤字이다."라 했는데, 옳지 않다.

16-11-4 此聖王之道而萬民之大利也라하니라

이것이 聖王의 길이고 萬民에게 크게 이로운 것이다."

---

73) (莫) : 저본에는 '莫'자가 있으나, 王念孫의 주에 의거하여 衍文으로 처리하였다.

74) 若 : 저본 傍注에 "'若'은 원래 '皆'로 잘못되어 있었는데, 活字本에 의거하여 고친다."라 하였다.

非攻 上 第十七 제17편 攻戰을 비판하다 상

남에게 해를 끼쳐 자신에게 이익이 되게 하는 일체의 행위를 墨子는 不義라고 본다. 여러 불의의 행위 가운데 가장 큰 불의는 단연 戰爭이다. 남에게 끼치는 해가 가장 크기 때문이다. 그런데 사람들은 작은 불의에 대해서는 그것이 불의임을 알면서도 전쟁이 정말로 큰 불의인 줄은 모른다. 묵자는 〈非攻 上〉에서 이를 비판하였다.

淮南子氾論訓高注에 云 非는 猶譏也라하다

≪淮南子≫ 〈氾論訓〉 高誘의 注에 "'非'는 '譏(비판하다)'이다."라 하였다.

17-1-1 今有一人이 入人園圃하여

지금 어떤 사람이 남의 과수원과 채마밭에 들어가

畢云 說文에 云 園은 所以樹果요 種菜曰圃라하다

畢沅 : ≪說文解字≫에 "'園'은 과수를 심은 곳이다."라 하고, "채소를 심은 곳을 '圃'라고 한다."라 하였다.

17-1-2 竊其桃李어든 衆聞則非之하고 上爲政者得則罰之하니 此는 何也오 以虧人自利也라 至攘人犬豕鷄豚者하얀

복숭아와 오얏을 훔쳤다고 하자. 사람들이 들으면 그를 비난하고, 위에서 정치를 하는 자가 잡으면 형벌을 내린다. 이는 무엇 때문인가. 남에게 손해를 끼쳐 스스로를 이롭게 했기 때문이다. 남의 개나 작은 돼지, 닭이나 큰 돼지를 훔친 자로 말하면

穀梁成五年范甯注에 云 攘은 盜也라하다

≪春秋穀梁傳≫ 成公 5년 조 范甯의 注에 "'攘'은 훔치는 것이다."라 하였다.

17-1-3 其不義又甚入人園圃竊桃李하니 是는 何故也오 以虧人愈多라

不義함이 또 남의 과수원에 들어가 복숭아나 오얏을 훔치는 것보다 더욱 심하니, 이는 무엇 때문인가. 남에게 손해를 끼침이 훨씬 크기 때문이다.

依下文컨대 當有苟虧人愈多五字라

아래 문장에 비추어보건대 〈'以虧人愈多' 뒤에〉 응당 "苟虧人愈多(만약 남에게 손해를 끼침이 훨씬 크다면)"라는 다섯 글자가 있어야 한다.

17-1-4 其不仁玆甚하여

不仁함이 더욱 심하여

玆滋는 古今字[1]니 詳尙同上篇이라

'玆'와 '滋'는 古今字이니, ≪墨子≫ 〈尙同 上〉에 자세히 설명하였다.

17-1-5 罪益厚라 至入人欄廐하여

죄가 더욱 무겁다. 남의 울타리와 마구간에 들어가

欄은 卽闌之借字니 說文門部에 云 闌은 門遮也라하고 廣雅釋室에 云 欄은 牢也라하다 畢云 說文에는 無欄字하고 玉篇에는 云 木欄也라하다

'欄'은 곧 '闌'의 가차자이니, ≪說文解字≫ 〈門部〉에 "'闌'은 '門遮'이다."라 하고, ≪廣雅≫ 〈釋室〉에 "'欄'은 牢(가축의 우리)이다."라 하였다.

畢沅 : ≪說文解字≫에는 '欄'자가 없고, ≪玉篇≫에는 "'木欄'이다."라 하였다.

---

1) 玆滋古今字 : '玆'는 古字이고, '滋'는 今字라는 말이다. ≪譯註 墨子閒詁 1≫ 11-1-3 참조.

17-1-6 **取人馬牛者**하얀 **其不仁義又甚攘人犬豕鷄豚**이라

남의 말이나 소를 훔친 자로 말하면, 不仁하고 不義함이 또 남의 개나 작은 돼지, 닭이나 큰 돼지를 훔친 자보다 심하다.

依上下文컨대 此句疑不當有仁字라

위아래의 글에 의거해보건대, 이 구절에 '仁'자가 있어서는 안 될 듯하다.

17-1-7 **此**는 **何故也**오 **以其虧人愈多**라 **苟虧人愈多**면 **其不仁玆甚**하고 **罪益厚**니라 **至殺不辜人也**하여 拖(타)**其衣裘**하고

이는 무엇 때문인가. 남에게 손해를 끼침이 더욱 크기 때문이다. 만약 남에게 손해를 끼침이 더욱 크다면 不仁함이 더욱 심하고 죄가 더욱 무겁다. 죄 없는 사람을 죽여 그의 衣服과 갖옷을 빼앗고

畢云 拖는 讀如終朝三拕[2]之拕라 陸德明[3]의 易音義에 云 褫는 鄭本作拕하고 徒可反이니 拖는 卽拕의 異文이라하다 王云 也는 卽拖字之誤而衍者라 詒讓案 說文手部에 云 拕는 曳也라하고 淮南子人閒訓에 云 秦牛缺徑於山中而遇盜하여 拖其衣被라한대 許注云 拖는 奪也라하니 拖는 卽拕之俗이라

畢沅 : '拖'는 "終朝三拕(하루아침에 세 번 빼앗긴다.)"라고 할 때의 '拕'이다. 陸德明의 ≪易音義≫에 "'褫'는 鄭本에 '拕'라고 되어 있고, '徒'와 '可'의 반절이니, '拖'는 곧 '拕'의 이체자이다."라 하였다.

王念孫 : '也'는 곧 '拖'자의 誤字요 잘못 들어간 것이다.

詒讓案 : ≪說文解字≫ 〈手部〉에 "'拕'는 끄는 것이다."라 하고, ≪淮南子≫ 〈人間訓〉에 "秦牛缺徑於山中而遇盜 拖其衣被(秦나라 牛缺이 山中에서 길을 가다가 도적을 만나 의복을 빼앗겼다.)"라 하였는데, 許愼의 주에 "'拖'는 빼앗음이다."라 하였으니, '拖'는 곧 '拕'의 속자

---

2) 終朝三拕 : ≪周易≫ 訟卦에 나오는 말이며, ≪주역≫에는 '終朝三褫'로 되어 있다.

3) 陸德明 : 550?~630. 唐나라 蘇州 吳縣 사람으로, 본명은 元朗이다. 唐 高祖 때 國子博士를 지냈으며, 經書에 주석서를 내고 ≪經典釋文≫ 30권을 지었다. 저서에 ≪老子疏≫, ≪易疏≫ 등이 있다.

이다.

17-1-8 **取戈劍者**는 **其不義又甚入人欄廐取人馬牛**하니 **此**는 **何故也**오 **以其虧人愈多**하니 **苟虧人愈多**면 **其不仁玆甚矣**요 **罪益厚**라 **當此**하여 **天下之君子**가

창과 칼을 취한 자는 不義함이 또 남의 울타리와 마구간에 들어가 남의 말이나 소를 훔친 것보다 심하니, 이는 무엇 때문인가. 남에게 손해를 끼침이 더욱 크기 때문이다. 만약 남에게 손해를 끼침이 더욱 크다면 不仁함이 더욱 심하고 죄가 더욱 무겁다. 이에 대하여 천하의 군자가

畢云 舊脫此字러니 **據後文增**이라하다

畢沅 : 舊本에는 이 글자(子)가 빠져 있었는데, 아래 글에 의거하여 첨가하였다.

17-1-9 **皆知而非之**하여 **謂之不義**라 **今至大爲攻國**하얀

모두 알고서 잘못이라고 여겨 불의하다고 한다. 그런데 지금 크게 나라를 공격하는 경우에 이르러서는

畢云 據後文컨대 **云 大爲不義攻國**이라하다

畢沅 : 아래 글에 의거하건대 "大爲不義攻國(크게 불의한 짓을 저질러 나라를 공격한다.)"이라고 하였다.

17-1-10 **則弗知非**하고

곧 잘못인 줄을 모르고

畢云 知는 **一本**에 **作之**라 **舊脫非字**러니 **據後文增**이라하다 **案 道藏本**과 **季本**에 **竝不脫**이라

畢沅 : '知'는 어떤 本에는 '之'로 되어 있다. 舊本에 '非'자가 빠져 있었는데 아래 글에 의거하여 첨가하였다.

案 : 道藏本과 季本에는 모두 〈'非'자가〉 빠져 있지 않다.

17-1-11 **從而譽之**하여 **謂之義**라하니 **此可謂知義與不義之別乎**아

좇아서 칭찬하여 의롭다고 하니, 이를 두고 義와 不義의 區別을 안다고 할 수 있겠는가.

可는 舊本作何라 畢云 一本作可니 是라하니 今據正이라

'可'는 舊本에 '何'로 되어 있다. 그러나 畢沅이 말하기를 "어떤 本에는 '可'로 되어 있으니, 이것이 옳다."라 하였으니, 지금 이 말에 의거하여 바로잡는다.

17-2-1 **殺一人**을 **謂之不義**라하니 **必有一死罪矣**라

한 사람을 죽이는 것을 不義라 하니 반드시 한 번 사형당할 죄가 있다.

荀子正論篇에 云 殺人者死하고 傷人者刑하니 是百王之所同也라하다

≪荀子≫ 〈正論〉에 "사람을 죽인 자는 사형에 처하고, 사람을 상해한 자는 형벌을 내리니, 이는 百王이 모두 같은 것이다."라 하였다.

17-2-2 **若以此說往**인댄 **殺十人**이면 **十重不義**니 **必有十死罪矣**요 **殺百人**이면 **百重不義**니 **必有百死罪矣**라 **當此**하여 **天下之君子**가 **皆知而非之**하여 **謂之不義**로대 **今至大爲不義攻國**하얀 **則弗知非**요

만약 이 말대로 미루어나간다면 열 사람을 죽일 경우 열 배로 不義한 것이니 반드시 열 번 사형당할 죄가 있는 것이고, 백 사람을 죽일 경우 백 배로 不義한 것이니 반드시 백 번 사형당할 죄가 있는 것이다. 이에 대하여 천하의 군자가 모두 알고서 잘못이라고 여겨 不義라고 한다. 그런데 지금 크게 불의한 짓을 저질러 나라를 공격하는 경우에 이르러서는 잘못인 줄을 모르고

舊本에 知作之하고 下又衍而字라 畢云 一本에 無而字하니 是라하다 王云 之는 當爲知니 俗音에 知之相亂이라 故로 知誤爲之라 上文에 皆知而非之하여 正與弗知非로 相對하고 且上下文에 皆作弗知非하니 則之爲知之誤明矣라하다 案 王校是也니 今據正이라

舊本에 '知'가 '之'로 되어 있고, 그 아래에 또 '而'자가 衍文으로 들어가 있다.

畢沅 : 어떤 本에는 '而'자가 없으니 이것이 옳다.

王念孫 : '之'는 응당 '知'가 되어야 한다. 俗音에 '知'와 '之'를 뒤섞어 썼기 때문에 〈'知'를 '之'로〉 잘못 쓴 것이다. 앞의 글에 모두 "知而非之(알고서 잘못이라 하였다.)"라 하여 "弗知非(잘못인 줄을 모른다.)"라고 한 것과 對가 되고, 또 위아래의 글에 모두 "弗知非(잘못인 줄을 모른다.)"라 하였으니, '之'가 '知'의 誤字임이 분명하다.

詒讓案 : 王念孫의 校勘이 옳으니, 지금 여기에 의거하여 바로잡는다.

17-2-3 **從而譽之**하여 **謂之義**라하니 **情不知其不義也**라

좇아서 칭찬하여 의롭다고 하니 실로 그것이 不義임을 모르는 것이다.

王云 情誠은 通用이라하다

王念孫 : '情'과 '誠'은 통용한다.

17-2-4 **故**로 **書其言以遺後世**하노라 **若知其不義也**인댄 **夫奚說書其不義以遺後世哉**리오

그렇기 때문에 그 말을 써서 후세에 전한다. 만약 그것이 不義인 줄을 안다면 무슨 말로 不義임을 해설하여 써서 후세에 남길 것인가.

奚說은 言何辭以解說也라 畢云 奚說(열)은 猶言何樂이라하니 失之라

'奚說'은 "何辭以解說(무슨 말로 해설할 것인가.)"이라는 것이다. 畢沅이 "'奚說'은 '何樂(어찌 즐거워해서이겠는가.)'과 같은 말이다."라 하였는데, 이는 잘못된 것이다.

17-2-5 **今有人於此**하여 **少見黑曰黑**이라하고 **多見黑曰白**이라하면 **則以〔必〕此人〔爲〕**[4] **不知白黑之辯矣**요

지금 여기에 어떤 사람이 있다고 하자. 그중 적은 사람이 검은 것을 보고 검다

---

4) 〔必〕此人〔爲〕 : 저본에는 '必'자와 '爲'자가 없으나, 孫詒讓의 주에 의거하여 보충하였다.

고 하고, 많은 사람이 검은 것을 보고 희다고 한다면, 반드시 이 사람들을 두고 黑白을 분별할 줄 모른다고 생각할 것이다.

依下文컨대 則下當有必字요 人下當有爲字라

아래 글에 의거해보건대 '則' 아래에 응당 '必'자가 있어야 하고, '人' 아래에 응당 '爲'자가 있어야 한다.

17-2-6 **少嘗苦曰苦**라하고 **多嘗苦曰甘**이라하면 **則必以此人爲不知甘苦之辯矣**라하리라 **今小爲非**면 **則知而非之**로대 **大爲非攻國**이면 **則不知非**하고

또 적은 사람이 쓴 것을 맛보고서 쓰다고 하고, 많은 사람이 쓴 것을 맛보고서 달다고 한다면 반드시 이 사람들을 두고 단맛과 쓴맛을 분별할 줄 모른다고 생각할 것이다. 그런데 지금 작게 잘못을 저지르면 알고서 잘못이라고 여기지만 크게 잘못을 저질러 나라를 공격하면 잘못인 줄을 모르고

舊本에 不知下에 衍而字러니 今據王蘇校하여 刪이라

舊本에 〈'則不知非'의〉 '不知' 아래에 '而'자가 잘못 첨가되어 있었는데, 지금 王念孫과 蘇時學의 校勘에 의거하여 산삭하였다.

17-2-7 **從而譽之**하여 **謂之義**라하니

따라서 칭찬하여 의롭다고 하니

畢云 舊에 之謂二字倒하니 一本如此라하다

畢沅 : 舊本에는 '之謂' 두 자가 도치되어 있는데, 어떤 本도 이와 같다.

17-2-8 **此可謂知義與不義之辯乎**아

이를 두고 義와 不義를 분별할 줄 안다고 할 수 있겠는가.

舊本에 可上脫此字하고 又謂誤爲라 畢云 一本에 作謂하니 是라하다 案 道藏本에 可上有

此字하고 爲는 正作謂하니 今據補正이라 季本에 謂亦不誤라하다

舊本에 '可' 위에 '此'자가 없고, 또 '謂'는 '爲'로 잘못되어 있다.

畢沅 : 어떤 本에 '謂'로 되어 있으니 옳다.

詒讓案 : 道藏本에 '可' 위에 '此'자가 있고, '爲'는 바로 '謂'로 되어 있으니, 지금 〈道藏本에〉 의거하여 보충하고 바로잡는다. 季本에 '謂'라고 되어 있으니, 또한 잘못이 아니다.

17-2-9 是以로 知天下之君子也

이런 까닭에 천하의 군자가

也字는 疑衍라

'也'자는 아마 잘못 들어간 듯하다.

17-2-10 辯義與不義之亂也로다

義와 不義를 분별함이 어지럽다는 것을 알겠다.

非攻 中 第十八 제18편 攻戰을 비판하다 중

전쟁이 不義인 줄을 모르는 것은 王公과 大人들이 전쟁의 폐해를 모르기 때문이다. 왕공과 대인들은 오히려 전쟁을 통해 큰 이익을 얻을 수 있다고 생각한다. 하지만 전쟁으로 인해 손실되는 비용과 物力을 계산해보면 전쟁을 통해 얻는 이익보다 훨씬 크다. 전쟁으로 인한 손실은 그대로 민생의 피폐로 이어지고, 결국 나라를 패망하게 한다. 많은 위정자들이 전쟁의 필요성을 주장하지만 墨子는 전쟁이야말로 나라를 망하게 하는 지름길이라고 경고하였다.

18-1-1 **子墨子言曰** (古者)〔**今者**〕[1]에 **王公大人**이 **爲政於國家者**할새 **情欲**〔**毁**〕[2]**譽之審**하고 **賞罰之當**하고 **刑政之不過失**하니라

子墨子께서 말씀하셨다.

"오늘날 王公과 大人이 국가에서 정치를 할 때 실로 毁譽가 진실하고 賞罰이 합당하고 刑政에 過失이 없게 하고자 한다."

情은 **亦與誠**으로 **通**하니 **下竝同**이라 **王云 古者**는 **當爲今者**니 **說見尙賢篇**이라 **譽上有毁字**라가 **而今本**에 **脫之**하니 **則文義不明**이라 **尙同篇**에 **擧天下之人**이 **皆欲得上之賞譽**하고 **而畏上之毁罰**이라하니 **是其證**이라 **過失下**에 **有脫文**하니 **下文**에 **曰 今者王公大人**이 **情欲得而惡**(오)**失**하고 **欲安而惡危**라 **故**로 **當攻戰而不可不非**라하다

'情'은 또한 '誠'과 通하니, 아래도 모두 같다.

王念孫 : '古者'는 응당 '今者'자 되어야 하니, ≪墨子≫ 〈尙賢 上〉에 자세히 설명하였다. '譽' 앞에 '毁'자가 있다가 今本에 탈락되었으니 文義가 분명치 않다. ≪墨子≫ 〈尙同 中〉

---

1) (古者)〔今者〕: 저본에는 '古者'로 되어 있으나, 王念孫의 주에 의거하여 '今者'로 바로잡았다.
2) 〔毁〕: 저본에는 '毁'가 없으나, 王念孫의 주에 의거하여 보충하였다.

에 "擧天下之人 皆欲得上之賞譽 而畏上之毁罰(온 천하의 사람이 모두 군주의 賞譽를 받고자 하고 군주의 毁罰을 두려워한다.)"이라 하였으니, 이것이 그 증거이다. '過失' 아래에 탈락된 글이 있으니, 아래 글에 "今者王公大人 情欲得而惡失 欲安而惡危 故當攻戰而不可不非(오늘날 왕공과 대인이 실로 얻기를 바라고 잃는 것을 싫어하며, 편안하기를 바라고 위태로운 것을 싫어한다. 때문에 攻戰을 當하여 비난하지 않을 수 없는 것이다.)"라 한 것이다.

18-2-1 **是故**로 **子墨子曰 古者**에 **有語**하니 **謀而不得**이면 **則以往知來**하고

이런 까닭에 子墨子께서 말씀하셨다.

"옛날에 말이 있기를 '일을 도모하다가 이루지 못하면 지나간 일을 가지고 앞으로 올 일을 알고

論語學而篇에 **云 告諸往而知來者**온여하니라

≪論語≫ 〈學而〉에 "지나간 것을 일러주면 앞으로 올 것을 안다."라 하였다.

18-2-2 **以見**(현)**知隱**이라하니 **謀若此**면 **可得而知矣**라 **今師徒**를 **唯毋興起**할새

드러난 것을 가지고 보이지 않는 것을 안다.'라 하니, 도모함이 이와 같다면 알 수 있다. 그런데 지금 군사를 일으킴에

徒는 **舊本**에 **誤徙**러니 **今據道藏本正**이라 **唯毋**의 **毋**는 **語詞**니 **詳尙賢中篇**이라

'徒'는 舊本에 '徙'로 잘못되어 있었는데, 지금 道藏本에 의거하여 바로잡았다. '唯毋'의 '毋'는 어조사이니, ≪墨子≫ 〈尙賢 中〉에 자세히 설명하였다.

18-2-3 **冬行恐寒**하고 **夏行恐暑**하니 **此不可以冬夏爲者也**요 **春則廢民耕稼樹藝**하고 **秋則廢民穫斂**이라

겨울에 행군하자니 추위가 두렵고 여름에 행군하자니 더위가 두려우니, 이 때문에 바로 겨울과 여름에 군사를 일으키지 못하는 것이다. 봄에 〈군사를 일으키면〉 백성들의 경작과 재배를 망치게 하고, 가을에 〈군사를 일으키면〉 백성들의 수

확을 망치게 한다.

此下에 依上文건대 或當有此不可以春秋爲者也句라

이 아래에, 앞의 글에 의거하건대 혹 응당 "此不可以春秋爲者也(이 때문에 바로 봄과 가을에 군사를 일으키지 못하는 것이다.)"라는 구절이 있어야 한다.

18-2-4 今唯毋廢一時면 則百姓飢寒凍餒而死者를 不可勝數라 今嘗計軍(上)〔出〕[3]건대

지금 한 철의 농사를 망치면 백성들이 굶주리고 떨며 얼어 죽는 자를 이루 헤아릴 수 없게 된다. 지금 시험 삼아 군대를 한번 출동시켰을 때의 〈손실 비용을〉 계산해보자.

嘗은 猶試也니 下同이라 上字는 誤니 疑當作出이라 國策齊策에 云 軍之所出에 矛戟이 折하고 鐶弦이 絶하며 傷弩하고 破車하고 罷馬하며 亡矢[4]之大半이라하다

'嘗'은 '試'와 같으니, 아래도 똑같다. '上'자는 誤字이니, 아마 '出'이라고 해야 마땅할 듯하다. ≪戰國策≫ 〈齊策〉에 "軍之所出 矛戟折 鐶弦絶 傷弩 破車 罷馬 亡矢之大半(군대가 한 번 출동하면 창날이 부러지고 활줄이 끊어지며 쇠뇌가 손상되고 수레가 부서지며 말은 지치며 화살은 태반을 잃고 만다.)"이라 하였다.

18-2-5 竹箭羽旄幄幕

대나무 화살과 깃털로 만든 장식과 집 모양의 장막과

畢云 說文에 云 楃은 木帳也라하니 幄은 當从木이라하다 詒讓案 幄은 節葬下篇에 作屋하니 此는 俗作이라 周禮幕人鄭注에 云 在旁曰帷요 在上曰幕이요 四合象宮室曰幄이라하다

旄

3) (上)〔出〕: 저본에는 '上'으로 되어 있으나, 孫詒讓의 주에 의거하여 '出'로 바로잡았다.
4) 矢 : 저본 傍注에 "'矢'는 원래 '失'로 잘못되어 있었는데, ≪戰國策≫ 〈齊策 5〉에 의거하여 고친다."라고 하였다.

畢沅 : ≪說文解字≫에 말하기를 "'楃'은 나무로 만든 장막이다."라 하였으니, '幄'은 응당 '木'변을 써야 한다.

詒讓案 : '幄'은 ≪墨子≫ 〈節葬 下〉에 '屋'이라고 되어 있으니, 이것은 세상 사람들이 이렇게 쓴 것이다. ≪周禮≫ 〈幕人〉 鄭玄의 注에 "옆으로 둘러치는 것을 '帷'라 하고, 위에 덮는 것을 '幕'이라 하고, 사방을 모두 쳐서 집처럼 만드는 것을 '幄'이라 한다."라 하였다.

18-2-6 甲盾撥劫이

갑옷과 방패, 큰 방패와 나무 칼자루가

史記孔子世家索隱에 云 **撥**은 **音伐**이니 **謂大盾也**라하다 **劫**은 **未詳**이라 **疑當作鉣**(부)니 **古書**에 从缶从去之字가 **多互譌**라 **備蛾傳篇**에 **法訛作㳲**(겁)하고 **此鉣訛作劫**하니 **可以互證**이라 **說文刀部**에 云 **鉣**는 **刀把**[5]**也**라하니 **卽禮記少儀之拊**[6]**也**라 **刀把**를 **或以木爲之**라 **故**로 **有靡敝腐爛之患**이라

≪史記索隱≫ 〈孔子世家〉에 말하기를 "'撥'은 音이 '伐'이니 큰 방패이다."라 하였다. '劫'은 자세히 알 수 없다. 하지만 아마 응당 '鉣'자가 되어야 될 듯하니, 古書에서는 缶의 부수와 去의 부수의 글자가 흔히 서로 잘못 쓰였다. ≪墨子≫ 〈備蛾傳〉에서는 '法'자가 '㳲'자로 잘못 쓰였고, 여기서는 '鉣'자가 '劫'자로 잘못 쓰였으니, 서로 증거가 될 만하다. ≪說文解字≫ 〈刀部〉에 "'鉣'는 칼자루이다."라 하니, 곧 ≪禮記≫ 〈少儀〉에 나오는 '拊'이다. 칼자루를 혹 나무로 만들기도 하니, 이 때문에 썩고 손상되는 우환이 있다.

18-2-7 往而靡弊腑冷不反者를

〈전쟁터로〉 나가 부서지거나 손상되어 돌아오지 못하고 〈버려지는 것을〉

---

5) 把 : ≪說文解字≫에는 '把'가 '握'으로 되어 있다.

6) 禮記少儀之拊 : ≪禮記≫ 〈少儀〉에서 "칼은 칼날을 뒤로 하여 칼고리를 상대방에게 주며, 曲刀는 손잡이를 주며, 무릇 찌르는 칼날이 있는 것을 남에게 줄 경우에는 칼날을 옆으로 향하게 한다.〔刀 卻刃授穎 削授拊 凡有刺刃者 以授人 則辟刃〕"라고 한 것을 가리킨다.

畢云 往은 舊作住하니 一本如此하다 腑는 卽腐字의 異文이라 冷爛은 音相近하니 當爲爛이라하다 詒讓案 戰國策秦策高注에 云 獘는 壞也라하니 此는 與少儀國家靡敝로 義微異[7)]라

畢沅 : '往'은 舊本에 '住'로 되어 있는데, 어떤 本도 이와 같다. '腑'는 곧 '腐'자의 이체자이다. '冷'과 '爛'은 音이 서로 비슷하니, 응당 '爛'이 되어야 한다.

詒讓案 : ≪戰國策≫ 〈秦策〉 高誘의 주에 말하기를 "'獘'는 '壞'이다."라 하니, 이는 ≪禮記≫ 〈少儀〉에서 "國家靡敝(국가가 피폐해지다.)"라고 한 것과 뜻이 조금 다르다.

18-2-8 不可勝數요 又與〔其〕[8)]矛戟戈劍乘車가

이루 헤아릴 수가 없고, 또 矛・戟・戈・劍과 乘車가

與下에 當依下文컨대 補其字라

'與' 아래에 응당 아래 글에 비추어보건대 '其'자를 보충해 넣어야 한다.

18-2-9 其(列住)〔往則〕[9)]碎折靡弊而不反者를

〈전쟁터로〉 나가 부서지고 손상되어 돌아오지 못하고 〈버려지는 것을〉

列住二字는 誤라 畢以意改歹(후)往하니 蓋以往으로 屬下爲句하니 與上文同이라 然이나 其歹二字가 仍與上下文竝不屬이라 竊疑當作往則하여 讀其往則碎折靡弊而不反者

---

7) 與少儀國家靡敝 義微異 : ≪禮記≫ 〈少儀〉에서 "국가의 재정이 피폐한 상황이라면 수레에 조각하거나 끝을 옻칠하지 않으며, 수레에 생사로 끈을 묶지 않으며, 먹는 그릇을 화려하게 조각하지 않으며, 군자는 생사로 만든 신을 신지 않으며, 말은 좋은 곡식을 먹이지 않는다.〔國家靡敝 則車不雕幾 甲不組縢 食器不刻鏤 君子不履絲屨 馬不常秣〕"라고 한 것을 가리킨다. 여기서 靡弊는 단순히 기물의 손상을 뜻하는 것인데, ≪禮記≫ 〈少義〉의 靡弊는 국가 재정의 탕진을 말하는 것이므로 약간 다르다고 한 것이다.

8) 〔其〕 : 저본에는 '其'가 없으나, 孫詒讓의 주에 의거하여 보충하였다.

9) (列住)〔往則〕 : 저본에는 '列住'로 되어 있으나, 孫詒讓의 주에 의거하여 '往則'으로 바로잡았다.

十一字句라 今本往訛住하고 則訛列하며 又倒其文하여 遂不可通耳이라

'列住' 두 자는 잘못이다. 畢沅은 뜻으로 판단하여 '殂往'이라고 고쳤는데, 이는 '往'을 아래로 붙여 구를 만든 것이니, 앞의 글과 같다. 그러나 '其殂' 두 자가 곧 위아래의 글에 모두 붙지 않는다. 아마 응당 '往則'이라 하여 "其往則碎折靡弊而不反者(〈전쟁터로〉 나가서는 부서지고 손상되어 돌아오지 못하고 〈버려지는 것을〉)" 11자를 구로 삼아야 할 듯하다. 그런데 今本에 '往'은 '住'로 잘못되어 있고, '則'은 '列'로 잘못되어 있으며 또 문장까지 도치되어 마침내 문리가 통하지 않게 된 것이다.

18-2-10 不可勝數요 與其牛馬肥而往瘠而反하고 往死亡而不反者를

이루 헤아릴 수가 없다. 소와 말 가운데 살이 오른 채 〈전쟁터에〉 나갔다가 비쩍 말라 돌아오거나, 〈살이 오른 채 전쟁터에〉 나갔다가 죽어서 돌아오지 못하는 것을

王云 下往字는 涉上往字而衍이라하다 詒讓案 往字似不必刪이라

王念孫 : 뒤의 '往'자는 앞의 '往'자와 걸리면서 잘못 들어갔다.

詒讓案 : 〈뒤의〉 '往'자를 刪削할 필요는 없을 듯하다.

18-2-11 不可勝數요 與其涂道之脩遠하고 粮食輟絶而不繼하여

이루 헤아릴 수가 없다. 길이 멀고 양식이 끊긴 채 이어지지 않아서

畢云 粮은 俗이라 玉篇에 云 粮은 同糧이라하다 詒讓案 周禮廩人에 凡邦에 有師役之事면 則治其糧하고 與其食이라한대 鄭注에 云 行道曰糧이니 謂糒也요 止居曰食이니 謂米也라하다 孟子梁惠王篇에 云 師行而糧食하여 飢者弗食하며 勞者弗息이라한대 趙注에 云 行軍에 皆遠轉糧食而食之라하다

畢沅 : '粮'은 〈'糧'의〉 俗字이다. ≪玉篇≫에 "'粮'은 '糧'자와 同字이다."라고 하였다.

詒讓案 : ≪周禮≫ 〈廩人〉에 "凡邦 有師役之事 則治其糧 與其食(무릇 나라에 師役의 일이 있으면, 양식을 준비하고 식량을 공급한다.)"이라 하였는데, 이 구절에 대한 鄭玄의 注에 말하기를 "길을 가면서 먹는 식량을 '糧'이라 하니 '말린 밥'을 뜻하고, 정착하여 먹는 식량

을 '食'이라 하니 미곡을 뜻한다."라 하였다. ≪孟子≫ 〈梁惠王〉에 말하기를 "師行而糧食飢者弗食 勞者弗息(군대를 행군시키면서 양식을 먹어, 굶주린 자가 먹지 못하고 피로한 자가 쉬지 못한다.)"이라 하였는데, 이 구절에 대한 趙岐의 注에 "행군할 때에 모두 먼곳까지 양식을 운반하여 먹는 것이다.〔行軍 皆遠轉糧食而食之〕"라 하였다.

18-2-12 百姓死者를 不可勝數也요 與其居處之不安하고 食飯之不時하고

죽은 백성을 이루 헤아릴 수가 없다. 거처가 안정되지 않고 식사를 제때에 하지 못하고

王云 食飯은 當爲食飲之誤라 食飲不時는 見下篇이라하다

王念孫 : '食飯'은 응당 '飲食'의 잘못으로 보아야 한다. '食飲不時'에 대해서는 아래 편(〈非攻 下〉)에 보인다.

18-2-13 飢飽之不節하여 百姓之道疾病而死者를 不可勝數요 喪師多不可勝數요 喪師盡不可勝計하니 則是鬼神之喪其主后를

굶주림과 포식이 절도에 맞지 않아 길에서 질병에 걸려 죽는 백성을 이루 헤아릴 수가 없다. 군사를 많이 잃은 것을 이루 헤아릴 수가 없고, 군사를 전부 잃은 것을 이루 계산할 수가 없다. 이러한 형편이니 鬼神이 그 〈제사를〉 주관할 후사를 잃은 것을

后는 與後字로 通이라 王制에 云 天子諸侯는 祭因國[10]之在其地而無主後者라한대 鄭注에 云 絶無後하면 爲之祭主者가 卽此義라 洪云 后는 當作石이니 卽祏(석)字省文이라 左氏昭十八年傳에 使祝史徙主祏于周廟라한대 杜預의 注에 祏은 廟主石函이라하고 說文에 祏은 宗廟主也라 周禮에 有郊宗石室이라 一曰 大夫以石爲主라 从示从石이요 石은 亦聲이라하다 案 洪說은 未塙[11]이라

10) 因國 : 지금의 나라 땅에 있었던 前代의 나라를 가리킨다. 지금의 나라의 都邑이 前代의 나라의 都邑을 인습했다는 뜻이다.

11) 塙 : '確'의 古字이다.

'后'는 '後'자와 통한다. ≪禮記≫ 〈王制〉에 "天子諸侯 祭因國之在其地而無主後者(天子와 諸侯는 자신의 나라 안에 있는 〈제사를〉 주관할 후사가 없는 因國을 제사한다.)"라 하였는데, 이 구절에 대한 鄭玄의 注에 "因國의 선왕에게 후손이 끊겨 없으면 그를 위해 제사를 주관한다."라고 한 것이 곧 이 의미이다.

洪頤煊 : '后'는 응당 '石'이 되어야 하니, 곧 '祏'자의 省文이다. ≪春秋左氏傳≫ 昭公 18년조에 "使祝史徙主祏于周廟(祝史에게 主祏을 周廟로 옮기게 하였다.)"라 하였는데, 이 구절에 대한 杜預의 注에 "祏은 廟主를 모셔두는 石函이다."라 하였다. ≪說文解字≫에 "祏은 宗廟主이다. 周나라 禮에 郊宗과 石室이 있다. 一說에 '大夫는 돌로 神主를 만든다.'라 하였다. 示와 石을 합한 것이고, 石은 또한 聲音이다."라 하였다.

詒讓案 : 洪頤煊의 說은 확실치 않다.

18-2-14 **亦不可勝數**라

또한 이루 헤아릴 수가 없다."

18-3-1 **國家發政**[12]하여 **奪民之用**하고 **廢民之利**가 **若此甚衆**이라 **然而何爲爲之**오 **曰 我貪伐勝之名及得之利**하여 **故爲之**라 **子墨子言曰 計其所自勝**컨대 **無所可用也**요 **計其所得**컨대 **反不如所喪者之多**라 **今攻三里之城**과 **七里之郭**에

국가가 政事를 시행하여 백성의 재용을 빼앗고 백성의 이익을 망쳐버리는 것이 이처럼 매우 많다. 그렇다면 무엇 때문에 전쟁을 하는 것인가. "내가 정벌하고 승리하는 명예와 획득하는 이익을 탐하기 때문에 전쟁을 한다."라고 한다.

子墨子께서 말씀하셨다.

"스스로 승리라고 하는 것을 계산해보면 쓸모가 없는 것이요, 획득한 것이라고 하는 것을 계산해보면 도리어 잃은 것이 많은 것보다 못하다. 지금 3里의 內城과 7里의 外郭을 공격함에

雜守篇에 **云 率萬家而城方三里**라하다 **孟子公孫丑篇**에 **亦云 三里之城**과 **七里之**

---

12) 國家發政 : 여기서는 軍政 곧 전쟁을 하는 것이다.

郭이라하다 戰國策齊策에 云 卽墨은 三里之城이요 七里之郭이라하고 又作三里之城과 五里之郭이라하다

≪墨子≫ 〈雜守〉에 "萬家를 통솔함에 內城이 사방 3里이다."라 하였다. ≪孟子≫ 〈公孫丑〉에 또한 "3里의 內城과 7里의 外郭"이라 하였다. ≪戰國策≫ 〈齊策〉에 "卽墨은 3里의 內城이요 7里의 外郭이다." 하고, 또 "3里의 內城과 5里의 外郭"이라 되어 있다.

18-3-2 **攻此不用銳**하고 **且無殺而徒得**인댄 **此然也**나 **殺人多必數於萬**하고 **寡必數於千然後**에 **三里之城**과 **七里之郭**을 **且可得也**라 **今萬乘之國**에 **虛〔城〕**[13]**數於千**하니

이 공격에서 정예병을 쓰지 않고, 또 사람을 죽이지 않고 그저 얻는다면 이는 그럴 수 있다. 하지만 사람을 죽이는 것이 반드시 많게는 만을 헤아리고, 적어도 반드시 천을 헤아린 연후에 3里의 內城과 7里의 外郭을 장차 얻을 수 있다. 지금 萬乘의 나라에 빈 성〔虛城〕이 천을 헤아리니

畢云 虛는 墟字의 正文이니 俗从土라하다 詒讓案 虛下에 疑脫城字니 下文에 云 以爭虛城이라하다

畢沅 : '虛'는 '墟'자의 正文이니, 俗字는 '土'를 부수로 한다.

詒讓案 : '虛' 아래에 아마 '城'자가 탈락된 듯하니, 아래 글에 "以爭虛城(빈 성을 다툰다.)"이라 하였다.

18-3-3 **不勝而入**이요

이루 다 들어갈 수 없고,

畢云 舊作人하니 以意改라하다

畢沅 : 舊本에 〈'入'이〉 '人'으로 되어 있으니, 뜻으로 판단하여 고쳤다.

---

13) 〔城〕 : 저본에는 '城'자가 없으나, 孫詒讓의 주에 의거하여 보충하였다.

18-3-4 **廣衍數於萬**하니

드넓은 땅이 만 리를 헤아리니

畢云 王逸[14]注楚辭[15]에 曰 衍은 廣大也라하다

畢沅 : 王逸이 ≪楚辭≫에 注를 달며 "衍은 廣大함이다."라 하였다.

18-3-5 **不勝而辟**이라

이루 다 개간할 수 없다.

畢云 此는 闢字之[16]假音이라 入辟은 爲韻이라하다

畢沅 : 이(辟)는 '闢'자의 음을 가차한 것이다. '入'과 '辟'은 韻字이다.

18-3-6 **然則土地者**는 **所有餘也**요 (王民)〔士民〕[17]**者**는 **所不足也**어늘

그렇다면 토지는 남아도는 것이고, 士民은 부족한 것이다.

王云 王民二字는 義不可通이니 當是士民之誤라 士民은 與土地와 對文이니 下文의 王民도 同이라하다

王念孫 : '王民' 두 자는 의미가 통하지 않으니, 응당 '士民'의 오류일 것이다. '士民'은 '土地'와 對가 되는 글이니, 아래 글의 '王民'도 동일하다.

---

14) 王逸 : 後漢 때 사람으로 字는 叔師이다. 현존하는 가장 오래된 ≪楚辭≫ 주석본을 썼다. 왕일이 쓴 ≪楚辭章句≫는 劉向이 편한 16편에, 왕일이 다시 직접 지은 〈九思〉와 班固의 두 편의 서를 더한 후 각각 주석을 가한 것이다. 모두 17권이다.

15) 楚辭 : 漢나라 劉向이 전국시기 楚의 屈原과 末流의 辭를 모아 16권으로 편집한 책이다. 여기에 王逸의 〈九思〉를 더하여 17권이 되었다.

16) 之 : 저본 傍注에 "'之'자 아래에 원래 '之'자가 중복되어 있었으니, 畢本에 의거하여 산삭하였다."라고 하였다.

17) (王民)〔士民〕 : 저본에는 '王民'으로 되어 있으나, 王念孫의 주에 의거하여 '士民'으로 바로잡았다. 아래도 같다.

18-3-7 **今盡(王民)〔士民〕之死**하고 **嚴下上之患**하여 **以爭虛城**하니 **則是棄所不足**하고 **而重所有餘也**라 **爲政若此**는 **非國之務者也**라

그런데 지금 士民을 다 죽이고 아래위 사람의 憂患을 가중시켜 빈 성을 차지하려 다투니, 이는 부족한 것(백성)을 외면하고 남아도는 것(토지)을 귀하게 여기는 것이다. 정치를 함에 이렇게 하는 것은 국가가 할 일이 아니다."

18-4-1 **飾攻戰者言曰**

攻戰을 변호하는 자가 말하였다.

畢云 舊作也言이요 **一本如此**라하다

畢沅 : 舊本에 〈'言曰'이〉 '也言'이라 되어 있고, 어떤 本도 이와 같다.

18-4-2 **南則荊(吳)〔越〕**[18]**之王**과

"남쪽으로는 荊(楚)나라 및 越나라의 王과

吳는 **當作越**이니 **墨子時**에 **吳已亡**이라 **故**로 **下文以夫差亡吳事爲戒**니 **不宜此復**(부)**舍越而擧吳也**라 **下篇**에 **云 今天下好戰之國**은 **齊晉楚越**이라하고 **節葬下篇**에 **云 諸侯力征**에 **南有楚越之王**하고 **而北有齊晉之君**이라하니 **皆其證也**라

'吳'는 응당 '越'이 되어야 한다. 墨子가 활동하던 시대에는 吳나라는 이미 亡하고 없었다. 이 때문에 아래 글에 夫差가 吳나라를 패망하게 한 고사를 가지고 경계를 하였으니, 여기서 다시 '越'을 버리고 '吳'를 들어서는 옳지 않다. 《墨子》 〈非攻 下〉에 "지금 천하에 攻戰을 좋아하는 나라는 齊나라, 晉나라, 楚나라, 越나라이다."라 하고, 《墨子》 〈節葬 下〉에 "정벌에 힘을 쏟는 제후로는 남쪽에 楚나라와 越나라의 王이 있고, 북쪽에는 齊나라와 晉나라의 君主가 있다."라 하였으니, 모두 그 증거이다.

18-4-3 **北則齊晉之君**이 **始封於天下之時**에 **其土地之方**이

---

18) (吳)〔越〕: 저본에는 '吳'로 되어 있으나, 孫詒讓의 주에 의거하여 '越'로 바로잡았다.

북쪽으로는 齊나라 및 晉나라의 君主가 처음 천하에 封해질 때에 그 토지의 넓이가

舊脫地字하니 今據道藏本補라

舊本에 '地'자가 빠졌으니, 지금 道藏本에 의거하여 보충하였다.

18-4-4 未至有數百里也요 人徒之衆이 未至有數十萬人也러니 以攻戰之故로 土地之博이 至有數千里也며 人徒之衆이 至有數百萬人이라 故로 當攻戰而不可(爲)〔非〕[19]也라하다

수백 리에 미치지 못했고 人民의 무리가 수십만 人에 이르지 못했다. 그런데 攻戰을 했기 때문에 토지의 넓이가 수천 리에 이르게 되었고 人民의 무리가 수백만 人에 이르게 되었다. 이 때문에 攻戰을 當하여 비난할 수가 없다."

兪云 不可爲也는 當作不可不爲也라야 方與上文語意相屬하니 此는 是飾攻戰者之言이요 非子墨子之言也라 今脫不字하니 義不可通이라하다 案 下文에 云 故當攻戰而不可不非라하니 則此文은 當作故當攻戰而不可非也라 兪校未塙이라

兪越 : "不可爲也(할 수 없는 것이다.)"는 응당 "不可不爲也(하지 않을 수 없는 것이다.)"라고 되어야 비로소 앞의 글의 語意와 서로 이어지니, 이는 攻戰을 변호하는 자의 말이요 子墨子의 말이 아니다. 지금 '不'자가 탈락되었으니 의미가 통하지 않는다.

案 : 아래 글에 "故當攻戰而不可不非(그렇기 때문에 攻戰을 당하여 비난하지 않을 수 없다.)"라 하였으니, 곧 이곳의 글은 응당 "故當攻戰而不可非也"라고 되어야 한다. 兪越의 교감은 정확하지 않다.

18-4-5 子墨子言曰 雖四五國이 則得利焉이라도 猶謂之非行道也니 譬若醫之藥人之有病者然하니

子墨子께서 말씀하셨다.

---

19) (爲)〔非〕: 저본에는 '爲'로 되어 있으나, 孫詒讓의 주에 의거하여 '非'로 바로잡았다.

"비록 4, 5개국이 곧 이익을 얻었다 할지라도 오히려 正道를 행한 것이 아니라 하는 것이다. 비유하자면 醫員이 남의 병든 자를 치료하는 것과 같으니

句라

여기서 구두를 뗀다.

18-4-6 **今有醫於此**하여 **和合其祝藥之于天下之有病者而藥之**어든

지금 여기에 醫員이 있어 천하에 병든 자에게 藥劑를 조제하여 치료하거든

畢云 祝은 謂祝由[20]니 見素問[21]이라 或云 祝藥은 猶言疰(주)藥이라하니 非라 一本에 無祝字하니 非也라하다 案 畢說은 非也라 周禮瘍醫에 掌腫瘍潰瘍金瘍折瘍之祝藥이라한대 鄭注에 云 祝는 當爲注요 讀如注病之注니 聲之誤也라 注는 謂附著藥이라한대 彼祝藥은 爲劍瘍附著之藥이요 此는 下文에 云 食이라하니 則與彼義異라 畢云 祝由는 又與此書及周禮로 義竝不合하니 不可信也라 惠士奇[22]謂 祝藥은 猶行藥이라하니 亦未知是否라

畢沅 : '祝'은 祝由라는 말이니, 《黃帝內經》〈素問〉에 보인다. 혹 祝藥은 疰藥과 같은 말이라 하니, 옳지 않다. 어떤 본에는 '祝'자가 없으니 옳지 않다.

詒讓案 : 畢沅의 說은 옳지 않다. 《周禮》〈瘍醫〉에 "掌腫瘍潰瘍金瘍折瘍之祝藥(종양, 궤양, 金瘍(창상), 折瘍(골절상)에 약을 붙이는 것을 주관한다.)"이라 하였는데, 鄭玄의 注에 "'祝는 응당 '注'가 되어야 하고, '注病'의 '注'와 같이 읽어야 하니, 음이 〈비슷해서 생긴〉

20) 祝由 : 祝術을 통한 요법으로 일종의 암시와 비슷한데, 환자의 심리 안정을 통해 병을 치유하는 치료법이다.

21) 素問 : 의학서로, 9권 81편이다. 《黃帝內經靈樞》(《靈樞經을 말함》)과 함께 《黃帝內經》에 수록되어 있다. 《黃帝內經》은 黃帝와 그 신하이자 명의인 岐伯이 醫術에 대해 토론한 내용, 즉 養生氣功의 이론 및 사람과 자연의 相參相應하는 學說, 불치병, 병의 예방법 등을 담고 있다.

22) 惠士奇 : 1671~1741. 淸나라 經學家로, 江蘇 吳縣 사람이다. 字는 天牧·仲孺이고 만년의 호는 半農이다. 사람들이 紅豆先生이라 불렀다. 부친인 惠周惕의 학문을 전수하여 《易說》 6권, 《禮說》 14권, 《春秋說》 15권, 《大學說》 1권, 《交食擧隅》 3권 《琴笛理數考》 4권을 지었으며, 漢儒의 經說들을 搜集하고 古代 史料를 征引하여 解釋을 하였다.

오류이다. '注'는 약을 부착하는 것을 말한다."라 하였다. 그런데 저 ≪周禮≫에서 말한 祝藥은 劍瘍(創傷) 등에 붙이는 약이고, 이곳의 祝는 아래 글에 '복용한다.〔食〕'라 하였으니, 저 ≪周禮≫의 뜻과 다르다. 畢沅이 말한 祝由는 또 本書 및 ≪周禮≫와 뜻이 모두 합치되지 않으니, 신빙할 수 없다. 惠士奇가 "祝藥은 行藥과 같은 말이다."라 하니, 또한 옳은지 여부를 장담할 수 없다.

18-4-7 **萬人**이 **食此**하여 **若醫四五人**하여 **得利焉**이면 **猶謂之非行藥也**라

萬人이 이것을 복용하여 만약 4, 5인을 고쳐 이로움을 얻으면 오히려 유효한 藥이 아니라고 하는 것이다.

蘇云 食者多而利者少하니 則非常行之藥이라하다

蘇時學 : 복용하는 자가 많은데 비해 이로움을 얻는 자가 적으니 유효한 藥이 아니다.

18-4-8 **故**로 **孝子**는 **不以食其親**하고 **忠臣**은 **不以食其君**이라 **古者封國於天下**에 **尙者以耳之所聞**이요

그렇기 때문에 孝子는 그 약을 어버이에게 복용시키지 않고, 忠臣은 그 약을 주군에게 복용시키지 않는다. 옛날 천하에 封해진 나라 가운데 오래된 나라의 일은 귀로 들었고

畢云 尙은 同上이라하다

畢沅 : '尙'은 '上'과 같다.

18-4-9 **近者以目之所見**이니 **以攻戰亡者**는 **不可勝數**라 **何以知其然也**오 **東方**에 **有莒**(거)**之國者**하여

근래의 나라의 일은 눈으로 보았으니, 攻戰으로 망한 나라는 이루 헤아릴 수 없다. 어떻게 그러한 줄을 아는가. 東方에 莒나라가 있어

畢云 今山東莒州라하다

畢沅 : 지금의 山東 莒州이다.

18-4-10 **其爲國甚小**한대 **閒**(간)**於大國之閒**하여 **不敬事於大**어늘 **大國**도 **亦弗之從而愛利**라 **是以**로 **東者**는 **越人**이 **夾削其壤地**하고

그 나라가 매우 작았다. 大國 사이에 끼어 大國을 공경히 섬기지 않자 大國 또한 따라서 아껴주거나 이롭게 해주지 않았다. 이런 까닭에 동쪽으로는 越나라 사람이 그 토지를 침탈하고

〔戰〕[23]**國策齊策**에 **莒恃越而滅**이라하니 **與此異**라

≪戰國策≫ 〈齊策〉에 "莒나라가 越나라를 믿다가 멸망하였다."라 하니, 여기와 다르다.

18-4-11 **西者**는 **齊人**이 **兼而有之**하니 **計莒之所以亡於齊越之間者**는 **以是攻戰也**라

서쪽으로는 齊나라 사람이 겸병하여 소유하니, 헤아려보건대 莒나라가 齊나라와 越나라 사이에서 망한 이유는 바로 攻戰 때문이다.

杜預春秋釋例[24]에 **云 莒國**은 **嬴姓**이요 **少昊之後**니 **周武王**이 **封玆輿期於莒**라 **十一世**에 **玆平公**이 **方見春秋**러니 **共公以下**로 **微弱**하여 **不復**(부)**見**이라 **四世**에 **楚滅之**라하다 **蘇云 史記**에 **云 楚簡王元年**에 **北伐滅莒**라하나 **據此則莒**는 **實爲齊滅**이라 **故**로 **其地在戰國屬齊**라하다 **詒讓案 戰國策西周策**에 **云 邾莒亡於齊**가 **亦其證**이라

杜預의 ≪春秋釋例≫에 "莒國은 嬴姓으로, 少昊의 후예이니, 周 武王이 莒에 玆輿期를 봉하였다. 11세를 지나 玆平公이 비로소 ≪春秋≫에 보이더니, 共公 이후로 차츰 미약해져서 더 이상 보이지 않게 되었다. 4세를 지나 楚나라가 멸하였다."라 하였다.

蘇時學 : ≪史記≫ 〈楚世家〉에 "楚 簡王 元年에 북쪽으로 莒를 정벌하여 멸하였다."라

---

23) 〔戰〕 : 저본에는 없으나, 문맥에 맞추어 보충하였다.

24) 春秋釋例 : 晉 武帝 때의 經學家인 杜預(222~284)가 撰하였다. ≪春秋≫를 연구하는 중요한 저작 중의 하나로, 중국 上古시대의 曆史 및 地理, 方國, 氏族에 이르기까지 참고할 만한 가치가 매우 높다. 총 15권이다.

하였지만, 여기에 의거해보면 莒나라는 실로 齊나라에 의해 멸망된 것이다. 이 때문에 그 땅이 전국시대 齊나라 지역에 속해 있었다.

詒讓案 : ≪戰國策≫ 〈西周策〉에 "郲나라와 莒나라가 齊나라에게 멸망당했다."라고 한 것이 또한 그 증거이다.

18-4-12 雖南者陳蔡나 其所以亡於吳越之閒(간)者는

비록 남쪽의 陳나라와 蔡나라라 할지라도 吳나라와 越나라 사이에서 망한 것은

左傳魯哀公十七年에 楚滅陳이라하다 史記管蔡世家에 蔡侯齊四年에 楚惠王이 滅蔡라하다 案 在貞定王二十二年이라

≪春秋左氏傳≫ 魯 哀公 17년 조에 "楚나라가 陳나라를 멸망시켰다."라 하였다. ≪史記≫ 〈管蔡世家〉에 "蔡侯 齊 4년에 楚 惠王이 蔡를 멸망시켰다."라 하였다.

案 : 周 貞定王 22년의 일이다.

18-4-13 亦以攻戰이요 雖北者且不(一)[25]著何나

또한 攻戰 때문이고, 비록 북쪽의 且(柤)나라와 不著何(不屠何)라 할지라도

道藏本에는 如此하고 畢本에는 作中山諸國하고 云 四字는 舊作且一不著何五字요 一本如此라 史記趙世家에 云 惠文王三年에 滅中山하고 遷其王於膚施라하고 表에는 作四年이라 元和郡縣志에 云 定州는 戰國時에 爲中山國이라 中山之地는 方五百里요 城中有山하니 故曰中山이라 今直隸定州是라하다 蘇云 中山之亡은 當魏文侯世라 墨子는 與子夏子門人으로 同時니 此事를 猶當及見之라 畢引史記趙惠文王三年滅中山하니 非是라하다 詒讓案 中山은 初滅於魏하고 後滅於趙하니 詳所染篇이라 然이나 此中山諸國四字는 乃後人肊(억)改니 實當作且不著何四字라 舊本에 作且一하고 道藏本에 作且不一하니 竝衍一字라 且는 疑柤之借字니 國語晉語에 獻公이 田이라가 見翟柤之氛이라한대 韋注에 云 翟柤는 國名이라하니 是也라 不著何는 亦北胡國이니 周書王會篇에 云 不屠何

25) (一) : 저본에는 '一'이 있으나, 孫詒讓의 주에 의거하여 衍文으로 처리하였다.

青熊이라한대 孔晁注에 云 不屠何는 亦東北夷也라하고 管子小匡篇에 敗胡貊[26)]하고 破屠何라한대 尹注에 云 屠何는 東胡之先也라하고 劉恕[27)]通鑑外紀에 周惠王三十三年에 齊桓公이 救燕破屠何라하니 屠著는 聲類同하니 不著何는 卽不屠何也라 又王會에 伊尹이 獻令한대 正北有且略豹胡라하니 且略이 卽此且及左傳[28)]翟柤요 豹胡는 亦卽不屠何니 豹不과 胡何는 竝一聲之轉이라 不屠何는 漢爲徒何縣하여 屬遼西郡하니 故城在今奉天錦州府錦縣西北이라 柤는 據國語컨대 爲晉獻公所滅이요 所在는 無考라

道藏本에는 이와 같다. 畢本에는 '中山諸國'이라 되어 있고, 말하기를 "〈'中山諸國'〉 4자는 舊本에 '且一不著何' 5자로 되어 있고, 어떤 본에는 이와 같다. ≪史記≫ 〈趙世家〉에 '趙 惠文王 3년에 中山을 멸하고, 그 왕을 膚施에 옮겼다.'라 하였고, ≪史記≫ 〈六國年表〉에는 '4년이다'라 하였다. ≪元和郡縣志≫에 '定州는 戰國시대에 中山國이었다. 中山國의 땅은 사방 5백 리이고, 城 가운데 山이 있으니 이 때문에 中山이라고 한 것이다. 지금 直隸州와 定州가 바로 이곳이다.'라 하였다."라 하였다.

蘇時學 : 中山國이 멸망한 것은 魏 文侯의 시대이다. 墨子는 子夏子의 門人과 동시대 사람이니 이 일을 오히려 마땅히 보았을 것이다. 畢沅이 ≪史記≫ 〈趙世家〉에 "趙 惠文王 3년에 中山을 멸하였다."라고 한 것을 인용하였으니, 옳지 않다.

詒讓案 : 中山은 처음에 魏나라에 멸망당하고, 뒤에 趙나라에 멸망당하였으니, ≪墨子≫ 〈所染〉에 상세히 나온다. 그러나 여기의 '中山諸國' 4자는 곧 後人이 억측하여 고친 것이니, 실로 응당 '且不著何' 4자가 되어야 한다. 舊本에 '且一'로 되어 있고, 道藏本에는 '且不一'로 되어 있으니, 모두 '一'자가 잘못 들어갔다. '且'는 아마 '柤'의 假借字일 것이니, ≪國語≫ 〈晉語〉에 "獻公이 田獵을 나갔다가 翟柤의 기운을 보았다."라고 한 구절에 대해 韋昭의 注에 "翟柤는 나라의 이름이다."라고 한 것이 이것이다. '不著何'는 역시 북쪽 胡의 나라이니, ≪逸周書≫ 〈王會〉에 '不屠何의 푸른 곰〔青熊〕"이라 한 구절에 대해 孔晁의

26) 胡貊 : ≪逸周書≫ 〈王會解〉에 나오는 내용을 축약한 것이다.

27) 劉恕 : 1032~1078. 北宋의 사학자이다. 字는 道原으로 筠州 鈞山 사람이다. 司馬光을 도와 ≪資治通鑑≫을 편수한 후 다시 상고 이래의 사적을 채택하여 ≪通鑑外紀≫를 지었다. 허탄한 내용이 들어 있다는 비판을 받기도 했다.

28) 左傳 : 저본 傍注에 "생각건대, 위 글에서 孫詒讓이 '翟柤'를 ≪國語≫ 〈晉語〉에 의거하여 인용하였으니, 여기서 말하는 '左傳'은 잘못된 듯하다. '翟柤'는 ≪國語≫ 〈晉語 1〉에 보인다."라고 하였다.

注에 "不屠何는 또한 東北 지방의 夷이다."라 하였고, ≪管子≫ 〈小匡〉에 "胡貉을 패배시키고, 屠何를 격파하였다."라고 한 구절에 대해 尹知章의 注에 "屠何는 東胡의 선조이다."라 하였고, 劉恕의 ≪通鑑外紀≫에 "周 惠王 33년에 齊 桓公이 燕나라를 구제하고 屠何를 격파하였다."라 하였다. '屠'와 '著'는 소리가 비슷하니 不著何는 곧 不屠何이다. 또 ≪逸周書≫ 〈王會〉에 伊尹이 〈사방에서 貢物을〉 바치는 법령을 만들었는데 북쪽에 且略과 豹胡가 있다고 하니 '且略'이 곧 이곳의 '且'이고 ≪春秋左氏傳≫의 '翟柤'이며, '豹胡'는 또한 곧 '不屠何'이다. '豹'와 '不', '胡'와 '何'는 모두 음이 한 번 변전된 것이다. 不屠何는 漢나라 시대에 徒何縣이 되어 遼西郡에 속하였으니, 그 때문에 城이 지금의 奉天省 錦州府 錦縣 서북쪽에 있다. 柤는 ≪國語≫에 의거해보건대 晉 獻公에게 멸망당하였고, 있던 장소는 고찰할 수 없다.

18-4-14 **其所以亡於燕代胡貊之閒**(간)은

燕나라・代나라・胡・貊의 사이에서 멸망당한 것은

貊은 **貉之俗**이니 **詳兼愛中篇**이라

'貊'은 '貉'의 俗字이니, ≪墨子≫ 〈兼愛 中〉에 자세히 설명하였다.

18-4-15 **亦以攻戰也**라 **是故**로 **子墨子言曰** (古)〔今〕[29]**者**에 **王公大人**이 **情欲得而惡**(오)**失**하며

또한 攻戰 때문이다."
이런 까닭에 子墨子께서 말씀하셨다.
"오늘날 王公과 大人이 실로 얻는 것을 바라고 잃는 것을 싫어하며

古者는 **亦當從王校作今者**니 **說見前**이라 **情**은 **與誠通**하니 **詳非攻下篇**이라

'古者'는 또한 응당 王念孫의 교감을 따라 '今者'로 되어야 하니, 설명이 앞에 보인다. '情'은 '誠'과 통하니, ≪墨子≫ 〈非攻 下〉에 자세히 설명하였다.

29) (古)〔今〕: 저본에는 '古'로 되어 있으나, 孫詒讓의 주에 의거하여 '今'으로 바로잡았다.

18-4-16 **欲安而惡**(오)**危**하니

안정됨을 바라고 위태로움을 싫어하니

畢云 欲은 **舊作故**하니 **以意改**라하다

畢沅 : '欲'은 舊本에 '故'로 되어 있었으니, 뜻으로 판단하여 고쳤다.

18-4-17 **故**로 **當攻戰而不可不非**라

이 때문에 攻戰을 당하여 비난하지 않을 수 없는 것이다."

18-5-1 **飾攻戰者之言曰 彼不能收用彼衆**하니 **是故亡**이요 **我能收用我衆**하니 **以此攻戰於天下**라 **誰敢不賓服哉**리오 **子墨子言曰 子雖能收用子之衆**이나 **子豈若古者吳闔閭哉**리오

攻戰을 변호하는 자가 말하였다.

"저들 나라는 제 백성을 능히 收用하지 못했으니 이 때문에 멸망하였고, 나는 능히 나의 백성들을 수용하였으니 이로써 천하에 공전한 것이다. 누가 감히 복종하지 않을 수 있겠는가."

子墨子께서 말씀하셨다.

"그대가 비록 능히 그대의 백성을 수용할 수 있다 할지라도 그대가 어찌 옛날 吳나라 闔閭만 하겠는가.

閭는 **左傳昭二十七年**에 **作廬**니 **字通**이라 **詳所染篇**이라

'閭'는 ≪春秋左氏傳≫ 昭公 27년에 '廬'로 되어 있으니, 글자가 통한다. ≪墨子≫ 〈所染〉에 자세히 설명하였다.

18-5-2 **古者**에 **吳闔閭敎〔士〕**[30] **七年**에

30) 〔士〕 : 저본에는 '士'자가 없으나, 兪樾의 주에 의거하여 보충하였다.

옛날 吳나라 闔閭가 軍士를 教鍊시킨 지 7년에

畢云 案史記에 闔閭九年에 入郢이라하고 吳越春秋[31]에 云 九年十月에 楚二師陳於柏擧[32]라하니 卽此是也라하다 兪云 教下에 疑脫士字라하다

畢沅 : 살펴보건대 ≪史記≫ 〈吳太伯世家〉에 "闔閭 9년에 〈楚나라의 수도인〉 郢에 들어갔다."라 하고, ≪吳越春秋≫에 "9년 10월에 楚나라 左師와 右師 兩軍이 柏擧에 陣을 쳤다."라 하니, 곧 이것을 말한다.

兪樾 : '教' 뒤에 '士'자가 탈락된 듯하다.

18-5-3 奉甲執兵하여 奔三百里而舍焉이러니

갑옷을 입고 병기를 잡고서 3백 리를 달려가서야 멈추더니

呂氏春秋簡選篇에 云 吳闔廬가 選多力者五百人과 利趾者三千人하여 以爲前陳이라하고 此云 奉甲執兵하여 奔三百里而舍라하니 卽多力利趾者也라 兪云 奉甲執兵奔三百里而舍는 卽教士之法이니 乃古所謂武卒者라 荀子議兵篇에 魏氏之武卒은 以度取之하여 衣三屬(촉)[33]之甲하고 操十二石之弩하며 負矢五十箇하고 置戈其上하며 冠冑帶劍하여 贏三日之糧하고 日中而趨百里하여 中試則復其戶하며 利其田宅하니라하다 今據墨子之言컨대 則闔閭先有此法矣라하다

≪呂氏春秋≫ 〈簡選〉에 "吳나라 闔廬가 힘이 센 자 5백 인과 잘 달리는 자 3천 인을 선

31) 吳越春秋 : 後漢 때 趙曄이 吳나라와 越나라의 흥망을 기록한 역사서이다. 조엽은 자가 長君이고, 會稽 山陰(지금의 浙江省 紹興) 사람이다. 저서에 ≪吳越春秋≫와 ≪詩細歷神淵≫이 있다.

32) 九年十月 楚二師陳於柏擧 : ≪春秋左氏傳≫에서는 魯 定公 4년 조에 실려 있는데, "겨울 11월 庚午日에 蔡侯가 吳子를 거느리고서 楚人과 柏擧에서 戰鬪하여 楚軍이 大敗하니, 楚나라 囊瓦가 鄭나라로 出奔하였다. 庚辰日에 吳人이 〈楚나라 수도〉 郢으로 들어갔다.〔冬十有一月庚午 蔡侯以吳子及楚人戰于柏擧 楚師敗績 楚囊瓦出奔鄭 庚辰吳入郢〕"라 하여 11월의 일로 기록하고 있다.

33) 三屬(촉) : 상의〔上身〕가 1벌, 넓적다리 가리개〔髀褌〕가 1벌, 脚絆이 1벌로, 세 벌이 서로 연결되어 있기 때문에 三屬이라 하는 것이다.

발하여 前陣으로 삼았다."라 하고, 여기서는 "갑옷을 입고 병기를 잡고서 3백 리를 달려가서야 멈추었다."라 하니, 곧 힘이 세고 잘 달리는 자이다.

兪越 : "갑옷을 입고 병기를 잡고서 3백 리를 달려가서야 멈추었다."라는 것은 곧 軍士를 敎鍊하는 법이니, 바로 옛날의 이른바 '武卒'이라는 것이다. ≪荀子≫ 〈議兵〉에 "魏나라의 武卒은 기준에 따라 선발한다. 三屬의 갑옷을 입고, 12石의 쇠뇌를 들고, 50개의 화살을 지고, 그 위에 창을 메고, 투구를 쓰고 칼을 차고서, 3일 분의 식량을 채워 하루에 백 리를 달리며, 시험에 합격하면 세금을 면제해주고 전토와 택지를 이롭게 지급한다."라 하였다. 지금 墨子의 말에 의거해보건대 闔閭가 먼저 이 兵法을 쓴 것이다.

18-5-4 次注林하여 出於冥隘之徑하며

注林에 주둔하여 冥隘의 지름길에서 출동하며

左傳定四年에 吳伐楚[34]할새 舍舟於淮汭하고 自豫章與楚夾漢하다 左司馬戌謂子常曰 我悉方城外하여 以毁其舟하고 還塞大隧直轅冥阨(애)하리라한대 釋文에 云 阨는 本或作隘라하고 杜注에 云 三者는 漢東之隘道라하다 案 此冥隘는 卽左傳之冥阨라 史記蘇秦傳에 云 塞鄳(맹)阨도 亦卽此니 集解에 引徐廣云 鄳은 江夏鄳縣이라 注林은 地無考요 以左傳校之컨대 疑當作淮汭라 淮注는 形近하고 汭는 篆文作𣲍니 與林으로 亦相近하여 因而致誤라 畢云 淮南子地形訓에 作澠阸한대 高誘曰 澠阸는 今(宏)〔弘〕[35]農澠池가 是也라하니 則在今河南永寧縣이라 史記魏世家에 云 秦攻冥阸之塞이라한대 集解에 云 徐廣曰 或以爲江夏鄳縣라하다 又杜預注左傳에 云 漢東之隘道라하고 括地志에 云 石城山은 在申州鐘山縣東南二十一里니 魏攻冥阸가 卽此山이라하다 呂氏春秋淮南子九塞는 此其一也라 玉海에 在信陽軍東南五十里라하니 今在河南信陽州東南九十里라하다

≪春秋左氏傳≫ 定公 4년에 "吳나라가 楚나라를 征伐할 때 淮水 물굽이에 배를 멈추고

---

34) 吳伐楚 : 魯 定公 4년 겨울 11월에 蔡侯・吳子・唐侯가 연합하여 楚나라를 토벌할 때의 일이다.

35) (宏)〔弘〕: 저본에는 '宏'으로 되어 있으나, ≪淮南子≫ 高誘의 주에 의거하여 '弘'으로 바로잡았다. '宏'은 靑나라 乾隆帝의 이름 愛新覺羅弘曆의 '弘'을 피휘한 것이다.

서 뭍으로 올라가 豫章에서부터 漢水를 사이에 두고 楚軍과 대치하였다. 〈楚나라〉 左司馬 戍이 子常에게 말하기를 '나는 方城 밖의 군대를 다 동원하여 저들의 배를 부수고, 돌아와 大隧·直轅·冥阸를 막을 것입니다.' 하였다."라 하였는데, 이 구절에 대해 陸德明의 ≪經傳釋文≫에 "阸는 본래 혹 隘라고 한다."라 하였고, 杜預의 注에 "이 세 지역은 漢東의 隘道이다."라 하였다. 살펴보건대 이곳의 冥隘는 곧 ≪春秋左氏傳≫의 冥阸이다. ≪史記≫ 〈蘇秦傳〉에 "鄳阸를 틀어막았다."라고 한 것도 바로 이곳이니, ≪史記集解≫에 徐廣의 말을 인용하여 "鄳은 江夏의 鄳縣이다."라 하였다. 注林에 대해서는 어느 지방인지 고찰할 수 없다. ≪春秋左氏傳≫의 기사로 비교하건대 응당 '淮汭'라고 해야 할 듯하다. '淮'와 '注'는 字形이 비슷하고, '汭'는 篆文으로 '𣳚'라고 쓰니, '林'과 또한 字形이 서로 비슷하여 이 때문에 잘못된 것이다.

畢沅 : ≪淮南子≫ 〈地形訓〉에는 '澠阨'라고 되어 있는데, 高誘가 말하기를 "澠阨는 지금의 弘農 澠池가 이곳이다."라 하니, 곧 지금의 河南省 永寧縣이다. ≪史記≫ 〈魏世家〉에 "秦나라가 冥阨의 要塞를 공격했다."라 하였는데, 이 구절에 대해 ≪史記集解≫에 "徐廣이 말하기를 '혹 江夏의 鄳縣이라고 한다.'라 하였다."라 하였다. 또 杜預가 ≪春秋左氏傳≫을 주석하면서 "漢東의 隘道"라 하였고, ≪括地志≫에 "石城山은 申州 鐘山縣 동남쪽 21리에 있으니, 魏나라가 冥阨를 공격한 곳이 바로 이 山이다."라 하였다. ≪呂氏春秋≫ 및 ≪淮南子≫의 九塞는 이곳과 같은 곳이다. ≪玉海≫에 "信陽軍 동남쪽 50리에 있다."라 하였으니, 오늘날 河南省 信陽州 동남쪽 90리에 있다.

18-5-5 戰於柏擧하여

柏擧에서 전투를 하여

事見春秋定四年經이라 **柏擧**는 **杜注**에 **云 楚地**라하다 **呂氏春秋首時篇高注**에 **云 柏擧**는 **楚南鄙邑**이라하다 **畢云 在今湖北麻城縣**이라 **元和郡縣志**에 **云 麻城縣黽頭山**은 **在縣東南十八里**니 **擧水之折出也**라 **春秋吳楚戰於柏擧**가 **卽此地也**라하다

일이 ≪春秋≫ 定公 4년 經文에 보인다. 經文의 '柏擧'에 대해 杜預의 注에 "楚나라 땅이다."라 하였다. ≪呂氏春秋≫ 〈首時〉 高誘의 注에 "柏擧는 楚나라 남쪽 변방의 邑이다."라 하였다.

畢沅 : 지금의 湖北省 麻城縣에 있다. ≪元和郡縣志≫에 "麻城縣의 黽頭山은 縣의 동남

쪽 18里에 있으니, 擧水가 갈라져 나오는 곳이다. 春秋시대 吳나라와 楚나라가 柏擧에서 전투했다고 하는 곳이 바로 이곳이다."라 하였다.

18-5-6 中楚國而朝宋與(及)魯[36]라

楚나라의 중앙을 빼앗고 宋나라와 魯나라에 조회를 받았다.

蘇云 及魯二字는 **誤倒**니 **魯字**는 **屬上句**하고 **及字**는 **屬下句也**라하다 **案 蘇校近是**라 **左傳闔閭時無宋魯朝吳事**하니 **疑因哀七年夫差會魯於鄫**하여 **徵宋魯百牢事**[37]하여 **傅會之**라

蘇時學 : '及魯' 두 자는 잘못 도치되었으니, '魯'자는 上句에 속하고 '及'자는 下句에 속한다.

案 : 蘇時學의 교감이 近理하다. ≪春秋左氏傳≫을 살펴보건대 闔閭의 시대에는 宋나라와 魯나라가 吳나라에 朝會를 간 일이 없으니, 아마 哀公 7년에 夫差가 鄫에서 노나라와 회합하여 宋나라와 魯나라에 百牢를 요구한 일로 말미암아 傅會한 것으로 추측된다.

18-5-7 〔及〕至夫差之身하여 北而攻齊하여 舍於汶上하고 戰於艾陵하여

夫差의 몸에 이르러 북쪽으로 齊나라를 공격하여 汶水 가에 주둔하고 艾陵에서 전투하여

見春秋哀十一年經이라 **畢云 在今山東泰安縣東南**라 **史記吳太伯世家**에 **云 夫差七**

36) (及)魯 : 저본에는 '及魯'로 되어 있으나, 蘇時學의 주에 의거하여 두 자의 위치를 바꾸고, '及'자는 아래 구(18-5-7)에 연결시켰다.

37) 百牢事 : ≪春秋左氏傳≫ 哀公 7년 여름 기사에, "哀公이 鄫에서 吳人과 會合하였다. 吳人이 와서 百牢의 饗宴을 요구하니, 子服景伯이 '先王 때에 이런 禮는 없었습니다.'라고 대답하였다. 吳人이 말하기를 '宋나라는 우리를 百牢로 饗宴하였으니, 魯나라가 宋나라보다 못해서는 안 되지요. 그리고 또 魯나라가 10牢 이상으로 晉나라 大夫에게 饗宴을 베풀었으니 吳王에게 百牢의 향연을 베푸는 것이 옳지 않습니까.'라 하였다.〔公會吳于鄫 吳來徵百牢 子服景伯對曰 先王未之有也 吳人曰 宋百牢我 魯不可以後宋 且魯牢晉大夫過十 吳王百牢 不亦可乎〕"라고 한 것을 가리킨다. '百牢'는 소·양·돼지를 각각 백 마리씩 잡아서 베푸는 宴享이다.

年에 北伐齊하여 敗齊師於艾陵하고 至繒[38]이라하다

일이 ≪春秋≫ 哀公 11년 經文에 보인다.

畢沅 : 〈艾陵은〉 지금의 山東省 泰安縣 동남쪽에 있다. ≪史記≫ 〈吳太伯世家〉에 "夫差 7년에 북쪽으로 齊나라를 정벌하여 艾陵에서 제나라 군대를 패배시키고 繒에 이르렀다." 하였다.

18-5-8 **大敗齊人而葆之大(태)山**하며

齊나라 사람들을 크게 패배시키자 齊나라 사람들이 太山으로 〈후퇴하여 목숨을〉 보전하였으며,

蘇云 大山은 卽太山이라 篇中에 太多作大하니 魯問篇에 齊太王作大王이 是也라하다

蘇時學 : '大山'은 곧 '太山'이다. 篇中에 '太'가 '大'로 된 곳이 많은데, ≪墨子≫ 〈魯問〉에 '齊 太王'이 '大王'으로 되어 있는 것이 이러한 예이다.

18-5-9 **東而攻越**하여 **濟三江五湖**하여

동쪽으로 越나라를 공격하여 〈월나라 사람들이〉 三江과 五湖를 건너

畢云 史記索隱[39]에 云 韋昭云 三江은 謂松江錢塘江浦陽江이라하고 史記正義[40]에 云 顧夷의 吳地記에 云 松江東北行七十里에 得三江口하니 東北入海爲婁江이요 東南入海爲東江이요 幷松江爲三江이라하다 詒讓案 漢書地理志에 云 會稽郡의 吳는 南江이 在南하여 東入海하고 毗陵은 北江이 在北하여 東入海라하고 丹陽郡의 蕪湖는 中江이 出

38) 至繒 : ≪史記≫ 〈吳太白世家〉에 "齊 景公이 죽고 晏孺子가 즉위하여 제나라 국정이 혼란하자 이를 틈타 夫差가 공격한 것이다. 부차는 艾陵에서 齊나라 군대를 격파하고 繒邑에 이르러 魯 哀公을 불러 百牢를 요구하였다."라고 보인다.

39) 史記索隱 : 唐 玄宗 때의 司馬貞(679~732)이 ≪史記≫에 주석을 단 것이다. 30권이다. 3대 ≪사기≫ 주석서 중의 하나로 꼽힌다.

40) 史記正義 : 唐나라 張守節이 지은 ≪史記≫의 주석서이다. 3대 ≪사기≫ 주석서 중의 하나로 꼽힌다.

西南하여 東至陽羨하여 入海라하니 此卽書禹貢周禮職方氏揚州之三江[41]也라 國語越語에 云 吳之與越也는 三江이 環之[42]라하고 韋昭는 別據松江浙江浦陽江爲釋하니 卽張守節[43]所引이 是也라 水經沔水 酈注에 云 松江은 自太湖東北流하여 逕七十里하여 江水奇分하니 謂之三江口이라 吳越春秋에 稱范蠡去越乘舟할새 出三江之口하여 入五湖之中者也라 此與顧夷說로 同하니 要皆非古之三江이라 竊謂禹貢中江北江은 竝於吳境入海하고 南江入海에 又兼涉越境하니 則三江下流가 自足環吳越이라 水經注에 又引郭璞云 三江者는 岷江松江浙江也라하니 此卽據禹迹下流言之라 近代胡渭[44]金榜[45]이 幷援以說越語之三江이 最爲塙當이요 畢攷之未審이라하다 五湖는 詳前兼愛中이라

畢沅 : ≪史記索隱≫에 "韋昭가 말하기를 '三江은 松江, 錢塘江, 浦陽江이다.'라 하였다."라 하였고, ≪史記正義≫에 "顧夷의 ≪吳地記≫에 '松江에서 동북쪽으로 70리를 가면 三江口를 만난다. 동북쪽으로 바다에 들어가는 것은 婁江이고, 동남쪽으로 바다에 들어가

41) 書禹貢周禮職方氏揚州之三江 : ≪書經≫ 〈禹貢〉에 "淮水와 바다에 揚州가 있다. 彭蠡가 이미 물이 모여 흐르고 기러기가 살며 삼강이 바다로 들어간다.〔淮海惟揚州 彭蠡既猪 陽鳥攸居 三江既入〕"라 하고, ≪周禮≫ 〈職方氏〉에 揚州의 산천을 소개하며 "鎭山은 會稽山, 澤藪는 具區湖, 川은 三江, 浸은 五湖"라고 한 것을 가리킨다. 蔡沈은 三江에 대해 〈吳都賦〉의 注를 인용하여 松江을 따라 70리를 내려가다가 물줄기가 나누어져 婁江과 東江이 된다고 하였는데, 그렇다면 松江이 婁江과 東江으로 分岐되는 지점이 三江口이다.

42) 國語越語……環之 : ≪國語≫ 〈越語 上〉에 "吳나라와 越나라는 서로 원수처럼 대적하고 있는 나라인데, 三江이 둘러싸고 있어 백성들이 다른 곳으로 옮겨가 살 수 없다.〔夫吳之與越也 仇讎敵戰之國也 三江環之 民無所移〕"라고 한 것을 가리킨다.

43) 張守節 : 저본 傍注에 "張守節이 인용한 것은 顧夷의 ≪吳地記≫이고, 韋昭가 의거한 내용은 곧 司馬貞의 ≪史記索隱≫에서 인용한 것이다. 이 '張守節'은 응당 '司馬貞'의 誤記일 것이다."라고 하였다.

44) 胡渭 : 1633~1714. 청나라 浙江 德淸 사람이다. 경학가이며 지리학에 정통하였다. 字는 朏明이며, 호는 東樵다. 태학에 들어가 공부했지만 과거를 단념하고 학문에 전념했다. 경학 연구에 진력했는데, 특히 地理考證에 정밀하였다. 徐乾學을 도와 閻若璩, 顧祖禹, 黃儀 등과 함께 ≪大淸一統志≫를 편수했다. 주요 저서에 ≪禹貢錐指≫와 ≪易圖明辨≫, ≪洪範正論≫, ≪大學翼眞≫, ≪周易揆方≫ 등이 있다.

45) 金榜 : 1735~1801. 字는 蕊中 또는 輔之이다. 乾隆 37년(1772)에 狀元으로 진사가 되고, 翰林院修撰을 지냈다. 어려서 큰 뜻을 품고 江永에게 사사하였으며, 戴震과 친하였다. 저서에 ≪禮箋≫ 10권이 있다.

는 것은 東江이고, 〈이 둘에〉 松江을 아울러 三江이 된다.'라 하였다."라 하였다.

詒讓案 : ≪漢書≫ 〈地理志〉에 "會稽郡의 吳縣은 南江이 남쪽에 있어 동쪽으로 바다에 들어가고, 毗陵縣은 北江이 북쪽에 있어 동쪽으로 바다에 들어간다."라 하였고, 또 "丹陽郡의 蕪湖縣은 中江이 서남쪽에서 나와 동쪽으로 陽羨에 이르러 바다에 들어간다."라 하였으니, 이는 곧 ≪書經≫ 〈禹貢〉과 ≪周禮≫ 〈職方氏〉에 소개된 揚州의 三江이다. ≪國語≫ 〈越語〉에 "吳나라와 越나라는 三江이 둘러싸고 있다."라 하였고, 韋昭는 별도로 松江, 浙江, 浦陽江을 의거하여 해석하였으니, 곧 張守節이 인용한 것이 이것이다. ≪水經≫ 〈沔水〉의 酈道元의 注에 "松江은 太湖로부터 동북쪽으로 흘러 70리를 가면 江水가 기이하게 나누어지는데 이를 三江口라고 한다. ≪吳越春秋≫에서 '范蠡가 배를 타고 越나라를 떠날 때 三江의 어귀를 나가 五湖의 가운데로 들어갔다.'라고 한 것이다."라 하였다. 이는 顧夷의 설과 같으니, 요컨대 모두 옛날의 三江이 아니다. 조심스레 짐작컨대, ≪書經≫ 〈禹貢〉의 中江과 北江은 모두 吳나라 境內에서 바다로 들어가고, 南江이 바다로 들어갈 때에 또 越나라 境內를 아울러 거치니, 이렇게 보면 三江의 下流가 절로 吳나라와 越나라를 둘러싸는 것이 된다. ≪水經注≫에 또 郭璞의 말을 인용하여 "三江은 岷江, 松江, 浙江이다."라 하였으니, 이는 곧 禹임금이 治水하던 지역의 下流에 의거하여 말한 것이다. 근대의 학자 胡渭와 金榜이 모두 이를 인용하여 "≪國語≫ 〈越語〉의 三江이 가장 정확하고, 畢沅의 고증은 정확하지 않다."라 하였다. 五湖는 앞의 ≪墨子≫ 〈兼愛中〉에서 자세히 설명하였다.

18-5-10 **而葆之會稽**하니

會稽山에 〈들어가 목숨을〉 보전하였으니

左傳哀元年에 **吳王夫差**가 **敗越于夫椒**하고 **遂入越**하니 **越子以甲楯五千**으로 **保於會稽**라한대 **杜注**에 **云 上會稽山也**라 **在會稽山陰縣南**이라하다 葆는 **保字**로 **通**이라 **會稽山**은 **詳節葬下篇**이라 **畢云 今浙江山陰會稽山**이라하다

≪春秋左氏傳≫ 哀公 元年에 "吳나라 王 夫差가 夫椒에서 越나라 군대를 패배시키고 드디어 越나라로 쳐들어가니, 越子가 갑옷을 입고 방패를 든 군사 5천 사람을 거느리고 회계산으로 〈들어가 목숨을〉 보전하였다."라 하였는데, 이에 대한 杜預의 주에 "會稽山에 올라간 것이다. 會稽 山陰縣 남쪽에 있다."라 하였다. '葆'는 '保'자와 통한다. 회계산은

≪墨子≫ 〈節葬 下〉에 자세히 설명하였다.

畢沅 : 지금 浙江省 山陰縣 會稽山이다.

18-5-11 **九夷之國**이 **莫不賓服**이라

九夷의 나라가 복종하지 않음이 없었다.

爾雅釋地에 **云 九夷八狄七戎六蠻**을 **謂之四海**라하다 **王制孔疏**에 **云 九夷**는 **依東夷傳**컨대 **九種**이니 **曰畎夷于夷方夷黃夷白夷赤夷玄夷風夷陽夷**라하다 **李巡**이 **注爾雅**에 **云 一曰玄菟**요 **二曰樂浪**이요 **三曰高驪**요 **四曰滿飾**이요 **五曰鳧臾**요 **六曰索家**요 **七曰東屠**요 **八曰倭人**이요 **九曰天鄙**[46]라하다 **案 王制疏所云**은 **皆海外遠夷之種別**이요 **此九夷**는 **與吳楚相近**이니 **蓋卽淮夷**요 **非海外東夷也**라 **書敍**에 **云 成王**이 **伐淮夷**하고 **遂踐奄**[47]이라하고 **韓非子說林上篇**에 **云 周公旦**이 **攻九夷**어늘 **而商蓋服**이라하니 **商蓋卽商奄**이니 **則九夷亦卽淮夷**라 **故呂氏春秋古樂篇**에 **云 成王**이 **立**에 **殷民**이 **反**한대 **王**이 **命周公**하여 **踐伐之**라 **商人**이 **服象**하여 **爲虐於東夷**이어늘 **周公**이 **遂以師逐之**하여 **至於江南**이라하고 **又樂成篇**에 **云 猶尙有管叔蔡叔之事**하여 **與東夷八國**으로 **不聽之謀**라한대 **高注**에 **云 東夷八國**이 **附從二叔**하고 **不聽王命**이어늘 **周公**이 **居攝**하여 **三年**에 **伐奄**하니 **八國之中最大**하여 **著在尙書**하고 **餘七國**은 **小**하고 **又先服**이라 **故**로 **不載於經也**라하다 **案 東夷八國**은 **亦卽九夷也**라 **春秋以後**에 **蓋臣屬楚吳越三國**이라가 **戰國時**에는 **又專屬楚**라 **說苑君道篇**에 **說 越王句踐**이 **與吳戰**하여 **大敗之**하고 **兼有九夷**라하고 **淮南子齊俗訓**에 **云 越王句踐**이 **霸天下**어늘 **泗上十二諸侯**가 **皆率九夷以朝**라하고 **戰國策秦策**에 **云 楚苞九夷**하니 **方千里**라하고 **魏策**에 **云 張儀曰 楚破南陽九夷內沛許鄢陵危**[48]라하고 **文選**

46) 王制孔疏……九曰天鄙 : 저본 傍注에 "≪禮記≫ 〈王制〉 孔穎達 疏의 글이 孫詒讓이 인용한 내용과 글자의 출입이 매우 많다. 孫詒讓이 인용한 것은 곧 ≪爾雅≫ 〈釋地〉의 邢昺 疏에서 인용한 ≪後漢書≫ 〈東夷傳〉의 설이다. 그중 '李巡注爾雅云' 여섯 자 또한 형병의 소에는 없는 것이다."라고 하였다.

47) 書敍……遂踐奄 : ≪尙書≫ 〈周書 成王政〉의 〈小序〉에 나오는 내용인데, 〈成王政〉은 현재 전해지지 않는다.

48) 危 : 저본 傍注에 "'危'는 원래 '死'로 잘못되어 있었는데, ≪戰國策≫ 〈魏策 1〉에 의거하여

李斯上秦始皇書에 **說 秦伐楚**하고 **包九夷**하고 **制鄢郢**이라한대 **李注**에 **云 九夷**는 **屬楚夷也**라하다 **若然**이면 **九夷**는 **實在淮泗之間**하여 **北與齊魯**로 **接壤**이니 **故**로 **論語**에 **子欲居九夷**라하니라 **參互校覈**이면 **其疆域**을 **固可攷矣**라

≪爾雅≫ 〈釋地〉에 "九夷・八狄・七戎・六蠻을 四海라고 한다."라 하였다. ≪禮記≫ 〈王制〉의 孔穎達의 疏에 "九夷는 ≪後漢書≫ 〈東夷傳〉에 의거해보건대 9種이 있으니, 畎夷・于夷・方夷・黃夷・白夷・赤夷・玄夷・風夷・陽夷이다."라 하였다. 李巡이 ≪爾雅≫에 注을 달며 "첫째 玄菟이고, 둘째 樂浪이고, 셋째 高驪이고, 넷째 滿飾이고, 다섯째 鳧臾이고, 여섯째 索家이고, 일곱째 東屠이고, 여덟째 倭人이고, 아홉째 天鄙이다."라 하였다.

案 : ≪禮記≫ 〈王制〉 孔穎達의 疏에서 말한 것은 모두 海外 먼 지역에 있는 夷族의 種別이고, 여기서 말하는 九夷는 吳나라・楚나라와 가까운 夷族이니 대개 곧 淮夷이지 海外의 東夷가 아닐 것이다. 〈書敍〉에 말하기를 "成王이 淮夷를 정벌하고 마침내 奄을 차지하였다."라 하였다. ≪韓非子≫ 〈說林 上〉에 "周公 旦이 九夷를 공격하자 商蓋가 服從하였다."라 하였으니, 商蓋는 곧 商奄이다. 그렇다면 九夷는 또한 곧 淮夷이다. 이 때문에 ≪呂氏春秋≫ 〈古樂〉에 "成王이 등극함에 殷나라 백성이 반란하거늘 성왕이 周公에게 명하여 정벌하게 했다. 商人이 象에게 복종하여 東夷를 해치거늘 周公이 마침내 군사를 일으켜 逐出하여 江南에 이르렀다."라 하였고, 또 ≪呂氏春秋≫ 〈樂成〉에 "여전히 오히려 管叔과 蔡叔의 일이 있어 東夷의 여덟 나라와 더불어 반란을 모의했다."라고 한 구절에 대해 高誘의 注에 "東夷의 여덟 나라가 二叔에게 붙어서 王命을 듣지 않자, 周公이 섭정한 지 3년 만에 奄을 정벌하였다. 奄은 여덟 나라 가운데 가장 큰 나라이므로 ≪尙書≫에 실려 있거니와 나머지 일곱 나라는 작은 데다 또 먼저 복종하였기 때문에 經文에 실리지 않았다."라 하였다.

案 : 東夷 여덟 나라는 또한 바로 九夷이다. 春秋시대 이후에 대개 楚나라・吳나라・越나라에 복종하다가 戰國시대에는 또 오로지 楚나라에 복속하였다. ≪說苑≫ 〈君道〉에 말하기를 "越王 句踐이 吳나라와 전투하여 크게 패배시키고 九夷를 겸병하였다."라 하였고, ≪淮南子≫ 〈齊俗訓〉에 "越王 句踐이 天下를 制霸하자 泗水 일대의 12제후가 모두 九夷를 거느리고 조회하였다."라 하였고, ≪戰國策≫ 〈秦策〉에 "楚나라가 九夷를 장악하였으

고친다."라고 하였다.

니 사방 千里이다."라 하였고, ≪戰國策≫ 〈魏策〉에 "張儀가 말하기를 '楚나라가 南陽과 九夷와 內沛와 許와 鄢陵危를 격파하였다.'라 하였다."라 하였고, ≪文選≫의 〈李斯上秦始皇書〉에 말하기를 "秦나라가 楚나라를 정벌하여 九夷를 장악하고 鄢과 郢을 제압하였다."라 하였는데 이 구절에 대해 李善의 注에 "九夷는 楚나라에 복속된 夷이다."라 하였다. 만약 그렇다면 九夷는 실로 淮水와 泗水 일대에 있으면서 북쪽으로 齊나라·魯나라와 국경을 맞대고 있었다. 이 때문에 ≪論語≫ 〈子罕〉에서 "孔子께서 九夷에 살고자 하셨다."라고 한 것이다. 앞에 언급한 문헌들을 상호 비교하여 핵실하면 九夷의 江域을 고찰할 수 있을 것이다.

18-5-12 **於是**에 **退不能賞孤**[49]하고

이에 물러나 孤兒에게 상을 주고

說文子部에 **云 孤**는 **無父也**라하다 **月令**에 **立冬**에 **賞死事**하고 **恤孤寡**라한대 **鄭注**에 **云 死事**는 **謂以國事死者**요 **孤寡**는 **其妻子也**라하다

≪說文解字≫ 〈子部〉에 "孤는 부모를 여읜 사람이다."라 하였다. ≪禮記≫ 〈月令〉에 "立冬에 國事에 종사하다 죽은 자에게 상을 내리며, 그 孤兒와 寡婦를 구휼한다."라 하였는데, 이 구절에 대한 鄭玄의 注에 "死事는 國事에 종사하다 죽은 자이고, 孤寡는 그 妻子이다."라 하였다.

18-5-13 **施舍群萌**하며

자신의 백성들에게 은덕을 베풀지 못하였으며

畢云 此는 **氓字之假音**이라 **詒讓案 尙賢中篇**에 **云 四鄙之萌人**이라하다 **舍予**는 **聲近字通**이니 **施舍**는 **猶賜予也**라 **左昭十三年傳**에 **云 施舍寬民**이라하고 **又云 施舍不倦**이라한대 **杜注**에 **云 施舍**는 **猶云布恩德**이라하다

畢沅 : 이곳의 〈'萌'은〉 '氓'자의 음을 가차한 것이다.

49) 賞孤 : 용맹히 싸우다 죽은 군사의 자식들에게 위로의 의미로 상을 준다는 의미이다.

詒讓案 : ≪墨子≫ 〈尙賢 中〉에 "四鄙之萌人(사방 벽지의 백성들)"이라 하였다. 舍와 予는 소리가 비슷하여 글자가 통용되니, '施舍'는 '賜予(내려준다)'이다. ≪春秋左氏傳≫ 昭公 13년에 "施舍寬民(은덕을 베풀어 백성들에게 너그럽게 대한다.)"이라 하였고, 또 "施舍不倦(은덕을 베풀기를 게을리하지 않는다.)"이라 하였는데, 이 구절에 대한 杜預의 注에 "施舍는 恩德을 베푼다는 말과 같다."라 하였다.

18-5-14 **自恃其力**하며 **伐其功**하며 **譽其智**하여 **怠於教**러니 **遂築姑蘇之臺**하여 **七年**을 **不成**이라

스스로 제 武力을 믿고 제 공로를 과시하고 제 지혜를 예찬하여 군사 교련을 게을리하더니, 마침내 姑蘇臺를 쌓아 7년이 지나도록 완성하지 못하였다.

國語吳語에 說吳王夫差云 高高下下하여 以罷民於姑蘇라한대 韋注에 云 姑蘇는 臺名이니 在吳西하여 近湖라 案 國語에 以築姑蘇로 爲夫差事하니 與此書로 正合이라 畢云 史記集解에 云 越絶書[50]에 曰 闔閭起姑蘇之臺할새 三年聚材하여 五年乃成하니 高見三百里라하고 顏師古注漢書伍被傳에 云 吳地記에 云 因山爲名하니 西南去國三十五里라 今江南蘇州府治라하다 詒讓案 越絶에 以姑蘇로 爲闔閭所築이라하니 疑誤라

姑蘇臺

≪國語≫ 〈吳語〉에 〈申胥가〉 吳王

50) 越絶書 : 漢나라 때 袁康이 찬한 책으로, 전체가 15권으로 되어 있으며, 周나라 때의 越의 흥망을 기록한 책이다. 혹은 子貢이 지은 책이라고도 한다.

夫差에게 諫하기를 "높은 곳에는 높은 樓臺를 짓고 낮은 곳에는 깊은 연못을 파서 姑蘇臺를 축조하는 일에 民力을 피폐하게 하였다."라 하였는데, 이 구절에 대해 韋昭의 注에 "姑蘇는 누대의 이름이니 吳나라 서쪽에 있어 洞庭湖에 가깝다."라 하였다.

案 : ≪國語≫에서 姑蘇臺를 지은 일을 夫差가 한 일이라 하였으니 ≪墨子≫의 이 내용과 딱 맞아떨어진다.

畢沅 : ≪史記集解≫에 "≪越絶書≫에 말하기를 '闔閭가 姑蘇臺를 세울 때 3년 동안 목재를 모으고 5년이 지나서야 완성하였는데, 높아서 3백 리 먼 곳에서도 보였다.'라 하였고, 顔師古가 ≪漢書≫ 〈伍被傳〉에 注를 달아 '≪吳地記≫에 「姑蘇山으로 인해 姑蘇臺라고 이름을 붙였으니, 서남쪽으로 國都에서 35리 떨어져 있다.」 하였으니, 지금 江南 蘇州府의 관할이다.'라 하였다."라 하였다.

詒讓案 : ≪越絶書≫에 姑蘇臺를 闔閭가 쌓은 것이라 한 것은 아마 틀린 것으로 추측된다.

18-5-15 及若此하얀 **則吳有離罷**(피)**之心**이어늘

이와 같은 지경에 이르러서는 吳나라 백성들이 離叛하고 疲勞한 마음이 들었거늘

蘇云 罷는 **讀如疲**라

蘇時學 : '罷'는 '疲'와 같이 읽는다.

18-5-16 越王句踐이 **視吳上下不相得**하고 **收其衆以復其讎**하니 **入北郭**하여 **徙大(內)〔舟〕**[51]하고

越王 句踐이 吳나라의 君臣이 서로 화합하지 못한 것을 보고 자신의 백성을 거두어 복수하였으니, 북쪽 城郭에 쳐들어가 王의 배를 탈취하였고,

王云 徙大內三字는 **義不可通**이니 **大內**는 **當爲大舟**라 **隸書**에 **舟字**는 **或作**月하니 **與內**로 **相似而誤**라 **吳語**에 **越王句踐**이 **襲吳**에 **入其郛**하여 **焚其姑蘇**하고 **徙其大舟**라한대 **韋注**에

51) (內)〔舟〕: 저본에는 '內'로 되어 있으나, 王念孫의 주에 의거하여 '舟'로 바로잡았다.

曰 大舟는 王舟라하고 吳越春秋夫差內傳에 亦作爲徙其大舟라하다 案 王說이 是也라 吳語의 韋注에 云 郛는 郭也요 徙는 取也라하다 此는 哀十三年에 越入吳事니 與二十年에 圍吳事와 不相涉[52)]이라 此는 類擧之耳라

王念孫 : '徙大內' 3자는 의미가 통하지 않으니, '大內'는 응당 '大舟'가 되어야 한다. 隸書에 '舟'자는 혹 '月'로 쓰기도 하는데, '內'와 서로 흡사하여 잘못된 것이다. ≪國語≫ 〈吳語〉에 "越王 句踐이 吳나라를 습격할 때 그 성곽에 들어가 姑蘇臺를 불태우고 大舟를 탈취하였다."라 하였는데 이 구절에 대해 韋昭의 注에 "大舟는 王舟이다."라 하였고, ≪吳越春秋≫ 〈夫差內傳〉에 또한 "徙其大舟(大舟를 탈취하였다.)"라 하였다.

案 : 王念孫의 설이 옳다. ≪國語≫ 〈吳語〉 韋昭의 注에 "郛는 城郭이다. 徙는 탈취함이다."라 하였다. 이는 哀公 13년에 越나라가 吳나라를 침략한 사건이니, 哀公 20년에 오나라 왕궁을 포위한 사건과는 무관하다. 여기서는 비슷한 일을 거론한 것일 뿐이다.

18-5-17 圍王宮하여

王宮을 포위하여

國語吳語에 云 越師入吳國하여 圍王宮이라한대 韋注에 云 王宮은 姑蘇라하다

≪國語≫ 〈吳語〉에 "越나라 군대가 吳나라 國都에 쳐들어가 王宮을 포위하였다."라 하였는데, 이 구절에 대한 韋昭의 注에 "王宮은 姑蘇城이다."라 하였다.

18-5-18 而吳國以亡이라

吳나라가 이 때문에 멸망하였다.

左傳哀二十年十一月에 越圍吳하고 二十二年十一月에 越滅吳라

52) 哀十三年……不相涉 : 魯 哀公 13년 6월, 애공이 吳나라 夫差와 黃池에서 회합을 하였다. 그러자 越나라 句踐이 부차가 없는 틈을 타서 오나라를 쳐들어간 일이 있다. 또 애공 20년 11월, 吳越간의 和平을 주선하던 吳나라 공자 慶忌가 吳나라 사람들에 의해 죽임을 당하자 越나라 군대가 吳나라를 포위하였다. 이 두 사건은 전혀 별개의 사건인데 여기서는 월나라가 오나라를 침략하였다는 것에 중점을 두어 한 문장 안에 서술하였기 때문에 이렇게 말한 것이다.

≪春秋左氏傳≫에 "哀公 20년 11월에 越나라가 吳나라 國都를 포위하였다."라 하였고, "哀公 22년 11월에 越나라가 吳나라를 멸망시켰다."라 하였다.

18-5-19 **昔者**에 **晉有六將軍**한대

옛날에 晉나라에 六將軍(六卿)이 있었는데

六將軍은 **卽六卿爲軍將者也**라 **春秋時**에 **通稱軍將爲將軍**이니 **穀梁文六年傳**에 **云 晉使狐射**(역)**姑**[53]**爲將軍**이 **是也**라 **淮南子道應訓**에 **云 趙文子問於叔向曰 晉六將軍**에 **其孰先亡乎**아하고 **又人閒訓**에 **云 張武爲智伯謀曰 晉六將軍**에 **中行文子**가 **最弱**이라한대 **許注**에 **云 六將軍**은 **韓趙魏范中行智伯也**라하다

六將軍은 곧 六卿으로서 軍將이 된 자이다. 春秋시대에 軍將을 통칭 將軍이라 하였으니, ≪春秋穀梁傳≫ 文公 6년에 "晉나라가 狐射姑를 장군으로 삼았다."라고 한 것이 이것이다. ≪淮南子≫ 〈道應訓〉에 "趙文子가 叔向에게 묻기를 '晉나라 六將軍 중에 누가 가장 먼저 망할까요?'라 하였다."라 하였고, 또 ≪淮南子≫ 〈人閒訓〉에 "張武가 智伯을 위해 모의하여 말하기를 '晉나라 六將軍에 中行文子가 가장 弱하다.'라 하였다."라 하였는데, 이 구절에 대한 許愼의 注에 "六將軍은 韓氏・趙氏・魏氏・范氏・中行氏・智伯氏이다."라 하였다.

18-5-20 **而智伯**이 **莫爲强焉**하니 **計其土地之博**과 **人徒之衆**하여 **欲以抗諸侯**로 **以爲英名**하여 **攻戰之速**이라 **故**로 **差論其爪牙之士**하고 **(皆)〔比〕**[54]**列其舟車之衆**하여

그 가운데 智伯氏가 莫强하니, 자신의 광대한 토지와 많은 人民을 헤아려 諸侯에게 맞서는 것으로 英名을 삼아 攻戰을 신속히 하고자 하였다. 이 때문에 용맹한 군사를 선발하고 배와 수레의 병졸을 진열하여

王云 皆는 **當爲比**니 **天志篇**에 **比列其舟車之卒**이 **是其證**이라 **下篇**의 **皆列**도 **同**이라하다

---

53) 狐射(역)姑 : 춘추전국시대 晉나라의 대부로, 狐偃의 아들이다. 文武와 智勇을 겸비한 儒將으로서 太師를 지냈다. 晉 襄公 때 賈國에 봉해졌으며, 賈氏의 二始祖가 되었다.

54) (皆)〔比〕 : 저본에는 '皆'로 되어 있으나, 王念孫의 주에 의거하여 '比'로 바로잡았다.

案 王說이 是也라 又舊本에 列下脫其字러니 王據上句補하니 今從之라

王念孫 : '皆'는 응당 '比'가 되어야 하니, ≪墨子≫ 〈天志〉에 "比列其舟車之卒(배와 수레의 병졸을 진열한다.)"이라고 한 것이 그 증거이다. ≪墨子≫ 〈非攻 下〉의 '皆列'도 마찬가지로 '比列'이다.

案 : 王念孫의 說이 옳다. 또 舊本에 '列' 아래에 '其'자가 탈락되어 있었는데, 王念孫이 앞 구절에 의거하여 보충해 넣었으니, 지금 王念孫을 따른다.

18-5-21 以攻中行氏而有之하여 以其謀爲既已足矣러니 又攻(茲)[55]范氏而大敗之하여

中行氏를 공격하여 兼有하여 자신의 모책이 이미 충분하게 되었다. 그런데 또 范氏를 공격하여 크게 패배시켜

茲字는 疑衍이라 中行氏는 卽荀氏요 范氏는 卽士氏이니 左傳定十三年에 晉逐荀寅士吉射라하니 乃知伯瑤祖文子躒事[56]라 此及魯問篇에 竝通擧요 不復析別이라 淮南子人間訓에 亦謂張武[57]爲智伯謀伐范中行하여 滅之라하다

'茲'자는 아마 잘못 들어간 것일 것이다. 中行氏는 곧 荀氏이고 范氏는 곧 士氏이다. ≪春秋左氏傳≫ 定公 13년에 "晉나라가 荀寅과 士吉射를 축출했다."라 하였으니, 바로 知伯瑤의 祖父인 知文子 荀躒의 일이다. 이곳 및 ≪墨子≫ 〈魯問〉에 아울러 통틀어 거론했고 더 이상 구별하지 않았다. ≪淮南子≫ 〈人間訓〉에 또한 "張武가 智伯을 위하여 范氏와 中行氏를 칠 것을 도모하여 멸망시켰다."라 하였다.

---

55) (茲) : 저본에는 '茲'자가 있으나, 孫詒讓의 주에 의거하여 衍文으로 처리하였다.

56) 左傳定十三年……乃知伯瑤祖文子躒事 : 知文子는 荀躒인데 荀寅을 신뢰하지 않고 梁嬰父를 총애하였다. 范吉射는 范昭子인데 范皐夷와 사이가 좋지 못하였다. 또 荀寅의 아들이 范吉射의 딸에게 장가들어 둘은 사돈지간이었다. 이들의 정치적 관계로 인해 荀寅을 축출하고서 梁嬰父를 대신 그 자리에 앉히고, 范吉射를 축출하고서 范皐夷를 대신 그 자리에 앉히고자 하였다. 뒤에 晉 定公의 공격을 받은 荀寅과 士吉射는 朝歌로 달아났다.

57) 張武 : 知伯의 家臣이다.

18-5-22 **幷三家以爲一家而不止**하고 **又圍趙襄子於晉陽**이라

三家를 兼併하여 一家를 만들고서도 멈추지 않고, 또 晉陽에서 趙襄子를 포위하였다.

事在魯悼公十五年[58)]이라

일이 魯 悼公 15년에 있었다.

18-5-23 **及若此**하얀 **則韓魏亦相從而謀曰 古者**에 **有語**하니 **脣亡則齒寒**이라하니라

이런 상황에 이르러서는 韓氏와 魏氏가 서로 모의하여 말하기를 '옛날에 俗語가 있으니, 「입술이 없어지면 이가 시리다.」라 하였습니다.

戰國策趙策과 **淮南子人閒訓**에 **竝以此爲張孟談**[59)]**說**(세)**韓魏之君語**라 **穀梁僖二年傳**에 **虞宮之奇曰 語**에 **曰 脣亡則齒寒**이라하고 **左僖五年傳**에는 **語作諺**이라

≪戰國策≫ 〈趙策〉과 ≪淮南子≫ 〈人閒訓〉에는 모두 이 일이 張孟談이 韓과 魏의 君主에게 설득한 말로 되어 있다. ≪春秋穀梁傳≫ 僖公 2년에는 虞나라 宮之奇가 말하기를 "俗語에 '입술이 없어지면 이가 시리다.' 하더라."라 하였다. ≪春秋左氏傳≫ 僖公 5년에는 '語'가 '諺'으로 되어 있다.

18-5-24 **趙氏朝亡**하면 **我夕從之**하고 **趙氏夕亡**하면 **我朝從之**리이다

趙氏가 아침에 망하면 우리가 저녁에 따라 망하고, 趙氏가 저녁에 망하면 우리가 〈이튿날〉 아침에 따라 망할 것입니다.

畢云 我는 **舊作吾**라 **一本如此**라하다

畢沅 : '我'는 舊本에 '吾'로 되어 있다. 어떤 本도 이와 같다.

---

58) 事在魯悼公十五年 : ≪戰國策≫ 〈秦策〉과 ≪史記≫ 〈魏世家〉에도 이 사실이 기록되어 있는데, ≪史記≫에는 晉 懿公 4년, 곧 魯 悼公 14년의 일이라 하였다.

59) 張孟談 : 戰國時代 晉나라 趙襄子의 家臣이다. ≪史記≫에는 張孟同이라 하였다.

18-5-25 **詩**에 **曰 魚水不務**요

≪詩≫에 이르기를 「물고기가 물에서 노닐지 않고

務는 **疑當讀爲**鶩라 **東魏嵩陽寺碑**에 **朝野傾務**라하니 **務**는 鶩**字**로 **通**이라 **淮南子主術訓**에 **云 魚得水而**鶩라한대 **高注**에 **云** 鶩는 **疾也**라하다 **又或當作**斿니 **卽游之省**이라

'務'는 아마 응당 '鶩'로 읽어야 할 듯하다. 東魏의 〈嵩陽寺碑〉에 "野朝野傾務(조정과 재야가 모두 내달린다.)"라 하였으니, '務'는 '鶩'자와 通한다. ≪淮南子≫ 〈主術訓〉에 "魚得水而鶩(물고기가 물을 만나 내달린다.)"라 하였는데, 이 구절에 대한 高誘의 注에 "鶩는 빨리 달리는 것이다."라 하였다. 또 〈'務'는〉 혹 응당 '斿'가 되어야 하니, 곧 '游'의 省字이다.

18-5-26 **陸將何及乎**리오하니라

뭍에 올라오면 장차 어떻게 할 것인가.」라 하였습니다.'라 하였다.

王云 陸將何及乎는 **不類詩詞**니 **乎字**는 **蓋淺人所加**라 **蘇云 此**는 **蓋逸詩**라하다

王念孫 : '陸將何及乎'는 ≪詩經≫의 詞와 사뭇 다르니 '乎'자는 淺人이 더한 것이다.
蘇時學 : 이는 아마 逸詩일 것이다.

18-5-27 **是以**로 **三主之君**이 **一心戮力**하여

이런 까닭에 三家의 主君이 마음을 통일하고 힘을 합하여

畢云 戮은 **剹字假音**이라하다

畢沅 : '戮'은 '剹'자의 假音字이다.

18-5-28 辟**門除道**하고

문을 열고 길을 텄으며

蘇云 辟은 **同闢**이라하다

蘇時學 : '辟'은 '闢'과 같다.

18-5-29 奉甲興士하되 韓魏自外하고 趙氏自內하여 擊智伯大敗之하다

갑옷을 입고 군사를 일으키되, 韓氏와 魏氏는 밖에서, 趙氏는 안에서 智伯을 공격하여 크게 패배시켰다."

畢云 事俱見韓非子라하다

畢沅 : 일이 모두 ≪韓非子≫에 나온다.

18-6-1 是故로 子墨子言曰 古者에 有語하니 曰 君子는 不鏡於水而鏡於人이니 鏡於水면 見面之容하고 鏡於人이면 則知吉與凶이라하니라

이런 까닭에 子墨子께서 말씀하셨다.

"옛날에 俗語가 있으니, '군자는 물을 거울삼지 않고 사람의 일을 거울삼으니, 물을 거울삼으면 얼굴의 모습을 보고 사람을 거울삼으면 吉凶을 안다.'고 하였다.

蘇云 書酒誥篇에 云 古人有言하니 曰 人은 無於水에 監이요 當於民에 監이라하고 太公金匱陰謀에 有武王鏡銘하여 云 以鏡自照면 見形容하고 以人自照면 見吉凶이라하다 二書所云이 與此合하니 蓋古語也라하다 詒讓案 國語吳語에 云 申胥曰 王盍亦鑑於人하고 無鑑於水니잇고하다

蘇時學 : ≪書經≫ 〈酒誥〉에 "옛사람이 말하기를 '사람은 물에 비추어보지 말고 마땅히 백성에게 비추어보라.'라 하였다."라 하였고, ≪太公金匱≫와 ≪太公陰謀≫에 〈武王鏡銘〉이 있어 말하기를 "거울로 스스로 비추어보면 자신의 容貌를 보고, 사람으로 스스로 비추어보면 吉凶을 알 수 있다."라 하였다. 두 책에서 말한 내용이 이곳과 부합하니, 대개 古語인 것이다.

詒讓案 : ≪國語≫ 〈吳語〉에 "申胥가 말하기를 '王께서는 어찌하여 사람을 거울삼아야 하고 물을 거울삼지 말아야 함을 〈생각지〉 않으십니까.'라 하였다."라 하였다.

18-6-2 今以攻戰爲利면 則蓋(합)嘗鑒之於智伯之事乎아

지금 攻戰을 이롭게 여긴다면 어찌 智伯의 일을 거울삼지 않을 것인가.

畢云 蓋은 **同盇**이라하다

畢沅 : '蓋'은 '盇'과 같은 글자이다.

18-6-3 **此其爲不吉而凶**을 **旣可得而知矣**라

그렇게 한다면 이것이 吉이 아니라 凶인 줄을 잘 알 수 있을 것이다."

非攻 下 第十九　제19편 攻戰을 비판하다 하

義라는 것은 하늘의 이로움과 귀신의 이로움과 인간의 이로움에 들어맞는 것이다. 聖王의 법은 전쟁을 자제하고 천하와 四海의 화합을 총괄하는 것이다. 그런데 많은 王公과 大人들은 눈앞의 이로움을 위해 무기를 만들고 전쟁을 일으켜 宗廟를 훼손하고 萬民을 학대하는데, 이는 하늘을 이롭게 하는 것도 아니고 귀신을 이롭게 하는 것도 아니고 인간을 이롭게 하는 것도 아니다. 결국 전쟁은 국가의 바탕을 잃게 하는 것이라고 墨子는 말한다.

19-1-1 **子墨子言曰 今天下之所譽善者**는 **其說將何哉**오

子墨子께서 말씀하셨다.
"지금 천하에서 예찬하고 훌륭하다 하는 것은 그 說이 무엇인가.

舊本에 **脫哉字**라 **王云 天志篇**에 **曰 天下之所以亂者**는 **其說將何哉**오하니 **今據補**라

舊本에는 '哉'자가 탈락되어 있었다.

王念孫 : ≪墨子≫ 〈天志〉에 "天下之所以亂者 其說將何哉(天下가 어지러운 이유는 그 說이 무엇인가.)"라 하였으니, 지금 이 구절에 의거하여 〈'哉'를〉 보충하였다.

19-1-2 **爲其上中天之利**하고 **而中中鬼之利**하고 **而下中人之利**라 **故**로 **譽之與**아

위로 하늘의 이로움에 들어맞고, 가운데로 鬼神의 이로움에 들어맞고, 아래로 人間의 이로움에 들어맞기 때문에 예찬하는 것인가.

舊本에 **作譽**러니 **王引之據下改與**하니 **是也**라 **今從之**라 **蘇云 下譽**는 **當作與**니 **讀平聲**이라하다

舊本에 '譽'로 되어 있는데, 王引之가 아래 문장에 의거하여 '與'로 고쳤으니 옳은지라

지금 따른다.

蘇時學 : 뒤의 '譽'는 응당 '與'가 되어야 하니, 平聲의 〈語助辭로〉 읽는다.

19-1-3 意亡(무)非爲其上中天之利하고 而中中鬼之利하고 而下中人之利라 故로 譽之與아

아니면 위로 하늘의 이로움에 들어맞고, 가운데로 鬼神의 이로움에 들어맞고, 아래로 人間의 이로움에 들어맞는 것이 아니기 때문에 예찬하는 것인가.

王引之云 意는 與抑으로 同하며 亡는 與無로 同하니 皆詞也라 非命篇에 日 不識케라 昔也三代之聖善人與아 意亡昔三代之暴不肖人與아하다 蘇說同이라

王引之 : 意는 抑과 같고, 亡는 無와 같으니, 모두 語助詞이다. ≪墨子≫ 〈非命 中〉에 "不識 昔也三代之聖善人與 意亡昔三代之暴不肖人與(모르겠다만, 옛날 三代의 聖人과 善人인가? 아니면 옛날 三代의 暴人과 不肖人인가?)"라 하였다.

蘇時學의 說도 같다.

19-1-4 雖使下愚之人이라도

비록 가령 下愚의 사람일지라도

畢云 舊愚之二字倒러니 以意移라

畢沅 : 舊本에 '愚之' 2자가 도치되어 〈'之愚'로 되어 있었는데,〉 뜻으로 판단하여 이동하였다.

19-1-5 必曰 將爲其上中天之利하고 而中中鬼之利하고 而下中人之利라 故譽之라하리라 今天下之所同義者는

반드시 말하기를 '장차 위로 하늘의 이로움에 들어맞고, 가운데로 鬼神의 이로움에 들어맞고, 아래로 人間의 이로움에 들어맞기 때문에 예찬하는 것이다.'라 할 것이다. 지금 천하 사람들이 모두 의롭다고 여기는 것은

畢云 義는 舊作養이라 一本如此라

畢沅 : '義'는 舊本에 '養'으로 되어 있다. 어떤 본도 이와 같다.

19-1-6 聖王之法也언마는 今天下之諸侯將猶多皆(免)[1]攻伐幷兼하니

聖王의 法이건만, 지금 天下의 諸侯가 또 여전히 대부분 모두 攻伐하여 兼幷하고 있으니

兪云 免字는 衍文이라 天志篇에 云 今天下之諸侯將猶皆侵凌攻伐兼幷이라하니 無免字를 可證이라하다

兪越 : '免'자는 衍文이다. ≪墨子≫ 〈天志〉에 "今天下之諸侯將猶皆侵凌攻伐兼幷(지금 天下의 諸侯가 또 여전히 모두 侵陵하고 攻伐하여 兼幷하고 있다.)"이라 하였으니, '免'자가 없어야 한다는 것을 알 수 있다.

19-1-7 則是有譽義之名이나 而不察其實也라 此는 譬猶盲者之與人에 同命白黑之名이요 而不能分其物也니 則豈謂有別哉리오 是故로 古之知者之爲天下度(탁)也에 必順慮其義요 而後爲之行하나니 是以로 動則不疑하며 (速通成)〔遠邇咸〕[2]得其所欲하여

이는 義를 예찬하는 名聲을 소유하기는 하였으나 實質을 살피지 못한 것이다. 이는 비유하자면 盲人이 일반 사람과 똑같이 黑白이란 名稱을 사용하지만 그 實物을 분별하지 못하는 것과 같으니, 이를 두고 어찌 분별한다 할 수 있겠는가. 이런 까닭에 옛날의 지혜로운 자가 天下를 위하여 헤아림에 반드시 義를 신중하게 고려한 뒤에 행하였으니, 이런 까닭에 움직이면 의심을 받지 않아 遠近의 인민들이 모두 바라는 바를 얻어

1) (免) : 저본에는 '免'자가 있으나, 兪樾의 주에 의거하여 衍文으로 처리하였다.

2) (速通成)〔遠邇咸〕 : 저본에는 '速通成'으로 되어 있으나, 孫詒讓의 주에 의거하여 '遠邇咸'으로 바로잡았다.

戴云 成下에 **當脫則字**라하다 **案 戴說未塙**이라 **速通成得其所欲**은 **疑當作遠邇咸得其所欲**이라

戴望：'成' 아래 응당 '則'자가 빠져 있다.

案：戴望의 설은 확실치 않다. '速通成得其所欲'은 응당 '遠邇咸得其所欲'이 되어야 옳을 듯하다.

19-1-8 而順天鬼百姓之利하니 **則知者之道也**라

하늘・귀신・백성의 이익을 따랐으니, 이것이 지혜로운 자의 道이다.

畢云 知는 **讀智**라하다

畢沅：'知'는 '智'로 읽어야 한다.

19-1-9 是故로 **古之仁人有天下者**는 **必(反)〔交〕[3]大國之說**(열)하여

이런 까닭에 옛날에 仁人으로서 천하를 소유한 자는 반드시 대국과 서로 기뻐하여

反은 **當作交**라 **二字形近**하니 **詳七患篇**이라 **此**는 **謂與大國交相說**이라 **下文**에 **云 以此效大國**이면 **則小國之君說**이라하니 **交效**는 **字通**이라

'反'은 응당 '交'가 되어야 한다. 두 자는 字形이 비슷하니, ≪墨子≫ 〈七患〉에 자세히 설명하였다. 여기서는 大國과 서로 기뻐한다는 뜻이다. 아래 글에 "以此效大國 則小國之君說(이러한 방법으로써 大國과 사귀면 小國의 임금이 기뻐한다.)"이라 하였으니, '交'와 '效'는 글자를 통용한다.

19-1-10 一天下之和하며 **總四海之內**라야

천하의 和合을 통일하고 四海의 안을 總括하여야

---

3) (反)〔交〕：저본에는 '反'으로 되어 있으나, 孫詒讓의 주에 의거하여 '交'로 바로잡았다.

句라

여기서 구두를 뗀다.

19-1-11 **焉率天下之百姓**하여

곧 天下의 百姓을 거느려

戴云 焉은 **猶乃也**라하다

戴望 : '焉'은 '乃'와 같다.

19-1-12 **以農臣事上帝山川鬼神**하여

上帝와 山川과 鬼神을 섬기기〔臣事〕를 힘써

洪云 左氏襄十三年傳에 **小人**이 **農力以事其上**이라하고 **管子大臣篇**에 **耕者用力不農**이면 **有罪無赦**라하니 **廣雅釋詁**에 **農**은 **勉也**라하다

洪頤煊 : ≪春秋左氏傳≫ 襄公 13년에 "小人 農力以事其上(小人이 努力〔農力〕하여 윗사람을 섬겼다.)"이라 하였고, ≪管子≫ 〈大匡〉에 "耕者用力不農 有罪無赦(耕作을 하는 이가 힘을 씀에 勤勉하지 않으면 罪를 주어 용서치 않는다.)"라 하였는데, ≪廣雅≫ 〈釋詁〉에 "農은 '勉(힘쓰다)'이다."라 하였다.

19-1-13 **利人多**하고 **功(故)**[4]**又大**라

사람을 이롭게 함이 많고 功勞 또한 크다.

戴云 故는 **卽功之衍文**이라 **蓋功**은 **一本作攻**이니 **因誤爲故**어늘 **而寫者合之耳**라하다

戴望 : '故'는 '功'의 衍文이다. 대개 '功'이 어떤 本에는 '攻'으로 되어 있으니, 이 때문에 '故'로 잘못된 것인데, 베껴 쓰는 자가 그것을 합쳐 베낀 것일 뿐이다.

---

4) (故) : 저본에는 '故'자가 있으나, 戴望의 주에 의거하여 衍文으로 처리하였다.

19-1-14 **是以**로 **天賞之**하며 **鬼富之**하며

이런 까닭에 하늘이 상을 주며 귀신이 부유하게 해주며

畢云 鬼는 舊作愚러니 以意改라하다

畢沅 : '鬼'는 舊本에 '愚'로 되어 있었는데, 뜻으로 판단하여 고쳤다.

19-1-15 **人譽之**하여 **使貴爲天子**하고 **富有天下**하고 **名參乎天地**하여 **至今不廢**하나니 **此則知者之道也**니 **先王之所以有天下者也**라하니라

사람이 예찬하여, 尊貴하게 天子가 되게 하고 부유하게 천하를 소유하게 하고 이름이 天地에 참여하게 하여 지금까지 廢棄되지 않는다. 이것이 곧 지혜로운 자의 道이니 先王이 천하를 소유하게 된 이유이다."

19-2-1 **今王公大人**과 **天下之諸侯則不然**하여 **將必皆差論其爪牙之士**하고 (皆)〔**比**〕[5] **列其舟車之卒伍**하여

지금 王公·大人과 天下의 諸侯들은 그렇지 않아 장차 반드시 모두 용맹한 군사를 선발하고 배와 수레의 병졸들을 진열하여

皆는 亦當作比니 詳上篇이라

'皆'는 또한 응당 '比'가 되어야 하니, ≪墨子≫ 〈非攻 上〉에 자세히 설명하였다.

19-2-2 **於此爲堅甲利兵**하여 **以往攻伐無罪之國**하되 **入其國家邊境**하여 **芟刈其禾稼**하고 **斬其樹木**하며 **墮其城郭**하여

이에 堅固한 甲胄와 날카로운 兵器를 만들어 죄 없는 나라를 攻伐하되 그 나라의 국경에 들어가 곡식을 베고 나무를 자르며, 城郭을 무너뜨려

---

5) (皆)〔比〕 : 저본에는 '皆'로 되어 있으나, 18-5-19의 王念孫의 주에 의거하여 '比'로 바로잡았다.

說文𠂤部에 **云 敗城𠂤曰**隓(휴)라하니 **篆文作**𡐦라 **墮**는 **卽**𡐦**之變體**라 **左傳僖三十二年**의 **杜注**에 **云 墮**는 **毁也**[6]라하다 **畢云 墮**는 **一本作**隊라

≪說文解字≫ 〈𠂤部〉에 "城𠂤를 무너뜨리는 것을 '隓'라 한다."라 하니, 篆文으로는 '𡐦'라고 쓴다. '墮'는 곧 '𡐦'의 變體이다. ≪春秋左氏傳≫ 僖公 32년 조 기사의 杜預의 注에 "墮는 무너뜨림이다."라 하였다.

畢沅 : '墮'는 어떤 본에는 '隊'로 되어 있다.

19-2-3 **以湮其溝池**하며

溝池를 埋沒시키며,

畢云 湮은 **塞之字**니 **當爲**垔이라하다

畢沅 : '湮'은 '막는다'는 뜻의 글자이니, 응당 '垔'이 되어야 한다.

19-2-4 **攘殺其牲**牷하며

犧牲을 掠奪하여 죽이며,

周禮牧人에 **掌牧六牲而阜蕃其物**하여 **以共祭祀之牲**牷이라한대 **鄭注**에 **云 六牲**은 **謂牛馬羊豕犬鷄**요 牷은 **體完具**라하다 **鄭衆云** 牷은 **純色**이라

≪周禮≫ 〈牧人〉에 "여섯 희생을 길러 그 동물들을 많이 번식시켜서 祭祀의 牲牷을 제공하는 것을 관장한다."라 하였는데, 鄭玄의 注에 "여섯 희생은 소·말·양·돼지·개·닭이고, 牷은 몸이 完具한 것이다."라 하였다. 鄭衆은 "牷은 純色이다."라 하였다.

19-2-5 **燔(潰)〔燎〕**[7]**其祖廟**하며

6) 左傳僖三十二年……毁也 : 魯 僖公 33년 여름 4월, 晉나라가 秦나라를 크게 이긴 뒤 文嬴의 요청에 따라 포로로 잡은 秦나라의 세 장수를 晉 文公이 돌려보내자 그 소식을 들은 大夫 先軫이 "戰果를 무너뜨려 원수인 秦나라의 기세를 키워주었으니 머잖아 망할 것이다.〔墮軍實而長寇讎 亡無日矣〕"라고 한 구절에 대한 杜預의 注이다.

祖廟를 불태워버리며,

王引之云 燔與潰는 義不相屬하니 燔潰는 當爲燔燎라 隸書에 尞字는 或作尞니 與貴字相似라 故로 字之從尞者或誤從貴하니 史記仲尼弟子傳索隱에 引家語有申繚러니 今本家語七十二弟子篇에 作申繢[8]라하고 趙策魏殺呂遼下文에 又作呂遺가 皆其類也라 尞與貴는 隸相似하니 故로 燎誤爲熶하고 又誤爲潰耳라 此篇에 云 攘殺其牲牷하며 燔燎其祖廟라하고 天志篇에 云 焚燒其祖廟하며 攘殺其犧牷이라하니 文異而義同也라하다

王引之 : '燔'과 '潰'는 의미가 서로 이어지지 않으니, '燔潰'는 응당 '燔燎(불태우다)'가 되어야 옳을 듯하다. 隸書에 '尞'자는 혹 '尞'라고 쓰니, '貴'자와 서로 흡사하다. 그 때문에 글자 가운데 '尞'를 붙이는 것은 혹 잘못 '貴'를 붙이기도 한다. ≪史記索隱≫ 〈仲尼弟子列傳〉에서 ≪家語≫에 실린 인물 '申繚'를 인용하였는데, 今本 ≪家語≫ 〈七十二弟子〉에는 '申繢'라고 되어 있고, ≪戰國策≫ 〈趙策〉에 "魏殺呂遼(魏나라에서 呂遼를 죽였다.)"라고 한 아래 글에서 또 〈'呂遼'가〉 '呂遺'로 되어 있는 것이 모두 그러한 類이다. '尞'와 '貴'는 隸書의 字形이 서로 흡사하기 때문에 '燎'가 '熶'라고 잘못 쓰이기도 하고 또 '潰'로 잘못 쓰이기도 한 것일 뿐이다. 여기 ≪墨子≫ 〈非攻 下〉에서 "攘殺其牲牷 燔燎其祖廟"라 하였고, ≪墨子≫ 〈天志〉에서 "焚燒其祖廟 攘殺其犧牷(祖廟를 불태워 없애고 犧牷을 약탈하여 죽였다.)"이라고 한 것은 글자는 다르지만 의미는 똑같다.

19-2-6 剄[9]殺其萬民하며

萬民을 베어 죽이며,

左傳定四年杜注에 云 剄取其首[10]라하다 史記陳涉世家索隱에 引三蒼郭璞注云 剄은

---

7) (潰)〔燎〕: 저본에는 '潰'로 되어 있으나, 王引之의 주에 의거하여 '燎'로 바로잡았다.

8) 今本家語七十二弟子篇 作申繢 : 판본에 따라 '申續'이라고 된 곳도 있으며, '申黨'과 동일인물로 추정하기도 한다. 자는 子周이고, 자세한 인적 사항은 未詳이다.

9) 剄 : 저본 傍注에 "'剄'은 원래 '勁'으로 잘못되어 있었는데, 畢沅의 刻本에 의거하여 고친다."라고 하였다.

10) 左傳定四年杜注云 剄取其首 : 定公 4년 겨울 11월에 吳나라 闔閭가 楚나라를 공격했을 때 초나라 左司馬 戌이 吳軍을 雍澨에서 저지하다가 부상을 입었다. 그런데 본래 戌이 闔閭의 신하였으므로 闔閭에게 포로가 되는 것을 치욕으로 여겨 부하에게 자신의 목이 吳軍의 手中

刺也[11)]라하다 下文에 云 刺殺天民이라하니 與此義同이라 畢云 剄字는 從刀라하다

≪春秋左氏傳≫ 定公 4년 조 紀事 杜預의 注에 "剄取其首(목을 베어 수급을 취하였다.)"라 하였다. ≪史記索隱≫ 〈陳涉世家〉에 郭璞이 ≪三蒼≫에 단 注를 인용하여 "剄은 찌름〔剌〕이다."라 하였다. 아래 글에 "刺殺天民(天民을 베어 죽였다.)"이라 하였으니, 이곳과 뜻이 같다.

畢沅 : '剄'자는 '刀'를 붙여야 한다.

19-2-7 **覆其老弱**하고

노약자를 滅殺하고

逸周書周祝篇孔注에 云 **覆**은 **滅也**라하다

≪逸周書≫ 〈周祝〉의 〈'覆國'에 대한〉 孔晁[12)]의 注에 "覆은 滅함이다."라 하였다.

19-2-8 **遷其重器**러니

귀중한 器物을 옮기더니,

孟子梁惠王文으로 **同**[13)]하니 **趙注**에 云 **寶重之器**라하다

에 들어가지 않게 해달라 하였다. 그러자 '부하 吳句卑가 자신의 치마를 땅에 펴놓고서 戌의 목을 베어 쌌다.〔句卑布裳 剄而裹之〕'고 한다. 이 구절에 대한 杜預의 注에 "司馬 戌이 죽은 뒤에 목을 베어 그 首級을 취한 것이다.〔司馬已死 剄取其首〕"라 하였다.

11) 史記陳涉世家索隱……剌也 : 陳勝의 수하 장군 周文이 秦軍에 쫓기다가 죽을 때의 모습을 서술하며 章邯이 추격하자 "周文이 자결하였다.〔周文自剄〕"라 하였다. 이 구절에 대해 ≪史記索隱≫에서 "郭璞이 ≪三蒼≫에 주석을 달며 '剄은 찌름이다.' 하였다.〔郭璞注三蒼以爲剄刺也〕"라 하였다. ≪三蒼≫은 漢나라 때 만들어진 字書의 이름이다. 秦나라 李斯가 ≪倉頡篇≫ 7章을 짓고, 趙高가 ≪爰歷篇≫ 6章을 짓고, 胡母敬이 ≪博學篇≫ 7章을 지었는데, 籀書를 합하여 만든 것으로 총 3,300자이다. 이를 합하여 모두 55章으로 만들었다.

12) 孔晁 : 西晉의 오경박사이다. 王肅學派의 대표적 인물이다. ≪尙書義問≫ 3권을 鄭玄·王肅·孔晁가 撰하였다. 孔晁가 注한 것으로 ≪春秋外傳國語≫ 20권이 있다.

13) 孟子梁惠王文同 : ≪孟子≫ 〈梁惠王 下〉에 孟子가 齊 宣王에게 "若殺其父兄 係累其子弟 毁其宗廟 遷其重器 如之何其可也(그 父兄을 죽이며, 子弟들을 구속하며, 宗廟를 부수며, 귀중한 器物들

≪孟子≫ 〈梁惠王〉의 문장과 같으니, 趙岐의 注에 "〈'重器'는〉 寶重한 器物이다."라 하였다.

19-2-9 **卒進而(柱)〔極〕(乎)**[14]**鬭**하여

마침내 더 나아가 戰鬭를 자주 하여

戴云 柱는 **乃極字誤**니 **草書**에 **極與柱相似**라 **乎字**는 **衍**이라 **極**은 **亟字之借**라하다

戴望 : '柱'는 곧 '極'의 誤字이니, 草書에 '極'과 '柱'는 字形이 서로 비슷하다. '乎'자는 잘못 들어간 것이다. '極'은 '亟'의 假借字이다.

19-2-10 **曰 死命爲上**이요 **多殺次之**요 **身傷者爲下**라 **又況失列北**(배)**橈乎哉**아 **罪死無赦**하리라하여

〈軍士들에게〉 말하기를 "君命에 목숨을 바치는 것이 最上이요, 賊兵을 많이 殺傷하는 것이 次上이요, 自身이 負傷당하는 것이 最下이다. 또 하물며 대오에서 낙오하여 패배한 자이겠는가. 사형에 처하여 용서치 않으리라."라 하여

舊本에 **失作先**하고 **赦作殺**이라 **王云 先列二字**는 **義不可通**이니 **當是失列之誤**니 **謂失其行列也**라 **罪死無殺**도 **義亦不可通**이니 **當作罪死無赦**니 **此涉上下文殺字而誤**라 **畢本**에 **橈作撓**하고 **云 北**는 **謂奔北也**이니 **北之言**은 **背馳**라 **撓之言**은 **曲行**이니 **謂逗撓**라하다 **案王校是也**니 **今據正**이라 **撓**는 **俗字**이니 **據道藏本正**이라 **國語吳語韋注**에 **云 軍敗奔走曰北**라하다 **左成二年傳**에 **師徒橈敗**라한대 **杜注**에 **云 橈**는 **曲也**[15]라하다

을 옮겨간다면 어찌 옳겠습니까.)"라고 말한 것을 가리킨다.

14) (柱)〔極〕(乎) : 저본에는 '柱'로 되어 있으나, 戴望의 주에 의거하여 '極'으로 바로잡았다. 또한 저본에는 '乎'자가 있으나, 戴望의 주에 의거하여 衍文으로 처리하였다.

15) 左成二年傳……曲也 : 魯 成公 2년 여름 6월에 晉나라 군대가 齊나라를 공격해 馬陘을 쳐들어갔을 때 齊侯가 賓媚人을 시켜 화친을 맺게 하자, 賓媚人이 晉나라 측에 "晉君의 위세에 겁을 먹고 우리 군대가 꺾여 패배하였다.〔畏君之震 師徒撓敗〕"라 하였다. 여기에 대해 杜預는 "震은 진동함이요, 撓는 꺾임이다.〔震動 撓曲也〕"라고 注를 달았는데, 林堯叟가 附注에서 "震動하는 晉君의 威勢에 겁이 나서 齊나라 군대의 士氣가 꺾여 失敗했다는 말이다.〔畏晉君震動

舊本에 '失'은 '先'으로 되어 있고, '赦'는 '殺'로 되어 있었다.

王念孫 : '先列' 두 자는 의미가 통하지 않는다. 응당 '失列'의 잘못일 것이니, 行列을 놓쳤다는 의미이다. "罪死無殺"이라는 것도 의미가 또한 통하지 않는다. 응당 "罪死無赦"라고 해야 하니, 이는 위아래 글의 '殺'자에 걸려 잘못된 것이다. 畢沅의 本에 '橈'가 '撓'로 되어 있고, "北는 달아난다는 뜻이니, 北라는 말은 背馳이다. 撓라는 말은 曲行이니 머뭇거리고 달아나는 것이다."라 하였다.

案 : 王念孫의 校勘이 옳으니, 지금 그것에 의거하여 바로잡는다. '撓'는 〈'橈'의〉 속자이니, 道藏本에 의거하여 바로잡는다. ≪國語≫ 〈吳語〉 韋昭의 注에 "軍隊가 패배하여 달아나는 것을 '北'라고 한다."라 하였다. ≪春秋左氏傳≫ 成公 2년에 "師徒橈敗(군대가 꺾여 패배하다.)"라 하였는데, 杜預의 注에 "橈는 꺾임이다."라 하였다.

19-2-11 以(譂)〔憚〕[16]其衆

군사들을 두렵게 하여

畢云 說文과 玉篇에 無譂字라 古字에 言心相近하니 卽憚字라하다 案 畢說이 是也라 國語周語韋注에 云 憚은 懼也라하고 國策秦策에 云 王之威亦憚矣라하고 賈子新書解縣篇에 云 陛下威憚大信이라하다

畢沅 : ≪說文解字≫와 ≪玉篇≫에 '譂'자가 없다. 古字에 '言'과 '心'이 서로 비슷하니, 곧 '憚'자이다.

案 : 畢沅의 說이 옳다. ≪國語≫ 〈周語〉 韋昭의 注에 "憚은 두려워함이다."라 하였고, ≪戰國策≫ 〈秦策〉에 "〈楚나라 사람 黃歇이 秦 昭王에게 말하기를〉 '왕의 위세가 또한 두려울 정도입니다.〔王之威亦憚矣〕'라 하였다."라 하였고, ≪賈子新書≫ 〈解縣〉에 "陛下의 威勢가 두려워 크게 펼쳐졌습니다.〔陛下威憚大信〕"라 하였다.

19-2-12 夫無兼國覆軍하며

나라를 겸병하고 군대를 멸망시키며

之威 齊之師徒撓曲敗喪〕"라고 해설하였다.

16) (譂)〔憚〕 : 저본에는 '譂'으로 되어 있으나, 畢沅의 주에 의거하여 '憚'으로 바로잡았다.

漢書貨殖傳注에 **孟康云 無**는 **發聲助也**라 **案 無**는 **與唯無**로 **辭意同**이라 **蘇云 無**는 **疑當作務**라하나 **非**라

≪漢書≫ 〈貨殖傳〉 注에 "孟康이 말하기를 '無는 發語助辭이다.'라 하였다."라 하였다. 案 : '無'는 '唯無'와 품사와 의미가 같다. 蘇時學이 '無'는 아마 응당 '務'가 되어야 할 듯하다."라 하였으나, 이는 옳지 않다.

19-2-13 **賊虐萬民**하여 **以亂聖人之緖**하니

萬民을 학대하여 聖人의 功業을 어지럽히니,

廣雅釋詁에 **云 緖**는 **業也**라하다

≪廣雅≫ 〈釋詁〉에 "'緖'는 '業'이다."라 하였다.

19-2-14 **意將以爲利天乎**아 **夫取天之人**하여 **以攻天之邑**하여 **此刺殺天民**하며 **剝(振)〔抓〕**[17]**神(之)**[18]**位**하며 **傾覆社稷**하며 **攘殺(其)**[19]**犧牲**하면

이러고도 장차 천하를 이롭게 한다고 생각하는 것인가. 무릇 하늘이 낳은 백성을 취하여 하늘이 만든 도읍을 공격하여 이에 하늘의 백성을 베어 죽이고, 神位를 쪼개어 부수어버리고, 社稷을 전복시키고, 희생을 약탈하여 죽인다면,

王云 剝與振은 **義不相屬**하니 **振**은 **當爲抓**(백)**字之誤也**라 **說文**에 **剝**은 **裂也**라하고 **廣雅**에 **抓**은 **裂也**라한대 **曹憲**이 **音**은 **必麥反**이라하니 **是剝抓**은 **皆裂也**니 **故曰 剝抓神位**라 **自刺殺天民以下**는 **皆以四字爲句**니 **今本**에 **作剝振神之位**하니 **之字**는 **涉上文取天之人攻天之邑而衍**이요 **攘殺其犧牲**의 **其字**도 **亦涉上文攘殺其牲牷而衍**이라하다

王念孫 : '剝'과 '振'은 의미가 서로 이어지지 않으니, '振'은 응당 '抓'의 誤字이다. ≪說文解字≫에 "'剝'은 쪼갬이다."라 하였고, ≪廣雅≫에 "'抓'은 쪼갬이다."라 하였는데, 曹憲

17) (振)〔抓〕 : 저본에는 '振'으로 되어 있으나, 王念孫의 주에 의거하여 '抓'으로 바로잡았다.
18) (之) : 저본에는 '之'자가 있으나, 王念孫의 주에 의거하여 衍文으로 처리하였다.
19) (其) : 저본에는 '其'자가 있으나, 王念孫의 주에 의거하여 衍文으로 처리하였다.

이 〈'㧊'의〉 '音은 '必'과 '麥'의 反切이다."라 하였으니, 이 '剝'과 '㧊'은 모두 '쪼갬'이다. 따라서 "剝㧊神位(신위를 쪼개어 부수었다.)"라 한 것이다. '刺殺天民' 이하는 모두 4자가 1구씩이다. 今本에 '剝振神之位'라고 되어 있는데, 이 '之'자는 위 글의 '取天之人攻天之邑'에 영향을 받아 생긴 衍文이고, '攘殺其犧牲'의 '其'자 역시 위 글의 '攘殺其牲牷'에 걸려 생긴 衍文이다.

19-2-15 **則此上不中天之利矣**라 **意將以爲利鬼乎**아 **夫殺〔天〕**[20] **之人**하며

이는 위로 하늘의 이로움에 들어맞지 않는 것이다. 그런데 장차 귀신에게 이롭다고 할 수 있겠는가. 무릇 하늘이 낳은 백성을 죽이고

畢云 舊作神이러니 **據後文改**라하다 **戴云 殺下**에 **脫天字**라하다

畢沅 : 舊本에는 〈'人'이〉 '神'으로 되어 있으니, 뒤 글에 의거하여 고친다.

戴望 : '殺' 아래에 '天'자가 빠져 있다.

19-2-16 **滅鬼神之主**하며 **廢滅先王**하며 **賊虐萬民**하여 **百姓離散**하면 **則此中不中鬼之利矣**라 **意將以爲利人乎**아 **夫殺之人爲利人也(博)〔薄〕**[21] **矣**요

鬼神의 祭主를 滅絶시키고, 先王의 제사를 廢滅시키고, 萬民을 虐待하여 백성이 흩어진다면, 이는 가운데로 귀신의 이로움에 들어맞지 않는 것이다. 그런데 장차 백성에게 이롭다고 할 수 있겠는가. 백성을 죽이는 것이 백성에게 이로움이 되는 것이 아주 미미하고,

戴云 殺下에 **脫天字**라하다 **兪云 博**은 **疑當作薄**이니 **言殺人以利人**이 **其利亦薄也**라 **若作博字**면 **則不可通**이라하다 **案 兪校是也**니 **此**는 **疑當作夫殺人之爲利人也薄矣**라 **與上文不同**하니 **戴說**은 **非**라

戴望 : '殺' 아래에 '天'자가 탈락되었다.

---

20) 〔天〕 : 저본에는 '天'자가 없으나, 戴望의 주에 의거하여 보충하였다.

21) (博)〔薄〕 : 저본에는 '博'으로 되어 있으나, 王念孫의 주에 의거하여 '薄'으로 바로잡았다.

兪越 : '博'은 아마 응당 '薄'이 되어야 할 듯하니, "백성을 죽여 백성을 이롭게 하는 것이, 그 이익이 또한 미미하다.〔薄〕"는 말이다. 만약 '博(넓다)'이라고 한다면 의미가 통하지 않는다.

案 : 兪越의 교감이 옳다. 이는 아마 '夫殺人之爲利人也薄矣(백성을 죽이는 것이 백성들에게 이로움이 되는 것이 미미하다.)"라고 되어야 옳을 듯하다. 위의 글과는 다르니, 戴望의 說은 옳지 않다.

19-2-17 **又計其費**면 **此爲(周)〔害〕**[22]**生之本**이니

또 그 비용을 계산하면 곧 民生의 근본을 해치는 것이니,

王云 周字는 **義不可通**이니 **周**는 **當爲害**라 **財者**는 **生之本也**로되 **用兵而費財**하니 **故曰 害生之本**이라하다 **隸書**에 **害字或作害**니 **與周相似而誤**라하다

王念孫 : '周'자는 의미가 통하지 않으니, '周'는 응당 '害'가 되어야 한다. 財란 민생의 근본인데, 군대를 써서 재화를 消費하니 이 때문에 "害生之本(민생의 근본을 해친다.)"이라 한 것이다. 隸書에 '害'자를 혹 '害'라고 쓰니, '周'와 字形이 서로 비슷하여 잘못된 것이다.

19-2-18 **竭天下百姓之財用**을 **不可勝數也**니 **則此下不中人之利矣**라

천하 백성의 財用을 고갈시키는 것을 이루 헤아릴 수 없으니, 이는 아래로 백성의 이로움에 들어맞지 않는 것이다.

19-3-1 **今夫師者之相爲不利者也**는 **曰 將不勇**과 **士不分**과

지금 군대에서 서로 이롭지 않은 것으로 여기는 것은 다음과 같은 것들이다. '將帥가 용감하지 않은 것, 兵士가 분투하지 않는 것,

畢云 同忿이라하다 **詒讓案 分**은 **疑奮聲近**하여 **假借字**라

---

22) (周)〔害〕 : 저본에는 '周'로 되어 있으나, 王念孫의 주에 의거하여 '害'로 바로잡았다.

畢沅 : '分'은 '忿'과 같다.

詒讓案 : '分'은 '奮'과 발음이 비슷하여 假借한 字인 듯하다.

19-3-2 兵不利와 教不習과 師不衆과 率(수)不(利)[23]和와

兵器가 날카롭지 않은 것, 教鍊이 習熟되지 않은 것, 군대가 많지 않은 것, 장수들이 화목하지 않은 것,

兪云 率는 讀爲將率之率라 利는 卽和字之誤而衍者라하다

兪越 : '率'는 '將率'의 '率'로 읽어야 한다. '利'는 '和'의 誤字이자 衍文이다.

19-3-3 威不圉와

〈적의〉 위협을 방어하지 못함,

圉는 與疆圉[24]로 義同이니 逸周書諡法篇에 云 威德剛武曰圉라한대 孔注에 云 圉는 禦也라하다

'圉'는 '疆圉'와 뜻이 같으니, ≪逸周書≫ 〈諡法〉에 "威嚴이 있고 德이 있고 굳세고 씩씩한 것을 '圉'라 한다."라 하였는데, 이 구절에 대한 孔晁의 注에 "圉는 막음이다."라 하였다.

19-3-4 (害)〔圍〕[25]之不久와

〈적침을〉 防圍함에 오래 버티지 못함,

---

23) (利) : 저본에는 '利'자가 있으나, 兪樾의 주에 의거하여 衍文으로 처리하였다.

24) 疆圉 : 저본 傍注에 "'疆圉'는 원문이 이와 같으니, 뜻이 통하지 않는다. '疆'은 응당 '彊'이 되어야 하니, '彊'은 '强'과 같다. '强圉'는 굳세어 힘이 세다는 뜻이다. ≪楚辭≫ 〈離騷〉에 '澆身服而强圉兮(요는 강한 힘을 타고났으나)'라 하였는데, 王逸의 注에 '强圉는 「多力(힘이 세다.)」이다.'라 하였다. 아마도 孫詒讓의 책에는 본래 '强圉'로 되어 있었으나, 잘못 인쇄되어 '疆圉'가 된 듯하다."라고 하였다.

25) (害)〔圍〕 : 저본에는 '害'로 되어 있으나, 孫詒讓의 주에 의거하여 '圍'로 바로잡았다.

害는 疑當作圍니 形近而誤라

'害'는 아마 응당 '圍'가 되어야 될 듯하니, 字形이 비슷하여 잘못된 것이다.

19-3-5 爭之不疾과 (孫)〔係〕[26]之不强이라

戰鬪가 신속하지 못함, 〈민심을〉 結束함이 강하지 않음이다.'

孫은 無義니 疑當作係라 國語吳語韋注에 云 係는 縛也라하니 蓋謂係虆民人이라

'孫'은 뜻이 통하지 않으니, 아마 응당 '係'가 되어야 할 듯하다. ≪國語≫ 〈吳語〉 韋昭의 注에 "係는 묶음이다."라 하였으니, 대개 民人을 결속하는 것이다.

19-3-6 植心不堅하면 與國諸侯疑하고 與國諸侯疑하면 則敵生慮而意羸矣라 偏具此物하여

마음을 세움이 견고하지 않으면 동맹국의 제후가 의심하고, 동맹국의 제후가 의심하면 敵對의 마음이 생겨나 뜻이 약해진다. 가령 이렇게 不利한 條件을 두루 갖추고서

畢云 偏은 當爲徧이라하다 王云 古多以偏作爲徧하니 不煩改字라 非儒篇에 遠施周偏이라하고 公孟篇에 今子偏從人而說之라하니 皆是徧之借字라 益象傳에 莫益之偏辭也라하니 本或作徧[27]이라 檀弓에 二名不偏諱[28]라하고 大戴記勸學篇에 偏與之而無私라하고 魏策에 偏事三晉之吏라하고 漢書禮樂志에 海內偏知上德이라하니 皆以偏爲

---

26) (孫)〔係〕: 저본에는 '孫'으로 되어 있으나, 孫詒讓의 주에 의거하여 '係'로 바로잡았다.

27) 益象傳……本或作徧 : 孔穎達은 '偏'을 "이쪽에서 구해도 저쪽에서 응하지 않는다.〔此有求而彼不應〕"라는 의미로 풀이하였고, 이를 계승하여 朱子는 이 문장을 "유익하게 해주는 이가 없다는 것은 한쪽만 말한 것이다.〔莫益之 偏辭也〕"라고 해석하였다. 그런데 삼국시대 경학자 虞翻은 '徧'의 의미로 보아 '周匝'으로 풀었다. 孫詒讓은 虞翻 이래 '周匝'의 풀이를 正解로 간주한 것이다.

28) 檀弓 二名不偏諱 : '偏'에 대해 孔穎達의 正義에서 "兩字不一一諱之(두 글자를 하나하나 휘하지 않는다.)"라고 해석하여 '徧'의 의미로 보았다.

徧이라 又漢書郊祀志에 其遊以方徧諸侯라하고 張良傳에 天下不足以徧封이라하고 張湯傳에 徧見貴人이라한대 史記에 竝作偏이라 若諸子書中에 以偏爲徧者는 則不可枚擧라 漢三公山碑에 興雲膚寸偏雨四海라하니 亦以偏爲徧이라 然則徧之爲偏은 非傳寫之譌也라하다

畢沅 : '偏'은 응당 '徧'이 되어야 한다.

王念孫 : 옛날에 '偏'자를 '徧'의 뜻으로 쓴 경우가 많으니, 번거롭게 굳이 글자를 바꿀 것 없다. ≪墨子≫ 〈非儒 下〉에 "遠施周偏(멀리로는 두루 베푼다.)"이라 하였고, ≪墨子≫ 〈公孟〉에 "今子偏從人而說之(지금 그대가 두루 사람을 따라 설득한다.)"라 하였으니, 이 〈'偏'자는〉 모두 '徧'의 假借字이다. ≪周易≫ 益卦의 象傳에 "莫益之偏辭也(유익하게 해주는 이가 없다는 것은 모두에게 해당하는 말이다.)"라 하였는데, 어떤 본에는 〈'徧'이〉 혹 '偏'으로 되어 있다. ≪禮記≫ 〈檀弓〉에 "二名不偏諱(두 자의 이름은 하나하나 휘하지 않는다.)"라 하였고, ≪大戴禮記≫ 〈勸學〉에 "偏與之而無私(두루 주어서 사사로움이 없다.)"라 하였고, ≪戰國策≫ 〈魏策〉에 "偏事三晉之吏(三晉의 벼슬아치들을 두루 사귀겠다.)"라 하였고, ≪漢書≫ 〈禮樂志〉에 "海內偏知上德(온 천하가 천자의 덕을 두루 알고 있다.)"이라 하였으니, 모두 '偏'자를 가지고 '徧'자의 뜻으로 사용하였다. 또 ≪漢書≫ 〈郊祀志〉에 "其遊以方徧諸侯(李少君이 유람하기를 方術로 하여 제후들을 두루 방문하였다.)"라 하고, 〈張良傳〉에 "天下不足以徧封(천하는 두루 封하기에 부족하다.)"이라 하였고, 〈張湯傳〉에 "徧見貴人(귀인을 두루 만나보았다.)"이라 하였는데, ≪史記≫에는 〈'徧'이〉 모두 '偏'으로 되어 있다. 諸子書 가운데 '偏'자를 '徧'의 뜻으로 쓴 곳으로 말하면 일일이 열거할 수 없다. 漢나라 〈三公山碑〉에 "興雲膚寸 偏雨四海(한 조각 구름을 일으켜 온 천하에 두루 비를 내린다.)"라 한 것 또한 '偏'자를 '徧'의 뜻으로 쓴 예이다. 그렇다면 '徧'자가 '偏'으로 된 것은 傳寫 과정의 訛傳이 아니다.

19-3-7 **而致從事焉**이면 **則是國家失卒**[29)]하고

〈攻戰에〉 從事하게 된다면, 곧 국가는 근본을 잃고

29) 失卒 : 문리가 통하지 않는다. ≪墨子今註今譯≫에서 '卒'을 '本'자의 訛字로 보았는데, 우선 따른다. 畢沅의 '失足' 說 역시 같은 의미라고 할 수 있다. 19-3-10도 같다.

畢云 一本作足이라하다

畢沅 : 어떤 本에는 〈'卒'이〉 '足'으로 되어 있다.

19-3-8 **而百姓易務也**라 **今不嘗觀其說**(열)**好攻伐之國**가 **若使中興師**면 **君子〔數百〕**[30]하고

백성은 생업을 바꾸게 된다. 지금 왜 攻戰을 좋아하는 나라를 보지 않는가. 가령 중간 정도 규모로 軍隊를 일으킨다면, 君子가 數百이요

此下에 有脫字하니 疑當云 君子數百이라

'君子' 아래에 탈락된 글자가 있으니, 아마 응당 '君子數百'이라고 해야 할 듯하다.

19-3-9 **庶人也必且數千**하고 **徒倍十萬然後**에 **足以師而動矣**리라 **久者數歲**요 **速者數月**에 **是上不暇聽治**하며 **士不暇治其官府**하며 **農夫不暇稼穡**하며 **婦人不暇紡績織**紝[31]하리니

庶人이 반드시 또 數千이요 奴役者가 십만의 곱절이 된 뒤에야 軍隊를 이루어 출동할 수 있을 것이다. 길게는 몇 해 동안이요 짧게는 몇 개월 동안에 윗사람은 정치를 보살필 겨를이 없고, 법관은 官府를 다스릴 겨를이 없고, 농부는 심고 가꿀 겨를이 없고, 부녀자는 실을 잣고 베를 짤 겨를이 없게 될 것이니,

畢云 說文에 云 紡은 網絲也라하고 績은 緝也라하고 織은 作布帛之總名也라하고 紝[32]은 機縷也라하다 絍은 或字라하다

---

30) 〔數百〕 : 저본에는 '數百'이 없으나, 孫詒讓의 주에 의거하여 보충하였다.

31) 紝 : 저본 傍注에 "'紝'은 원문에 '紝'으로 잘못되어 있으니, 畢沅의 刻本에 의거하여 고친다. 생각건대 舊本 ≪墨子≫에 모두 '紝'으로 되어 있으니, '紝'은 곧 ≪說文解字≫의 '紝'자의 이체자인 '絍'이다. 畢沅의 注에 보인다."라고 하였다.

32) 紝 : 저본 傍注에 "'紝'은 원문에 '紝'으로 잘못되어 있으니, ≪說文解字≫에 의거하여 고친다. 생각건대 '紝'은 正篆이고 '紝'은 이체자이다."라고 하였다.

畢沅：≪說文解字≫에 "'紡'은 '網絲(실)'이다."라 하고, "'績'은 '緝(실을 뽑음)'이다."라 하고, "'織'은 布帛을 만드는 總名이다."라 하고, "'紝'은 機縷이다."라 하였다. '絍'은 異體字이다.

19-3-10 **則是國家失卒**하고 **而百姓易務也**라 **然而又與其車馬之罷弊也**에 **幔幕帷蓋**와

곧 이것이 국가가 근본을 잃고 백성이 생업을 바꾸는 것이다. 그러나 또 수레와 말이 피폐해짐에 장막 및 휘장 등과

說文巾部에 云 **幔**은 **幕也**라하고 **廣雅釋器**에 云 **幔**은 **帳也**라하니라 **幕**과 **帷**는 **詳中篇**이라하다

畢沅：≪說文解字≫ 〈巾部〉에 "幔은 幕(덮는 장막)이다."라 하고, ≪廣雅≫ 〈釋器〉에 "幔은 帳(둘러치는 장막)이다."라 하였다. 幕과 帷는 ≪墨子≫ 〈非攻 中〉에 자세히 설명하였다.

19-3-11 **三軍之用**과 **甲兵之備**가 **五分而得其一**이면 **則猶爲**(序疏)〔**厚餘**〕[33]**矣**리라

三軍의 軍需와 甲兵의 兵備가 5분의 1만이라도 보전된다면 그나마 오히려 많은 편일 것이다.

序疏二字는 **義不可通**이니 **疑當爲厚餘**니 **皆形之誤**라 **厚餘**는 **言多餘也**라 **孫子作戰篇**에 **國之貧於師者**는 **力屈財殫**하여 **中原內虛於家**하여 **百姓之費**가 **十去其七**이요 **公家之費**는 **破車罷馬**와 **甲冑矢弓**과 **戟楯矛櫓**와 **丘牛大車**가 **十去其六**이라하니 **此說**이 **與彼略同**이라

'序疏' 2자는 의미가 통하지 않는다. 아마 응당 '厚餘'가 되어야 옳을 듯하니, 모두 字形이 〈비슷해서 생긴〉 잘못이다. '厚餘'는 많이 남았다는 말이다. ≪孫子≫ 〈作戰〉에 "나라가 군대 출동에서 가난해지는 것은 국력이 달리고 재정이 고갈되어, 중원이 안으로 家에서 텅 비어 백성의 재정이 열에 일곱이 없어지고, 公家의 재정은 부서진 수레와 피폐해

33) (序疏)〔厚餘〕: 저본에는 '序疏'로 되어 있으나, 孫詒讓의 주에 의거하여 '厚餘'로 바로잡았다.

진 말과 甲胄, 矢弓, 戟楯, 矛櫓, 丘牛, 大車가 열에 여섯이 없어지기 때문이다."라 하였는데, ≪墨子≫ 〈非攻 下〉의 설이 〈作戰〉과 대략 비슷하다.

19-3-12 **然而又與其散亡道路**하니 **道路遼遠**하여

그러나 또 도로에서 군사가 散亡하니, 도로가 멀어

疑衍道路二字라 **說文辵部**에 **云 遼**는 **遠也**라하다

'道路' 2자는 衍字인 듯하다. ≪說文解字≫ 〈辵部〉에 "'遼'는 '遠(멀다)'이다."라 하였다.

19-3-13 **糧食不繼傺**하고 **食飮(之)〔不〕**[34]**時**라

양식이 이어지지 않고 음식을 제때에 먹지 못한다.

畢云 王逸注楚辭에 **云 傺**는 **住也**니 **楚人名住曰傺**라하다 **王云 傺字**는 **與上下文**으로 **義不相屬**하니 **未詳**이라 **之時**는 **當爲不時**니 **食飮不時**는 **與糧食不繼**로 **對文**이라 **兪云 傺**는 **卽際字**니 **張遷碑**[35]의 **臘正之傺是也**라 **昭四年左傳**에 **爾未際**라하고 **孟子萬章篇**에 **敢問交際**는 **何心也**오한대 **杜預趙岐注**에 **竝曰 際**는 **接也**라하니 **疑墨子原文**에 **本作糧食不傺**니 **不傺**는 **卽不接也**라 **與中篇所云 糧食輟絶而不繼**와 **文異義同**이로되 **後人不達傺字之義**하여 **據中篇改爲不繼**하고 **而寫者兩存之**하여 **遂作不繼傺耳**라 **案 王兪說**이 **近是**라

畢沅 : ≪楚辭≫ 王逸의 注에 "'傺'는 머무름〔住〕이니, 楚나라 사람들은 머무르는 것을 일러 '傺'라고 한다."라 하였다.

王念孫 : '傺'자는 앞뒤의 문장과 의미가 이어지지 않으니, 자세히 알 수 없다. '之時'는 응당 '不時'가 되어야 옳으니, '食飮不時'는 '糧食不繼'와 對文이다.

兪越 : '傺'는 곧 '際'자이니, 〈張遷碑〉의 "臘正之傺(臘月과 正月 사이)"가 이것이다. ≪春秋左氏傳≫ 昭公 4년에 "爾未際(너는 아직 〈大夫들과〉 交際가 없다.)"라 하였고, ≪孟子≫

---

34) (之)〔不〕 : 저본에는 '之'로 되어 있으나, 王念孫의 주에 의거하여 '不'로 바로잡았다.

35) 張遷碑 : 중국 後漢 靈帝(168~189 재위) 中平 3년에 새긴 碑文이다. 隸書體로 되어 있으며, 15행으로 행마다 42자씩 음각되어 있다.

〈萬章〉에 "敢問交際何心也(감히 묻건대 交際는 어떠한 마음으로 해야 합니까?)"라 하였는데, 杜預와 趙岐의 注에 모두 "際는 접함이다."라 하였다. 아마 ≪墨子≫ 原文에 본래 "糧食不傺"라고 되어 있었을 듯하니, '不傺'는 곧 '不接(이어지지 않음)'이다. ≪墨子≫ 〈非攻 中〉에서 "糧食輟絶而不繼(양식이 끊긴 채 이어지지 않았다.)"라고 한 것과 문장은 다르지만 의미는 같은 것이다. 그런데 後人이 '傺'자의 의미를 알지 못해 〈非攻 中〉에 의거하여 〈'不傺'를〉 '不繼'로 고쳤고, 書寫하는 자가 두 글자 모두 보존하여 마침내 '不繼傺'가 되고 만 것일 뿐이다.

案 : 王念孫과 兪越의 說이 近理하다.

19-3-14 (厠役)〔厮役〕[36]以此飢寒凍餒疾病하여 而轉死溝壑中者가

厮役(하인)이 이 때문에 굶주리고 떨며 병에 걸려 溝壑에 널브러져 죽은 이가

王云 厠役二字는 義無所取니 當爲厮役之誤라 宣[37]十二年公羊傳에 厮役扈養死者數百人이라하니 是其證이라

王念孫 : '厠役' 2자는 의미를 취할 것이 없으니, 응당 '厮役'의 잘못일 것이다. ≪春秋公羊傳≫ 宣公 12년에 "厮役扈養死者數百人(말을 기르고 밥을 하는 하인으로서 죽은 이가 수백人이다.)"이라 하였으니, 바로 그 증거이다.

19-3-15 不可勝計也라 此其爲不利於人也니 天下之害厚矣언마는 而王公大人이 樂而行之하니 則此樂賊滅天下之萬民也니 豈不悖哉리오 今天下好戰之國은 齊晉楚越이니 若使此四國者로 得意於天下면 此皆十倍其國之衆이라도 而未能食其地也리라

이루 헤아릴 수 없이 많다. 이것이 백성에게 이롭지 않음이니 천하에 해가 됨이 두텁다. 그렇건만 王公과 大人이 즐거이 행하고 있으니, 이는 천하의 萬民을 죽이

---

36) (厠役)〔厮役〕: 저본에는 '厠役'으로 되어 있으나, 王念孫의 주에 의거하여 바로잡았다.

37) 宣 : 저본 傍注에 "원문에는 '宜'로 잘못되어 있었는데, ≪春秋公羊傳≫에 의거하여 고친다."라고 하였다.

고 해치는 것을 즐기는 것이니 어찌 도리에 어긋난 짓이 아니겠는가. 지금 천하에 攻戰을 좋아하는 나라는 齊나라・晉나라・楚나라・越나라이니, 가령 이 네 나라로 하여금 천하에 뜻을 얻게 한다면 모두 그 나라의 백성을 10배가 되게 한다 하더라도 그 토지를 경작할 수 없을 것이다.

食은 謂治田以耕者라 周禮遂師에 云 經牧其田野하여 (辧)〔辨〕[38]其可食者라하다 言四國荒土多하여 民不能盡耕之也라

'食'은 田土를 다스려 耕作하는 것이다. ≪周禮≫ 〈地官 遂師〉에 "經牧其田野 辨其可食者(田野의 경계를 제정하여 올해 경작할 땅을 분변한다.)"라 하였다. 네 나라(齊나라・晉나라・楚나라・越나라)에 개간하지 않은 토지가 많아 백성들이 죄다 경작하지 못한다는 말이다.

19-3-16 是人不足而地有餘也어늘 今又以爭地之故로 而反相賊也하니 然則是虧不足而重有餘也라

이는 사람은 부족하고 토지는 남아도는 것이다. 그러하거늘 지금 또 토지를 다투는 일을 가지고 도리어 서로 해치고 있으니, 그렇다면 이는 부족한 것(백성)을 축내어 남아도는 것(토지)을 귀중하게 여기는 것이다.

重은 舊本譌動이러니 道藏本作重하여 與中篇合하니 今據正이라

'重'은 舊本에 '動'으로 잘못되어 있었는데, 道藏本에 '重'으로 되어 있어 ≪墨子≫ 〈非攻 中〉과 부합하니 지금 이에 의거하여 바로잡는다.

19-4-1 今遝夫好攻伐之君하얀

지금 攻伐을 좋아하는 임금에 이르러서는

舊本에 遝은 作還이라 洪云 明鬼下篇의 逮至昔三代가 文與此同하니 還은 當是遝之譌라 遝과 逮는 古字通用이라 戴云 還은 當是儇字之誤라 王逸注楚辭에 云 儇은 佞也라하니

38) (辧)〔辨〕: 저본에는 '辧'으로 되어 있으나, ≪周禮≫에 의거하여 '辨'으로 바로잡았다.

則儇夫는 猶佞人也라 案 洪說이 是也니 今據正이라 下文云 則[39]夫好攻伐之君이라하니 可證이라

舊本에 '遝'은 '還'으로 되어 있다.

洪頤煊 : ≪墨子≫ 〈明魂 下〉에 "逮至昔三代(옛날 三代에 이르러서는)"라고 한 문장이 이것과 같으니, '還'은 응당 '遝'의 잘못일 것이다. '遝'과 '逮'는 옛날에는 글자를 통용하였다.

戴望 : '還'은 응당 '儇'의 오자일 것이다. ≪楚辭≫ 王逸의 注에 "'儇은 佞이다.'라 하였으니, '儇夫'는 '佞人'과 같다."라 하였다.

案 : 洪頤煊의 설이 옳으니, 지금 여기에 의거하여 바로잡는다. 아래 문장에 "則夫好攻伐之君(攻伐을 좋아하는 임금)"이라 하였으니, 증명할 수 있다.

19-4-2 **又飾其說**하여 **以非子墨子曰 〔子〕以攻伐(之)[40]爲不義**는

또 그 설을 변호하여 子墨子를 비난하기를 "그대가 攻伐을 不義하다고 하는 것은

畢云 以攻伐之는 據後文컨대 當云 子以攻伐이라

畢沅 : '以攻伐之'는 뒤의 문장에 근거해보면 응당 '子以攻伐'이라 해야 한다.

19-4-3 **非利物與**아 **昔者**에 **禹征有苗**하며 **湯伐桀**하며 **武王伐紂**한대 **此皆立爲聖王**하니 **是何故也**오 **子墨子曰 子未察吾言之類**하여 **未明其故者也**라

사물을 이롭게 하는 것이 아니기 때문인가. 옛날에 禹가 有苗를 정벌하였고, 湯이 桀을 정벌하였고, 武王이 紂를 정벌하였는데, 이들은 모두 즉위하여 聖王이 되었다. 이는 무슨 까닭인가."라 하자, 子墨子께서 말씀하셨다.

"그대는 내가 말한 비유를 살피지 못하여 그 까닭을 깨닫지 못한 사람이다.

---

39) 則 : 저본 傍注에 "'則' 아래에 원문에는 '且'자가 잘못 들어가 있으니, 본편 아래 글에 의거하여 뺀다."라고 하였다.

40) 〔子〕以攻伐(之) : 저본에는 '以攻伐之'로 되어 있으나, 畢沅의 주에 의거하여 '子以攻伐'로 바로잡았다.

大取篇에 云 辭는 以故生하고 以理長하고 以類行이라하다 荀子非十二子篇楊注에 云 類는 謂比類라하다

≪墨子≫ 〈大取〉에 "辭 以故生 以理長 以類行(辭는 緣故로써 생기고, 이치로써 자라고, 비유로써 행한다.)"이라 하였다. ≪荀子≫ 〈非十二子〉 楊倞의 注에 "'類'는 比類를 이른다."라 하였다.

19-4-4 彼非所謂攻이요 〔所〕[41]謂誅也라

앞에 말한 사례는 이른바 공격이 아니라 誅罰이라는 것이다.

依下文컨대 謂上亦當有所字라 說文言部에 云 誅는 討也라하다 謂討有罪與攻戰無罪之國異라

아래 글에 의거해보건대, 〈아래의〉 '謂'자 위에 또한 응당 '所'자가 있어야 한다. ≪說文解字≫ 〈言部〉에 이르기를 "'誅'는 '討'이다."라 하였다. '죄 있는 이를 토벌하는〔討〕 것'과 '죄 없는 나라를 침략하는〔攻戰〕 것'이 다름을 말한 것이다.

19-4-5 昔者에 三苗大亂한대

옛날에 三苗가 세상을 크게 어지럽혔는데

舊本에 者下有有字한대 王云 即者字之誤而衍者라 今據開元占經[42]太平御覽引刪이라

舊本에 '者'자 아래에 '有'자가 있는데, 王念孫이 "이는 곧 '者'자가 잘못되어 衍文이 된 것이다."라고 하였다. 지금 ≪開元占經≫과 ≪太平御覽≫에 인용된 문장에 의거하여 산삭한다.

19-4-6 天命殛之어늘 日(妖)[43]宵出하고

41) 〔所〕 : 저본에는 '所'자가 없으나, 孫詒讓의 주에 의거하여 보충하였다.
42) 開元占經 : 唐나라 때 天文이나 占術에 관하여 기록한 책이다.
43) (妖) : 저본에는 '妖'자가 있으나, 孫詒讓의 주에 의거하여 衍文으로 처리하였다.

하늘이 명하여 정벌하게 하자, 해가 밤에 뜨고,

日妖는 不可通이라 日은 疑當爲有之譌니 下云 婦妖宵出하고 有鬼宵吟이라 通鑑外紀引 隨巢[44]汲冢紀年[45]에 云 三苗將亡에 日夜出하고 晝日不出이라하니 則疑妖是衍文이라

'日妖'는 뜻이 통하지 않는다. '日'은 응당 '有'의 잘못일 듯하니, 아래 글에 "婦妖宵出 有鬼宵吟(여자 요괴가 밤마다 나타나고, 귀신이 밤마다 탄식하였다.)"이라 하였다. ≪通鑑外紀≫에서 인용한 ≪隨巢子≫와 ≪汲冢紀年≫에 "三苗將亡 日夜出 晝日不出(三苗가 장차 망하려 하자 해가 밤에 뜨고 낮에는 해가 뜨지 않았다.)"이라 하였으니, 그렇다면 '妖'가 衍文인 듯하다.

19-4-7 雨血三朝하며

사흘 동안 피비가 내렸으며,

開元占經三引太公金匱에 云 有苗時에 天雨血沾衣이라

≪開元占經≫ 권3에 ≪太公金匱≫를 인용하여 말하기를 "有苗 때 하늘에서 피비가 내려 옷을 적셨다."라 하였다.

19-4-8 龍生於廟하고 犬哭乎市하며

용이 廟堂에 나타나고, 개가 저자에서 곡하였으며,

舊本에 脫於字하고 又犬은 作大라 王云 龍生廟는 當作龍生於廟라야 方合上下句法이라 太平御覽禮儀部十에 引此하대 正作龍生於廟라 大哭乎市는 文義不明하니 大는 當爲犬이니 犬哭乎市는 與龍生於廟로 對文이라 開元占經犬占에 引墨子曰 三苗大亂이어늘 犬哭于市라하고 太平御覽獸部十七에 引隨巢子曰 昔에 三苗大亂한대 龍生於廟하고 犬

44) 隨巢 : ≪隨巢子≫를 가리킨다. 隨巢子의 언행을 담은 책이다. ≪漢書≫ 〈藝文志〉에 隨巢子를 墨子의 제자라 하였다.

45) 汲冢紀年 : ≪汲冢古文≫, ≪汲冢書≫ 등으로도 불린다. 원서는 竹簡으로 되어 있어 ≪竹書≫, ≪竹書紀年≫이라고 한다. ≪竹書紀年≫은 西晉 太康 2년(281) 묘를 도굴하다가 발견되었다. 고대 편년체의 사서이다.

哭于市라하니 皆其證이라 案 王校是也니 今據正이라 通鑑外紀에 引隨巢子汲冢紀年하여 云 靑龍生於廟라

舊本에 '於'자가 빠져 있고, 또 '犬'자는 '大'자로 되어 있다.

王念孫 : '龍生廟'는 응당 '龍生於廟'가 되어야 바야흐로 위아래의 句法과 부합한다. ≪太平御覽≫ 〈禮儀部〉 10에 이것을 인용하였는데, 바로 '龍生於廟'라고 되어 있다. '大哭乎市'는 文義가 不明하니, '大'는 응당 '犬'이 되어야 한다. '犬哭乎市'는 '龍生於廟'와 짝을 이룬 문장이다. ≪開元占經≫ 〈犬占〉에 ≪墨子≫를 인용하여, "三苗大亂 犬哭于市(삼묘가 세상을 크게 어지럽히자 개가 저자에서 곡하였다.)"라 하였으며, ≪太平御覽≫ 〈獸部〉 17에 ≪隨巢子≫를 인용하여 "昔三苗大亂 龍生於廟 犬哭于市(옛날 삼묘가 세상을 크게 어지럽히자 용이 묘당에 나타나고 개가 저자에서 곡하였다.)"라 하였으니, 모두 그 증거이다.

案 : 王念孫의 교감이 옳으니, 지금 이에 의거하여 바로잡는다. ≪通鑑外紀≫에 인용한 ≪隨巢子≫와 ≪汲冢紀年≫에는 모두 "靑龍生於廟(청룡이 묘당에 나타났다.)"라 하였다.

19-4-9 夏冰하고 地坼及泉하고

여름에 얼음이 얼고, 땅이 갈라져 샘의 근원에까지 미쳤고,

畢云 太平御覽에 引此하여 云 三苗欲滅時에 地震坼泉湧이라

畢沅 : ≪太平御覽≫에 이것을 인용하여 "三苗欲滅時 地震坼泉湧(三苗를 멸하려 할 때 지진이 나 땅이 갈라져 샘이 치솟았다.)"이라 하였다.

19-4-10 五穀變化하니 民乃大振이라

五穀이 시들어버리니 백성이 이에 크게 놀라 두려워하였다.

畢云 同震이라

畢沅 : 〈'振'은〉 '震'과 같다.

19-4-11 高陽이 乃命玄宮한대

高陽(舜)이 이에 玄宮에서 명을 내렸는데

畢云 舜은 高陽第六世孫故云이라 王云 此는 當作高陽乃命禹於玄宮이니 下文의 禹征有苗는 正承此文而言이요 又下文에 天乃命湯於鑣宮은 與此文同一例라 今本에 脫禹於二字하니 則文義不明이라 詒讓案 藝文類聚[46]符命部에 引隨巢子云 天命夏禹於玄宮이어늘 有大神人面鳥身云云이라하니 則非高陽所命也니 此文疑有脫誤라 今本竹書紀年[47]에 帝舜三十五年에 帝命夏后征有苗어늘 有苗氏來朝라하다

畢沅 : 舜은 高陽의 6세손이기 때문에 이렇게 말한 것이다.

王念孫 : 이것은 응당 '高陽乃命禹於玄宮(高陽이 이에 玄宮에서 禹에게 명하였다.)'이라고 해야 하니, 아래 글의 '禹征有苗(禹가 有苗를 정벌하였다.)'는 바로 이 문장을 이어받아서 말한 것이고, 또 아래 글에 '天乃命湯於鑣宮(하늘이 이에 鑣宮에서 湯에게 명하다.)'이라 한 것은 이 문장과 동일한 例이다. 今本에 '禹於' 두 자가 빠졌으니, 文義가 분명하지 않다.

舜

詒讓案 : ≪藝文類聚≫ 〈符命部〉에 ≪隨巢子≫를 인용하여 "하늘이 玄宮에서 夏禹에게 명하자 사람의 얼굴에 새의 몸을 한 大神이 있었다.……"라 하였다. 그렇다면 高陽이 명한 것이 아니니, 이 문장에 脫字나 誤字가 있는 듯하다. 今本 ≪竹書紀年≫에 "帝舜 35년에 帝가 夏后에게 명하여 有苗를 정벌하게 하자 有苗氏가 來朝하였다."라 하였다.

19-4-12 禹親把天之瑞令하고

禹가 친히 하늘의 瑞令을 잡고,

---

46) 藝文類聚 : 唐나라 歐陽詢 등이 칙명을 받들어 편찬한 類書이다. 天・歲時・地・州・郡・山・水・符命・帝王 등 48部로 분류하여, 사실을 기록한 후에 그에 대한 詩文을 수록한 것이다. 모두 100권이다.

47) 竹書紀年 : 夏・殷・周에서 戰國時代 魏나라에 이르기까지의 역사를 기록한 編年史이다. 위나라 襄王의 묘에서 발굴되었는데, 모두 20편이다. 원본은 북송 때 유실되었다.

畢云 把는 文選注引作抱라 說文云 瑞는 以玉爲信也라 詒讓案 令은 文選東京賦李注에 引作命이라 說文手部云 把는 握也라

畢沅 : '把'는 ≪文選≫ 李善의 注에 인용할 때 '抱'라 하였다. ≪說文解字≫에 이르기를 "瑞는 玉으로 신표를 삼은 것이다."라 하였다.

詒讓案 : '令'은 ≪文選≫ 〈東京賦〉 李善의 注에서 인용할 때 '命'이라 하였다. ≪說文解字≫ 〈手部〉에 "'把'는 '握'이다."라 하였다.

19-4-13 以征有苗어늘 (四電誘祗)〔雷電誖振〕[48)]하고

有苗를 정벌하자, 우레와 번개가 진동하고,

未詳이니 疑當爲雷電誖振이라 雷는 壞字爲田하고 又誤爲四라 誖誘와 振祗는 形竝相近하고 誖勃과 振震은 字通이라 書無逸에 云 治民祗懼라한대 史記魯世家에 祗作震이라하니 是其證也라

〈'四電誘祗'는〉 뜻을 상세히 알 수 없으니, 응당 '雷電誖振'이라고 해야 할 듯하다. '雷'는 글자가 이지러져 '田'이 되었고, 또 잘못 전해져 '四'가 된 것이다. '誖'과 '誘', '振'과 '祗'는 字形이 모두 서로 비슷하고, '誖'과 '勃', '振'과 '震'은 통용하는 글자이다. ≪書經≫ 〈周書 無逸〉에 "治民祗懼(백성을 다스림에 공경하여 두려워하였다.)"라 하였는데, ≪史記≫ 〈魯周公世家〉에 〈이 부분을 인용한 곳에〉 '祗'가 '震'으로 되어 있으니, 이것이 그 증거이다.

19-4-14 有神人面鳥身이 (若瑾)〔奉珪〕[49)]以侍하니

사람의 얼굴에 새의 몸을 가진 어떤 神이 珪를 받들고 시종하니,

---

48) (四電誘祗)〔雷電誖振〕 : 저본에는 '四電誘祗'로 되어 있으나, 孫詒讓의 주에 의거하여 '雷電誖振'으로 바로잡았다.

49) (若瑾)〔奉珪〕 : 저본에는 '若瑾'으로 되어 있으나, 孫詒讓의 주에 의거하여 '奉珪'로 바로잡았다.

人面鳥身之神은 卽明鬼下篇에 秦穆公所見之句芒也라 若瑾以侍는 義不可通이라 若瑾은 疑奉珪之誤라 若은 鐘鼎古文作𦱥하고 奉은 篆文作𡘸하니 二形相似라 珪와 瑾은 亦形之誤라 儀禮覲禮記方明六玉에 云 東方圭라하고 周禮大宗伯禮四方玉에 云 東方以靑圭라하고 白虎通義[50]文質篇에 云 珪位在東方이라하니 是珪於方位屬東하고 句芒亦東方之神이라 故奉珪라하니 猶國語晉語에 說西方之神蓐收執鉞矣라 或云 瑾은 當作璜이라하니 於形亦近이로대 但於四方之玉不合[51]이라 藝文類聚符命部에 引隨巢子하여 云 有大神人面鳥身이 降而福之라 司祿益富而國家實하고 司命益年而民不夭라하니 疑卽指此事라

사람의 얼굴에 새의 몸을 한 神은 곧 ≪墨子≫ 〈明鬼 下〉에서 秦 穆公이 보았던 句芒이다. '若瑾以侍'는 뜻이 통하지 않는다. '若瑾'은 아마 '奉珪'의 잘못일 것이다. '若'은 鐘鼎古文에 '𦱥'으로 되어 있고, '奉'은 篆文에 '𡘸'으로 되어 있으니, 두 자의 字形이 서로 비슷하다. '珪'와 '瑾'은 또한 字形이 〈비슷하여 생긴〉 오류이다. ≪儀禮≫ 〈覲禮〉에 '方明六玉'을 기록한 곳에 "東方의 옥이 圭이다."라 하였고, ≪周禮≫ 〈大宗伯〉에 '禮四方玉(사방에 예를 표하는 옥)'에 대해 이르기를 "東方은 靑圭로 한다."라 하였고, ≪白虎通義≫ 〈文質〉에 "珪는 위치가 東方에 있다."라 하였으니, 이것은 珪가 방위에 있어 東에 속하고, 句芒 또한 東方의 神이기 때문에 '奉珪'라 한 것이니, ≪國語≫ 〈晉語〉에 "西方의 神 蓐收가 鉞을 잡았다."라고 한 것과 같다. 或者는 '瑾'은 응당 '璜'이 되어야 한다고 하였으니, 字形에는 또한 가깝지만 四方의 玉과는 부

句芒

50) 白虎通義 : 중국 後漢시대 班固(32~92)가 편찬한 책이다. ≪白虎通德論≫, ≪白虎通≫이라고도 한다. 모두 4권이다.

51) 瑾當作璜……但於四方之玉不合 : ≪儀禮≫ 〈覲禮〉에 "북방의 옥이 璜이다.〔北方璜〕"라 하였다.

합하지 않는다. ≪藝文類聚≫ 〈符命部〉에 ≪隨巢子≫를 인용하여 이르기를 "사람의 얼굴에 새의 몸을 가진 어떤 큰 신이 내려와 복을 주었다. 司祿이 더욱 부유하여 국가가 實하고, 司命이 더욱 오래되어 백성이 요절하지 않는다."라 하였으니, 아마 곧 이 일을 가리키는 것이라 생각된다.

19-4-15 搤矢有苗之(祥)〔將〕[52)]과

有苗의 장군과

疑當作將이라 將은 或通作牂하니 與祥으로 形近而譌라 玉篇手部에 云 牂이 今作將하니 同이라 搤矢는 未詳이라

〈'祥'은〉 마땅히 '將'이 되어야 할 듯하다. '將'은 혹 통용하여 '牂'으로 쓰기도 하니, '祥'과 字形이 비슷하여 잘못 전해진 것이다. ≪玉篇≫ 〈手部〉에 "'牂'이 지금 '將'으로 되어 있으니, 같다."라 하였다. '搤矢'는 未詳이다.

19-4-16 苗師大亂하여 後乃遂幾하다

苗의 군대가 크게 어지러워져 후손이 이에 마침내 미미해졌다.

道藏本에 後는 作后라 說文丝部에 云 幾는 微也라하니 言三苗之後世가 遂衰微也라

道藏本에 '後'는 '后'로 되어 있다. ≪說文解字≫ 〈丝部〉에 "'幾'는 '微'이다."라 하였으니, 三苗의 後世가 드디어 衰微해짐을 말한 것이다.

19-4-17 禹旣已克有三苗에

禹가 이기고서 三苗를 소유한 뒤

句라

여기서 구두를 뗀다.

---

52) (祥)〔將〕: 저본에는 '祥'으로 되어 있으나, 孫詒讓의 주에 의거하여 '將'으로 바로잡았다.

19-4-18 焉(磨)〔磿〕[53]爲山川하고 別物上下하고

이에 山川을 구별하고, 上下의 사물을 분별하고,

王云 焉字는 下屬爲句라 焉은 猶於是也니 乃也라 下文의 湯焉敢奉率其衆과 武王焉襲湯之緒가 義竝與此同이라 又云 磨字는 義不可通이라 磨는 當爲磿(력)하니 磿은 與歷으로 通이라 周官遂師注에 曰 磿者는 適歷이라 中山經에 歷石之山이라한대 郭注에 或作磿이라하다 史記高祖功臣侯表에 磿簡侯程黑이라한대 漢表에 作歷이라 春申君傳에 濮磿之北이라한대 新序[54]善謀篇엔 作歷이라 樂毅傳에 故鼎反乎磿室이라한대 燕策엔 作歷이라 歷之言離也라 大戴五帝德篇에 曰 歷離日月星辰이라하니 是歷與離同義라 淮南精神篇에 曰 別爲陰陽하고 離爲八極이라하니 然則磿爲山川은 亦謂離爲山川也라 離與磿은 皆分別之義라 故로 曰 磿爲山川 別物上下라 世人多見磨하고 少見磿이라 故로 書傳中磿字가 多譌作磨라 史記及山海經注의 磿字가 今本에 皆譌作磨라 又逸周書世俘篇에 作伐磿하고 楚策에 遠自棄於磿山之中이라한대 今本에 亦譌作磨라 顔氏家訓[55]勉學篇에 曰 太山羊肅이 讀世本容成造磿하고 以磿[56]爲碓磨之磨라하니 則以磿[57]爲磨는 自古已然矣라

王念孫 : '焉'자는 아래로 붙여 구를 떼어야 한다. '焉'은 '於是'와 같으니, '乃(이에)'이다. 아래 글에 "湯焉敢奉率其衆(湯이 이에 감히 그 무리를 받들어 거느리리다.)"과 "武王焉襲湯之緒(武王이 이에 湯의 緖業를 계승하였다.)"라고 한 것이 그 뜻이 모두 이와 같다.

王念孫 : '磨'자는 뜻이 통하지 않는다. '磨'는 응당 '磿'이 되어야 하니, '磿'과 '歷'은 통한

53) (磨)〔磿〕: 저본에는 '磨'로 되어 있으나, 王念孫의 주에 의거하여 '磿'으로 바로잡았다.

54) 新序 : 중국 前漢 말기에 劉向이 편집한 고사집이다. 雜事 5편, 刺奢, 節士, 義勇, 善謀 2편 등 총 10편으로 구성되어 있다.

55) 顔氏家訓 : 중국 南北朝 말기에 顔之推(531~591)가 자손을 위하여 저술한 교훈서이다. 가족도덕 및 대인관계, 경제・풍속・학문・종교・문자・音韻 등의 내용이 담겨 있다. 2권 20편이다.

56) 磿 : 저본 傍注에 "원문에는 '磨'로 잘못되어 있으니, ≪顔氏家訓≫에 의거하여 고친다."라고 하였다.

57) 磿 : 저본 傍注에 "원문에는 '磨'로 잘못되어 있으니, ≪顔氏家訓≫에 의거하여 고친다."라고 하였다.

다. ≪周官≫ 〈遂師〉의 注에 "'磿'은 適歷이다."라 하였다. ≪山海經≫ 〈中山經〉에 "歷石之山(歷石山)"이라 하였는데, 郭璞의 注에 〈'歷'은〉 혹 '磿'으로 되어 있다고 하였다. ≪史記≫ 〈高祖功臣侯表〉에 "磿簡侯程黑(磿簡侯 정흑)"이라 하였는데, ≪漢書≫ 〈王子侯表〉에는 〈'磿'이〉 '歷'으로 되어 있다. ≪史記≫ 〈春申君傳〉에 "濮磿之北(濮磿의 북쪽)"이라 하였는데, ≪新序≫ 〈善謀〉에는 〈'磿'이〉 '歷'으로 되어 있다. ≪史記≫ 〈樂毅傳〉에 "故鼎反乎磿室(故鼎을 磿室에 도로 가져왔다.)"이라 하였는데, ≪戰國策≫ 〈燕策〉에는 '歷'으로 되어 있다. '歷'은 '離'를 말한다. ≪大戴禮記≫ 〈五帝德〉편에 "歷離日月星辰(일월성신을 분별하였다.)"이라 하였으니, 곧 '歷'과 '離'가 뜻이 같은 것이다. ≪淮南子≫ 〈精神〉편에 "別爲陰陽離爲八極(陰陽을 분별하고 八極를 분별한다.)"이라 하였으니, 그렇다면 '磿爲山川' 또한 '離爲山川'이라는 말이다. 그런데 '離'와 '磿'은 모두 분별한다는 뜻이다. 그러므로 본문에 '磿爲山川 別物上下(山川을 구별하고 上下의 사물을 분별하였다.)'라 하였다. 世人은 '磨'를 본 경우는 많고, '磿'을 본 경우는 적기 때문에 典籍 중의 '磿'자가 대부분 '磨'자로 잘못되어 있다. ≪史記≫와 ≪山海經≫ 注의 '磿'자가 今本에 모두 '磨'자로 잘못되어 있다. 또 ≪逸周書≫ 〈世俘〉에 '伐磿(磿山을 쳤다.)'이라 하였고, ≪戰國策≫ 〈楚策〉에 '遠自棄於磿山之中(멀리 磿山의 가운데 스스로 버렸다.)'이라 하였는데, 今本에 또한 〈'磿'이〉 '磨'자로 잘못되어 있다. ≪顔氏家訓≫ 〈勉學〉에 "太山의 羊肅이 ≪世本≫의 '容成造磿(〈黃帝의 사관〉 容成이 역사를 서술하였다.)'이라는 구절을 읽고 '磿'을 '碓磨(디딜방아와 맷돌)'의 '磨'자로 여겼다."라 하였으니, '磿'을 '磨'로 여긴 것은 예로부터 이미 그러하였다.

19-4-19 (卿)〔鄕〕[58]**制**(大)〔四〕[59]**極**이어늘

멀리 사방의 끝에 있는 나라까지 제어하거늘

畢云 說文에 云 卿은 章也라 詒讓案 疑當爲鄕制四極이니 鄕與卿은 形近이라 四는 篆文에 作 [illegible]하니 與大篆文亦近이라 故로 互譌라 鄕은 卽饗之省이라 爾雅釋地에 云 東至於泰遠하고 西至於邠國하고 南至於濮鉛하고 北至於祝栗하니 謂之四極이라한대 郭注에 云 皆四方極遠之國이라하다

58) (卿)〔鄕〕: 저본에는 '卿'으로 되어 있으나, 孫詒讓의 주에 의거하여 바로잡았다.

59) (大)〔四〕: 저본에는 '大'로 되어 있으나, 孫詒讓의 주에 의거하여 '四'로 바로잡았다.

畢沅 : ≪說文解字≫에 "'卿'은 '章(법도)'이다."라 하였다.

詒讓案 : 〈'卿制大極'은〉 응당 '鄉制四極'이라 해야 옳을 듯하니, '鄉'과 '卿'은 字形이 비슷하다. '四'는 篆文에 '𠃢'로 되어 있으니, '大'자의 篆文과 또한 비슷하기 때문에 서로 잘못된 것이다. '鄉'은 곧 '嚮'을 줄인 것이다. ≪爾雅≫ 〈釋地〉에 이르기를 "동쪽으로 泰遠에 이르고, 서쪽으로 邠國에 이르고, 남쪽으로 濮鉛에 이르고, 북쪽으로 祝栗에 이르니 이것을 四極이라 한다."고 하였는데, 郭璞의 注에 이르기를 "모두 사방의 지극히 먼 나라이다."라 하였다.

19-4-20 **而神民**이 **不違**하여 **天下乃靜**하니 **則此禹之所以征有苗也**라 **遝至乎夏王桀**하얀

신과 백성이 어기지 않아 천하가 이에 안정되었으니, 이것이 禹가 有苗를 정벌한 이유이다. 夏王 桀에 이르러서는

畢云 文選注에 引作夏桀時라 遝은 舊本에 作還이라 王云 還字는 義不可通하니 或曰 還은 卽旋字라하다 案 禹桀相去甚遠하니 不得言旋至乎桀이라 還은 當爲遝이니 遝與逮同이라 逮는 及也라 遝[60]은 與還字로 形相似而誤니 下文還至乎商王紂[61]로 同이라 又云 遝之誤爲還은 猶鰥之誤爲鱞이라 漢書律麻志에 丙午遝師라한대 今本에 誤作還이라 中庸所以逮賤也라한대 釋文에 逮作遝이라 哀十四年公羊傳에 祖之所逮聞也[62]라한대 漢石經에 逮作遝이라 案 王說是也요 洪說同하니 今據正이라

畢沅 : ≪文選≫ 注에 〈'夏王桀'을〉 인용하면서 '夏桀時'라 하였다. '遝'은 舊本에 '還'으로 되어 있다.

王念孫 : '還'자는 뜻이 통하지 않으니, 혹자는 '還'은 바로 '旋'이라 하였다. 살펴보건대,

60) 遝 : 저본 傍注에 "원문에는 '還'으로 잘못되어 있으니, 王念孫의 ≪讀書雜志≫에 의거하여 고친다."라고 하였다.

61) 下文還至乎商王紂 : 19-4-35에서 舊本의 '還至乎商王紂'를 王念孫의 이 교감에 의거하여 '遝至乎商王紂'로 고쳤다.

62) 哀十四年公羊傳 祖之所逮聞也 : ≪春秋公羊傳≫ 哀公 14년 조에 "≪春秋≫는 왜 隱公으로부터 시작하였는가. 高祖 이래로 묻고 들어서 알 수 있는 것을 기록한 것이다.〔春秋何以始乎隱 祖之所逮聞也〕"라 하였다.

禹와 桀은 서로 떨어진 시대가 매우 머니, '旋至乎桀(곧 桀에 이르렀다.)'이라고 말할 수 없다. '還'은 응당 '遝'이 되어야 하니, '遝'과 '逮'는 같다. '逮'는 '及'이다. '遝'은 '還'자와 字形이 서로 비슷하여 잘못된 것이니, 아래 글의 〈舊本에〉 '還至乎商王紂'라고 한 것도 같다.

王念孫 : '遝'이 '還'으로 잘못된 것은 '鰥'이 '鱞'으로 잘못된 것과 같은 사례다. ≪漢書≫ 〈律厤志〉에 "丙午遝師(병오에 師에 이르렀다.)"라 하였는데, 今本에 〈'遝'이〉 '還'으로 잘못되어 있다. ≪禮記≫ 〈中庸〉에 "所以逮賤也(비천한 사람에게 이르게 한 것이다.)"라 하였는데, ≪經傳釋文≫에는 '逮'가 '遝'으로 되어 있다. ≪春秋公羊傳≫ 哀公 14년에 "祖之所逮聞也(高祖 이래로 묻고 들어서 알 수 있는 것을 기록한 것이다.)"라 하였는데, 漢나라 石經에는 '逮'가 '遝'으로 되어 있다.

案 : 王念孫의 說이 옳다. 洪頤煊의 說도 王念孫의 설과 같으니, 지금 여기에 의거하여 바로잡는다.

19-4-21 天有(轄)〔酷〕[63]命하여

하늘이 엄한 명을 내려

畢云 : 轄는 當是誥字라 詒讓案 轄는 疑當爲酷이니 謂嚴命也라 說文告部에 云 嚳은 急告之甚也라하고 白虎通義號篇에 云 嚳者는 極也라하니 嚳은 酷字로 亦通이라 一切經音義에 云 酷은 古文에 俈嚳焅三形이라

畢沅 : '轄'는 응당 '誥'가 되어야 한다.

詒讓案 : '轄'는 응당 '酷'이 되어야 옳을 듯하니, 嚴命을 이른다. ≪說文解字≫ 〈告部〉에 "嚳은 매우 급하게 고하는 것이다."라 하였고, ≪白虎通義≫ 〈號〉에 "'嚳'은 지극함이다."라 하였으니, '嚳'은 '酷'자와 또한 통한다. ≪一切經音義≫에 "'酷'은 古文에 '俈', '嚳', '焅' 세 가지 字形이다."라 하였다.

19-4-22 日月不時하고 寒暑雜至하고

63) (轄)〔酷〕 : 저본에는 '轄'로 되어 있으나, 孫詒讓의 주에 의거하여 '酷'으로 바로잡았다.

해와 달이 제때에 뜨지 않고, 추위와 더위가 뒤섞여 오고,

易釋文引孟喜에 云 雜은 亂也라하니 謂寒暑錯亂而至하여 失其恒節이라

≪經傳釋文≫ 〈周易〉에 孟喜의 설을 인용하여 "雜은 亂이다."라 하였으니, 추위와 더위가 뒤섞여 와서 정상적인 節序의 흐름을 잃은 것을 말한다.

19-4-23 五穀焦死하고

五穀이 말라 죽고

史記龜策傳說桀紂云 天數枯旱하고 國多妖祥하며 螟蟲歲生하여 五穀不成이라

≪史記≫ 〈龜策傳〉에서 桀紂에 대해 이르기를 "天數가 말라 가물고 나라에 요망한 조짐이 많으며 螟蟲이 해마다 생겨 五穀이 여물지 않았다."라 하였다.

19-4-24 鬼呼〔於〕[64]國하고

귀신이 나라에서 울고,

王云 呼下에 當有於字라야 方合上下句法이라 詒讓案 御覽八十三에 引帝王世紀[65]한대 亦云 鬼呼於國이라

王念孫 : '呼'자 아래에 응당 '於'자가 있어야 바야흐로 위아래 문장의 句法과 부합한다.
詒讓案 : ≪太平御覽≫ 83에서 ≪帝王世紀≫를 인용하였는데, 역시 '鬼呼於國'이라 하였다.

19-4-25 鸖(학)鳴十夕餘라

鶴이 열흘 남짓 울었다.

64) 〔於〕 : 저본에는 '於'자가 없으나, 王念孫과 孫詒讓의 주에 의거하여 보충하였다.
65) 帝王世紀 : 西晉의 학자 皇甫謐이 지은 역사책이다. 원서는 실전되었고 현재 전하는 것은 10권이다. 三皇에서 漢魏에 이르기까지 역대 제왕의 世系, 年譜 및 史迹을 기술한 역사저술이다.

鸖은 舊本에 作鷵이라 盧[66]云 鷵字未詳이니 若作鸖이면 與鶴同이라 案 盧說이 是也라 道藏本과 季本에 竝作鸖하니 今據改라 鶴字는 唐姚元景造象記에 作鸖하고 楚金禪師碑에 作鷵하니 竝俗書譌變이라 通鑑外紀夏紀에 云 鶴鳴於國하여 十日十夕不止라하니 卽本此文이라 通志夏紀에 鶴作鸖하니 疑誤라

鸖은 舊本에 鷵으로 되어 있다.

盧文弨 : '鷵'자는 未詳이니, 만약 '鸖'이 되면 '鶴'과 같다.

案 : 盧文弨의 說이 옳다. 道藏本과 季本에 모두 '鸖'으로 되어 있으니, 지금 이 本들에 의거하여 〈'鸖'자로〉 고친다. '鶴'자는 唐의 〈姚元景造象記〉에 '鸖'으로 되어 있고, 楚의 〈金禪師碑〉에 '鷵'으로 되어 있으니, 모두 俗體가 잘못 변한 것이다. ≪通鑑外紀≫ 〈夏紀〉에 "鶴鳴於國 十日十夕不止(鶴이 나라 안에 울어 열흘 밤낮을 그치지 않았다.)"라 하였으니, 바로 이 문장에서 근본한 것이다. ≪通志≫ 〈夏紀〉에는 '鶴'이 '鸖'으로 되어 있으니, 잘못인 듯하다.

19-4-26 天乃命湯於鑣(표)宮하여

하늘이 이에 鑣宮에서 湯에게 명하여

畢云 舊脫天字러니 據文選注增이라 鑣는 藝文類聚에 引作驪하고 文選注에 作鑣라 王紹蘭이 云 鑣宮은 卽孟子牧宮이라 天乃命湯於鑣宮하여 往而誅之는 卽天誅造攻自牧宮也라 案 孟子萬章篇의 趙注에 云 牧宮은 桀宮이라한대 似與此鑣宮異하니 王說은 未塙이라

畢沅 : 舊本에 '天'자가 빠져 있었는데, ≪文選注≫에 의거하여 보충해 넣었다. 鑣는 ≪藝文類聚≫에 인용한 곳에는 '驪'로 되어 있고, ≪文選注≫에는 '鑣'로 되어 있다.

王紹蘭 : '鑣宮'은 곧 ≪孟子≫ 〈萬章 上〉에 나오는 牧宮이다. 하늘이 이에 鑣宮에서 湯에게 명하여 가서 주벌했다는 것은 바로 〈≪孟子≫ 〈萬章 上〉에서 말한〉 하늘이 주벌하

66) 盧 : 盧文弨(1717~1795)를 가리킨다. 청나라 浙江 仁和 사람이며, 字는 召弓·紹弓이고, 호는 磯漁·抱經이다. 戴震·段玉裁 등과 교유하였다. 저서에 ≪群書拾補≫, ≪抱經堂文集≫, ≪儀禮注疏詳校≫, ≪廣雅注≫ 등이 있다.

여 처음 공격한 것은 牧宮에서 시작하였다는 것이다.

案 : 《孟子》〈萬章 上〉 趙岐의 注에 "牧宮은 桀의 宮이다."라 하였는데, 이 鑣宮과는 다른 듯하니 王紹蘭의 說은 확실하지 않다.

19-4-27 **用受夏之大命**하되 **(夏德大亂 予旣卒其命於天矣 往而誅之 必使汝堪之)**[67)]

이로써 夏나라의 大命을 받되

畢云 文選注와 **藝文類聚**에 **引作戡**하니 **此**는 **𢦏字之假音**이라 **說文**에 **云 𢦏**은 **殺也**라 **爾雅**에 **云 堪**은 **勝也**라 **案 夏德大亂以下四句**는 **文義與下文重複**하니 **疑校書者**가 **附記異同**하여 **遂與正文淆混**이라 **文選辯命論**과 **褚淵碑文注**에 **兩引**도 **亦無此數語**라 **畢所校**는 **乃下文**[68)]**之異文也**라

畢沅 : 《文選注》와 《藝文類聚》에 이 대목을 인용하면서 〈'堪'이〉 '戡'으로 되어 있으니, 이것은 𢦏자의 假音字이다. 《說文解字》에 이르기를 "𢦏은 殺이다."라 하였다. 《爾雅》에 이르기를 "堪은 勝이다."라 하였다.

案 : '夏德大亂' 이하 4구는 글의 뜻이 아래 글과 중복되니 아마도 本書를 교열한 자가 같고 다른 문장을 附記하여 마침내 正文과 섞이게 된 듯하다. 《文選》〈辯命論〉과 〈褚淵碑文〉의 注 두 곳에서 인용한 것도 이 몇 구절이 없다. 畢沅이 교감한 것은 바로 아래 글의 異文이다.

19-4-28 **湯**이 **焉敢奉率其衆**하여 **是以鄉**[69)]**有夏之境**하니

湯이 이에 감히 그 백성들을 거느려 有夏의 국경으로 향하니,

王引之云 焉은 **猶乃也**라 **言湯旣受天命**하여 **乃敢伐夏也**라 **王紹蘭云 焉之爲言**은 **於是也**라

---

67) (夏德大亂……必使汝堪之) : 저본에는 이 4구가 있으나, 孫詒讓의 주에 의거하여 衍文으로 처리하였다.

68) 下文 : 19-4-30의 "夏德大亂 往攻之 予必使汝大堪之"를 가리킨다.

69) 鄉 : '向'과 같다.

王引之 : '焉'은 '乃(곧)'와 같다. 湯이 이미 天命을 받아 곧 夏나라 정벌을 감행하였음을 말한다.

王紹蘭 : '焉'의 뜻은 '於是(이에)'이다.

19-4-29 **帝乃使(陰)〔降〕**[70]**暴**하여 **毁有夏之城**하다

上帝께서 이에 재앙을 내려 有夏의 성을 무너뜨리게 하였다.

陰은 **疑降之誤**라

'陰'은 아마 '降'의 잘못인 듯하다.

19-4-30 **少少有神**이 **來告曰 夏德大亂**하니 **往攻之**하라 **予必使汝大堪**[71]**之**케호리라 **予旣受命於天**하노니 **天命融隆火**하여

조금 있으니 神이 와서 고하기를 '夏나라 德이 크게 어지러우니 가서 공격하라. 내 반드시 너로 하여금 크게 승리하게 하리라. 내 이미 하늘에서 명을 받았으니, 하늘이 祝融에게 명하여

畢云 隆은 **疑作降**이니 **言命祝融降火**라 **王云 降**은 **與隆**으로 **通**하니 **不煩改字**라 **詳尙賢中篇**이라 **詒讓案 國語周語內史過說夏亡**에 **回祿**이 **信於耹隧**라한대 **韋注**에 **云 回祿**은 **火神**이요 **耹隧**는 **地名**이라 **左昭十八年傳鄭災**에 **禳火於玄冥回祿**이라한대 **孔疏**에 **云 楚之先吳回爲祝融**하니 **或云回祿**은 **卽吳回也**라하다 **是融**이 **卽回祿**이니 **此與周語所云**으로 **卽一事也**라

畢沅 : '隆'은 아마 '降'이 되어야 할 듯하니, 祝融에게 명하여 불을 내렸다는 말이다.

王念孫 : '降'은 '隆'과 通하니, 번거롭게 글자를 고칠 것 없다. ≪墨子≫ 〈尙賢 中〉에 자세히 설명하였다.

詒讓案 : ≪國語≫ 〈周語〉에 內史 過가 夏나라가 망한 것에 대해 말할 때 "回祿이 耹隧

---

70) (陰)〔降〕 : 저본에는 '陰'으로 되어 있으나, 孫詒讓의 주에 의거하여 '降'으로 바로잡았다.

71) 堪 : 19-4-27의 畢沅 주에서 ≪爾雅≫를 인용하여 "堪은 勝이다."라고 하였다.

에 내려왔다."라 하였는데, 이 구절에 대한 韋昭의 注에 "回祿은 火神이요 聆隧는 地名이다."라 하였다. ≪春秋左氏傳≫ 昭公 18년 조에 鄭나라의 재앙을 기록한 곳에 "玄冥(水神)과 回祿(火神)에게 불을 막아달라 기도하였다."라 하였는데, 이 구절에 대한 孔穎達의 疏에 "楚나라의 선조 吳回가 祝融이니, 혹 回祿이라 한 것은 바로 吳回이다."라 하였다. 이 融이 바로 回祿이니, 이것은 ≪國語≫ 〈周語〉에서 말한 것과 곧 한가지 일이다.

19-4-31 于夏之城閒西北之隅라하다

夏나라 성의 서북쪽 모퉁이에 불을 내리게 하였다.'라 하였다.

備城門篇에 **云 城四面四隅**에 **皆爲高磿㯪**라 **考工記匠人**에 **城隅之制九雉**라한대 **鄭注**에 **云 城隅**는 **謂角浮思也**라 **詩邶風靜女篇**에 **俟我于城隅**라하다

≪墨子≫ 〈備城門〉에 이르기를 "城의 네 면과 네 모퉁이에 모두 높은 磿㯪(망루)를 만들었다."라 하였다. ≪周禮≫ 〈考工記 匠人〉에 이르기를 "城隅의 제도는 九雉이다."라 하였는데, 이 구절에 대한 鄭玄의 注에 "城隅는 모퉁이의 성가퀴를 말한다."라 하였다. ≪詩經≫ 〈邶風 靜女〉에 "俟我于城隅(나를 성 모퉁이에서 기다리네.)"라 하였다.

19-4-32 湯이 奉桀衆以克有〔夏〕72)하여

湯이 桀의 군사를 거느리고 有夏를 이기고서,

蘇云 有下에 **脫夏字**라

蘇時學 : '有' 아래에 '夏'자가 빠졌다.

19-4-33 屬諸侯於薄하고

薄에 諸侯를 모아놓고,

禮記經解鄭注에 **云 屬**은 **猶合也**라 **畢云 此作薄**이 **是也**라 **管子地數**에 **云 湯有七十里**

72) 〔夏〕 : 저본에는 '夏'가 없으나, 蘇時學의 주에 의거하여 보충하였다.

之薄이라하고 周書殷祝解에 云 湯放桀而復薄이라하고 荀子議兵에 云 古者에 湯以薄하고 武王以滈라하고 呂氏春秋에 云 湯嘗約于郼薄이라하여 皆作薄이라 地理志에 云 河南偃師尸鄕은 殷湯所都라하니 是라 今河南偃師也라 史記集解에 云 皇甫謐이 曰 梁國穀孰이 爲南亳이니 卽湯都也라 括地志에 云 宋州穀孰縣西南三十五里가 南亳故城이니 卽南亳은 湯都也라 宋州北五十里大蒙城이 爲景亳이니 湯所盟地라 因景山爲名이라 河南偃師爲西亳이니 帝嚳及湯所都요 盤庚亦從都之라 又案 薄은 惟孟子에 作亳하니 非正字也라 亳은 京兆杜陵亭이니 見說文이라 別有亳王號湯하니 在今陝西三原縣하니 地各不同이라

≪禮記≫ 〈經解〉 鄭玄의 注에 "'屬'은 '合'과 같다."라 하였다.

畢沅 : 여기에서 '薄'으로 한 것이 옳다. ≪管子≫ 〈地數〉에 "湯은 70리의 薄이 있었다."라 하였고, ≪逸周書≫ 〈殷祝解〉에 "湯이 桀을 추방하고 薄을 회복하였다."라 하였고, ≪荀子≫ 〈議兵〉에 "옛날에 湯은 薄으로 하고, 武王은 滈로 하였다."라 하였고, ≪呂氏春秋≫에 "湯이 일찍이 郼薄에서 약속하였다."라 하여 모두 薄으로 되어 있다. ≪地理志≫에 "河南의 偃師 尸鄕은 殷나라 湯이 도읍한 곳이다."라 하였으니, 옳다. 지금 河南의 偃師이다. ≪史記集解≫에 "皇甫謐이 말하기를 '梁國 穀孰이 南亳이니 바로 이곳이 湯의 도읍이다.'라 하였다."라 하였다. ≪括地志≫에 "宋州 穀孰縣 서남쪽 35리가 南亳의 故城이니 바로 南亳은 湯의 도읍이다. 宋州 북쪽 50리의 大蒙城이 景亳이니, 湯이 맹서한 곳이다. 그래서 景山으로 이름하였다. 河南 偃師가 西亳이니 帝嚳과 湯이 도읍한 곳이고, 盤庚 또한 따라서 도읍하였다. 또 살펴보건대 薄은 오직 ≪孟子≫에 亳으로 되어 있으니, 바른 글자가 아니다. 亳은 京兆 杜陵亭이니 ≪說文解字≫에 보인다. 별도로 亳王으로 湯을 호칭한 것이 있으니, 지금 陝西 三原縣에 있다. 지역이 각각 다르다.

19-4-34 **薦章天命**하여

나아가 天命을 밝혀

爾雅釋詁에 **云 薦**은 **進也**라 **儀禮士冠禮鄭注**에 **云 章**은 **明也**라

≪爾雅≫ 〈釋詁〉에 "薦은 '進(나아가다)'이다."라 하였다. ≪儀禮≫ 〈士冠禮〉 鄭玄의 注에 "章은 '明(밝히다)'이다."라 하였다.

19-4-35 通于四方이어늘 而天下諸侯莫敢不賓服이니 則此湯之所以誅桀也라 遝至乎商王紂하여

四方으로 통하게 하자 천하의 제후들이 감히 복종하지 않음이 없었다. 바로 이것이 湯이 桀을 주벌했던 내용이다. 商王 紂에 이르러

遝은 舊本에 亦作還이라 今依王校正하니 詳上이라 畢云 文選注에 引作商王紂時라하고 太平御覽에 作紂之時라

'遝'은 舊本에 또한 '還'으로 되어 있다. 지금 王念孫의 교감에 의거하여 바로잡으니, 위에 상세히 설명하였다.

畢沅 : ≪文選注≫에 이 대목을 인용하여 '商王紂時(商王 紂의 때)'라 하였고, ≪太平御覽≫에는 '紂之時(紂의 때)'라 하였다.

19-4-36 天不(序)〔享〕[73]其德하고

하늘이 紂의 덕을 누리지 않고

王云 序는 順也니 言天不順紂之德이라 非樂篇引湯之官刑에 曰 上帝不順이라하니 是也라 爾雅에 曰 順은 敍也라하니 敍與序同이라 法言[74]問神篇에 曰 事得其序之謂訓이라하니 訓與順同이라 周語에 曰 周旋이 序順이라하니 序亦順也라 逸周書序에 曰 文王告武王以序德之行이라 兪云 序는 乃享字之誤라 莊子則陽篇에 隨序之相理라한대 釋文에 曰 序는 一本作享이라하니 是其例也라 天不享其德은 文義甚明하니 字誤作序하면 不可通矣라 案 兪說是也라 尙賢中篇에 云 則天鄕其德이라하니 鄕은 亦與享通이라

王念孫 : '序'는 '順'이니, 하늘이 紂의 덕을 순하게 여기지 않음을 말한다. ≪墨子≫ 〈非樂 上〉에 湯의 ≪官刑≫을 인용하여 "上帝不順(상제가 순하게 여기지 않았다.)"이라 하였으니, 이것이다. ≪爾雅≫에 "'順'은 '敍'이다."라 하니, '敍'는 '序'와 같다. ≪法言≫ 〈問神〉

73) (序)〔享〕 : 저본에는 '序'로 되어 있으나, 兪樾의 주에 의거하여 '享'으로 바로잡았다.

74) 法言 : 揚雄(B.C. 53~A.D. 18)의 저서로, 13권이다. ≪論語≫의 체재를 모방하여 문답체로 기술하였다.

에 말하기를 "일이 그 차례를 얻는 것을 '訓'이라 한다."라 하였으니, 訓은 '順'과 같다. ≪國語≫ 〈周語〉에 "周旋序順(周旋을 차례에 따른다.)"이라 하였으니, '序'는 또한 '順'이다. ≪逸周書≫의 序에 말하기를 "文王告武王以序德之行(文王이 武王에게 序德의 行으로 고하였다.)"이라 하였다.

兪越 : '序'는 바로 '享'자의 잘못이다. ≪莊子≫ 〈則陽〉에 "隨序之相理(차례에 따라 서로 다스려진다.)"라 하였는데, ≪經傳釋文≫에 말하기를 "'序'는 一本에 '享'으로 되어 있다."라 하였으니, 이것이 그 例이다. '天不享其德'은 문장의 뜻이 매우 분명하니, 글자가 잘못되어 序자로 되면 뜻이 통하지 않는다.

案 : 兪越의 說이 옳다. ≪墨子≫ 〈尙賢 中〉에 "則天鄕其德(곧 하늘이 그 덕을 누렸다.)"이라 하였으니, '鄕'은 또한 '享'과 통한다.

19-4-37 祀用失時한대

제사를 제때에 지내지 않았는데,

史記龜策傳에 說桀紂云 逆亂四時하여 先[75]百鬼嘗이라하니 蓋言祭祀不以時擧也라

≪史記≫ 〈龜策傳〉에서 桀紂에 대해 말하기를 "四時를 어기고 어지럽혀 여러 귀신보다 먼저 祭物을 맛보았다."라 하였으니, 대개 祭祀를 제때에 거행하지 않았음을 말한 것이다.

19-4-38 兼夜中에

한밤중에

有脫誤라

脫誤가 있다.

19-4-39 十日雨土于薄하고

75) 先 : 저본 傍注에 "'先'은 원문에 '失'로 잘못되어 있으니, ≪史記≫ 〈龜策傳〉에 의거하여 고친다."라고 하였다.

열흘 동안 薄에 흙비가 내리고,

畢云 太平御覽에 **引作**亳하니 **假音字**라 **詒讓案 李淳風乙巳占**[76)]에 **亦引墨子曰 商紂不德**하여 **十日雨土於**亳이라하다 **今本紀年**에 **帝辛**[77)]**五年**에 **雨土于**亳이라

畢沅 : ≪太平御覽≫에 인용하기를 〈'薄'을〉 '亳'이라 하였으니, 音을 가차한 글자이다.

詒讓案 : 李淳風의 ≪乙巳占≫에 또한 ≪墨子≫를 인용하여 "商紂가 不德하여 열흘 동안 亳에 흙비가 내렸다."라 하였다. 今本 ≪竹書紀年≫에 "帝辛 5년에 亳에 흙비가 내렸다."라 하였다.

19-4-40 **九鼎遷止**하고 **婦妖宵出**하고 **有鬼宵吟**하고

九鼎이 옮겨 가고, 여자 요괴가 밤에 나타나고, 귀신이 밤에 울고,

文選蘇子卿古詩李注에 **引蒼頡篇**하여 **云 吟**은 **歎也**라

≪文選≫의 蘇子卿의 〈古詩〉에 대한 李善 注에 ≪蒼頡篇≫을 인용하여 "吟은 歎이다."라 하였다.

19-4-41 **有女爲男**하고 **天雨肉**하고

여자가 남자로 변하고, 하늘에서 고기비가 내리고,

呂氏春秋愼大篇에 **說殷亡之妖**하여 **云 天雨血**이라하다

≪呂氏春秋≫ 〈愼大〉에 殷나라가 망할 때 나타난 변괴를 이야기하여 "天雨血"이라 하였다.

---

76) 李淳風乙巳占 : 李淳風(602~670)은 唐나라 초기의 대표적인 천문학자로, 岐州 雍人이다. 어릴 때 天台山에서 도를 배워 처음에는 隋 煬帝의 조정에서 監官을 맡았으나, 뒤에 당나라 조정에 들어가 太史丞이 되었다. ≪乙巳占≫은 그가 지은 천문 및 점술서로 천체 운행과 고대 별자리에 관한 정보를 담고 있다. 10권으로 이루어져 있다. 이 외에 ≪法象志≫, ≪算經十書≫ 등을 찬술하였다.

77) 辛 : 商나라 紂王의 시호이다.

19-4-42 **棘生乎國道**하고

나라의 큰 길에 가시덤불이 자라고,

國道는 **謂道中九經九緯之涂也**라

'國道'는 길 가운데 아홉 개의 가로세로로 난 길을 말한다.

19-4-43 **王況自縱也**라

왕는 더욱 스스로 방종하였다.

王云 兄은 **與況**으로 **同**하니 **況**은 **益也**라 **言紂益自放縱也**라 **小雅常棣篇**에 **況也永嘆**이라한대 **毛傳**에 **曰 況**은 **兹也**라 **兹**는 **與滋同**하니 **滋**는 **益也**라 **晉語**에 **衆況厚之**라한대 **韋注**에 **曰 況**은 **益也**라 **無逸**에 **則皇自敬德**이러니 **漢石經**에 **皇作兄**하고 **王肅本**에 **作況**하니 **云 況滋益用敬德**이라 **大雅桑柔篇**에 **倉兄塡兮**라하고 **召旻篇**에 **職兄斯引**이라한대 **傳**에 **竝曰 兄**은 **兹也**라 **案 王說**이 **是也**요 **顧說同**이라 **蘇謂卽微子出奔之事**라하니 **誤**라

王念孫：'兄'은 '況'과 같으니, '況'은 '益(더욱)'이다. 紂가 더욱 스스로 방종함을 말한다. ≪詩經≫ 〈小雅 常棣〉에 "況也永嘆(더욱 길게 탄식만 늘어놓을 뿐)"이라 하였는데, 〈毛傳〉에 "'況'은 '兹'이다."라 하였다. '兹'는 '滋'와 같으니, '滋'는 '益'이다. ≪國語≫ 〈晉語〉에 "衆況厚之(백성들이 더욱 후하게 대접하였다.)"라 하였는데, 韋昭의 注에 "'況'은 '益'이다."라 하였다. ≪書經≫ 〈無逸〉에 "則皇自敬德(크게 스스로 덕을 공경하여)"이라 하였는데, 漢나라 石經에는 '皇'을 '兄'이라 하였고, 王肅本에는 '況'으로 되어 있으니 "況滋益用敬德(더욱더 덕을 공경한다.)"이라 하였다. ≪詩經≫ 〈大雅 桑柔〉에 "倉兄塡兮(슬퍼하기를 더욱 오랫동안 하였네.)"라 하였고, 〈召旻〉에 "職兄斯引(이 〈혼란한 일을〉 더욱 늘리는 것을 주관하네.)"이라 하였는데, 〈毛傳〉에 모두 "'兄'은 '兹'이다."라 하였다.

案：王念孫의 說이 옳고, 顧廣圻의 說도 같다. 蘇時學은 "바로 微子가 도망한 일을 말하는 것이다."라 하였으니, 잘못된 것이다.

19-4-44 **赤鳥銜(珪)〔書〕**[78]하여

赤鳥가 丹書를 물고

畢云 烏는 太平御覽에 引作雀이요 珪는 初學記에 引作書라 詒讓案 太平御覽時序部에 引尙書中候하여 云 周文王爲西伯하니 季秋之月甲子에 赤雀銜丹書入豐하여 止于昌戶라 王乃拜稽首受取하니 曰 姬昌은 蒼帝子요 亡殷者는 紂也라 宋書符瑞志同이라 史記周本紀正義[79]에 引尙書帝命驗云 季秋之月甲子에 赤爵銜丹書入于酆하여 止于昌戶라 其書云 敬勝怠者吉云云하니 與大戴禮記武王踐阼篇丹書文으로 同하고 與此異라 以上諸書에 竝作銜書하니 與初學記同이라 呂氏春秋應同篇에 云 文王之時에 赤烏 銜丹書하여 集之周社라하니 亦與此書降岐社로 事同하니 疑皆一事로대 而傳聞緣飾하여 不免詭異耳라

畢沅 : 烏는 《太平御覽》에 인용하기를 '雀'이라 하였고, 珪는 《初學記》에 인용하기를 '書'라 하였다.

詒讓案 : 《太平御覽》 〈時序部〉에 《尙書中候》를 인용하여 "周 文王이 西伯이 되니 9월 甲子에 赤雀이 丹書를 물고〔銜丹書〕 豐에 들어가 昌戶에 앉았다. 王이 이에 절하고 머리를 조아리며 받아보니, '姬昌은 蒼帝의 아들이요, 殷을 망하게 할 자는 紂이다.'라고 적혀 있었다."라 하였으니, 《宋書》 〈符瑞志〉의 기록과 같다. 《史記正義》 〈周本紀〉에 《尙書帝命驗》을 인용하여, "9월 甲子에 赤爵이 丹書를 물고〔銜丹書〕 酆에 들어가 昌戶에 앉았다. 丹書의 글에 '敬이 怠를 이기는 자는 吉하다…….'라 하였다."라 하였으니, 《大戴禮記》 〈武王踐阼篇〉에 실린 丹書의 글과 같고, 여기와 다르다. 이상의 諸書에 모두 '銜書'로 되어 있으니, 《初學記》와 같다. 《呂氏春秋》 〈應同〉에 "文王의 때에 赤烏가 丹書를 물고〔銜丹書〕 周나라 社에 모였다."라 하니, 또한 이 글에서 岐의 社에 내려왔다는 것과 사실이 같으니, 아마 모두 한 가지 일일 것인데 傳聞이 꾸며져 詭異함을 면치 못했던 것이다.

19-4-45 降周之岐社하여

78) (珪)〔書〕 : 저본에는 '珪'로 되어 있으나, 畢沅과 孫詒讓의 주에 의거하여 '書'로 바로잡았다.

79) 正義 : 저본 傍注에 "'正義' 위에 원문에는 '集解' 두 자가 잘못 들어가 있으니, 《史記》 〈周本紀〉에 의거하여 뺀다. 살펴보건대, 《尙書帝命驗》을 인용한 것은 곧 張守節의 《史記正義》이지 裴駰의 《史記集解》가 아니다."라고 하였다.

周나라 岐의 社에 내려와

今本紀年에 帝辛三十二年에 有赤烏集于周社라하다

今本 ≪竹書紀年≫에 "帝辛 32년에 赤烏가 周나라 社에 모였다."라 하였다.

19-4-46 曰 天命周文王하여 伐殷有國하라하다

말하기를 '하늘이 周 文王에게 명하여 殷나라를 정벌하고 나라를 소유하라고 하였다.'라 하였다.

畢云 太平御覽에 云 命曰 周文王伐殷이라하고 事類賦[80)]에 云 命伐殷也라하다

畢沅 : ≪太平御覽≫에 "명하여 이르기를 '周 文王은 殷을 정벌하라.'라 하였다."라 하였고, ≪事類賦≫에 "명하여 殷을 정벌하라."라 하였다.

19-4-47 泰顚[81)]來賓하고

泰顚이 와서 빈객이 되었고,

蘇云 孟子云 太公避紂하여 居北海之濱이러니 聞文王作興하고 曰 盍歸乎來리오하니 卽來賓之事也라 案 泰顚與太公은 非一人이니 詳尙賢上篇이라

蘇時學 : ≪孟子≫ 〈離婁 上〉에 "太公이 紂를 피하여 北海의 물가에 살다가, 文王이 일어났다는 소식을 듣고 '어찌 찾아가지 않으리오.'라 하였다."라 하였으니, 이것이 바로 와서 빈객이 된 일이다.

案 : 泰顚과 太公은 한 사람이 아니니, ≪墨子≫ 〈尙賢 上〉에 자세히 설명하였다.

---

80) 事類賦 : 宋나라 吳淑(947~1002)이 찬술한 책으로 모두 30권이다. 吳淑은 字가 正儀로 丹陽人이다. 송나라 때 起居舍人과 職方員外郎을 지냈다. ≪事類賦≫는 한 글자의 제목으로 賦를 지어 100首에 이르는 巨篇을 만들고 주석을 더한 것이다.

81) 泰顚 : 周 文王을 도와 周나라를 건국한 다섯 공신 가운데 하나이다. ≪尙書≫ 〈君奭〉에 "문왕이 거의 능히 우리가 소유한 중국을 닦고 화합하게 하실 수 있었던 것은 또한 虢叔과 閎天와 散宜生과 泰顚과 南宮括 같은 사람이 있었기 때문이다.〔惟文王尙克脩和我有夏 亦惟有若虢叔 有若閎天 有若散宜生 有若泰顚 有若南宮括〕"라 하였다.

19-4-48 **河出綠圖**하고

河水에서 綠圖가 나오고

北堂書鈔[82]**地部**에 **引隨巢子**하여 **云 姬氏之興**에 **河出綠圖**라하다 **呂氏春秋觀表篇**에 **云 綠圖幡薄**(부)[83]가 **從此生矣**라하다 **淮南子淑眞訓**에 **云 至德之世**에 **洛出丹書**하고 **河出綠圖**라하다 **易緯乾鑿度**[84]에 **云 昌以西伯受命**하여 **改正朔**하고 **布王號於天下**하여 **受籙應河圖**라하다 **綠**은 **籙**으로 **通**이라

≪北堂書鈔≫ 〈地部〉에 ≪隨巢子≫를 인용하여 "姬氏(周나라의 王姓)가 일어남에 河水에서 綠圖가 나왔다."라 하였다. ≪呂氏春秋≫ 〈觀表〉에 "綠圖와 幡薄가 이로부터 생겨났다."라 하였다. ≪淮南子≫ 〈淑眞訓〉에 "至德의 시대에 洛水에서 丹書가 나오고 河水에서 綠圖가 나왔다."라 하였다. ≪易緯乾鑿度≫에 "昌(周 文王의 이름)이 西伯으로서 命을 받아 正朔을 고치고 천하에 王號를 펴서 籙을 받아 河圖에 응하였다."라 하였다. 綠은 籙과 通한다.

19-4-49 **地出乘黃**이라

땅에서는 乘黃이 나왔다.

周書王會篇云 白民[85]은 **乘黃**이라 **乘黃者**는 **似狐**요 **其背有兩角**이라하다 **山海經海外西經同**이라 **宋書符瑞志**에 **云 帝舜**이 **卽位**하니 **地出乘黃之馬**라하다 **劉賡**의 **稽瑞**에 **引孫氏瑞應圖**[86]하여 **云 王者**는 **德御四方**하고 **輿服有度**하고 **秣馬不過所業**이면 **則地出**

---

82) 北堂書鈔 : 唐나라 虞世南의 편저이다. 群書의 文句를 摘錄하여 19部 801類로 분류한 것을 明나라 陳禹謨, 淸나라 孔廣陶 등이 改訂하였다. 虞世南은 자가 伯施이며 餘姚(지금의 浙江省) 사람이다. 王羲之의 서법을 익혔으며, 歐陽詢・褚遂良과 함께 당나라 초 3대가로 일컬어진다.

83) 幡薄(부) : 丹書나 符籙 類를 말한다. ≪呂氏春秋≫〈觀表〉에 "綠圖幡薄 從此生矣"라 하였는데, 高誘가 注하기를 "'幡' 역시 '薄'이다."라고 하였다. '薄'는 '簿'이니, '符'와 음이 같으며 가차자이다.

84) 易緯乾鑿度 : 西漢 말에 ≪周易≫에 길흉화복의 의론을 붙인 일종의 讖書이다.

85) 白民 : 고대 神話에 나오는 나라 이름이다.

乘黃이라하다 **淮南子**에 **云 黃帝治天下**에 **飛黃服皁**라하니 **高注**에 **云 飛黃**은 **乘黃**이라하다

≪逸周書≫ 〈王會〉에 "白民國 사람은 乘黃을 타고 다녔다. 乘黃은 여우와 비슷한데 그 등에 두 개의 뿔이 있다."라 하였다. ≪山海經≫ 〈海外西經〉에도 같다. ≪宋書≫ 〈符瑞志〉에 "帝舜이 즉위하니 땅에서 乘黃의 말이 나왔다."라 하였다. 劉賡의 ≪稽瑞≫에 ≪孫氏瑞應圖≫를 인용하여 말하기를 "王者는 德으로 四方을 다스리고, 수레와 복식에 법도가 있고, 말을 먹이는 것이 자신이 基業한 바를 넘지 않으면 땅에서 乘黃이 나온다."라 하였다. ≪淮南子≫ 〈覽冥訓〉에 "黃帝가 天下를 다스림에 飛黃이 마구간에 엎드려 있다."고 하니, 高誘의 注에 "飛黃은 乘黃이다."라고 하였다.

乘黃

19-4-50 武王이 踐(功)〔阼〕[87)]하니

武王이 천자의 자리에 오르니,

踐功은 **疑踐阼之誤**라

'踐功'은 '踐阼'의 잘못인 듯하다.

19-4-51 夢見三神曰

꿈에 세 명의 神이 나타나 말하기를,

---

86) 孫氏瑞應圖 : 南朝 梁나라 孫柔之가 찬술한 점술서이다. 자연물 또는 자연에 나타나는 여러 현상을 정치와 결부시켜 상서로운 조짐이 되는 것을 설명한 책이다.

87) (功)〔阼〕 : 저본에는 '功'으로 되어 있으나, 孫詒讓의 주에 의거하여 '阼'로 바로잡았다. '阼'는 천자의 자리를 뜻한다.

畢云 舊脫此字러니 據文選注와 藝文類聚하여 增하다

畢沅 : 舊本에 이 글자(曰)가 빠져 있었는데, ≪文選注≫와 ≪藝文類聚≫에 의거하여 더해 넣었다.

19-4-52 予旣沈漬殷紂于酒德矣노니

'우리가 이미 殷나라 紂를 酒德에 빠뜨렸으니,

書微子에 我用沈酗于酒라하여늘 孔疏에 云 人以酒亂이 若沈於水라 故以耽酒爲沈也라하다 史記宋世家에 紂沈湎于酒라하다 詩小雅의 釋文에 云 漬는 淹也라하다 一切經音義에 引通俗文하여 云 水浸曰漬라하다 畢云 漬는 藝文類聚에 引作瀆하다

≪尙書≫ 〈微子〉에 "我用沈酗于酒(우리가 술에 빠져 주정하였다.)"라 하였는데, 이 구절에 대해 孔穎達의 疏에 "사람이 술 때문에 어지러워지는 것이 물에 빠진〔沈〕 것과 같다. 그러므로 술을 탐하는 것을 沈이라 한다."라 하였다. ≪史記≫ 〈宋世家〉에 "紂沈湎于酒(紂가 술에 빠졌다.)"라 하였다. ≪詩經≫ 〈小雅〉의 ≪經傳釋文≫에 "漬는 淹이다."라 하였다. ≪一切經音義≫에 ≪通俗文≫을 인용하여 "물이 스며든 것을 '漬'라 한다."라 하였다.

畢沅 : '漬'는 ≪藝文類聚≫에는 인용하여 '瀆'이라 하였다.

沈湎冒色圖

19-4-53 **往攻之**하면 **予必使汝大堪之**하리라

가서 공격하면 우리가 반드시 너로 하여금 크게 승리하게 하리라.'라 하였다.

畢云 堪은 蓺文類聚와 文選注에 引作戡이라

畢沅 : '堪'은 ≪藝文類聚≫와 ≪文選注≫에 인용하여 '戡'이라 하였다.

19-4-54 **武王**이 **乃(攻狂夫)〔往攻之〕**[88]하고 **反商之周**하여늘

武王이 이에 가서 공격하여 승리하고, 殷나라에서 돌아와 周나라로 가거늘,

攻狂夫는 疑當作爲往攻之니 上文屢見이라 往狂과 之夫는 形近而誤요 攻字又誤移著乃下하여 遂不可通이라 戴云 狂夫는 疑獨夫之誤라하니 非라

'攻狂夫'는 응당 '往攻之'가 되어야 할 듯하니, 앞의 글에 여러 번 보인다. '往'과 '狂', '之'와 '夫'는 字形이 비슷하여 잘못된 것이고, '攻'자는 또 잘못 '乃'자 아래로 옮겨져 마침내 뜻이 통하지 않게 되었다. 戴望이 "狂夫는 '獨夫'의 잘못이다."라 하니, 잘못이다.

19-4-55 **天賜武王黃鳥之旗**하다

하늘이 武王에게 黃鳥의 깃발을 내려주었다.

畢云 賜는 太平御覽에 引作錫이라 北堂書鈔에 引隨巢子하여 云 天賜武王黃鳥之旗라하다 抱朴子에 云 武王時興하니 天給之旗라하다 詒讓案 黃鳥之旗는 疑卽周禮巾車之大赤이니 亦卽司常之鳥隼爲旟(여)라 考工記輈人에 云 鳥旟七斿[89]는 以象鶉火也라하니 國語吳語謂之赤旟라 曲禮에 云 行前朱雀而後玄武라하니 朱雀은 卽指鳥旟言之니 黃與朱色近이라 故赤旟謂之黃鳥之旗라하니라 大赤은 爲周正色之旗니 流俗緣飾하여 遂以爲天錫之祥矣라

88) (攻狂夫)〔往攻之〕 : 저본에는 '攻狂夫'로 되어 있으나, 孫詒讓의 주에 의거하여 '往攻之'로 바로잡았다.

89) 鳥旟七斿 : '鳥旟'는 새매를 그리거나 새매 형상으로 만든 깃발인데 州里에 세우고, '七斿'는 제후가 세우는 깃발이다.

畢沅 : '賜'는 ≪太平御覽≫에 인용하기를 '錫'이라 하였다. ≪北堂書鈔≫에 ≪隨巢子≫를 인용하여 "하늘이 武王에게 黃鳥의 깃발을 주었다."라 하였다. ≪抱朴子≫에 "武王이 이에 일어나니 하늘이 깃발을 주었다."라 하였다.

詒讓案 : '黃鳥의 깃발'은 의심컨대 바로 ≪周禮≫ 〈春官 巾車〉의 大赤이니, 또한 바로 ≪周禮≫ 〈春官 司常〉에 "새매를 그린 깃발이 旟이다.〔鳥隼爲旟〕"라는 것이다. ≪周禮≫ 〈考工記 輈人〉에 "鳥旟와 七斿는 鶉火를 형상한 것이다."라 하였으니, ≪國語≫ 〈吳語〉에 赤旟라고 한 것이다. ≪禮記≫ 〈曲禮〉에 "행진할 때 앞에는 朱雀 깃발이 있고 뒤에는 玄武 깃발이 있다."라 하였으니, 朱雀은 바로 鳥旟를 가리켜 말한 것이다. 黃色과 朱色은 비슷하기 때문에 赤旟를 일러 '黃鳥의 깃발'이라고 한 것이다. 大赤은 주나라 正色의 깃발이니, 시속에서 수식하여 드디어 하늘이 내려주는 상서라 하였다.

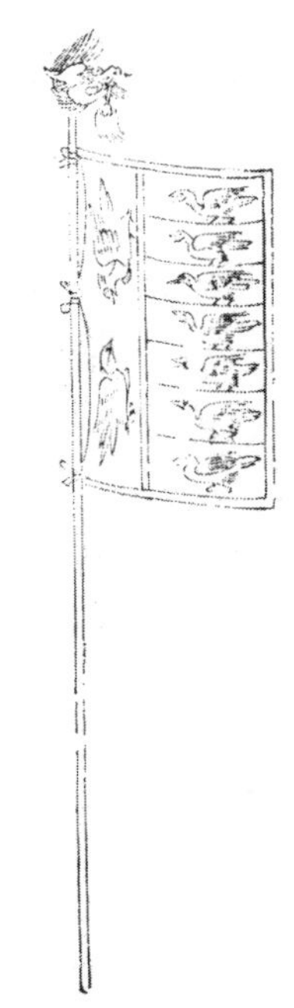

旟

19-4-56 王이 旣已克殷하여 成帝之來하얀

武王이 이미 殷나라를 이겨 상제가 내려준 〈명을〉 이루고서는

周書商誓篇에 云 武王曰 予惟甲子에 克致天之大罰하니 □帝之來하여 革紂之□□일새 予亦無敢違大命이라하니 與此文意略同이라 畢云 來는 當爲賚라

≪逸周書≫ 〈商誓〉에 "武王이 '나는 甲子에 능히 하늘의 大罰을 이루니, □帝께서 와서 紂의 □□를 바꾸기에 내가 또한 감히 大命을 어길 수 없다.'고 하였다."라 하였으니, 이 글과 뜻이 대략 같다.

畢沅 : '來'는 응당 '賚(주다)'가 되어야 한다.

19-4-57 分主諸神하여 祀紂先王하고

여러 神들을 나누어 주관하게 하여 紂의 先王을 제사 지내게 하고,

明鬼下篇에 云 昔者武王之攻殷誅紂也에 使諸侯分其祭하여 曰 使親者受內祀하고 疏

者受外祀라하니 是其事也라

≪墨子≫ 〈明鬼 下〉에 이르기를 "옛날에 武王이 殷을 공격하여 紂를 주벌할 때에 諸侯로 하여금 그 제사를 나누어 지내게 하고 말하기를 '친한 자는 內祀를 받게 하고 소원한 자는 外祀를 받게 하라.'라 하였다."라 하니, 이것이 그 일이다.

19-4-58 通(維)〔于〕[90]四夷하여

사방 오랑캐에게까지 통하여

維는 當作于니 上文說湯云 通于四方이라

'維'는 응당 '于'가 되어야 하니, 위의 글에서 湯에 대해 말하기를 '通于四方(사방에 통한다.)'이라 하였다.

19-4-59 而天下莫不賓하여

天下가 복종하지 않음이 없어

句라

여기서 구두를 뗀다.

19-4-60 焉襲湯之緖하니

이에 湯의 緖業을 계승하니,

詩魯頌閟宮에 云 纘禹之緖라하여늘 毛傳에 云 緖는 業也라하다 王引之云 言武王이 乃襲湯之緖也라

≪詩經≫ 〈魯頌 閟宮〉에 "纘禹之緖(禹임금의 緖業을 이으셨도다.)"라 하거늘, 〈毛傳〉에 "緖는 業이다."라 하였다.

王引之 : 武王이 이에 湯의 緖業을 계승함을 말한 것이다.

---

90) (維)〔于〕 : 저본에는 '維'로 되어 있으나, 孫詒讓의 주에 의거하여 '于'로 바로잡았다.

19-4-61 此卽武王之所以誅紂也라 **若以此三聖王者觀之**면 **則非所謂攻也**요 **所謂誅也**라

이것이 바로 武王이 紂를 주벌하였던 내용이다. 만약 이 세 聖王으로 보자면 이른바 공격〔攻〕이라는 것이 아니고, 이른바 주벌〔誅〕이라는 것이다."

19-5-1 則夫好攻伐之君이 **又飾其說**하여 **以非子墨子曰 子以攻伐爲不義**는 **非利物與**인저 **昔者**에 **楚熊麗**는

하지만 攻伐을 좋아하는 임금이 또 그 설을 꾸며 子墨子를 비난하기를 "그대가 攻伐을 不義하다고 하는 것은 백성을 이롭게 하는 것이 아니로다. 옛날에 楚나라 熊麗는

畢云 史記楚世家에 **云 鬻熊子事文王**이라가 **蚤卒**하고 **其子曰熊麗**라하다

畢沅 : ≪史記≫ 〈楚世家〉에 이르기를 "鬻熊子가 文王을 섬기다가 일찍 죽었고, 그 아들이 熊麗이다."라 하였다.

19-5-2 始(討)〔**封**〕[91]**此睢**[92]**山之閒**(간)하고

처음으로 이 睢山의 사이에 봉해졌고,

畢云 討字는 **當爲封**이라 **睢山**은 **卽江漢沮漳之沮**라 **詒讓案 史記楚世家**에 **熊繹**이 **當周**

91) (討)〔封〕: 저본에는 '討'로 되어 있으나, 畢沅의 주에 의거하여 '封'으로 바로잡았다.

92) 睢 : 저본의 傍注에 "'睢'는 원래 '雎'로 되어 있다. 畢沅이 注에서 '곧 「江漢沮漳(長江・漢水・沮水・漳水)」의 沮이다.'라고 한 것에 의거하면, '雎'는 본래 '睢'로 되어 있었을 것이다. 살펴보건대, ≪春秋左氏傳≫ 哀公 6년에 '江漢睢漳 楚之望也(長江・漢水・睢水・漳水는 楚나라가 望祭하는 곳이다.)'라 하였으니, '睢'와 '沮'는 글자가 같다. 이 필원의 주에서 저본으로 삼은 것과, 明나라 嘉靖 연간 唐堯臣의 刻本 같은 ≪墨子≫의 옛 판본 등에도 '睢'로 되어 있으니, 지금 이에 의거하여 바로잡았다. 注文 안의 '睢'자는 모두 같다. '睢'와 '雎'는 字形이 비슷하여 古書의 刻本에 혼동하는 경우가 많으나, 실제로 '睢'와 '雎' 2자의 音과 뜻은 차이가 매우 크다. 지금 통행하는 ≪墨子≫의 각 印本은 간혹 오류를 답습하여 '雎'로 되어 있기도 하다."라고 하였다.

成王之時에 擧文武勤勞之後하여 嗣而封熊繹於楚蠻이라하니 是始封楚者는 爲熊麗之孫繹이니 與此書不同이라 梁玉繩이 云 麗是繹祖요 睢爲楚望[93]이니 然則繹之前에 已建國楚地하니 成王이 蓋因而封之요 非成王封繹始有國耳라

畢沅 : '討'자는 응당 '封'이 되어야 한다. 睢山은 바로 ≪孔子家語≫에서 "江漢沮漳(江水·漢水·沮水·漳水)"이라고 할 때의 沮이다.

詒讓案 : ≪史記≫ 〈楚世家〉에 "熊繹이 周 成王 때 文王과 武王에게 勤勞한 後嗣를 천거할 때를 당하여 熊繹을 楚蠻에 봉하였다."라 하였으니, 처음 楚에 봉해진 자는 熊麗의 손자 繹이니, 이 글과 같지 않다.

梁玉繩 : '麗'는 繹의 祖父요 '睢'는 楚의 望祭이니, 그렇다면 熊繹 이전에 이미 楚 지방에 나라를 세운 것이다. 成王은 대개 因襲하여 봉해준 것이요, 成王이 熊繹을 봉하여 비로소 나라를 소유한 것은 아니다.

19-5-3 越王緊(예)虧는

越王 緊虧는

盧云 卽無餘也라 緊는 舊作緊하니 非라 以意改라 案 畢本에 亦依盧校하니 今從之라 史記周本紀에 共王名緊扈라하니 與此相類라 無餘는 見越絶書外傳記地篇과 吳越春秋越王無余外傳에 字作余하니 同이라 依盧校하니 緊虧卽無餘라 疑無餘本名이 無虧니 左傳僖十七年에 齊有公子無虧라 越王名이 或與彼同이라 古語에 無를 長言之하여 或曰緊無라 周禮職方氏에 幽州山鎭[94]醫無閭라하니 醫亦與緊로 音同이라 續漢書郡國志에 遼東屬國無慮縣에 有醫無閭山이라하니 是醫無閭라 短言之曰無慮면 則無虧를 長言之인댄 亦可云緊無虧요 短言之면 又可云緊虧라 虧와 餘는 亦聲相轉也라 但無餘는 遠在夏世하고 而史記越世家엔 則謂句踐始爲越王이라 史記正義에 引輿地志하여 云 周敬王時에 有越侯夫譚하니 子曰允常이 拓土始大하여 稱王이라하다 案 允常이 爲句

93) 望 : 名山과 大川에 제사 지내는 望祭를 가리킨다.

94) 山鎭 : 저본 傍注에 "'山鎭'은 원문에 '鎭山'으로 잘못 도치되어 있으니, ≪周禮≫ 〈職方氏〉에 의거하여 고친다."라고 하였다.

踐父라 漢書古今人表에 亦云 越王允常이라하니 竝與史記不同이라 此越王은 或當是允常이니 亦未能決定也라 又案 國語와 世本에 竝以越爲芈(미)姓하니 則疑翳虧或卽執疵라 詳後라

盧文弨 : 〈'翳虧'는〉 곧 '無餘'이다. '翳'는 舊本에 '緊'으로 되어 있으니, 잘못된 것이라 임의로 고친다.

案 : 畢沅本에 또한 盧文弨에 의거하여 교감하였으니 지금 그것을 따른다. ≪史記≫ 〈周本紀〉에 "共王의 이름이 翳扈이다."라 하였으니 이것과 서로 유사하다. '無餘'의 〈'餘'는〉 ≪越絶書≫ 〈外傳 記地〉편과 ≪吳越春秋≫ 〈越王無余外傳〉을 보니 글자가 '余'로 되어 있으니 같은 글자이다. 盧文弨에 의거하여 교감하니 '翳虧'가 바로 '無餘'이다. 아마 無餘의 本名이 無虧일 것이니 ≪春秋左氏傳≫ 僖公 17년 조에 "齊나라에 公子 無虧가 있다."라 하였으니, 越王의 이름이 혹 저와 같았던 것이다. 古語에 無를 길게 발음하여 혹 '翳無'라 하였다. ≪周禮≫ 〈職方氏〉에 "幽州의 鎭山이 醫無閭이다."라 하였으니, '醫'는 또한 '翳'와 音이 같다. ≪續漢書≫ 〈郡國志〉에 "遼東의 屬國 無慮縣에 醫無閭山이 있다."라 하였으니 이것이 醫無閭이다. 〈'醫無閭'를〉 짧게 발음하여 '無慮'이면, 無虧를 길게 발음할 경우 또한 '翳無虧'라 할 수 있고, 짧게 발음하면 또 '翳虧'라 할 수 있다. '虧'와 '餘'는 또한 소리가 변한 것이다. 다만 無餘는 멀리 夏나라 시대의 인물이고, ≪史記≫ 〈越世家〉에서는 句踐이 처음으로 越王이 되었다고 하였다. ≪史記正義≫에 ≪輿地志≫를 인용하여 "周 敬王 때 越侯 夫譚이 있으니, 아들 允常이 영토를 개척한 것이 비로소 광대하여 王이라 일컬었다."라 하였다. 살펴보건대, 允常이 句踐의 父君이다. ≪漢書≫ 〈古今人表〉에도 '越王 允常'이라 하였으니, 모두 ≪史記≫와 같지 않다. 여기에서 말하는 越王은 혹 응당 允常일 것이니, 또한 결정할 수 없다.

又案 : ≪國語≫와 ≪世本≫에 모두 越을 '芈姓'이라 하였으니, 의심컨대 翳虧는 바로 執疵일 것이다. 뒤에 상세히 나온다.

19-5-4 出自有遽하여

有遽로부터 나와

史記越世家에 云 其先은 禹之苗裔이고 而夏后帝少康之庶子也니 封於會稽하여 以奉守禹之祀라하다 吳越春秋에 云 少康이 恐禹迹宗廟祭祀之絶하여 乃封其庶子於越하고

號曰無餘라하다 水經漸江水注에 云 夏后少康이 封少子杼하여 以奉禹祠하여 爲越이라하니 則與帝杼로 同名이니 疑誤라 水經注에 又云 秦望山에 南有嶕峴하고 峴裹有大城하니 越王無餘之舊都也라 故吳越春秋에 句踐이 語范蠡曰 先君無餘는 國在南山之陽이라하니 則酈氏[95]亦兼據趙[96]說矣라 但此云 出自有遽는 古籍無徵이라 國語鄭語에 云 芈姓은 夔越이라하니 與史記로 不同이라 吳語韋注에 云 越王句踐은 祝融之後요 允常之子니 芈姓也라하고 又引世本하여 亦云 越은 芈姓也라하다 漢書地理志顔注引臣瓚에 亦據世本하여 明越非禹後라 大戴禮記帝繫篇에 云 陸終產六子하니 其六曰季連니 是爲芈姓이라 季連產付祖氏하고 付祖氏產穴熊하여 九世至于渠라 婁緐出自熊渠하여 有子三人이니 其孟之名이 爲無康이니 爲句亶王이요 其中之名이 爲紅이니 爲鄂王이요 其季之名이 爲疵니 爲戚章王이라 史記楚世家에 云 熊渠가 立其長子康하여 爲句亶王하고 中子紅하여 爲鄂王하고 少子執疵하여 爲越章王이라하여늘 孔廣森이 云 婁緐은 或當爲夔越이니 越卽越章也라 戚章은 字形之誤라 詒讓案 以世本과 帝繫證之면 則國語之說이 不爲無徵이라 左僖二十六年傳에 夔子曰 我先王[97]熊摯라하고 漢書古今人表及史記正義에 引宋均樂緯注하되 竝謂熊摯亦熊渠子라하다 竊疑夔越은 同出이니 孔說似可通이라 若然이면 此出自有遽는 或當云 出自熊渠니 猶帝繫云 婁緐出自熊渠也라 渠遽는 聲近하여 古通用이라

≪史記≫ 〈越世家〉에 "그 선계는 禹의 후예이고 夏后帝 少康의 庶子이니, 會稽에 봉하여 禹의 제사를 받들게 하였다."라 하였다. ≪吳越春秋≫에 "少康이 禹의 자취가 宗廟祭祀에 끊어질까 두려워하여 이에 그 庶子를 越에 봉하고 無餘라 이름하였다."라 하였다. ≪水經注≫ 〈漸江水〉에 "夏后 少康이 少子 杼를 봉하여 禹의 제사를 받들게 하여 越로 삼았다."라 하였으니, 그렇다면 帝杼와 이름이 같으니 오류인 듯하다. ≪水經注≫에 또 "秦望山의 남쪽에 嶕峴이 있고 嶕峴 안에 큰 성이 있으니, 越王 無餘의 舊都이다. 그러므로

---

95) 酈氏 : 酈道元(466~527)을 가리킨다. 北魏 范陽 涿縣 사람으로 字는 善長이다. 평생토록 讀書와 著述에 진력하였다. ≪魏書≫ 89卷에 "道元好學歷覽奇書(역도원은 학문을 좋아하였고, 기서를 두루 읽었다.)"라고 하였다. 대표작으로 ≪水經注≫ 40권이 있다.

96) 趙 : 趙曄(35추정~미상)을 가리킨다. 會稽 山陰 사람으로, 字는 長君이다. 杜撫에게 韓詩를 배웠다. 학문과 저술에 專心하였다. 저서에 ≪吳越春秋≫, ≪詩細曆神淵≫이 있다.

97) 王 : 저본 傍注에 "'王'은 원문에는 '生'으로 잘못되어 있으니, ≪春秋左氏傳≫에 의거하여 고친다."라고 하였다.

≪吳越春秋≫에 句踐이 范蠡에게 말하기를 '나의 先君 無餘는 나라가 南山의 남쪽에 있었다.'라 하였다."라 하였으니, 酈道元 또한 趙曄의 說을 아울러 의거한 것이다. 다만 여기에서 '出自有遽'라고 한 것은 古籍에 징험할 것이 없다. ≪國語≫ 〈鄭語〉에 "芈姓은 夔越이다."라 하였으니 ≪史記≫와 같지 않다. ≪國語≫ 〈吳語〉 韋昭의 注에 "越王 句踐은 祝融의 후손이고 允常의 아들이니 芈姓이다."라 하였고, 또 ≪世本≫을 인용하여 "越은 芈姓이다."라 하였다. ≪漢書≫ 〈地理志〉 顔師古의 注에 臣瓚을 인용할 때도 ≪世本≫에 의거하여 越은 禹의 후손이 아님을 밝혔다. ≪大戴禮記≫ 〈帝繫〉편에 "陸終이 여섯 아들을 낳았다. 여섯째가 季連이니, 이가 芈姓이 되었다. 季連이 付祖氏를 낳고 付祖氏가 穴熊을 낳아 9世 뒤에 熊渠에 이르렀다. 婁絲은 熊渠에서 나와 세 아들을 두었다. 맏이의 이름이 無康이니 句亶王이고, 둘째의 이름이 紅이니 鄂王이고, 막내의 이름이 疵이니 戚章王이다."라 하였다. ≪史記≫ 〈楚世家〉에 "熊渠가 자신의 맏아들 康을 세워 句亶王으로 삼고, 中子 紅을 세워 鄂王으로 삼고, 少子 執疵를 세워 越章王으로 삼았다."라 하였다. 이에 대해 孔廣森이 말하기를 "婁絲은 혹 응당 夔越로 되어야 하니 越이 바로 越章이다. 戚章은 字形이 비슷하여 잘못된 것이다."라 하였다.

詒讓案 : ≪世本≫과 ≪大戴禮記≫ 〈帝繫〉로 증명해보면 ≪國語≫의 설이 신빙성이 없지 않다. ≪春秋左氏傳≫ 僖公 26년에 夔子가 "우리 先王 熊摯"라 하였고, ≪漢書≫ 〈古今人表〉와 ≪史記正義≫에 宋均의 ≪樂緯注≫를 인용할 때 모두 熊摯를 일러 熊渠의 아들이라 하였다. 삼가 의심하건대, '夔'와 '越'은 出系가 같으니 孔廣森의 설이 통할 수 있을 듯하다. 만약 그렇다면 여기의 '出自有遽'는 혹 응당 '出自熊渠'라고 해야 하니, ≪大戴禮記≫ 〈帝繫〉에서 "婁絲은 熊渠로부터 나왔다."라고 한 것과 같다. '渠'와 '遽'는 소리가 비슷하여 옛날에 통용하였다.

19-5-5 始邦於越하고 **唐叔**[98]**與呂尙**은 **邦齊晉**이라 **此皆地方數百里**러니 **今以幷國之故**로 **四分天下而有之**라

처음으로 越에 나라를 세웠고, 唐叔과 呂尙은 齊와 晉에 나라를 세웠다. 이들은 모두 땅이 사방 수백 리이더니, 지금은 나라를 병합하였기 때문에 천하를 넷으로

98) 唐叔 : 唐叔虞이다. 姬姓이고 이름이 虞이다. 周 武王의 셋째 아들로, 周 成王 때 唐에 봉해졌다. 그 아들 燮이 지위를 계승하여 국호를 '晉'이라 하였다.

나누어 차지하였다.

蘇云 墨子當春秋後하니 其時越方强盛하고 而晉尙未亡이라 故以荊越齊晉爲四大國이라 不數秦者는 時秦方衰亂故也라 此可徵墨子在孔子後而未及戰國也라 凡書中涉戰國時事者는 皆其徒爲之爾라하다

蘇時學 : 墨子가 살았던 시대는 春秋시대 이후이니, 그때는 越이 바야흐로 强盛하고 晉이 아직 멸망하지 않았다. 그러므로 荊(楚)・越・齊・晉이 네 개의 大國이 되었다. 秦나라를 꼽지 않은 것은 당시 秦이 바야흐로 衰亂하고 있었기 때문이다. 여기에서 墨子는 孔子 뒤에 있고 戰國시대에 미치지 못하였음을 징험할 수 있다. 이 책 가운데 戰國시대의 일에 관련된 것은 모두 묵자의 제자들이 만든 것일 따름이다.

呂尙

19-5-6 是故何也오하여늘 子墨子曰 子未察吾言之類하여 未明其故者也라 古者에 天子之始封諸侯也萬有餘〔國〕[99)]이라

이 까닭은 무엇인가”라 하였다.

그러자 子墨子께서 말씀하셨다.

“그대는 내가 말한 비유를 살피지 못하여 그 까닭을 깨닫지 못한 사람이다. 옛날에 天子가 처음으로 諸侯에 봉해준 것이 만여 나라가 된다.

畢云 呂氏春秋用民에 云 當禹之時하여 天下有萬國하고 至於湯而三千餘國이라 戴云 當補國字라야 文義始足이라

畢沅 : ≪呂氏春秋≫ 〈用民〉에 “禹의 시대에 天下에 만 개의 나라가 있었고, 湯에 이르러 3천여 나라였다.”라 하였다.

99) 〔國〕 : 저본에는 ‘國’이 없으나, 戴望의 주에 의거하여 보충하였다.

戴望 : 〈'萬有餘' 뒤에〉 응당 '國'자를 보충해 넣어야 文義가 비로소 충족된다.

19-5-7 **今以幷國之故**로 (**萬國有餘**)〔**萬有餘國**〕[100)] **皆滅**하고

지금 나라를 병합하였기 때문에 만여 개의 나라가 모두 멸망하고,

戴云 萬國有餘는 **當作萬有餘國**이라

戴望 : '萬國有餘'는 응당 '萬有餘國'이 되어야 한다.

19-5-8 **而四國獨立**이라 **此**는 **譬猶醫之藥萬有餘人**에 **而四人愈也**니 **則不可謂良醫矣**라하다

네 나라만 유독 존립하게 되었다. 이것은 비유하자면 의원이 만여 명을 치료하였는데 네 명만 나은 것과 같으니 훌륭한 의원이라 할 수 없다."

19-6-1 **則夫好攻伐之君**이 **又飾其說**하여 **曰 我非以金玉子女壤地爲不足也**요 **我欲以義名立於天下**하여 **以德求諸侯也**라하다

그러자 攻伐을 좋아하는 임금이 또 그 설을 꾸며 말하기를 "나는 金玉과 자녀와 토지가 부족하여 그러는 것이 아니고, 나는 천하에 의로운 이름을 세워 덕으로 제후를 구하고자 하는 것이다."라 하였다.

畢云 求는 **一本作來**하니 **下同**이라

畢沅 : '求'는 一本에 '來'로 되어 있으니, 아래도 같다.

19-6-2 **子墨子曰 今若有能以義名立於天下**하여 **以德求諸侯者**면 **天下之服**은 **可立而待也**라 **夫天下處攻伐**이 **久矣**니 **譬若**(傅)〔僮〕[101)] **子之爲馬然**이라

---

100) (萬國有餘)〔萬有餘國〕 : 저본에는 '萬國有餘'로 되어 있으나, 戴望의 주에 의거하여 '萬有餘國'으로 바로잡았다.

101) (傅)〔僮〕 : 저본에는 '傅'로 되어 있으나, 王念孫의 주에 의거하여 '僮'으로 바로잡았다.

子墨子께서 말씀하셨다.

"지금 만약 능히 천하에 의로운 이름을 세워 덕으로 제후를 구하려는 자가 있다면 천하가 복종하는 것은 서서 기다릴 수 있을 것이다. 천하가 攻伐의 상황에 처한 것이 오래되었으니, 비유하자면 어린아이가 말달리기 흉내를 내는 것과 같다.

傳는 畢本에 改傳하여 云 傳子는 言傳舍之人이라 王云 畢說非也라 傳는 當爲僮이니 字之誤也라 僮은 今童字也니 說文에 僮은 未冠也라하고 魯語에 曰 使僮子備官이라하고 史記樂書에 曰 使僮男僮女七十人으로 俱歌라하고 宋世家에 曰 彼狡僮兮여하고 王篇에 曰 僮은 今爲童이라하다 耕柱篇에 曰 大國之攻小國은 譬猶童子之爲馬也라 童子之爲馬하여 足用而勞라 今大國之攻小國也에 攻者는 農夫不得耕하고 婦人不得織하여 以守爲事요 攻人者도 亦農夫不得耕하고 婦人不得織하여 以攻爲事라 故大國之攻小國也는 譬猶童子之爲馬也라하니 是其證이라 洪云 傳子는 當是倀子之譌라 方言에 燕齊之間養馬者를 謂之倀이라하고 後漢書杜篤傳에 李注引方言하여 倀은 養馬人也라하다 案 道藏本과 季本에 作傳하니 王說이 近是요 蘇校同이라 傳는 或當爲孺니 孺는 俗作穉이니 與傳形近이라 孺子는 僮子로 義同이라

'傳'는 畢沅本에 '傳'으로 고치고 말하기를 "傳子는 傳舍의 사람을 말하는 것이다."라 하였다.

王念孫 : 畢沅의 설은 옳지 않다. '傳'는 응당 '僮'이 되어야 하니 글자의 오류이다. '僮'은 지금의 '童'자이니, ≪說文解字≫에 "僮은 冠禮를 치르지 않은 사람이다."라 하였고, ≪國語≫ 〈魯語〉에 "僮子로 하여금 官員에 채운다."라 하였고, ≪史記≫ 〈樂書〉에 "僮男僮女 70명으로 하여금 함께 노래하게 하였다."라 하였고, ≪史記≫ 〈宋世家〉에 "저 狡僮이여."라 하였고, ≪王篇≫에 "僮은 지금의 童이다."라 하였다. ≪墨子≫ 〈耕柱〉에 "大國이 小國을 공격하는 것은 비유하자면 어린아이가 말달리기 흉내를 내는 것과 같다. 어린아이가 말달리기 흉내를 내면 다리가 힘들다. 지금 大國이 小國을 공격함에, 공격받는 자는 農夫가 밭을 갈지 못하고 婦人이 베를 짜지 못하여 수비하는 것을 일삼는다. 남을 공격하는 사람도 農夫는 밭을 갈지 못하고 婦人은 베를 짜지 못하여 공격하는 것을 일삼는다. 그러므로 大國이 小國을 공격하는 것은 비유하자면 童子가 말달리기 흉내를 내는 것과 같다."라 하였으니, 이것이 그 증거이다.

洪頤煊 : '傅子'는 응당 '倀子'의 오류이다. ≪方言≫에 "燕나라와 齊나라 사이에 말을 기르는 자를 倀이라 한다."라 하였고, ≪後漢書≫ 〈杜篤傳〉 李善의 注에 ≪方言≫을 인용하여 "倀은 말을 기르는 사람이다."라 하였다.

案 : 道藏本과 季本에 '傅'로 되어 있으니, 王念孫의 說이 거의 옳다. 蘇時學의 교감도 같다. '傅'는 혹 응당 '孺'가 되어야 한다. '孺'는 시속에 '䂘'로 되어 있으니, 傅와 字形이 비슷하다. '孺子'는 '僮子'와 뜻이 같다.

19-6-3 今若有能信效(교)先利天下諸侯者면

지금 만약 능히 믿음으로 사귀어 먼저 천하를 이롭게 할 제후가 있다면

效는 讀爲交니 同聲叚借字라 信交는 謂相交以信이라 周禮大行人에 云 凡諸侯之邦交에 歲相問也하고 殷相聘也[102]하고 世相朝也라하다

'效'는 '交'로 읽으니 소리가 같아 가차한 글자이다. '信交'는 믿음으로 서로 사귀는 것을 말한다. ≪周禮≫ 〈大行人〉에 말하기를 "제후 나라간의 사귐에 해마다 서로 방문하고 중간에 서로 빙문하고 세대를 이어 서로 조회한다."라 하였다.

19-6-4 大國之不義也엔 則同憂之하고 大國之攻小國也엔 則同救之하고 小國城郭之不全也엔 必使修之하고 布粟(之)〔乏〕[103]絶엔 則委之하고

大國이 의롭지 못하면 함께 걱정하고, 大國이 小國을 공격하면 함께 구원하고, 小國의 城郭이 온전하지 않으면 반드시 수리하게 하고, 베나 곡식이 모자라면 보내주고,

王云 之絶二字는 不詞하니 當是乏絶之誤라 月令에 曰 賜貧窮하고 振乏絶이라하니 是也라 委는 讀委輸之委니 後漢書千乘貞王伉傳에 租委鮮薄이라하여늘 注에 委는 謂委輸也라하다 案 王說이 是也니 周禮小行人에 云 若國凶荒이면 則令賙委之라하다

---

102) 殷相聘也 : 鄭玄은 殷을 中이라고 보아, "오랫동안 일이 없을 경우 중간에 조회하는 자가 이르러 서로 방문하는 것이다."라 하였다.

103) (之)〔乏〕 : 저본에는 '之'로 되어 있으나, 王念孫의 주에 의거하여 '乏'으로 바로잡았다.

王念孫 : '之絶' 두 자는 말이 되지 않으니, 응당 '乏絶'의 오류일 것이다. ≪禮記≫ 〈月令〉에 "賜貧窮振乏絶(貧窮한 이에게 하사하고, 궁핍한 자들을 구휼한다.)"이라 하였으니, 이것이다. 委는 '委輸(보내다)'라 할 때의 '委'로 읽어야 한다. ≪後漢書≫ 〈千乘貞王伉傳〉에 "租委鮮薄(조세를 적게 보내왔다.)"이라 하였는데, 注에 "委는 委輸이다."라 하였다.

案 : 王念孫의 說이 옳다. ≪周禮≫ 〈小行人〉에 "만약 나라에 흉년이 들면 구휼하여 곡식을 보내어준다."라 하였다.

19-6-5 幣帛不足엔 **則共之**라

幣帛이 부족하면 공급해준다.

畢云 共은 **同供**이라

畢沅 : '共'은 '供'과 같다.

19-6-6 以此效(교)**大國**이면 **則**(小)〔**大**〕[104]**國之君說**(열)이라

이러한 방법으로 大國과 사귀면 大國의 임금이 기뻐할 것이다.

效는 **亦讀爲交**라 **此云 交大國**이라하니 **則不宜云 小國之君說**이니 **疑小國**은 **亦當爲大國**이라 **上文**에 **云 是故古之仁人有天下者**는 **必交大國之說**이라하니 **是其證**이라

'效'는 또한 '交'로 읽는다. 여기에서 "大國과 사귄다."고 하였으니 "小國의 임금이 기뻐한다."라고 말해서는 마땅치 않으니, 아마 小國은 또한 응당 大國이 되어야 한다. 앞의 글(19-1-9)에 "옛날에 仁人으로서 천하를 소유한 자는 반드시 大國과 서로 기뻐한다."라 하였으니, 이것이 그 증거이다.

19-6-7 人勞我逸이면 **則我甲兵强**이라 **寬以惠**하고 **緩易**(이)**急**하면 **民必移**어니와

남은 힘이 들고 나는 편안하다면 우리의 군대가 강해질 것이다. 관후하고 은혜롭게 하고 위급함을 늦추어 풀어준다면 백성들이 반드시 依歸할 것이거니와

---

104) (小)〔大〕 : 저본에는 '小'로 되어 있으나, 孫詒讓의 주에 의거하여 '大'로 바로잡았다.

呂氏春秋義賞篇에 云 賞重則民移之라한대 高注에 云 移는 猶歸也라

≪呂氏春秋≫ 〈義賞〉에 이르기를 "賞重則民移之(상을 무겁게 하면 백성이 반드시 의귀한다.)"라 하였는데, 高誘의 注에 "'移'는 '歸'와 같다."라 하였다.

19-6-8 易攻伐以治我國이면 攻必倍리라

攻伐을 바꾸어 나의 나라를 다스리면 功이 반드시 배가 될 것이다.

攻은 當爲功之借字라

'攻'은 응당 '功'의 假借字가 되어야 할 것이다.

19-6-9 量我師擧之費하여 以爭諸侯之斃면

내가 군사를 일으키는 비용을 헤아려 제후들의 멸망을 다툰다면

爭은 舊本作諍이라 王云 涉下文諸字從言而誤니 今改라 蘇云 諍은 義與征同이라 案 王校是也라 說文犬部에 云 獘는 頓仆也라 或作斃하니 從从死라 左襄二十七年傳에 以誣道蔽諸侯라하여늘 釋文에 引服虔[105]이 作斃하여 云 斃는 踣也라 一曰罷也라하다

'爭'은 舊本에 '諍'으로 되어 있다.

王念孫 : 아래 글의 '諸'자에 '言'이 붙은 것으로 인하여 〈'爭'이〉 '諍'으로 잘못되었으니 지금 고친다.

蘇時學 : '諍'은 뜻이 '征'과 같다.

案 : 王念孫의 교감이 옳다. ≪說文解字≫ 〈犬部〉에 "'獘'는 쓰러짐이다. 혹 '斃'로 되어 있으니 死를 따른 것이다."라 하였다. ≪春秋左氏傳≫ 襄公 27년에 "以誣道蔽諸侯(속임수로 제후들을 무너뜨렸다.)"라 하였다. 이에 대해 ≪經傳釋文≫에서 服虔이 〈'蔽'를〉 '斃'로 본 것을 인용하여 "'斃'는 '踣(넘어지다)'이다. 한편 '罷'라고 한다."라 하였다.

105) 服虔 : 後漢 河南 滎陽 사람으로, 字는 子愼이다. 저서에 ≪春秋左氏傳解≫가 있다.

19-6-10 則必可得而(序)〔享〕[106]利焉이리라

반드시 이로움을 누릴 수 있을 것이다.

王引之云 序利는 當爲厚利라 隸書에 厚字或作爲厚하니 見漢荊州刺史度尙碑하고 又作厚하니 見三公山碑하다 形與序相似而誤라 詩序厚人倫[107]은 釋文에 厚는 本或作序하니 非라하다 荀子王霸篇에 桀紂卽厚於有天下之勢라하고 鹽鐵論[108]國病篇에 無德厚於民이라하여늘 今本에 厚字竝譌作序라하다 此言量我興師之費하여 以爭諸侯之斃者면 則厚利必可得也라 明鬼篇에 曰 豈非厚利哉아 今本에 厚作序하니 則義不可通이라

兪云 序는 亦享字之誤라 案 兪說이 是也니 詳前이라

王引之 : '序利'는 응당 '厚利'가 되어야 한다. 隸書로 '厚'자가 혹 厚로 되어 있으니 漢나라 〈荊州刺史度尙碑〉에 보이고, 또 厚로 되어 있으니 〈三公山碑〉에 보인다. 字形이 '序'와 비슷하여 잘못된 것이다. 〈詩序〉의 '厚人倫(인륜을 두텁게 함)'에 대해 ≪經傳釋文≫에서 "厚는 본래 혹 '序'로 되어 있으니 잘못된 것이다."라 하였다. ≪荀子≫ 〈王霸〉에 "桀紂卽厚於有天下之勢(桀紂는 천하를 소유하는 형세에 두터웠다.)"라 하였고, ≪鹽鐵論≫ 〈國病〉에 "無德厚於民(백성에게 두터운 덕이 없다.)"이라고 한 것에 대해, 今本에 '厚'자가 모두 '序'자로 잘못되어 있다. 여기에서는 '내가 군사를 일으키는 비용을 헤아려 제후들의 멸망을 다툰다면 두터운 이로움을 반드시 얻을 수 있음'을 말하는 것이다. ≪墨子≫ 〈明鬼 下〉에 "豈非厚利哉(어찌 두터운 이로움이 아니겠는가.)"라 하였는데, 今本에 '厚'가 '序'로 되어 있으니, 뜻이 통하지 않는다.

兪越 : '序'는 또한 '享'자의 잘못이다.

案 : 兪越의 說이 옳다. 앞에 자세히 설명하였다.

19-6-11 督以正하고

106) (序)〔享〕: 저본에는 '序'로 되어 있으나, 兪樾의 주에 의거하여 '享'으로 바로잡았다.

107) 詩序厚人倫 : 〈詩序〉는 〈毛詩序〉이며, ≪詩經≫의 〈小序〉와 〈大序〉를 이른다. 〈소서〉는 ≪시경≫ 각 편의 앞에 붙여 각 편의 主題를 해설한 序文이고, 〈대서〉는 〈關雎〉의 〈소서〉 뒤에 붙여 ≪시경≫ 전체의 시를 概論한 서문이다. '厚人倫'은 〈대서〉에 보인다.

108) 鹽鐵論 : 漢 昭帝 때 鹽鐵 專賣制度의 存續 여부에 관하여 승상 車千秋・어사대부 桑弘羊 등이 전국에서 소집된 賢良 60여 명과 조정에서 토론한 내용을 桓寬이 편찬한 經濟書이다.

바름으로 살피고,

說文目部에 云 督은 察也라 爾雅釋詁에 云 督은 正也라하여늘 郭注에 云 督은 謂御正이라

≪說文解字≫ 〈目部〉에 "'督'은 '察'이다."라 하였다.

≪爾雅≫ 〈釋詁〉에 "'督'은 '正'이다."라고 하였다. 이에 대해 郭璞의 注에 "'督'은 '御正(말을 바르게 모는 것)'을 말한다."라 하였다.

19-6-12 義其名하고

그 이름을 의롭게 하고,

卽上文云 我以義名立於天下也라

바로 앞의 글에 "나는 천하에 의로운 이름을 세운다."라고 한 것이다.

19-6-13 必務寬吾衆하고 信吾師하여 以此(授)〔援〕[109]諸侯之師면

반드시 우리 백성에게 너그럽게 하고 우리 군사에게 미덥게 하는 데 힘써 이러한 방법으로 제후의 군사를 취하면,

授字는 無義하니 疑當爲援이라 禮記儒行의 鄭注에 云 援은 猶引也니 取也라

'授'자는 뜻이 없으니, 아마 응당 '援'이 되어야 한다. ≪禮記≫ 〈儒行〉 鄭玄의 注에 "'援'은 '引'과 같으니, 취함이다."라 하였다.

19-6-14 則天下無敵矣요 其爲〔利天〕[110]下不可勝數也라

천하에 대적할 이가 없을 것이요, 천하에 이로움이 되는 것을 이루 헤아릴 수 없을 것이다.

蘇云 句有脫字하니 當作其爲利天下不可勝數也라

---

109) (授)〔援〕: 저본에는 '授'로 되어 있으나, 孫詒讓의 주에 의거하여 '援'으로 바로잡았다.

110) 〔利天〕: 저본에는 '利天'이 없으나, 蘇時學의 주에 의거하여 보충하였다.

蘇時學 : 이 句에 脫字가 있으니, 〈'其爲下不可勝數也'는〉 응당 '其爲利天下不可勝數也'로 되어야 한다.

19-6-15 **此天下之利**로대 **而王公大人**이 **不知而用**하니 **則此可謂不知利天下之巨務矣**라

이것이 天下의 이로움이다. 하지만 王公과 大人이 사용할 줄 모르니, 이를 두고 '천하를 이롭게 하는 큰 일을 알지 못한다.'라고 할 수 있을 것이다."

畢云 巨는 **舊作臣**이러니 **以意改**라 **案 顧校季氏本**에 **正作巨**라

畢沅 : '巨'는 舊本에 '臣'으로 되어 있었는데, 뜻으로 고쳤다.

案 : 顧廣圻가 교정한 季氏本에 바로 '巨'로 되어 있다.

19-7-1 **是故子墨子曰 今且天下之王公大人士君子**가

이런 까닭으로 子墨子께서 말씀하셨다.
"지금 천하의 王公과 大人과 士君子가

王引之云 今且는 **今夫也**라

王引之 : '今且'는 '今夫'이다.

19-7-2 **中情將欲求興天下之利**면 **除天下之害**하니 **當若繁爲攻伐**이면 **此實天下之巨害也**라 **今欲爲仁義**하고 **求爲上士**하여 **尙欲中聖王之道**하고

진정 천하의 이로움을 일으키고자 한다면 천하의 害를 제거해야 하니, 만약 번거롭게 攻伐을 하면 이는 실로 천하의 큰 해이다. 지금 仁義를 행하고자 하고 上士가 되기를 구하여 위로는 聖王의 道에 맞게 하고자 하고

尙은 **上字**로 **通**이라

'尙'은 '上'자와 통한다.

19-7-3 下欲中國家百姓之利라 故當若非攻之爲說이니 而將不可不察(者此)〔此者〕[111]也라

아래로는 국가와 백성의 이로움에 맞게 하고자 한다. 그러므로 마땅히 非攻으로 말하는 것이니, 장차 이것을 살피지 않을 수 없다."

畢云 舊脫下不字니 以意增이라 王云 不可不察者此也는 本作不可不察此者也라 此字는 指非攻之說而言이니 言欲爲仁義면 則不可不察此非攻之說也라 今本에 此者二字倒轉하니 則與上文今欲二字로 義不相屬矣라 節葬篇에 故當若節喪之爲政而不可不察者此也라하니 者此는 亦此者之誤라 尙賢篇에 故尙賢之爲說而不可不察此者也라하고 明鬼篇에 故當鬼神之有與無之別以爲將不可以不明察此者也라하니 此者二字는 皆不誤라

畢沅 : 옛날에 아래의 '不'자가 빠졌으니, 뜻으로 더해 넣었다.

王念孫 : '不可不察者此也'는 본래 '不可不察此者也'로 되어 있었다. '此'자는 非攻의 說을 가리켜 말한 것이니, 仁義를 행하고자 하면 이 非攻의 說을 살피지 않을 수 없음을 말하는 것이다. 今本에 '此者' 2자가 전도되었으니, 上文의 '今欲' 2자와 뜻이 서로 이어지지 않는다. ≪墨子≫ 〈節葬〉에 "故當若節喪之爲政而不可不察者此也(그러므로 마땅히 節喪의 정사를 하는 것이니 이것을 살피지 않을 수 없다.)"라 하였으니, 여기의 '者此' 또한 '此者'의 잘못이다. ≪墨子≫ 〈尙賢〉에 "故尙賢之爲說而不可不察此者也(그러므로 尙賢을 말하는 것이니 이것을 살피지 않을 수 없다.)"라 하고, ≪墨子≫ 〈明鬼〉에 "故當鬼神之有與無之別以爲將不可以不明察此者也(그러므로 귀신의 有無를 분별한 것이니 장차 이것을 살피지 않을 수 없다.)"라 하였으니, 여기의 '此者' 두 자는 모두 잘못된 것이 아니다.

---

111) (者此)〔此者〕 : 저본에는 '者此'로 되어 있으나, 王念孫의 주에 의거하여 '此者'로 바로잡았다.

節用 上 第二十　제20편 쓸데없는 비용을 줄이다 상

나라를 튼튼하게 하고 백성을 행복하게 하기 위해서는 천하의 이로움을 증대시켜야 한다. 이로움을 증대시키기 위한 방법으로는 쓸데없는 비용을 줄이는 것이 최선이다. 그러기 위해서는 본래의 목적에 충실하게 물건을 만들어 견고하고 실용적이게 할 뿐 불필요한 사치는 자제해야 한다고 墨子는 말한다.

재미있는 것은 백성이 행복하게 살아 제때에 결혼하면 자연스레 인구를 늘릴 수 있다고 말한 부분이다. 국가 경영에 있어 國力과 産兒率의 관계를 묵자는 이미 이때 생각한 것이다.

20-1-1 **聖人**이 **爲政一國**이면 **一國**을 **可倍也**요

聖人이 한 나라에 정치를 하면 한 나라의 〈이로움을〉 배로 만들 수 있고,

畢云 言利可倍라

畢沅 : 이로움이 배가 될 수 있음을 말한다.

20-1-2 **大之爲政天下**면 **天下**를 **可倍也**라 **其倍之**는 **非外取地也**요 **因其國家**하여 **去其無用之費**면

확대하여 천하에 정치를 하면 천하의 〈이로움을〉 배로 만들 수 있다. 배로 만든다는 것은 외부에서 땅을 취하는 것이 아니고, 그 국가의 형편에 따라 쓸데없는 비용을 없애면

舊本에 脫用之費三字러니 王이 據下文及中篇補하다

舊本에 '用之費' 3자가 빠졌는데, 王念孫이 아래 글과 ≪墨子≫ 〈節用 中〉의 글에 의거하여 보충하였다.

20-1-3 **足以倍之**라 **聖王爲政**에 **其發令興事**하여 **使民用財也**하되

족히 배로 만들 수 있는 것이다. 聖王이 정치를 함에 명령을 내려 사업을 일으켜 백성을 부리고 재물을 사용하되

使는 舊本에 作便이라 王云 便民二字는 與下句文意로 不合하니 便民은 當爲使民이니 言必有用之事然後使民爲之也라 案 王校가 是也니 今據正이라

'使'는 舊本에 '便'으로 되어 있다.

王念孫 : '便民' 2자는 아래 구절의 文意와 합하지 않는다. '便民'은 응당 '使民'이 되어야 하니, 반드시 사용해야 할 일이 있은 뒤에 백성이 하도록 함을 말하는 것이다.

案 : 王念孫의 교감이 옳으니, 지금 이에 의거하여 바로잡는다.

20-1-4 **無不加**[1]**用而爲者**라 **是故用財不費**하고 **民德不勞**라도

이용에 보탬이 되지 않는 것을 만드는 것은 없다. 이 때문에 재물을 사용함에 허비하지 않고 백성들은 수고롭지 않아도

德與得通이니 下同이라

'德'은 '得'과 통하니, 아래도 같다.

20-1-5 **其興利多矣**라

이로움을 일으키는 것이 많다.

20-2-1 **其爲衣裘**[2]**何**오 **以爲冬以圉寒**하고 **夏以圉暑**라

衣裘를 만드는 것은 무엇 때문인가. 겨울에는 추위를 막고 여름에는 더위를 막기 위해서이다.

---

1) 不加 : 20-2-2의 畢沅의 주에 '無益'의 뜻이라 하였다.

2) 裘 : '衣'는 여름옷이고, '裘'는 겨울옷이다.

圉는 禦字로 通하니 詳辭過篇이라

'圉'는 '禦'와 통하니, ≪墨子≫ 〈辭過〉에 자세히 설명하였다.

20-2-2 凡爲衣裳之道는 冬加溫하고 夏加凊者하여 (芊䱉)〔鮮且〕[3]不加者去之라

무릇 衣裳을 만드는 道는 겨울에는 따뜻함을 보태고 여름에는 시원함을 보태어, 화려하기만 하고 보탬이 되지 않는 것은 없앤다.

畢云 芊䱉二字凡四見하니 疑一鮮字之誤라 鮮은 少也니 言少有不加於溫凊者去之니 卽下篇에 云 諸加費不加于民利者는 聖王弗爲가 是也라 不加는 猶云無益이라 洪云 篇中에 言爲宮室甲盾五兵舟車에 芊䱉字凡四見하니 其文義皆同이라 以中篇言衣服舟楫宮室句로 證之면 芊䱉는 當是則止二字之譌라 則은 譌爲鮮하고 止는 譌爲且한대 傳寫者가 又割裂譌爲芊䱉라 兪云 芊䱉二字凡四見하니 疑當作鮮且라 蓋鮮字左旁之魚가 誤移在且字左旁耳라 且讀爲䵌하니 鮮且者는 鮮䵌也라 說文黹部에 䵌는 合五采鮮色이니 從黹虘聲이라 詩曰 衣裳䵌䵌라하니 鮮色謂之䵌라 故合而言之曰鮮䵌라 今詩에 作楚楚하니 毛傳曰 楚楚는 鮮明貌라하다 然則鮮䵌連言은 正古義也라 鮮且不加는 謂徒爲華美而無益於用이라 畢云 不加猶言無益이라하니 是也라 䵌從虘聲하고 虘從且聲이라 故䵌得以且爲之라 如籀文[4]遣가 小篆作退하고 或作徂라 而詩溱洧篇에 士曰旣且라한대 釋文曰 且는 往也라하니 則卽以且爲之는 是其例矣라 案 兪說이 近是라 公孟篇에 云 楚莊王鮮冠組纓이라하니 芊䱉와 鮮組는 竝鮮䵌之異文이라 又疑當爲華䱉[5]니 晏子春秋諫下篇에 云 今君之服䱉華하여 不可以導衆이라하고 又云 聖人之服은 中하여 俔而不䱉라하다 此䱉字는 從魚且聲하니 舊本竝同이라 兪正燮이 謂 芊[6]은 乃

3) (芊䱉)〔鮮且〕: 저본에는 '芊䱉'로 되어 있으나, 兪樾의 주에 의거하여 '鮮且'로 바로잡았다. '鮮且'는 華美하다는 뜻이다.

4) 籀文 : 중국 古代 書體의 一種이다. '籀書' 혹은 '大篆'이라고도 한다. 春秋戰國시대에 秦나라에서 通行하였다. 篆文과 비슷하다. 현존하는 石鼓文이 바로 대표적인 籀文이라 할 수 있다.

5) 華䱉 : '華'는 화려한 것이고, '䱉'는 오색실인 '組'와 같다. 합쳐서 화려하고 아름답다는 뜻이다.

善脫이요 䱙은 乃但誤니 則誤仞爲從旦하고 又讀羊屬上爲句하니 竝謬라하다 蘇云 或作鮮有二字하니 亦非라

畢沅 : '芉䱙' 2자는 모두 네 번 보이니, 의심컨대 모두 '鮮'의 오류이다. 鮮은 적음이니, 따뜻하거나 시원하게 하는 데 보탬이 없는 것이 조금이라도 있으면 없앤다는 말이니, 바로 ≪墨子≫ 〈節用 下〉에 "비용만 더해지고 백성의 이로움에 보탬이 없는 모든 것은 聖王이 행하지 않는다."라고 한 것이 이것이다. '不加'는 '無益(보탬이 없다.)'이라 하는 것과 같다.

洪頤煊 : 이 편(≪墨子≫ 〈節用 上〉)에 宮室과 甲盾과 五兵과 舟車를 만드는 것을 말할 때에 '芉䱙'라는 글자가 모두 네 번 보이니, 그 文義가 모두 같다. ≪墨子≫ 〈節用 中〉에서 衣服과 舟楫과 宮室을 말한 句로 증명하면, '芉䱙'는 '則止' 2자의 잘못이다. '則'은 잘못 변하여 '鮮'이 되었고, '止'는 잘못 변하여 '旦'가 되었는데, 傳寫者가 또 찢어 붙여 '芉䱙'로 잘못 만들었다.

兪越 : '芉䱙' 2자는 모두 네 번 보이니, 의심컨대 응당 '鮮且'가 되어야 한다. 대개 '鮮'자의 左旁의 魚가 잘못 옮겨져 '且'자의 左旁에 있는 것일 뿐이다. '且'는 '黼'로 읽으니, '鮮且'라는 것은 鮮黼이다. ≪說文解字≫ 〈黹部〉에 黼는 五采를 합한 고운 색이니, 黹를 따르고 虘(차)로 발음한다. ≪詩經≫ 〈曹風 蜉蝣〉에 "衣裳黼黼"라 하니 고운 색을 黼라 한다. 그러므로 합하여 말해 '鮮黼'라 한다. 지금 ≪詩經≫에는 '楚楚'로 되어 있으니, 〈毛傳〉에서 "楚楚는 鮮明한 모양이다."라 하였다. 그렇다면 '鮮黼'를 연이어 말한 것은 바로 古義이다. '鮮且不加'는 한갓 華美하기만 하고 쓰임에 無益함을 말한다. 畢沅이 "'不加'는 '無益'이라 말하는 것과 같다."고 하였으니 옳다. '黼'는 '虘'로 발음하고, '虘'는 '且'로 발음한다. 그러므로 '黼'는 '且'가 될 수 있다. 예를 들면 籒文의 '𧻚'가 小篆에 '退'로 되어 있고, 혹 '徂'로 되어 있다. ≪詩經≫ 〈溱洧〉에 "士曰既且(남자가 말하기를 이미 다녀왔도다.)"라 하였다. 이에 대해 ≪經傳釋文≫에 "'且'는 '往'이다."라고 하였으니, 바로 '且'로 된 것은 이것이 그 例이다.

案 : 兪越의 說이 거의 옳다. ≪墨子≫ 〈公孟〉에 "楚莊王鮮冠組纓(楚 莊王이 화려한 冠에 오색실의 끈을 사용하였다.)"이라 하였으니, '芉䱙'와 '鮮組'는 모두 '鮮黼'의 異文이다. 또 의

---

6) 羊 : 저본 傍注에 "살펴보건대, 兪正燮이 말하는 '羊'은 正文의 '芉'자를 가리키는 것이지, 본래 異文이 있는 것은 아니다. '羊'자는 篆書로 '𦍌'이라 쓰고, 隸書로는 변하여 '芉'이라 쓰며, 지금 楷書로 '羊'이라 쓴다."라고 하였다.

심컨대, 응당 '華䱜'가 되어야 하니, ≪晏子春秋≫ 〈諫下〉에 "今君之服䱜華 不可以導衆(지금 임금이 화려한 옷을 입어 백성들에게 본보기를 보여서는 안 된다.)"이라 하였고, 또 이르기를 "聖人之服 中 侻而不䱜(聖人의 옷은 법도에 맞아서 簡易하면서 화려하지 않다.)"라 하였다. 이 '䱜'자는 魚변에 且로 발음하니 舊本에도 모두 같다. 兪正燮이 이르기를 "'芉'은 바로 '善'이 탈락된 것이다. '䱜'은 바로 '但'의 잘못이니, 오인하여 '旦'을 따르게 되었다. 또 '芉'을 앞으로 붙여 句를 떼었으니, 모두 오류이다."라고 하였다.

蘇時學 : 혹 '鮮有' 2자로 되어 있는 곳도 있으니, 또한 잘못된 것이다.

20-2-3 **其爲宮室**은 **何**오 **以爲冬以圉風寒**하고 **夏以圉暑雨**하고 **有盜賊加固者**하니 (芉䱜)〔**鮮且**〕[7]**不加者去之**라 **其爲甲盾五兵**은 **何**오

宮室을 짓는 것은 무엇 때문인가. 겨울에는 바람과 추위를 막고, 여름에는 더위와 비를 막고, 도적이 있으면 더욱 견고하게 지으니, 화려하기만 하고 보탬이 되지 않는 것은 없앤다. 甲盾과 五兵을 만드는 것은 무엇 때문인가.

周禮司兵云 掌五兵五盾이라하고 又軍事엔 建車之五兵이라하여늘 鄭衆注에 云 五兵者는 戈殳戟酋矛夷矛라하다 鄭康成이 云 步卒之五兵은 則無夷矛而有弓矢라하다 司馬法[8] 定爵篇에 云 弓矢圍하고 殳矛守하고 戈戟助라 凡五兵은 當長以衛短하고 短以救長이라하다 案 五兵은 古說多差異요 惟鄭君與司馬法이 合하니 當爲定論이라 此甲盾과 五兵을 竝擧로대 而衛宏漢舊儀[9]說에 五兵에 有甲鎧라하니 周禮肆師의 賈疏에 引五經異義[10]公羊說과 穀梁莊二十五年范甯注와 曾子問孔疏引禮記隱義[11]와 揚雄大玄經玄數說五

---

7) (芉䱜)〔鮮且〕: 저본에는 '芉䱜'로 되어 있으나, 20-2-2의 兪樾의 주에 의거하여 '鮮且'로 바로잡았다.

8) 司馬法 : 戰國時代에 만들어진 兵法書이다. 〈仁本〉, 〈天子之義〉, 〈定爵〉, 〈嚴位〉, 〈用衆〉 5편으로 이루어져 있다.

9) 衛宏漢舊儀 : 衛宏은 漢나라 학자로 東海郡 사람이고 字는 敬仲이다. 그가 前漢의 制度와 故事를 모아 지은 책이 ≪漢舊儀≫이다. 모두 4권이다. 뒤에 ≪漢官舊儀≫라고도 한다. 淸나라 孫星衍이 교감하고 주석을 달았다.

10) 五經異義 : 後漢의 학자 許愼이 지은 경학서이다. 허신은 ≪五經≫의 내용 가운데 서로 맞지 않는 부분이 있음을 염려하여, 해당 부분에 대한 각 경전을 서로 비교 고찰하여 ≪五經異義≫를 지었다.

兵에 竝有盾은 皆非也라

≪周禮≫ 〈司兵〉에 "掌五兵五盾(〈司兵은〉 五兵과 五盾을 관장한다.)"이라 하였고, 또 "軍事建車之五兵(軍事에는 戰車에 다섯 종의 병기를 설치한다.)"이라 하였다. 이 구절에 대한 鄭衆의 注에 "五兵은 戈, 殳, 戟, 酋矛, 夷矛이다."라 하였다. 鄭康成(鄭玄)이 말하기를 "步卒의 五兵은 夷矛가 없고 弓矢가 있다."라 하였다. ≪司馬法≫ 〈定爵〉에 이르기를 "弓矢는 布圍하고 殳矛는 지키고 戈戟은 돕는다. 무릇 五兵은 응당 긴 것으로 짧은 것을 호위하고, 짧은 것으로 긴 것을 구조한다."라 하였다.

案 : '五兵'은 古說에 差異가 많이 나고, 오직 鄭君의 說과 ≪司馬法≫의 내용이 부합하니 응당 定論이 되어야 한다. 여기에서 甲盾과 五兵을 함께 거론하였지만, 衛宏의 ≪漢舊儀≫의 說에 "五兵에 甲鎧가 있다."라 하였으니, ≪周禮≫ 〈肆師〉 賈公彦의 疏에 ≪五經異義≫의 ≪春秋公羊傳≫의 說을 인용한 것과, ≪春秋穀梁傳≫ 莊王 25년 조에 대한 范甯의 注와, ≪禮記≫ 〈曾子問〉의 孔穎達의 疏에서 인용한 ≪禮記隱義≫와, 揚雄의 ≪太玄經≫ 〈玄數〉에 五兵을 설명한 것에 모두 盾이 있는 것은 전부 잘못된 것이다.

20-2-4 以爲以圉寇亂盜賊이니 若有寇亂盜賊이면 有甲盾五兵者는 勝하고 無者는 不勝하리라

寇亂과 盜賊을 막기 위한 것이니, 만약 寇亂과 盜賊이 있다면 甲盾과 五兵을 가진 자는 이기고 없는 자는 이기지 못할 것이다.

畢云 者는 舊作有러니 以意改라

畢沅 : 〈無者의〉 '者'는 옛날에 '有'로 되어 있었는데, 임의로 고쳤다.

20-2-5 是故로 聖人이 作爲甲盾五兵이라 凡爲甲盾五兵에 加輕以利하고 堅而難折者하니 (芊䱉)〔鮮且〕[12]不加者去之라 其爲舟車何오 以爲車以行陵陸하고 舟以行

---

11) 禮記隱義 : 南朝 齊·梁의 경학가인 何胤(446~531)이 편찬한 책이다.

12) (芊䱉)〔鮮且〕 : 저본에는 '芊䱉'로 되어 있으나, 20-2-2의 兪樾의 주에 의거하여 '鮮且'로 바로잡았다. 아래도 같다.

川谷하여 **以通四方之利**라 **凡爲舟車之道**는 **加輕以利者**하니 (芊䱹)〔**鮮且**〕**不加者去之**라 **凡其爲此物也**에 **無不加用而爲者**하니

이런 까닭으로 聖人이 甲盾과 五兵을 만들었다. 무릇 甲盾과 五兵을 만들 때 더욱 가볍고 편리하게 하고 견고하여 부러지기 어렵도록 하니, 화려하기만 하고 보탬이 없는 것은 없앤다. 배와 수레를 만드는 것은 무엇 때문인가. 수레로 언덕과 육지를 다니고 배로 강물이나 골짝을 다녀 사방의 이익을 소통시키려는 것이다. 무릇 배와 수레를 만드는 道는 더욱 가볍고 편리하게 하니 화려하기만 하고 보탬이 없는 것은 없앤다. 무릇 이러한 물건들을 만들 때에는 이용에 보탬이 되지 않는 것을 만드는 것은 없으니

舊無不字라 **兪云 上文云 無不加用而爲者**하니 **此脫不字**라 **案 兪校是也**니 **今據補**라

옛날에는 〈'無不加用而爲者'에서〉 '不'자가 없었다.

兪樾 : 앞의 글에서 '無不加用而爲者(이용에 보탬이 되지 않는 것을 만드는 것은 없다.)'라 하였으니, 여기에 '不'자가 빠진 것이다.

案 : 兪越의 교감이 옳으니, 지금 이에 의거하여 보충하였다.

20-2-6 **是故**로 **用財不費**하고 **民德不勞**하니 **其興利多矣**라 **有去大人之好聚珠玉鳥獸犬馬**하여

이런 까닭으로 재물을 사용함에 허비하지 않고, 백성들이 수고롭지 않을 수 있으니, 이익을 일으키는 것이 많다. 또 大人이 珠玉과 鳥獸와 犬馬를 모으기 좋아하는 것을 버리고서

舊本에 **無矣字**라 **戴云 多下**에 **當依上文**하여 **補矣字**라 **有**는 **疑者字之誤**라 **者上**에 **脫今字**라 **去字**는 **乃王公二字之誤**라 **案 戴校多下補矣字**가 **是也**니 **今據增**이라 **有**는 **當讀爲又**라 **此承上文**하여 **言聖人爲衣裳宮室甲盾五兵舟車**에 **旣去其芊䱹不加者而不爲**하고 **又去珠玉鳥獸犬馬之玩好**하여 **以益爲衣裳五者**라 **故其數自倍增也**라 **戴說竝非**라

舊本에 '矣'자가 없다.

戴望 : '多'자 아래에 응당 앞의 글에 의거하여 '矣'자를 보충해야 한다. '有'는 '者'자의

오류인 듯하다. '者'자 위에 '今'자가 빠졌다. '去'자는 바로 '王公' 2자의 잘못이다.

案 : 戴望의 교감에 '多'자 아래에 '矣'자를 보충한 것이 옳으니, 지금 그것에 의거하여 넣었다. '有'는 응당 '又'로 읽어야 한다. 이 문장은 위 문장을 이어 聖人이 衣裳·宮室·甲盾·五兵·舟車를 만들 때 이미 화려하기만 하고 무익한 것을 없애 만들지 않으며, 또 珠玉·鳥獸·犬馬의 玩好를 버리고서 衣裳 등 다섯 가지를 더 만들기 때문에 그 수가 절로 배로 증가함을 말한 것이다. 戴望의 說은 모두 잘못되었다.

20-2-7 以益衣裳宮室甲盾五兵舟車之數하면 於數倍乎인저 若則不難이라

衣裳·宮室·甲盾·五兵·舟車의 數를 더하면, 수가 배로 늘어날 것이다. 이러한 것은 어렵지 않다.

戴云 若은 猶此也라 則不難下에 有脫文이라 案 審校文義컨대 似無脫文이라

戴望 : '若'은 '此'와 같다. '則不難' 아래에 빠진 글이 있다.

案 : 文義를 자세히 살펴 비교해보건대, 빠진 글이 없는 듯하다.

20-3-1 故孰爲難倍오 唯人爲難倍라 然人有可倍也라 昔者에 聖王爲法曰 丈夫年二十에 毋敢不處家하고

그러므로 무엇이 배로 늘리기 어려운 것인가. 오직 사람을 배로 늘리기 어렵다. 그러나 사람도 배로 늘릴 수 있다. 옛날에 聖王이 法을 만들어 말하기를 "丈夫는 나이 스물에 감히 장가를 들지 않을 수 없고

明吳寬鈔本[13]에 作不敢毋處家라 左文十八年傳에 云 男有家라 周禮大司徒鄭注에 云 有夫有婦하니 然後爲家라

明나라 吳寬의 鈔本에는 〈'毋敢不處家'가〉 '不敢毋處家'로 되어 있다. ≪春秋左氏傳≫ 文公 18년 조에 "남자는 家室을 둔다.〔男有家〕"라 하였다. ≪周禮≫ 〈大司徒〉 鄭玄의 注에 "남편이 있고 아내가 있은 연후에 집〔家〕이 된다.〔有夫有婦 然後爲家〕"라 하였다.

13) 吳寬鈔本 : 明 吳寬이 鈔寫한 本을 말한다.

20-3-2 女子年十五에

여자 나이 열다섯에

吳鈔本에 作二十하니 誤라

吳寬의 鈔本에 〈'十五'가〉 '二十'으로 되어 있으니 잘못된 것이다.

20-3-3 毋敢不事人하라하니

감히 시집가지 않을 수 없다."라 하였으니,

周禮媒氏에 令男三十而娶하고 女二十而嫁라하여늘 賈疏에 引王肅聖證論하여 云 前賢有言호대 丈夫二十에 不敢不有室하고 女子十五에 不敢不有其家라 王肅語는 本於此라

≪周禮≫ 〈媒氏〉에 "남자는 서른에 장가들게 하고, 여자는 스물에 시집가게 한다."라 하였는데, 이 구절에 대한 賈公彦의 疏에 王肅의 〈聖證論〉을 인용하여 "前賢께서 말씀하시기를 '丈夫는 스물에 감히 아내를 두지 않을 수 없고, 여자는 열다섯에 감히 시집가지 않을 수 없다.'고 하셨다."라 하였다. 王肅이 〈〈聖證論〉에서 한〉 말은 바로 본서의 이 구절에 바탕을 둔 것이다.

20-3-4 此聖王之法也라

이것이 聖王의 法이다.

韓非子外儲說右篇에 齊桓公下令於民曰 丈夫二十而室하고 婦人十五而嫁라하니 亦見說苑貴德篇이라 墨子此說은 與彼同이라 國語越語에 亦云 女子十七不嫁면 其父母有罪하고 丈夫二十不娶면 其父母有罪라 齊越之令은 或亦本聖王之法與인저

≪韓非子≫ 〈外儲說 右〉에 "齊 桓公이 백성에게 명령을 내리길, '丈夫는 스무 살에 아내를 두고, 婦人은 열다섯 살에 시집간다.'라 하였다."라 하였다. 또한 ≪說苑≫ 〈貴德〉에도 보인다. 墨子의 이 설은 방금 소개한 저 말들과 같다. ≪國語≫ 〈越語〉에 또한 "女子가 나이 열일곱에 시집가지 않으면 그 부모에게 죄가 있고, 丈夫가 나이 스물에 장가들지 않으면 그 부모에게 죄가 있다."라 하였다. 齊나라와 越나라의 법령은 혹 또한 聖王의 法

에 바탕을 둔 것이리라.

20-3-5 **聖王卽沒**에 **于民次**(자)**也**하여

聖王이 돌아가시자 백성이 방자해져

次는 讀爲恣니 言恣民之所欲이라

'次'는 '恣'로 읽어야 하니, 백성들이 하고 싶은 대로 방자하게 함을 말한다.

20-3-6 **其欲蚤處家者**는 **有所二十年處家**하고 **其欲晩處家者**는 **有所四十年處家**하니

빨리 장가들려는 자는 스무 살 때 장가들고, 늦게 장가들려는 자는 마흔 살 때 장가드니

王云 所는 猶時也라 言有時二十年하고 有時四十年也라 文十三年公羊傳注에 曰 所는 猶時也라

王念孫 : '所'는 '時'와 같다. 스무 살 때가 있고 마흔 살 때가 있다는 말이다. ≪春秋公羊傳≫ 文公 13년 조 何休의 注에 "'所'는 '時'와 같다."라 하였다.

20-3-7 **以其蚤與其晩相踐**이면

일찍 장가든 이와 늦게 장가든 이의 나이를 뺄셈하면

玉藻鄭注에 云 踐은 當爲翦이니 聲之誤也라 呂氏春秋制樂篇의 高注에 云 翦은 除也라 戴云 踐은 讀如籩豆有踐[14]之踐이요 傳[15]曰 踐은 行列貌니 行列有比校之義라 案 戴說은 未允이라

≪禮記≫ 〈玉藻〉 鄭玄의 注에 "'踐'은 응당 '翦'이 되어야 하니, 소리가 비슷하여 잘못된 것이다."라 하였다. ≪呂氏春秋≫ 〈制樂〉의 高誘의 注에 "'翦'은 '除'이다."라 하였다.

---

14) 籩豆有踐 : ≪詩經≫ 〈豳風 伐柯〉와 〈小雅 鹿鳴〉에 나오는 말이다.
15) 傳 : ≪詩經≫ 〈豳風 伐柯〉의 〈毛傳〉에 나온다.

戴望 : '踐'은 '籩豆有踐(籩豆가 가지런히 진열되었다.)'이라고 할 때의 '踐'과 같은 뜻으로 읽어야 하고, 〈毛傳〉에 "'踐'은 行列의 모양이다."라 하였으니, 行列에는 비교의 뜻이 있다.

案 : 戴望의 說은 합당하지 않다.

20-3-8 後聖王之法十年이라 若純三年而字면 子生可以二三(年)〔人〕[16]矣니

〈장가드는 시기가〉 聖王의 법보다 10년이 뒤처지는지라 만약 모두 3년 만에 아이를 낳는다고 한다면 자식을 두세 명 낳을 수 있으니

周禮玉人注에 云 純은 猶皆也라 說文子部에 云 字는 乳也라 蘇云 字는 猶養也라 下年字는 疑當作人이라 蓋聖王之法에 二十而處家러니 今後十年이니 彼早處家者當有二三子也라 戴云 虞氏注易屯卦에 云 字는 妊娠也[17]라 下年字는 乃人字之誤라

≪周禮≫ 〈玉人〉 鄭玄의 注에 "'純'은 '皆'와 같다."라 하였다. ≪說文解字≫ 〈子部〉에 "'字'는 '낳아 기름〔乳〕'이다."라 하였다.

蘇時學 : '字'는 양육함과 같다. 아래(二三年)의 '年'자는 아마 응당 '人'이 되어야 한다. 대개 聖王의 法에 스무 살에 장가들다가 지금은 10년이 늦으니, 성인의 법에 따라 일찍 장가든 자는 마땅히 두세 명의 자식을 둘 수 있다.

戴望 : ≪周易≫ 屯卦 虞翻의 주에 "'字'는 妊娠이다."라 하였다. 아래의 '年'자는 바로 '人'자의 오류이다.

20-3-9 此不惟使民蚤處家요

이렇게 하면 백성으로 하여금 일찍 장가들게 할 뿐만 아니라,

惟는 吳鈔本에 作唯라

---

16) (年)〔人〕 : 저본에는 '年'으로 되어 있으나, 蘇時學과 戴望의 주에 의거하여 '人'으로 바로잡았다.

17) 虞氏注易屯卦……妊娠也 : 虞氏는 後漢 말·三國時代의 虞翻(164~233)이고, 이 내용은 ≪周易虞氏義≫에 나온다.

'惟'는 吳寬의 鈔本에 '唯'로 되어 있다.

20-3-10 **而可以倍與**저 **且不然已**라

〈사람을〉 두 배로 늘릴 수 있을 것이다. 또 이뿐만이 아니라

此文未足하니 必有脫字라 明鬼下篇에 云 且不惟此爲然이라하니 此且不下에 疑亦脫惟此爲三字라

이 문장은 충분하지 못하니 반드시 脫字가 있다. ≪墨子≫ 〈明鬼 下〉에 "且不惟此爲然(또 오직 이것만 그러할 뿐 아니라)"이라 하였으니, 여기의 '且不' 아래에 아마도 또한 '惟此爲' 3자가 빠졌을 것이다.

20-4-1 **今天下爲政者**는 **其所以寡人之道多**하니 **其使民勞**하고 **其籍斂厚**하여

지금 천하에 정치하는 자는 인구를 적게 하는 方道가 많으니, 백성을 힘들게 부리고 세금을 거두는 것이 많아

王引之云 籍斂은 稅斂也라 大雅韓奕篇에 實畝實籍이라한대 箋에 曰 籍은 稅也라하다 正義引宣十五年公羊傳에 曰 什一而籍이라하다

王引之 : '籍斂'은 '稅斂'이다. ≪詩經≫ 〈大雅 韓奕〉에 "實畝實籍(전지를 다스리고 세금을 바치게 한다.)"이라 하였는데, 이에 대한 鄭玄의 箋에 "'籍'은 '稅'이다."라 하였다. ≪毛詩正義≫에 ≪春秋公羊傳≫ 宣公 15년의 기록을 인용하여 "什一而籍(10분의 1을 세금으로 냈다.)"이라 하였다.

20-4-2 **民財不足**하여 **凍餓死者不可勝數也**라 **且大人**이 **惟毋興師以攻伐隣國**하여

백성의 재물이 부족하여 얼고 굶주려 죽는 자를 이루 헤아릴 수 없다. 또 大人이 오직 군사를 일으켜 이웃 나라를 공격하여

惟毋는 吳鈔本에 作唯無라 畢本에 毋를 改毌(관)하여 云 毌은 同貫이라 案 畢校非也라 唯毋의 毋는 語詞니 說詳尙賢中篇이라

'惟毋'는 吳寬의 鈔本에 '唯無'로 되어 있다. 畢沅의 本에 '毋'를 '毌'으로 고치고, 이르기를 "毌은 貫과 같다."라 하였다.

案 : 畢沅의 교감은 옳지 않다. '唯毋'의 '毋'는 語詞이니, 이에 대해 ≪墨子≫ 〈尙賢 中〉에 자세히 설명하였다.

20-4-3 久者는 **終年**하고 **速者**는 **數月**하여 **男女久不相見**하니 **此所以寡人之道也**라 **與居處不安**하고 **飮食不時**하여 **作疾病死者**와 **有與侵就**(傒)〔**伏**〕[18]**槖**하여

오래될 경우엔 1년이 넘고 짧은 경우엔 몇 달이 되도록 남녀가 오랫동안 서로 만나지 못하니, 이것이 인구를 적게 하는 방도이다. 거처가 불안하고 먹고 마시기를 제때 하지 못하여 질병이 생겨 죽는 사람과 또 槖을 매복시켜

有는 讀爲又라 侵就는 未詳이라 槖은 以擧火攻城之具니 見備穴篇이라 韓非子八說篇에 云 干城距衝은 不若堙穴伏槖이라하니 疑此傒는 亦當爲伏之譌라 畢云傒는 卽援字異文이라

'有'는 '又'로 읽어야 한다. '侵就'는 未詳이다. '槖'은 불을 붙여 성을 공격하는 기구이니 ≪墨子≫ 〈備穴〉에 보인다. ≪韓非子≫ 〈八說〉에 "干城距衝 不若堙穴伏槖(성을 지키기 위해 衝車를 막는 방법으로 말하면 구덩이를 파고 槖을 매복시키는 것만 못하다.)"이라 하였으니, 아마 이 '傒'은 또한 응당 '伏'의 譌字가 되어야 한다.

畢沅 : '傒'은 바로 '援'자의 이체자이다.

20-4-4 攻城野戰死者를 **不可勝數**라 **此不**(令)〔**今**〕[19]**爲政者**가 **所以寡人之道數術而起與**아

성을 공격하거나 들판에서 싸우다 죽는 자를 이루 헤아릴 수 없다. 이는 지금 정치하는 자가 인구를 적게 하는 방법이 〈앞에 말한〉 몇 가지 정책에서 일어나는 것이 아니겠는가.

---

18) (傒)〔伏〕 : 저본에는 '傒'으로 되어 있으나, 孫詒讓의 주에 의거하여 '伏'으로 바로잡았다.
19) (令)〔今〕 : 저본에는 '令'으로 되어 있으나, 畢沅의 주에 의거하여 '今'으로 바로잡았다.

畢云 令은 **當爲今**이라 **戴云 不**은 **猶非也**라

畢沅 : '令'은 응당 '今'이 되어야 한다.

戴望 : '不'은 '非'와 같다.

20-4-5 **聖人**이 **爲政**에 **特無此**하니

聖人이 정치함에 오직 이런 것은 없으니,

此字는 **疑當重**이니 **誤脫其一**이라

'此'자는 아마 두 개가 있어야 마땅할 듯하니, 그 하나가 잘못 빠졌다.

20-4-6 〔**此**〕[20]**不聖人爲政**에 **其所以衆人之道亦數術而起與**아 **故**로 **子墨子曰 去無用之費**가

이는 聖人이 정치함에 인구를 많게 하는 방법이 또한 〈앞에 말한〉 몇 가지 정책에서 일어나는 것이 아니겠는가. 그러므로 子墨子께서 말씀하셨다.
"쓸데없는 비용을 없애는 것이

王云 舊本脫費字러니 **中篇曰 諸加費不加于民利者**는 **聖王弗爲**라하니 **今據補**라

王念孫 : 舊本에 '費'자가 빠져 있는데, ≪墨子≫ 〈節用 中〉에 "諸加費不加于民利者 聖王弗爲(비용을 더하여 백성의 이로움에 보탬이 되지 않는 모든 것은 聖王이 하지 않는다.)"라 하였으니, 지금 그 문장에 의거하여 보충하였다.

20-4-7 **聖王之道**요 **天下之大利也**라하니라

聖王의 道이고, 天下의 큰 이로움이다."

---

20) 〔此〕 : 저본에는 '此'가 없으나, 20-4-5의 孫詒讓의 주에 의거하여 보충하였다.

節用 中 第二十一　제21편 쓸데없는 비용을 줄이다 중

풍요롭고 행복한 나라를 만드는 방법으로 모든 사람들이 자신의 직업에 충실할 수 있는 여건을 만들어주자고 墨子는 말한다. 과도한 禮와 사치를 자제하고 검소한 생활을 하며, 각각의 물건이 제 쓰임새에 맞게 만들어지도록 하면 그만이라는 것이 묵자의 주장이다.

21-1-1 **子墨子言曰 古者**에 **明王聖人**이 **所以王天下正**[1]**諸侯者**는 **彼其愛民**이 **謹忠**하고

子墨子께서 말씀하셨다.

"옛날에 明王과 聖人이 천하에 王道政治를 시행하여 제후의 首長이 되었던 것은 저들이 백성을 사랑함이 신중하고 성실하며,

說文言部에 **云 謹**은 **愼也**라하니 **此蓋與信義**로 **近**이라

≪說文解字≫ 〈言部〉에 "'謹'은 삼감이다."라 하였으니, 이것은 대개 信義와 가깝다.

21-1-2 **利民**이 **謹厚**하고 **忠信**이 **相連**하고 **又示之以利**하니 **是以終身不饜**하고

백성을 이롭게 함이 신중하고 두터우며, 忠信이 서로 이어지며, 또 이로움으로써 보여주었으니, 이 때문에 종신토록 싫어하지 않고,

吳鈔本에 **作厭**이라

吳寬의 鈔本에 〈'饜'은〉 '厭'으로 되어 있다.

---

1) 正 : '長'의 뜻이다. 21-1-4의 孫詒讓의 주 참조.

21-1-3 歿世而不卷이라

세상을 떠날 때까지 게을리하지 않았다.

歿은 吳鈔本에 作沒이라 世는 舊本에 作二十二字라 盧云 二字는 疑當爲世라하니 今據正이라 蘇云 卷은 當爲倦이라 詒讓案 正字當作券이니 說文力部에 云 券은 勞也라 考工記輈人의 鄭注에 云 券은 今倦字也라하니 卷은 卽券之假字라

'歿'은 吳寬의 鈔本에 '沒'로 되어 있다. '世'는 舊本에 '二十' 2자로 되어 있다. 盧文弨가 이르기를 "'二十' 2자는 아마 응당 '世'가 되어야 한다."고 하였으니, 지금 그의 말에 의거하여 바로잡는다.

蘇時學 : '卷'은 응당 '倦'이 되어야 한다.

詒讓案 : 〈'卷'은〉 正字로 응당 '券'이 되어야 하니, ≪說文解字≫ 〈力部〉에 "券은 勞이다."라 하였다. ≪周禮≫ 〈考工記 輈人〉 鄭玄의 注에 "券은 지금의 '倦'자이다."라 하였으니, 卷은 바로 '券'의 가차자이다.

21-1-4 古者에 明王聖人이 其所以王天下正諸侯者는 此也라

옛날에 明王과 聖人이 천하에 王道政治를 시행하여 제후의 首長이 되었던 것은 이 때문이다."

正은 長也니 詳親士篇이라

'正'은 '長'이니, ≪墨子≫ 〈親士〉에 자세히 설명하였다.

21-2-1 是故로 古者에 聖王이 制爲節用之法하여 曰 凡天下群百工輪車鞼(궤)匏

이런 까닭으로 옛날에 聖王이 節用의 방법을 제정하여 말하기를 "무릇 천하의 여러 장인인 輪車와 鞼匏와

畢云 鞼는 說文에 云 韋繡也라 匏는 當爲鞄니 說文에 云 柔革工也니 讀若朴이라 王云 鞼는 卽攷工記函鮑韗韋裘之韗니 非謂韋繡也라 輪車梓匠爲攻木之工이요 陶爲摶埴之工이요 冶爲攻金之工이라 然則鞼匏卽韗鮑니 爲攻皮之工也라 凡文吻問과 與脂旨

至는 古音多互相轉이라 故로 鞾字或作韇라 鞄之爲匏도 亦借字耳라 故攷工記에 又借作鮑라 案 王說이 近是라 說文革部에 云 鞾은 攻皮治鼓工也니 或從韋作韗이라하고 又云 鞄는 柔革工也라 周禮에 曰 柔皮之工鮑氏라 鞄는 卽鮑也니 此假韇匏字爲之라 非儒篇에 有鮑函車匠하니 字亦作鮑라 或云 考工記設色之工畫繢라하니 韇는 卽繢之借字니 亦通이라

畢沅 : '韇'는 ≪說文解字≫에 "韋繡이다."라 하였다. '匏'는 응당 '鞄'가 되어야 하니, ≪說文解字≫에 "柔革工(가죽을 부드럽게 만드는 장인)이니, '朴'과 같이 읽는다."라 하였다.

王念孫 : '韇'는 바로 ≪周禮≫ 〈考工記〉에서 '函鮑韗韋裘(函人, 鮑人, 韗人, 韋氏, 裘氏)'라고 할 때의 '韗(가죽을 다루는 장인)'이니, '韋繡'를 말하는 것이 아니다. 輪車와 梓匠은 나무를 다루는 장인이고, 陶는 진흙을 반죽하는 장인이고, 冶는 쇠를 다루는 장인이다. 그렇다면 '韇匏'는 바로 '韗鮑'니 가죽을 다루는 장인이다. 무릇 '文', '吻', '問'과 '脂', '旨', '至'는 古音에 서로 전용하는 경우가 많다. 그러므로 '韗'자를 '韇'자로 적기도 한다. '鞄'가 '匏'로 된 것 또한 가차한 것일 뿐이다. 그러므로 ≪周禮≫ 〈考工記〉에 또 가차하여 '鮑'로 적었다.

案 : 王念孫의 說이 거의 옳다. ≪說文解字≫ 〈革部〉에 "'鞾'은 가죽을 다루고 북을 만드는 장인이니, 혹 '韋'변을 따라 '韗'이라 하기도 한다."라 하였고, 또 "'鞄'는 柔革工이다."라 하였다. ≪周禮≫에 "柔皮工인 鮑氏"라 하였다. '鞄'는 바로 '鮑'이니, 이것은 '韇'와 '匏'자를 빌려 만든 것이다. ≪墨子≫ 〈非儒〉에 "鮑函車匠(鮑人, 函人, 車人, 匠人)"이라 한 것이 있으니, 글자가 또한 '鮑'자로 되어 있다. 혹자는 "≪周禮≫ 〈考工記〉에 '設色하는 장인은 畫繢이다.'라 하였는데, 韇는 바로 '繢'자의 가차자이다."라 하였으니, 또한 통한다.

21-2-2 **陶冶梓匠이 使各從事其所能이라하고 曰 凡足以奉給民用則止라하니 諸加費不加于民利者는 聖王弗爲라**

陶冶와 梓匠이 각각 자신이 능한 것에 종사하게 한다."라 하였으며, "무릇 백성들의 쓰임에 공급하기에 족하면 그만이다."라 하였으니, 비용을 더하여 백성의 이로움에 보탬이 되지 않는 모든 것은 聖王이 하지 않았다.

畢云 舊民用下에 作諸加費不加民利則止러니 今據後文改라 史記李斯列傳에 李斯曰

凡古聖王은 飮食有節하고 車器有數하고 宮室有度하여 出令造事에 加費而無益於民利者는 禁이라하니 卽用此義라

畢沅 : 옛날에 '民用' 아래에 '諸加費不加民利則止(비용을 더하여 백성의 이로움에 보탬이 되지 않으면 그만이다.)'라고 되어 있었으니, 지금 그것에 의거하여 뒤 문장을 고쳤다. ≪史記≫ 〈李斯列傳〉에 李斯가 말하기를 "무릇 옛날 聖王은 飮食에 절도가 있고, 車器에 品數가 있고, 宮室에 법도가 있어, 명령을 내어 일을 만들 때 비용을 더하여 백성의 이로움에 보탬이 되지 않는 것은 금하였다."라 하였으니, 〈李斯의 말은〉 바로 이 구절의 뜻을 사용한 것이다.

21-3-1 古者에 聖王이 制爲飮食之法하여 曰 足以充虛繼氣하고 强股肱하고

옛날에 聖王이 飮食의 법도를 제정하여 말하기를 "虛氣를 채워 기운이 이어지게 하고, 팔다리를 강하게 하고,

畢云 太平御覽引有使字라

畢沅 : ≪太平御覽≫에서 인용한 글에는 〈'肱' 뒤에〉 '使'자가 있다.

21-3-2 耳目聰明하면 則止라하다 不極五味之調와 芬香之和하고

耳目이 聰明하도록 하기에 족하면 그만이다."라 하였다. 五味의 조리와 芬香의 조화를 지극하게 하지 않고,

畢云 芬字는 同芬이라

畢沅 : '芬'자는 '芬'자와 같다.

21-3-3 不致遠國珍怪異物이라

먼 나라의 진귀하고 기이한 물건을 이르게 하지 않았다.

怪는 舊本에 作恢라 畢云 恢는 一本에 作怪라 太平御覽引同이라 說文에 云 恢는 大也라하니 亦通이라 詒讓案 作怪是也니 今據正이라 恢는 篆文相近而譌라 公羊昭三十一

年傳에 有珍怪之食이라한대 何注에 云 珍怪는 猶奇異也라하다 荀子正論篇에 云 食飮則重大牢而備珍怪라 淮南子精神訓에 云 珍怪奇異는 人之所美也나 而堯糲粢之飯하고 藜藿之羹이라

'怪'는 舊本에 '恢'로 되어 있다.

畢沅 : '恢'는 一本에 '怪'로 되어 있다. ≪太平御覽≫에서 인용한 글도 같다. ≪說文解字≫에 "恢는 大이다."라 하니, 또한 통한다.

詒讓案 : '怪'로 된 것이 옳으니, 지금 이에 의거하여 바로잡는다. 恢는 〈'怪'와〉 篆文이 서로 비슷하여 잘못된 것이다. ≪春秋公羊傳≫ 昭公 31년에 "有珍怪之食(珍怪한 음식이 있다.)"이라 하였는데, 何休의 注에 "珍怪는 奇異와 같다."라 하였다. ≪荀子≫ 〈正論〉에 "食飮則重大牢而備珍怪(食飮은 大牢를 중하게 여기고 珍怪를 갖춘다.)"라고 하였다. ≪淮南子≫ 〈精神訓〉에 "珍怪奇異 人之所美也 而堯糲粢之飯 藜藿之羹(珍怪하고 奇異한 것은 사람들이 맛있게 여기는 것이지만, 堯임금은 거친 좁쌀로 밥을 지어 먹고 머위와 콩잎으로 국을 끓여 먹었다.)"이라 하였다.

21-3-4 何以知其然고 古者에 堯治天下는 南撫交阯하고

어떻게 그러한 줄을 아는가. 옛날에 堯임금이 천하를 다스릴 때에는 남쪽으로 交阯를 鎭撫하고,

吳鈔本에 作趾라 案 阯는 趾之叚字라 大戴禮記少閒篇과 韓非子十過篇과 淮南子脩務訓에 竝作趾라 高注에 云 交趾는 南方之國이라 荀子楊注引尸子及賈子新書에도 竝作阯라 案 交阯는 卽今越南國이라

吳寬의 鈔本에는 〈'阯'가〉 '趾'로 되어 있다.

案 : '阯'는 '趾'의 가차자이다. ≪大戴禮記≫ 〈少閒〉과 ≪韓非子≫ 〈十過〉와 ≪淮南子≫ 〈脩務訓〉에 모두 '趾'로 되어 있다.

堯

高誘의 注에 "交趾는 南方의 나라이다."라 하였다. ≪荀子≫ 楊倞의 注에 인용한 ≪尸子≫ 및 ≪賈子新書≫에도 모두 '阯'로 되어 있다.

案 : '交阯'는 바로 지금의 越南國이다.

21-3-5 北(降)〔際〕[2)]幽都하고

북쪽으로 幽都와 접하고

王云 降字는 義不可通하니 降은 當爲際라 爾雅에 際는 接捷也라한대 郭注에 曰 捷은 謂相接續也라하다 際와 降은 字形相似라 故傳寫易(이)譌라 周易集解豐象傳에 天降祥也라한대 王弼本에 降祥이 作際翔이라 案 王校是也라 淮南子脩務訓의 高注에 云 陰氣所在라 故曰幽都니 今雁門以北是라 莊子在宥篇에 云 堯流共工於幽都라한대 釋文引李頤云 卽幽州也라 尙書에 作幽州하니 北裔也라하다

王念孫 : '降'자는 뜻이 통하지 않으니, '降'은 응당 '際'가 되어야 한다. ≪爾雅≫에 "'際'는 接捷이다."라 하였는데, 이에 대한 郭璞의 注에 "'捷'은 서로 接續함을 말한다."라 하였다. '際'와 '降'은 字形이 비슷하기 때문에 傳寫할 때 잘못되기 쉽다. ≪周易集解≫ 豐卦象傳에 "天降祥也(하늘이 상서로움을 내렸다.)"라 하였는데, 王弼本에는 '降祥'이 '際翔'으로 되어 있다.

案 : 王念孫의 교감이 옳다. ≪淮南子≫ 〈脩務訓〉 高誘의 注에 "陰氣가 있는 곳이기 때문에 幽都라 하니, 지금 雁門 이북이 이곳이다."라 하였다. ≪莊子≫ 〈在宥〉에 "堯임금이 共工을 幽都에 유배시켰다."라 하였는데, ≪經典釋文≫에서 李頤의 말을 인용하여 "〈'幽都'는〉 바로 幽州이다. ≪尙書≫에 幽州로 되어 있으니, 북쪽 변방이다."라 하였다.

21-3-6 東西至日所出入히

東西로는 해가 뜨고 지는 곳에 이르기까지

畢云 謂暘谷과 昧谷[3)]이라 詒讓案 荀子王霸篇楊注에 引尸子云 堯南撫交阯하고 北懷

2) (降)〔際〕: 저본에는 '降'으로 되어 있으나, 王念孫의 주에 의거하여 '際'로 바로잡았다.

3) 暘谷 昧谷 : '暘谷'은 해가 떠오르는 곳으로 동쪽을 가리킨다. '陽谷'이라고도 한다. '昧谷'은

幽都하고 東西至日月之所出入이라하고 韓非子十過篇에 云 昔者堯有天下에 其地南至交趾하고 北至幽都하고 東西至日月之所出入者가 莫不賓服이라하니 文竝略同이라 又大戴禮記少閒篇에 云 昔虞舜以天德嗣堯하니 朔方幽都來服하고 南撫交趾하고 出入日月이 莫不率俾라하고 淮南子脩務訓에 云 堯北撫幽都하고 南通交趾라하고 賈誼新書脩政語上에 云 堯撫交阯하고 北中[4]幽都라하니 亦與此文으로 大同小異라

畢沅 : 暘谷과 昧谷을 말한다.

詒讓案 : ≪荀子≫〈王霸〉楊倞의 注에 ≪尸子≫를 인용하여 "堯임금이 남쪽으로 交阯를 어루만지고, 북쪽으로 幽都를 품고, 東西로 해와 달이 뜨고 지는 곳에 이르렀다."라 하였고, ≪韓非子≫〈十過〉에 "옛날 堯임금이 천하를 소유함에 그 땅이 남쪽으로 交趾에 이르고, 북쪽으로 幽都에 이르고, 東西로는 해와 달이 뜨고 지는 곳에 이르기까지 복종하지 않음이 없었다."라 하였으니, 글이 모두 대략 같다. 또 ≪大戴禮記≫〈少閒〉에 "옛날 虞舜이 天德으로 堯임금을 이으니, 北方의 幽都가 와서 복종하고, 남쪽으로 交趾를 鎭撫하고, 해와 달이 뜨고 지는 곳이 모두 따르지 않음이 없었다."라 하였고, ≪淮南子≫〈脩務訓〉에 "堯임금이 북쪽으로 幽都를 鎭撫하고, 남쪽으로 交趾와 통하였다."라 하였고, 賈誼의 ≪新書≫〈脩政語 上〉에 "堯임금이 交阯를 鎭撫하고, 북쪽으로 幽都에 이르렀다."라 하였으니, 또한 이곳의 문장과 大同小異하다.

21-3-7 莫不賓服이라 逮至其厚愛하얀 黍稷不二하고 羹胾(자)不重하며

복종하지 않음이 없었다. 매우 아끼는 데에 이르러서는, 黍와 稷 두 가지로 〈밥을 짓지〉 않고, 국과 고기를 여러 가지 차리지 않았으며,

說文肉部에 云 胾는 大臠也라 詩魯頌閟宮에 毛炰胾羹이라한대 毛傳에 云 胾는 肉也요 羹은 大羹과 鉶羹也라하다 管子弟子職에 羹胾中別이라한대 尹注에 云 胾는 謂肉而細切이라하다 案 不重은 謂止一品이니 不多重也라

해가 지는 곳으로 서쪽을 가리킨다.

4) 中 : '及(미치다)' 혹은 '到達(다다르다)'의 뜻이다. ≪史記≫〈蘇秦列傳〉에 "秦無韓魏之規 則禍必中於趙矣(진나라에 한나라와 위나라의 견제가 없어지면 화는 필경 조나라에 이를 것입니다.)"라고 하였다.

≪說文解字≫ 〈肉部〉에 "胾는 大臠(큰 덩어리의 고기)이다."라 하였다. ≪詩經≫ 〈魯頌 閟宮〉에 "毛炰胾羹(털을 그슬려 산적을 만들고 고깃국을 올렸다.)"이라 하였는데, 이에 대해 〈毛傳〉에 "'胾'는 '肉'이고, '羹'은 大羹과 鉶羹이다."라 하였다. ≪管子≫ 〈弟子職〉에 "羹胾中別(국과 저민 고기는 가운데 따로 놓는다.)"이라 하였는데, 尹知章의 注에 "'胾'는 고기를 잘게 저민 것을 이른다."라 하였다.

案 : '不重'은 한 가지 종류에 그침을 이르니, 많이 중복하지 않음이다.

21-3-8 **飯於土塯**(류)[5)]하고

土塯에 밥을 담아 먹고,

飯은 **舊本**에 **譌飮**이라 **王云 土塯**는 **乃飯器**요 **非飮器**니 **飮**은 **乃飯字之誤**라 **案 王校**가 **是也**니 **今據正**이라 **畢云 塯**는 **當爲溜**니 **太平御覽**에 **引此云 飯土軌**라 **史記李斯列傳**에 **二世責問李斯曰 吾有所聞於韓子也**호니 **曰 堯飯土甂**하고 **啜土鉶**이라한대 **徐廣曰 甂**는 **一作溜**라하다 **說文**에 **無塯字**라 **玉篇云 力又切**이니 **瓦飯器也**라하다 **詒讓案 史記秦始皇本紀**에 **云 飯土簋**라한대 **索隱本簋作塯**하여 **云 如字**니 **一音鏤**요 **一作簋**라하다 **又敍傳**에 **云 食土簋**라한대 **集解**에 **徐廣云 一作塯**라하니 **與此字竝同**이라 **韓非子十過篇**에 **云 堯飯於土簋**하고 **飮於土鉶**이라하니 **卽李斯所本**이라 **韓詩外傳三**에 **又云 舜飯乎土簋**하고 **啜乎土型**이라하니 **文竝大同小異**라

'飯'은 舊本에 잘못 '飮'으로 되어 있다.

王念孫 : '土塯'는 바로 飯器요 飮器가 아니니, '飮'은 바로 '飯'자의 잘못이다.

案 : 王念孫의 교감이 옳으니, 지금 〈왕염손의 교감에〉 의거하여 바로잡는다.

畢沅 : 塯는 응당 '溜'가 되어야 하니, ≪太平御覽≫에 이것을 인용하여 "飯土軌(土軌에 밥을 먹는다.)"라 하였다. ≪史記≫ 〈李斯列傳〉에 二世가 李斯를 질책하기를 "나는 韓子에게 들은 것이 있으니, '堯飯土甂 啜土鉶(堯는 土甂에 밥을 담아 먹고 土鉶에 물을 담아 마셨다.)'이라고 하였다."라 하였는데, 徐廣이 "'甂'는 어떤 본에 '溜'로 되어 있다."라 하였다. ≪說文解字≫에는 '塯'자가 없다. ≪玉篇≫에 이르기를 "〈'塯'는〉 '力'과 '又'의 반절이니,

5) 土塯(류) : 고대에 밥을 담던 瓦器이다.

흙을 구워 만든 밥그릇〔瓦飯器〕이다.”라 하였다.

詒讓案：≪史記≫〈秦始皇本紀〉에 “飯土塯(土塯에 밥을 먹었다.)”라 하였는데, ≪史記索隱≫에는 ‘塯’가 ‘熘’로 되어 있으며, “같은 글자이다. 一音은 鏤이다. 어떤 본에는 ‘塯’로 되어 있다.”라 하였다. 또 ≪史紀≫〈敍傳〉에 “食土塯(土塯에 먹었다.)”라 하였는데, ≪史記集解≫에서 徐廣이 “어떤 본에는 ‘熘’로 되어 있다.”라 하였으니, 이 글자와 모두 같다. ≪韓非子≫〈十過〉에 “堯飯於土塯 飮於土鉶(요임금은 土塯에 밥을 담아 먹고, 土鉶에 물을 담아 마셨다.)”이라 하였으니, 곧 ≪史紀≫〈李斯列傳〉이 이것을 바탕으로 한 것이다. ≪韓詩外傳≫ 권3에 또 이르기를 “舜飯乎土塯 啜乎土型(舜임금은 土塯에 밥을 담아 먹고, 土型에 물을 담아 마셨다.)”이라 하였으니, 문장이 모두 大同小異하다.

21-3-9 啜於土形하고

土形(土鉶)에 물을 담아 마시고,

畢云 太平御覽에 引作鉶이라 鄭君注周禮云 鉶은 羹器也라하고 後漢書注에 引此云 堯舜堂高三尺이요 土階三等이요 茅茨不翦하고 采椽不斲하며 飯[6]土塯하고 歠土鉶하며 糲粱之飯하고 藜藿之羹하며 夏日葛衣요 冬日鹿裘니 是約己也라하다 文選注에도 亦以爲此文이라 案 出韓非子라하다 顧云 秦本紀에 正作土形하고 太史公自序에 作刑이라 詒讓案 說文口部에 云 啜은 嘗也라 形과 刑은 竝鉶之叚字라 史紀敍傳의 司馬談論六家要指에 云 墨者亦尙堯舜道하여 言其德行曰 堂高三尺이요 土階三等이요 茅茨不翦하고 采椽不刮하며 食土塯하고 啜土刑하며 糲粱之食하고 藜藿之羹하며 夏日葛衣요 冬日鹿裘라하다 後漢書注所引은 疑卽本史記文이라 史記正義引顔氏云 刑은 所以盛羹也라 土는 謂燒土爲之니 卽瓦器也라하다 秦始皇本紀에 作啜土形[7]이라한대 集解引如淳云 土形[8]은 飯器之屬이니 瓦器也라 李斯傳에 作鉶하고 韓非子十過篇同하며 韓詩外傳에 又作型이라

---

6) 飯：저본 傍注에 “‘飯’은 원문에 ‘飮’으로 잘못되어 있다. 살펴보건대, 畢沅이 말하는 ≪後漢書注≫는 ≪後漢書≫〈趙典傳〉李賢의 注이니, 이제 이에 의거하여 개정한다.”라고 하였다.

7) 形：저본 傍注에 “‘形’은 원문에 모두 ‘刑’으로 잘못되어 있다. 활자본에 의거하여 고치니, ≪史記≫와도 합치한다.”라고 하였다.

8) 形：저본 傍注에 “‘形’은 원문에 모두 ‘刑’으로 잘못되어 있다. 활자본에 의거하여 고치니, ≪史記≫와도 합치한다.”라고 하였다.

畢沅 : ≪太平御覽≫에 인용할 때 〈'形'은〉 '鉶'으로 되어 있다. ≪周禮≫ 鄭君(鄭玄)의 注에 "'鉶'은 국그릇〔羹器〕이다."라 하였고, ≪後漢書注≫에 이를 인용하여 "堯舜은 堂의 높이가 3척이고, 흙으로 만든 섬돌이 3층이고, 지붕으로 얹은 띠풀도 자르지 않고, 떡갈나무로 서까래를 만들되 다듬지 않았으며, 土簋에 밥을 먹고 土鉶에 물을 마시며〔飯土簋 歠土鉶〕, 거친 좁쌀로 밥을 지어 먹고 머위와 콩잎으로 국을 끓여 먹었으며, 여름에는 베옷을 입고, 겨울에는 사슴 가죽옷을 입었다."라 하였으니, 이것은 자신에게 검약한 것이다. ≪文選≫의 注에도 이 문장으로 되어 있다. 살피건대, 〈이 문장은〉 ≪韓非子≫에서 나온 것이다.

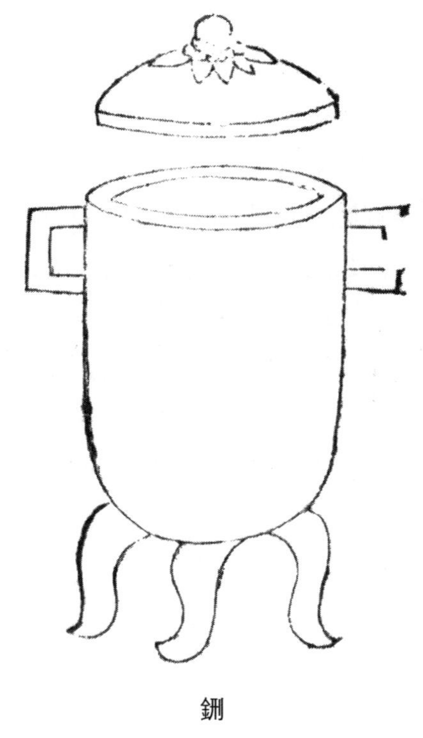
鉶

顧廣圻 : ≪史記≫ 〈秦始皇本紀〉에는 바로 '土形'으로 되어 있고, 〈太史公自序〉에는 '刑'으로 되어 있다.

詒讓案 : ≪說文解字≫ 〈口部〉에 "'啜'은 '嘗(맛보다)'이다."라 하였다. 形과 刑은 모두 '鉶'의 가차자이다. ≪史記≫ 〈敍傳〉에서 司馬談이 六家의 要指를 논한 것에 말하기를 "墨子 또한 堯舜의 도를 숭상하여 그 德行을 말하면서 '堂의 높이가 3척이고, 흙으로 만든 섬돌이 3층이고, 지붕으로 얹은 띠풀도 자르지 않고, 떡갈나무로 서까래를 만들되 다듬지 않았으며, 土簋에 밥을 먹고 土刑에 물을 마시며〔食土簋 啜土刑〕, 거친 좁쌀로 밥을 지어 먹고 머위와 콩잎으로 국을 끓여 먹었으며, 여름에는 베옷을 입고, 겨울에는 사슴 가죽옷을 입었다.'라 하였다."라 하였다. ≪後漢書注≫에 인용한 것은 아마 바로 ≪史記≫의 글에 바탕한 것으로 보인다. ≪史記正義≫에 顔師古의 말을 인용하여 "'刑'은 국을 담는 것이다. '土'는 흙을 구워 만든 기물을 이르니, 바로 瓦器이다."라 하였다. ≪史記≫ 〈秦始皇本紀〉에 "啜土形(土形에 마셨다.)"이라 하였는데, ≪史記集解≫에 如淳의 말을 인용하여 "'土形'은 밥그릇〔飯器〕의 종류이니, 瓦器이다."라 하였다. ≪史記≫ 〈李斯列傳〉에 '鉶'이라 하였고, ≪韓非子≫ 〈十過〉에도 같으며, ≪韓詩外傳≫에는 또 '型'으로 되

어 있다.

21-3-10 〔一〕[9]斗以酌이라

하나의 국자로 술을 퍼 마셨다.

王云 斗上脫一字라 此는 與下文으로 義不相屬하니 酌下必多脫文이로대 不可考라 詒讓案 詩大雅行葦에 云 酌以大斗라 說文木部에 云 枓는 勺也라하고 勺部에 云 勺은 挹取也라하다 此斗酌은 卽枓勺之假借字니 謂以枓挹酒漿也라

王念孫 : '斗' 위에 '一'자가 빠졌다. 이 구절은 아래 문장과 뜻이 이어지지 않으니, '酌' 아래에 반드시 빠진 글이 많을 것이다. 하지만 상고할 수 없다.

詒讓案 : ≪詩經≫ 〈大雅 行葦〉에 "酌以大斗(큰 구기로 술을 뜬다.)"라 하였다. ≪說文解字≫ 〈木部〉에 "'枓'는 구기〔勺〕이다."라 하였고, 〈勺部〉에 "'勺'은 퍼서 취하는 기물이다."라 하였다. 여기의 '斗'와 '酌'은 바로 '枓'와 '勺'의 假借字이니, 枓로 술이나 漿을 뜨는 것을 말한다.

21-3-11 俛(부)仰周旋威儀之禮를

俛仰하고 周旋하는 威儀의 禮를

畢云 說文에 云 頫는 低頭也니 或從人免이라

畢沅 : ≪說文解字≫에 "'頫'는 머리를 숙이는 것이니, 혹 人에 免을 더한 〈'俛'로〉 쓴다."라 하였다.

21-3-12 聖王弗爲라

聖王은 하지 않았다.

此句上에 以上下文例校之컨대 當亦有諸加費不加於民利者九字라

---

9) 〔一〕: 저본에는 '一'자가 없으나, 王念孫의 주에 의거하여 보충하였다.

이 句 위에 위아래 문장의 투식으로 교감해보건대, 응당 또한 '諸加費不加於民利者'라는 9자가 있어야 한다.

21-4-1 **古者**에 **聖王**이 **制爲衣服之法**하여 **曰 冬服紺**(緅)〔纔〕[10]**之衣**하되 **輕且暖**하고

옛날에 聖王이 衣服을 만드는 법을 제정하여 말하기를 "겨울에는 紺纔의 옷을 입되 가벼운 데다 따뜻하고,

畢云 說文에 **云 紺**은 **帛深靑揚赤色**이라 **玉篇**에 **紺**은 **古憾切**이라 **案 緅**는 **非古字**니 **當爲纔**라 **考工記**에 **云 五入爲緅**라한대 **鄭君注**에 **云 今禮俗文作爵**하니 **言如爵頭色**이라하다 **說文**에 **纔**를 **云 帛雀頭色**이라하니 **與鄭注緅**로 **義合**이라 **說文**에 **無緅字**하니 **是知當爲纔**라

畢沅 : ≪說文解字≫에 "紺은 짙은 청색이 붉은색을 띠는 비단이다."라 하였다. ≪玉篇≫에 "'紺'은 '古'와 '憾'의 반절이다."라 하였다.

案 : '緅'는 古字가 아니니, 응당 '纔'가 되어야 한다. ≪周禮≫ 〈考工記〉에 "五入爲緅(다섯 번 담그면 '緅'가 된다.)"라 하였는데, 이에 대한 鄭君(鄭玄)의 注에 "오늘날 禮俗文에 〈'緅'가〉 '爵'으로 되어 있으니, 참새 머리의 색깔〔爵頭色〕과 같음을 말한다."라 하였다. ≪說文解字≫에 '纔'에 대해 "참새 머리 색깔의 비단〔帛雀頭色〕이다."라 하니, 鄭君이 '緅'에 대해 주석을 단 것과 뜻이 부합한다. ≪說文解字≫에 '緅'자가 없으니, 이것으로 응당 '纔'가 되어야 함을 알겠다.

21-4-2 **夏服**絺綌(치격)[11]**之衣**하되 **輕且**凊이면 **則止**라하다 **諸加費不加於民利者**는 **聖王弗爲**라

여름에는 베옷을 입되 가벼운 데다 시원하면 그만이었다."라 하였다. 비용을 더하여 백성의 이로움에 보탬이 없는 모든 것은 聖王이 하지 않았다.

21-5-1 **古者**에 **聖人**이 **爲猛禽狡獸**가 **暴人害民**일새

---

10) (緅)〔纔〕 : 저본에는 '緅'로 되어 있으나, 孫詒讓의 주에 의거하여 '纔'로 바로잡았다.

11) 絺綌(치격) : 葛布의 統稱이다. 곱게 짠 갈포를 '絺'라 하고, 굵게 짠 갈포를 '綌'이라 한다.

옛날에 聖人은 猛禽과 狡獸가 사람에게 포학하고 백성을 해쳤기 때문에

廣雅釋詁에 **云 狡**는 **健也**라 **呂氏春秋恃君篇**에 **服狡蟲**이라한대 **高注**에 **云 狡蟲**은 **蟲之狡害者**라하다 **此狡獸**는 **與彼狡蟲**으로 **義同**이라

≪廣雅≫ 〈釋詁〉에 "'狡'는 강건함이다."라 하였다. ≪呂氏春秋≫ 〈恃君〉에 "服狡蟲(狡蟲을 복종시켰다.)"이라 하였는데, 高誘의 注에 "'狡蟲'은 蟲 가운데 강건하고 해로운 것이다."라 하였다. 여기의 '狡獸'는 저기의 '狡蟲'과 뜻이 같다.

21-5-2 **於是**에 **教民以兵行**하여 (日)〔曰〕[12] **帶劍**하여 **爲刺則入**하고

이에 백성에게 무기를 가지고 다니는 법을 가르쳐 말하기를 "劍을 차고서 찌르면 들어가고,

日은 **疑當爲曰**이라

'日'은 응당 '曰'이 되어야 할 듯하다.

21-5-3 **擊則斷**하고 **旁擊而不折**하니 **此劍之利也**라 **甲爲衣則輕且利**어늘 **動則**(兵)〔弁〕[13]**且從**하니

치면 끊고, 측면에서 쳐도 부러지지 않으니, 이것이 劍의 이로움이다. 갑옷을 만들면 가벼운 데다 편리하거늘 출동할 때엔 변화시켜 〈몸에〉 맞게 하니

兵字는 **無義**라 **疑當作弁**하니 **與兵形近而誤**라 **弁者**는 **變之叚字**라 **書堯典**에 **於**(오)**變時雍**이라한대 **漢孔宙碑**에 **作於**亓(오변)**時雝**하니 **亓卽弁之隷變**이니 **是其證也**라 **考工記**에 **函人爲甲**에 **衣之無齘則變也**일새라한대 **鄭注**에 **云 變隨人身便利**라하니 **此變且從之義**라

'兵'자는 의미가 통하지 않는다. 응당 '弁'자가 되어야 할 듯하니, '兵'과 字形이 비슷하여 잘못된 것이다. '弁'은 '變'의 가차자이다. ≪書經≫ 〈堯典〉에 "於變時雍(아, 변화하여 이

---

12) (日)〔曰〕: 저본에는 '日'로 되어 있으나, 孫詒讓의 주에 의거하여 '曰'로 바로잡았다.
13) (兵)〔弁〕: 저본에는 '兵'으로 되어 있으나, 孫詒讓의 주에 의거하여 '弁'으로 바로잡았다.

에 화목하다.)"이라 하였는데, 漢나라 〈孔宙碑〉에 "於亓時廱"이라 하였으니, '亓'은 바로 '弁'자의 隸書가 바뀐 것이니, 이것이 증거이다. ≪周禮≫ 〈考工記〉에 "函人爲甲 衣之無齘則變也(函人이 갑옷을 만들 때, 입어서 꽉 끼이지 않도록 하는 것은 〈몸에 맞게〉 변화시켰기 때문이다.)"라 하였는데, 鄭玄의 注에 "사람의 몸에 따라 변화시켜 편리하게 한다."라 하였으니, 이것이 '變且從'의 뜻이다.

21-5-4 **此甲之利也**라하다 **車爲服重致遠**하며 **乘之則安**하고 **引之則利**하니 **安以不傷人**하고 **利以速至**가 **此車之利也**라 **古者**에 **聖王**이 **爲大川廣谷之不可濟**일새 **於是** (利)〔**制**〕[14]**爲舟楫**하되

이것이 갑옷의 이로움이다. 수레는 무거운 것을 싣고 멀리 가며 타면 편안하고 끌면 편리하게 하기 위한 것이니, 편안하여 사람을 다치지 않게 하고 편리하여 빨리 이르게 하는 것이 곧 수레의 이로움이다. 옛날에 聖王이 큰 내와 넓은 골짜기를 건널 수 없었기 때문에 이에 배를 만들되,

王云 利字는 **義不可通**하니 **利**는 **當爲制**라 **隸書制字或作剌**하니 **與利相似而誤**라

王念孫 : 〈'於是利爲舟楫'의〉 '利'자는 뜻이 통하지 않으니, 利는 응당 '制'가 되어야 한다. 隸書로 '制'자를 혹 '剌'로 쓰기도 하니, '利'와 〈字形이〉 비슷하여 잘못된 것이다.

21-5-5 **足以將之**면 **則止**라

족히 갈 수 있으면 그만이다.

廣雅釋詁에 **云 將**은 **行也**라하다 **止**는 **舊譌上**이러니 **今據道藏本正**이라

≪廣雅≫ 〈釋詁〉에 "'將'은 '行'이다."라 하였다. '止'는 舊本에 '上'으로 잘못되어 있었으니, 지금 道藏本에 의거하여 바로잡는다.

21-5-6 **雖上者三公諸侯至**라도

---

14) (利)〔制〕 : 저본에는 '利'로 되어 있으나, 王念孫의 주에 의거하여 '制'로 바로잡았다.

비록 三公이나 諸侯 같은 높은 이가 오더라도

畢[15]云 上은 舊作止하니 以意改라

畢沅 : '上'은 옛날에 '止'로 되어 있었으니, 임의로 고쳤다.

21-5-7 **舟楫不易**하고 **津人不飾**하니

배를 바꾸지 않고 津人은 장식을 하지 않았으니

說文水部에 云 津은 水渡也라하니 津人은 蓋掌渡之吏士라 左傳(云)〔昭〕[16] 二十四年에 王子朝用成周之寶珪于河라 甲戌에 津人得諸河上이라하고 列子[17]黃帝篇에 云 津人操舟若神이라하고 劉向列女傳辯通篇에 趙津女娟者는 趙河津吏之女라하다

≪說文解字≫ 〈水部〉에 "津은 물을 건너는 곳이다."라 하였으니, 津人은 대개 물을 건너는 것을 관장하는 吏士이다. ≪春秋左氏傳≫ 昭公 24년 조에 "王子 朝가 成周의 寶珪를 河水에 던져 넣었다. 甲戌日에 津人이 河水 가에서 이 寶珪를 얻었다."라 하였고, ≪列子≫ 〈黃帝〉에 "津人이 배를 조종하는 것이 神과 같았다."라 하였고, 劉向의 ≪列女傳≫ 〈辯通〉에 "趙나라 津女 娟은 趙나라 河津吏의 딸이다."라 하였다.

21-5-8 **此舟之利也**라

이것이 배의 이로움이다."라고 하였다.

21-6-1 **古者**에 **聖王**이 **制爲節葬之法**하여 **曰 衣三領**이면

옛날에 聖王이 葬禮를 절제하는 법을 제정하여 "옷이 세 벌이면

---

15) 畢 : 저본 傍注에 "'畢'은 원문에 '舊'로 잘못되어 있으니, 이제 바로잡는다."라고 하였다.

16) (云)〔昭〕 : 저본 傍注에 "'昭'는 원문에 '云'으로 잘못되어 있으니, 활자본에 의거하여 고친다."라고 하였다.

17) 列子 : 列禦寇의 저술로 알려져 있으며, 열어구는 전국시대 사람으로 알려져 있으나 확실치 않다. 前漢시대에 편집된 원본 ≪列子≫는 유실되었으며, 晉 시대에 加筆한 것이 현전한다. 後漢부터 晉까지의 道家의 학설이 혼재되어 있다.

意林에 作三領之衣라 荀子正論篇楊注에 云 三領은 三稱也라 禮記에 君陳衣於序東하되 西領南上이라하니 故以領言이라

≪意林≫에 "三領之衣(세 벌의 옷)"라 하였다. ≪荀子≫ 〈正論〉 楊倞의 注에 "三領은 세 벌이다."라 하였다. ≪禮記≫ 〈喪大記〉에 "君陳衣於序東 西領南上(군주는 담의 동쪽에 옷을 진설하되 옷깃이 서쪽으로 향하게 하고 남쪽을 위로 친다.)"이라 하였기 때문에 '領'으로 말하였다.

21-6-2 足以朽肉하고 棺三寸이면

족히 육신을 썩게 하고, 棺은 세 치면

意林에 作三寸之棺이라 說詳節葬下篇이라

≪意林≫에 "三寸之棺(세 치의 棺)"으로 되어 있다. ≪墨子≫ 〈節葬 下〉에 자세히 설명하였다.

21-6-3 足以朽骸라

족히 뼈를 썩게 한다.

荀子正論篇에 云 世俗之爲說者曰 太古薄葬하여 棺厚三寸이요 衣衾三領이요 葬田不妨田이라 故不掘也라하니 蓋戰國時에 相傳有是語하니 不獨墨家言也라

≪荀子≫ 〈正論〉에 "世俗에서 말하는 이들이 '太古에는 장례를 박하게 하여 棺의 두께가 세 치이고, 衣衾이 세 벌이고, 밭에 장사 지내되 농사에 해를 끼치지 않았다. 이 때문에 무덤을 파내지 않았다.'라 하였다."라 하였다. 대개 戰國시대에 이런 말이 전해 내려온 것이 있었으니, 유독 墨家의 말인 것은 아니다.

21-6-4 堀穴深不通於泉하고

무덤을 파되 그 깊이는 黃泉에 미치지 않게 하고

意林에 不을 作則하니 誤라 堀은 吳鈔本에 作掘하니 下同이라 畢云 說文에 云 堀은 兎窟也라하니 此는 窟字假音이라 案 畢說은 非也라 說文土部에 別有堀字하니 訓突也며 引詩曰 蜉蝣堀閱이라 段玉裁注本에 校改堀篆作𡓸하고 而刪堀兎窟也一條하니 最爲精審이라 此堀穴은 則借爲窟字라 戰國策楚策에 云 堀穴窮巷이라 漢書鄒陽傳에 則士有伏死堀穴巖藪之中耳라한대 顔注에 云 堀與窟同이라하다

≪意林≫에 '不'을 '則'이라 하였으니, 잘못이다. '堀'은 吳寬의 鈔本에 '掘'로 되어 있다. 아래도 같다.

畢沅 : ≪說文解字≫에 "'堀'은 토끼굴이다."라고 하였으니, 이것은 '窟(굴)'자에서 음을 빌린 것이다.

案 : 畢沅의 설은 잘못되었다. ≪說文解字≫ 〈土部〉에 별도로 '堀'자가 있으니 뜻이 '突(불쑥 나오다.)'이며 ≪詩經≫ 〈曹風 蜉蝣〉의 "蜉蝣堀閱(하루살이가 땅을 파고 나왔다.)"을 인용하였다. 段玉裁의 ≪說文解字注≫本에 〈'掘'을〉 '堀'로 교감하여 고치고 전서로 '𡓸'로 썼고, '堀은 토끼굴이다.'라는 한 조목을 산삭하였으니, 가장 정밀하다. 여기의 '堀穴'은 '窟'자를 가차한 것이다. ≪戰國策≫ 〈楚策〉에 "堀穴窮巷(빈궁한 거리에 굴을 파고 지낸다.)"이라 하였고, ≪漢書≫ 〈鄒陽傳〉에 "士有伏死堀穴巖藪之中耳(堀穴과 巖藪 속에서 죽는 선비가 있다.)"라 하였는데, 顔師古의 注에 "'堀'은 '窟'과 같다."라 하였다.

21-6-5 (流)〔氣〕[18]不發洩하면 則止라

氣가 새어나오지 않을 만하면 그만이다.

畢云 流는 疑當爲氣니 據下篇有云 氣無發洩於上이라

畢沅 : '流'는 응당 '氣'가 되어야 할 듯하니, ≪墨子≫ 〈節用 下〉에 '氣無發洩於上(기가 위로 새어나오지 않았다.)'이라 한 것에 근거하였다.

21-6-6 死者旣葬에 生者毋久喪用哀라하니라

18) (流)〔氣〕 : 저본에는 '流'로 되어 있으나, 畢沅의 주에 의거하여 '氣'로 바로잡았다.

죽은 자를 장사 지내고 나면 산 사람이 오랫동안 喪을 치르며 슬퍼하지 않도록 한다."라 하였다.

21-7-1 **古者**에 **人之始生**하여 **未有宮室之時**엔 **因陵丘堀穴而處焉**이라 **聖王**이 **慮之**하여 **以爲堀穴曰 冬可以**辟(피)**風寒**이라하더시니

옛날에 인류가 처음 생겨나 아직 집이 없을 땐 丘陵에 굴을 파고 살았다. 聖王이 이를 염려하여 굴을 만들고 말하기를 "겨울에 바람과 추위를 피할 수 있을 것이다."라 하였는데

畢云 辟는 **同避**하니 **言堀穴但可以避冬日風寒而已**라

畢沅 : '辟'는 '避'와 같으니, 堀穴은 다만 겨울날 바람과 추위를 피할 수 있으면 그만임을 말한 것이다.

21-7-2 **逮夏**에

여름에 미쳐

畢云 逮는 **舊作建**이러니 **以意改**라

畢沅 : '逮'는 舊本에 '建'으로 되어 있었는데, 임의로 고쳤다.

21-7-3 **下潤**溼하고 **上熏烝**이어늘

아래는 축축하고 위에는 습기가 차자

熏은 **道藏本**과 **吳鈔本**에 **作重**하니 **誤**라

'熏'은 道藏本과 吳寬의 鈔本에 '重'으로 되어 있으니, 잘못이다.

21-7-4 **恐傷民之氣**하사 **于是作爲宮室而利**라

백성의 기운이 상할까 근심하시어 이에 집을 만들어 이롭게 하였다.

于는 吳鈔本에 作於라 戴云 下有脫文이라

'于'는 吳寬의 鈔本에 '於'로 되어 있다.

戴望 : 아래에 빠진 글이 있다.

21-7-5 然則爲宮室之法은 將柰何哉오 子墨子言曰 其旁可以圉風寒이요 上可以圉雪霜雨露요 其中蠲(견)潔하여 可以祭祀요

그렇다면 宮室을 짓는 법은 장차 어떠한가. 子墨子께서 말씀하셨다. "옆으로는 바람과 추위를 막을 수 있게 하고, 위로는 눈과 서리와 비와 이슬을 막을 수 있게 하고, 가운데는 깨끗하게 하여 제사를 지낼 수 있게 하고,

蠲潔은 詳尙同中篇이라

'蠲潔'은 ≪墨子≫ 〈尙同 中〉에 자세히 설명하였다

21-7-6 宮牆足以爲男女之別하면 則止라 諸加費不加民利者는 聖王弗爲라

집과 담은 족히 男女를 구별하면 그만이다. 비용을 더하여 백성의 이로움에 보탬이 되지 않는 모든 것은 聖王이 하지 않았다."

下疑有脫文이라

아래에 빠진 글이 있는 듯하다.

節用 下 第二十二 闕 제22편 쓸데없는 비용을 줄이다 하 결락

節葬 上 第二十三 闕 제23편 葬禮를 절제하다 상 결락

節葬 中 第二十四 闕 제24편 葬禮를 절제하다 중 결락

節葬 下 第二十五　제25편 葬禮를 절제하다 하

이 편은 葬禮를 행하는 의식과 비용을 줄이는 것에 대해 논하는 장이다. 상·중·하 3편이 있었으나, 현재 상편과 중편은 결락되어 있고 하편만 전해지며, 하편에서는 '厚葬久喪(성대히 장사 지내고 오랫동안 거상하는 것)'에 관한 是非와 利害를 '仁'과 '義'의 논리로 풀어내고 있다.

爲政者의 정치는 가난한 자를 부유하게 하고 적은 무리를 많아지게 하며, 위태로운 것을 안정시켜 어지러운 것을 다스려야 한다. 이것이 바로 仁이요 義며, 孝子의 일인데, '厚葬久喪'은 민생을 피폐하게 하고 나라의 재정을 크게 낭비하여 결과적으로 나라를 빈곤하게 하며 정치를 혼란스럽게 한다고 논증한다.

墨子의 法은 죽은 자와 산 자의 이로움을 놓치지 않기에 이러한 '厚葬久喪'에 대해 대단히 비판적이다. 따라서 천하의 士君子가 진실로 仁義를 행하여, 위로는 聖王의 道에 부합하고자 하며, 아래로는 국가와 백성의 이로움에 합치하고자 한다면 '節葬短喪(장례를 절제하고 짧게 거상하는 것)'을 실현해야 한다고 주장하고 있다.

畢云 說文에 云 葬은 臧也라 從死在茻(망)中이라 一其中所以薦之[1]일새라 易에 曰 古之葬者에 厚衣之以薪[2]이라하고 又云 節은 竹約也라한대 經典借爲約之義라하다

畢沅 : ≪說文解字≫ 〈茻部〉에 "'葬'은 '臧(감추다)'이다. 시신〔死〕이 '茻(우거진 풀)' 사이에 있는 모양을 따른다. '一'이 그 가운데 있는 것은 死體에 거적을 깔기 때문이다. ≪周易≫에 '옛날에 장사 지낼 때에는 섶으로 두텁게 싸맸다.'라 하였다."라 하였으며, 또 ≪說文解字≫ 〈竹部〉에 "'節'은 대나무로 묶는다〔竹約〕는 뜻이다."라 하였는데, 經典에서 〈'節'을〉 가차하여 '約(줄이다)'의 뜻으로 삼았다.

---

1) 畢云……一其中所以薦之 : '葬'은 전서로 '䓞'인데, 우거진 풀〔茻〕 사이에 시신〔𣦵〕이 있고, 중간의 '一'은 거적이라는 말이다.

2) 易曰……厚衣之以薪 : ≪周易≫ 〈繫辭傳 下〉에 나오는 말이다.

25-1-1 子墨子言曰 仁者之爲天下度(탁)也에 辟(비)之無以異乎孝子之爲親度也라하시니라

子墨子께서 말씀하셨다.
"어진 이가 천하를 위하여 헤아리는 것은 비유컨대 孝子가 어버이를 위하여 헤아리는 것과 다름이 없다."

畢云 辟는 同譬라하다

畢沅 : '辟'는 '譬(비유하다)'와 같다.

25-1-2 今孝子之爲親度也에 將柰何哉아 曰 親貧이면 則從事乎富之하며 人民寡면 則從事乎衆之하며 衆亂이면 則從事乎治之라하니라 當其於此也에 亦有力不足하며 財不贍하며 智不智하여

이제 효자가 어버이를 위하여 헤아림에 장차 어떻게 하는가. 말하기를 "어버이가 가난하면 부유하게 해드리는 일을 하며, 人民이 적으면 많아지게 되는 일을 하며, 〈人民이〉 많아져서 어지러우면 이들을 다스리는 일을 한다."라 하였다.
이러한 일을 할 때에, 또한 힘이 부족하고 재용이 넉넉지 않으며 지혜가 더 이상 나오지 않을 때까지 한

此字는 與知通이라 下同이라 畢云 一本에 作知라하다

이 글자(智)는 '知'와 통한다. 아래도 같다.
畢沅 : 어떤 本에는 〈'智'가〉 '知'로 되어 있다.

25-1-3 然後已矣니 無敢舍餘力하고 隱謀遺利하여 而不爲親爲之者矣니

연후에 그치니, 감히 남는 힘을 버려두고 智謀을 숨기거나 이로움을 남겨두어 어버이를 위하는 것이 아닌 일을 하지 않으니,

隱謀는 謂隱匿其智謀니 猶尚同上篇에 云 隱匿良道하고 不以相教也라 荀子王制篇에 云 無隱謀하고 無遺善하여 而百事無過는 非君子莫能이라하다

'隱謀'는 그 智謀를 숨긴다는 말이니, ≪墨子≫ 〈尙同 上〉에 "隱匿良道 不以相敎也(좋은 道를 숨기고서 서로 가르쳐주지 않는다.)"라고 말하는 것과 같다. ≪荀子≫ 〈王制〉에 "無隱謀 無遺善 而百事無過 非君子莫能(숨겨놓은 계책이 없고 버리는 善이 없어서 모든 일에 허물이 없는 것은 군자가 아니면 능할 수 없다.)"이라 하였다.

25-1-4 **若三務者**를

이 세 가지 힘써야 할 것에 대해

畢云 舊脫此字나 **據後文增**라하다

畢沅 : 舊本에는 이 글자(者)가 빠져 있으나, 아래 글에 의거하여 덧붙인다.

25-1-5 **孝子之爲親度也**가 **旣若此矣**니라 **雖仁者之爲天下度**이

孝子가 어버이를 위하여 헤아림이 이미 이와 같다.
어진 이도 천하를 위하여 헤아리는 것이

畢云 舊脫爲字요 **一本有**라하다

畢沅 : 舊本에는 〈'雖仁者之爲天下度'의〉 '爲'자가 빠져 있으며, 어떤 本에는 있다.

25-1-6 **亦猶此也**니라 **曰 天下貧**이면 **則從事乎富之**하며 **人民寡**면 **則從事乎衆之**하며 **衆而亂**이면 **則從事乎治之**라하니라 **當其於此**에 **亦有力不足**하며 **財不贍**하며 **智不智**하여 **然後已矣**니 **無敢舍餘力**하고 **隱謀遺利**하여 **而不爲天下爲之者矣**니라 **若三務者**를 **(此)**[3]**仁者之爲天下度也**가

또한 이와 같다. 말하기를 "천하가 가난하면 부유하게 하는 일을 하며, 人民이 적으면 많아지게 되는 일을 하며, 〈人民이〉 많아져서 어지러워지면 이들을 다스리는 일을 한다."라 하였다.

이러한 일을 할 때에, 또한 힘이 부족하고 재용이 넉넉지 않으며 지혜가 더 이

---

3) (此) : 저본에는 '此'자가 있으나, 孫詒讓의 주에 의거하여 衍文으로 처리하였다.

상 나오지 않을 때까지 한 연후에 그치니, 감히 남는 힘을 버려두고 智謀을 숨기거나 이로움을 남겨두어 천하를 위하는 것이 아닌 일을 하지 않으니, 이 세 가지 힘써야 할 것에 대해 어진 이는 천하를 위하여 헤아림이

句首此字는 據上文컨대 不當有라 畢云 舊脫也字나 據上文增이라하다

〈'此仁者之爲天下度也'〉 구절 앞부분의 '此'자는 위 글에 의거해보건대 있어서는 안 된다.

畢沅 : 舊本에는 〈'此仁者之爲天下度也'의〉 '也'자가 빠져 있으나, 위 글에 의거하여 덧붙인다.

25-1-7 **既若此矣**니라

이미 이와 같다.

25-2-1 **今逮至昔者三代聖王既沒**하여

지금 옛날 三代의 聖王이 이미 돌아가심에 미쳐

盧云 今逮至昔者는 連下爲文이니 亦見下篇이라하다

盧文弨 : '今逮至昔者'는 아래로 이어져 글이 되니, 또한 下篇에 보인다.

25-2-2 **天下失義**에 **後世之君子或以厚葬久喪**을 **以爲仁也義也**요 **孝子之事也**며 **或以厚葬久喪**을 **以爲非仁義**요 **非孝子之事也**니라 **曰 二子者**는 **言則相非**하며

천하에 義가 없어지자, 후세의 君子 중에 어떤 이는 성대히 장사 지내고 오랫동안 居喪하는 것이 仁이요 義며 효자의 일이라 하고, 어떤 이는 성대히 장사 지내고 오랫동안 居喪하는 것이 仁이 아니요 義가 아니며 효자의 일도 아니라 한다. 말하기를 "두 사람은, 말은 서로를 비난하며,

畢云 則字는 據下當爲卽이라하다 詒讓案 二字는 古通이라

畢沅 : '則'자는 아래 〈글에〉 의거해보건대, 응당 '卽'이 되어야 한다.

詒讓案 : 〈'則'과 '卽'〉 두 자는 옛날에는 통용하였다.

25-2-3 **行卽相反**하여

행실은 서로 상반되면서,

卽은 **吳鈔本**에 **作則**하다

'卽'은 吳寬의 鈔本에 '則'으로 되어 있다.

25-2-4 **皆曰 吾上祖述堯舜禹湯文武之道者也**라하나 **而言卽相非**하며 **行卽相反**하니 **於此乎後世之君子**가 **皆疑惑乎二子者言也**니라 **若苟疑惑乎之二子者言**이면 **然則姑嘗傳**하여 **而爲政乎國家萬民而觀之**라

모두 말하기를 내가 〈바로〉 위로 堯임금, 舜임금, 禹王, 湯王, 文王, 武王의 道를 祖述하는 자라고 한다."라고 한다.

그러나 말은 서로를 비난하며, 행실은 서로 상반되니, 이에 대하여 後世의 君子가 모두 두 사람의 말에 疑惑을 갖는 것이다. 만일 두 사람의 말에 疑惑을 갖고 있다면, 그렇다면 잠시 시험 삼아 화제를 바꾸어 국가와 萬民을 다스리는 일에 대해 살펴보자.

傳은 **道藏本吳鈔本**이 **竝同**이라 **畢本**에 **作傳**하다 **王云 傳字**는 **義不可通**이니 **當依舊本**하여 **作傳**이라 **傳**은 **與轉通**이라 **呂氏春秋必己篇**에 **若夫萬物之情**과 **人倫之傳**이라한대 **高注**에 **曰 傳**은 **猶轉**이라하며 **莊子天運篇**에 **無方之傳**이 **應物而不窮**이라하며 **漢書劉向傳**에 **禹**와 **稷**이 **與咎繇**로 **傳相汲引**이라하니 **傳**은 **竝與轉同**하다 **淮南主術篇**에 **生無乏用**이요 **夗**(사)**無轉尸**라한대 **逸周書大聚篇**에 **轉**은 **作傳**하다 **襄二十五年左傳注**에 **傳寫失之**라하며 **釋文**에 **傳**은 **一本作轉**이라하니 **言若疑惑乎二子之言**이면 **則試轉而爲政乎國家萬民**하여 **以觀之也**라하다

'傳'은 道藏本과 吳寬의 鈔本이 모두 같다. 畢沅本에는 '傳'로 되어 있다.

王念孫 : '傳'자는 뜻이 통하지 않으니, 응당 舊本에 의거하여 '傳'이 되어야 한다. '傳'은

'轉(옮기다)'과 통한다. ≪呂氏春秋≫ 〈必己〉에 "若夫萬物之情 人倫之傳(만물의 실정과 인륜의 轉變)"이라 하였는데 高誘의 注에 "'傳'은 '轉'과 같다."라 하였으며, ≪莊子≫ 〈天運〉에 "無方之傳 應物而不窮(일정한 방향이 없이 流轉하는 〈道가〉 만물에 대응하여 다함이 없다.)"이라 하였으며, ≪漢書≫ 〈劉向傳〉에 "禹稷與咎繇傳相汲引(禹와 稷이 咎繇와 더불어 돌아가며 서로를 추천하였다.)"이라 하였으니, '傳'은 모두 '轉'과 같다. ≪淮南子≫ 〈主術〉에 "生無乏用 死無轉尸(살아서는 부족한 재용이 없고, 죽어서는 나뒹구는 시체가 없다.)"라 하였는데, ≪逸周書≫ 〈大聚解〉에 '轉'은 '傳'으로 되어 있다. ≪春秋左氏傳≫ 襄公 25년 조의 注에 "傳寫失之(전사하는 과정에 잘못되었다.)"라 하였으며, ≪經典釋文≫에 "'傳'은 어떤 本에는 '轉'으로 되어 있다."라 하였으니, "若疑惑乎二子之言 則試轉而爲政乎國家萬民 以觀之也(만일 두 사람의 말에 疑惑을 갖고 있다면, 시험 삼아 화제를 바꾸어 국가와 萬民을 다스리는 일에 대해 살펴보자.)"라는 말이다.

25-2-5 **計厚葬久喪**컨대 **奚當此三利者**아 **我意若使法其言**하며 **用其謀**하여 **厚葬久喪**이 **實可以富貧衆寡**하며 **定危治亂乎**면 **此仁也義也**요 **孝子之事也**니라

성대히 장사 지내고 오랫동안 거상하는 것을 헤아려보건대, 어떤 것이 앞서 말한 이 세 가지 이로움에 해당하는가. 내 생각건대, 가령 그 말을 준칙으로 삼고 그 계책을 사용하여서 성대히 장사 지내고 오랫동안 거상하는 것이 실로 가난한 자를 부유하게 하고 적은 무리를 많아지게 하며, 위태로운 것을 안정시켜 어지러운 것을 다스린다면, 이는 仁이요 義며, 孝子의 일이다.

畢云 舊脫此字나 **據前後文增**이라하다

畢沅 : 舊本에는 〈'此仁也義也'의〉 '此'자가 빠져 있으나, 前後의 글에 의거하여 덧붙인다.

25-2-6 **爲人謀者**는 **不可不勸也**며

남을 위하여 계책을 세우는 자는 〈이런 일을〉 권하지 않아서는 안 되며,

畢云 此下에 **舊有仁者將求興天下誰霸而使民譽之云云**의 **共六十四字**나 **與下文複**

出이라 今删이라하다 案 吳鈔本에 亦衍하며 霸作伯(패)하다

畢沅 : 이 아래에 舊本에는 "仁者將求興天下誰霸而使民譽之……"의 총 64字가 있으나, 아래 글과 중복되어 나오므로 이제 삭제한다.

案 : 吳寬의 鈔本에는 또한 〈"仁者將求興天下誰霸而使民譽之……"의 총 64字가〉 잘못 들어가 있으며, '霸'는 '伯'로 되어 있다.

25-2-7 仁者는 將〔求〕[4]興之天下하여

어진 이는 장차 천하에 이런 일을 흥기시켜

將下에 當依兪校하여 補求字라

'將' 아래에 응당 兪樾의 교감에 의거하여 '求'자를 채워 넣어야 한다.

25-2-8 (誰賈)〔設置〕[5]하여 而使民譽之하고 終勿廢也니라

〈이 제도를〉 설치하여 백성들로 하여금 그것을 칭찬하게 하고 종신토록 그만두지 않게 하고자 할 것이다.

誰賈는 義不可通이니 當爲設置之誤라 兼愛下篇에 設以二士라한대 設은 今本에 亦譌作誰하니 可證이라 置와 賈는 亦形近而譌라 畢校一本作霸하니 尤譌謬라 不可據也라 下文에 云 仁者將求除之天下하여 相廢而使人非之라하니 興與除와 置與廢와 譽與非는 文竝相對也라 兪云 此上에 舊有仁者將求興天下하여 誰霸而使民譽之云云한대 畢氏删之하니 是也라 惟將下에 當有求字라 下文에 云 仁者將求除天下之相廢而使人非之하고 終身勿爲라한대 與此로 爲對文이니 可證也라 此當云 仁者將求興天下之利하여 而使民譽之하고 終身勿廢也라하다 案 將下에 兪校補求字하니 是也라 餘竝非라

'誰賈'는 뜻이 통하지 않으니, 응당 '設置'의 誤字일 것이다. ≪墨子≫ 〈兼愛 下〉에 "設以二士(두 士를 세운다.)"라 하였는데, '設'은 今本에 또한 '誰'로 잘못되어 있으니, 증거가 될

4) 〔求〕 : 저본에는 '求'가 없으나, 孫詒讓과 兪樾의 주에 의거하여 보충하였다.

5) (誰賈)〔設置〕 : 저본에는 '誰賈'로 되어 있으나, 孫詒讓의 주에 의거하여 '設置'로 바로잡았다.

만하다. '置'와 '賈'는 또한 字形이 비슷하여 잘못된 것이다. 畢沅이 교감한 한 本에는 '霸'로 되어 있으니, 더욱 잘못된 것이라 의거할 만하지 않다. 아래 글에 "仁者將求除之天下相廢而使人非之(어진 이는 장차 天下에 이런 일을 제거하여 〈이 제도를〉 폐지하고 백성들로 하여금 그것을 비난하면서)"라 하였으니, '興'과 '除', '置'와 '廢', '譽'와 '非'는 글이 모두 서로 대구이다.

兪樾 : 이 위에 舊本에는 "仁者將求興天下 誰霸而使民譽之……"라 한 대목이 있는데, 畢沅이 이를 삭제하였으니, 옳다. 다만 '將' 아래에 응당 '求'자가 있어야 한다. 아래 글에 "仁者將求除天下之相廢而使人非之 終身勿爲"라 하였는데, 이 대문과 대구가 되는 글이니, 증거가 될 만하다. 여기서는 응당 "仁者將求興天下之利 而使民譽之 終身勿廢(어진 이는 장차 天下의 이로움을 흥기시켜 백성으로 하여금 이를 칭찬하게 하고, 종신토록 그만두지 않게 하고자 할 것이다.)"라고 해야 한다.

案 : '將' 아래에 兪樾이 교감하면서 '求'자를 채워 넣었으니, 옳다. 나머지는 모두 옳지 않다.

25-2-9 意亦使法其言하며 用其謀하여 厚葬久喪이 實不可以富貧衆寡하며 定危理亂乎면

대개 그 말을 준칙으로 삼고 그 계책을 사용하게 하여 성대히 장사 지내고 오랫동안 거상하는 것이 실로 가난한 자를 부유하게 하지 못하며, 적은 무리를 많아지게 하지 못하며, 위태로운 것을 안정시켜 어지러운 것을 다스리지 못한다면,

畢云 理는 前作治라하다 詒讓案 唐人避諱改[6]라

畢沅 : '理'는 앞부분에 '治'로 되어 있다.

詒讓案 : 唐 시기에 사람들이 避諱하여 〈'治'를 '理'로〉 고친 것이다.

25-2-10 此非仁非義요 非孝子之事也니라 爲人謀者는 不可不沮也며 仁者는 將求除之天下하여

6) 唐人避諱改 : 중국 唐나라 제3대 황제 高宗의 이름이 '治'인데, 이것을 피휘하여 '理'로 쓴 것이다.

이는 仁이 아니요 義가 아니며, 孝子의 일이 아니다. 남을 위하여 계책을 세우는 자는 〈이런 일을〉 막지 않아서는 안 되며, 어진 이는 장차 천하에 이를 제거하여

畢本에 作除天下之하니 今據道藏本吳鈔本하여 乙正하다 與上文仁者將興之天下句法으로 正同이라

畢沅本에는 〈'除之天下'가〉 '除天下之'로 되어 있으니, 이제 道藏本과 吳寬의 鈔本에 의거하여 글자의 순서를 바꾸어 바로잡는다. 위 글의 '仁者將興之天下(어진 이가 장차 천하에 이런 일을 흥기시키고자 하여)'라는 句法과 똑같다.

25-2-11 (相)〔措〕[7]廢하여 而使人非之하고

〈이 제도를〉 폐지하여 백성들로 하여금 그것을 비난하면서

相廢는 義難通이라 相은 疑當爲措니 與廢로 義同이라 書微子之命敍[8]에 云 殷既錯(조)天命이라한대 釋文引馬融[9]하여 云 錯는 廢也라하며 非命上篇에 云 今雖毋求執[10]有命者之言 不必得 不亦可錯乎라하니 措錯는 字通이라 今本에 作相하니 形近而譌라

'相廢'는 뜻이 잘 통하지 않는다. '相'은 아마도 응당 '措(그만두다)'가 되어야 하니, '廢'와 뜻이 같다. ≪書經≫ 〈微子之命〉의 敍에 "殷既錯天命(殷이 이미 천명을 폐하였다.)"이라 하였는데, ≪經典釋文≫에 馬融을 인용하여 말하기를 "'錯'는 '廢(폐지하다)'이다."라 하였으며, ≪墨子≫ 〈非命 上〉에 "今雖毋求有命者之言 不必得 不亦可錯乎(지금 命이 있다고 주

---

7) (相)〔措〕: 저본에는 '相'으로 되어 있으나, 孫詒讓의 주에 의거하여 '措'로 바로잡았다.

8) 敍 : 〈書敍〉를 말한다. 〈小序〉와 〈大序〉가 있다. ≪尙書≫의 서문으로, 漢 景帝 때 魯恭王이 宮을 짓고자 孔子의 古宅을 헐었을 당시 여러 古書와 함께 얻은 것이라 한다. ≪尙書≫ 각 편을 간략하게 설명하고 있다.

9) 馬融 : 79~166. 후한 扶風 茂陵 사람으로, 字는 季長이다. 경서와 서적에 博通하였으며, 제자가 천여 명에 이르렀다. 盧植과 鄭玄 등을 가르쳤다. 저서에 ≪春秋三傳異同說≫이 있으며 ≪孝經≫, ≪論語≫, ≪周易≫, ≪詩經≫, ≪尙書≫, ≪老子≫, ≪淮南子≫ 등을 주석하였다.

10) 執 : 저본 傍注에 "'執'자는 원문에 빠져 있으니, 본서 〈非命 上〉에 의거하여 채워 넣는다."라고 하였다.

장하는 자들의 말을 거기에서 찾아보았지만 찾을 수가 없었으니, 또한 그 주장은 버려야만 할 것이 아니겠는가.)"라 하였으니, '措'와 '錯(두다)'는 글자를 통용한다. 今本에 '相'으로 되어 있으니, 字形이 비슷하여 와전된 것이다.

25-2-12 **終身勿爲〔也〕**[11]니라

종신토록 행하지 못하게 하고자 할 것이다.

兪云 此는 **當云 仁者將求除天下之害**하여 **而使人非之**하고 **終身勿爲也**라하다 **案 句末當依兪校補也字**라 **餘竝非是**라

兪樾 : 이〈"仁者將求除之天下 相廢而使人非之 終身勿爲"는〉 응당 "仁者將求除天下之害 而使人非之 終身勿爲也(어진 이라면 그 해로움을 제거하여 사람들로 하여금 그것을 비난하게 하고 종신토록 행하지 못하게 하고자 할 것이다.)"라고 해야 한다.

案 : 句의 말미에 응당 兪樾의 교감에 의거하여 '也'자를 채워 넣어야 한다. 그 외에는 모두 옳지 않다.

25-3-1 (且)〔是〕[12]**故**로 **興天下之利**하고

그러므로 천하의 이로움을 일으키고

王云 且故二字는 **文義不順**이라 **當爲是故之誤**니 **興利除害**는 **正承上文而言**이라하다 **案 王說**이 **是也**라 **兪謂終身勿爲下**에 **舊有也字**며 **且**는 **卽也字之誤**하니 **失之**라

王念孫 : '且故' 2자는 글의 뜻이 순하지 못하다. 응당 '是故'의 誤字이니, '이로움을 일으키고 해로움은 제거한다〔興利除害〕'는 것은 위 글을 그대로 이어 말한 것이다.

案 : 王念孫의 說이 옳다. 兪樾은 '終身勿爲' 아래에 舊本에는 '也'자가 있으며, '且'는 곧 '也'자의 誤字라고 여겼으니, 잘못 본 것이다.

25-3-2 **除天下之害**인댄 **令國家百姓之不治也**는 **自古及今**히 **未(嘗之)〔之嘗〕**[13]**有**

---

11) 〔也〕 : 저본에는 '也'자가 없으나, 孫詒讓과 兪樾의 주에 의거하여 보충하였다.

12) (且)〔是〕 : 저본에는 '且'로 되어 있으나, 王念孫의 주에 의거하여 '是'로 바로잡았다.

也니라

천하의 해로움을 제거하는 데도 국가와 백성을 다스리지 못하는 일은 예로부터 지금까지 있었던 적이 없다.

當作未之嘗有也라

〈'未嘗之有也'는〉 응당 '未之嘗有也'가 되어야 한다.

25-3-3 何以知其然也오 今天下之士君子는 將猶多皆疑惑厚葬久喪之爲中是非利害也니라

어떻게 그러한 것을 아는가. 지금 천하의 士君子는 대다수가 모두 성대히 장사 지내고 오랫동안 거상하는 것이 是非와 利害에 합치하는지에 대하여 여전히 의혹을 품고 있다.

穆天子傳郭璞注에 云 中은 猶合也라하다

≪穆天子傳≫ 郭璞의 注에 "'中'은 '合(합치하다)'과 같다."라 하였다.

25-3-4 故로 子墨子言曰 然則姑嘗稽之라 今雖毋法執厚葬久喪者言하여

그러므로 子墨子께서 말씀하셨다.
"그렇다면 잠시 시험 삼아 헤아려보자. 지금 성대히 장사 지내고 오랫동안 거상하는 것을 주장하는 자들의 말을 오로지 준칙으로 삼아

毋는 語詞라 畢改毌하니 非라 詳尙賢中篇이라 王云 雖는 與唯同이라하다 蘇云 雖字는 誤이니 當從下文作唯라하다 案 王說이 是也라

'毋'는 語詞이다. 畢沅이 '毌(꿰뚫다)'으로 고쳤으니, 옳지 않다. ≪墨子≫ 〈尙賢 中〉에 자세히 설명하였다.

---

13) (嘗之)〔之嘗〕: 저본에는 '嘗之'로 되어 있으나, 孫詒讓의 주에 의거하여 '之嘗'으로 바로잡았다.

王念孫 : '雖'는 '唯(오로지)'와 같다.

蘇時學 : '雖'자는 誤字이니, 응당 아래 글대로 '唯'가 되어야 한다.

案 : 王念孫의 說이 옳다.

25-3-5 以爲事乎國家라 此存乎王公大人有喪者하여 曰 棺槨必重하며

나랏일을 한다고 해보자. 〈예컨대〉 여기 王公大人 중에 喪을 당한 자가 있어 말하기를 '棺과 槨을 반드시 여러 겹으로 하고

畢云 椁은 舊作 槨하니 以意改라하다 詒讓案 檀弓에 云 天子之棺은 四重하고 柏槨以端長六尺이라한대 鄭注에 云 諸公은 三重이요 諸侯는 再重이요 大夫는 一重이요 士는 不重이라하다 荀子禮論篇에 云 天子는 棺槨十重이요 諸侯는 五重이요 大夫는 三重이요 士는 再重이라한대 楊注에 云 禮記云 天子之棺四重이라한대 今云 十重이라하니 蓋以棺槨與抗木[14]合爲十重也라 諸侯以下는 與禮記로 多少不同하니 未詳也라 案 莊子天下篇에 述喪禮에 作天子棺槨七重이라하며 餘는 與荀子同하다

畢沅 : '椁'은 舊本에 '槨'으로 되어 있으니, 임의로 고친다.

詒讓案 : ≪禮記≫ 〈檀弓〉에 "天子之棺四重 柏槨以端長六尺(천자의 관은 네 겹이고, 柏槨(측백나무로 만든 槨)은 측백나무의 머리 부분을 안쪽으로 향하게 하며 그 길이는 6척이다.)"이라 하였는데, 鄭玄의 注에 "諸公三重 諸侯再重 大夫一重 士不重(諸公은 세 겹이요, 諸侯는 두 겹이요, 大夫는 한 겹이요, 士는 겹치지 않는다.)"이라 하였다. ≪荀子≫ 〈禮論〉에 "天子棺槨十重 諸侯五重 大夫三重 士再重(天子는 棺槨이 열 겹이요, 諸侯는 다섯 겹이요, 大夫는 세 겹이요, 士는 두 겹이다.)"이라 하였는데, 楊倞의 注에 "≪禮記≫에 '天子之棺四重(天子의 棺은 네 겹이다.)'이라 하였는데, 이제 '十重(열 겹)'이라 하였으니, 아마도 棺槨과 抗木을 합하여 열 겹이 되는 듯하다. 諸侯 이하로는 ≪禮記≫의 내용과 多少가 같지 않으니, 잘 모르겠다."라 하였다.

案 : ≪莊子≫ 〈天下〉에서 喪禮를 서술한 대목에는 "天子棺槨七重(天子의 棺槨은 일곱 겹이다.)"으로 되어 있으며, 그 외에는 ≪荀子≫와 같다.

---

14) 抗木 : 고대의 葬禮 도구이다. 棺槨 상부의 나무 시렁인데, 나무 위에 자리를 더하여 흙을 떠받치게 하는 것이다.

25-3-6 **葬埋必厚**하며 **衣衾必多**하며

埋葬은 반드시 후하게 하며, 衣衾은 반드시 많아야 하며,

喪大記에 **云 小斂**은 **君**은 **錦衾**이요 **大夫**는 **縞衾**이요 **士**는 **緇衾**이니 **皆一**이라 **衣十有九稱**이라 **大斂**은 **君陳衣百稱**이요 **大夫五十稱**이요 **士三十稱**이라하다

《禮記》〈喪大記〉에 "小斂은, 임금은 비단 이불이고, 大夫는 흰 명주 이불이고, 士는 검은 이불이니, 모두 한 개이다. 의복은 열아홉 벌이다. 大斂은, 임금은 옷 100벌을 벌여놓고, 大夫는 50벌, 士는 30벌을 벌여놓는다."라 하였다.

25-3-7 **文繡必繁**하며

棺의 장식은 반드시 화려하게 하며,

文繡는 **謂棺飾**이니 **若帷荒**[15] **之屬**이라 **周禮縫人鄭注**에 **云 孝子**가 **既啓見棺**에 **猶見親之身**하며 **既載**에 **飾而以行**하여 **遂以葬**하며 **若存時居於帷幕**하여 **而加文繡**라하니 **是也**라

'文繡'는 '관의 장식'이니, '帷荒' 따위이다. 《周禮》〈縫人〉 鄭玄의 注에 "孝子가 殯을 열고 관을 봄에 어버이의 몸을 보는 듯이 하며, 영구에 실었을 때에는 장식을 하고 출발하여 마침내 장사를 지내며, 마치 살아 계실 때 帷幕에 거

棺飾

15) 帷荒 : 고대의 棺 장식의 하나로 布帛으로 제작한 관 외층부의 덮개이다.

처하는 것과 같이 文繡를 더해드린다."라 하였으니, 이것이다.

25-3-8 丘隴必巨라하리라

봉분은 반드시 거대하게 해야 한다.'라고 할 것이다.

說文土部에 云 壠은 丘壠也라하다 禮記曲禮鄭注에 云 丘는 壟也니 壟은 冢也라하니 隴은 壟之叚字라 淮南子說林訓에 云 或은 謂冢이라하고 或은 謂隴이라하니 名異實同也라하다 呂氏春秋安死篇에 云 世俗之爲丘壟也에 其大若山하고 其樹之若林이라하다

≪說文解字≫ 〈土部〉에 "'壠'은 '丘壠(무덤)'이다."라 하였다. ≪禮記≫ 〈曲禮〉 鄭玄의 注에 "'丘'는 '壟'이니, '壟'은 '冢(무덤)'이다."라 하였으니, '隴'은 '壟'의 가차자이다. ≪淮南子≫ 〈說林訓〉에 "혹은 '冢'이라 하고, 혹은 '隴'이라 하니, 〈'冢'과 '隴'은〉 명칭은 다르지만 실상은 같다."라 하였다. ≪呂氏春秋≫ 〈安死〉에 "世俗에서 '丘壟'을 만들 때, 그 크기가 산과 같고, 그 수목은 수풀과 같다."라 하였다.

25-3-9 存乎匹夫賤人死者면

匹夫나 賤人 중에 죽은 자가 있다면

匹은 舊本에 譌作正하다 畢云 正은 同征이라하다 王云 畢說은 非也라 正은 當爲匹이라 白虎通義에 曰 庶人을 稱匹夫라하다 上文에 王公大人이 爲一類하고 此文에 匹夫賤人이 爲一類하니 無取於征夫也라 隸書로 匹字는 或作疋하니 與正相似而誤라 禮器에 匹士大(태)牢而祭謂之攘이라한대 釋文에 匹은 本或作正이라하고 緇衣에 唯君子라야 能好其正이라한대 注에 正은 當爲匹이라하다 案 王說이 是也라 今據正하다

'匹'은 舊本에 '正'으로 잘못되어 있다.

畢沅 : '正'은 〈'征夫'라고 할 때의〉 '征'과 같다.

王念孫 : 畢沅의 說은 옳지 않다. '正'은 응당 '匹'이 되어야 한다. ≪白虎通義≫에 "庶人을 匹夫라고 칭한다."라 하였다. 위 글의 '王公·大人'이 한 부류가 되고, 이 글의 '匹夫·賤人'이 한 부류가 되니, '征夫'라는 말에서는 취할 것이 없다. 隸書로 '匹'자는 간혹 '疋'로 되어 있으니, '正'과 서로 비슷하여 잘못된 것이다. ≪禮記≫ 〈禮器〉에 "匹士大牢而祭謂之

攘(匹士가 太牢로써 제사 지내는 것을 '攘'이라 한다.)"이라 하였는데, ≪經典釋文≫에 "'匹'은 어떤 本에 간혹 '正'으로 되어 있다."라 하였으며, ≪禮記≫ 〈緇衣〉에 "唯君子 能好其正(오직 君子라야 능히 자기의 짝을 좋아한다.)"이라 하였는데, 鄭玄의 注에 "'正'은 응당 '匹'이 되어야 한다."라 하였다.

案 : 王念孫의 說이 옳다. 이제 이에 의거하여 바로잡는다.

25-3-10 **殆竭家室**하며

집안 살림을 궁핍하게 하고 고갈시켜야 할 것이며,

莊子養生主를 **釋文**에 **引**[16]**向**(상)**秀云 殆**는 **疲困也**라하다

≪莊子≫ 〈養生主〉를 ≪經典釋文≫에 인용한 곳에 "向秀가 이르기를 '殆는 피곤하다는 뜻이다.'라 하였다."라 하였다.

25-3-11 〔**存**〕[17]**乎諸侯死者**면

제후 중에 죽은 이가 있다면

畢云 乎는 **當云存乎**라하다

畢沅 : '乎'는 응당 '存乎'라고 해야 한다.

25-3-12 **虛**(車)〔**庫**〕[18]**府**하여 **然後**에 **金玉珠璣比乎身**하며

府庫를 다 비운 뒤에 金과 玉과 珠와 璣를 〈죽은 이의〉 몸에 두르며,

比는 **舊本**에 **譌北**이니 **今依道藏本吳鈔本正**하다 **兪云 車**는 **乃庫字之誤**라 **漢書王尊傳師古注**에 **曰 比**는 **周也**라하니 **比乎身**은 **猶言周乎身**이라하다

---

16) 莊子養生主 釋文引 : ≪莊子≫ 〈養生主〉의 "以有涯隨無涯 殆已(유한한 것으로 무한한 것을 좇는 것은 피곤할 뿐이다.)"라는 대목의 '殆已'를 인용한 것이다.

17) 〔存〕 : 저본에는 '存'자가 없으나, 畢沅의 주에 의거하여 보충하였다.

18) (車)〔庫〕 : 저본에는 '車'로 되어 있으나, 兪樾의 주에 의거하여 '庫'로 바로잡았다.

'比'는 舊本에 '北'으로 잘못되어 있으니, 이제 道藏本과 吳寬의 鈔本에 의거하여 바로잡는다.

兪樾 : '車'는 곧 '庫'자의 誤字이다. ≪漢書≫ 〈王尊傳〉 顔師古의 注에 "'比'는 '周(두르다)'이다."라 하였으니, '比乎身'은 '周乎身(몸에 두르다)'이라고 말하는 것과 같다.

25-3-13 綸組節約하며 車馬藏乎壙이라

綸(실끈)과 組(인끈)로 마디마디 잘 묶으며, 수레나 말을 무덤 속에 매장할 것이다.

淮南子齊俗訓에 云 古者에 非不能竭國麋民하고 虛府殫財하여 含珠鱗施하고 綸組節束하여 追送死也라한대 許注에 云 綸은 絮也요 束은 縛也라하다 案 節約은 與淮南書節束으로 義同이라

≪淮南子≫ 〈齊俗訓〉에 "古者非不能竭國麋民 虛府殫財 含珠鱗施 綸組節束 追送死也(옛날이라고 해서 국력을 고갈시키고 民力을 다 쓰며, 府庫를 텅 비게 하고 재물을 탕진시켜 구슬을 물리고 몸에 옥을 물고기 비늘처럼 치장하며 綸組로 싸매어 죽은 자를 追送하지 않은 것은 아니었다.)"라 하였는데, 許愼의 注에 "'綸'은 '絮(솜)'이고, '束'은 '縛(묶다)'이다."라 하였다.

案 : '節約'은 ≪淮南子≫의 '節束'과 뜻이 같다.

25-3-14 又必多爲屋(악)幕

또 반드시 크고 작은 장막,

吳鈔本에 作幄幙하다 案 屋은 非攻中篇에 亦作幄한대 幄은 俗字라 古止作屋하다 詩大雅抑에 尙不愧于屋漏라한대 鄭箋에 云 屋은 小帳也라하며 史記周本紀에 云 有火自上復於下하여 至於王屋이라한대 竝以屋으로 爲幄하다 幙은 俗幕字라

吳寬의 鈔本에 〈'屋幕'이〉 '幄幙'으로 되어 있다.

案 : '屋'은 ≪墨子≫ 〈非攻 中〉에 또한 '幄'으로 되어 있는데, '幄'은 俗字이다. 古字에는 다만 '屋'이라고 썼다. ≪詩經≫ 〈大雅 抑〉에 "尙不愧于屋漏(거의 屋漏에 부끄럽지 않다.)"라 하였는데, 鄭玄의 箋에 "屋은 小帳(작은 장막)이다."라 하였으며, ≪史記≫ 〈周本紀〉에 "有

火自上復於下 至於王屋(불이 위에서부터 아래로 번져와 왕의 막사에까지 이르렀다.)"이라 하였는데, 모두 '屋'을 '幄'으로 삼은 것이다. '幙'은 俗字로 '幕'이다.

25-3-15 鼎鼓几梴壺濫(감)[19]

솥과 북, 안석과 자리, 병과 쟁반,

梴은 道藏本吳鈔本에 竝作挻한대 從手는 誤라 畢云 梴은 同筵하다 呂氏春秋節喪에 有云 壺濫이라한대 高誘曰 以冰置水漿於其中爲濫하니 取其冷也라하다 盧文弨云 壺濫은 蓋器名이니 高注는 似臆說이라 呂覽愼勢篇에 云 功名著乎盤盂요 銘篆著乎壺鑑이라하다 梁履繩[20]云 周禮에 春始治鑑이라한대 集韻[21]에 鑑은 或從水하라다 案 盧梁說이 是也라

'梴'은 道藏本과 吳寬의 鈔本에 모두 '挻'으로 되어 있는데, '手'를 부수로 하는 것(挻)은 잘못이다.

畢沅 : '梴'은 '筵'과 같다. ≪呂氏春秋≫ 〈節喪〉에 "壺濫"이라 하였는데, 高誘가 말하기를 "水漿을 얼음 안에 두는 것을 '濫'이라 하니, 차가움을 취하는 것이다."라 하였다.

盧文弨 : '壺濫'은 아마도 그릇의 이름이니, 高誘의 注는 억설인 듯하다. ≪呂氏春秋≫ 〈愼勢〉에 "功名著乎盤盂 銘篆著乎壺鑑(功名이 盤盂에 나타나고 銘篆이 壺鑑에 드러난다.)"이라 하였다.

梁履繩 : ≪周禮≫에 "春始治鑑(봄에 비로소 '鑑'을 정비한다.)"이라고 하였는데, ≪集韻≫에서 "鑑은 간혹 '水'를 부수(濫)로 한다."라 하였다.

案 : 盧文弨와 梁履繩의 說이 옳다.

---

19) 濫(감) : 鑑으로도 쓴다. 고대의 그릇 이름으로 大盆과 유사하게 생겼다. 청동으로 만들었으며 東周 시기에 성행하였다.

20) 梁履繩 : 1748~1793. 浙江省 錢塘 사람이다. 聲韻學과 ≪春秋左氏傳≫에 정통하여 諸家를 종합하고 諸書를 취하여 ≪左通補釋≫ 30권을 지어 杜預의 미비한 한 점을 보충하였다. ≪說文解字≫에도 밝았으며 시풍은 淸新하였다.

21) 集韻 : 중국의 韻書로 모두 10권이다. 1039년(北宋 寶元 2년)에 丁度 등이 왕명을 받들어 撰하였다. 수록된 글자는 5만여 자로, ≪廣韻≫의 약 2배이다. 異體字와 異讀을 광범위하게 수록하였다.

25-3-16 **戈劍羽旄齒革**하여

창과 검, 깃털과 깃대 장식, 상아와 무소 가죽을 많이 만들어

呂氏春秋節喪篇에 **云 國彌大**하고 **家彌富**에 **葬彌厚**하니 **含珠鱗施**라 **夫玩好貨寶**와 **鍾鼎壺鑑**과 **轝馬衣被戈劍**은 **不可勝其數**요 **諸養生之具**는 **無不從者**라하다

≪呂氏春秋≫ 〈節喪〉에 "나라가 크고 집안이 부유할수록 장례를 더욱 후하게 지내니, 구슬을 입에 채우고 몸에 옥을 물고기 비늘처럼 치장한다. 노리개와 보배, 북과 솥, 병과 쟁반, 수레와 말, 옷과 이불, 창과 검 등은 그 수를 헤아릴 수 없으며, 모든 養生의 도구들을 〈死者에게〉 딸려 보내지 않음이 없다."라 하였다.

25-3-17 (寢)〔挾〕[22]**而埋之**라야

같이 매장하고서야

後文에 **云 扶而埋之**라한대 **扶**를 **王引之校改挾**하니 **此寢字**는 **疑亦挾字之誤**라

뒷글에는 "扶而埋之"라 하였는데, '扶'를 王引之가 교감하면서 '挾'이라 하였으니, 여기서의 '寢'자는 아마도 또한 '挾'자의 誤字인 듯하다.

25-3-18 **滿意**(억)이리니

만족할 것이니,

滿意은 **義同**하다 **說文心部**에 **云 意**은 **滿也**라하다

'滿'과 '意'은 뜻이 같다. ≪說文解字≫ 〈心部〉에 "'意'은 '滿(가득하다)'이다."라 하였다.

25-3-19 (若送從)〔**送死若徙**〕[23]니라

22) (寢)〔挾〕: 저본에는 '寢'으로 되어 있으나, 孫詒讓의 주에 의거하여 '挾'으로 바로잡았다.

23) (若送從)〔送死若徙〕: 저본에는 '若送從'으로 되어 있으나, 孫詒讓의 주에 의거하여 '送死若徙'로 바로잡았다.

죽은 이를 장사 지내는 것이 이사를 가는 것과 같을 것이다.

此當從公孟篇하여 作送死若徙하니 荀子禮論篇에 云 具生器以適墓는 象徙道也라하다 此脫死字는 送字誤箸若字之下하고 徙도 又誤從하여 遂不可通이라

이 〈'若送從'은〉 응당 ≪墨子≫ 〈公孟〉을 따라 '送死若徙'로 되어야 하니, ≪荀子≫ 〈禮論〉에 "살아 있을 때의 기물을 갖추어 묘지로 가는 것은 이사하는 것을 본뜬 것이다."라 하였다. 여기에서 '死'자가 빠진 것은 '送'자가 '若'자의 아래에 잘못 위치하였고, '徙'가 또 '從'으로 잘못되어 마침내 뜻이 통하지 않게 된 것이다.

25-3-20 曰 天子〔諸侯〕[24)]殺殉이

말하기를 '天子와 諸侯는 〈이들의 장사를 지낼 때〉 죽여서 殉葬하는 이들이

畢云 古只爲徇(순)이라하다 詒讓案 天子下에 疑當有諸侯二字라

畢沅 : 옛날에는 〈'殉'을〉 다만 '徇'이라 하였다.

詒讓案 : '天子' 아래 아마도 응당 '諸侯' 2자가 있어야 한다.

25-3-21 衆者는 數百이요 寡者는 數十이라 將軍大夫殺殉이

많게는 수백 명, 적게는 수십 명이다. 卿大夫는 〈이들의 장사를 지낼 때〉 죽여서 순장하는 이들이

將軍大夫는 卽卿大夫니 詳尙同中篇이라

'將軍大夫'는 곧 '卿大夫'이니, ≪墨子≫ 〈尙同 中〉에 자세히 보인다.

25-3-22 衆者는 數十이요 寡者는 數人이라하리라 處喪之法은 將柰何哉오 曰 哭泣不秩聲(翁)〔嗌〕[25)]하며

---

24) 〔諸侯〕 : 저본에는 '諸侯'가 없으나, 孫詒讓의 주에 의거하여 보충하였다.

25) (翁)〔嗌〕 : 저본에는 '翁'으로 되어 있으나, 洪頤煊의 주에 의거하여 '嗌'로 바로잡았다.

많게는 수십 명, 적게는 몇 사람이다.'라고 할 것이다.

居喪하는 법은 장차 어떻게 하는가. 말하기를 '哭을 하며 울 때에는 목이 쉬도록 〈밤낮으로〉 정해진 때가 없이 울며,

爾雅釋詁에 **云 秩**은 **常也**라하고 **儀禮士喪記**에 **云 哭**은 **晝夜無時**라하고 **雜記 云 中路**嬰**兒失其母焉**에 **何常聲之有**라하다 **畢云 言聲無次第**라 **翁**은 **義未詳**이라하다 **洪云 畢讀作翁縗經句**하다 **案**컨대 **翁字**는 **屬聲爲句**하니 **聲翁**은 **當是聲**嗌(애)**之譌**라 **說文**에 嗌는 **咽也**라한대 籒文[26]에 **作**𦐖하니 **與翁字**로 **形相近**이라 **案 洪說**이 **是也**라

≪爾雅≫ 〈釋詁〉에 "'秩'은 '常(일정하다)'이다."라 하였으며, ≪儀禮≫ 〈士喪記〉에 "哭은 밤낮으로 정해진 때 없이 한다."라 하였으며, ≪禮記≫ 〈雜記〉에 "길 한복판에서 어린애가 어미를 잃었는데 어찌 일정한 소리로 울겠는가."라 하였다.

畢沅 : 곡하는 소리에 순서가 없다는 말이다. '翁'은 뜻이 자세하지 않다.

洪頤煊 : 畢沅은 '翁縗絰'을 한 句로 하여 읽었다. 생각건대 '翁'자는 '聲'자에 이어서 句를 삼아야 하니, '聲翁'은 응당 '聲嗌(목소리가 쉬다.)'가 잘못된 것이다. ≪說文解字≫ 〈口部〉에 "'嗌'는 '咽(목이 메다)'이다."라 하였는데, 籒文에 '𦐖'로 되어 있으니 '翁'자와 字形이 서로 비슷하다.

案 : 洪頤煊의 설이 옳다.

25-3-23 縗絰하고

縗(거친 삼베로 만든 상복)를 입고 絰(首絰과 腰絰)을 두르고

畢云 說文에 **云** 縗는 **服長六寸**이요 **博四寸**이니 **直心**이라하고 **鄭君注儀禮**에 **云 麻**는 **在首在要**를 **皆曰**絰이라하고 **說文**에 **云** 絰은 **喪**에 **首戴也**라하다

畢沅 : ≪說文解字≫ 〈糸部〉에 "縗는 옷의 길이가 6촌이며, 너비가 4촌이니, 가슴 부분에 해당한다."라 하였으며, ≪儀禮≫ 〈喪服〉 鄭玄의 注에 "麻로 꼰 새끼가 머리에 있거나

26) 籒文 : 鐘鼎 문자로서 大篆이라고도 한다. 글자의 획이 복잡하고 수식을 주로 한 글씨체이다. 周나라의 宣王 때 太史 籒가 만들었다고 전한다. 小篆에 대하여 大篆이라고 하지만, 古文大篆과는 차이가 있으므로, 따로 籒文이라고 부른다.

허리에 있는 것을 모두 '絰'이라고 한다."라 하였으며, ≪說文解字≫ 〈糸部〉에 "絰은 喪을 치를 때 머리에 쓰는 것이다."라 하였다.

25-3-24 **垂涕**하며 **處倚廬**엔 **寢**苫**枕**凷(괴)라

눈물을 흘리며, 廬幕에 거처할 때에는 거적자리에서 자고 흙덩이를 베고 잔다.

禮喪服傳及士喪記에 云 **居倚廬**하고 **寢**苫**枕塊**라한대 **鄭注**에 云 **倚木爲廬**하니 **在中門外東方北戶**라 苫은 **編槁**요 **塊**는 塩**也**[27]라하다 **釋文**에 **塊**는 **本又作**凷라하다 **案** 凷는 **本字**며 **塊**는 **或體**라

≪儀禮≫ 〈喪服〉의 傳과 〈士喪禮〉의 記에 "居倚廬 寢苫枕塊(여막에 거처하며, 거적자리에서 자고 흙덩이를 벤다.)"라 하였는데, 鄭玄의 注에 "나무에 기대어 여막을 만드니, 〈여막은〉 中門 밖 동쪽에 두고 북쪽을 향하여 문을 낸다. '苫'은 짚을 엮은 것이고, '塊'는 흙덩이이다."라 하였다. ≪經典釋文≫에 "塊는 어떤 本에 또 '凷'로 되어 있다."라 하였다.

案 : '凷'가 본래 글자이며, '塊'는 異體字이다.

25-3-25 **又相率强不食而爲飢**하며

또 계속해서 억지로 먹지 않고 굶으며,

閒傳에 云 **斬衰**는 三日不食하며 **齊**(자)**衰**는 二日不食하며 **大功**은 三不食하며 **小功緦麻**는 **再不食**이라하다

≪禮記≫ 〈閒傳〉에 "斬衰는 사흘 동안 먹지 않고, 齊衰는 이틀 동안 먹지 않으며, 大功은 세 끼를 먹지 않고, 小功과 緦麻는 두 끼를 먹지 않는다."라 하였다.

---

27) 禮喪服傳及士喪記……塊塩也 : '喪服傳'은 ≪儀禮≫ 〈喪服〉의 傳을 말한다. 傳은 經文의 의미를 설명한 것으로, ≪儀禮≫에서 〈喪服〉에만 있다. '士喪記'는 ≪儀禮≫ 〈士喪禮〉의 記를 말한다. '記'는 賈公彦의 설명에 따르면, 경문에 미비되어 있는 것과 경문 이외의 고대의 말을 기록한 것이다. ≪儀禮≫에서 記는 몇 편을 제외하고 거의 모든 편에 부기되어 있다. 다만 〈士喪禮〉의 記는 〈旣夕禮〉의 뒤에 부기되어 있는데, 이는 〈士喪禮〉와 〈旣夕禮〉가 본래는 한 편이었기 때문이다. 鄭玄의 이 注는 〈旣夕禮〉의 뒤에 붙어 있는 〈士喪禮〉의 記 "居倚廬 寢苫枕塊" 뒤에 보인다.

25-3-26 **薄衣而爲寒**하여 **使面目陷**陽**하며**

얇은 옷을 입고 춥게 지내어 얼굴은 풀이 죽어 있고 눈은 퀭하며,

畢云 當爲陬(추)라 **陬之訓**은 **阪隅**니 **言面瘦棱棱也**라하다 **盧云 玉篇**에 **有**殲(쇠)**字**한대 **先外切**하고 **云 瘦病也**이라하니 **則當爲**殲라하다 **詒讓案 莊子天地篇**에 **云 卑陬失色**이라한대 **釋文**에 **云 李**[28]**云 卑陬**는 **愧懼貌**라하고 **一云 顏色不自得也**라하니 **此**殲는 **疑亦與陬**로 **同**하다 **皆形容阻喪之貌**니 **與瘦異也**라

畢沅 : 〈'陽'는〉 응당 '陬'가 되어야 한다. '陬'의 뜻은 모퉁이이니, 얼굴이 수척하여 앙상하다는 말이다.

盧文弨 : ≪玉篇≫에 '殲'자가 있는데 '先'과 '外'의 반절로 되어 있고, "파리해지는 병이다."라 하였으니, 〈'陽'는〉 응당 '殲'가 되어야 할 것이다.

詒讓案 : ≪莊子≫ 〈天地〉에 "卑陬失色(부끄럽고 두려워 낯빛을 잃었다.)"이라 하였는데, ≪經典釋文≫에 "李軌가 '卑陬는 부끄럽고 두려워하는 모양이다.'라 하였으며, 어떤 本에는 '顏色이 의기소침한 것이다.'라 하였다."고 하였으니, 여기의 '殲'는 아마도 또한 '陬'와 같다. 모두 풀이 죽은 모습을 형용한 것이니, 파리한 것과는 다르다.

25-3-27 **顏色**黧**黑**하고

顏色은 검어지고

黧는 **黎之俗**이라 **詳兼愛中篇**하다

'黧'는 '黎'의 俗字이다. ≪墨子≫ 〈兼愛 中〉에 자세히 보인다.

25-3-28 **耳目不聰明**하며 **手足不勁强**하여 **不可用也**라하니라 **又曰 上士之操喪也**엔 **必扶而能起**하고 **杖而能行**하니

귀가 멀고 눈도 침침하며, 손발에 힘이 빠져 쓸 수도 없게 된다.'라고 할 것이다.

28) 李 : 李軌이다. 晉나라 사람으로, 漢나라 揚雄이 ≪論語≫를 모방하여 지은 책인 ≪法言≫에 주를 달았다.

또 말하기를 '上士가 喪을 치름에, 반드시 부축해야 일어날 수 있고 지팡이를 짚어야 다닐 수 있으니,

喪服四制에 云 百官備하고 百物具하여 不言而事行者는 扶而起요 言而后事行者는 杖而起라한대 鄭注에 云 扶而起는 謂天子諸侯也요 杖而起는 謂大夫士也라하다

≪禮記≫ 〈喪服四制〉에 "百官이 갖추어지고 百物이 갖추어져서 말을 하지 않아도 일이 행해지는 자는 부축을 받아서 일어나고, 말을 하고서야 일이 행해지는 자는 지팡이를 짚고 일어난다."라 하였는데, 鄭玄의 注에 "부축을 받아서 일어나는 자는 天子와 諸侯를 이르고, 지팡이를 짚고 일어나는 자는 大夫와 士를 말한다."라 하였다.

25-3-29 **以此共三年**이라하리라 **若法若言**[29)]하며 **行若道**하여

이렇게 하기를 총 3년을 한다.'라고 할 것이다.
만일 이러한 말을 준칙으로 삼고 이러한 道를 행하여

王引之云 若은 猶此也라하다

王引之 : 〈'若言'과 '若道'의〉 '若'은 '此'와 같다.

25-3-30 **使王公大人行此**면 **則必不能蚤朝〔宴退〕**[30)]하며

가령 王公과 大人이 이를 행한다면, 반드시 아침 일찍 조회에 나가고 저녁 늦게 퇴근할 수 없을 것이며,

兪云 蚤朝下에 脫宴退二字라 蚤朝晏退는 與下蚤出夜入과 夙興夜寐로 對文이니 若無宴退二字면 文義未完이라 尙賢中篇非樂上篇非命下篇에 竝有蚤朝晏退之文하고 尙賢篇의 與夜寢夙興과 蚤出莫(모)入으로 相對하고 非樂篇非命篇의 與蚤出暮入과 夙興夜

29) 若法若言 : 漢文大系本에는 "이와 같은 법과 이와 같은 말로"라고 풀이하고 있으나, 여기서는 여러 편의 文例에 따라 "만일 이와 같은 말을 준칙으로 삼아"로 번역하였다.

30) 〔宴退〕 : 저본에는 '宴退'가 없으나, 兪樾의 주에 의거하여 보충하였다. '宴'은 '晏'과 통용한다.

寐로 相對하니 是其證也라 案 兪說이 是也라 但此處脫文이 尙不止此二字나 今未敢肊補하다

兪樾 : '蚤朝' 아래에 '宴退' 2자가 빠져 있다. "蚤朝晏退(일찍 조회에 참석하고 늦게야 퇴근한다.)"는 아래의 "蚤出夜入(일찍 나갔다가 밤에 들어온다.)"과 "夙興夜寐(일찍 일어나고 밤늦게 잔다.)"와 對文이 되니, 만일 '宴退' 2자가 없으면 글의 뜻이 완전하지 못하게 된다. ≪墨子≫ 〈尙賢 中〉과 〈非樂 上〉과 〈非命 下〉에 모두 "蚤朝晏退"라는 글귀가 있으며, ≪墨子≫ 〈尙賢〉의 "夜寢夙興(밤늦게 자고 일찍 일어난다.)"과 "蚤出莫入(일찍 나가서 저녁에 들어온다.)"이 서로 對句가 되며, ≪墨子≫ 〈非樂〉과 〈非命〉의 "蚤出暮入"과 "夙興夜寐"가 對句가 되니, 이것이 그 증거이다.

案 : 兪樾의 설이 옳다. 다만 이 부분에서 빠진 글자가 이 2자에 그치지만은 않을 것이나, 지금 감히 억견으로 채워 넣지 못하였다.

25-3-31 〔使士大夫行此면 則必不能治〕[31]五官六府하여

가령 士大夫가 이를 행한다면, 반드시 五官六府를 다스려서

此는 當作使士大夫로 行此면 則必不能治五官六府하다 蓋上王公大人은 指天子諸侯言이요 此治五官六府하고 辟草木하고 實倉廩은 指卿大夫言也라 非樂上篇에 云 王公大人은 蚤朝晏退하여 聽獄治政하니 此其分事也라 士君子는 內治官府하고 外收斂關市山林澤梁之利하여 以實倉廩府庫하니 此其分事也라하다 此與彼로 正同하다 今本의 五官上에 有脫文이라 遂以五官六府以下를 竝爲王公大人之事하니 非也라 又案 五官者는 殷周侯國之制也라 史記周本紀에 云 古公이 作五官有司라하며 大戴禮記千乘篇에 云 千乘之國은 列其五官이라하며 曾子問에 諸侯適天子에 乃命國家五官而後行이라한대 鄭注에 云 五官은 五大夫典事者라하다 管子大匡篇에 云 乃令五官行事라하며 商子君臣篇에 云 地廣民衆이라 故로 分五官而守之라하며 戰國策齊策에 云 五官之計는 不可不日聽也라하다 典禮에 天子之五官은 曰 司徒司馬司空司士司寇이니 典司五衆이라 天子

31) 〔使士大夫行此 則必不能治〕 : 저본에는 '使士大夫行此則必不能治'자가 없으나, 孫詒讓의 주에 의거하여 보충하였다.

之六府는 曰 司土司水司木司草司器司貨이니 典司六職이라한대 鄭注에 云 此는 亦殷時制也라 府는 主藏六物之稅者라하다 周禮大(태)宰에 說邦國官制하여 云 設其參하고 傅其伍라한대 鄭注에 云 伍는 謂大夫五人이라하다 檀弓孔疏에 引崔靈恩[32]說하여 謂小宰小司徒小司馬小司寇小司空이 是也라 蓋諸侯는 雖止三卿이나 然이나 亦備五官이라 但其二官은 無卿耳라 戰國時에 諸侯蓋猶沿其制하니 至淮南子天文訓에 云 何謂五官고 東方爲田이요 南方爲司馬요 西方爲理요 北方爲司空이요 中央爲都라하며 春秋繁露五行相生篇에 云 司馬者는 火也요 司營者는 土也요 司徒者는 金也요 司寇者는 水也요 司農者는 木也라하며 左昭二十九年傳에 云 〔有〕[33]五行之官이니 是謂五官이라 木正曰句芒이요 火正曰祝融이요 金正曰蓐收요 水正曰玄冥이요 土正曰后土라하니 此竝古五官之別制요 與周侯國五官之名不甚合也라 六府는 古籍無明文라 曲禮六府를 鄭君은 以爲殷制하니 則非周法이요 左傳文七年과 大戴禮記四代篇에 竝以水火金木土穀을 爲六府하니 亦非官府라 漢書食貨志에 說太公爲周立九府圜法의 顏注에 謂卽周官大府玉府內府外府泉府天府職內職金職幣等官하니 若然이면 天子有九府하고 六府는 或亦諸侯制與인저

이 대목은 응당 "使士大夫行此 則必不能治五官六府"가 되어야 한다. 대개 위의 '王公'과 '大人'은 天子와 諸侯를 가리켜 말한 것이고, 여기의 五官六府를 다스리고 草木을 개간하고 倉廩을 채운다는 것은 卿大夫를 가리켜 말한 것이다. ≪墨子≫ 〈非樂 上〉에 "王公 大人들은 일찍 조회에 나가고 늦게 퇴근하여 옥사를 처리하고 정사를 다스리니, 이것이 그들에게 나누어진 직책이다. 士君子는 안으로는 관부를 다스리고, 밖으로는 關市・山林・澤梁의 이익을 거둬들여 나라의 창고와 곳간을 채우니, 이것이 그들에게 나누어진 직책이다."라 하였으니, 이 대목은 저 대문의 글과 똑같다. 今本의 '五官' 위에 빠진 글이 있어서, 마침내 '五官六府' 이하를 모두 王公大人의 일로 여겼으니, 옳지 않다.

又案 : '五官'이란 殷나라와 周나라의 제후국의 제도이다. ≪史記≫ 〈周本紀〉에 "古公亶父가 五官의 유사를 만들었다."라 하였으며, ≪大戴禮記≫ 〈千乘〉에 "千乘의 나라는 五官

32) 崔靈恩 : 南朝 梁나라 東武城 사람으로, 五經을 깊이 연구하였으며, 특히 三禮에 정통하였다. 저서에 ≪毛詩注≫, ≪周禮集註≫, ≪三禮義宗≫, ≪左氏經傳義≫ 등이 있다.

33) 〔有〕 : 저본에는 '有'가 없으나, ≪春秋左氏傳≫ 昭公 29년 조에 의거하여 보충하였다.

을 설치한다."라 하였으며, 《禮記》 〈曾子問〉에 "諸侯가 天子에게 갈 때에 자기 나라의 五官에게 명한 후에 간다."라 하였는데, 鄭玄의 注에 "'五官'은 일을 맡은 다섯 대부이다."라 하였다. 《管子》 〈大匡〉에 "五官으로 하여금 일을 행하게 한다."라 하였으며, 《商君書》 〈君臣〉에 "땅은 넓고 백성은 많다. 그러므로 五官으로 나누어 지키게 한다."라 하였으며, 《戰國策》 〈齊策〉에 "五官의 계책은 하루라도 듣지 않아서는 안 된다."라 하였다. 《禮記》 〈曲禮〉에 "天子의 五官은 '司徒', '司馬', '司空', '司士', '司寇'이니, 다섯 무리를 담당하여 맡는다. 天子의 六府는 '司土', '司水', '司木', '司草', '司器', '司貨'이니, 여섯 직책을 담당하여 맡는다."라 하였는데, 鄭玄의 注에 "이 역시 殷나라 때의 제도이다. '府'는 六物의 稅를 저장하는 것을 주관한다."라 하였다. 《周禮》 〈太宰〉에서 邦國의 官制를 설명하면서 "設其參 傅其伍(그 〈卿〉 셋을 설치하고, 그 〈大夫〉 다섯으로 보좌하게 한다.)"라 하였는데, 정현의 注에 "'伍'는 大夫 다섯 사람을 말한다."라 하였다. 《禮器》 〈檀弓〉 孔穎達의 疏에서 崔靈恩의 說을 인용하면서 '小宰, 小司徒, 小司馬, 小司寇, 小司空'이라고 한 것이 이것이다. 대개 諸侯는 비록 三卿에 그치지만, 또한 五官을 갖추었다. 단 그중 두 官에는 卿이 없을 뿐이다. 戰國시대에는 諸侯가 여전히 그 제도를 이어받았으니, 《淮南子》 〈天文訓〉이 쓰여진 때에 이르러서는 "무엇을 五官이라 하는가. 東方이 田이 되고, 南方이 司馬가 되고, 西方이 理가 되고, 北方이 司空이 되고, 中央이 都가 된다."라 하였으며, 《春秋繁露》 〈五行相生〉에 "司馬는 火이고, 司營은 土이고, 司徒는 金이고, 司寇는 水이고, 司農은 木이다."라 하였으며, 《春秋左氏傳》 昭公 29년 조에 "五行을 맡아 다스리는 관원이 있었으니 이를 五官이라 합니다.……나무를 맡은 官長〔木正〕을 句芒이라 하고, 불을 맡은 관장〔火正〕을 祝融이라 하고, 쇠를 맡은 관장〔金正〕을 蓐收라 하고, 물을 맡은 관장〔水正〕을 玄冥이라 하고, 흙을 맡은 관장〔土正〕을 后土라 합니다."라 하였으니, 이는 모두 옛날 五官의 별도의 제도이고, 周나라 때 제후국의 五官의 명칭과는 그다지 합치하지 않는다. '六府'는 옛 전적에 명확한 글이 없다. 《禮記》 〈曲禮〉의 '六府'를 鄭玄은 殷나라의 제도라 하였으니, 周나라의 法은 아니며, 《春秋左氏傳》 文公 7년 조와 《大戴禮記》 〈四代〉가 모두 '水·火·金·木·土·穀'을 '六府'로 하였으니, 또한 官府는 아니다. 《漢書》 〈食貨志〉에서 太公이 周나라를 위해 九府(재화와 화폐를 관장하는 관청)와 圜法(화폐제도)을 세웠다고 설명한 대목의 顔師古의 注에 '周官의 大府와 玉府와 內府와 外府와 泉府와 天府와 職內와 職金과 職幣 등의 관직이다.'라 하였으니, 만일 그렇다면 天子는 九府를 두고, 六府는 혹시 또한 諸侯의 제도일 것이리라.

25-3-32 辟**草木**하고

草木을 개간하고

畢云 辟은 **同闢**이라 **草**는 **卽艸字假音**이라하다

畢沅 : '辟'은 '闢(개간하다)'과 같다. '草'는 '艸'자의 借音字이다.

25-3-33 **實倉**廪이요 **使農夫行此**면 **則必不能蚤出夜入**하여

倉廪을 채울 수 없을 것이다. 가령 農夫가 이를 행한다면, 반드시 아침 일찍 나가고 밤늦게 들어오면서

畢云 夜는 **一本**에 **作晩**이라하다

畢沅 : '夜'는 어떤 本에 '晩'으로 되어 있다.

25-3-34 **耕稼樹藝**요

밭 갈고 씨 뿌리며 심고 가꾸는 일을 할 수 없을 것이다.

說文丮**部**에 **云** 埶(예)는 **穜也**라하다 **藝**는 **卽埶之俗**이라

≪說文解字≫ 〈丮部〉에 "'埶'은 '穜(늦벼)'이다."라 하였다. '藝'는 곧 '埶'의 俗字이다.

25-3-35 **使百工行此**면 **則必不能修舟車爲器皿矣**요 **使婦人行此**면

가령 百工이 이를 행한다면, 반드시 배와 수레를 수리하거나 그릇을 만들지 못할 것이다. 가령 婦人이 이를 행한다면,

婦는 **吳鈔本**에 **作**媍(부)하다

'婦'는 吳寬의 鈔本에 '媍'로 되어 있다.

25-3-36 **則必不能夙興夜寐**하여 **紡績織**紝이라

반드시 아침 일찍 일어나고 저녁 늦게 잠자리에 들면서 실을 잣고 베를 짜는 일을 할 수 없을 것이다.

畢云 絍紝二字는 皆通이라하다

畢沅 : '絍'과 '紝' 2자는 모두 통용한다.

25-3-37 (細)[34]計厚葬컨대 爲多埋賦(之)[35]財者也며

성대히 장사 지내는 것을 헤아려보건대, 모은 재물을 대부분 파묻어버리게 되는 셈이며,

蘇云 之字는 衍이라하다 兪云 細字는 無義니 蓋卽上句의 絍字之誤而衍者라 絍은 本作紝한대 因誤爲細矣라 埋賦二字도 亦不可通하니 賦는 當作臧이라 玉篇貝部에 臧은 作郎切이요 藏也라하니 是埋臧은 卽埋藏也라 臧賦는 相似하여 因而致誤耳라하다 案 兪以細爲衍文이 是也라 而破賦爲臧은 則非라 此當云 計厚葬컨대 爲多埋賦財者也라 與下文에 云 計久喪컨대 爲久禁從事者也로 文例同하다

蘇時學 : '之'자는 잘못 들어간 것이다.

兪樾 : '細'자는 뜻이 없으니, 아마도 윗 句의 '絍'자가 잘못 끼어들어간 듯하다. '絍'은 본래 '紝'으로 되어 있었는데, 이 때문에 잘못되어 '細'가 되었다. '埋賦' 2자 또한 뜻이 통하지 않으니, '賦'는 응당 '臧'이 되어야 한다. ≪玉篇≫ 〈貝部〉에 "'臧'은 '作'과 '郎'의 反切이며, 저장한다는 뜻이다."라 하였으니, 여기 '埋臧'은 바로 '埋藏'이다. '臧'과 '賦'가 서로 비슷하여 이 때문에 잘못되었을 뿐이다.

案 : 兪樾이 '細'를 衍文이라고 한 것은 옳다. 그러나 '賦'를 분석하면서 '臧'으로 한 것은 옳지 않다. 이 대목은 응당 "計厚葬 爲多埋賦財者也"라고 해야 한다. 아래 글에 "計久喪 爲久禁從事者也(오랫동안 거상하는 것을 헤아려보건대, 일하는 것을 오랫동안 금하게 되는 것이다.)"라고 한 것과 文例가 같다.

---

34) (細) : 저본에는 '細'자가 있으나, 兪樾의 주에 의거하여 衍文으로 처리하였다.
35) (之) : 저본에는 '之'자가 있으나, 蘇時學의 주에 의거하여 衍文으로 처리하였다.

25-3-38 **計久喪**컨대 **爲久禁從事者也**니 **財以成者**는

오랫동안 거상하는 것을 헤아려보건대, 일하는 것을 오랫동안 금하게 되는 것이다. 이왕에 이루어놓은 재물은

畢云 以는 同已라하다

畢沅 : '以'는 '已'와 같다.

25-3-39 (扶)〔挾〕[36]**而埋之**하고

같이 파묻어버리고

王引之云 扶字는 義不可通이라 扶는 當爲挾이니 謂挾已成之財而埋之也라 隷書에 挾字는 或作挟하니 與扶로 相似而誤라하다 兪云 扶는 乃抉字之誤라 廣雅釋詁에 抉은 穿也라하니 抉而埋之는 謂穿地而埋之也라 說文穴部에 窦은 穿也라하고 又曰 窫은 深抉也라하니 義竝與抉로 相近이라하다 案 王說이 近是라

王引之 : '扶'자는 뜻이 통하지 않는다. '扶'는 응당 '挾(끼다)'이 되어야 하니, 이미 이룩한 재물을 같이 매장함을 이르는 것이다. 隷書에 '挾'자는 간혹 '挟'으로 되어 있으니, '扶'와 서로 비슷하여 잘못된 것이다.

兪樾 : '扶'는 바로 '抉(도려내다, 파다)'의 誤字이다. ≪廣雅≫ 〈釋詁〉에 "'抉'은 '穿(뚫다)'이다."라 하였으니, "抉而埋之"는 땅을 파서 묻는 것이다. ≪說文解字≫ 〈穴部〉에 "'窦'은 '穿(뚫다)'이다."라 하였으며, 또 "'窫'은 깊이 판다는 뜻이다."라 하였으니, 뜻이 모두 '抉'과 서로 비슷하다.

案 : 王引之의 설이 옳은 듯하다.

25-3-40 **後得生者**는 **而久禁之**하니

〈망자가 죽은〉 후에 살아남은 사람들은 오랫동안 〈하던 일을〉 금하게 되니,

36) (扶)〔挾〕: 저본에는 '扶'로 되어 있으나, 王引之의 주에 의거하여 '挾'으로 바로잡았다.

畢云 言厚葬은 **則埋已成之財**하며 **久喪**은 **則禁後生之財**라하다 **案 此謂死者之親屬**이 **得生而禁其從事耳**요 **非謂財也**라 **畢失其義**라

畢沅 : 성대히 장사 지내는 것은 이미 이룩한 재물을 묻는다는 말이고, 오랫동안 거상하는 것은 뒤에 생길 재물을 금한다는 말이다.

案 : 이 대목은 죽은 이의 親屬이 살아가면서 자신의 일에 종사하는 것을 금한다는 말일 뿐이지, 재물을 〈금한다고〉 말하는 것이 아니다. 畢沅은 그 뜻을 잘못 보았다.

25-3-41 **以此求富**는 **此譬猶禁耕而求穫也**니 **富之說無可得焉**이라 **是故**로 **求以富家**라도

이러한 방식으로 부유해지기를 바라는 것은, 비유컨대 경작을 금하면서 수확을 바라는 것과 같으니, 부유해진다는 말은 될 수 없는 것이다. 이런 까닭에 집안을 부유하게 하기를 바라더라도

畢云 舊에 **求以二字倒**하니 **據後文改**라하다

畢沅 : 舊本에는 '求以' 2자가 〈'以求'로〉 뒤바뀌어 있으니, 뒤 글에 의거하여 고친다.

25-3-42 **而旣已不可矣**니라

이미 그렇게 될 수 없다.

25-4-1 **欲以衆人民**이 **意者可邪**(야)아 **其說又不可矣**니라 **今唯無**[37]**以厚葬久喪者爲政**이라

人民이 많아지기를 바라는 것이 가능하리라 생각하는가. 그 주장도 불가능하다. 이제 오로지 성대히 장사 지내고 오랫동안 거상하는 것을 주장하는 자들이 정치를 한다고 해보자.

---

37) 唯無 : 본서 25-3-4에서 '雖毋'에 대해 孫詒讓이 "'毋'는 語詞이다. 畢沅이 '毌(꿰뚫다)'으로 고쳤으니, 옳지 않다. ≪墨子≫ 〈尙賢 中〉에 자세히 보인다."라 하였다.

唯는 舊本에 作惟라 今據吳鈔本改하니 下文에 亦作唯하다 唯無는 唯毋義同하다 畢本에 竝改無爲毌하니 非라 詳前이라 吳鈔本에 喪下에 無者字라

'唯'는 舊本에 '惟'로 되어 있다. 이제 吳寬의 鈔本에 의거하여 고치니, 아래 글에 또한 '唯'로 되어 있다. '唯無'는 '唯毋'와 뜻이 같다. 畢沅本에 모두 '無'를 '毌'이라고 고친 것은 옳지 않으니, 앞에 자세히 보인다. 吳寬의 鈔本에는 '喪'자 아래에 '者'자가 없다.

25-4-2 君死면 喪之三年이요 父母死면 喪之三年이요

임금이 죽으면 居喪이 3년이요, 父母가 죽으면 居喪이 3년이요,

喪服經에 爲父斬衰(최)[38]三年하며 父卒에 爲母齊衰(자최)[39]三年이라하며 說苑修文篇에 齊宣王이 謂田過하여 曰 吾聞컨대 儒者는 喪親三年이요 喪君三年이라하니 則戰國時에 非儒者면 蓋不盡持三年服也라

≪儀禮≫ 〈喪服〉의 經에 "부친을 위하여 斬衰服 3년을 입고, 父親이 돌아가셨을 적에는 母親을 위하여 齊衰服 3년을 입는다."라 하였으며, ≪說苑≫ 〈修文〉에 "齊宣王이 田過에게 이르기를 '내 들으니 儒者는 어버이의 상에 3년을 거상하고, 임금의 상에 3년을 거상한다.'라고 한다."라 하

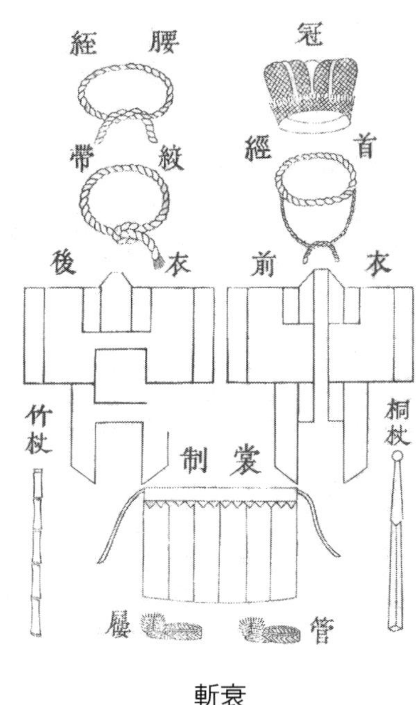

斬衰

38) 斬衰(최) : 斬衰・齊衰・大功・小功・緦麻 다섯 종류의 喪服 가운데 가장 중하게 여긴 상복이다. 굵고 거친 베를 사용하여 아랫단을 꿰매어 마무리하지 않은 채 만든 상복으로, 상기는 3년이다. 또 상복과 더불어 腰絰(허리에 두르는 띠)과 首絰(머리에 쓰는 띠)을 착용하고 행전을 차고 짚신을 신으며 대나무 지팡이를 짚는다. 藁席(짚자리)과 藁枕(짚베개)을 쓴다.

39) 齊衰(자최) : 五服 중의 하나이다. 상복의 베는 참최와 같으나 아랫단을 꿰매어 마무리한다. 상기는 대상에 따라 3년, 1년, 5개월, 3개월의 구분이 있다. 지팡이는 오동나무나 버드나무 지팡이를 짚는다.

였으니, 그렇다면 전국시대에 儒者가 아니면 아마도 3년 服喪을 끝까지 지키지는 않았던 것이다.

25-4-3 妻與後子死者면

妻와 嫡長子가 죽으면,

孔廣森云 後子者는 爲父後之子니 卽長子也라 戰國策에 謂齊[40]大(태)子申爲後子하고 荀子에 謂丹朱爲堯後子하니 其義竝同이라하다 畢云 後子는 嗣子[41]適也라하다

孔廣森 : '後子'는 아버지의 뒤를 이은 아들이니, 곧 長子이다. ≪戰國策≫에 齊나라 太子 申을 일러 '後子'라 하였으며, ≪荀子≫에 丹朱를 일러 '堯의 後子'라 하였으니, 그 뜻이 모두 같다.

畢沅 : '後子'는 嗣子이니 適子이다.

25-4-4 (五)〔二〕[42]皆喪之三年이라

두 가지의 경우는 모두 居喪이 3년이다.

畢云 左傳에 曰 王一歲에 有三年之喪二[43]라하니 周禮如此라하다 案 喪服經에 父爲長子斬衰三年이요 夫爲妻齊(자)衰期라한대 畢據左昭十五年傳하여 證此文하니 是也라 彼叔向語에 指景王有穆后와 太子壽之喪하여 而云 有三年之喪二라하니 是는 妻亦有三年

40) 齊 : 저본 傍注에 "'齊'자는 誤字인 듯하니, ≪戰國策≫ 〈齊策〉에 의거하면 '梁太子申'이 있다."라고 하였다.

41) 嗣子 : 代를 이을 아들을 말한다. 보통 嫡長子를 칭한다.

42) (五)〔二〕: 孫詒讓은 '五'에 대해 교감하면서 "王念孫과 兪樾의 두 說이 같지 않은데, 어느 것이 옳은지 모르겠다."라 하였으나, 여기서는 兪樾의 교감 "'五'는 아마도 '二'의 誤字인 듯하다."에 의거하여 번역하였다.

43) 左傳曰……有三年之喪二 : ≪春秋左氏傳≫ 昭公 15년 조에 "王一歲而有三年之喪二焉 於是乎以喪賓宴 又求彝器 樂憂甚矣(周王은 1년 동안에, 三年服을 입을 喪을 두 번 당하였는데도 弔喪 온 賓客과 酒宴을 열고, 또 彝器를 요구하였으니, 근심을 즐기는 것이 심하다.)"라고 보인다. 이는 叔向이 한 말이다.

之義라 杜注에 云 天子는 絶期하며 唯服三年이라 故로 后雖期나 通謂之三年喪이라한대 孔疏에 云 喪服傳에 曰 父必三年然後娶는 達子之志也라 父以其子有三年之戚으로 爲之三年不娶하니 則夫之於妻에 有三年之義라 故로 可通謂之三年之喪이라하다 孔廣森云 雜記에 云 期之喪에 十一月而練하고 十三月而祥하고 十五月而禫이라하니 有練有祥有禫이라 故로 妻喪禫期면 兼得三年之稱也라 假令遭喪於甲年之末이면 除禫於丙年之首하니 前後已涉三年이라하다 王云 者五[44]는 當爲五者니 謂君父母妻與後子也라 非儒篇에 曰 妻後子三年이라한대 今本에 五者二字倒轉하니 則義不可通이라하다 兪云 上文에 君死父母死를 旣已別而言之러니 此不當總數爲五라 五는 疑二字之誤라하다 案 王兪二說이 不同하니 未知孰是라

畢沅：≪春秋左氏傳≫에 "王一歲 有三年之喪二(王이 1년 동안에 三年服을 입을 喪을 두 번 당하다.)"라 하였으니, 周나라의 禮가 이와 같다.

案：≪儀禮≫ 〈喪服〉의 經에 "아버지가 長子를 위하여 斬衰服 3년을 입고, 남편이 妻를 위하여 齊衰服 期年(1년)을 입는다."라 하였는데, 畢沅은 ≪春秋左氏傳≫ 昭公 15년조에 의거하여 이 대목의 글을 증명하였으니, 옳다. 저 叔向의 말에, 景王에게 穆后와 太子 壽의 상이 있음을 지목하면서 '3년복을 입을 喪을 두 번 당하였다.'라 하였으니, 이는 처 또한 3년복을 입는 喪에 해당하는 의리가 있는 것이다. 杜預의 注에 "天子는 傍系 親屬의 服(旁期)은 입지 않으며, 오직 三年服만을 입는다. 그러므로 王后의 喪에 입는 服이 비록 朞年服이지만 '三年喪'이라고 이른 것이다."라 하였는데, 孔穎達의 疏에 "≪儀禮≫ 〈喪服〉의 傳에 '아버지가 반드시 3년이 지난 뒤에야 장가를 드는 것은 자식의 뜻을 헤아린 것이다. 자식에게 3년의 슬픔이 있기 때문에 3년이 되기 전에는 아버지가 장가들지 않는 것이니, 남편이 妻에게 3年喪에 해당하는 의리가 있는 것이다. 그러므로 「三年喪」이라 해도 통할 수 있다.'라 하였다."라 하였다.

孔廣森：≪禮記≫ 〈雜記〉에 "期의 喪에는 11개월 만에 練祭를 지내고, 13개월 만에 祥祭를 지내고, 15개월 만에 禫祭를 지낸다."라 하였으니, 練祭・祥祭・禫祭가 있기 때문에 妻의 喪에 禫祭의 기일이 되면 3년상의 호칭을 모두 얻게 되는 것이다. 가령 甲年 말에 喪을 당하면, 丙年 초에 禫服을 벗게 되는데 前後의 기간이 이미 3년에 미치는

44) 者五：25-4-3 끝의 '者'와 이곳의 '五'를 말한다.

것이다.

王念孫 : '者五'는 응당 '五者'가 되어야 하니, 君・父・母・妻・後子를 말한다. ≪墨子≫ 〈非儒 下〉에 "妻와 後子는 三年喪을 한다."라 하였는데, 今本에 '五者' 두 자가 〈'者五'로〉 뒤바뀌었으니, 뜻이 통하지 않게 되었다.

兪樾 : 위 글에서 임금이 죽거나 父母가 죽는 경우를 이미 구별하여 말했으니, 여기에서는 응당 다섯 가지의 경우로 묶어서는 안 된다. '五'는 아마도 '二'의 誤字인 듯하다.

案 : 王念孫과 兪樾의 두 說이 같지 않은데, 어느 것이 옳은지 모르겠다.

25-4-5 然後에 伯父叔父兄弟孼子는 其요

그리고 나서 伯父와 叔父와 兄弟와 孼子는 居喪이 1년이며,

畢云 其는 同期라하다 詒讓案 公孟篇에 正作期하다 非儒篇에 作其하니 與此同이라 喪服經에 爲世父母叔父母昆弟衆子[45]하여 竝齊(자)衰期라하다 說文子部에 云 孼은 庶子也니 孼子는 卽衆子라 對前後子爲冢嫡也라

畢沅 : '其'는 '期(期服)'와 같다.

詒讓案 : ≪墨子≫ 〈公孟〉에는 제대로 '期'로 되어 있다. ≪墨子≫ 〈非儒〉에는 '其'로 되어 있으니, 여기와 같다. ≪儀禮≫ 〈喪服〉의 經에 "伯父母・叔父母・昆弟・衆子를 위하여 모두 齊衰의 기년복을 입는다."라 하였다. ≪說文解字≫ 〈子部〉에 "'孼'은 '庶子'이다."라 하였으니, '孼子'는 곧 衆子이다. 앞의 後子가 적장자인 것과 對가 된다.

25-4-6 族人은 五月이요

친족은 居喪이 5개월이며,

喪服經에 爲從祖祖父母와 從祖父母報[46]從祖昆弟하여 竝小功五月이라하다 王云 族人은 當爲戚族人이니 謂族人之近者也라 非儒篇에 正作戚族人五月하며 見儀禮喪服하다 今本에 脫戚字하니 則義不可通이라 公孟篇에 戚族人五月은 今本에 亦脫戚字라하다

45) 衆子 : 嫡長子 이외의 여러 아들을 말한다.

46) 報 : 報服으로, 尊屬이 卑屬의 喪에 입는 服이다.

≪儀禮≫ 〈喪服〉의 經에 "從祖祖父母와 報服을 할 때의 從祖父母 및 從祖昆弟를 위하여 모두 小功 五月服을 입는다."라 하였다.

王念孫 : '族人'은 응당 '戚族人'이 되어야 하니, 族人 중에서도 촌수가 가까운 자를 이른다. ≪墨子≫ 〈非儒 下〉에 바로 "戚族人五月(戚族人은 五月服을 입는다.)"이라 하였으며, ≪儀禮≫ 〈喪服〉에도 보인다. 今本에 '戚'자가 빠져 있으니, 뜻이 통하지 않는다. ≪墨子≫ 〈公孟〉에 나오는 "戚族人五月"도 今本에는 '戚'자가 빠져 있다.

25-4-7 **姑姊甥舅**는 **皆有**(月數)〔**數月**〕[47]이라

고모와 누이와 사위와 장인은 모두 수개월이다.

喪服에 爲姑姊妹在室엔 期하며 適人엔 大功九月하며 甥舅는 相爲緦麻三月이라하다 王云 月數는 當爲數月이니 公孟篇에 正作姑姊舅甥은 皆有數月之喪이라하며 亦見喪服이라 今本에 數月二字倒轉하니 則文義不明이라

≪儀禮≫ 〈喪服〉에 고모와 누이가 친정에 있을 때에는 朞年服을 입고, 시집을 간 경우에는 大功 九月服을 입으며, 사위와 장인은 서로 緦麻 三月服을 입는다.

王念孫 : '月數'는 응당 '數月'이 되어야 하니, ≪墨子≫ 〈公孟〉에 바로 '姑姊舅甥 皆有數月之喪(고모와 누이와 장인과 사위는 모두 수개월의 상복이 있다.)'이라고 되어 있으며, 또한 ≪儀禮≫ 〈喪服〉에 보인다. 今本에 '數月' 2자는 〈'月數'로〉 순서가 뒤바뀌어 있으니, 글의 뜻이 분명치 못하다.

25-4-8 **則毁瘠**이 **必有制矣**니 **使面目陷陽**하며 **顔色黧黑**하며 **耳目不聰明**하며 **手足不勁强**하여 **不可用也**라 **又曰 上士操喪也**엔 **必扶而能起**하며 **杖而能行**하여 **以此共三年**이라하니라 **若法若言**하며 **行若道**인댄 **苟其飢約**이 **又若此矣**라 **是故**로 **百姓冬不仞寒**하며

몸이 상하는 데에도 반드시 제한이 있으니, 얼굴은 풀이 죽어 있고 눈은 퀭하며, 顔色은 검어지고, 귀가 멀고 눈도 침침하며, 손발에 힘이 빠져 쓸 수도 없게

47) (月數)〔數月〕 : 저본에는 '月數'로 되어 있으나, 王念孫의 주에 의거하여 '數月'로 바로잡았다.

된다. 또 말하기를 '上士가 喪을 치름에, 반드시 부축해야 일어날 수 있고 지팡이를 짚어야 다닐 수 있으니, 이렇게 하기를 총 3년을 한다.'라고 할 것이다.

만일 이러한 말을 준칙으로 삼고 이러한 道를 행한다고 하면, 진실로 그들이 굶주리고 곤궁해지는 모습이 또 이와 같을 것이다. 이런 까닭에 백성은 겨울에 추위를 견디지 못하고

畢云 仞은 忍字假音이라하다

畢沅 : '仞'은 '忍'자의 借音字이다.

25-4-9 夏不仞暑하며 **作疾病死者**를 **不可勝計也**니라 **此其爲敗男女之交多矣**니 **以此求衆**은 **譬猶使人負劍**하여 **而求其壽也**니

여름에 더위를 이겨내지 못하며, 疾病에 걸려 죽는 자들을 이루 헤아릴 수 없을 것이다. 이렇게 되면 아마도 남녀가 交合하지도 못하게 되는 일이 허다해질 것이니, 이러한 방식으로 무리가 많아지기를 바라는 것은 비유컨대 사람을 칼날 위에 엎어지게 하고서 오래 살기를 바라는 것과 같으니,

負伏은 通이라 左傳襄三年에 魏絳將伏劍[48]이라한대 孔疏에 云 謂仰劍刃하고 身伏其上하여 而取死也라하다

'負'와 '伏'은 통용한다. ≪春秋左氏傳≫ 襄公 3년 조에 "魏絳將伏劍"이라 하였는데, 공영달의 疏에 "칼날을 위로 세우고 그 위에 몸을 엎드려 죽는 것을 말한다."라 하였다.

25-4-10 衆之說無可得焉이라 **是故**로 **求以衆人民**이라도 **而旣以不可矣**니라

무리가 많아진다는 말은 될 수 없는 것이다. 이런 까닭에 人民이 많아지기를 바라더라도 이미 그렇게 될 수 없다.

畢云 以는 同已라하다

48) 魏絳將伏劍 : ≪春秋左氏傳≫ 襄公 3년 조에 "魏絳至 授僕人書 將伏劍(魏絳이 와서 僕人에게 임금께 올리는 글을 주고 劍에 엎어져 〈自決하려 하다.〉)"이라고 보인다.

畢沅 : '以'는 '已'와 같다.

25-5-1 欲以治刑政이 意者可乎아 其說又不可矣니라 今唯無[49]以厚葬久喪者爲政하면

刑政이 다스려지기를 바라는 것이 가능하리라 생각하는가. 그 주장도 불가능한 것이다. 이제 오로지 성대히 장사 지내고 오랫동안 거상하는 것으로 정치를 한다면,

唯는 舊本에 作惟하니 今從吳鈔本改하다

'唯'는 舊本에 '惟'로 되어 있는데, 이제 吳寬의 鈔本을 따라 고친다.

25-5-2 國家必貧하며 人民必寡하며 刑政必亂이라 若法若言하며 行若道하여 使爲上者行此면 則不能聽治요 使爲下者行此면 則不能從事라 上不聽治하니 刑政必亂하며 下不從事하니

국가는 반드시 가난해지며, 人民은 반드시 적어질 것이며, 刑政은 반드시 어지러워질 것이다. 만일 이러한 말을 준칙으로 삼고 이러한 道를 행하여, 가령 윗사람이 이를 행한다면 정사를 돌볼 수 없을 것이며, 가령 아랫사람이 이를 행한다면 일을 할 수 없을 것이다. 윗사람이 정사를 돌보지 못하니 刑政이 반드시 어지러워질 것이며, 아랫사람이 일을 못하니

畢云 不下에 舊有行字니 衍文이라하다

畢沅 : 〈'下不從事'의〉 '不' 아래에 舊本에는 '行'자가 있으니, 잘못 들어간 글자이다.

25-5-3 衣食之財必不足이니라 若苟不足이면 爲人弟者는 求其兄而不得하여 不弟하고 弟必將怨其兄矣요 爲人子者는 求其親而不得하여 不孝하고 子必(是)〔且〕[50]怨其

49) 唯無 : 본서 25-3-4에서 '雖毋'에 대해 孫詒讓이 말하기를 "'毋'는 語詞이다. 畢沅이 '毌(꿰뚫다)'으로 고쳤으니, 옳지 않다. ≪墨子≫ 〈尙賢 中〉에 자세히 보인다."라 하였다.

親矣요

衣食에 쓰는 재용이 반드시 부족해질 것이다. 만일 부족하게 되면, 아우가 그 형에게 〈재용을〉 구하더라도 얻을 수 없어, 〈아우가〉 공경하지 못하고 아우는 반드시 장차 그 형을 원망할 것이다. 자식이 그 어버이에게 〈재용을〉 구하더라도 얻을 수 없어, 〈자식이〉 효도를 다하지 못하고 자식은 반드시 장차 그 어버이를 원망할 것이다.

是는 據下文컨대 疑當作且라

'是'는 아래 글에 의거해보건대, 아마도 응당 '且'가 되어야 할 듯하다.

25-5-4 **爲人臣者**는 **求之君而不得**하여 **不忠**하고 **臣必且亂其上矣**니라 **是以**로 **僻淫邪行之民**이

신하가 임금에게 〈재용을〉 구하더라도 얻을 수 없어, 〈신하가〉 충성을 다하지 못하고 신하는 반드시 장차 그 윗사람을 어지럽히게 될 것이다. 이런 까닭에 방탕하고 간사하며 삿된 행동을 하는 백성이

僻淫은 吳鈔本에 作淫辟하다

'僻淫'은 吳寬의 鈔本에 '淫辟'으로 되어 있다.

25-5-5 **出則無衣也**며 **入則無食也**하여 **內(纘)〔積〕奚(吾)〔后〕**[51)]하여

외출할 때에는 입을 옷이 없고 들어와서는 먹을 음식이 없어, 안으로 치욕스러움이 쌓여

兪云 四字는 不可解라 疑當爲內積奚后니 皆字之誤也라 奚后는 卽謑詬之假音이라 說文言部에 謑는 恥也라하고 重文讓에 日 謑는 或從奊라하고 又日 詬는 謑詬니 恥也라하고 重

50) (是)〔且〕: 저본에는 '是'로 되어 있으나, 孫詒讓의 주에 의거하여 '且'로 바로잡았다.

51) 內(纘)〔積〕奚(吾)〔后〕: 저본에는 '內纘奚吾'로 되어 있으나, 兪樾의 주에 의거하여 '內積奚后'로 바로잡았다.

文訽에 曰 詬는 或從句라하다 荀子非十二子篇에 作謑訽하니 是其本字며 漢書賈誼傳에 作奊詬하니 奊(혜)는 卽謨之省(생)이라 墨子에 作奚后하니 奚는 卽謑之省(생)이요 后는 卽詬之省(생)이라 古文以聲爲主라 故로 省(생)不從言耳라 內積謑詬者는 內積恥辱也니 蓋出則無衣하고 入則無食하여 不勝其恥辱이라 故로 竝爲淫暴하여 而不可勝禁也라하다

兪樾 : 〈'內續奚吾'〉 4자는 뜻을 이해할 수 없다. 아마도 응당 '內積奚后'가 되어야 하니 모두 誤字이다. '奚后'는 바로 '謑詬'의 借音字이다. ≪說文解字≫ 〈言部〉에 "謑는 '恥(부끄럽다)'이다."라 하였으며, 重文(異體字)인 '謨'에 "'謑'는 혹 '奊'를 부수로 한다."라 하였으며, 또 "'詬'는 謑詬이니 '恥(부끄러워하다)'이다."라 하였으며, 重文인 訽에 "'詬는' 혹 '句'를 부수로 한다."라 하였다. ≪荀子≫ 〈非十二子〉에는 '謑訽'로 되어 있으니, 이것이 그 본 글자이며, ≪漢書≫ 〈賈誼傳〉에는 '奊詬'라고 되어 있으니, '奊'는 바로 '謨'자의 자획이 생략된 것이다. ≪墨子≫에는 '奚后'라고 되어 있으니, '奚'는 곧 '謑'의 자획이 생략된 것이고, '后'는 바로 '詬'의 자획이 생략된 것이다. 古文에서는 소리를 위주로 하기 때문에 자획을 생략하고서 '言'을 부수로 하지 않았을 뿐이다. '內積謑詬'는 안으로 恥辱을 쌓는다는 것이니, 외출할 때는 입을 만한 옷이 없고 들어와서는 먹을 음식이 없어 그 치욕스러움을 감당하지 못하기 때문에, 모두 방종하고 포악하게 되어서 금할 수 없는 것이다.

25-5-6 竝爲淫暴而不可勝禁也라 是故로 盜賊衆而治者寡니라 夫衆盜賊而寡治者니

모두 방종하고 포악한 짓을 하는데도 금할 수조차 없게 될 것이다. 이런 까닭에 도적이 많아지고 다스려지는 자는 적어질 것이다. 도적을 늘리게 되고 다스려지는 자들을 줄이게 되니,

王云 夫字는 承上文而言이라 舊本에 夫는 譌作先하니 今改正이라하다

王念孫 : '夫'자는 위 글을 이어서 말한 것이다. 舊本에는 '夫'가 잘못되어 '先'으로 되어 있으니, 이제 고쳐 바로잡는다.

25-5-7 以此求治는 譬猶使人三睘而毋負己也니

이러한 방식으로 다스려지기를 바라는 것은 비유컨대 〈어떤〉 사람에게 세 번 몸을 회전하게 하고서 자기에게 등을 보이지 말라고 하는 것과 같으니,

王引之云 睘은 與還同이라 還은 讀周還折還之還이니 謂轉折也라 使人三轉其身於己前하면 則或轉而向己하고 或轉而背己하니 皆勢所必然이라 如此하여 而欲使其毋背己나 不可得也라 故로 曰 以此求治는 譬猶使人三睘而毋負己也라하니 亦言求治之必不可得也라 負는 亦背也라 明堂位에 天子負斧依라한대 注에 負之言背也라하고 秦策에 齊東負海하고 北倚河라한대 高注에 負는 背也라하다 負는 與背로 古同聲하여 而字亦相通이라 史記主父偃傳에 南面負扆라한대 漢書에 負는 作背하며 漢書高紀에 項羽背約이라한대 史記에 背는 作負라하다 案 王說이 是也라 莊子說劍篇에 說趙文王하여 宰人上食王三環之라한대 釋文에 云 環은 繞也라하니 睘環은 義同이라

王引之 : '睘'은 '還'과 같다. 還은 '周還', '折還'이라고 할 때의 '還'으로 읽어야 하니, '轉折(회전하고 꺾이다)'함을 말한다. 자기 앞에서 남이 세 번 그 몸을 회전하게 해보면, 혹은 회전하다가 자기 쪽을 향하기도 하고 혹은 회전하다가 자기 쪽을 등지기도 하니, 모두 형세상 반드시 그러한 법이다. 이와 같아서 자기 쪽을 등지지 말게 하려 해도 그렇게 될 수가 없는 것이다. 그러므로 "이러한 방식으로 다스려지기를 바라는 것은 비유컨대 〈어떤〉 사람에게 세 번 몸을 회전하게 하고서 자기에게 등을 보이지 말라고 하는 것과 같다."라 한 것이니, 또한 잘 다스려지기를 구하더라도 반드시 그렇게 될 수 없다는 말이다. '負'는 또한 '背(등지다)'이다. ≪禮記≫ 〈明堂位〉의 "天子負斧依(천자는 도끼가 그려져 있는 병풍을 등진다.)"라는 대목의 〈鄭玄의〉 注에 "'負'는 '背(등지다)'라는 말이다."라 하였으며, ≪戰國策≫ 〈秦策〉에 "齊東負海 北倚河(齊나라는 동쪽으로는 바다를 등지고 북쪽으로는 黃河를 의지한다.)"라 하였는데, 高誘의 주에 "'負'는 '背'의 뜻이다."라 하였다. '負'는 '背'와 古字에 소리가 같아서 글자 또한 서로 통용하였다. ≪史記≫ 〈主父偃傳〉에 "南面負扆(남면하여 병풍을 등진다.)"라 하였는데 ≪漢書≫에는 '負'가 '背'로 되어 있으며, ≪漢書≫ 〈高帝紀〉에 "項羽背約(항우가 맹약을 어겼다.)"이라 하였는데 ≪史記≫에는 '背'가 '負'로 되어 있다.

案 : 王引之의 설이 옳다. ≪莊子≫ 〈說劍〉에서 趙 惠文王을 유세하는 대목에 "宰人上食王三環之(宰人이 음식을 올림에 왕은 세 번 그 둘레를 맴돌 뿐이었다.)"라 하였는데, ≪經典釋文≫에 "'環'은 '繞(두르다)'이다."라 하였으니, '睘'과 '環'은 뜻이 같다.

25-5-8 **治之說無可得焉**이라 **是故**로 **求以治刑政**이라도 **而旣已不可矣**니라

다스려진다는 말은 될 수 없는 것이다. 이런 까닭에 刑政이 다스려지기를 바라더라도 이미 그렇게 될 수 없다.

25-6-1 **欲以禁止大國之攻小國也**가 **意者可邪**(야)아 **其說又不可矣**니라 **是故**로 **昔者聖王旣沒**하여 **天下失義**에 **諸侯力征**하니

大國이 小國을 공격하는 것을 금지하기를 바라는 것이 가능하리라 생각하는가. 그 주장도 불가능한 것이다. 이런 까닭에 옛날 〈三代의〉 聖王이 이미 돌아가시어 천하에 義가 없어지자, 諸侯는 무력으로 정벌하니,

國語吳語에 **云 以力征一二兄弟之國**이라하며 **大戴禮記用兵篇**에 **云 諸侯力政**하고 **不朝於天子**라한대 **盧**[52]**注**에 **云 言以威力侵爭**이라하다 **案 征正政**은 **通**이라 **天志上篇**에 **作力政**하고 **下篇及明鬼下篇**에 **竝作力正**하다

≪國語≫ 〈吳語〉에 "以力征一二兄弟之國(무력으로 同姓의 형제 나라들을 하나둘씩 정벌하다.)"이라 하였으며, ≪大戴禮記≫ 〈用兵〉에 "諸侯力政 不朝於天子(제후가 무력으로 정벌하고 천자에 朝見하지 않는다.)"라 하였는데, 盧辯의 注에 "威力으로 침탈하고 다툰다는 말이다."라 하였다.

案 : '征'・'正'・'政'은 통용된다. ≪墨子≫ 〈天志 上〉에는 '力政'으로 되어 있고, ≪墨子≫ 〈天志 下〉 및 〈明鬼 下〉에는 모두 '力正'으로 되어 있다.

25-6-2 **南有楚越之王**하고 **而北有齊晉之君**하니 **此皆砥礪其卒伍**하여

남쪽에는 楚나라와 越나라의 王이 있고, 북쪽에는 齊나라와 晉나라의 군주가 있으니, 이들은 모두 그 군사들을 훈련시켜

畢云 礪는 **當爲厲**라하다

畢沅 : '礪'는 응당 '厲'가 되어야 한다.

---

52) 盧 : 盧辯이다. 北周 사람으로, ≪大戴禮記≫에 처음으로 주석을 달았다.

25-6-3 **以攻伐幷兼爲政於天下**라 **是故**로 **凡大國之所以不攻小國者**는 **積委多**하고

〈다른 나라를〉 攻伐하고 겸병하여 천하를 다스리려고 하였다. 이런 까닭에 무릇 大國이 小國을 공격하지 못하는 것은, 쌓아놓은 물자가 많고

說文禾部에 **云 積**은 **聚也**라하다 **周禮大司徒鄭注**에 **云 少曰委**요 **多曰積**이라하며 **左傳僖三十三年杜注**에 **云 積**은 **芻米禾薪**[53]이라하다

≪說文解字≫ 〈禾部〉에 "'積'은 '聚(모으다)'이다."라 하였다. ≪周禮≫ 〈大司徒〉 鄭玄의 注에 "적은 것을 '委'라 하고, 많은 것을 '積'이라 한다."라 하였으며, ≪春秋左氏傳≫ 僖公 33년 조 杜預의 注에 "積은 乾草·쌀·茱蔬·땔감 등이다."라 하였다.

25-6-4 **城郭修**하며

城郭이 수리되어 있으며,

吳鈔本에 **作脩**라

吳寬의 鈔本에는 〈'修'가〉 '脩'로 되어 있다.

25-6-5 **上下調和**라 **是故**로 **大國不耆攻之**니라

위아래가 화합하고 있기 때문에 大國이 〈小國을〉 공벌하기를 꺼리는 것이다.

漢書景帝紀顔注에 **云 耆**는 **讀曰嗜**라하다 **畢云 之**는 **舊作者**하니 **據後文改**라하다

≪漢書≫ 〈景帝紀〉 顔師古의 注에 "'耆'는 '嗜(즐기다)'로 읽어야 한다."라 하였다. 畢沅 : '之'는 舊本에 '者'로 되어 있으니, 뒤 글에 의거하여 고친다.

25-6-6 **無積委**하고 **城郭不修**하고 **上下不調和**라 **是故**로 **大國耆攻之**하니라

---

53) 積 芻米禾薪 : ≪春秋左氏傳≫ 僖公 33년 조에 "爲從者之淹 居則具一日之積 行則備一夕之衛(從者들을 위하여 머무시는 동안에는 매일 하루 분의 '積'을 갖추어 드리고, 떠나실 때에는 마지막 밤까지 護衛를 갖추겠습니다.)"라고 한 것에 대한 杜預의 주이다.

쌓아놓은 물자가 없고 城郭이 수리되어 있지 않으며, 위아래가 화합하지 못하기 때문에 大國이 〈小國을〉 공벌하려는 것이다.

畢云 者는 舊作者하니 據上文改라하다

畢沅 : '者'는 舊本에 '者'로 되어 있으니, 위 글에 의거하여 고친다.

25-6-7 **今唯無以厚葬久喪者**로 **爲政**하면

이제 오로지 성대히 장사 지내고 오랫동안 거상하는 것으로 정치를 한다면,

唯無는 舊本에 作惟毋하니 今據吳鈔本改하다

'唯無'는 舊本에 '惟毋'로 되어 있으니, 이제 吳寬의 鈔本에 의거하여 고친다.

25-6-8 **國家必貧**하며 **人民必寡**하며 **刑政必亂**이라 **若苟貧**인댄 **是無以爲積委也**요 **若苟寡**인댄 **是〔脩〕**[54]**城郭溝渠者寡也**요

국가는 반드시 가난해지며, 人民은 반드시 적어질 것이며, 刑政은 반드시 어지러워질 것이다. 만일 가난하다면 쌓아놓은 물자가 없을 것이며, 만일 〈인민이〉 적다면 수리해놓은 城郭과 해자가 적을 것이며,

王云 城郭溝渠上에 當有脩字나 而今本脫之하니 則義不可通이라 此脩字는 正承上文城郭脩城郭不脩而言이라하다 蘇校同이라

王念孫 : '城郭溝渠' 위에 응당 '脩'자가 있어야 할 것이나, 今本에 빠져 있으니, 뜻이 통하지 않는다. 이 대목의 '脩'자는 바로 윗글 '城郭脩'와 '城郭不脩'를 이어서 말한 것이다. 蘇時學의 교감이 〈王念孫의 교감과〉 같다.

25-6-9 **若苟亂**인댄 **是出戰不克**하며 **入守不固**라 **此求禁止大國之攻小國也**라도 **而旣已不可矣**니라

54) 〔脩〕 : 저본에는 '脩'자가 없으나, 王念孫의 주에 의거하여 보충하였다.

만일 어지럽다면 밖으로 나가 싸우더라도 이기지 못할 것이며, 들어와 수비하더라도 견고하지 못할 것이다. 이런 방식으로 大國이 小國을 공격하는 것을 금지하기를 바라더라도 이미 그렇게 될 수 없다.

25-7-1 欲以干上帝鬼神之福이 **意者可邪**(야)아 **其說又不可矣**니라 **今唯無以厚葬久喪者**로 **爲政**하면

上帝와 鬼神에게 祈福을 干求하기를 바라는 것이 가능하리라 생각하는가. 그 주장도 불가능한 것이다. 이제 오로지 성대히 장사 지내고 오랫동안 거상하는 것으로 정치를 한다면,

唯는 舊本에 作惟하니 今據吳鈔本改하다

'唯'는 舊本에 '惟'로 되어 있으니, 이제 吳寬의 鈔本에 의거하여 고친다.

25-7-2 國家必貧하며 **人民必寡**하며 **刑政必亂**하니라 **若苟貧**인댄 **是粢盛酒醴不淨潔也**요 **若苟寡**인댄 **是事上帝鬼神者寡也**요 **若苟亂**인댄 **是祭祀不時度也**니라 **今又禁止事上帝鬼神**하니 **爲政若此**면 **上帝鬼神**이 **始得從上撫之**하여 **曰 我有是人也**와 **與無是人也**로 **孰愈**오 **曰 我有是人也**와 **與無是人也**는 **無擇也**라하리니 **則惟上帝鬼神**이

국가는 반드시 가난해지며, 人民은 반드시 적어질 것이며, 刑政은 반드시 어지러워질 것이다. 만일 가난하다면 祭物과 술과 단술이 정결하지 못할 것이며, 만일 〈인민이〉 적다면 上帝와 鬼神을 섬기는 자가 적을 것이며, 만일 어지럽다면 祭祀를 제때에 지내지 못할 것이다. 이제 또 上帝와 鬼神을 섬기는 일을 금지하니, 이러한 방식으로 다스린다면 上帝와 鬼神은 곧 위에서 어르며 말하기를 '내게 이러한 사람이 있는 것과 이러한 사람이 없는 것 중 무엇이 낫겠는가.' 하고, 또 말하기를 '내게 이러한 사람이 있는 것과 이러한 사람이 없는 것은 따질 것도 없다.'라고 할 것이니, 그리하여 비록 上帝와 鬼神이

惟는 吳鈔本에 作唯하다 王云 惟는 與雖同이라하다

'惟'는 吳寬의 鈔本에 '唯'로 되어 있다.

王念孫 : '惟'는 '雖'와 같다.

25-7-3 降之罪厲之禍罰而棄之라도

그에게 재앙과 벌을 내리고 그를 버리더라도,

王云 之禍罰의 之는 猶與也니 謂罪厲與禍罰也라 之字는 古或訓爲與라하다

王念孫 : '之禍罰'의 '之'는 '與'와 같으니, "罪厲와 禍罰"이라는 말이다. '之'자는 옛날에는 간혹 '與'로 풀이하였다.

25-7-4 則豈不亦乃其所哉아

어찌 또한 진실로 마땅한 처사가 아니겠는가.

乃는 畢本에 作反하고 云 舊作乃하니 以意改라하다 王云 畢改非也라 乃其所는 猶言固其宜니 言以不事上帝鬼神하여 而獲禍는 固其宜也라 襄二十一年左傳에 曰 若上之所爲를 而民亦爲之는 乃其所也라하니 是其證이라 文二年傳에 吾以勇求右라가 無勇而黜은 亦其所也라하며 哀十六年傳에 克則爲卿이요 不克則烹[55]이 固其所也라하니 若改爲反其所면 則義不可通이라하다

'乃'는 畢沅本에 '反'으로 되어 있으며, 〈畢沅이〉 말하기를 "舊本에는 '乃'로 되어 있으니, 임의로 〈'反'으로〉 고친다."라고 하였다.

王念孫 : 畢沅이 고친 것은 옳지 않다. '乃其所'는 '固其宜(진실로 마땅하다.)'라고 말하는 것과 같으니, "以不事上帝鬼神而獲禍 固其宜也(上帝와 鬼神을 섬기지 않음으로써 禍를 얻는 것은 진실로 마땅하다.)"라는 말이다. ≪春秋左氏傳≫ 襄公 21년 조에 "若上之所爲 而民亦爲之 乃其所也(윗사람이 하는 일을 백성들도 따르는 것은 당연한 바이다.)"라 하였으니, 이것

55) 烹 : 저본 傍注에 "'烹'은 원문에 '亨'으로 잘못되어 있으니, ≪春秋左氏傳≫에 의거하여 고친다."라 하였다.

이 그 증거이다. ≪春秋左氏傳≫ 文公 2년 조에 "吾以勇求右 無勇而黜 亦其所也(나는 용맹으로 車右가 되었다가 이제 용맹하지 못하여 축출당한 것은 또한 당연한 바이다.)"라 하였으며, 哀公 16년 조에 "克則爲卿 不克則烹 固其所也(〈이런 일은〉 성공하면 卿이 되고, 성공하지 못하면 烹刑을 당하는 것이 본래 당연한 바이다.)"라 하였으니, 만일 〈'乃其所'를〉 고쳐서 '反其所'라고 한다면 뜻이 통할 수 없다.

25-8-1 **故**로 **古聖王**은

그러므로 옛날 聖王은

畢云 後漢書趙咨傳注에 **引作古者聖人**이라하다 **詒讓案 北堂書鈔禮儀部十三**에 **引亦同**하다

畢沅 : ≪後漢書≫ 〈趙咨傳〉 李賢의 注에서 〈이 대목을〉 인용한 곳에는 '古者聖人'으로 되어 있다.

詒讓案 : ≪北堂書鈔≫ 〈禮儀部〉 13에서 인용한 곳 또한 같다.

25-8-2 **制爲葬埋之法**하여

埋葬의 法을 제정하여

宋書禮志에 **引尸子**하여 **禹治水**에 **爲喪法**이라한대 **墨子所述**이 **或卽夏法與**인저

≪宋書≫ 〈禮志〉에서 ≪尸子≫를 인용하여 "禹治水 爲喪法(禹임금이 물을 다스릴 때에 喪禮의 법을 만들었다.)"이라 하였는데, ≪墨子≫에서 기술한 바가 어쩌면 바로 夏나라의 法일 것이다.

25-8-3 **曰**

말하기를

畢云 初學記에 **引作桐**하며 **餘書**에 **亦多作曰**이라하다

畢沅 : ≪初學記≫에서 〈이 대목을〉 인용한 곳에는 '桐'으로 되어 있으며, 여타의 책에

도 대부분 '曰'로 되어 있다.

25-8-4 〔桐〕[56)]棺三寸이니

'오동나무로 만든 棺은 세 치이니,

棺上에 當有桐字라 左傳哀二年에 云 桐棺三寸하고 不設屬辟(촉비)니 下卿之罰也라한대 釋文에 云 棺用難朽之木이니 桐木易(이)壞하여 不堪爲棺이라 故로 以爲罰이라 墨子尙儉하여 有桐棺三寸이라하다 荀子禮論篇에 說刑餘罪人之喪하여 棺厚三寸이요 衣衾三領이라하고 呂氏春秋高義篇에 云 楚子囊死에 爲之桐棺三寸이라하니 是皆示罰之法이라 墨子制爲恒典하니 則太儉矣라 檀弓에 云 夫子制於中都에 四寸之棺이요 五寸之椁이라한대 鄭注에 云 爲民作制라하며 荀子楊注에 引墨子하여 曰 桐棺三寸하고 葛以爲緘이라하니 蓋兼用下文이라 孟子公孫丑篇에 云 古者에 棺椁無度러니 中古에 棺七寸이요 椁稱之하여 自天子達於庶人이라하니 竝與此異라

'棺' 위에 응당 '桐'자가 있어야 한다. ≪春秋左氏傳≫ 哀公 2년 조에 "桐棺三寸 不設屬辟 下卿之罰也(세 치의 오동나무 판자로 짠 棺으로 하고, 屬棺과 辟棺은 쓰지 않으니, 이는 下卿에게 내리는 懲罰이다.)"라 하였는데, ≪經典釋文≫에서 "棺으로 잘 썩지 않는 나무를 사용하는 법이니, 오동나무는 썩기 쉬워 棺으로 쓰기에 적합하지 않다. 그러므로 이것을 벌로 삼은 것이다. 墨子는 검소함을 숭상하여 '桐棺三寸'이라는 말을 하였다."라 하였다. ≪荀子≫ 〈禮論〉에 형벌을 받은 죄인의 喪事를 말하면서 '棺의 두께는 세 치이고 衣衾은 세 벌'이라 하였으며, ≪呂氏春秋≫ 〈高義〉에 "楚나라 子囊이 죽었을 때 세 치 두께의 桐棺을 사용하였다."라 하였으니, 이는 모두 罰을 보여주는 법이었다. 墨子는 이것을 常制로 삼았으니, 지나치게 검약한 것이다. ≪禮記≫ 〈檀弓〉에 "夫子制於中都 四寸之棺 五寸之椁(夫子께서 中都宰로 있으면서 제도를 만들기를, 棺은 네 치로 하고 椁은 다섯 치로 하였다.)"이라 하였는데, 鄭玄의 注에 "백성을 위해 제도를 만든 것이다."라 하였으며, ≪荀子≫ 楊倞의 注에 ≪墨子≫를 인용하면서 말하기를 "桐棺三寸 葛以爲緘(오동나무 관은 세 치로 하고 칡덩굴로 묶는다.)"이라 하였으니, 아마도 아래 〈나오는〉 글을 겸하여 쓴 듯하다.

56) 〔桐〕: 저본에는 '桐'자가 없으나, 孫詒讓의 주에 의거하여 보충하였다.

≪孟子≫ 〈公孫丑〉에 "古者 棺椁無度 中古 棺七寸 椁稱之 自天子達於庶人(옛날에는 棺椁에 일정한 限度가 없었는데, 中古에 棺은 七寸이고 椁도 이에 걸맞게 하여, 天子로부터 庶人에까지 이르렀다.)"이라 하였으니, 모두 이 대문과는 다르다.

25-8-5 **足以朽體**요 **衣衾三領**이니 **足以覆惡**(부오)라

死體를 썩히기에 충분하며, 衣衾은 세 벌이니 꺼림칙한 것을 가리기에 충분하다.

畢云 死者를 爲人惡(오)之라 故로 云 覆惡라하다

畢沅 : 사체를 사람들이 꺼리기 때문에 '꺼림칙한 것을 가린다.〔覆惡〕'고 한 것이다.

25-8-6 **以及其葬也**엔 **下毋及泉**이요 **上毋通臭**며 **壟若參**(삼)**耕之畝**면

매장할 때에는, 아래로는 지하수에 미칠 〈정도로 깊어서는〉 안 되며, 위로는 냄새가 새어나올 〈정도로 얕아서는〉 안 되며, 봉분은 세 번 갈아엎은 밭두둑 정도면

參耕之畝는 謂三耦耕之畝也라 考工記에 匠人은 爲溝洫에 耜廣五寸이요 二耜爲耦라 一耦之伐은 廣尺深尺이니 謂之畎(견)이라한대 鄭注에 云 古者에 耜一金이니 兩人이 併發之라 其壟中을 曰畎이라하며 畎(土)〔上〕[57]을 曰伐이라하다 今之耜歧頭兩金은 象古之耦也라하다 說文耒部에 云 耕廣五寸爲伐이요 二伐爲耦라하니 與考工說同하다 若然一耦之畎은 其廣一尺이니 則三耦之畎은 其廣三尺也라

'參耕之畝'는 세 번 耦耕(나란히 밭을 감)한 밭이랑을 말한다. ≪周禮≫ 〈考工記〉에 "匠人爲溝洫 耜廣五寸 二耜爲耦 一耦之伐 廣尺深尺 謂之畎(匠人이 溝洫을 만들 때, 보습〔耜〕의 너비는 다섯 치이고, 보습 둘이 한 짝이 된다. 한 짝의 伐은 너비 1자 깊이 1자이니, '畎'이라 한다.)"이라 하였는데, 鄭玄의 注에 "古者耜一金 兩人併發之 其壟中曰畎 畎土曰伐 今之耜歧頭兩金 象古之耦也(옛날에는 보습에 쇠〔金〕가 하나이고 두 사람이 함께 갈아 헤친다. 밭둔덕 복

57) (土)〔上〕: 저본 傍注에 "원문에 '土'자로 잘못되어 있으니, 活字本에 의거하여 고친다. ≪周禮≫ 〈攷工記〉의 鄭玄의 주와도 부합한다."라고 하였다.

판을 '밭도랑〔甽〕'이라 하며, 밭도랑 위를 갈아 헤친 것을 '伐'이라 한다. 지금 보습의 갈라진 꼭지에 쇠가 둘이 있는 것은 예전에 나란히 갈던 일을 본뜬 것이다.)"라 하였다. ≪說文解字≫ 〈耒部〉에 "밭 가는 것은, 너비 다섯 치가 '伐'이고, 두 '伐'이 '耦'이다."라 하였으니, ≪周禮≫ 〈考工記〉의 설명과 같다. 그렇다면 한 번 耦耕한 甽은 그 너비가 한 자이고 세 번 耦耕한 甽은 그 너비가 세 자가 되는 것이다.

25-8-7 **則止矣**니라 **死**(則)〔**者**〕[58]**旣以葬矣**엔 **生者必無久**(哭)〔**喪**〕[59]하고

그만이다. 죽은 자를 장사 지내고 나면, 살아 있는 자들은 반드시 喪을 오래하지 않고

王云 久哭은 當爲久䘮[60]이라 䘮字는 從哭亾聲이라 墨子原文에 蓋本作䘮하다 見玉篇廣韻하니 而傳寫脫去亾字耳라 節用篇에 曰 死者旣葬에 生者는 毋久䘮用哀라하니 是其證이라 久喪二字는 見於本篇及它篇者多矣라 若作久哭하면 則語不該備라하다

王念孫 : '久哭'은 응당 '久䘮'이 되어야 한다. '䘮'자는 '哭'을 부수로 하며 '亾'을 소리로 한다. ≪墨子≫의 原文에는 아마도 본래 '䘮'으로 되어 있었을 것이다. 〈'䘮'은〉 ≪玉篇≫과 ≪廣韻≫에도 보이니, 傳寫하면서 '亾'자가 빠져버렸을 뿐이다. ≪墨子≫ 〈節用 中〉에 "死者旣葬 生者毋久䘮用哀(죽은 사람을 장사 지낸 뒤에 산 사람은 오랫동안 상을 지키면서 슬퍼하지 않도록 해야 한다.)"라 하였으니, 이것이 그 증거이다. '久喪' 2자는 본편(≪墨子≫ 〈節葬 下〉) 및 다른 篇에도 보이는 사례가 많다. 만일 '久哭'으로 되어 있다면 말이 갖추어지지 않는다.

25-8-8 **而疾而從事**하며 **人爲其所能**하여 **以交相利也**라하니 **此聖王之法也**라

서둘러 자신의 일에 종사하며, 사람마다 자신의 능력을 발휘하여 번갈아 서로

58) (則)〔者〕 : 저본에는 '則'으로 되어 있으나, '死則'은 뒤의 '生者'와 상대가 되고, ≪墨子≫ 〈節用 中〉에도 '死者旣葬 生者毋久喪用哀'라고 되어 있으며, 畢沅本에도 '死者'로 되어 있는 것에 의거하여 '者'로 바로잡았다.

59) (哭)〔喪〕 : 저본에는 '哭'으로 되어 있으나, 王念孫의 주에 의거하여 '喪'으로 바로잡았다.

60) 䘮 : '喪'과 같은 글자이다.

를 이롭게 해야 한다.'라 하였으니, 이것이 聖王의 法이다."

25-9-1 **今執厚葬久喪者之言**에 **曰 厚葬久喪**이 **雖使不可以富貧衆寡定危治亂**이라도 **然此聖王之道也**라하니라

지금 성대히 장사 지내고 오랫동안 거상하는 것을 주장하는 자들의 말에 이르기를 "성대히 장사 지내고 오랫동안 거상하는 것이 비록 가난한 자를 부유하게 해주지 못하며, 적은 무리를 많아지게 하지 못하며, 위태로운 일을 안정시켜 어지러운 상황을 다스리지는 못할지라도, 이는 聖王의 道이다."라고 한다.

畢云 之는 舊作也以二字하니 據後文改라하다

畢沅 : 〈'然此聖王之道也'의〉 '之'는 舊本에 '也以' 2자로 되어 있는데, 뒤 글에 의거하여 고친다.

25-9-2 **子墨子曰 不然**하다 **昔者**에 **堯北敎乎八狄**이라가

子墨子께서 말씀하셨다.
"그렇지 않다. 옛날 堯임금은 북쪽으로 가서 八狄을 교화시키시다가

藝文類聚十一에 引帝王世紀하여 舜攝政二十八年에 堯與方回로 遊陽城而崩이라하다 畢云 北堂書鈔에 引作北狄이라하다 案 畢據書鈔(九十二)〔九十一〕[61]引校하다 然이나 書鈔(二十五)〔九十三〕[62]에 又引하여 仍作八狄하다 爾雅釋地에 有八狄하며 詩小雅蓼蕭孔疏에 引李巡本爾雅에 云 五狄은 在北方이라하며 周禮職方氏에 又云 六狄이라하며 禮記王制孔疏에 引李巡에 云 五狄은 一曰月支요 二曰穢貊이요 三曰匈奴요 四曰單(선)于요 五曰白屋이라하다

61) (九十二)〔九十一〕 : 저본에는 '九十二'로 되어 있으나, ≪北堂書鈔≫에 의거하여 '九十一'로 바로잡았다.

62) (二十五)〔九十三〕 : 저본에는 '二十五'로 되어 있으나, ≪北堂書鈔≫에 의거하여 '九十三'으로 바로잡았다.

≪藝文類聚≫ 11에 ≪帝王世紀≫를 인용하면서 "舜攝政二十八年 堯與方回 遊陽城而崩(舜이 섭정한 지 28년 만에 堯가 方回와 陽城으로 노닐러 갔다가 죽었다.)"이라 하였다.

畢沅 : ≪北堂書鈔≫에서 이 대목을 인용한 곳에는 '北狄'으로 되어 있다.

案 : 畢沅은 ≪北堂書鈔≫ 91에서 인용한 대목에 의거하여 교감하였다. 그러나 ≪北堂書鈔≫ 93에서 또 인용한 대목에는 '八狄'으로 되어 있다. ≪爾雅≫ 〈釋地〉에도 '八狄'이 있으며, ≪詩經≫ 〈小雅 蓼蕭〉 孔穎達의 疏에 李巡의 판본 ≪爾雅≫를 인용한 대목에 "五狄은 北方에 있다."라 하였으며, ≪周禮≫ 〈職方氏〉에 또 "六狄"이라 하였으며, ≪禮記≫ 〈王制〉 孔穎達의 疏에 李巡을 인용한 대목에 "五狄이란 첫째 '月支', 둘째 '穢貊', 셋째 '匈奴', 넷째 '單于', 다섯째 '白屋'이다."라 하였다.

25-9-3 **道死**하시니 **葬蛩山之陰**하니라

도중에 돌아가시니, 蛩山의 북쪽에 장사 지냈다.

畢云 蛩은 初學記에 引作鞏하며 一本에 亦作鞏하다 北堂書鈔後漢書注太平御覽에 俱引作卭하다 呂氏春秋安死에 云 堯葬於穀林이라한대 高誘曰 堯葬成陽이어늘 此云穀林은 成陽山下에 有穀[63]林이라하다 詒讓案 後漢書趙咨傳注에 作堯葬卭之山이라하며 水經瓠子河注에 引帝王世紀하여 云 墨子에 堯北敎八狄하여 道死하니 葬鞏山之陰이라하며 山海經에 曰 堯葬狄山之陽하니 一名崇山이라하다 二說各殊나 以爲成陽近是堯冢也라 史記五帝本紀集解에 云 皇覽[64]에 曰 堯冢在濟陰城陽이라한대 劉向曰 堯葬濟陰이라하니 丘壟皆小라 呂氏春秋에 曰 堯葬穀林이라한대 皇甫謐曰 穀林卽城陽이라하다 正義에 云 括地志에 云 堯陵은 在濮州雷澤縣西三里라하며 郭緣生述征記에 云 城陽東有堯冢한대 亦曰堯陵이요 有碑라하니 是也라하다

畢沅 : '蛩'은 ≪初學記≫에서 이 대목을 인용한 곳에 '鞏'으로 되어 있으며, 한 본에 또한 '鞏'으로 되어 있다. ≪北堂書鈔≫·≪後漢書注≫·≪太平御覽≫에 모두 이 대목을 인

63) 穀 : 저본 傍注에 "이상의 세 '穀'자는 畢沅의 각본에 모두 '穀'으로 잘못되어 있어 本書에서도 잘못을 이어받았다. 이제 ≪呂氏春秋≫ 〈安死〉에 의거하여 고쳐서 바로잡는다."라고 하였다.

64) 皇覽 : 삼국시대 魏나라 사람인 王象의 저술이다. 가장 오래된 類書로 모두 120권이었으나 극히 일부만 전해진다.

용한 곳에 '邛'으로 되어 있다. ≪呂氏春秋≫ 〈安死〉에 "堯를 穀林에서 장사 지냈다."라 하였는데, 高誘는 〈注에서〉 "堯를 成陽에서 장사 지냈다고 하는데, 여기서 '穀林'이라고 하는 것은 成陽山 아래에 '穀林'이 있어서이다."라 하였다.

詒讓案 : ≪後漢書≫ 〈趙咨傳〉의 李賢의 注에 "堯를 邛之山에서 장사 지냈다."라 하였으며, ≪水經注≫ 〈瓠子河〉에서 ≪帝王世紀≫를 인용하면서 "≪墨子≫에 '堯가 북쪽으로 가서 八狄을 교화하다가 도중에 돌아가시니, 鞏山의 북쪽에 장례를 지냈다.'라 하였다."라 하였으며, ≪山海經≫에 "堯를 狄山의 남쪽에 장사 지냈으니, 〈狄山은〉 일명 崇山이라고도 한다."라 하였다. 두 설이 각각 다르나 成陽이 아마도 堯가 묻힌 곳으로 옳은 듯하다. ≪史記集解≫ 〈五帝本紀〉에 "≪皇覽≫에 '堯의 무덤이 濟陰 城陽에 있다.'라 하였는데, 劉向은 '堯를 濟陰에서 장사 지냈다.'라 하였으니, 무덤이 모두 작다. ≪呂氏春秋≫ 〈安死〉에 '堯를 穀林에서 장사 지냈다.'라 하였는데, 皇甫謐은 '穀林은 바로 城陽이다.'라 하였다."라 하였다. ≪史記正義≫에 "≪括地志≫에 '堯의 陵은 濮州 雷澤縣 서쪽 3里에 있다.'라 하였으며, 郭緣生의 ≪述征記≫에 '城陽의 동쪽에 堯의 무덤이 있는데, 이 또한 堯陵이라 하며 碑가 있다.'라 하였으니, 옳다."라 하였다.

25-9-4 衣衾三領이요 穀木之棺을

衣衾은 세 벌이었으며, 닥나무 棺을

說文木部에 **云 穀**은 **楮也**라하며 **毛詩小雅鶴鳴傳**에 **云 穀**은 **惡木也**라하다 **禮**에 **天子棺用梓杝**어늘 **此用穀**하니 **尙儉**이라 **畢云 穀字**는 **從木**이라하다

≪說文解字≫ 〈木部〉에 "'穀'은 '楮(닥나무)이다."라 하였으며, ≪毛詩≫ 〈小雅 鶴鳴〉의 〈毛傳〉에 "'穀'은 惡木이다."라 하였다. 禮에 天子의 棺은 '梓(가래나무)'와 '杝(피나무)'를 쓰는데, 여기서는 '穀'을 쓰니, 검소함을 숭상한 것이다.

畢沅 : '穀'자는 '木'을 부수로 한다.

25-9-5 葛以緘之하며

칡덩굴로 묶었으며,

釋名釋喪制에 **云 棺束曰緘**이라하니 **緘**은 **函也**라 **古者**에 **棺不釘也**라하다 **喪大記**에 **云 凡**

封(폄)**用紼**[65]하니 **去碑**[66]**負引**이라 **君**은 **封以衡**하며 **大夫士**는 **以咸**이라한대 **鄭注**에 **云 咸**은 **讀爲緘**이라 **凡柩車及壙**에 **說**(탈)**載除飾**하여 **而屬紼於柩之緘**이라 **今齊人**은 **謂棺束爲緘繩**이라하다 **又檀弓**에 **云 棺束縮二衡三**이라하다 **案 禮**에 **棺束用皮**하고 **此用葛**하니 **亦尙儉也**라 **漢書楊王孫傳**에 **云 昔帝堯之葬也**에 **窾木爲匵**하고 **葛藟爲緘**이라 **其穿下不亂泉**하며 **上不泄殠**라하다

≪釋名≫ 〈釋喪制〉에 "棺을 묶는 것을 '緘'이라고 하니, '緘'은 '函(싸다)'이다. 옛날에는 棺에 못질을 하지 않았다."라 하였다. ≪禮記≫ 〈喪大記〉에 "凡封用紼 去碑負引 君封以衡 大夫士以咸(무릇 棺을 구덩이에 내리는 데는 紼(상여 줄)을 사용하니, 사람들은 碑의 바깥쪽으로 손잡이 끈을 짊어지고 당기며 선다. 임금의 관을 구덩이에 내리는 데는 衡(가로막대)을 사용하여 〈여기에 관을 매달아 매장한다.〉 大夫와 士의 경우에는 咸(관에 감은 띠)에 〈줄을 걸어서 매장한다.〉)"이라 하였는데, 鄭玄의 注에 "'咸'은 '緘'으로 읽는다. 무릇 柩車(영구차)가 뫼 구덩이에 이르면 수레에서 관을 빼고 장식을 제거하고서 널을 싼 줄에 紼을 잇는다. 지금 齊나라 사람은 관을 묶는 것을 '緘繩'이라고 한다."라 하였다. 또 ≪禮記≫ 〈檀弓〉에 "관을 묶는 데는 세로로 두 번, 가로로 세 번 묶는다."라 하였다.

案 : 禮에 관을 묶는 데는 가죽을 쓰며 여기에서는 칡덩굴을 쓰니, 또한 검소함을 숭상하는 것이다. ≪漢書≫ 〈楊王孫傳〉에 "옛날에 帝堯를 장례 지낼 때에 속이 빈 나무로 널을 만들고 葛藟로 관을 묶었다. 파서 묻는 깊이는 아래로 지하수에 닿지 않고 위로 썩는 냄새가 새지 않을 정도였다."라 하였다.

25-9-6 **旣氾而後哭**하며

下棺을 한 뒤에 哭을 하며,

畢云 氾은 **當爲犯**하니 **窆字之假音也**라하다

畢沅 : '氾'은 응당 '犯'이 되어야 하니, '窆'자의 假音字이다.

---

65) 紼 : 수레를 끄는 줄로, 매장할 때는 棺을 내리는 줄로 사용한다.

66) 碑 : 나무 테로, 墓穴의 양쪽 가에 세우고 줄을 이 테의 구멍에 꿰서 서서히 관을 내리는 데에 사용한다.

25-9-7 **滿埳(감)無封**하니라

구덩이를 〈흙으로〉 채우기만 하고 봉분을 만들지는 않았다.

畢云 古無埳字니 當爲坎이라 北堂書鈔後漢書注太平御覽에 俱引作坎하다 玉篇에 云 埳은 苦感切이니 亦與坎同하다 封은 後漢書注에 引作窆하니 封窆은 聲相近이라하다 兪云 上에 云 旣氾이라한대 畢云 氾當爲犯하니 窆字之假音也라하니 則此不當云無窆矣라 且 窆者는 葬下棺也니 葬雖至薄이라도 亦必下棺하니 而云無窆은 理不可通이라 封은 仍當讀如本字니 禮記王制篇에 不封不樹라한대 鄭注에 曰 封은 謂聚土爲墳이라하니 無封은 言不爲墳也라 檀弓에 曰 古也에 墓而不墳이라하다

畢沅 : 옛날에는 '埳'자가 없으니, 응당 '坎'이 되어야 한다. ≪北堂書鈔≫·≪後漢書注≫·≪太平御覽≫에는 모두 이 대목을 인용한 곳에 '坎'으로 되어 있다. ≪玉篇≫에 "'埳'은 '苦'과 '感'의 반절이다."라 하였으니, 또한 '坎'과 같다. '封'은 ≪後漢書注≫에서 이 대목을 인용한 곳에 '窆'으로 되어 있으니, '封'과 '窆'은 소리가 서로 비슷하다.

兪樾 : 위에서 '旣氾'이라 하였는데, 畢沅은 "'氾'은 응당 '犯'이 되어야 하니, '窆'자의 假音字이다."라 하였으니, 그렇다면 이 대문에서 '無窆'이라고 말해서는 안 된다. 게다가 '窆'이란 葬禮에서 下棺하는 것이니, 葬禮가 아무리 박하더라도 또한 반드시 下棺을 하니, '無窆'이라고 말한다면 文理가 통하지 않는다. '封'은 응당 원래 글자대로 읽어야 하니, ≪禮記≫ 〈王制〉에 "不封不樹(봉분을 만들지도 나무를 심지도 않는다.)"라 하였는데, 鄭玄의 注에 "'封'은 〈흙을〉 모아 올려서 封墳을 만든다는 말이다."라 하였으니, 그렇다면 '無封'은 封墳을 만들지 않는다는 말이다. ≪禮記≫ 〈檀弓〉에 "古也 墓而不墳(옛날에는 묻기만 하고 封墳을 만들지 않았다.)"이라 하였다.

25-9-8 **已葬而牛馬乘之**하니라 **舜西敎乎七戎**이라가

매장을 마치면 소와 말들이 무덤 위를 밟고 지나다녔다. 舜임금은 서쪽으로 가서 七戎을 교화시키시다가

畢云 北堂書鈔太平御覽에 引俱作犬戎이라하다 詒讓案 爾雅釋地에 有七戎하며 詩蓼蕭의 孔疏에 引李本爾雅하여 云 六戎在西方이라하며 周禮職方氏에 又云 五戎이라하다 王

制孔疏引李注하여 **云 六戎**은 **一曰僥夷**요 **二曰戎夷**요 **三曰老白**이요 **四曰耆羌**이요 **五曰鼻息**이요 **六曰天剛**이라하다

畢沅：≪北堂書鈔≫와 ≪太平御覽≫에서 이 대목을 인용한 곳에는 모두 〈'七戎'이〉 '犬戎'으로 되어 있다.

詒讓案：≪爾雅≫ 〈釋地〉에 '七戎'이 있으며, ≪詩經≫ 〈蓼蕭〉 孔穎達의 疏에 李巡本 ≪爾雅≫를 인용하면서 "六戎在西方(六戎은 西方에 있다.)"이라 하였으며, ≪周禮≫ 〈職方氏〉에도 '五戎'이라 하였다. ≪禮記≫ 〈王制〉 孔穎達의 疏에 李巡이 注한 〈≪爾雅≫를〉 인용하면서 "六戎은 첫째 '僥夷'이고, 둘째 '戎夷'이고, 셋째 '老白'이고, 넷째 '耆羌'이고, 다섯째 '鼻息'이고, 여섯째 '天剛'이다."라 하였다.

25-9-9 **道死**하시니 **葬南己之市**하니라

도중에 돌아가시니 南己의 저자에 장사 지냈다.

書鈔九十二御覽八十一에 **引帝王世紀**하여 **云 舜南征**하여 **崩於鳴條**하니 **年百歲**라 **殯以瓦棺**하고 **葬於蒼梧九疑山之陽**이라 **是爲零陵**이니 **謂之紀市**니 **在今營道縣**이라하며 **孟子離婁篇**에 **云 舜卒於鳴條**라하며 **史記五帝本紀**에 **舜踐帝位三十九年**에 **南巡狩**라가 **崩於蒼梧之野**하여 **葬於江南九疑**니 **是爲零陵**이라한대 **集解**에 **皇覽**에 **曰 舜冢在零陵營浦縣**이라하다 **畢云 後漢書注**에 **引作舜葬紀市**하고 **又一引作葬南巴之中**하며 **太平御覽**에 **亦作紀**하다 **呂氏春秋安死**에 **云 舜葬于紀市**에 **不變其肆**라한대 **高誘曰 傳**에 **曰 舜葬蒼梧九疑之山**이라한대 **此**에 **云 于紀市**라하니 **九疑山下亦有紀邑**이라하다 **按**컨대 **南己**는 **實當作南巴**니 **形相近**하여 **字之譌也**라 **高誘**는 **以爲紀邑**하니 **非**라 **九疑**는 **古巴地**라 **史記正義**에 **云 周地志**에 **云 南渡老子水**하고 **登巴領山**하여 **南回記**[67]**大江**이라한대 **此南是古巴國**이니 **因以名山**이라하니 **是已**라하다 **王云 南己**는 **後漢書王符傳注**에 **引作南巴**하니 **巴**는 **卽己之誤**라 **畢以作巴者**를 **爲是**하고 **且云 九疑**는 **古巴地**라하다 **案 北堂書鈔及初學記**

67) 記：저본 傍注에 "畢沅이 인용한 ≪史記正義≫는 張守節의 ≪史記正義≫ 〈蘇秦列傳〉에 보인다. '南回記大江'의 '記'자는 뜻이 통하지 않지만, 원문은 이와 같다. 아마도 '記'자는 '訖'의 오자('訖'은 '迄'과 같다.)이거나 혹은 衍文인 듯하다."라고 하였다.

禮部下에 引墨子에 竝作南己하다 後漢書趙咨傳注와 及太平御覽에 竝引作南紀하며 呂氏春秋安死篇에 舜葬於紀市는 卽所謂南紀之市니 則己는 非誤字也라 若是巴字면 則不得與紀通矣라 墨子에 稱舜所葬地는 本不與諸書同하니 不必牽合舜葬九疑之文也라 至謂九疑爲古巴地하여 以牽合南巴니 則顯與上文西教乎七戎으로 不合하니 此無庸辯也라하다 案 王說이 是也라 舜葬을 古書多云在蒼梧라하고 孟子又云卒鳴條라하니 與此云葬南己로 竝不相涉이라 困學紀聞에 引薛季宣謂蒼梧山은 在海州界하니 近莒之紀城하며 羅泌[68]는 路史注에 又謂紀는 卽冀니 河東皮氏東北有冀亭이요 鳴條는 在安邑西北이니 其地相近이라하니 斯竝欲傅合諸說爲一이니 實不可通이라 近何秋濤[69]又謂周書王會篇에 正西枳己는 卽此南己라 云紀市는 與枳己로 聲近이니 蓋卽一地라하니 尤肊說不足據라 劉賡稽瑞에 引墨子하여 曰 舜葬於蒼梧之野에 象爲之耕이라한대 與此不同하니 疑誤以他書之文改此書라

《北堂書鈔》 92와 《太平御覽》 81에서 《帝王世紀》를 인용하여 "舜이 南行을 하여 鳴條에서 붕어하였으니, 향년 100세였다. 陶棺으로 빈소를 마련하였다가 蒼梧의 九疑山 남쪽에 장사를 지냈다. 이곳이 零陵인데 紀市라고 하니 지금의 營道縣이다."라 하였으며, 《孟子》 〈離婁〉에 "舜임금은 鳴條에서 별세하셨다."라 하였으며, 《史記》 〈五帝本紀〉에 "舜이 帝位에 오른 지 39년에 남쪽으로 巡狩를 하다가 蒼梧의 들에서 붕어하여 江南의 九疑에서 장사를 지냈으니 이곳은 零陵이다."라 하였는데, 《史記集解》에 "《皇覽》에 '舜의 무덤은 零陵 營浦縣에 있다.'라 하였다."라 하였다.

畢沅 : 《後漢書注》에 이 대목을 인용한 곳에 "舜葬紀市(舜을 紀市에 장사 지내다.)"로 되어 있으며, 또 한 곳에는 이 대목을 인용하면서 "葬南巴之中(南巴에서 장사를 지내다.)"이라 하였으며, 《太平御覽》에는 또 '紀'로 되어 있다. 《呂氏春秋》 〈安死〉에 "舜葬于紀市 不變其肆(舜을 紀市에서 장사를 지낼 때, 그 저자에 변화가 없었다.)"라 하였는데, 高誘의 注에 "傳에 '舜을 蒼梧의 九疑山에 장사를 지냈다.'라 하였는데, 여기에서 '紀市에서 〈장사 지냈다.〉'라 하였으니, 九疑山 아래에 또한 紀邑이 있는 듯하다."라 하였다. 생각건대,

---

68) 羅泌 : 1131~1189. 宋나라 사람으로, 字는 長遠이다. 저서에 《路史》 47권, 《古史玫》가 있다.

69) 何秋濤 : 1824~1862. 字는 原船이고, 福建 光澤 사람이다. 淸나라의 官員이면서 學者로 활동하였다. 저서에 《朔方備乘》 80권이 있다.

'南已'는 실로 '南巴'로 되어야 하니, 〈'已'와 '巴'는〉 모양이 서로 비슷하여 글자가 잘못된 것이다. 高誘는 '紀邑'이라 하니, 옳지 않다. '九疑'는 옛날의 '巴' 지역이다. ≪史記正義≫에 "≪周地志≫에 '南渡老子水 登巴領山 南回記大江(남으로 老子水를 건너고 巴領山에 올라 남쪽으로 돌아 大江에 이른다.)'이라 하였는데, 여기 남쪽이 옛날 '巴國'이니, 이 때문에 산의 이름으로 삼은 것이다."라 하였으니, 옳다.

王念孫 : '南已'는 ≪後漢書≫ 〈王符傳〉의 注에서 이 대목을 인용하면서 '南巴'로 썼으니, '巴'는 바로 '已'의 誤字이다. 〈그런데〉 畢沅은 '巴'로 되어 있는 것을 옳다고 여겼고, 또 九疑를 옛날 巴地라고까지 하였다. 생각건대, ≪北堂書鈔≫와 ≪初學記≫ 〈禮部 下〉에 ≪墨子≫의 이 대목을 인용한 곳에는 모두 '南已'라고 되어 있다. ≪後漢書≫ 〈趙咨傳〉의 注와 ≪太平御覽≫에는 모두 '南紀'라고 인용하였으며, ≪呂氏春秋≫ 〈安死〉의 "舜葬於紀市"의 〈'紀市'는〉 바로 이른바 "南紀之市"이니, 그렇다면 '已'는 誤字가 아닌 것이다. 만일 '巴'자라고 한다면 '紀'와 통용될 수 없다. ≪墨子≫에서 舜을 장사 지낸 곳을 일컬은 것은 본래 여러 책들과 같지 않으니, 舜을 九疑에서 장사 지냈다고 하는 글과 굳이 억지로 맞출 필요는 없다. 심지어 九疑를 옛날 巴 지역이라고 하면서 '南巴'와 억지로 끼워 맞추려 하니, 이는 윗글 "西教乎七戎(서쪽으로 七戎을 교화하다.)"과 현저히 부합하지 않으니, 이는 분변할 필요가 없다.

案 : 王念孫의 설이 옳다. 舜의 葬地를 古書에서는 대부분 "蒼梧"라 하였으며, ≪孟子≫에서는 또 "鳴條에서 별세하셨다."고 하였으니, 이 대목에서 "南已에 장사를 지냈다."는 것과는 모두 관계가 없다. ≪困學紀聞≫에서 薛季宣이 "蒼梧山은 海州의 경계에 있는데 莒의 紀城과 가깝다."라 한 것을 인용하고 있으며, 羅泌는 또 ≪路史≫ 注에서 "'紀'는 '冀'이니 河東의 皮氏의 동북에 冀亭이 있고, 鳴條는 安邑 서북쪽에 있으니 두 지역이 서로 가깝다."라 하였으니, 이는 모두 여러 설을 附會하여 하나로 만들고자 한 것이니, 실로 뜻이 통하지 않는다. 근래에 또 何秋濤가 "≪逸周書≫ 〈王會解〉의 '正西枳已(正西쪽의 枳已)'가 바로 여기서의 '南已'이다. '紀市'라고 한 것은 '枳已'와 소리가 비슷해서이니, 아마도 곧 같은 땅인 듯하다."라 하였으니, 더욱 억설이라 근거로 삼기에 부족하다. 劉賡의 ≪稽瑞≫에 ≪墨子≫를 인용하면서 "舜을 蒼梧의 들에서 장사 지냈는데 코끼리가 땅을 갈았다."라 하였는데, 이곳과 같지 않으니, 아마도 실수로 다른 책의 글로 이 책을 바꾼 듯하다.

25-9-10 **衣衾三領**이요 **穀木之棺**을

衣衾은 세 벌이었으며, 닥나무 棺을

畢云 後漢書注引에 **穀**은 **作款**하니 **非**라하다

畢沅 : ≪後漢書注≫에 이 대목을 인용한 곳에 '穀'은 '款'으로 되어 있으니, 옳지 않다.

25-9-11 **葛以緘之**하며 **已葬而市人乘之**하니라

칡덩굴로 묶었으며, 매장을 마치면 저자 사람들이 밟고 지나다녔다.

淮南子齊俗訓에 **云 昔舜葬蒼梧**에 **市不變其肆**라하다

≪淮南子≫ 〈齊俗訓〉에 "昔舜葬蒼梧 市不變其肆(옛날 舜을 蒼梧에서 장사 지낼 때, 시장에서는 그 가게 일을 여전히 하였다.)"라 하였다.

25-9-12 **禹東敎乎九夷**라가

禹임금은 동쪽으로 가서 九夷를 교화하시다가

九夷는 **詳非攻中篇**이라 **畢云 太平御覽**에 **引作敎于越者**하니 **以意改之**라하다 **王云 鈔本北堂書鈔**와 **及初學記**에 **引此**하여 **竝作於**(오)**越**하니 **非作御覽者以意改也**라 **今本**에 **作九夷者**는 **後人**이 **因上文七戎八狄**하여 **而改之**하니 **不知此說堯舜禹所至之地**가 **初非以七戎八狄九夷**로 **爲次序也**일새라 **據下文**에 **云 葬會稽之山**컨대 **會稽**는 **正在越地**니 **則當以作於越者爲是**라하다

'九夷'는 ≪墨子≫ 〈非攻 中〉에 자세히 보인다.

畢沅 : ≪太平御覽≫에 이 대목을 인용한 곳에는 '敎于越'로 되어 있는데, 임의로 고친 것이다.

王念孫 : 鈔本 ≪北堂書鈔≫ 및 ≪初學記≫에 이 대목을 인용한 곳에 모두 '於越'로 되어 있으니, ≪太平御覽≫에 〈'於越'로 되어 있는〉 것은 임의로 고친 것이 아니다. 今本에 '九夷'로 되어 있는 것은 後人이 위 글의 '七戎'과 '八狄'에 근거하여 고쳤으니, 이는 여기서 말하는 堯임금과 舜임금과 禹임금이 이른 곳이 애초에 '七戎'과 '八狄'과 '九夷' 등으로

次序를 삼은 것이 아님을 몰라서이다. 아래 글에 말한 "葬會稽之山(會稽山에 장사 지내다.)"에 의거해보건대, '會稽'는 바로 '越' 땅에 있었던 것이니, 그렇다면 응당 '於越'로 되어 있는 것이 옳다.

25-9-13 **道死**하시니 **葬會稽之山**하니라

도중에 돌아가시니, 會稽山에 장사 지냈다.

稽瑞에 引墨子하여 云 禹葬會稽에 鳥爲之耘이라하니 疑此佚文이라 史記夏本紀에 云 或云 禹會諸侯計功而崩하여 因葬焉이라 命曰會稽라한대 會稽者는 會計也라한대 集解에 云 皇覽에 曰 禹冢은 在山陰縣會稽山上이라 會稽山은 本名苗山이니 在縣南하고 去縣七里라하며 越傳에 云 禹到大越하여 上苗山하여 大會計하니 爵有德하고 封有功이라 因而更名苗山曰會稽라하다 因病死葬하니 葦棺하고 穿壙深七尺하니 上無瀉泄이요 下無邸水라 壇高三尺이요 土階三等이요 周方一畝라하다 正義에 括地志에 云 禹陵은 在越州會稽縣南十三里라하다 案 越傳은 卽越絶書[70)]이니 今本越絶記地傳文은 與裴駰所引으로 略同이라

〈劉賡의〉 ≪稽瑞≫에 ≪墨子≫를 인용하면서 "禹를 會稽에서 장사 지낼 때, 새가 잡초를 없앴다."라 하였으니, 아마도 이것은 佚文인 듯하다. ≪史記≫ 〈夏本紀〉에 "어떤 사람은 '禹가 諸侯와 〈江南에서〉 모여서〔會〕 공로를 심사하다가〔計〕 붕어하여 그곳에 장사를 지냈기 때문에 會稽라고 이름 붙였다.'라 하였는데, '會稽'라는 것은 '會計(모여서 심사한다)'이다."라 하였는데, ≪史記集解≫에 "≪皇覽≫에 '禹의 무덤은 山陰縣 會稽山 위에 있다. 會稽山은 本名이 苗山이니, 縣의 남쪽에 있고 縣에서 7里 거리에 있다.'라 하였으며, ≪越傳≫에 '禹가 大越에 이르러 苗山에 올라 크게 모여 공덕을 심사하였으니〔大會計〕, 德이 있는 자에게는 작위를 내리고 공이 있는 자에게는 封地를 하사하였다. 이로 인해 苗山의 이름을 바꾸어 「會稽」라 하였다. 이어 중병으로 죽어 장사를 지냈으니, 갈대로

70) 越絶書 : '越絶'이라고도 한다. '絶'은 越나라 말로 '기록'이라는 뜻이다. 이 책의 편찬 시기, 작자, 권수와 편명 등에 대해서는 여러 異說이 존재한다. 내용은 春秋 말기부터 戰國 초기까지 吳나라와 越나라가 투쟁한 역사 사실을 근간으로, 정치・경제・군사・천문・역법・언어 등을 포괄하고 있다.

엮은 棺을 쓰고 뫼구덩이의 깊이는 7자로 하였으니, 위로는 〈썩는 냄새가〉 새어나가지 않고 아래로는 지하수에 닿지 않았다. 봉분의 높이는 3자이고 흙계단은 3等으로 하였으며, 묘역의 둘레가 사방 1畝였다.'라 하였다."라 하였다. ≪史記正義≫에 "≪括地志≫에 禹의 무덤은 越州 會稽縣 남쪽 13里에 있다."라 하였다.

案 : ≪越傳≫은 바로 ≪越絶書≫이니, 今本 ≪越絶書≫ 〈外傳記地傳〉의 글은 裴駰이 인용한 것과 대략 같다.

25-9-14 衣衾三領이요

衣衾은 세 벌이었으며,

畢云 史記集解에 引衾은 作裘하니 非라하다 詒讓案 周禮職方氏賈疏에 引亦作裘하니 與夏本紀集解同하다 七患篇에 云 死又厚爲棺椁하고 多爲衣裘라하니 則葬有用裘者라

畢沅 : ≪史記集解≫에서 이 대목을 인용한 곳에 '衾'은 '裘'로 되어 있으니, 옳지 않다.

詒讓案 : ≪周禮≫ 〈職方氏〉 賈公彦의 疏에 이 대목을 인용한 곳에도 〈'衾'이〉 '裘'로 되어 있으며, ≪史記集解≫ 〈夏本紀〉와도 같다. ≪墨子≫ 〈七患〉에 "死又厚爲棺椁 多爲衣裘(죽어서도 棺椁을 후하게 만들고 衣裘를 많이 마련한다.)"라 하였으니, 장례에 갖옷〔裘〕을 쓰는 경우도 있는 것이다.

25-9-15 桐棺三寸이요

오동나무 棺은 세 치이며,

畢云 後漢書注引尸子에 云 禹之葬法은 死於陵者는 葬於陵하고 死於澤者는 葬於澤하니 桐棺三寸이요 制喪三日이라하다 詒讓案 宋書禮志引尸子에 云 禹治水에 爲喪法하고 曰使死於陵者는 葬於陵하고 死於澤者는 葬於澤하니 桐棺三寸이요 制喪三月이라하다 越絶書記地外傳과 吳越春秋越王無余外傳에 竝云 禹葬會稽에 葦椁桐棺이라하다

畢沅 : ≪後漢書注≫에서 ≪尸子≫를 인용한 대목에 "禹임금의 장사 지내는 法은 언덕〔陵〕에서 죽은 자는 언덕에 장사 지내고, 못〔澤〕에서 죽은 자는 못에 장사 지내니, 오동나무 棺이 세 치이고 喪期를 3일로 제한하였다."라 하였다.

詒讓案 : ≪宋書≫ 〈禮志〉에서 ≪尸子≫를 인용한 대목에 "禹임금이 물을 다스릴 때에 喪禮의 법을 만들고 말하기를 '가령 언덕〔陵〕에서 죽은 자는 언덕에 장사 지내고, 못〔澤〕에서 죽은 자는 못에 장사 지내니, 오동나무 棺이 세 치이고 喪期를 3일로 제한하였다.' 라 하였다."라 하였다. ≪越絶書≫ 〈外傳記地傳〉과 ≪吳越春秋≫ 〈越王無余外傳〉에 모두 "禹임금을 會稽에서 장사 지낼 때, 갈대 널〔葦椁〕과 오동나무 관〔桐棺〕으로 하였다."라 하였다.

25-9-16 **葛以緘之**하며

그것을 칡덩굴로 묶었으며,

緘은 當作繃이라 說文糸部에 云 繃은 束也라한대 引墨子하여 曰 禹葬會稽에 桐棺三寸이요 葛以繃之라하니 卽此文이라 藝文類聚十一과 御覽三十七에 引帝王世紀하여 亦云 禹葬會稽에 葛以繃之라하다 段玉裁云 繃은 今墨子에 此句三見하니 皆作緘이라 古蒸侵二部音轉[71]最近也라하다 畢云 太平御覽에 引緘은 作繃한대 注에 云 補庚切이라하니 則此緘字俗改라하다

'緘'은 응당 '繃(묶다)'이 되어야 한다. ≪說文解字≫ 〈糸部〉에 "'繃'은 '束(묶다)'이다."라 하였는데, ≪墨子≫를 인용하면서 "禹葬會稽 桐棺三寸 葛以繃之(禹임금을 會稽에서 장사 지낼 때 오동나무 棺이 세 치이고 그것을 칡덩굴로 묶었다.)"라 하였으니, 곧 이 글이다. ≪藝文類聚≫ 11과 ≪太平御覽≫ 37에서 ≪帝王世紀≫를 인용하면서 또한 "禹葬會稽 葛以繃之"라 하였다.

段玉裁 : '繃'은 今本 ≪墨子≫에서 이 해당 구절이 세 차례 보이니, 모두 '緘'으로 되어 있다. 옛날에는 〈蒸部〉와 〈侵部〉의 音轉이 매우 가까웠다.

畢沅 : ≪太平御覽≫에서 이 대목을 인용한 곳에 '緘'은 '繃'으로 되어 있는데, 注에 "'補'와 '庚'의 반절이다."라 하였으니, 이 '緘'자를 세상 사람들이 고친 것이다.

71) 音轉 : 같은 부수에 속하는 글자를 같은 뜻으로 서로 통용하는 글자를 轉注字라고 하는데, 轉注에는 음을 그대로 하면서 뜻만 바뀌는 '形轉'과, 뜻과 함께 독음까지 바뀌는 '音轉'이 있다.

25-9-17 絞之不合하고 通之不埳하며

〈棺을〉 묶기만 하고 짜지는 않았으며, 〈隧道나 墓道를 만들더라도〉 다닐 수 있게 했지 구덩이를 깊이 파지는 않았다.

道藏本吳鈔本에 通은 竝作道라

道藏本과 吳寬의 鈔本에 '通'은 모두 '道'로 되어 있다.

25-9-18 (土)〔掘〕[72]地之深은

땅을 파는 깊이는

王云 土地二字는 文義不明이라 土地는 當爲掘地니 寫者脫其右半耳[73]라 下文에 曰 掘地之深은 下無菹漏요 氣無發泄於上이라하며 節用篇에 曰 堀穴에 深不通於泉이라하니 皆其證이라하다

王念孫 : '土地' 2자는 글의 뜻이 분명치 않다. '土地'는 응당 '掘地'가 되어야 하니, 전사하는 자가 '〈掘'자에서 왼쪽의 扌(土)만 남기고〉 오른쪽 반(屈)을 빠뜨렸을 뿐이다. 아래 글에 "掘地之深 下無菹漏 氣無發泄於上(땅을 파는 깊이는 아래로는 지하수가 스며들지 않도록 하고, 위로는 냄새가 밖으로 새지 않도록 한다.)"이라 하였으며, ≪墨子≫ 〈節用 中〉에 "堀穴深不通於泉(무덤을 팔 적에는 깊이가 지하수에는 닿지 않게 한다.)"이라 하였으니, 모두 그 증거이다.

25-9-19 下毋及泉하며

아래로 지하수에 미치지 않았으며,

毋는 吳鈔本에 作無요 下同이라

'毋'는 吳寬의 鈔本에 '無'로 되어 있으며, 아래도 같다.

---

72) (土)〔掘〕 : 저본에는 '土'로 되어 있으나, 王念孫의 주에 의거하여 '掘'로 바로잡았다.
73) 土地……寫者脫其右半耳 : 이 설명대로라면 '掘'은 '堀'이어야 한다. '掘'과 '堀'은 통용한다.

25-9-20 **上毋通臭**라

위로 냄새가 새어나오지 않았다.

後漢書趙咨傳注에 引作皆下不及泉하고 上無遺臭라하다 書鈔에 無는 作不하며 餘竝與李引同하다

≪後漢書≫ 〈趙咨傳〉 李賢의 注에서 이 대목을 인용한 곳에 "皆下不及泉 上無遺臭(모두 아래로는 지하수에 닿지 않고 위로는 냄새가 나지 않는다.)"로 되어 있다. ≪北堂書鈔≫에 '無'는 '不'로 되어 있으며, 그 외에는 모두 李賢이 인용한 것과 같다.

25-9-21 **旣葬**에 **收餘壤其上**하니

매장을 하고 나서는 남은 흙덩이를 무덤 위에 모았으니,

說文土部에 云 壤은 柔土也라하며 九章算術商功篇에 穿地四요 爲壤五요 爲堅三이라한대 劉徽[74]注에 云 壤은 謂息土요 堅은 謂築土라하다 畢云 太平御覽에 引作收餘壤爲壟하니 則當云 爲其上壟[75]이라하다 詒讓案 以上文校之컨대 壟은 不得屬上爲句니 畢說非라

≪說文解字≫ 〈土部〉에 "'壤'은 부드러운 흙이다."라 하였으며, ≪九章算術≫ 〈商功〉에 "穿地四 爲壤五 爲堅三(땅을 파는 깊이는 네 자, 息土는 다섯 자, 築土는 세 자이다.)"이라 하였는데, 劉徽의 注에 "'壤'은 息土를 말하고, '堅'은 築土를 말한다."라 하였다.

畢沅 : ≪太平御覽≫에 이 대목을 인용한 곳에는 "收餘壤爲壟(남은 흙덩이를 수습하여 봉분을 만든다.)"으로 되어 있으니, 응당 "爲其上壟"이라 해야 한다.

詒讓案 : 위에 나온 글을 가지고 교감해보건대, '壟'은 위와 이어져 句가 될 수 없으니, 畢沅의 說은 옳지 않다.

---

74) 劉徽 : ?~?. 西晉 때 사람이다. 수학자로, 漢나라 때 완성된 ≪九章算術≫을 魏 元帝 景元 4년(263)에 완성하였다고 전해진다. ≪九章重差≫를 편찬하였다. 이는 후에 ≪海島算經≫으로 이름이 바뀌었으며 算經十書에 들어간다.

75) 爲其上壟 : 25-9-22의 '壟'을 '其上' 뒤에 붙여 구두를 떼고, '其上壟' 앞에 '爲'를 붙여 '爲其上壟'이 되어야 한다는 말이다.

25-9-22 壟若參(삼)耕之畝면

봉분은 세 번 갈아 엎은 밭두둑 정도면

藝文類聚十一과 御覽三十七에 引帝王世紀文이 略同하니 蓋卽本此書라 吳越春秋越王無余外傳에 禹命群臣하여 曰 吾百世[76]之後에 葬我會稽之山하되 葦椁桐棺하며 穿壙七尺하며 下無及泉하며 墳高三尺하며 土階三等하라 葬之後에 田無改畝라하니 卽其事也라 畢云 壟은 前漢書注에 作隴이라하다

≪藝文類聚≫ 11과 ≪太平御覽≫ 37에 ≪帝王世紀≫의 글을 인용한 대목이 대략 같으니, 아마도 곧 이 책(≪墨子≫)에 근거한 듯하다. ≪吳越春秋≫ 〈越王無余外傳〉에 "禹임금이 群臣에게 命하기를 '내가 죽은 뒤에 나를 會稽山에 장례를 지내되 갈대 널〔葦椁〕과 오동나무 관〔桐棺〕을 쓰고 묏구덩이는 7자를 파서 아래로 지하수에 닿지 않게 하며 封墳의 높이는 3자로 하고 3等으로 된 흙 계단을 만들라. 장례를 지내고서는 전지에 밭두둑을 바꾸지 말라.'라고 하셨다."라 하였으니, 곧 이 일이다.

畢沅 : '壟'은 ≪前漢書注≫에 '隴'으로 되어 있다.

25-9-23 則止矣니라

그만이었다.

畢云 則은 舊作取하니 據前漢書注改라하다

畢沅 : '則'은 舊本에 '取'로 되어 있는데, ≪前漢書注≫에 의거하여 고친다.

25-9-24 若以此若三聖王者觀之컨대

예컨대 이 세 聖王(堯·舜·禹)과 같은 분들을 놓고 보자면

此若의 若은 亦卽此也라 詳尙賢上篇이라 後同이라

'此若'의 '若' 또한 곧 '此'이다. ≪墨子≫ 〈尙賢 上〉에 자세히 보인다. 뒤의 글도 같다.

---

76) 百世 : '百歲'와 같은 말로, '죽음'을 이른다.

25-9-25 **則厚葬久喪**은 **果非聖王之道**라 **故**로 **三王者**는 **皆貴爲天子**요 **富有天下**니 **豈憂財用之不足哉**리오마는 **以爲如此葬埋之法**이니라

성대히 장사 지내고 오랫동안 거상하는 것은 과연 聖王의 道가 아니다. 그러므로 세 분의 王은 모두 귀하기로는 天子가 되었으며, 부유하기로는 천하를 소유하였으니, 어찌 財用이 부족할까 근심하셨겠는가. 〈그럼에도 불구하고 간소하게 장사 지내는〉 이와 같은 매장의 法을 제정하셨던 것이다."

畢云 太平御覽에 引作以爲葬埋之法也라하다 王云 北堂書鈔와 初學記에 亦如是하며 於義爲長이라하다

畢沅 : ≪太平御覽≫에 이 대목을 인용한 곳에는 〈'以爲如此葬埋之法'이〉 "以爲葬埋之法也(이것을 매장하는 법으로 삼았다.)"로 되어 있다.

王念孫 : ≪北堂書鈔≫와 ≪初學記≫가 또한 이와 같으며, 〈'以爲如此葬埋之法'보다〉 의미상으로 훨씬 낫다.

25-10-1 **今王公大人之爲葬埋**는 **則異於此**니라 **必大棺中棺**하며

지금 王公大人이 매장하는 것은 이와는 다르다. 반드시 大棺(겉관)과 中棺(속관)을 두며,

禮記喪大記에 云 君은 大棺八寸이요 屬六寸이요 椑(벽)四寸이며 上大夫는 大棺八寸이요 屬六寸이며 下大夫는 大棺六寸이요 屬四寸이요 士는 棺六寸이라한대 鄭注에 云 大棺은 (檀)〔棺〕[77]之在表者也라 檀弓에 曰 天子之棺은 四重이라 水兕革棺被之하니 其厚三寸이요 杝棺一이요 梓棺二니 四者皆周라하니 此以內說而出也라 然則大棺及屬은 用梓하고 椑은 用杝하여 以是差之라 上公은 革棺不被니 三重也며 諸侯는 無革棺이니 再重也며 大夫는 無椑이니 一重也며 士는 無屬이니 不重也며 庶人之棺은 四寸이라하다 案此云大棺中棺은 卽大棺與屬이라 下에 云 革闠三操라한대 疑卽所謂水兕革棺被之也라

77) (檀)〔棺〕: 저본에는 '檀'으로 되어 있으나, ≪禮記≫ 〈喪大記〉 鄭玄의 주에 의거하여 '棺'으로 바로잡았다.

≪禮記≫ 〈喪大記〉에 "임금은 大棺이 8촌, 屬棺이 6촌, 椑棺이 4촌이다. 上大夫는 大棺이 8촌, 屬棺이 6촌이다. 下大夫는 大棺이 6촌, 屬棺이 4촌이다. 士는 棺이 6촌이다."라 하였는데, 鄭玄의 注에 "大棺은 棺 중에 바깥에 있는 것이다. ≪禮記≫ 〈檀弓 上〉에 '天子의 棺은 네 겹으로 한다. 물소가죽으로 棺을 씌우는데 그 두께는 3寸이고, 피나무로 만든 관이 한 겹이며, 가래나무로 만든 관이 두 겹이다. 네 가지 관이 모두 둘러싼다.'라 하였으니, 이것은 안쪽에서부터 설명해나간 것이다. 그렇다면 大棺과 屬棺은 가래나무를 쓰고, 椑棺은 피나무를 써서 차이를 두는 것이다. 上公은 물소가죽으로 관을 씌우지 못하니 세 겹이며, 諸侯는 革棺 자체가 없으니 두 겹이며, 大夫는 椑棺이 없으니 한 겹이며, 士는 屬棺이 없으니 겹치지 않으며, 庶人의 棺은 4寸이다."라 하였다.

案 : 이 대목에서 말한 大棺과 中棺은 바로 '大棺'과 '屬棺'이다. 아래 글에서 "革闠三操(장식 가죽으로 세 번 두르다.)"라 하였는데, 아마도 바로 이른바 "물소가죽으로 관을 씌운다."는 것인 듯하다.

25-10-2 革闠(궤)三(操)〔褋〕[78]하며

무늬 있는 가죽으로 세 겹을 두르며,

畢云 闠는 同鞼(궤)하며 操는 同繰하니 假音字라하다 案 說文革部에 云 鞼는 革繡也라하며 國語齊語에 鞼盾은 韋注에 云 綴革有文如績也라하다 若然이면 革棺은 或亦有文飾與인저 操를 畢讀爲繰러니 義亦難通하니 疑當爲褋이라 淮南子詮言訓高注에 云 褋은 帀也라하니 褋操는 形近而誤라

畢沅 : '闠'는 '鞼(무늬 있는 가죽)'와 같으며, '操'는 '繰(고치 켜다)'와 같으니 假音字이다.

案 : ≪說文解字≫ 〈革部〉에 "鞼는 革繡(수놓은 가죽)이다."라 하였으며, ≪國語≫ 〈齊語〉에 나오는 "鞼盾"은 韋昭의 注에 "가죽을 꿰매되 모양을 내어 수놓은 것처럼 하는 것이다."라 하였다. 만일 그렇다고 보면 '革棺'은 혹 文飾이 또한 있는 것이리라. '操'를 畢沅은 '繰'라고 읽었는데 뜻이 또한 통하기 어려우니, 아마도 또한 '褋'자가 되어야 할 듯하다. ≪淮南子≫ 〈詮言訓〉 高誘의 注에 "'褋'은 '帀(두르다)'의 뜻이다."라 하였으니, '褋'과 '操'는 모양이 비슷하여 잘못된 것이다.

---

78) (操)〔褋〕: 저본에는 '操'로 되어 있으나, 孫詒讓의 주에 의거하여 '褋'으로 바로잡았다.

25-10-3 璧玉(卽)〔旣〕[79]具하며

璧玉이 이미 갖추어졌으며,

王云 卽字는 文義不順하니 卽은 當爲旣라 言璧玉旣具하고 而戈劍等物도 又皆具也라하다

王念孫 : '卽'자는 글의 뜻이 順하지 않으니, '卽'은 응당 '旣'가 되어야 한다. 璧玉이 이미 갖추어졌고, 창과 칼 등의 물건도 모두 갖추어졌다는 말이다.

25-10-4 戈劍鼎鼓壺濫(감)과

창과 검, 솥과 북, 병과 쟁반,

竝詳前이라

모두 앞에 자세히 보인다.

25-10-5 文繡素練과 大鞅萬領과

무늬를 수놓은 비단과 흰 비단, 大鞅과 萬領,

說文革部에 云 鞅은 頸靼也라하며 釋名釋車에 云 鞅은 嬰也라 喉下稱嬰하니 言纓絡之也라하다 案 鞅은 爲馬鞁具之一이며 無大小之分이라 此大字는 疑誤라 又不當云萬領이나 所未詳也라

≪說文解字≫ 〈革部〉에 "鞅은 '頸靼(목에 매는 가죽)'이다."라 하였으며, ≪釋名≫ 〈釋車〉에 "'鞅'은 '嬰'이다. 목 아래는 얽매기에 적당하니 얽는다는 말이다."라 하였다.

案 : '鞅'은 말의 가슴에 거는 馬具 중 하나이고 大小의 구분이 없다. 이 대목의 '大'자는 아마도 잘못된 듯하다. 또 응당 '萬領(만 벌)'이라고 해서는 안 될 듯하나, 자세히 알지 못하겠다.

25-10-6 輿馬女樂을 皆具하고 曰 必(捶垛)〔隧涂〕[80]는

79) (卽)〔旣〕 : 저본에는 '卽'으로 되어 있으나, 王念孫의 주에 의거하여 '旣'로 바로잡았다.

수레와 말과 女樂을 모두 갖추고 말하기를 "반드시 隧道는

吳鈔本에 無必字라 畢云 挃는 當爲(垛)〔埵〕[81]니 說文에 云 堅土也라하다 垛는 當爲涂니 說文과 玉篇에 無垛字라 言築涂使堅이라하다 詒讓案 疑當讀爲挃除라 內則鄭注에 云 挃는 擣之也라 說文手部에 云 擣는 一日築也라하니 則挃도 亦有堅築之義라 垛除는 聲義亦通하니 謂除道也라

吳寬의 鈔本에는 '必'자가 없다.

畢沅 : '挃'는 응당 '埵(단단한 흙)'가 되어야 하니, ≪說文解字≫ 〈土部〉에 〈'埵'는〉 "堅土(단단한 흙)이다."라 하였다. '垛'는 응당 '涂'가 되어야 하니, ≪說文解字≫와 ≪玉篇≫에는 '垛'자가 없다. 길을 다져 단단하게 만든다는 말이다.

詒讓案 : 〈'挃垛'는〉 아마도 응당 '挃除'라고 읽어야 할 듯하다. ≪禮記≫ 〈內則〉 鄭玄의 注에 "'挃'는 '擣(찧다)'의 뜻이다."라 하였다. ≪說文解字≫ 〈手部〉에 "'擣'는 어떤 책에서는 '築'이라 한다."라 하였으니, '挃'자 역시 다진다는 뜻이 있는 것이다. '垛'자와 '除'자는 소리와 뜻이 또한 통하니, '除道(길을 정리함)'를 말한다.

25-10-7 (差通)〔羨道〕[82]하며 壟雖凡山陵이라하니라

墓道와 통해야 하며, 봉분은 산언덕만큼 높아야 한다."라고 한다.

差通은 疑當作羨(연)道라 周禮冢人鄭注에 云 隧는 羨道也라하며 九章算術商功篇에 云 今有羨除라한대 劉注에 云 羨除는 隧道也니 其所穿地가 上平下邪라하다 史記衛世家에 共伯이 入釐侯羨하여 自殺이라한대 索隱에 云 羨은 墓道也라하니 竊疑此當讀必挃垛羨道爲句니 卽九章所謂羨除也라 壟雖凡山陵爲句니 大意는 蓋謂丘壟之高如山陵耳라

80) (挃垛)〔隧涂〕 : 저본에는 '挃垛'로 되어 있으나, 于省吾의 주에 의거하여 '隧涂'로 바로잡았다. 우성오(1896~1984)는 ≪墨子新證≫에서, 孫詒讓이 '挃垛'를 '挃除'로 읽고 해석한 것은 신빙성이 없다고 하였다. 우성오에 의하면, '挃'는 '隧'와 음이 비슷하여 잘못되었으며, '垛'는 '涂'를 말하는 것이라 하였다. '涂'는 '道'와 같다.

81) (垛)〔埵〕 : 저본에는 '垛'로 되어 있으나, ≪說文解字≫에 의거하여 '埵'로 바로잡았다.

82) (差通)〔羨道〕 : 저본에는 '差通'으로 되어 있으나, 孫詒讓의 주에 의거하여 '羨道'로 바로잡았다.

然이나 雖凡二字는 必誤나 無以正之라 今姑從舊讀이라 戴云 疑當作雖凡山陵差通爲壟이니 脫爲字하고 又倒其文耳라하다 案 戴校義仍不可通하니 今不據改라

'差通'은 아마도 응당 '羨道'가 되어야 할 듯하다. ≪周禮≫ 〈冢人〉 鄭玄의 注에 "'隧'는 '羨道'이다."라 하였으며, ≪九章算術≫ 〈商功〉에 "今有羨除(지금 '羨除'가 있다.)"라 하였는데, 劉徽의 注에 "'羨除'는 '隧道'이니 그 뚫은 땅이 위는 평평하고 아래는 비스듬하다."라 하였다. ≪史記≫ 〈衛康叔世家〉에 "共伯 入釐侯羨 自殺(共伯이 釐侯의 墓道에 들어가 自殺하였다.)"이라 하였는데 ≪史記索隱≫에 '羨'은 '墓道'라 하였으니, 아마도 이 대목은 "必捶垛羨道"가 句가 되어야 할 듯하니, 〈'羨道'는〉 ≪九章算術≫ 〈商功〉의 이른바 '羨除'이다. "壟雖凡山陵"이 句가 되니, 大意는 아마 '丘壟(무덤)의 높이가 山陵과 같다.'는 말일 것이다. 그러나 '雖凡' 2자는 필시 誤字일 것이지만 바로잡을 수 없어서 지금 우선 전의 讀法을 따른다.

戴望 : 〈'壟雖凡山陵'은〉 아마도 응당 "雖凡山陵差通爲壟"으로 되어야 하니, '爲'자가 빠져 있고 또 글자가 뒤바뀌어 있다.

案 : 戴望이 교감한 것으로도 여전히 뜻이 통하지 않으니, 지금 근거로 삼아 고치지 않는다.

25-10-8 此爲輟民之事하며 靡民之財를 不可勝計也니 其爲毋用이 若此矣라 是故로 子墨子曰 鄉者에

이렇게 백성들의 일을 하지 못하게 하고 백성의 재물을 다 써버리는 것을 이루 헤아릴 수가 없으니, 그 쓸모없기가 이와 같다. 이런 까닭에 子墨子께서 말씀하셨다.

"예전에

畢云 鄉은 曏省(생)文이라하다

畢沅 : '鄉'은 '曏'의 자획을 생략한 글자이다.

25-10-9 吾本言曰 意亦使法其言하며

내 본시 말하기를 '대개 그 말을 준칙으로 삼고,

畢云 舊脫法字요 一本有라하다

畢沅 : 舊本에는 '法'자가 빠져 있으며, 어떤 本에는 있다.

25-10-10 **用其謀**라

그 계책을 사용하게 하라.' 하였다.

句라

여기서 구두를 뗀다.

25-10-11 **計厚葬久喪**컨대 **請可以富貧衆寡**하며 **定危治亂乎**인댄

성대히 장사 지내고 오랫동안 거상하는 것을 헤아려보건대, 진실로 가난한 자를 부유하게 하며, 적은 무리를 많아지게 하며, 위태로운 것을 안정시켜 어지러운 것을 다스릴 수 있다면,

畢本에 請改作誠하고 云 舊作請이요 一本如此라하다 王云 古者에 誠은 與請通하니 不煩改字라 尙同篇에 今天下之王公大人士君子가 請將欲富其國家하며 衆其人民하며 治其刑政하며 定其社稷이라한대 請은 卽誠字也라 墨子書에 情請二字는 竝與誠通이라 說見尙同篇이라

畢沅本에는 '請'을 고쳐 '誠'으로 되어 있으며, 畢沅이 말하기를 "舊本에는 '請'으로 되어 있으며, 한 본이 여기와 같다."라 하였다.

王念孫 : 옛날에 '誠'은 '請'과 통용하였으니 번거롭게 글자를 고치지 않는다. ≪墨子≫ 〈尙同 中〉에 "今天下之王公大人士君子 請將欲富其國家 衆其人民 治其刑政 定其社稷(지금 天下의 王公大人과 士君子가 진실로 자기의 國家를 부유하게 하고 그 人民이 많아지게 하며, 그 刑政을 잘 다스리고 그 社稷을 안정시키고자 하다.)"이라 하였는데, 〈여기의〉 '請'자가 바로 '誠'자이다. ≪墨子≫에서 '情'과 '請' 2자는 모두 '誠'자와 통용된다. 그 설명은 ≪墨子≫ 〈尙同 上〉에 보인다.

25-10-12 **則仁也**요 **義也**요 **孝子之事也**니 **爲人謀者**는 **不可不勸也**니라 **意亦使法其言**하며 **用其謀**하여 **若人厚葬久喪**하여 **實不可以富貧衆寡**하며 **定危治亂乎**인댄 **則非仁也**요 **非義也**요 **非孝子之事也**니 **爲人謀者**는 **不可不沮也**라 **是故**로 **求以富國家**라도 **甚得貧焉**이요 **欲以衆人民**이라도 **甚得寡焉**이요 **欲以治刑政**이라도 **甚得亂焉**이요 **求以禁止大國之攻小國也**나 **而旣已不可矣**요 **欲以干上帝鬼神之福**이나 **又得禍焉**이라 **上稽之堯舜禹湯文武之道**라도 **而政逆之**하며

仁이요 義며, 孝子의 일이니, 남을 위하여 계책을 세우는 자는 〈이를〉 권하지 않아서는 안 된다.

대개 또한 그 말을 준칙으로 삼고, 그 계책을 사용하게 하여, 만일 사람들이 성대히 장사 지내고 오랫동안 거상하여 진실로 가난한 자를 부유하게 하지 못하며, 적은 무리를 많아지게 하지 못하며, 위태로운 것을 안정시켜 어지러운 것을 다스릴 수 없다면, 仁이 아니요 義가 아니며, 孝子의 일이 아니니, 남을 위하여 계책을 세우는 자는 〈이를〉 막지 않아서는 안 된다.

이런 까닭에 국가를 부유하게 하기를 바라더라도 매우 가난해질 것이며, 人民이 많아지기를 바라더라도 매우 적어질 것이며, 刑政이 다스려지기를 바라더라도 매우 어지러워질 것이며, 大國이 小國을 공격하는 것을 금지하기를 바라더라도 이미 그렇게 될 수 없으며, 上帝와 鬼神에게 福을 干求하기를 바라더라도 또 재앙을 받을 것이다. 위로 堯임금・舜임금・禹王・湯王・文王・武王의 道를 가지고 헤아려 보더라도 정면으로 거스르며,

政은 **正通**이라

〈'政逆之'의〉 '政'은 '正'과 통용한다.

25-10-13 **下稽之桀紂幽厲之事**라도 **猶合節也**니라 **若以此觀**컨대 **則厚葬久喪**은 **其非聖王之道也**라하시니라

아래로 桀王・紂王・幽王・厲王의 일을 가지고 헤아려보더라도 오히려 딱 들어맞는다. 만약 이로써 본다면, 성대히 장사 지내고 오랫동안 거상하는 것은 아마도

聖王의 道가 아닐 것이다."

25-11-1 **今執厚葬久喪者言**에 **曰 厚葬久喪**이 **果非聖王之道**인댄 **夫胡說中國之君子**가 **爲而不已**며

지금 성대히 장사 지내고 오랫동안 거상하는 것을 주장하는 자들의 말에 이르기를 "성대히 장사 지내고 오랫동안 거상하는 것이 과연 聖王의 道가 아니라면, 중국의 군자들이 이렇게 하기를 그만두지 않으며,

畢云 猶言何說이라

畢沅 : 〈'胡說'은〉 '何說'이라는 말과 같다.

25-11-2 **操而不擇**(석)**哉**오하니라

굳게 지키면서 버리지 않는 것을 어떻게 설명하겠는가."라고 한다.

畢云 擇은 **同釋**이라하다 **詒讓案 淮南子說山訓高注**에 **云 釋**은 **舍也**라하다

畢沅 : '擇'은 '釋(버리다)'과 같다.

詒讓案 : ≪淮南子≫ 〈說山訓〉 高誘의 注에 "'釋'은 '舍(버리다)'이다."라 하였다.

25-11-3 **子墨子曰 此所謂便其習而義其俗者也**라

子墨子께서 말씀하셨다.

"이는 이른바 그 습관을 편하게 여기고 그 풍속을 마땅하게 여긴다는 것이다.

習은 **吳鈔本**에 **作事**하니 **下同**이라 **兪云 義**는 **猶善也**니 **謂善其俗也**라 **禮記緇衣篇**에 **章義癉惡**이라한대 **釋文**에 **曰尙書**에 **作善**한대 **皇云 義**는 **善也**라하니 **是義與善同意**라하다 **案 義**는 **當讀爲宜**니 **兪說未塙**이라

'習'은 吳寬의 鈔本에 '事'로 되어 있으니 아래도 같다.

兪樾 : '義'는 '善'이라는 뜻이니, 그 風俗을 좋게 여긴다는 말이다. ≪禮記≫ 〈緇衣〉에

"章義癉惡(선을 표창하고 악을 징치하다.)"이라 하였는데, ≪經典釋文≫에서 "≪尙書≫에는 〈'義'자가〉 '善'자로 되어 있는데, 皇侃은 '義'는 '善'이라 하였다."라 하였으니, 여기의 '義'는 '善'과 뜻이 같다.

案 : '義'는 응당 '宜(마땅하다)'의 뜻으로 읽어야 하니 兪樾의 설은 확실치 않다.

25-11-4 昔者에 越之東에 有輆沐之國者한대

옛날에 越의 동쪽에 輆沐이라는 나라가 있었다.

畢云 輆는 舊作鞍하니 不成字라 據太平廣記引作輆하고 音善愛反하니 今改라하다 盧云 列子湯問篇에 作輒才하고 新論에 作軫沐이라하다 顧云 世德堂列子에 作木하고 影宋本에 作沐이라하다 詒讓案 意林引列子와 及道藏本劉子風俗篇에 竝作輒沐하며 博物志五에 引作駭沐하다 宋本列子에 作輙沐한대 注에 云 又休라하다 道藏本殷敬順釋文[83]과 及盧重元注本에 竝作輒休하다 殷云 輒은 說文에 作耴하니 諸涉切이요 耳垂也라 休는 美也라 蓋儋耳[84]之類是也라 諸家本에 作輙沐者는 誤耳라하다 案 諸文舛互라 此無文義可校라 集韻十九代에 云 輆沭이니 國名이라 在越東이라하니 是北宋本에 實作輆沭이라 依殷說컨대 則輆는 當作輒이라 後魯問篇에 以食子爲啖人國俗이라한대 與此復(부)不同이라 後漢書南蠻傳에 說噉人國在交阯西라하니 交阯는 卽南越이요 而國名及方域이 竝異니 未知孰是라

畢沅 : '輆'는 舊本에 '鞍'자로 되어 있는데 글자를 이루지 못한다. ≪太平廣記≫에서 ≪墨子≫를 인용한 대목에는 '輆'로 되어 있고 〈그 아래 本注에〉 音은 '善과 愛의 反切이다.'라 하였으니, 지금 〈이에 따라〉 고친다.

盧文弨 : ≪列子≫ 〈湯問〉에 '輒才'로 되어 있고, ≪新論≫에는 '軫沐'으로 되어 있다.

顧廣圻 : 世德堂本 ≪列子≫에 '木'으로 되어 있고, 影宋本에는 '沐'으로 되어 있다.

詒讓案 : ≪意林≫에서 인용한 ≪列子≫와 道藏本 ≪劉子≫ 〈風俗〉에는 모두 '輒沐'으로

83) 道藏本殷敬順釋文 : 唐나라 殷敬順의 ≪列子釋文≫을 말하는데, ≪正統道藏≫ 〈洞神部 玉訣類〉에는 ≪沖虛至德眞經釋文≫이란 이름으로 실려 있다.

84) 儋耳 : 고대 남쪽의 여덟 이민족(天竺, 咳首, 僬僥, 跛踵, 穿胸, 儋耳, 狗軹, 旁春) 중의 하나이다. 지금의 海南道 儋縣에 해당한다. '離耳'라고도 한다.

되어 있고, ≪博物志≫ 5에서 인용한 곳에는 '駭沐'으로 되어 있다. 宋本 ≪列子≫에는 '輒沐'으로 되어 있는데 注에 "〈'沐'은〉 또 '休'이다."라 하였다. 道藏本 殷敬順의 ≪列子釋文≫과 盧重元이 注를 단 판본에는 모두 '輒休'로 되어 있다. 殷敬順은 "'輒'은 ≪說文解字≫에 '耴'으로 되어 있으니, '諸'와 '涉'의 反切이며, 귀가 늘어진 것이다. 休는 '美'의 뜻이다. 대개 儋耳의 부류가 이것이다. 諸家의 本에 '輒沐'으로 되어 있는 것은 잘못된 것이다."라 하였다.

案 : 여러 글들이 다 제각각이라, 여기에서는 교감할 만한 글의 뜻이 없다. ≪集韻≫ 19 '代'에 "〈'輆'는〉 '輆沭'이니 國名이다. 越의 동쪽에 있다."라 하였으니, 이 北宋本은 실로 '輆沭'로 되어 있다. 殷敬順의 설에 의하면 '輆'는 응당 '輒'으로 되어야 한다. 뒤에 나오는 ≪墨子≫ 〈魯問〉에서 "長子를 먹는 것은 啖人國의 風俗이다."라 하였는데, 여기와 또 같지 않다. ≪後漢書≫ 〈南蠻西南夷列傳〉에 "噉人國이 交阯의 서쪽에 있다."라 하였으니, '交阯'는 바로 南越이다. 國名과 方域이 모두 다르니, 어느 것이 옳은지 모르겠다.

25-11-5 **其長子生**하면 **則解而食之**하여

그 長子가 태어나면 〈그 살을〉 발라내어 먹으면서

盧云 解는 **魯問**에 **作鮮**하니 **與列子同**이라 **杜預注左傳**에 **云 人不以壽死曰鮮**[85]이라한대 **顧云 此列子釋文之謬說**이라하다 **詒讓案 殷敬順列子釋文**에 **引杜說而釋之**하여 **云 謂少也**라하니 **即盧說所本**이라 **盧校列子**는 **則謂鮮析**은 **一聲之轉**[86]이라하고 **引析支**하여 **亦作鮮支**하여 **爲證**하니 **說較此爲長**이라 **蓋解鮮析**은 **義竝同**이라 **新論**에 **作其長子生**이면 **則解肉而食其母**하다

盧文弨 : '解'는 ≪墨子≫ 〈魯問〉에 '鮮'으로 되어 있으니, ≪列子≫와 같다. ≪春秋左氏傳≫ 杜預의 注에 "사람이 天壽를 다하고 죽지 않는 것이 '鮮'이다."라 하였는데, 顧廣圻는 "이는 ≪列子釋文≫의 잘못된 설이다."라 하였다.

---

85) 杜預注左傳云 人不以壽死曰鮮 : ≪春秋左氏傳≫ 昭公 5년 조에 "葬鮮者自西門(제명에 죽지 못한 사람을 送葬할 때는 喪輿가 西門으로 나간다.)"이라고 보이는데, 이에 대한 杜預의 주이다.

86) 一聲之轉 : 어휘의 파생 및 분화 현상을 지칭하는 것으로, 주로 聲母가 같거나 비슷한 상황에서 나타난다.

詒讓案 : 殷敬順의 ≪列子釋文≫에서 杜預의 설을 인용하여 해석하기를 "〈'鮮'은〉 나이가 어린 것을 이른다."라 하였으니, 바로 盧文弨의 설이 근거한 바이다. 盧文弨가 교감한 ≪列子≫에는 '鮮'과 '析'은 '一聲之轉'이라 하였으며, '析支'를 인용하면서 '鮮支'로 쓴 것을 증거로 삼으니, 그 설이 이것과 비교하면 더 낫다. 대개 '解'와 '鮮'과 '析'은 뜻이 모두 같다. ≪新論≫에 '其長子生 則解肉而食其母(長子가 태어나면 살을 발라내어 그 어미에게 먹인다.)'로 되어 있다.

25-11-6 謂之宜弟라하며 **其大父死**면 **負其大母而棄之**하여

말하기를 '아우를 위하여 마땅한 일이다.'라고 한다. 그 祖父가 죽으면 그 祖母를 업어다 버리고서

博物志에 **引作父死則負其母而棄之**라하며 **新論**[87]에 **作其人父死**면 **即負其母而棄之**라하다 **案 此**는 **不必定爲大父母**하니 **疑張劉所引**이 **近是**라

≪博物志≫에 이 대목을 인용한 곳에 "父死則負其母而棄之(아버지가 죽으면 어머니를 업어다 버린다.)"라 하였으며, ≪新論≫에는 "其人父死 即負其母而棄之(〈그곳 사람은〉 아버지가 죽으면 곧바로 그 어머니를 업어다 버린다.)"라 하였다.

案 : 이 대목은 굳이 大父(조부)와 大母(조모)로 한정할 필요가 없으니, 아마도 張華와 劉晝(또는 劉勰)가 인용한 것이 옳은 듯하다.

25-11-7 曰 鬼妻不可與居處라하니라 **此上以爲政**하고 **下以爲俗**하여 **爲而不已**하고 **操而不擇**(석)하니 **則此豈實仁義之道哉**리오 **此所謂便其習而義其俗者也**니라 **楚之南**에 **有(炎)〔啖〕**[88]**人國者**한대

말하기를 '죽은 사람의 妻는 함께 살아서는 안 된다.'라고 한다. 이런 방식으로 위에서는 정치를 하고 아래에서는 풍속으로 여기며, 이렇게 하기를 그만두지 않

---

87) 新論 : 北齊의 劉晝(514~565)가 지은 것으로 알려져 있으나, 작자에 대해서 唐宋 이래로 의견이 분분하다. 유력한 설로는 '劉勰(?465~?521)'으로 본다. 아직 定論이 없다.

88) (炎)〔啖〕 : 저본에는 '炎'으로 되어 있으나, 顧廣圻와 孫詒讓의 주에 의거하여 '啖'으로 바로잡았다.

고 굳게 지키면서 버리지 않으니, 이 어찌 진실로 仁義의 道이겠는가. 이것이 이른바 그 습관을 편하게 여기고 풍속을 마땅하게 여긴다는 것이다.

楚의 남쪽에 啖人이라는 나라가 있었다.

顧云 季本에 炎은 作啖이라하다 盧云 列子에 作炎한대 殷敬順釋文에 讀去聲이라하다 詒讓案 魯問篇에 亦作啖人하며 新論同하다 博物志에 引作炎하다 道藏本列子釋文에 作啖人하고 云 談去聲이라 本作炎이라하며 後漢書에 亦作噉人國하니 疑當從啖爲是라 詳魯問篇이라

顧廣圻 : 季本에는 '炎'이 '啖'으로 되어 있다.

盧文弨 : ≪列子≫에 '炎'으로 되어 있는데, 殷敬順의 ≪列子釋文≫에는 去聲으로 읽었다.

詒讓案 : ≪墨子≫ 〈魯問〉에는 또한 '啖人'으로 되어 있고, ≪新論≫도 같다. ≪博物志≫에서 이 대목을 인용한 곳에는 '炎'으로 되어 있다. 道藏本 ≪列子釋文≫에 '啖人'으로 되어 있으며, "〈'啖'은〉 '談' 韻目에 속하며, 去聲이다. 본래 '炎'으로 쓴다."라 하였으며, ≪後漢書≫에 또한 '噉人國'으로 되어 있으니, 아마도 응당 '啖'자를 따르는 것이 옳을 듯하다. 자세한 내용이 ≪墨子≫ 〈魯問〉에 보인다.

25-11-8 其親戚死면

그 어버이가 죽으면,

親戚은 謂父母也라 詳兼愛下篇라

'親戚'은 '父母'를 말한다. ≪墨子≫ 〈兼愛 下〉에 자세히 보인다.

25-11-9 朽其肉而棄之하고

그 살을 부패시켜서 버리고

畢云 列子에 朽는 作死하니 同이라 太平廣記에 引作剜라하다 詒讓案 御覽七百九十引博物志에 亦作剜하다 列子釋文에 云 死는 本作冎하니 音寡요 剔肉也라 又音朽라한대 殷作

咼는 蓋冎之譌라 說文冎部에 云 冎는 剔人肉하여 置其骨也라하다 新論에 作坼은 尤誤라

畢沅：≪列子≫에 '朽'는 '死'로 되어 있으니 같은 글자이다. ≪太平廣記≫의 이 대목을 인용한 곳에는 〈'朽'가〉 '剐'로 되어 있다.

詒讓案：≪太平御覽≫ 790에 ≪博物志≫를 인용하면서 또한 〈'朽'를〉 '剐'로 썼다. ≪列子釋文≫에 "'死'는 본래 '咼'로 되어 있으니 음은 '寡'이며, 살을 바른다는 뜻이다. 또 '朽'로 발음하기도 한다."라 하였는데, 殷敬順이 '咼'로 쓴 것은 아마도 '冎'가 와전된 것이다. ≪說文解字≫ 〈冎部〉에 "'冎'는 사람의 살을 발라내고 그 뼈는 버리는 것이다."라 하였다. ≪新論≫에 〈'朽'가〉 '坼'으로 되어 있는 것은 더욱 잘못된 것이다.

25-11-10 然後埋其骨이라야 乃成爲孝子니라 秦之西에 有儀渠之國者한대

그러한 연후에 그 뼈를 매장해야만 孝子가 될 수 있었다.
秦의 서쪽에 儀渠라는 나라가 있었다.

畢云 渠는 舊作秉하니 據列子及太平廣記改라 史記正義에 括地志에 云 寧原慶三州는 秦北地郡이라 戰國及春秋時爲義渠니 戎國之地라하니 今甘肅慶陽府也며 在陜西之西라하다 詒讓案 渠는 吳鈔本에 作秉하니 不成字라 博物志에 引作義渠하며 新論同이라 宋本列子의 渠下注에 云 又康이라한대 康與秉은 竝渠之形誤라 周書王會篇에 云 義渠以玆白이라한대 孔晁注에 云 義渠는 西戎國이라하며 後漢書西羌傳에 云 涇北有義渠之戎이라하다 兪云 史記秦本紀에 厲共公三十三年에 伐義渠하고 虜其王이라하니 卽此國也라하다

畢沅：'渠'는 舊本에 '秉'으로 되어 있으니, ≪列子≫와 ≪太平廣記≫에 의거하여 고친다. ≪史記正義≫에 "≪括地志≫에 '寧州·原州·慶州 3주는 秦의 北地郡이다. 戰國時代 및 春秋時代의 義渠니 戎國 지역이다.'라 하였다."라 하였으니, 지금 甘肅省 慶陽府이다. 陜西의 서쪽에 있다.

詒讓案：'渠'는 吳寬의 鈔本에 '秉'으로 되어 있는데, 글자가 이뤄지지 않는다. ≪博物志≫에 이 대목을 인용한 곳에 '義渠'로 되어 있으며, ≪新論≫도 같다. 宋本 ≪列子≫의 '渠' 아래 注에 "또 '康'으로 쓰기도 한다."라 하였는데, '康'과 '秉'은 모두 '渠'의 字形이 잘못된 것이다. ≪逸周書≫ 〈王會解〉에 "義渠以玆白(義渠는 '玆白'을 바쳤다.)"이라 하였는

데, 孔晁의 注에 "義渠는 서쪽의 戎國이다."라 하였으며, ≪後漢書≫ 〈西羌傳〉에 "涇水에 '義渠'라는 戎이 있다."라 하였다.

兪樾 : ≪史記≫ 〈秦本紀〉에 "厲 共公 33년에 '義渠'를 정벌하여 그 왕을 사로잡았다."라 하였으니, 〈'義渠'가〉 바로 이 나라이다.

25-11-11 **其親戚死**하면 **聚柴薪而焚之燻上**을 **謂之登遐**하니

그 어버이가 죽으면 땔나무를 모아 시신을 태우고 그 연기가 위로 올라가는 것을 '登遐'라 하였으니,

畢云 燻은 卽熏字니 俗寫라 太平廣記에 引作熏其煙上을 謂之登煙霞라하다 詒讓案 列子에 亦作燻則煙上을 謂之登遐하며 新論에 作煙上燻天을 謂之昇霞하며 博物志에 作勳[89]之卽煙上을 謂之登遐하다 呂氏春秋義賞篇에 云 氐羌之民은 其虜也에 不憂其係累하고 而憂其死不焚也라하며 荀子大略篇說同하다 義渠는 在秦西니 亦氐羌之屬이라 登遐者는 禮記曲禮에 云 天子崩에 告喪하여 曰 天王登假[90]라한대 鄭注에 云 登은 上也요 假는 已也니 上已者는 若僊去云耳라한대 釋文에 云 假는 音遐라하다 漢書郊祀志에 云 世有僊人인댄 登遐倒景이라한대 顔注에 云 遐는 亦遠也라하다 案 依廣記所引及新論컨대 似皆以遐爲霞之叚字나 非古義也라

畢沅 : '燻'은 바로 '熏'자이니 俗字로 이렇게 쓴다. ≪太平廣記≫에 이 대목을 인용한 곳에 "熏其煙上 謂之登煙霞(태워서 그 연기가 올라가는 것을 '煙霞에 오른다.'라 부른다.)"라 되어 있다.

詒讓案 : ≪列子≫에 또한 "燻則煙上 謂之登遐(태우면 연기가 올라가는 것을 '登遐'라고 한다.)"라 하였으며, ≪新論≫에 "煙上燻天 謂之昇霞(연기가 올라가 하늘에 연기가 끼는 것을 '昇霞'라고 한다.)"라 하였으며, ≪博物志≫에는 "勳之卽煙上 謂之登遐(태워서 곧바로 연기가

---

89) 勳 : '熏(태우다)'자와 통용하여 쓴 듯하다. '熏'으로 되어 있는 본도 있다.

90) 天子崩……天王登假 : ≪禮記≫ 〈曲禮 下〉와 글자의 출입이 있다. 원문은 다음과 같다. "崩曰天王崩 復曰天子復矣 告喪曰天王登假(천자가 붕어하면 '천왕이 붕하였다.'라고 일컫고, 招魂할 때에는 '천자의 혼은 돌아오소서.'라고 부르며, 천자의 喪을 부고할 때에는 '천왕이 승하하였다.'라고 칭한다.)"

올라가는 것을 '登遐'라고 한다.)"라 하였다. ≪呂氏春秋≫ 〈義賞〉에 "氐族과 羌族의 백성들은 포로가 되었을 때 감옥에 갇히는 것을 걱정하기보다는 죽어서 태워지지 않을까를 더 걱정하였다."라 하였으며, ≪荀子≫ 〈大略〉에 같은 말이 나온다. '義渠'는 秦의 서쪽 지역이니, 또한 氐族과 羌族의 무리이다. '登遐'라는 것은 ≪禮記≫ 〈曲禮〉에 "天子崩 告喪曰 天王登假(천자가 붕어함에 喪을 〈제후의 나라에〉 부고할 때에는 '天王登假'라고 한다.)"라 하였는데, 鄭玄의 注에 "'登'은 '上(오르다)'이며, '假'는 '已(다함)'이니, '上已'는 신선처럼 〈하늘로〉 떠나가는 것이다."라 하였는데, 그 대목의 ≪經典釋文≫에서 "'假'는 음이 '遐(하)'이다."라 하였다. ≪漢書≫ 〈郊祀志〉에 "世有僊人 登遐倒景(세상에 僊人이 있는데 멀리 하늘의 끝까지 오른다.)"이라 하였는데, 顔師古의 注에 "'遐'는 또한 '遠(멀다)'이다."라 하였다.

案 : ≪太平廣記≫과 ≪新論≫에서 인용한 것에 의거해보건대, 아마도 모두 '遐'를 '霞'의 假借字로 여긴 듯하나, 옛 뜻은 아니다.

25-11-12 **然後**에 **成爲孝子**니라

그러한 연후에 孝子가 될 수 있었다.

成爲는 **吳鈔本**에 **作謂之**하다

'成爲'는 吳寬의 鈔本에 '謂之'로 되어 있다.

25-11-13 **此上以爲政**하고 **下以爲俗**하며

이런 방식으로 위에서는 정치를 하고 아래에서는 풍속으로 여기며,

畢云 太平廣記에 **引有云 而未足爲非也**라하다 **詒讓案 博物志**에 **引有中國未足爲非也 七字**라 **列子**에 **作而未足爲異也**라하다

畢沅 : ≪太平廣記≫에서 이 대목을 인용한 곳에 "而未足爲非也"라고 한 부분이 있다.

詒讓案 : ≪博物志≫에서 이 대목을 인용한 곳에 "中國未足爲非也(中國에서는 족히 그르다고 하지는 않는다.)"라는 7자가 있다. ≪列子≫에는 "而未足爲異也(족히 이상하다고 하지 않는다.)"라고 되어 있다.

25-11-14 爲而不已하고 操而不擇(석)하니 則此豈實仁義之道哉리오 此所謂便其習而義其俗者也니라 若以此若三國者觀之컨대 則亦猶薄矣며 若以中國之君子觀之컨대

이렇게 하기를 그만두지 않고 굳게 지키면서 버리지 않으니, 이 어찌 진실로 仁義의 道이겠는가. 이것이 이른바 그 습관을 편하게 여기고 풍속을 마땅하게 여긴다는 것이다. 만약 이 세 나라와 같은 경우를 놓고 보자면, 또한 너무 야박한 것이며, 만약 〈지금〉 中國의 君子를 놓고 보자면,

舊本에 脫以字하며 王據上文補하다

舊本에는 〈'若以中國之君子觀之'의〉 '以'자가 빠져 있으며, 王念孫이 위 글에 의거하여 채워 넣었다.

25-11-15 則亦猶厚矣니라

또한 너무 후한 것이다.

王云 爾雅에 猶는 已也라하니 言亦已薄이어나 亦已厚也라하다

王念孫 : ≪爾雅≫에 "'猶'는 '已(너무)'이다."라 하였으니, 〈'亦猶薄'과 '亦猶厚'는〉 '亦已薄(또한 너무 박하다)'이라거나 '亦已厚(또한 너무 후하다)'라는 말이다.

25-11-16 如彼則大厚요 如此則大薄이니 然則葬埋之有節矣니라 故로 衣食者는 人之生利也나 然且猶尙有節이요 葬埋者는 人之死利也니

저 〈중국의 군자와〉 같은 경우는 너무 후하며, 이 〈세 나라와〉 같은 경우는 너무 야박하니, 그렇다면 葬埋에는 절도가 있어야 한다. 그러므로 입고 먹는 것은 사람의 삶에 이로운 것인데도 오히려 절도가 있고, 葬埋란 사람의 죽음에 이로운 것인데도

吳鈔本에 無者字라

吳寬의 鈔本에는 '者'자가 없다.

25-11-17 **夫何獨無節於此乎**리오하니라 **子墨子制爲葬埋之法**하여 **曰 棺三寸**은 **足以朽骨**이요 **衣三領**은 **足以朽肉**이라

어찌 유독 여기에 절도가 없겠는가."
子墨子께서 葬埋의 法을 제정하시고 말씀하셨다.
"棺 세 치는 뼈를 썩히기에 충분하며, 옷 세 벌은 육신을 썩히기에 충분하다.

韓非子顯學篇에 **云 墨者之葬也**에 **冬日冬服**하고 **夏日夏服**하며 **桐棺三寸**이요 **服喪三月**이라하다

≪韓非子≫ 〈顯學〉에 "墨者(墨家의 문도나 학자)의 장례에는 겨울에는 겨울옷으로, 여름에는 여름옷으로 〈斂을 하였고,〉 세 치의 桐棺으로 관을 만들며 服喪은 3개월로 하였다."라 하였다.

25-11-18 **掘地之深**은 **下無菹漏**요

땅을 파는 깊이는 아래로 지하수에 젖지 않게 하며,

菹는 **與沮通**이라 **廣雅釋詁**에 **云 沮**는 **溼也**라하다

'菹'는 '沮'와 통한다. ≪廣雅≫ 〈釋詁〉에 "'沮'는 '溼(젖다)'이다."라 하였다.

25-11-19 **氣無發洩於上**이요 **壟**은 **足以期其所**면

위로 냄새가 새어나오지 않게 하며, 봉분은 어디에 있는지를 알 수 있을 정도면

畢云 言期會라하다

畢沅 : 〈'期其所'는〉 '期會(모임을 기약하다)'라는 말이다.

25-11-20 **則止矣**니라 **哭往哭來**하며 **反從事乎衣食之財**하며 **佴**(이)**乎祭祀**하여

그만이다. 哭을 하며 가고 哭을 하며 와서, 〈집으로〉 돌아와서는 입고 먹는 재용을 얻는 일에 종사하며, 제사를 빠트리지 않고 〈제때에 하여〉

畢云 說文에 佴는 佽(차)也라한대 佽는 訓便利라하다 案 佴者는 次比之義니 言不疏曠也라 畢說非라

畢沅 : ≪說文解字≫ 〈人部〉에 "佴는 '佽'이다."라 하였는데, '佽'은 便利하다는 뜻이다.
案 : '佴'이란 '次比'의 뜻이니, 〈제사를〉 빠뜨리지 않는다는 말이다. 畢沅의 설은 옳지 않다.

25-11-21 以致孝於親이라하시니라

어버이에게 孝를 다한다."

於는 吳鈔本에 作乎하다

'於'는 吳寬의 鈔本에 '乎'로 되어 있다.

25-11-22 故로 曰 子墨子之法이 不失死生之利者此也라하니라

그러므로 "子墨子의 法이 죽은 자와 산 자의 이로움을 놓치지 않음이 이러하다."라 한다.

25-12-1 故로 子墨子言曰 今天下之士君子가 中請將欲爲仁義하여

그러므로 子墨子께서 말씀하셨다.
"지금 천하의 士君子가 진실로 장차 仁義를 행하여

請은 舊本에 作謂하다 畢本에 改誠하고 云 舊作謂하니 以意改라하다 王云 謂는 卽請之譌이니 請은 與誠通이라 畢徑改爲誠하니 未達假借之旨라하다 案 王校是也라 顧說同하다 今據正이라

'請'은 舊本에 '謂'로 되어 있다. 畢沅의 本에는 〈'請'이〉 '誠'으로 바뀌어 있고 "舊本에 '謂'로 되어 있으니, 임의로 고친다."라 하였다.

王念孫 : '謂'는 곧 '請'의 誤字이니, '請'은 '誠'과 통용한다. 〈그런데도〉 畢沅은 곧장 '誠'으로 고쳤으니, 假借한 뜻을 이해하지 못한 것이다.

案 : 王念孫의 교감이 옳으며, 顧廣圻의 說도 같다. 이제 이에 의거하여 바로잡는다.

25-12-2 **求爲上士**인댄 **上欲中聖王之道**하며 **下欲中國家百姓之利**라 **故**로 **當若節喪之爲政**하여 **而不可不察此者也**라하시니라

上士가 되고자 한다면, 위로는 聖王의 道에 부합하고자 하며, 아래로는 국가와 백성의 이로움에 합치하고자 해야 한다. 그러므로 마땅히 節喪과 같은 것으로 정치를 하면서 이를 살피지 않아서는 안 된다."

此者二字는 **舊本**에 **倒**하니 **今依王校乙**하다 **詳非攻下篇**이라

'此者' 2자는 舊本에 뒤바뀌어 〈'者此'로 되어 있으니,〉 이제 王念孫의 교감에 의거하여 글자를 뒤바꾼다. ≪墨子≫ 〈非攻 下〉에 자세히 보인다.

天志 上 第二十六　제26편 하늘의 뜻 상

〈天志〉는 하늘의 뜻을 준칙으로 삼아 세상을 다스리는 일에 대해 논하는 篇이다. 임금을 섬기는 자가 주군의 뜻〔志〕을 준칙으로 하며, 아버지를 모시는 자가 부친의 뜻〔意〕을 이어받듯이, 하늘을 섬기는 자는 하늘의 뜻을 준칙으로 삼는다는 것이다.

이 편에서는 桀王・紂王・幽王・厲王이 어찌하여 罰을 받고, 禹임금・湯임금・文王・武王이 어찌하여 賞을 받았는지를 자세히 논하고 있다. 전자는 위로 하늘을 욕보이며, 중간으로 鬼神을 업신여기며, 아래로 사람들을 해쳤기에 벌을 받았으며, 후자는 위로 하늘을 높이며, 중간으로 鬼神을 섬기며, 아래로 사람을 사랑하였기에 상을 받았다.

하늘의 뜻이란 하늘이 사랑하는 바를 아울러 사랑하며, 하늘이 이롭게 여기는 바를 아울러 이롭게 하는 것으로, 구체적으로는 大國에 살면서 小國을 攻伐하지 않고 大家에 살면서 小家를 侵奪치 않으며, 強한 자는 弱한 자를 겁박하지 않고 貴한 자는 賤한 자를 업신여기지 않으며, 교활한 자는 어리석은 자를 속이지 않는 것이다. 이것이 바로 聖王의 정치이며 하늘과 귀신과 사람 모두를 이롭게 하는 정치라고 설명하고 있다.

春秋繁露[1]**楚莊王篇**에 **云 事君者**는 **儀志**하고 **事父者**는 **承意**하고 **事天**도 **亦然**이라하니 **此天志之義也**라 **畢云 玉篇**에 **云 志**는 **意也**라하고 **說文**에 **無志字**라 **鄭君注周禮**에 **云 志**는 **古文識**(지)라하니 **則識**는 **與志同**하다 **又篇中**에 **多或作之**하니 **疑古文**에 **志**는 **亦只作之也**라

≪春秋繁露≫ 〈楚莊王〉에 "임금을 섬기는 자는 〈주군의〉 志를 준칙으로 하며, 아버지를 모시는 자는 〈부친의〉 意를 이어받으며, 하늘을 섬기는 것 또한 그러하다."라 하였으니, 이것이 ≪墨子≫ 〈天志〉의 뜻이다.

---

1) 春秋繁露 : ≪春秋≫의 주석서이다. 公羊學의 대가로 알려진 前漢 董仲舒의 저술이다. 南宋代에 4종류의 ≪춘추번로≫ 저본이 있었으며, 清나라 乾隆 50년(1785)에 盧文弨 등 13인의 학자들이 이 저본들을 모두 모아 교정하여 총 17권 82편을 완성하였다.

畢沅 : ≪玉篇≫에 "'志'는 '意(뜻)'이다."라 하였으며, ≪說文解字≫에는 '志'자가 없다. 鄭玄의 ≪周禮注≫에 "'志'는 古文의 '識'이다."라 하였으니, '識'는 '志'와 같다. 또 ≪墨子≫ 〈天志〉 안에는 많은 부분이 간혹 〈'志'가〉 '之'로 되어 있으니, 아마도 古文에 '志'는 또한 그저 '之'라고 쓴 듯하다.

26-1-1 子墨子言曰 今天下之士君子는 **知小而不知大**라 **何以知之**오 **以其處家者**로 **知之**라 **若處家得罪於家長**하면 **猶有隣家所避逃之**니라

子墨子께서 말씀하셨다.

"오늘날 천하의 士君子들은 작은 것은 알고 큰 것은 알지 못한다. 어떻게 그러함을 아는가. 그가 집에서 사는 것을 가지고 그것을 안다. 만일 집에 살면서 家長에게 죄를 얻으면 그래도 피하여 달아날 이웃집이라도 있다.

畢云 廣雅에 云 所는 凥[2)]也라하고 玉篇에 云 處所라하다 王云 所는 猶可也니 言有隣家可避逃也라 下文同이라 畢引廣雅하여 所는 凥也라하니 失之라하다 案 此當從畢說이라 下文에 云 此有所避逃之者也라하고 又云 無所避逃之라하니 卽承此文이라

畢沅 : ≪廣雅≫에 "'所'는 '凥'이다."라 하였으며, ≪玉篇≫에 "〈'所'는〉 '處所(사는 곳)'이다."라 하였다.

王念孫 : '所'는 '可'와 같으니, '有隣家可避逃(피하여 달아날 만한 이웃집이 있다.)'라는 말이다. 아래 글도 같다. 畢沅이 ≪廣雅≫를 인용하면서 "'所'는 '凥'이다."라 하였으니, 잘못 본 것이다.

案 : 여기서는 마땅히 畢沅의 說을 따라야 한다. 아래 글에 "此有所避逃之者也(이는 피하여 달아날 데가 있는 경우이다.)"라 하였으며, 또 "無所避逃之(피하여 달아날 데가 없다.)"라 하였으니, 곧 이 글을 이은 것이다.

26-1-2 然且親戚兄弟所知識은

---

2) 凥 : '居'의 古字이다.

그런데도 한편 부모형제와 지인들은

親戚은 卽父母也라 下篇에 云 父以戒子하고 兄以戒弟라하다

'親戚'은 곧 '父母'이다. ≪墨子≫ 〈天志 下〉에 "父以戒子 兄以戒弟(부친이 자식을 경계하고 형이 아우를 경계하다.)"라 하였다.

26-1-3 共相儆戒하여

함께 서로 경계하여

畢云 共은 舊作其요 一本如此라 下同이라하다

畢沅 : '共'은 舊本에 '其'로 되어 있으며, 어떤 本이 이와 같다. 아래도 같다.

26-1-4 皆曰 不可不戒矣요 不可不愼矣라 惡(오)有處家而得罪於家長을 而可爲也오하니라 非獨處家者爲然이요 雖處國도 亦然하니라 處國에 得罪於國君하면 猶有隣國所避逃之니라 然且親戚兄弟所知識은 共相儆戒하여 皆曰 不可不戒矣요 不可不愼矣라 誰亦有處國得罪於國君을 而可爲也오하니라 此有所避逃之者也에 相儆戒를 猶若此其厚은 況無所避逃之者에 相儆戒를 豈不愈厚然後에 可哉리오 且語(言)[3]에 有之曰 焉而晏日에 焉而得罪아 將惡(오)避逃之오라하고

모두 말하기를 '경계하지 않을 수 없다. 삼가지 않을 수 없다. 어찌 집에 살면서 家長에게 죄를 얻는 일을 감히 할 수 있겠는가.'라고 한다.

집에서 사는 경우에만 그러한 것이 아니라, 나라 안에서 사는 것 또한 그러하다. 나라 안에서 살면서 國君에게 죄를 얻으면 그래도 피하여 달아날 이웃 나라라도 있다. 그런데도 한편 부모형제와 지인들은 함께 서로 경계하여 모두 말하기를 '경계하지 않을 수 없다. 삼가지 않을 수 없다. 누구라도 나라 안에서 살면서 國君에게 죄를 얻는 일을 할 수 있겠는가.'라고 한다.

이 피하여 달아날 데가 있는 경우에도 서로 경계하기를 이와 같이 엄하게 하는

3) (言) : 저본에는 '言'이 있으나, 兪樾의 주에 의거하여 衍文으로 처리하였다.

데, 하물며 피하여 달아날 데가 없는 경우에 서로 경계하기를 어찌 더욱 엄하게 한 연후에야 가하지 않겠는가.

게다가 옛말에 있기를 '이 훤한 낮에 어찌 죄를 얻는가. 장차 어디로 피하여 달아나려는가.'라 하였고,

日은 舊本에 作曰하고 畢校弁上曰字하여 皆改爲日하고 云 猶云 日暮途遠[4]이라 兩日字는 舊作曰하니 以意改라하다 兪云 畢改兩曰字하여 皆作日하다 然이나 上曰字는 實不誤라 且語有之曰은 蓋述古語也라 言字는 卽語字之誤而衍者하여 下曰字는 當從畢改作日이라 焉而字는 疊出이니 文義難通이라 疑上焉而字도 亦爲衍文이라 墨子에 本作且語有之曰 晏日에 焉而得罪아 將惡避逃之오하니 晏者는 淸也요 明也라 說文日部에 晏은 天淸也라하고 小爾雅廣言에 晏은 明也라하고 文選羽獵賦에 于是天淸日晏이라하고 淮南子繆稱篇에 暉日知晏 陰蜡知雨라하니 竝其證也라 此謂人苟於昏暮得罪면 猶有可以避逃之處나 若晏日이면 則人所共覩하니 無所逃避矣라 下文에 曰 夫天不可爲林谷幽門無人이라도 明必見之라하니 然則墨子正以晏日之不可避逃로 起下文의 明必見之之意하니 晏之當訓明은 無疑矣라 畢注에 謂猶云 日暮途遠이라한대 是는 但知晏晚之義하고 而忘天淸之本訓이니 宜於墨子之意不得矣라하다 案 兪說晏日之義是也라 此當以焉而晏日焉而得罪의 八字로 爲句라 上焉은 與於同義하니 焉而는 猶言於而니 言於此晴晏之日에 焉而得罪也라 兪以上焉而二字로 爲衍文하니 則尙未得其義라

〈'焉而晏日'의〉 '日'은 舊本에 '曰'로 되어 있으며, 畢沅이 위 〈'有之曰'〉의 '曰'자를 같이 교감하면서 모두 '日'로 고치고 말하기를 "'日暮途遠(날은 저물고 길은 멀다.)'이라고 말하는 것과 같다. 두 '日'자는 舊本에 '曰'로 되어 있으니, 임의로 〈'日'로〉 고친다."라 하였다.

兪樾 : 畢沅이 두 '曰'자를 고쳐서 모두 '日'로 썼으나, 위의 '曰'자는 실로 잘못된 것이 아니다. "且語有之曰"은 아마도 '古語'를 말하는 듯하다. '言'자는 곧 '語'자의 오류로 衍文이며, 아래의 '曰'자는 응당 畢沅이 고친 대로 '日'로 써야 한다. '焉而'자는 거듭해서 나오니, 글의 뜻이 통하기 어렵다. 아마도 위의 '焉而'자는 또한 衍文인 듯하다. ≪墨子≫에는

---

4) 日暮途遠 : ≪史記≫ 〈平津侯主父列傳〉에 "吾日暮途遠 故倒行暴施之(내가 날은 저물고 길은 멀기에 절차를 밟지 못하고 전횡을 하게 된 것입니다.)"라는 말이 보인다.

본래 "且語有之曰 晏日 焉而得罪 將惡避逃之"라고 되어 있었을 것이다. '晏'은 맑다는 뜻이고, 밝다는 뜻이다. ≪說文解字≫ 〈日部〉에 "'晏'은 '天淸(날씨가 맑다)'이다."라 하였으며, ≪小爾雅≫ 〈廣言〉에 "'晏'은 '明(밝다)'이다."라 하였으며, ≪文選≫ 〈羽獵賦〉에 "于是天淸日晏(이 날씨 맑은 훤한 낮에)"이라 하였으며, ≪淮南子≫ 〈繆稱〉에 "暉日知晏 陰蝔知雨(짐새 수컷은 맑은 날을 예지하고, 짐새 암컷은 비 오는 날을 예지한다.)"라 하였으니, 모두 그 증거이다. 여기서는 사람이 진실로 저물녘에 죄를 지으면 오히려 피하여 달아날 만한 데가 있지만, 만일 훤한 낮에는 〈죄를 지으면〉 사람들이 모두 目睹하여 달아나 피할 데가 없다는 말이다. 아래 글에 "夫天不可爲林谷幽門無人 明必見之(무릇 하늘은 아무도 살지 않는 숲과 골짜기, 깊은 곳이나 외떨어진 곳이라도 분명하게 반드시 보고 있다.)"라 하였으니, 그렇다면 ≪墨子≫에서는 바로 '훤한 낮에는 피하여 달아날 데 없음〔晏日之不可避逃〕'을 가지고 아래 글의 '분명하게 반드시 본다〔明必見之〕'는 뜻을 일으킨 것이니, '晏'을 응당 '明'으로 풀이하여야 함은 의심할 나위가 없다. 畢沅의 注에 "'日暮途遠'이라고 말하는 것과 같다."라 하였는데, 이는 그저 '晏晩(날이 저물다)'이라는 뜻만 알고 '天淸(날씨가 맑다)'이라는 본래의 뜻을 잊은 것이니, ≪墨子≫의 원래 뜻을 제대로 얻지 못한 게 당연하다.

案：兪樾이 말한 '晏日'의 뜻이 옳다. 여기서는 응당 '焉而晏日焉而得罪' 8자를 한 句로 해야 한다. 위의 '焉'은 '於'와 뜻이 같아서 '焉而'는 '於而'라고 말하는 것과 같으니, "此晴晏之日 焉而得罪(이 훤한 낮에 어찌 죄를 얻어)"라는 말이다. 兪樾은 위의 '焉而' 2자를 衍文이라 하였으니, 여전히 그 뜻을 얻지 못한 것이다.

26-1-5 曰 無所避逃之라하니라 **夫天**은 **不可爲林谷幽(門)〔閒〕**[5]**無人**이라도

말하기를 '피하여 달아날 데가 없다.'라 하였다. 무릇 하늘은 아무도 살지 않는 숲과 골짜기, 깊은 곳이나 외떨어진 곳이라도

畢云 門은 **當爲潤**이라하다 **王云 畢據明鬼篇文也**라 **余謂門**은 **當爲閒**이니 **閒讀若閑**이라 **言天監甚明**이라 **雖林谷幽閒無人之處**라도 **天必見之也**라 **賈子耳痺篇**에 **曰 故**로 **天之誅伐**은 **不可爲廣虛幽閒**하니 **攸遠無人**하고 **雖重襲石中而居**라도 **其必知之乎**라하고 **淮南**

5) (門)〔閒〕：저본에는 '門'으로 되어 있으나, 王念孫과 孫詒讓의 주에 의거하여 '閒'으로 바로잡았다.

覽冥篇에 **曰 上天之誅也**는 **雖在壙虛幽閒**과 **遼遠隱匿**과 **重襲石室**과 **界障險阻**라도 **其無所逃之亦明矣**라하니 **義皆本於墨子**하다 **則幽門**은 **爲幽閒之誤明矣**라 **明鬼篇**에 **雖有深谿博林幽澗毋人之所**라한대 **幽澗**도 **亦幽閒之誤**라하다 **案 王校是也**라 **但讀閒爲閑**은 **尙未得其義**라 **閒**은 **當讀爲閒**(간)**隙之閒**이라 **荀子王制篇**에 **云 無幽閒隱僻之國 莫不趨使而安樂之**라한대 **楊注**[6]에 **云 幽**는 **深也**요 **閒**은 **隔也**라하다

畢沅 : '門'은 응당 '澗(계곡의 시내)'이 되어야 한다.

王念孫 : 畢沅은 ≪墨子≫ 〈明鬼 下〉의 글에 의거한 것이다. 나는 '門'은 응당 '閒'이 되어야 한다고 생각한다. '閒'은 독음이 '閑(막히다)'과 같다. 하늘이 매우 밝게 비추어보고 있으므로 비록 아무도 살지 않는 숲의 골짜기나 아득히 멀어 가로 막힌 곳〔林谷幽閒〕이라 할지라도 하늘은 반드시 그것을 보고 있다는 말이다. ≪賈子(新書)≫ 〈耳痺〉에 "故天之誅伐 不可爲廣虛幽閒 攸遠無人 雖重襲石中而居 其必知之乎(그러므로 하늘의 주벌은 헛되거나 부질없지 않으니 아득히 멀어 아무도 살지 않고 비록 몇 겹으로 둘러싸인 석실에 살더라도 반드시 안다.)"라 하였으며, ≪淮南子≫ 〈覽冥〉에 "上天之誅也 雖在壙虛幽閒 遼遠隱匿 重襲石室 界障險阻 其無所逃之亦明矣(하늘의 주벌이라 하는 것은 비록 광막하고 텅 빈 곳, 아득히 멀어 아무도 살지 않은 곳, 몇 겹으로 둘러싸인 석실이나 세상 끝 험조한 곳에 있더라도, 달아날 데가 없는 것은 또한 분명하다.)"라 하였으니, 뜻이 모두 ≪墨子≫에 뿌리를 두고 있다. 그렇다면 '幽門'은 '幽閒'의 誤記임이 분명하다. ≪墨子≫ 〈明鬼 下〉에 "雖有深谿博林幽澗毋人之所(비록 깊은 내나 너른 숲, 아득히 멀어 아무도 살지 않는 곳이라도)"라 하였는데, '幽澗' 또한 '幽閒'의 誤記이다.

案 : 王念孫의 교감이 옳다. 다만 '閒'의 독음이 '閑'이라고 한 것은 여전히 그 뜻을 얻지 못한 것이다. '閒'은 응당 '閒隙(틈)'이라고 할 때의 '閒'으로 읽어야 할 것이다. ≪荀子≫ 〈王制〉에 "無幽閒隱僻之國 莫不趨使而安樂之(깊숙하고 궁벽진 나라를 막론하고 부지런히 일하여 편하게 즐기지 않음이 없다.)"라 하였는데, 楊倞의 注에 "'幽'는 '深(깊다)'이고, '閒'은 '隔(사이)'이다."라 하였다.

---

6) 楊注 : 현존하는 ≪荀子≫ 20권 32편은 楊倞이 정리한 주석서이다. 前漢의 劉向이 당대 전하던 300여 편 중 중복되는 것을 제외하고 ≪孫卿新書≫ 32편으로 편찬하였다가, 이후 이를 唐나라 楊倞이 순서를 바꾸고 注를 내었다.

26-1-6 明必見之하시니라 然而天下之士君子之於天也에

분명하게 반드시 보고 있다. 그런데도 천하의 士君子들은 하늘에 대하여

舊本에 脫士字及之於二字한대 王據上下文하여 補士字하고 又以意補之於二字하다 今從之하다

舊本에는 '士'자 및 '之於' 2자가 빠져 있는데, 王念孫이 위아래 글에 의거하여 '士'자를 채워 넣고, 또 임의로 '之於' 2자를 채워 넣었다. 이제 이를 따른다.

26-1-7 忽然不知以相儆戒하니 此我所以知天下士君子는 知小而不知大也라

소홀히 여기면서 서로 경계할 줄을 모르니, 이것이 내가 천하의 士君子들은 작은 것은 알고 큰 것은 알지 못한다는 것을 아는 이유이다."

26-2-1 然則天은 亦何欲何惡(오)오 天欲義而惡(오)不義니라 然則率天下之百姓하여 以從事於義면 則我乃爲天之所欲也니라 我爲天之所欲하고 天亦爲我所欲하니라 然則我何欲何惡(오)오

그렇다면 하늘은 또한 무엇을 바라고 무엇을 싫어하는가. 하늘은 義를 바라고 不義를 싫어한다. 그렇다면 천하의 백성을 거느려 의로운 일을 하게 한다면 내가 곧 하늘이 바라는 것을 하는 것이다. 나는 하늘이 바라는 것을 하고 하늘은 또한 내가 바라는 것을 한다. 그렇다면 나는 무엇을 바라고 무엇을 싫어하는가?

舊本에 無我字라 畢云 一本은 則下有我字라하다 案 有者是也라 王亦據增하다

舊本에는 〈'然則我何欲何惡'의〉 '我'자가 없다.

畢沅 : 어떤 本에는 아래에 '我'자가 있다.

案 : 〈아래에 '我'자가〉 있는 것이 옳다. 王念孫 또한 이에 의거하여 덧붙였다.

26-2-2 我欲福祿而惡(오)禍祟라 若我不爲天之所欲하고 而爲天之所不欲하면

나는 福祿을 바라고 禍祟를 싫어한다. 만일 내가 하늘이 바라는 것을 하지 않고

하늘이 바라지 않는 것을 한다면,

舊本에 脫此十五字한대 王據中篇補하다

舊本에는 이 〈'若我不爲天之所欲而爲天之所不欲'〉 15자가 빠져 있는데, 王念孫이 ≪墨子≫ 〈天志 中〉에 의거하여 채워 넣었다.

26-2-3 然則我率天下之百姓하여 以從事於禍祟中也니라 然則何以知天之欲義而惡(오)不義오

그렇다면 나는 천하의 백성을 거느려 재앙의 한복판에서 일하게 하는 것이다. 그렇다면 어떻게 하늘이 義를 바라고 不義를 싫어한다는 것을 아는가?

吳鈔本에 無以字라

吳寬의 鈔本에는 〈'然則何以知天之欲義'의〉 '以'자가 없다.

26-2-4 曰 天下有義則生하고 無義則死하며 有義則富하고 無義則貧하며 有義則治하고 無義則亂이라하니라 然則天欲其生而惡(오)其死하며 欲其富而惡(오)其貧하며 欲其治而惡(오)其亂하니 此我所以知天欲義而惡(오)不義也라

말하기를 "천하에 義가 있으면 살고 義가 없으면 죽으며, 義가 있으면 부유하고 義가 없으면 가난하며, 義가 있으면 다스려지고 義가 없으면 어지러워진다."라 하였다. 그렇다면 하늘은 사는 것을 바라고 죽는 것을 싫어하며, 부유한 것을 바라고 가난한 것을 싫어하며, 다스려지는 것을 바라고 어지러워지는 것을 싫어하는 것이다. 이것이 내가 하늘이 義를 바라고 不義를 싫어한다는 것을 아는 이유이다.

畢云 我는 舊作義하니 以意改라하다 顧云 季本我라하다

畢沅 : 〈'此我所以知天欲義'의〉 '我'는 舊本에 '義'로 되어 있으니, 임의로 고친다.
顧廣圻 : 季本에는 '我'로 되어 있다.

26-3-1 曰 且夫義者는 政也라하니라

말하기를 "무릇 義란 바로잡는 것이다."라 하였다.

王云 政은 與正同하며 下篇에 皆作正이라하다 詒讓案 意林[7]에 引下篇한대 正은 皆作政하니 二字는 互通이라 義者正也는 言義者所以正治人也라

王念孫 : '政'은 '正(바루다)'과 같으며, ≪墨子≫ 〈天志 下〉에는 모두 '正'으로 되어 있다.

詒讓案 : ≪意林≫에 ≪墨子≫ 〈天志 下〉를 인용하였는데, '正'은 모두 '政'으로 되어 있으니, 2자는 서로 통용한다. "義者正也"는 "'義'란 사람을 바르게 다스리는 것이다."라는 말이다.

26-3-2 **無從下之政上**이요 **必從上之政下**라 **是故**로 **庶人竭力從事**라도 **未得次已而爲政**이요

아래로부터 위를 바로잡는 일은 없으며, 반드시 위로부터 아래를 바로잡는다. 이런 까닭에 庶人은 있는 힘을 다하여 일하더라도 자기 마음대로 바로잡는 일을 할 수 없고,

畢云 次는 恣字省文이라 下同이라 一本에 作恣하니 俗改라하다 王引之云 畢說非也라 次는 猶卽也니 下文諸次字竝同이라 此言士在庶人之上이라 故로 庶人이 未得卽己而爲正이면 有士正之也라 次卽은 聲相近하고 而字도 亦相通이라 康誥에 勿庸以次女封이라하며 荀子致士와 宥坐二篇에 竝作勿庸以卽女라하며 家語始誅篇에 作勿庸以卽女心이라하니 皆其證이라 說文에 垐(자)는 古文에 作堲이라하니 亦其例也라하다 案 意林引下篇한대 次는 竝作恣하니 則畢說도 亦通이라 節用上篇에 云 聖王旣沒한대 于民次也라한대 恣도 亦作次하니 可證이라

畢沅 : '次'는 '恣'자의 자획을 생략한 것이다. 아래도 같다. 어떤 本에는 '恣'로 되어 있으니, 세상 사람이 고친 것이다.

王引之 : 畢沅의 說은 옳지 않다. '次'는 '卽'과 같으니, 아래 글의 모든 '次'자가 모두 같다. 여기서는 士가 庶人의 위에 있기 때문에 庶人이 자기에게 닥쳐 바로잡는 일을 할 수

7) 意林 : 唐나라 穆宗 때 사람 馬總의 저술이다. ≪意林≫ 5권이 있다.

없으면 士가 그것을 바로잡는다는 말이다. '次'와 '即'은 소리가 서로 비슷하고 글자 또한 서로 통용한다. ≪書經≫ 〈康誥〉에 "勿庸以次女封(너 封의 뜻에 나아가지 말라.)"이라 하였으며, ≪荀子≫ 〈致士〉와 〈宥坐〉 2篇에 모두 "勿庸以即女(너에게 나아가게 말라.)"라 하였으며, ≪孔子家語≫ 〈始誅〉에 "勿庸以即女心(너의 뜻에 나아가게 말라.)"이라 하였으니, 모두 그 증거이다. ≪說文解字≫에 "'垐'는 古文에는 '堲'으로 되어 있다."라 하였으니, 또한 그 용례이다.

案 : ≪意林≫에서 ≪墨子≫ 〈天志 下〉를 인용하였는데, '次'는 모두 '恣'로 되어 있으니, 畢沅의 說이 또한 통한다. ≪墨子≫ 〈節用 上〉에 "聖王旣沒 于民次也(聖王이 돌아가시자 백성이 방자해져)"라 하였는데, '恣' 또한 '次'로 되어 있으니, 증거가 될 만하다.

26-3-3 有士政之니라 **士竭力從事**라도 **未得次己而爲政**이요 **有將軍大夫政之**라

士가 이를 바로잡는다. 士는 있는 힘을 다하여 일하더라도 자기 마음대로 바로잡는 일을 할 수 없고, 卿大夫가 이를 바로잡는다.

將軍大夫는 **即卿大夫也**라 **詳尙同中篇**이라

'將軍大夫'는 '卿大夫'이다. ≪墨子≫ 〈尙同 中〉에 자세히 보인다.

26-3-4 將軍大夫竭力從事라도 **未得次己而爲政**이요 **有三公諸侯政之**니라 **三公諸侯竭力聽治**라도 **未得次己而爲政**이요 **有天子政之**라 **天子未得次己而爲政**이요 **有天政之**라 **天子爲政於三公諸侯士庶人**은 **天下之士君子固明知〔之〕**[8]나 **天之爲政於天子**는 **天下百姓未得之明知也**니라

卿大夫는 있는 힘을 다하여 일하더라도 자기 마음대로 바로잡는 일을 할 수 없고, 三公·諸侯가 이를 바로잡는다. 三公·諸侯는 있는 힘을 다하여 政事를 돌보더라도 자기 마음대로 바로잡는 일을 할 수 없고, 天子가 이를 바로잡는다. 天子는 자기 마음대로 바로잡는 일을 할 수 없고, 하늘이 이를 바로잡는다. 天子가 三公·諸侯·士·庶人을 바로잡는다는 것은 천하의 士君子들이 진실로 분명하게 알

---

8) 〔之〕 : 저본에는 '之'가 없으나, 畢沅과 孫詒讓의 주에 의거하여 보충하였다.

고 있으면서도, 하늘이 天子를 바로잡는다는 것은 천하의 백성들이 분명하게 알지 못한다.

畢云 當云明知之也라하다 兪云 上之字는 當在天字上하며 屬上爲句라 本云 天子爲政於三公諸侯上庶人은 天下之士君子固明知之라한대 今之字는 誤在天字下니 則固明知句文氣未足이라 且天爲政은 與天子爲政으로 相對하니 不當作天之爲政也라하다 案 固明知下에 當有之字라 至天之爲政於天子는 下文屢見하니 之字는 似不當刪이라

畢沅 : 〈'明知'는〉 응당 '明知之也'라고 말해야 한다.

兪樾 : 위 〈'天之爲政於天子'의〉 '之'자는 응당 〈'天子爲政'의〉 '天'자 위에 있어야 하며, 위와 연결되어 한 句가 된다. 본래는 "天子爲政於三公諸侯士庶人 天下之士君子固明知之"라 하였는데, 지금의 '之'자는 잘못되어 '天'자 아래에 있으니, '固明知'라는 구절의 文氣가 충분치 않다. 게다가 '天爲政'은 '天子爲政'과 서로 대구를 이루니, 응당 '天之爲政'이라고 해서는 안 된다.

案 : '固明知' 아래에 응당 '之'자가 있어야 한다. '天之爲政於天子'의 경우는 아래 글에 누차 보이니, 〈이곳의〉 '之'자는 응당 삭제해서는 안 될 듯하다.

26-3-5 故로 昔三代聖王禹湯文武는 欲以天之爲政於天子를 明說天下之百姓하니라 故로 莫不犓牛羊하고 豢犬彘하며 潔爲粢盛[9]酒醴하여

그러므로 옛날 三代의 聖王이신 禹임금·湯임금·文王·武王은 하늘이 天子를 바로잡는다는 것을 분명하게 천하의 백성에게 알리고자 하였다. 그러므로 소와 양에게 꼴을 먹이고 개와 돼지에게 곡식을 먹이며, 정결하게 祭物과 술과 단술을 마련하여

畢云 爲粢二字는 舊脫하니 據後文增이라하다

9) 粢盛 : ≪墨子閒詁≫ 〈法儀〉의 4-3-7 "絜(결)爲酒醴粢盛"의 畢沅 注에 "≪說文解字≫에 '粢는 기장이다.'라 하였고, '粢는 稻餠이다.'라 하였으니, 그렇다면 '粢盛'이라는 字는 '齍(고대 곡물을 담는 祭器)'가 되어야 한다."라 하였다. 여기서는 '제기에 담은 음식', 즉 '祭物'로 번역하였다.

畢沅 : '爲菜' 2자는 舊本에 빠져 있으니, 뒷글에 의거하여 덧붙인다.

26-3-6 **以祭祀上帝鬼神**하여 **而求祈福於天**이요 **我未嘗聞天(下)之(所求)祈福於天子(者)也**[10)]니

上帝와 鬼神에게 제사를 지내면서 하늘에 복을 빌지 않음이 없었다. 〈그러나〉 나는 하늘이 天子에게 복을 빌었다는 일은 들어본 적이 없으니,

顧云 據中下二篇컨대 **下字**는 **衍**이라하다 **蘇校同**이라 **戴云 案**컨대 **中篇**에 **云 吾未知天之祈福於天子也**라하니 **則此文衍下字及所求二字及者字**라하다

顧廣圻 : ≪墨子≫ 〈天志 中〉·〈天志 下〉 2篇에 의거해보건대, '下'자는 잘못 들어간 것이다.

蘇時學의 교감이 〈顧廣圻와〉 같다.

戴望 : 살펴보건대, ≪墨子≫ 〈天志 中〉에 "吾未知天之祈福於天子也(나는 하늘이 天子에게 福을 비는지 모르겠다.)"라 하였으니, 이 글의 '下'자와 '所求' 2자 및 '者'자는 잘못 들어간 것이다.

26-3-7 **我所以知天之爲政於天子者也**니라

내가 하늘이 天子를 바로잡는다는 것을 아는 이유이다.

26-4-1 **故**로 **天子者**는 **天下之窮貴也**요 **天下之窮富也**니라

그러므로 天子란 천하의 가장 존귀한 자이자 천하의 가장 부유한 자이다.

戴云 窮은 **極也**라 **此二字**는 **轉相訓**이라하다

戴望 : '窮'은 '極(궁극)'이다. 이 두 자(窮과 極)는 번갈아가며 서로를 풀이한다.

---

10) 我未嘗聞天(下)之(所求)祈福於天子(者)也 : 저본의 '下', '所求', '者'는 顧廣圻와 蘇時學과 戴望의 주에 의거하여 衍文으로 처리하였다.

26-4-2 **故**로 (於)〔欲〕[11)]**富且貴者**는

그러므로 부유하고 존귀하고자 하는 자는

於는 吳鈔本에 作欲하다

'於'는 吳寬의 鈔本에 '欲'으로 되어 있다.

26-4-3 **當天意而不可不順**이라 **順天意者**는 **兼相愛**하고 **交相利**하여 **必得賞**하며 **反天意者**는 **別相惡**(오)하고 **交相賊**하여 **必得罰**하니라 **然則是誰順天意而得賞者**며 **誰反天意而得罰者**오 **子墨子言曰 昔三代聖王禹湯文武**는 **此順天意而得賞者也**시며

天意에 맞추면서 따르지 않아서는 안 된다. 天意를 따르는 자는 아울러 서로 사랑하며 번갈아 서로 이롭게 하여 반드시 賞을 받는다. 天意를 거스르는 자는 구별지으며 서로 미워하고 번갈아 서로 해를 입혀 반드시 罰을 받는다. 그렇다면 누가 天意를 따라서 賞을 받는 자이며, 누가 天意를 거슬러서 罰을 받는 자인가. 子墨子께서 말씀하셨다.

"옛날 三代의 聖王이신 禹임금·湯임금·文王·武王은 天意를 따라서 賞을 받은 자이며,

畢云 賞下에 當有者字라하다

畢沅 : '賞' 아래에 응당 '者'자가 있어야 한다.

26-4-4 **昔三代之暴王桀紂幽厲**는 **此反天意而得罰者也**라하니라 **然則禹湯文武其得賞何以也**오 **子墨子言曰 其事**는 **上尊天**하며 **中事鬼神**하며 **下愛人**하시니라 **故**로 **天意曰 此之我所愛**를 **兼而愛之**하며 **我所利**를 **兼而利之**라 **愛人者**를 **此爲博焉**이요 **利人者**를 **此爲厚焉**이라하니라 **故**로 **使貴爲天子**하시며 **富有天下**하시며 (業)〔葉〕**萬**(世)**子孫**[12)]이 **傳**

11) (於)〔欲〕: 저본에는 '於'로 되어 있으나, 孫詒讓의 주에 의거하여 '欲'으로 바로잡았다.

12) (業)〔葉〕萬(世)子孫 : 저본에는 '業萬世子孫'으로 되어 있으나, 孫詒讓의 주에 의거하여 '葉萬子孫'으로 바로잡았다.

稱其善하여

옛날 三代의 暴王인 桀王・紂王・幽王・厲王은 天意를 거슬러서 罰을 받은 자이다."

그렇다면 禹임금・湯임금・文王・武王은 어떻게 하여 賞을 받았는가. 子墨子께서 말씀하셨다.

"그들이 일삼은 것은 위로는 하늘을 높이며, 중간으로는 鬼神을 섬기며, 아래로는 사람을 사랑하였다. 그러므로 天意가 이르기를 '이들은 내가 사랑하는 바를 아울러 사랑하였으며, 내가 이롭게 여기는 바를 아울러 이롭게 하였다. 사람을 사랑하기를 이와 같이 널리 하였으며, 사람을 이롭게 하기를 이와 같이 두텁게 하였다.'라 하였다. 그러므로 그들로 하여금 귀하기로는 天子로 삼았으며, 부유하기로는 천하를 소유하게 하였으며, 대대로 만대의 자손이 이들의 훌륭함을 전하여 칭송하면서

業은 **謂子孫纂業也**라 **左昭元年傳**에 **臺駘能業其官**이라한대 **杜注**에 **釋爲纂業**이라하다 **又疑當爲葉萬子孫**하니 **葉**은 **與世同**이라 **公孫龍子**[13]에 **云 孔穿**은 **孔子之葉也**라하다 **萬下世字**는 **衍**이라 **古文苑**[14]**秦詛楚文**에 **云 葉萬子孫**은 **毋相爲不利**라하며 **檀弓**에 **云 世世萬子孫**은 **毋變也**라하며 **毛詩長發傳**에 **云 葉**은 **世也**라하다

'業'은 子孫이 大業을 계승한다〔纂業〕는 말이다. ≪春秋左氏傳≫ 昭公 元年 조에 "臺駘能業其官(臺駘는 능히 그 世業을 계승하였다.)"이라 하였는데, 杜預의 注에 〈'業'을〉 풀기를 '纂業'이라 하였다. 또는 아마도 응당 〈'業萬世子孫'은〉 '葉萬子孫'이라고 해야 하니, '葉'은 '世'와 같다. ≪公孫龍子≫에 "孔穿 孔子之葉也(孔穿은 孔子의 자손이다.)"라 하였다. '萬' 아래의 '世'자는 잘못 들어간 것이다. ≪古文苑≫ 〈秦詛楚文〉에는 "葉萬子孫 毋相爲不利(대

13) 公孫龍子 : 전국시대 趙나라의 名家인 公孫龍(字는 子秉)의 저서이다. ≪漢書≫ 〈藝文志〉에 14권으로 기록되어 있다. 지금은 〈跡府篇〉, 〈白馬篇〉, 〈指物論〉, 〈通變論〉, 〈堅白論〉, 〈名實論〉 6편이 전한다.

14) 古文苑 : 편자 미상의 중국 고대 문집이다. 唐나라 사람이 보관하던 것을 宋나라의 孫洙가 발견하였다고 한다. 지금의 통행본은 宋나라의 韓元吉이 편찬한 9권에 章樵가 註를 가하여 개편한 것이다. 총 21권으로, 東周시대부터 南齊시대까지의 260여 편을 문체별로 나누어 수록하였다.

대로 만대의 자손은 서로 不利한 일을 하지 말라.)"라 하였으며, ≪禮記≫ 〈檀弓〉에는 "世世萬子孫 毋變也(대대로 만대의 자손까지 변함이 없어라.)"라 하였으며, ≪毛詩≫ 〈商頌 長發〉의 〈毛傳〉에는 "'葉'은 '世'이다."라 하였다.

26-4-5 **方施天下**하시며

널리 온 천하에 베풀어지게 하셨으며,

畢云 方은 **猶旁**이라 **或當爲旁字之壞**라하다 **詒讓案 方旁**은 **古通**하다 **皐陶謨**에 **方施象刑**하여 **惟明**이라하며 **新序節士篇**에 **方**은 **作旁**하며 **說文丄部**에 **云 旁**은 **溥也**라하니 **方施**는 **言施溥徧於天下也**라

畢沅 : '方'은 '旁'과 같다. 혹은 응당 '旁'자의 자획이 이지러진 것일 수 있다.

詒讓案 : '方'과 '旁'은 옛날에는 통용하였다. ≪書經≫ 〈皐陶謨〉에 "方施象刑 惟明(널리 象刑을 베풀어 밝혔다.)"이라 하였으며, ≪新序≫ 〈節士〉에 '方'은 '旁'으로 되어 있으며, ≪說文解字≫ 〈丄部〉에 "'旁'은 '溥(넓다)'이다."라 하였으니, '方施'는 널리 퍼져 천하에 두루 미친다는 말이다.

26-4-6 **至今稱之**하여 **謂之聖王**케하시니라 **然則桀紂幽厲**는 (得其)〔其得〕[15]**罰何以也**오

오늘날에 이르기까지 그들을 칭송하면서 聖王이라고 일컫게 하셨다."
그렇다면 桀王・紂王・幽王・厲王은 어떻게 하여 罰을 받았는가.

依上文컨대 **當作其得罰何以也**니 **此誤倒**라

위 글에 의거해보건대, 〈'得其罰何以也'는〉 응당 '其得罰何以也'가 되어야 한다. 여기서는 잘못되어 글자가 뒤바뀌었다.

15) (得其)〔其得〕 : 저본에는 '得其'로 되어 있으나, 孫詒讓의 주에 의거하여 '其得'으로 바로잡았다.

26-4-7 **子墨子言曰 其事**는 **上詬天**하며 **中詬鬼**하며

子墨子께서 말씀하셨다.

"그들이 일삼은 것은 위로는 하늘을 욕보이며, 중간으로는 鬼神을 욕보이며,

道藏本吳鈔本에 **竝作中誣鬼**하다 **大戴禮記本命篇**에 **云 誣鬼神者**는 **罪及二世**라하니 **則作誣**라도 **義亦通**이라 **畢云 據上**컨대 **當有神字**라하다

道藏本과 吳寬의 鈔本에는 모두 〈'中詬鬼'가〉 '中誣鬼'로 되어 있다. ≪大戴禮記≫ 〈本命〉에 "誣鬼神者 罪及二世(귀신을 속이는 자는 죄가 2世까지 미친다.)"라 하였으니, '誣'라고 쓰더라도 뜻이 또한 통한다.

畢沅 : 윗글에 의거해보건대, 〈'鬼' 뒤에〉 응당 '神'자가 있어야 한다.

26-4-8 **下賊人**하니라

아래로는 사람들을 해쳤다.

賊는 **舊本**에 **譌賤**한대 **今依王校正**하다 **說詳尙賢中篇**[16)]이라

'賊'은 舊本에 '賤'으로 잘못되어 있는데, 이제 王念孫의 교감에 의거하여 바로잡는다. 설명이 ≪墨子≫ 〈尙賢 中〉에 자세히 보인다.

26-4-9 **故**로 **天意曰 此之我所愛**를 **別而惡**(오)**之**하며 **我所利**를 **交而賊之**하니라 **惡**(오)**人者**를 **此爲之博也**며 (賤)〔**賊**〕[17)]**人者**를 **此爲之厚也**라하니라

그러므로 天意가 이르기를 '이들은 내가 사랑하는 바를 구별 지으며 미워하였으며, 내가 이롭게 여기는 바를 번갈아 해쳤다. 사람을 미워하기를 이와 같이 널리 하였으며, 사람을 해치기를 이와 같이 두텁게 하였다.'라 하였다.

賤도 **亦賊之誤**라 **此**는 **竝**(冢)〔**冡**〕[18)]**上文**의 **別相惡交相賊**하여 **而言**하다

---

16) 詳尙賢中篇 : 본서 〈尙賢 中〉 9-8-1에 王念孫의 校勘이 자세하다.

17) (賤)〔賊〕 : 저본에는 '賤'으로 되어 있으나, 孫詒讓의 주에 의거하여 '賊'으로 바로잡았다.

18) (冢)〔冡〕 : 저본에는 '冢'으로 되어 있으나, 漢文大系本에 의거하여 '冡'으로 바로잡았다. 이

'賤' 또한 '賊'의 誤字이다. 이는 모두 위 글 '別相惡 交相賊'을 이어서 말한 것이다.

26-4-10 **故**로 **使不得終其壽**하시며 **不歿**[19]**其世**하시며

그러므로 그들로 하여금 그들의 수명을 제대로 마칠 수 없게 하였으며, 그들의 세대를 제대로 끝마치지 못하게 하였으며,

歿은 **吳鈔本**에 **作沒**하다

'歿'은 吳寬의 鈔本에 '沒'로 되어 있다.

26-4-11 **至今毁之**하여 **謂之暴王**케하시니라

오늘날에 이르기까지 그들을 헐뜯으면서 暴王이라고 일컫게 하셨다."

26-5-1 **然則何以知天之愛天下之百姓**고 **以其兼而明之**일새니라 **何以知其兼而明之**오 **以其兼而有之**일새니라 **何以知其兼而有之**오 **以其兼而食**(사)**焉**일새니라 **何以知其兼而食**(사)**焉**고 **曰**[20] **四海之內**의 **粒食之民**이

그렇다면 어떻게 하늘이 천하의 백성을 사랑한다는 것을 아는가? 하늘이 아울러 이들을 밝혀주기 때문이다. 어떻게 하늘이 아울러 이들을 밝혀준다는 것을 아는가? 하늘이 아울러 이들을 보존시켜 주기 때문이다. 어떻게 하늘이 아울러 이들을 보존시켜 준다는 것을 아는가? 하늘이 아울러 이들을 먹여주기 때문이다. 어떻게 하늘이 아울러 이들을 먹여준다는 것을 아는가? 말하기를 "四海 안의 곡식을 먹고 사는 백성들이

大戴禮記少閒篇에 **云 粒食之民**을 **昭然明視**이라하다

하로 교감주 없이 '家'으로 바로잡는다.

19) 歿 : '歾'로도 쓴다. '終(마치다)'의 뜻이다.

20) 曰 : 저본 傍注에 "'曰'자는 원문에 빠져 있으니, 畢沅의 刻本에 의거하여 채워 넣는다."라 하였다.

≪大戴禮記≫ 〈少閒〉에 "粒食之民 昭然明視(곡식을 먹는 백성들을 환히 밝혀 보다.)"라 하였다.

26-5-2 **莫不犓牛羊**하며 **豢犬彘**하며 **潔爲粢盛酒醴**하여 **以祭祀於上帝鬼神**일새니라 **天有邑人**한대

소나 양에게 꼴을 먹이며 개와 돼지에게 곡식을 먹이며, 정결하게 祭物과 술과 단술을 마련하여 上帝와 鬼神에 제사를 지내지 않는 자가 없기 때문이다."라고 한다. 하늘이 세상 사람들을 보존시켜 주는데

畢云 邑은 **舊作色**한대 **非**라 **以意改**라하다

畢沅 : '邑'은 舊本에 '色'으로 되어 있는데, 옳지 않다. 임의로 고친다.

26-5-3 **何用弗愛也**리오 **且吾言**에 **殺一不辜者**면 **必有一不祥**이라하니라 **殺不辜者**는 **誰也**오 **則人也**니라 **予之不祥者**는 **誰也**오 **則天也**니라 **若以天爲不愛天下之百姓**이면 **則何故**로 **以人與人相殺**이라하여 **而天予之不祥**하리오 **此我所以知天之愛天下之百姓也**니라

어찌 사랑하지 않을 수 있겠는가? 게다가 우리말에 "죄 없는 자를 하나라도 죽이면 반드시 하나의 상서롭지 못한 일이 있을 것이다."라고 한다. 죄 없는 자를 죽이는 자는 누구인가? 바로 사람이다. 상서롭지 못한 것을 내려주는 자는 누구인가? 바로 하늘이다. 만일 하늘이 천하의 백성을 사랑하지 않는다고 한다면 무엇 때문에 사람끼리 서로 죽인다 하여 하늘이 상서롭지 못한 것을 내리겠는가? 이것이 내가 하늘이 천하의 백성을 사랑한다는 것을 아는 이유이다.

此我下에 **吳鈔本**에 **有之字**라

'此我' 아래에 吳寬의 鈔本에는 '之'자가 있다.

26-6-1 **順天意者**는 **義政也**며 **反天意者**는 **力政**[21]**也**니라

天意을 따르는 자는 義로운 정치를 하며, 天意를 거스르는 자는 무력으로 정벌한다.

力政은 **下篇**에 **作力正**하니 **謂以力相制**라 **義詳節葬下篇**하다

'力政'은 ≪墨子≫ 〈天志 下〉에 '力正'으로 되어 있으니, 힘으로 서로 제어함을 이른다. 뜻이 ≪墨子≫ 〈節葬 下〉에 자세히 보인다.

26-6-2 **然義政**은 **將柰何哉**아

그렇다면 義로운 정치는 장차 어떻게 하는 것인가?

畢云 舊脫政字요 **一本有**라하다

畢沅 : 舊本에는 '政'자가 빠져 있으며, 어떤 本에는 있다.

26-6-3 **子墨子言曰 處大國不攻小國**하며 **處大家不篡小家**하며 **强者不劫弱**하며 **貴者不傲賤**하며 **(多)**[22]**詐者不欺愚**하니라

子墨子께서 말씀하셨다.

"大國에 살면서 小國을 공격하지 않으며, 大家에 살면서 小家를 侵奪치 않으며, 强한 자는 弱한 자를 겁박하지 않으며, 貴한 자는 賤한 자를 업신여기지 않으며, 교활한 자는 어리석은 자를 속이지 않는다.

中篇及兼愛中篇下篇에 **文竝略同**하니 **皆無多字**라 **此疑衍**이라

≪墨子≫ 〈天志 中〉 및 〈兼愛 中〉과 〈兼愛 下〉에 글이 모두 대략 같으니, 모두 '多'자가 없다. 여기는 아마도 잘못 들어간 듯하다.

---

21) 力政 : ≪墨子≫ 〈節葬 下〉(25-6-1)의 '力征'에 대한 孫詒讓의 주에서, '征'·'正'·'政'은 통용한다는 것에 따라 이곳의 '政'을 '征'으로 번역하였다.

22) (多) : 저본에는 '多'가 있으나, 孫詒讓의 주에 의거하여 衍文으로 처리하였다.

26-6-4 **此必上利於天**하며 **中利於鬼**하며 **下利於人**하니 **三利無所不利**니라 **故**로 **擧天下美名**이 **加之**하여 **謂之聖王**이라하니라 **力政者**는 **則與此異**니 **言非此**하며

이것은 분명 위로는 하늘을 이롭게 하며, 중간으로는 귀신을 이롭게 하며, 아래로는 사람들을 이롭게 하니, 세 곳을 이롭게 하면 이롭지 않은 데가 없다. 그러므로 온 천하의 美名이 여기에 더해져서, 이를 일러 聖王이라 하는 것이다. 무력으로 정벌하는 경우는 이와는 다르다. 말이 이에 위배되며,

畢云 非는 猶背라하다

畢沅 : '非'는 '背(위배되다)'와 같다.

26-6-5 **行反此**하니 **猶**(倖)〔僢〕[23)] **馳也**니라

행실이 이에 위배되니, 마치 등을 돌려 내달리는 것과 같다.

畢云 倖은 一本에 作偝라하다 詒讓案 倖은 疑僢(천)之誤라 玉篇人部에 云 淮南子에 分流僢馳라한대 僢은 相背也니 與舛同이라하다 今淮南子說山訓에 作舛하고 又氾論訓高注에 云 舛은 乖也라하다 偝는 與背同하니 見坊記投壺及荀子하며 與僢으로 義亦同하다

畢沅 : '倖'은 어떤 本에는 '偝'로 되어 있다.

詒讓案 : '倖'은 아마도 '僢'의 誤字인 듯하다. ≪玉篇≫ 〈人部〉에 "≪淮南子≫에 '分流僢馳'라 하였는데, '僢'은 '相背(서로 등지다)'이니, '舛(상치되다)'과 같다."라 하였다. 지금의 ≪淮南子≫ 〈說山訓〉에는 '舛'으로 되어 있으며, 또 ≪淮南子≫ 〈氾論訓〉 高誘의 注에 "'舛'은 '乖(어긋나다)'이다."라 하였다. '偝'는 '背'와 같으니, ≪禮記≫ 〈坊記〉와 〈投壺〉 및 ≪荀子≫에 보이며, '僢'과 뜻이 또한 같다.

26-6-6 **處大國攻小國**하며 **處大家**簒**小家**하며 **强者劫弱**하며 **貴者傲賤**하며 (多)**詐**〔者〕**欺愚**[24)]하니라 **此上不利於天**하며 **中不利於鬼**하며 **下不利於人**하니 **三不利無所利**니

---

23) (倖)〔僢〕 : 저본에는 '倖'으로 되어 있으나, 孫詒讓의 주에 의거하여 '僢'으로 바로잡았다.

24) (多)詐〔者〕欺愚 : 저본에는 '多詐欺愚'로 되어 있으나, 26-6-3에서 孫詒讓이 '多'는 衍文인

故로 **擧天下惡名**이 **加之**하여 **謂之暴王**이라하니라

大國에 살면서 小國을 공격하며, 大家에 살면서 小家를 侵奪하며, 强한 자는 弱한 자를 겁박하며, 貴한 자는 賤한 자를 업신여기며, 교활한 자는 어리석은 자를 속인다. 이것은 위로는 하늘을 이롭게 하지 않으며, 중간으로는 귀신을 이롭게 하지 않으며, 아래로는 사람들을 이롭게 하지 않으니, 세 곳을 이롭지 않게 하면 이로운 데가 없다. 그러므로 온 천하의 惡名이 여기에 더해져서, 이를 일러 暴王이라 하는 것이다."

26-7-1 **子墨子言曰 我有天志**는 **譬若輪人之有規**며 **匠人之有矩**니라 **輪匠執其規矩**하여 **以度**(탁)**天下之方圜**하여 **曰 中者**는 **是也**요 **不中者**는 **非也**라하니라 **今天下之士君子之書**를 **不可勝載**며 **言語**를 **不可盡計**라 **上說**(세)**諸侯**하고 **下說**(세)**列士**에 **其於仁義**는 **則大相遠也**니라

子墨子께서 말씀하셨다.

"내가 하늘의 뜻〔天志〕을 가진 것은 비유하자면 수레바퀴를 만드는 사람이 그림쇠〔規〕를 가지고 있으며, 匠人이 곱자〔矩〕를 가지고 있는 것과 같다. 수레바퀴를 만드는 사람과 장인이 그림쇠와 곱자를 쥐고서 천하의 네모와 동그라미를 재면서 말하기를 '딱 들어맞는 것은 옳고, 들어맞지 않는 것은 그르다.'라고 한다. 오늘날 천하의 士君子들이 쓴 책을 이루 다 실을 수 없을 정도이며, 말들은 이루 다 헤아릴 수 없을 정도여서, 위로 諸侯를 설득하고 아래로 列士들을 설득함에 〈책과 말의 내용들이〉 그 仁義에 있어서는 크게 서로 멀다.

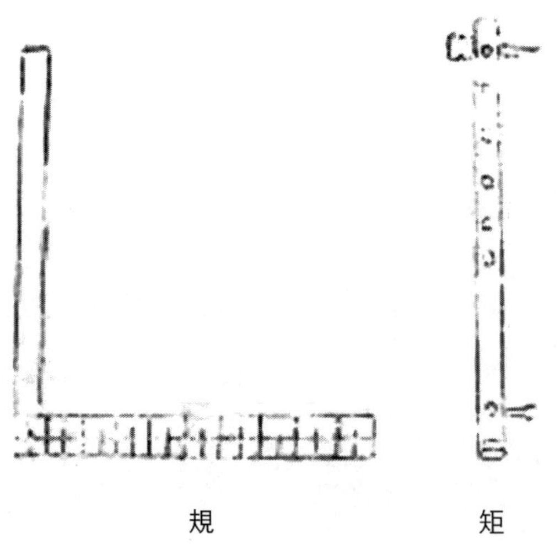

規　　矩

듯하다고 한 것에 의거하여 '多'를 衍文으로 처리하였고, 그곳의 문장이 '詐者不欺愚'로 되어 있는 것에 의거하여 '者'를 보충하였다.

畢云 相은 舊作其요 一本如此라하다

畢沅 : '相'은 舊本에 '其'로 되어 있으며, 한 本이 이와 같다.

26-7-2 何以知之오 曰 我得天下之明法하여 以度(탁)之일새니라

어떻게 그러함을 아는가? 말하기를 '내가 천하의 明法을 얻어 이를 가지고 재기 때문이다.'라고 한다."

天志 中 第二十七 제27편 하늘의 뜻 중

〈天志〉 중편 역시 하늘의 뜻을 준칙으로 삼아 세상을 다스리는 일에 대해 논하고 있다. 爲政者가 진실로 하늘의 밝은 道를 따르며 백성을 이롭게 하고자 한다면, 仁義의 근본을 철저히 살펴 하늘의 뜻을 따르지 않아서는 안 된다는 주장이다.

귀하고 지혜로운 자라야 어리석고 천한 자를 다스릴 수 있으니, 지극히 귀하고 지혜로운 자는 바로 하늘이다. 따라서 하늘의 뜻에 순응하는 것을 명확히 하여 받들어 천하에 널리 베푼다면, 刑政은 다스려지고 萬民은 화합하며, 國家는 부강해지고 財用은 충족되어, 백성들이 모두 따뜻하게 옷 입고 배불리 먹을 수 있어 편안하고 근심이 없게 된다고 하였다.

하늘의 뜻이란 하늘이 사랑하는 바를 아울러 사랑하며, 하늘이 이롭게 여기는 바를 아울러 이롭게 하는 것으로, 구체적으로는 大國에 살면서 小國을 攻伐하지 않고 大家에 살면서 小家를 侵奪치 않으며, 強한 자는 弱한 자를 겁박하지 않고 貴한 자는 賤한 자를 업신여기지 않으며, 교활한 자는 어리석은 자를 속이지 않는 것이다. 이것이 바로 聖王의 정치이며 하늘과 귀신과 사람 모두를 이롭게 하는 정치라고 설명하고 있다.

27-1-1 子墨子言曰 今天下之君子之欲爲仁義者면

子墨子께서 말씀하셨다.
"지금 천하의 君子가 仁과 義를 하고자 한다면

吳鈔本에 君子下에 無之字라

吳寬의 鈔本에는 '君子' 아래에 '之'자가 없다.

27-1-2 則不可不察義之所從出이라하시니라 旣曰 不可以不察義之所(欲)〔從〕[1]出이니

然則義何從出고 **子墨子曰 義不從愚且賤者出**하며 **必自貴且知者出**이니라 **何以知義之不從愚且賤者出**하며 **而必自貴且知者出也**오 **曰 義者**는 **善政也**니라 **何以知義之爲善政也**오 **曰 天下有義**면 **則治**요 **無義**면 **則亂**이라 **是以**로 **知義之爲善政也**니라

義가 어디로부터 나오는지를 살피지 않아서는 안 된다.”

‘義가 어디로부터 나오는지를 살피지 않을 수 없다.’고 일단 말했다면 義는 어디로부터 나오는가. 子墨子께서 말씀하셨다.

“義는 어리석고 천한 자로부터 나오지 않으며, 반드시 귀하고 지혜로운 자로부터 나온다. 어떻게 義는 어리석고 천한 자로부터 나오지 않으며, 반드시 귀하고 지혜로운 자로부터 나온다는 것을 아는가. 말하기를 ‘義라는 것은 善한 정치이다.’라 하였다. 어떻게 義란 선한 정치를 하는 것임을 아는가. 말하기를 ‘천하에 義가 있으면 다스려지고, 義가 없으면 어지러워지니, 이 때문에 義가 바로 善한 정치임을 안다.

王云 舊本에 脫兩爲字하며 下篇에 曰 何以知義之爲正[2)]也오 天下有義면 則治요 無義면 則亂하니 我以此로 知義之爲正也라하니 今據補라하다 兪云 三善字는 皆言字之誤라 隸書로 善字는 或作善하니 見張遷碑[3)]靈臺碑[4)]孫叔敖碑[5)]하다 與言字로 相似라 故로 言誤爲善이라 義者는 言政也라 何以知義之言政也오 曰 天下有義면 則治요 無義면 則亂이라 是以로 知義之言政也면 語意甚明이나 若作善政하면 則義之善政은 不可通矣라 下篇에 曰 義者는 正也라 何以知義之爲正也오 天下有義면 則治요 無義면 則

---

1) (欲)〔從〕: 저본에는 ‘欲’으로 되어 있으나, 이 문장은 앞 문장을 반복한 것이고, 앞 문장에 ‘不可不察義之所從出’이라 하여 ‘欲’이 ‘從’으로 되어 있는 것에 의거하여 ‘從’으로 바로잡았다.

2) 正 : 저본 傍注에 “‘正’은 原本에 ‘政’으로 되어 있으니, ≪墨子≫ 〈天志 下〉에 의거하여 고친다.”라 하였다.

3) 張遷碑 : 後漢 靈帝 中平 3년(186)에 새긴 碑文이다. 明나라 초에 출토되었다. 篆體와 隸體의 중간 서체로, 漢隸 중에서도 중요한 지위를 차지하는 글씨로 평가된다.

4) 靈臺碑 : 漢나라 〈成陽靈臺碑〉를 가리킨다. 曹州府에 있으며 後漢 章帝 때 세워졌다.

5) 孫叔敖碑 : 〈楚相孫叔敖碑〉라고도 한다. 춘추시대 楚나라 재상 孫叔敖(?B.C.630~B.C.593)가 安徽 霍邱縣의 水門塘을 만들고 湖北의 沮水와 雲夢澤을 治水하여 楚나라의 농업발전을 촉진시킨 것을 기념하여 후인들이 세운 碑이다.

亂이라 我以此로 知義之爲正也라한대 竝無善字니 可知此文善字之誤라 義之言政은 猶義之爲正也라하다

王念孫 : 舊本에는 두 '爲'자가 없으며, ≪墨子≫ 〈天志 下〉에는 "何以知義之爲政也 天下有義則治 無義則亂 我以此知義之爲正也(어떻게 義란 정치를 하는 것임을 아는가. 천하에 義가 있으면 다스려지고 義가 없으면 어지러워지니, 나는 이로써 義가 정치를 하는 것임을 안다.)"로 되어 있으니, 이제 이에 의거하여 채워 넣는다.

兪樾 : 세 '善'자는 모두 '言'자의 誤字이다. 隸書로 '善'자는 간혹 '善'으로 쓰기도 하니, 〈張遷碑〉와 〈靈臺碑〉와 〈孫叔敖碑〉에 보인다. '言'자와 서로 비슷하기 때문에 '言'이 잘못 되어 '善'이 되었다. "義者言政也 何以知義之言政也 曰 天下有義則治 無義則亂 是以知義之言政也(義란 정치를 말한다. 어떻게 義란 정치를 말하는 것임을 아는가. 천하에 義가 있으면 다스려지고 義가 없으면 어지러워지니, 이 때문에 義가 정치를 말하는 것임을 안다.)"라고 한다면, 말의 뜻이 매우 분명하지만, 만일 '善政'이라고 되어 있다면 '義之善政'은 말이 통하지 않는다. ≪墨子≫ 〈天志 下〉에 "義者正也 何以知義之爲正也 天下有義則治 無義則亂 我以此知義之爲正也"라 하였는데, 모두 '善'자가 없으니, 이 글의 '善'자는 誤字임을 알 수 있다. '義之言政'은 '義之爲正'과 같다.

27-1-3 夫愚且賤者는 不得爲政乎貴且知者며

어리석고 천한 자는 귀하고 지혜로운 자를 다스릴 수 없으며,

畢云 當脫貴且知者四字라하다

畢沅 : 〈'貴且知者' 아래에〉 '貴且知者' 4자가 응당 빠져 있다.

27-1-4 〔貴且知者〕[6]然後에 得爲政乎愚且賤者니 此吾所以知義之不從愚且賤者出하며 而必自貴且知者出也라하니라 然則孰爲貴며 孰爲知오 曰 天爲貴며 天爲知而已矣라하니라 然則義果自天出矣라하시니라

---

6) 〔貴且知者〕 : 저본에는 '貴且知者'가 없으나, 앞(27-1-3)의 畢沅의 주에 의거하여 보충하였다.

귀하고 지혜로운 자인 연후에야 어리석고 천한 자를 다스릴 수 있으니, 이것이 내가 義란 어리석고 천한 자로부터 나오지 않으며, 반드시 귀하고 지혜로운 자로부터 나온다는 것을 아는 이유이다.'라 한다. 그렇다면 누가 귀하고 누가 지혜로운가. 말하기를 '하늘이 귀하고 하늘이 지혜로울 따름이다.'라고 한다. 그렇다면 義는 과연 하늘로부터 나오는 것이다."

27-2-1 今天下之人曰 當若天子之貴〔於〕[7]諸侯하며 **諸侯之貴〔於〕大夫**는 (僑)**〔碻〕**[8] **明知之**라

지금 천하의 사람들이 말하기를 "가령 天子가 諸侯보다 귀하며 諸侯가 大夫보다 귀하다는 것은 명확히 알고 있다.

畢云 僑는 當爲碻이니 言確然可知라하다 鈕樹玉[9]云 僑明은 當作高明이라하다 案 畢說이 是也라 兩貴字下에 疑皆當有於字라

畢沅 : '僑'는 응당 '碻'이 되어야 하니, 確然히 알 수 있다는 말이다.

鈕樹玉 : '僑明'은 응당 '高明'이 되어야 한다.

案 : 畢沅의 說이 옳다. 두 '貴'자 아래 아마도 응당 '於'자가 있어야 한다.

27-2-2 然이나 **吾未知天之貴且知於天子也**라하니라 **子墨子曰 吾所以知天之貴且知於天子者有矣**니라 **曰 天子爲善**하면 **天能賞之**하시고 **天子爲暴**하면 **天能罰之**하시니라 **天子有疾病禍祟**에 **必齋戒沐浴**하고 **潔爲酒醴粢盛**하여 **以祭祀天鬼**하면 **則天能除去之**하나 **然**이나 **吾未知天之祈福於天子也**니 **此吾所以知天之貴且知於天子者**니라 **不止此而已矣**요 **又以先王之書**에 **馴**(훈)**天明不解**[10]**之道也知之**하니라

---

7) 〔於〕: 저본에는 '於'자가 없으나, 孫詒讓의 주에 의거하여 보충하였다. 아래도 같다.

8) (僑)〔碻〕: 저본에는 '僑'로 되어 있으나, 畢沅의 주에 의거하여 '碻'으로 바로잡았다.

9) 鈕樹玉 : 1760~1827. 淸나라 江蘇 吳縣 사람으로, 字는 匪石, 號는 藍田이다. 文字와 聲音과 訓詁에 정밀하였다. 주요 저서에 ≪說文新附考≫, ≪說文解字校錄≫, ≪說文解字考異≫, ≪段氏說文注訂≫이 있다.

10) 解 : '懈(게으르다)'와 같다.

그러나 나는 하늘이 天子보다 귀하고 지혜로운지는 모르겠다."라고 한다.

子墨子께서 말씀하셨다.

"내가 하늘이 천자보다 귀하고 지혜롭다는 것을 아는 이유가 있다. 말하기를 '天子가 善政을 하면 하늘이 그에게 賞을 내리고, 天子가 暴政을 하면 하늘이 그에게 罰을 내릴 수 있다.'라고 한다. 天子에게 疾病과 재앙이 있을 때에, 반드시 沐浴齋戒하고 정결하게 술과 단술과 祭物을 마련하여 하늘과 鬼神에 제사를 지내면, 하늘은 〈疾病과 재앙을〉 제거해줄 수 있지만, 나는 하늘이 天子에게 福을 비는지는 모르겠다. 이것이 내가 하늘이 천자보다 귀하고 지혜롭다는 것을 아는 이유이다. 여기에 그칠 뿐만이 아니다. 또 先王의 글에서 하늘의 明智가 나태하지 않다는 도리를 설명하는 것으로도 이를 안다.

畢云 馴은 與訓同하니 言訓釋天之明道라하다

畢沅 : '馴'은 '訓(풀이하다)'과 같으니, 하늘의 밝은 道를 풀어낸다는 말이다.

27-2-3 曰 明哲維天이시어

말하기를 '밝고 지혜로운 하늘이시여,

畢云 舊作大하니 以意改라하다

畢沅 : 舊本에는 〈'天'이〉 '大'로 되어 있으니, 임의로 〈'天'으로〉 고친다.

27-2-4 臨君下土라하니

아래 땅에 군림하시네!'라 하였으니,

土는 舊本에 作出하다 王引之云 下出二字는 義不可通이니 出은 當爲土라 明哲維天이시어 臨君下土는 猶詩에 言明明上天이 照臨下土耳라 隸書로 出字는 或作士하다 若敖(오)省(생)作敖하며 賣(매)省(생)作賣하며 歖(쇄)省(생)作款之類하니 形與土로 相似라 故로 土譌爲出이라하다 案 王說이 是也라 今據正하다

'土'는 舊本에 '出'로 되어 있다.

王引之 : '下出' 두 자는 뜻이 통하지 않으니, '出'은 응당 '土'가 되어야 할 것이다. "明哲維天 臨君下土"는 ≪詩經≫ 〈小雅 小明〉에서 말하는 "明明上天 照臨下土(밝고 밝은 하늘이 땅을 비추어 굽어보시네.)"와 같다. 隸書로 '出'자는 간혹 '士'로 쓰기도 한다. 예컨대 '敖'를 생략하여 '敖'로 쓰고, '賣'를 생략하여 '賣'로 쓰고, '款'를 생략하여 '款'로 쓰는 따위와 같으니, 字形이 '土'와 서로 비슷하기 때문에 '土'가 잘못되어 '出'이 된 것이다.

案 : 王引之의 說이 옳다. 이제 이에 의거하여 바로잡는다.

27-2-5 **則此語天之貴且知於天子**니라 **不知亦有貴知(夫)〔于〕**[11]**天者乎**아

이는 하늘이 天子보다 귀하고 지혜로움을 말하는 것이다. 모르긴 하나 또한 하늘보다 귀하고 지혜로운 자가 있는가.

夫는 **吳鈔本**에 **作于**하다

'夫'는 吳寬의 鈔本에 '于'로 되어 있다.

27-2-6 **曰 天爲貴**며 **天爲知而已矣**라하니 **然則義果自天出矣**라하시니라 **是故**로 **子墨子曰 今天下之君子**가 **中實將欲遵道利民**인댄 **本察仁義之本**하여 **天之意**를 **不可不愼也**라하시니라

말하기를 '하늘이 귀하고 하늘이 지혜로울 따름이다.'라 하였으니, 그렇다면 義는 과연 하늘로부터 나오는 것이다."

이런 까닭에 子墨子께서 말씀하셨다.

"지금 천하의 君子가 진실로 장차 〈하늘의 밝은〉 道를 따르며 백성을 이롭게 하고자 한다면, 仁義의 근본을 철저히 살펴 하늘의 뜻을 따르지 않아서는 안 된다."

愼은 **與順同**이라 **上下文**에 **屢云 順天意**라하다 **下同**이라

'愼'은 '順(따르다)'과 같다. 위아래 글에 누차 '順天意'라 하였다. 아래도 같다.

11) (夫)〔于〕 : 저본에는 '夫'로 되어 있으나, 吳寬의 鈔本에 의거하여 '于'로 바로잡았다.

27-3-1 既以天之意以爲不可不愼已니 然則天之〔意〕[12]將何欲何憎고

이미 하늘의 뜻을 따르지 않아서는 안 된다고 하였으니, 그렇다면 하늘의 뜻은 장차 무엇을 바라고 무엇을 미워하는가.

畢云 之下에 當有意字라하다

畢沅 : 〈'天之將何欲何憎'의〉 '之' 아래에 응당 '意'자가 있어야 한다.

27-3-2 子墨子曰 天之意는 不欲大國之攻小國也하며 大家之亂小家也하며 强之暴寡하며 詐之謀愚하며 貴之傲賤하니 此天之所不欲也니라 不止此而已요

子墨子께서 말씀하셨다.

"하늘의 뜻은 大國이 小國을 공격하며, 大家가 小家를 어지럽히며, 强한 자가 弱小한 자를 暴壓하며, 교활한 자가 어리석은 자를 도모하며, 貴한 자가 賤한 자를 업신여기는 것을 바라지 않는다. 이것은 하늘이 바라지 않는 바이다. 여기에 그칠 뿐만이 아니다.

舊本에 脫不字하며 又止는 作上하다 王校補不字하고 畢校改上爲止라 今竝據正하다

舊本에는 〈'不止此而已'의〉 '不'자가 빠져 있으며, 또 '止'는 '上'으로 되어 있다. 王念孫이 교감하면서 '不'자를 채워 넣었으며, 畢沅이 교감하면서 '上'을 고쳐 '止'라 하였다. 이제 모두 이에 의거하여 바로잡는다.

27-3-3 欲人之有力相營하며

〈하늘의 뜻은〉 사람들이 힘이 있으면 서로 보호해주며,

文選陸士衡[13]贈從兄車騎詩의 李注에 引鍾會[14]老子注하여 云 經護爲營이라하다

---

12) 〔意〕 : 저본에는 '意'가 없으나, 畢沅의 주에 의거하여 보충하였다.

13) 陸士衡 : 陸機(261~303)를 말한다. 字는 士衡으로, 吳郡 吳縣 사람이다. '陸平原'이라고도 한다. 西晉의 文學家이며, 아우인 陸雲과 함께 '二陸'으로 일컬어졌다.

14) 鍾會 : 225~264. 삼국시대 魏나라 潁川 長社 사람으로 字는 士季이다. ≪老子≫와 ≪周

≪文選≫의 陸士衡 〈贈從兄車騎〉에 대한 李善의 注에 鍾會의 ≪老子注≫를 인용하면서 "호위받는〔經護〕 것을 '營'이라 한다."라 하였다.

27-3-4 **有道相教**하며 **有財相分也**니라 **又欲上之强聽治也**하며 **下之强從事也**니라 **上强聽治**면 **則國家治矣**요 **下强從事**면 **則財用足矣**리라 **若國家治財用足**하면 **則內有以潔爲酒醴粢盛**하여

道가 있으면 서로 가르치며, 재물이 있으면 서로 나누어주기를 바란다. 또 윗사람은 힘껏 政事를 돌보고, 아랫사람은 힘껏 일하기를 바란다. 윗사람이 힘껏 政事를 돌보면 국가가 다스려질 것이며, 아랫사람이 힘껏 일하면 財用이 충족될 것이다. 만일 국가가 다스려지고 財用이 충족되면, 안으로는 정결하게 술과 단술과 祭物을 마련하여

潔은 **吳鈔本**에 **作絜**하다

'潔'은 吳寬의 鈔本에 '絜'로 되어 있다.

27-3-5 **以祭祀天鬼**요 **外有以爲環璧**[15]**珠玉**하여 **以聘撓**(교)**四隣**하니

하늘과 귀신에 祭祀를 올릴 수 있으며, 밖으로는 環璧과 珠玉을 마련하여 사방의 이웃 나라에 聘問하여 사귈 수 있으니,

畢云 撓는 **與交同音**이라하다

畢沅 : '撓'는 '交'와 音이 같다.

27-3-6 **諸侯之冤**이 **不興矣**며

易≫에 정통하여, ≪周易無互體論≫, ≪道論≫, ≪老子注≫를 지었다고 하나 망실되었다. ≪道藏≫에 ≪老子注≫의 일부가 실려 있다.

15) 環璧 : 玉環(옥으로 만든 고리)와 玉璧(둥그런 옥)을 말한다. 古代에 朝聘·祭祀·喪葬의 禮器로 사용되었다.

諸侯들의 원망이 일어나지 않으며,

一切經音義에 云 古文의 寃惌二形은 今作怨하니 同이라 蘇云 寃은 當讀如怨이라하다

≪一切經音義≫에 "옛 글의 '寃'과 '惌' 두 字形은 지금 글에는 '怨'으로 되어 있으니, 같은 것이다."라고 하였다.

蘇時學 : '寃'은 응당 '怨'과 같이 읽어야 한다.

27-3-7 邊境兵甲이 不作矣리라 內有以食飢息勞하여 持養其萬民하니

邊境의 전쟁이 일어나지 않을 것이다. 안으로는 굶주린 자를 먹이고 勞役하는 자를 쉬게 하여 萬民을 保養할 수 있으니,

荀子榮辱篇의 楊注에 云 持養은 保養也라하다 義詳非命下篇이라

≪荀子≫〈榮辱〉楊倞의 注에 "'持養'은 '保養'이다."라 하였다. 뜻이 ≪墨子≫〈非命 下〉에 자세히 보인다.

27-3-8 則君臣上下惠忠하며 父子弟兄慈孝하리라 故로 唯毋明乎順天之意하고

그렇다면 임금과 신하, 윗사람과 아랫사람은 은혜를 베풀고 충성을 바치며, 父子와 兄弟는 자애롭게 대하고 효성스러울 것이다. 그러므로 오로지 하늘의 뜻에 순응하는 것을 명확히 하여

唯는 舊本에 作惟하니 今據吳鈔本改하다 毋는 語詞라 詳尙賢中篇이라

'唯'는 舊本에 '惟'로 되어 있으니, 이제 吳寬의 鈔本에 의거하여 고친다. '毋'는 語詞이다. ≪墨子≫〈尙賢 中〉에 자세히 보인다.

27-3-9 奉而光施之天下면

받들어 천하에 널리 베푼다면,

光은 與廣通이라

'光'은 '廣(넓다)'과 통한다.

27-3-10 **則刑政治**하며 **萬民和**하며 **國家富**하며 **財用足**하여 **百姓**이 **皆得煖衣飽食**하여 **便寧無憂**라하시니라

刑政은 다스려지고 만민은 화합하며, 국가는 부강해지고 財用은 충족되어, 백성들이 모두 따뜻하게 옷 입고 배불리 먹을 수 있어 편안하고 근심이 없게 될 것이다."

廣雅釋詁에 **云 便**은 **安也**라하다 **寍**은 **舊本**에 **作寧**[16]하니 **今據吳鈔本改**하다

≪廣雅≫ 〈釋詁〉에 "'便'은 '安(편안하다)'이다."라 하였다. '寍'은 舊本에 '寧'으로 되어 있으니, 이제 吳寬의 鈔本에 의거하여 고친다.

27-3-11 **是故**로 **子墨子曰 今天下之君子**가 **中實將欲遵道利民**인댄 **本察仁義之本**하여 **天之意**를 **不可不愼也**라하시니라

이런 까닭에 子墨子께서 말씀하셨다.

"지금 천하의 君子가 진실로 장차 〈하늘의 밝은〉 道를 따르며 백성을 이롭게 하고자 한다면, 仁義의 근본을 철저히 살펴 하늘의 뜻을 따르지 않아서는 안 된다."

愼도 **亦讀爲順**이라

'愼'은 또한 '順'으로 읽는다.

---

16) 寧 : 저본 傍注에 "'寧'은 원본에 피휘하느라 글자를 비워놓고 句의 말미에 붓으로 '寍'이라고 써넣었다. 살펴보건대, 孫詒讓이 말하는 '舊本'은 자신이 저본으로 삼았던 畢沅의 刻本을 가리킨다. 畢沅이 새겨 넣은 글자는 원래 '寧'으로 되어 있으나(畢沅의 각본은 乾隆 시기(1736~1796)에 책이 이루어졌으므로 '寧'자를 피휘할 이유가 없다.), 孫詒讓이 판각할 때에는 스스로 피휘하느라 글자를 비워놓고 句의 말미에 붓으로 적은 것이니, 지금 다시 원래 글자로 고친다. 또 살펴보건대, 吳寬의 鈔本에는 '寍'으로 되어 있어 '寧'의 本字에 관계되니(≪說文解字≫ 참조), 피휘자가 아니다."라 하였다. 淸 宣宗(1782~1850, 재위 1820~1850)의 이름이 '旻寧'이므로 '寧'을 피휘한 것이다.

27-4-1 且夫天(子)[17]之有天下也는

또한 하늘이 천하를 소유한 것은

戴云 子字는 衍이라하다

戴望 : '子'자는 잘못 들어간 것이다.

27-4-2 辟(비)之컨대 無以異乎國君諸侯之有四境之內也니라

비유하자면 임금이나 諸侯가 사방 국경의 안을 소유한 것과 다름이 없다.

吳鈔本에 辟는 作譬하다 畢云 辟는 同譬라하다

吳寬의 鈔本에 '辟'는 '譬'로 되어 있다.

畢沅 : '辟'은 '譬'와 같다.

27-4-3 今國君諸侯之有四境之內也에 夫豈欲其(臣國)〔國臣〕[18]萬民之相爲不利哉리오

지금 임금이나 諸侯가 사방 국경의 안을 소유함에 어찌 자기의 신하와 萬民이 서로 이롭지 못한 일을 하기를 바라겠는가.

兪云 臣國은 當爲國臣이니 正對國君而言이라 君曰國君이라하니 故로 臣曰國臣也라한대 今倒作臣國하니 義不可通이라하다

兪樾 : '臣國'은 응당 '國臣'이 되어야 하니, '國君'과 正對하여 말한 것이다. '君'을 '國君'이라 하므로 '臣'은 '國臣'이라 하는 것인데, 이제 글자가 뒤바뀌어 '臣國'으로 되어 있으니, 뜻이 통하지 않는다.

---

17) (子) : 저본에는 '子'가 있으나, 戴望의 주에 의거하여 衍文으로 처리하였다.

18) (臣國)〔國臣〕 : 저본에는 '臣國'으로 되어 있으나, 兪樾의 주에 의거하여 '國臣'으로 바로잡았다.

27-4-4 **今若處大國則攻小國**하며 **處大家則亂小家**인댄 **欲以此**로 **求賞譽**라도 **終不可得**이요 **誅罰必至矣**니라 **夫天之有天下也**도 **將無已異此**라

지금 만일 大國에 살면 小國을 공격하고, 大家에 살면 小家를 어지럽힌다면, 이렇게 해서 賞과 칭찬을 구하려 하더라도, 〈賞과 칭찬은〉 끝내 얻을 수 없고 誅罰이 반드시 이를 것이다. 저 하늘이 천하를 소유함에도 이와 다름이 없다.

畢云 已는 **同以**라하다

畢沅 : '已'는 '以'와 같다.

27-4-5 **今若處大國則攻小國**하고

지금 만일 大國에 살면 小國을 공격하고,

畢云 舊脫則字니 **據下句增**이라하다

畢沅 : 舊本에는 '則'자가 빠져 있으니, 아래 句에 의거하여 덧붙인다.

27-4-6 **處大都則伐小都**인댄

大都에 살면 小都를 攻伐한다면,

吳鈔本에 **二句**에 **竝無則字**라

吳寬의 鈔本에는 두 句에 모두 '則'자가 없다.

27-4-7 **欲以此**로 **求福祿於天**이라도 **福祿終不得**이요 **而禍祟必至矣**리라 **然有所不爲天之所欲**하고 **而爲天之所不欲**하면 **則夫天**도 **亦且不爲人之所欲**하고 **而爲人之所不欲矣**리라 **人之所不欲者**는 **何也**오 **曰 病疾禍祟也**니라

이렇게 해서 하늘에 福祿을 구하려 하더라도, 복록은 끝내 얻을 수 없고 재앙이 반드시 이를 것이다. 그리하여 하늘이 바라는 바를 하지 않고 하늘이 바라지 않는 바를 한다면, 하늘 또한 장차 사람이 바라는 바를 하지 않고 사람이 바라지 않는

바를 할 것이다. 사람이 바라지 않는 바란 무엇인가. 말하기를 "病疾과 재앙이다."라고 한다.

畢云 舊脫禍字니 據下文增이라하다

畢沅 : 舊本에는 '禍'자가 빠져 있으니, 아래 글에 의거하여 덧붙인다.

27-4-8 若已[19)]不爲天之所欲하고 而爲天之所不欲하면 是率天下之萬民하여 以從事乎禍祟之中也라 故로 古者聖王은 明知天鬼之所福하고 而辟(피)天鬼之所憎하여 以求興天下之利하고 而除天下之害하니라 是以로 天之爲寒熱也節하여 四時調하며 陰陽雨露也時하여 五穀孰하고

만일 자기가 하늘이 바라는 바를 하지 않고 하늘이 바라지 않는 바를 한다면, 이는 천하의 萬民을 거느려 재앙의 한복판에서 일하게 하는 것이다. 그러므로 옛날 聖王은 하늘과 귀신이 福을 내려주는 바를 분명히 알고 하늘과 귀신이 미워하는 바를 피하여, 천하의 이로움을 일으키고 천하의 해로움을 제거하고자 하였다. 이런 까닭에 하늘은 추위와 더위가 절기에 맞게 하여 四時가 고르며, 맑고 흐림, 비와 이슬이 때에 맞아 五穀이 무르익게 하며

道藏本吳鈔本에 作熟하니 俗字라

道藏本과 吳寬의 鈔本에는 〈'孰'이〉 '熟'으로 되어 있으니, 俗字이다.

27-4-9 六畜遂하고 疾菑戾疫凶饑則不至하니라

六畜이 번식하게 하며 질병과 역병과 기근이 이르지 않게 해주었다.

戾厲字通이라 詳尙同中篇이라

'戾'와 '厲'자는 통한다. ≪墨子≫ 〈尙同 中〉에 자세히 보인다.

---

19) 已 : 저본 傍注에 "'已'는 원본에 '已'로 잘못되어 있으니, 畢沅의 刻本에 의거하여 고친다."라 하였다.

27-4-10 **是故**로 **子墨子曰 今天下之君子**가 **中實將欲遵道利民**인댄

이런 까닭에 子墨子께서 말씀하셨다.

"지금 천하의 君子가 진실로 장차 〈하늘의 밝은〉 道를 따르며 백성을 이롭게 하고자 한다면,

畢云 舊脫道字요 **一本有**라하다

畢沅 : 舊本에는 '道'자가 빠져 있으며, 어떤 本에는 있다.

27-4-11 **本察仁義之本**하여 **天意**를 **不可不愼也**니라

仁義의 근본을 철저히 살펴 하늘의 뜻을 따르지 않아서는 안 된다."

27-5-1 **且夫天下**에 **蓋有不仁不祥者**니 **曰 當若子之不事父**하며 **弟之不事兄**하며 **臣之不事君也**면 **故天下之君子**가 **與謂之不祥者**라하니라

또한 천하에는 仁하지 못하고 상서롭지 못한 일들이 있으니, 말하기를 "만약 자식이 아버지를 섬기지 않으며, 아우가 형을 섬기지 않으며, 신하가 임금을 섬기지 않으면, 천하의 君子가 모두 이것을 상서롭지 못한 일이라고 한다."라 한다.

王云 故는 **猶則也**라하다 **畢云 與**는 **同擧**하다

王念孫 : '故'는 '則(~면)'과 같다.
畢沅 : '與'는 '擧(모두)'와 같다.

27-5-2 **今夫天兼天下而愛之**하며 **撽(遂)〔逐〕**[20]**萬物以利之**하니라

지금 하늘은 천하를 아울러 사랑하며 만물을 몰아주어 이롭게 한다.

物은 **吳鈔本**에 **作民**하다 **下同**이라 **畢云 說文**에 **云 墽**(교)는 **旁擊也**이라하다 **但未詳墽遂之義**라 **兪云 撽遂二字**는 **義不可通**이라 **撽**는 **當爲邀**니 **疑本作邀**하며 **或作撽**러니 **傳寫誤合**

20) (遂)〔逐〕: 저본에는 '遂'로 되어 있으나, 孫詒讓의 주에 의거하여 '逐'으로 바로잡았다.

之하여 爲撽邀라가 而邀는 又誤爲遂耳라 邀는 與交通하니 莊子庚桑楚篇에 夫至人者는 相與交食乎地하고 而交樂乎天이라하며 徐無鬼篇에 作吾與之邀樂於天하며 吾與之邀食於地하니 是交邀는 古通用也라 邀萬物以利之는 卽交萬物以利之니 與兼天下而愛之로 同義라 交는 猶兼也라 案 俞說迂曲하여 不足據하다 韓非子說林下篇[21]에 云 有欲以御見荊王者하니 曰 臣能撽鹿이라하며 莊子至樂篇에 云 莊子至楚에 見空髑髏어늘 撽以馬箠라한대 成玄英[22]疏에 云 撽은 打擊也라하다 依韓子撽鹿義推之컨대 疑當爲敺御之義라 遂는 或當爲逐之譌라 然下文에 云 以長遂五穀麻絲 使民得而財利之라하니 則遂字도 又似非誤나 未能質定也라

'物'은 吳寬의 鈔本에 '民'으로 되어 있다. 아래도 같다.

畢沅 : ≪說文解字≫에 "'擎'는 '旁擊(치다)'이다."라 하였다. 다만 '擎遂'의 뜻은 상세히 모르겠다.

俞樾 : '撽遂' 2자는 뜻이 통하지 않는다. '撽'는 응당 '邀'가 되어야 하니, 아마도 본래는 '邀'로 되어 있으며, 간혹 '撽'로 되어 있는데, 傳寫하면서 2자를 잘못 합하여 '撽邀'가 되었다가 '邀'는 또 잘못되어 '遂'가 된 것일 뿐이다. '邀'는 '交'와 통하니, ≪莊子≫ 〈庚桑楚〉에 "夫至人者 相與交食乎地 而交樂乎天(무릇 至人은 서로 더불어 땅에서 나는 것을 먹기를 바라고 하늘의 운행을 즐기기를 바란다.)"이라 하였으며, ≪莊子≫ 〈徐無鬼〉에 "吾與之邀樂於天 吾與之邀食於地(나는 내 자식들과 더불어 하늘에서 즐거움을 찾고, 나는 내 자식들과 더불어 먹을 것을 땅에서 찾는다.)"라 하였으니, 이 '交'와 '邀'는 옛날에는 通用한 것이다. '邀萬物以利之'는 곧 '交萬物以利之(만물을 아울러 이롭게 한다.)'이니, '兼天下而愛之(天下를 아울러 사랑한다.)'와 뜻이 같다. '交'는 '兼'과 같다.

案 : 俞樾의 說은 견강부회한 것으로 근거로 삼기에 부족하다. ≪韓非子≫ 〈說林 下〉에 "有欲以御見荊王者 曰 臣能撽鹿(〈사슴을〉 잘 다루는 것을 가지고 荊王을 알현코자 하는 자가 있었다. 그가 말하기를 '臣은 사슴을 다루는 데 능합니다.'라고 하였다.)"이라 하였으며, ≪莊

21) 韓非子說林下篇 : 저본 傍注에 "'下篇'은 원본에 '上篇'으로 잘못되어 있으니, ≪韓非子≫에 의거하여 고친다."라 하였다.

22) 成玄英 : 唐代 초기에 활동한 도사이다. 唐 太宗 시기의 인물로, 重玄學을 중창시킨 인물로 평가되고 있으나, 이 외에는 행적이 자세하지 않다. 저서에 ≪老子義疏≫, ≪莊子疏≫가 있다.

子≫ 〈至樂〉에 "莊子至楚 見空髑髏 撽以馬箠(莊子가 楚나라로 갈 때, 속이 빈 앙상한 해골을 보았다. 장자가 말채찍으로 그 해골을 쳤다.)"라 하였는데, 成玄英의 疏에 "'撽'은 '打擊(치다)'이다."라 하였다. ≪韓非子≫의 '撽鹿'의 뜻에 의거하여 미루어보건대, 아마도 응당 '敺御(몰다)'의 뜻이 되어야 할 듯하다. '遂'는 아마 '逐'이 와전된 것이리라. 그런데 아래 글에 "以長遂五穀麻絲 使民得而財利之(五穀과 麻絲를 잘 길러주어, 백성들이 이것을 財用으로 삼아 이롭게 쓸 수 있게 하였다.)"라 하였으니, '遂'자도 誤字는 아닐 듯한데 미처 質定하지 못하였다.

27-5-3 若豪之末이

터럭의 끄트머리 같은 것도

豪는 吳鈔本에 作毫하다 下同이라 畢云 豪는 本作豪하니 毫字正文이라 經典에 或從毛하니 非라하다

'豪'는 吳寬의 鈔本에 '毫'로 되어 있다. 아래도 같다.

畢沅 : '豪'는 어떤 본에 '豪'로 되어 있으니, '毫'자의 正字이다. 經典에 간혹 '毛'를 부수로 하는 字를 쓰니, 옳지 않다.

27-5-4 〔無〕[23]非天之所爲也하여

하늘이 지은 바가 아님이 없어서,

爲는 舊本에 作謂하다 今據吳鈔本正하다 蘇云 非上에 當有莫字라 下同이라 謂는 當從下文하여 作爲하다 兪云 非上에 脫無字라 下文同[24]이라 言雖至秋豪之末이라도 無非天之所爲也라하다

'爲'는 舊本에 '謂'로 되어 있다. 이제 吳寬의 鈔本에 의거하여 바로잡는다.

蘇時學 : '非' 위에 응당 '莫'자가 있어야 한다. 아래도 같다. '謂'는 응당 아래 글에 따라

23) 〔無〕 : 저본에는 '無'자가 없으나, 兪樾의 주에 의거하여 보충하였다.

24) 下同 : 本書 〈天志 中〉 27-6-15의 "若豪之末 〔無〕非天之所爲(터럭의 끄트머리 같은 것도 하늘이 지은 바가 아님이 없다.)"를 가리킨다.

‘爲’가 되어야 한다.

兪樾 : ‘非’ 위에 ‘無’자가 빠져 있다. 아래 글도 같다. 비록 아주 작은 것〔秋豪之末〕까지도 하늘이 지은 바가 아님이 없다는 말이다.

27-5-5 而民得而利之니 則可謂(否)〔后〕[25)]矣니라

백성들이 그것을 이롭게 쓸 수 있으니, ‘두텁다’라고 이를 만하다.

蘇云 否는 義未詳이니 疑當作厚라하다 兪云 否字는 義不可通하니 乃后字之誤라 后는 讀爲厚라 禮記檀弓篇에 后木이라한대 正義에 曰 世本[26)]에 云 厚는 此云后라하니 其字異耳라하다 是后厚는 古通用이라 說文에 厚는 古文에 作垕라하다 本從后聲이라 故로 聲近而義通也라 此云 若豪之末이 無非天之所爲也하여 而民得而利之니 則可謂厚矣는 言天愛民之厚也라 下文에 且吾所以知天之愛民之厚者有矣라하고 又曰 此吾以知天之愛民之厚也라하니 竝可爲證이라하다 案 兪說是也라

蘇時學 : ‘否’는 뜻이 상세하지 않으니, 아마도 응당 ‘厚’가 되어야 할 듯하다.

兪樾 : ‘否’자는 뜻이 통하지 않으니, 곧 ‘后’자의 誤字이다. ‘后’는 ‘厚(두텁다)’로 읽는다. ≪禮記≫ 〈檀弓〉에 ‘后木’이라 하였는데, 孔穎達의 疏에 “≪世本≫에 ‘「厚」는 여기서 「后」라 하였으니, 그 글자만 다를 뿐이다.’라 하였다.”라 하였으니, 이 ‘后’와 ‘厚’는 옛날에는 通用한 것이다. ≪說文解字≫에 “‘厚’는 古文에 ‘垕’로 되어 있다.”라 하였다. 본래 后聲에 딸린 글자이기 때문에 소리가 비슷하고 뜻도 통한다. 여기서 “若豪之末 無非天之所爲也 而民得而利之 則可謂厚矣”라고 한 것은 하늘이 백성을 두터이 사랑한다는 말이다. 아래 글에 “且吾所以知天之愛民之厚者有矣(또 내가 하늘이 백성을 두터이 사랑한다는 것을 아는 이유가 있다.)”라 하였으며, 또 “此吾以知天之愛民之厚也(이것이 내가 하늘이 백성을 두터이 사랑한다는 것을 아는 이유이다.)”라 하였으니, 모두 증거가 될 만하다.

案 : 兪樾의 說이 옳다.

---

25) (否)〔后〕: 저본에는 ‘否’로 되어 있으나, 兪樾의 주에 의거하여 ‘后’로 바로잡았다.

26) 世本 : 世는 世系이고, 本은 기원이라는 뜻으로, 上古의 帝王과 諸侯, 卿大夫의 世系를 적은 것이다. 先秦時代 史官이 편찬한 것으로 〈帝系〉, 〈王侯世〉, 〈卿大夫世〉, 〈氏族〉, 〈作篇〉, 〈居篇〉, 〈諡法〉 등 15편으로 구성되어 있다.

27-5-6 **然獨無報夫天**하고 **而不知其爲不仁不祥也**니 **此吾所謂君子明細而不明大也**라하니라

그런데도 유독 하늘에 보답하는 일은 없으면서 그것이 仁하지 못하고 상서롭지 못하다는 것은 알지 못하니, 이것이 내가 이른바 '君子는 작은 것은 잘 알고 큰 것은 잘 알지 못한다.'라고 한 것이다.

27-6-1 **且吾所以知天之愛民之厚者有矣**니라 **曰 以(磨)〔曆〕**[27]**爲日月星辰**하여

또 내가 하늘이 백성을 두터이 사랑한다는 것을 아는 이유가 있다. 말하기를 "〈하늘은〉 曆象을 헤아려 日月星辰을 늘어놓아

以字는 **舊脫**이라 **今據道藏本吳鈔本補**하다 **顧云 顏氏家訓**에 **世本**에 **容成**[28]**造曆**이라한대 **以曆**을 **爲碓磨之磨**라하다 **王云 磨**도 **亦當爲曆**(력)이니 **曆爲日月星辰**은 **猶大戴記五帝德篇**에 **言歷離日月星辰也**라하다 **案 王校是也**라 **詳非攻下篇**이라

'以'자는 舊本에 빠져 있다. 이제 道藏本과 吳寬의 鈔本에 의거하여 채워 넣는다.

顧廣圻 : ≪顏氏家訓≫ 〈勉學〉에 "≪世本≫에 '容成造曆(容成은 策曆을 만들고)'이라 하였는데, '曆'자를 '碓磨(디딜방아와 맷돌)'라고 할 때의 '磨'인 줄 알았다."라 하였다.

王念孫 : '磨'는 또한 응당 '曆(역상을 추산하다)'이 되어야 한다. '曆爲日月星辰'은 ≪大戴禮記≫ 〈五帝德〉에서 '歷離日月星辰(역상을 추산하여 일월성신을 늘어놓다.)'이라고 말하는 것과 같다.

案 : 王念孫의 교감이 옳다. ≪墨子≫ 〈非攻 下〉에 자세히 보인다.

27-6-2 **以昭道之**하며

밝게 이끌며,

說文日部에 **云 昭**는 **明也**라하다

---

27) (磨)〔曆〕 : 저본에는 '磨'로 되어 있으나, 王念孫의 주에 의거하여 '曆'으로 바로잡았다.

28) 容成 : 黃帝의 史官이다. 蒼頡은 문자를 만들고, 容成은 策曆을 만들고, 胡曹는 의복을 만들고, 后稷은 농경을 하고, 儀狄은 술을 만드는 등의 내용이 ≪淮南子≫ 〈修務訓〉에 보인다.

≪說文解字≫ 〈日部〉에 "'昭'는 '明(밝다)'이다."라 하였다.

27-6-3 **制爲四時春秋冬夏**하여 **以紀綱之**하며 (雷)〔實〕[29)]**降雪霜雨露**하여

春·秋·冬·夏 네 계절을 만들어 紀綱을 세우며, 눈과 서리와 비와 이슬을 내려

王云 雷降雪霜雨露는 **義不可通**이라 **雷**는 **蓋實**(운)**字之誤**[30)]니 **實**은 **與隕同**이라 **左氏春秋經莊七年**에 **星隕如雨**라하며 **公羊**에 **隕**은 **作實**이라하다 **爾雅**에 **隕降**은 **落也**라하니 **故**로 **曰 實降雪霜雨露**라하다

王念孫 : '雷降雪霜雨露'는 뜻이 통하지 않는다. '雷'는 아마도 '實(떨어지다)'자의 誤字이니, '實'은 '隕(떨어지다)'과 같다. ≪春秋左氏傳≫ 莊公 7년 조의 經文에 "星隕如雨(별이 비처럼 떨어졌다.)"라 하였으며, ≪春秋公羊傳≫에 '隕'은 '實(떨어지다)'으로 되어 있다. ≪爾雅≫에 "'隕'과 '降'은 '落(떨어지다)'이다."라 하였다. 그러므로 〈이것은〉 "實降雪霜雨露"라는 말이다.

27-6-4 **以長遂五穀麻絲**하여 **使民**으로 **得而財利之**케하니라 **列爲山川谿谷**하고 **播賦百事**하여

五穀과 麻絲를 잘 길러주어, 백성들이 이것을 재화로 이용할 수 있게 하였다. 山川과 谿谷을 벌여놓고 갖가지 일들을 펼쳐놓으시어

畢云 播는 **布**라하다

畢沅 : '播'는 '布(베풀다)'이다.

27-6-5 **以臨司民之善否**하며

29) (雷)〔實〕: 저본에는 '雷'로 되어 있으나, 王念孫의 주에 의거하여 '實'으로 바로잡았다.

30) 誤 : 저본 傍注에 "'誤'는 원본에 '義'로 잘못되어 있으니, 活字本에 의거하여 고친다."라 하였다.

백성들이 선한가 그렇지 못한가를 굽어보시며,

畢云 司는 **讀如伺**라 **俗從人**이라하다

畢沅 : '司'는 '伺(엿보다)'와 같이 읽는다. 俗字는 '人'을 부수로 한다.

27-6-6 **爲王公侯伯**하여

王公과 侯伯을 세워

侯伯은 **舊本**에 **作諸伯**하며 **吳鈔本**에 **作爲侯伯**하며 **道藏本**에 **作諸侯**하다 **審校文義**컨대 **吳本較長**이라 **今據正**하다

'侯伯'은 舊本에 '諸伯'으로 되어 있으며, 吳寬의 鈔本에는 '侯伯'으로 되어 있으며, 道藏本에는 '諸侯'로 되어 있다. 글의 뜻을 자세히 살펴 교감해보건대, 오관의 초본이 비교적 낫다. 이제 〈오관의 초본에〉 의거하여 바로잡는다.

27-6-7 **使之賞賢而罰暴**하며

그들로 하여금 賢能한 자에게 상을 내리고 暴惡한 자에게 벌을 내리게 하시며,

畢云[31] **賢**은 **舊作焉**이요 **一本如此**라하다 **顧云 藏本**에 **賢**이요 **季本同**이라하다 **案 吳鈔本**도 **亦作賢**하다

畢沅 : '賢'은 舊本에 '焉'으로 되어 있으며, 한 本이 이와 같다.

顧廣圻 : 道藏本에는 '賢'으로 되어 있으며, 季本이 같다.

案 : 吳寬의 鈔本에 또한 '賢'으로 되어 있다.

27-6-8 (賊)〔賦〕[32]**金木鳥獸**[33]하고

31) 云 : 저본 傍注에 "'云'은 원본에 '本'으로 잘못되어 있으니, 바로 고친다. 아래 글에 의거해보건대 인용된 문구는 畢沅 注의 原文이다."라 하였다.

32) (賊)〔賦〕 : 저본에는 '賊'으로 되어 있으나, 孫詒讓의 주에 의거하여 '賦'로 바로잡았다.

33) (賊)〔賦〕金木鳥獸 : 張純一의 ≪墨子集解≫에서는 '賊'을 誤字로 보지 않고서, "≪大戴禮記≫

쇠와 나무와 새와 길짐승을 거두어들이고

賊은 當爲賦라 形近而誤하니 言賦斂金木鳥獸而用之也라

'賊'은 응당 '賦(거두어들이다)'가 되어야 한다. 字形이 비슷하여 잘못된 것이니, 쇠와 나무와 새와 길짐승을 거두어들여 이것을 사용한다는 말이다.

27-6-9 **從事乎五穀麻絲**하여

五穀과 麻絲를 기르는 일을 하게 하여

吳鈔本에 作絲麻하다

吳寬의 鈔本에는 〈'麻絲'가〉 '絲麻'로 되어 있다.

27-6-10 **以爲民衣食之財**케하시니 **自古及今**히 **未嘗不有此也**니라 **今有人於此**한대 **驩若愛其子**하며

백성들의 衣食에 쓰이는 재용으로 삼게 하셨으니, 예로부터 오늘날에 이르기까지 이렇게 하지 않은 적이 없었다. 지금 여기에 어떤 사람이 흔연히 자기 자식을 사랑하며

一切經音義에 引三蒼[34)]하여 云 驩은 古歡字라하다

≪一切經音義≫에 ≪三蒼≫을 인용하면서 "'驩'은 古字로 '歡'자이다."라 하였다.

27-6-11 **竭力單務以利之**한대

〈千乘篇〉에 '五兵과 木石을 정돈하여 다스리는 것을 賊이라 한다.' 하였고, ≪周易≫〈雜卦傳〉의 '蠱則飭也'에 대한 韓康伯의 주에 '飭은 정돈하여 다스리는 것이다.' 하였다.〔大戴記千乘篇云 飭五兵及木石曰賊 易雜卦傳蠱則飭也 韓康伯注 飭整治也〕"라고 하였다. 이에 따라 '賊金木鳥獸'를 번역하면, '쇠와 나무와 새와 길짐승을 정돈하여 다스린다.'가 된다.

34) 三蒼 : ≪蒼頡篇≫을 가리킨다. ≪三蒼≫ 또는 ≪三倉≫이라고도 하며, 漢나라 초기의 字書이다. ≪蒼詰篇≫ · ≪爰歷篇≫ · ≪博學篇≫으로 구성되어 있으며, 이 3편을 총칭하여 ≪창힐편≫이라 하였다. ≪說文解字≫ · ≪爾雅≫ 등과 함께 주요 字書로 꼽힌다.

있는 힘을 다하고 온갖 일을 다하여 그를 이롭게 하였는데,

蘇云 單은 同殫이라하다 案 見七患篇이라

蘇時學 : '單'은 '殫(다하다)'과 같다.

案 : ≪墨子≫ 〈七患〉에 보인다.

27-6-12 其子長而無報(子求)〔乎〕[35]父니

그 자식이 장성하여서 아버지에게 보답함이 없으니,

蘇云 當云 其子長而無報乎父라하다

蘇時學 : 〈'其子長而無報子求父'는〉 응당 '其子長而無報乎父'라고 해야 한다.

27-6-13 故로 天下之君子與謂之不仁不祥하니라

그러므로 천하의 君子가 모두 이것을 일러 仁하지 못하고 상서롭지 못하다고 하였다.

畢云 與는 同擧라하다

畢沅 : '與'는 '擧(모두)'와 같다.

27-6-14 今夫天兼天下而愛之하며 撽(遂)〔逐〕[36]萬物以利之하니라

지금 하늘은 천하를 아울러 사랑하며 만물을 몰아주어 이롭게 한다.

以는 吳鈔本에 作而하다

'以'는 吳寬의 鈔本에 '而'로 되어 있다.

---

35) (子求)〔乎〕: 저본에는 '子求'로 되어 있으나, 蘇時學의 주에 의거하여 '乎'로 바로잡았다.

36) (遂)〔逐〕: 저본에는 '遂'로 되어 있으나, 27-5-2의 孫詒讓 주에 의거하여 '逐'으로 바로잡았다.

27-6-15 **若豪之末**이 〔**無**〕**非天之所爲**〔**也**〕[37]하여

터럭의 끄트머리 같은 것도 하늘이 지으신 바가 아님이 없어서

非上에 **亦當有無字**라 **畢云 據上文**[38]컨대 **當有也字**라하다

'非' 위에 또한 응당 '無'자가 있어야 한다.

畢沅 : 위 글에 의거해보건대, 응당 '也'자가 있어야 한다.

27-6-16 **而民得而利之**니 **則可謂**(**否**)〔**后**〕[39]**矣**니라

백성들이 그것을 이롭게 쓸 수 있으니, '두텁다'고 이를 만하다.

否는 **亦當作后**하며 **讀爲厚**라 **詳前**이라

'否'는 또한 응당 '后'가 되어야 하며, '厚'로 읽어야 한다. 〈이에 대한 설명이〉 앞에 자세히 보인다.

27-6-17 **然獨無報夫天**하고 **而不知其爲不仁不祥也**니 **此吾所謂君子明細而不明大也**라하니라

그런데도 유독 하늘에 보답하는 일은 없으면서 그것이 仁하지 못하고 상서롭지 못하다는 것을 알지 못하니, 이것이 내가 이른바 '君子는 작은 것은 잘 알고 큰 것은 잘 알지 못한다.'라고 한 것이다."라고 하였다.

吳鈔本에 **無君子二字**라

吳寬의 鈔本에는 '君子' 2자가 없다.

---

37) 〔無〕非天之所爲〔也〕 : 저본에는 '無'와 '也'가 없으나, 孫詒讓과 畢沅의 주에 의거하여 보충하였다.

38) 上文 : 本書 〈天志 中〉 27-5-4의 "〔無〕非天之所爲也"를 가리킨다.

39) (否)〔后〕 : 저본에는 '否'로 되어 있으나, 27-5-5에 보이는 兪樾의 주에 의거하여 '后'로 바로잡았다.

27-7-1 **且吾所以知天愛民之厚者**는 **不止此而足矣**니라 **曰 殺不辜者**는 **天予不祥**이라하니라 **〔殺〕**[40]**不辜者**는 **誰也**오

또 하늘이 백성을 두터이 사랑한다는 것을 내가 아는 이유는 여기에 그칠 뿐만이 아니다. 말하기를 "죄 없는 자를 죽이는 자는 하늘이 상서롭지 못한 일을 내린다."라 하였다. 죄 없는 자를 죽이는 자는 누구인가.

不上에 亦當有殺字라

〈'不辜者誰也'의〉 '不' 위에 또한 응당 '殺'자가 있어야 한다.

27-7-2 **曰 人也**라하니라 **予之不祥者**는 **誰也**오 **曰 天也**라하니라 **若天不愛民之厚**인댄 **夫胡說人殺不辜**하여 **而天予之不祥哉**리오

말하기를 "사람이다."라 하였다. 이들에게 상서롭지 못한 일을 내려주는 자는 누구인가. 말하기를 "하늘이다."라 하였다. 만일 하늘이 백성을 두터이 사랑하지 않는다면, 사람이 죄 없는 자를 죽였다고 하여 하늘이 그에게 상서롭지 못한 일을 내린다는 것을 어떻게 설명하겠는가.

夫는 舊本에 亦作天하다 王云 天胡說之天은 當爲夫라 此涉上下文天字하여 而誤라 夫는 發聲也라 言若天非愛民之厚인댄 則人殺不辜而天予之不祥者는 果何說哉아 節葬篇에 曰 厚葬久喪이 果非聖王之道인댄 夫胡說中國之君子가 爲而不已며 操而不擇哉오하니 是其證이라하다

'夫'는 舊本에 또한 '天'으로 되어 있다.

王念孫 : '天胡說'의 '天'은 응당 '夫'가 되어야 한다. 이는 위아래 글의 '天'자에 영향을 받아 잘못된 것이다. '夫'는 발어사이다. 〈이 말은〉 "若天非愛民之厚 則人殺不辜而天予之不祥者 果何說哉(만일 하늘이 백성을 두터이 사랑하지 않는다면, 사람이 죄 없는 자를 죽였다고 하여 하늘이 그에게 상서롭지 못한 일을 내린다는 것이 과연 무슨 말인가.)"라는 말이다. ≪墨子≫ 〈節葬 下〉에 "厚葬久喪 果非聖王之道 夫胡說中國之君子 爲而不已 操而不擇哉(성대히

---

40) 〔殺〕 : 저본에는 '殺'자가 없으나, 孫詒讓의 주에 의거하여 보충하였다.

장사 지내고 오랫동안 居喪하는 것이 과연 聖王의 도가 아니라면, 중국의 군자들이 이렇게 하기를 그만두지 않으며, 굳게 지키면서 버리지 않는 것을 어떻게 설명하겠는가.)"라 하였으니, 이것이 그 증거이다.

27-7-3 **此吾之所以知天之愛民之厚也**니라

이것이 내가 하늘이 백성을 두터이 사랑한다는 것을 아는 이유이다.

舊本에 脫之所二字라 今據吳鈔本增하다

舊本에는 '之所' 2자가 빠져 있다. 이제 吳寬의 鈔本에 의거하여 덧붙인다.

27-8-1 **且吾所以知天之愛民之厚者**는

또 내가 하늘이 백성을 두터이 사랑한다는 것을 아는 이유는

吳鈔本에 吾下에 有之字요 天下에 無之字라

吳寬의 鈔本에는 '吾' 아래 '之'자가 있으며, '天' 아래에 '之'자가 없다.

27-8-2 **不止此而已矣**니라 **曰 愛人利人**하며 **順天之意**하여 **得天之賞者有矣**[41]요 **憎人賊人**하며

여기에 그칠 뿐만이 아니다. 말하기를 "사람을 사랑하고 사람을 이롭게 하며, 하늘의 뜻에 순응하여 하늘의 賞을 받는 자가 있다. 사람을 미워하고 사람을 해치며,

畢云 二字는 舊脫하니 據下文增이라하다

畢沅 : 〈'賊人'〉 2자는 舊本에 빠져 있으니, 아래 글에 의거하여 덧붙인다.

---

41) 矣 : 저본 傍注에 "'矣'는 원본에 '之'로 잘못되어 있으니, 畢沅의 刻本에 의거하여 고친다. 살펴보건대 ≪墨子≫의 各本들에 한결같이 '矣'로 되어 있으니, '之'로 되어 있는 것은 本書를 판각하면서 잘못된 것이다."라 하였다.

27-8-3 反天之意하여 得天之罰者도 亦有矣라하니라 夫愛人利人하며 順天之意하여 得天之賞者는 誰也오 曰 若昔三代聖王堯舜禹湯文武者가 是也라하니라 堯舜禹湯文武는 焉所從事오 曰 從事兼하고 不從事別이라하니라 兼者는 處大國하여 不攻小國하며 處大家하여 不亂小家하며 强不劫弱하며 衆不暴寡하며 詐不謀愚하며 貴不傲賤하니라 觀其事컨대 上利乎天이요 中利乎鬼요 下利乎人하니 三利면 無所不利니 是謂天德하니 聚斂天下之美名하여 而加之焉하니라 曰 此仁也요 義也니라 愛人利人하며 順天之意하여 得天之賞者也라하니라 不止此而已요 書於竹帛하고

하늘의 뜻에 거슬러 하늘의 罰을 받는 자 또한 있다."라 하였다. 사람을 사랑하고 사람을 이롭게 하며, 하늘의 뜻에 순응하여 하늘의 賞을 받는 자는 누구인가. 말하기를 "옛날 三代의 聖王이신 堯임금, 舜임금, 禹王, 湯王, 文王, 武王과 같은 사람이 이들이다."라 하였다. 堯임금, 舜임금, 禹王, 湯王, 文王, 武王은 어떤 일을 하셨는가. 말하기를 "아우르는 일을 하였고, 구별 짓는 일은 하지 않았다."라 하였다. 아우른다는 것은, 大國에 살면서 小國을 공격하지 않으며, 大家에 살면서 小家를 어지럽히지 않으며, 强한 자가 弱한 자를 겁박하지 않으며, 다수가 소수에게 횡포를 부리지 않으며, 교활한 자가 어리석은 자를 속이지 않으며, 貴한 자가 賤한 자를 업신여기지 않는 것이다.

그 일을 살펴보건대, 위로는 하늘을 이롭게 하며, 가운데로는 귀신을 이롭게 하며, 아래로는 사람들을 이롭게 하니, 세 곳을 이롭게 하면 이롭지 않은 데가 없다. 이를 일러 '天德'이라고 하니, 천하의 아름다운 이름을 다 끌어모아 여기에 더한 것이다. 말하기를 "이것이 仁이며, 義이다. 사람을 사랑하고 사람을 이롭게 하며, 하늘의 뜻에 순응하여 하늘의 賞을 받는 자이다."라 하였다. 여기에 그칠 뿐만이 아니다. 竹帛에 쓰고

畢云 後漢書注[42]에 引書於는 作書其事〔於〕[43]하다 據下文컨대 亦然이라하다 戴云 當依

42) 後漢書注：唐 高宗 시기, 675년에 李賢이 張大安・劉訥言・格希元・許叔牙 등의 학자를 招集하여 范曄(398~445)이 편찬한 ≪後漢書≫에 註釋을 붙인 것이다. 현전하는 ≪後漢書≫는 本紀・列傳에 李賢의 註釋을 붙인 것을 기초로 하며, 志에 梁의 劉昭의 註釋을 붙인 北宋 때의 板本을 기초로 한다. 李賢(654~684)은 字가 明允, 시호는 章懷太子이다.

下文하여 補脫文(三)〔二〕字[44]라 今作書於竹帛者는 後人據兼愛下篇하여 刪之라하다

畢沅 : ≪後漢書注≫에서 〈이 대목을〉 인용한 곳에 '書於'는 '書其事'로 되어 있다. 아래 글에 의거해보건대 또한 그러하다.

戴望 : 〈'書於竹帛'은〉 응당 아래 글에 의거하여 빠진 두 글자(其事)를 채워 넣어 〈'書其事於竹帛'이 되어야〉 한다. 지금 '書於竹帛'으로 되어 있는 것은 後人이 ≪墨子≫ 〈兼愛下〉에 의거하여 뺀 것이다.

27-8-4 鏤之金石하며 琢之槃盂하여

金石에 새기며, 槃(물을 담는 그릇)과 盂(음식을 담는 그릇)에 새겨 넣어

盤

吳鈔本에 槃은 作盤하다 下同이라 畢云 後漢書注에 引槃은 作盤이라하다

吳寬의 鈔本에 '槃'은 '盤'으로 되어 있다. 아래도 같다.

畢沅 : ≪後漢書注≫에 〈이 대목을〉 인용한 곳에 '槃'은 '盤'으로 되어 있다.

盂

27-8-5 傳遺後世子孫하니라 曰 將何以爲오 將以識夫愛人利人하며 順天之意하여 得天之賞者也일새니라 皇矣에 道之曰 帝謂文王하시되 予懷明德하여 不大聲以色하며 不長夏以革하고 不識不知라도 順帝之則(칙)이라하니라

43) 〔於〕 : 저본에는 '於'가 없으나, ≪後漢書注≫에 의거하여 보충하였다.

44) 當依下文 補脫文(三)〔二〕字 : 27-8-8에 '書其事於竹帛'으로 되어 있으니, 이곳의 '書於竹帛'에서 빠진 글자는 '其事' 2자이다. 이에 의거하여 저본의 '三'자를 '二'자로 바로잡았다.

後世子孫에게 전하여 남긴다. 말하기를 "장차 무엇을 하려고 〈이렇게〉 하는가." 라 하였다. 장차 사람을 사랑하고 사람을 이롭게 하며 하늘의 뜻에 순응하여 하늘의 賞을 받은 자를 알리려고 해서이다.

≪詩經≫ 〈大雅 皇矣〉에 이르기를 "上帝께서 文王에게 이르시되, 나는 〈人君에게〉 밝은 德이 있어, 큰소리 쳐서 용모를 꾸미지 않으며, 諸夏의 長이 되어 〈王法을〉 바꾸지 않으며, 〈옛 일과 지금 일을〉 알지 못하더라도, 상제의 법칙을 따르는 자를 인정하노라."라 하였다.

詩大雅毛傳에 云 懷는 歸也라 不大聲見於色이라 革은 更也니 不以長大[45]有所更이라하고 鄭箋에 云 夏는 諸夏也라 天之言에 云 我歸人君有光明之德하여 而不虛廣言語以外作容貌하고 不長諸夏以變更王法者와 其爲人不識古하고 不知今이로되 順天之法而行之者라하니 此言天之道는 尙誠實하고 貴性自然이라하다 案 墨子說詩는 與鄭義同하다

≪毛詩≫ 〈大雅 皇矣〉의 〈毛傳〉에 이르기를 "'懷'는 '歸(인정하다)'이다. 〈'不大聲以色'은〉 '不大聲見於色(큰소리를 내서 얼굴에 드러내지 않는다.)'이다. '革'은 '更(고치다)'이니, 〈'不長夏以革'은〉 '不以長大有所更(長大하다고 여겨 고치는 바가 없다.)'이다."라 하였고, 鄭玄의 箋에는 "'夏'는 '諸夏'이다. 하늘의 말씀에 '나는 人君에게 光明한 德이 있어 공허한 말을 하여 밖으로 容貌를 꾸미지 않고 諸夏의 長이 되어 王法을 변경하지 않는 자와, 그 사람됨이 옛 것을 알지 못하고 지금 것을 알지 못하더라도 하늘의 법칙을 따르고 행하는 자를 인정한다.' 하였으니, 이것은 '하늘의 道는 誠實함을 높이 여기고 자연스러운 性을 귀하게 여긴다.'는 말이다."라 하였다.

案 : ≪墨子≫가 해설한 ≪詩經≫의 뜻은 鄭玄이 해설한 뜻과 같다.

27-8-6 帝善其順法則(칙)也시니라 故로 擧殷以賞之하시고 使貴爲天子하며 富有天下하며 名譽至今不息케하시니라 故로 夫愛人利人하며 順天之意하여 得天之賞者를 旣可得(留而)〔而智〕[46]已하니라

---

45) 大 : 〈毛傳〉에서는 ≪詩經≫ 經文의 '不長夏以革'의 '夏'를 '大'의 의미로 본 것이다.

46) (留而)〔而智〕 : 저본에는 '留而'로 되어 있으나, 王念孫의 주에 의거하여 '而智'로 바로잡았다.

上帝께서는 文王이 〈하늘의〉 법칙에 순응하는 것을 善하게 여겼다. 그러므로 殷나라를 들어 그에게 賞으로 내리고, 그로 하여금 귀하기로는 天子가 되게 하고 부유하기로는 천하를 소유하게 하며 名譽는 지금까지도 그치지 않게 하였다. 그러므로 사람을 사랑하고 사람을 이롭게 하며 하늘의 뜻에 순응하여 하늘의 賞을 얻은 자를 알 수 있을 따름이다.

畢云 據下云 既可謂而知也컨대 此句未詳이라하다 王云 既可得留而已는 當作既可得而智已하니 智는 卽知也라 墨子書에 知字는 多作智하니 見於經說과 耕柱二篇者를 不可枚擧라 言順天之意하면 得天之賞者를 既可得而知已라 尙賢篇에 曰 既可得而知已라한대 舊本에 作既可得留而已者하니 智誤爲留하고 又誤在而字上耳라 下文에 云故로 夫憎人賊人하며 反天之意하여 得天之罰者를 既可謂而知也라하니 亦當作既可得而知也라 前後相證하면 則兩處之誤字는 不辯而自明하다 下篇에 亦云 既可得而知也라하다

畢沅 : 아래에서 말한 "既可謂而知也"에 의거해보건대, 이 구절은 상세하지 않다.

王念孫 : "既可得留而已"는 응당 "既可得而智已"가 되어야 하니, '智'는 곧 '知'이다. ≪墨子≫에서 '知'자는 대부분 '智'로 되어 있으니, ≪墨子≫ 〈經說〉과 〈耕柱〉 두 篇에 보이는 사례를 일일이 들 수조차 없다. 하늘의 뜻에 순응하면 하늘의 賞을 받는다는 것을 충분히 알 수 있다는 말이다. ≪墨子≫ 〈尙賢 中〉에 "既可得而知已"라 하였는데, 舊本에는 "既可得留而已"로 되어 있으니, '智'가 잘못되어 '留'가 되었고, 또 잘못되어 '而'자 위에 있는 것일 뿐이다. 아래 글에 "故夫憎人賊人 反天之意 得天之罰者 既可謂而知也(그러므로 사람을 미워하고 사람을 해치며, 하늘의 뜻에 거슬러 하늘의 罰을 받은 자를 알 수 있다.)"라 하였으니, 〈여기〉 또한 응당 "既可得而知也"가 되어야 한다. 앞뒤 글을 가지고 서로 증명해보면 두 곳에 誤字가 있음은 따질 것 없이 自明하다. ≪墨子≫ 〈天志 下〉에도 "既可得而知也"라 하였다.

27-8-7 夫憎人賊人하며

사람을 미워하고 사람을 해치며,

賊은 吳鈔本에 作疾하다

'賊'은 吳寬의 鈔本에 '疾'로 되어 있다.

27-8-8 **反天之意**하여 **得天之罰者**는 **誰也**오 **曰 若昔者三代暴王桀紂幽厲者是也**라하시니라 **桀紂幽厲**는 **焉所從事**오 **曰 從事別**하고 **不從事兼**이라하니라 **別者**는 **處大國則攻小國**하며 **處大家則亂小家**하며 **强劫弱**하며 **衆暴寡**하며 **詐謀愚**하며 **貴傲賤**하니라 **觀其事**컨대 **上不利乎天**이요 **中不利乎鬼**요 **下不利乎人**하니 **三不利**면 **無所利**니 **是謂天賊**이라하니 **聚斂天下之醜名**하여 **而加之焉**하니라 **曰 此非仁也**요 **非義也**니라 **憎人賊人**하며 **反天之意**하여 **得天之罰者也**라하니라 **不止此而已**요 **又書其事於竹帛**하고 **鏤之金石**하며 **琢之槃盂**하여 **傳遺後世子孫**하니라 **曰 將何以爲**오 **將以識夫憎人賊人**하며 **反天之意**하여 **得天之罰者也**일새니라 **大**(태)**誓之道之**

하늘의 뜻에 거슬러 하늘의 罰을 받은 자는 누구인가. 말하기를 "옛날 三代의 暴王인 桀王, 紂王, 幽王, 厲王과 같은 자가 이들이다."라 하였다. 桀王, 紂王, 幽王, 厲王은 어떤 일을 하였는가. 말하기를 "구별 짓는 일을 하였고, 아우르는 일을 하지 않았다."라 하였다. 구별 짓는다는 것은, 大國에 살면 小國을 공격하며, 大家에 살면 小家를 어지럽히며, 强한 자가 弱한 자를 겁박하며, 다수가 소수에게 횡포를 부리며, 교활한 자가 어리석은 자를 속이며, 貴한 자가 賤한 자를 업신여기는 것이다.

그 일을 보건대, 위로는 하늘을 이롭게 하지 않으며, 가운데로는 귀신을 이롭게 하지 않으며, 아래로는 사람들을 이롭게 하지 않으니, 세 곳을 이롭게 하지 않으면 이로운 데가 없다. 이를 일러 '天賊'이라고 하니, 천하의 추악한 이름을 다 끌어모아 여기에 더한 것이다. 말하기를 "이것은 仁이 아니며, 義가 아니다. 사람을 미워하고 사람을 해치며, 하늘의 뜻에 거슬러 하늘의 罰을 받는 자이다."라 하였다.

여기에 그칠 뿐만이 아니다. 또 그 일을 竹帛에 쓰고 金石에 새기며, 槃과 盂에 새겨 넣어 後世子孫에게 전하여 남긴다. 말하기를 "장차 무엇 때문에 〈이렇게〉 하는가."라 하였다. 장차 사람을 미워하고 사람을 해치며, 하늘의 뜻에 거슬러 하늘의 罰을 받는 자를 알리고자 해서이다.

≪書經≫ 〈周書 大誓(泰誓)〉에 이르기를

誓는 道藏本吳鈔本에 竝作明하다 莊述祖[47]云 墨書引大誓는 有去發하고 有大明이라 去發은 當爲太子發하니 爲大誓上篇이라 大明은 卽詩所謂會朝淸明也라 詩書에 皆曰 大明이라한대 明武王之再受命이니 爲中篇이라하다 案 此文은 非命上中二篇에 竝作大誓하다 明은 塙爲譌字라 蓋誓省爲折한대 明은 卽隸古에 折字之譌라 顔師古[48]匡謬正俗[49]에 引書湯誓에 誓字는 作斲하다 山井鼎[50]의 七經孟子考文[51]에 載古文甘誓에 誓字는 作斷하다 蓋皆斲折二字는 傳寫譌舛하니 與明形略相類일새라 莊說不足據라

'誓'는 道藏本과 吳寬의 鈔本에 모두 '明'으로 되어 있다.

莊述祖 : ≪墨子≫에 인용된 ≪書經≫ 〈大誓〉는 '去發'로 된 곳이 있고, '大明'으로 된 곳도 있다. '去發'은 응당 '太子發'이 되어야 하니, ≪書經≫ 〈大誓 上〉이다. '大明'은 곧 ≪詩經≫ 〈大雅 大明〉에서 말하는 "會朝淸明(會戰하는 날 아침 날씨가 청명하였다.)"의 뜻이다. ≪시경≫과 ≪서경≫에서 모두 '大明'이라 하였는데, 武王이 재차 命을 받았음을 밝힌 것이니, ≪서경≫ 〈大誓 中〉이다.

案 : 이 글은 ≪墨子≫ 〈非命 上〉과 〈非命 中〉 두 篇에 모두 '大誓'로 되어 있다. '明'은

47) 莊述祖 : 1751~1816. 淸나라 江蘇 武進 사람이다. 字는 葆琛, 號는 珍藝이다. 백부 莊存與에게 금문경학을 수학하였다. 舛句와 訛字, 佚文, 脫簡 등을 교정하여 ≪尙書大傳≫, ≪逸周書≫, ≪白虎通義≫ 등을 바로잡았으며, 문자학에 조예가 깊어 古籀文字, 轉注諧聲, 偏旁體例 등을 고증하였으며, ≪爾雅≫와 ≪廣韻≫을 고증하여 ≪說文諧聲≫을 편찬하였다.

48) 顔師古 : 581~645. 唐나라 京兆 萬年 사람이다. 字는 師古, 名은 籒, 시호는 戴이다. 經學과 文字學에 정통하였다. 저서에 ≪漢書序≫, ≪急就章注≫, ≪匡謬正俗≫이 있다.

49) 匡謬正俗 : 顔師古가 訓詁·校勘한 저서이다. 전8권으로, 諸經典과 群書 및 俗語의 음과 뜻을 풀이하고 오류를 바로잡았다.

50) 山井鼎 : 1690~1728. 일본 紀伊 사람이다. 字는 君彛, 號는 崑崙, 일명 重鼎이다. 저서에 ≪崑崙山相生紀行≫, ≪七經孟子考文≫이 있다.

51) 七經孟子考文 : 日本人인 山井鼎이 撰하였다. 淸나라 阮元이 ≪七經孟子考文≫과 ≪物觀補遺≫ 등 200권을 판각하여, 새로 편찬하는 四庫全書에 수록하였다. 傳注, 釋文, 正義 이 세 가지로 교감한 것이 번다하고 세쇄하며, 助語의 다과와 字劃의 증감이 있으나, 唐本을 보충하는 주요 자료라고 평가받는다.

확실히 와전된 글자이다. '誓'의 자획을 생략하여 '折'이라 하였는데, '明'은 곧 隷書로 쓴 古文에서 '折'자를 잘못 쓴 것이다. 顔師古의 ≪匡謬正俗≫에서 ≪서경≫ 〈湯誓〉를 인용한 대목에 '誓'자는 '斲'로 되어 있다. 山井鼎의 ≪七經孟子考文≫에서 古文 ≪상서≫의 〈甘誓〉를 실은 곳에 '誓'자는 '斲'로 되어 있다. 아마도 '斲'와 '斲' 2자는 모두 傳寫하는 과정에 잘못된 것이니, '明'과 字形이 대략 비슷해서이다. 莊述祖의 說은 근거로 삼기에 부족하다.

27-8-9 曰 紂越厥[52]夷居하여

"紂는 더욱 거만하여

江聲[53]云 夷居는 倨嫚也라하다 說文尸部에 云 居는 蹲也라하다

江聲 : '夷居'는 '倨嫚(오만하다)'이다. ≪說文解字≫ 〈尸部〉에 "'居'는 '蹲(걸터앉다)'이다."라 하였다.

27-8-10 不肎事上帝하며 棄厥先神祇不祀하며

上帝를 섬기려 하지 않으며, 先祖의 神靈을 버리고서 제사를 지내지 않으며

祇는 舊本에 譌祇하니 今據道藏本正하다

'祇'는 舊本에 '祇'로 잘못되어 있다. 이제 道藏本에 의거하여 바로잡는다.

27-8-11 乃曰 吾有命이라하고 (無廖僔)〔侮僇其〕[54]務하여

---

52) 越厥 : '愈加'와 같다. '더욱, 한층 더'라는 뜻이다.

53) 江聲 : 1721~1799. 淸나라 江蘇 元和 사람이다. 字는 鱷濤·叔澐, 號는 艮庭이다. ≪尙書≫에 정통하였다. ≪小學≫과 ≪說文解字≫를 정밀히 연구하였다. 주요 저서에 篆書로 저술한 ≪六書說≫, 經學書인 ≪論語質≫ 및 ≪尙書集注音疏≫가 있다.

54) (無廖僔)〔侮僇其〕 : 저본에는 '無廖僔'로 되어 있으나, ≪墨子≫ 〈非命 中〉의 '毋僇其務'에 대한 孫詒讓의 주에 '毋僇'은 '侮僇'이 되어야 한다고 한 설에 의거하여 '無廖'를 '侮僇'으로 바로잡고, ≪墨子≫ 〈非命 中〉에 '毋僇其務'로 되어 있고 畢沅의 주에 '僔'는 '其'자의 誤字라고 한 설에 의거하여 '僔'를 '其'로 바로잡았다.

이에 말하기를 '내게 命이 있노라.'라고 하면서, 그 일을 업신여기니

畢云 此句는 **非命上**에 **作無廖排漏**[55]하고 **非命中**에 **作毋僇其務**하다 **據孔書泰誓**에 **云 罔懲其侮**컨대 **則知無罔**은 **音義同**하며 **廖僇**은 **皆懲字之譌**며 **僔**는 **則其字之譌**며 **務音同侮**이라 **雖孔書僞作**이나 **作者取墨書時**에 **猶見善本**이라 **故**로 **足據也**라하다 **孫星衍**[56]**云 當作無僇其務**하니 **言不勠力其事**라 **或孔書**의 **侮字**는 **反是務假音**이나 **未可知也**라 **江聲**은 **從毋僇其務**하고 **云 僇**은 **讀爲戮力之勠**이니 **言已有命**이니 **不畏鬼神**하며 **毋爲勠力於鬼神之務**라하다 **明鬼篇**에 **云 古者聖王**은 **必以**[57]**鬼神爲其務**라하고 **又云 今執無鬼者曰 鬼神者**는 **固無有**하니 **則此反聖王之務**라하다 **此非命天志引書之意**가 **與明鬼篇**으로 **大指略同**이라하다 **詒讓案 無**는 **當讀爲侮**하니 **詳非命中篇**이라 **書太誓僞孔傳**에 **云 平居無故**로 **廢天地百神宗廟之祀**하고 **紂言吾所以有兆民**하고 **有天命**이라 **故羣臣畏罪不爭**이라하고 **無能止其慢心**이라하니 **孔說**은 **非墨子義**라

畢沅 : 이 구절은 ≪墨子≫ 〈非命 上〉에 "無廖排漏"로 되어 있으며, 〈非命 中〉에 "毋僇其務"로 되어 있다. ≪僞古文尙書≫ 〈泰誓〉에 "罔懲其侮(그의 일을 뉘우치지 않는구나.)"라 한 것에 의거해보건대, '無'와 '罔'은 音과 뜻이 같으며, '廖'와 '僇'은 모두 '懲'자의 誤字이며, '僔'는 '其'자의 誤字이며, '務'는 音이 '侮'와 같음을 알 수 있다. ≪僞古文尙書≫가 비록 僞作이긴 하지만, 作者가 ≪墨子≫를 取한 시기에는 오히려 善本을 보았을 것이므로 근거로 삼기에 충분하다.

孫星衍 : 응당 "無僇其務"라고 해야 하니, "不勠力其事(그 일에 힘쓰지 않다.)"라는 말이다. 어쩌면 ≪僞古文尙書≫의 '侮'자는 도리어 '務'의 借音字일 수 있겠으나, 잘 모르겠다. 江聲은 '毋僇其務'라고 한 說을 따르며 말하기를 "'僇'은 '戮力'이라고 할 때의 '勠'으로 읽으니, '자기에게 命이 있으니, 鬼神을 두려워하지 않으며, 鬼神의 일에 힘쓰지 않는다.'는

---

55) 無廖排漏 : 저본 傍注에 "'無廖排漏'는 원본에 '無僇匪扇'로 잘못되어 있으니, 畢沅의 刻本과 本書 〈非命 上〉에 의거하여 고친다."라 하였다.

56) 孫星衍 : 1753~1818. 淸나라 江蘇 陽湖 사람이다. 字는 淵如·伯淵, 號는 季逑·芳茂山人이다. 古書를 감별하고 교감하는 데 조예가 깊었다. 저서에 ≪尙書今古文注疏≫, ≪周易集解≫, ≪晏子春秋音義≫, ≪爾雅廣雅詁訓韻編≫, ≪史記天官書考證≫ 등이 있다.

57) 以 : 저본 傍注에 "'以'는 원본에 '與'로 잘못되어 있으니, 本書 〈明鬼 下〉에 의거하여 고친다."라 하였다.

말이다. ≪墨子≫ 〈明鬼 下〉에 "古者聖王 必與鬼神爲其務(옛날에 聖王은 반드시 귀신과 함께 그 일을 했다.)"라 하였으며, 또 "今執無鬼者曰 鬼神者 固無有 則此反聖王之務(이제 귀신이 없다는 설을 주장하는 자들이 말하기를 '鬼神이란 진실로 존재하지 않으니, 이 〈귀신에 힘쓰는 일은〉 聖王이 힘쓰는 일에 위반된다.'라 하였다.)"라 하였다. 이 ≪墨子≫ 〈非命〉과 〈天志〉에서 ≪書經≫을 인용한 뜻이 〈明鬼 下〉와 大指가 대략 같다.

詒讓案 : '無'는 응당 '侮'로 읽어야 한다. ≪墨子≫ 〈非命 中〉에 자세히 보인다. ≪僞古文尙書≫ 〈太誓(泰誓)〉 孔安國의 傳에 "평시에도 아무 이유 없이 天地와 百神과 宗廟의 제사를 폐하고서 紂가 말하기를 '내게 兆民이 있고 天命이 있는 까닭에 群臣은 罪가 두려워 다투지 않는다.'고 하면서 그 오만한 마음을 그칠 수 없었다."라 하였으니, 孔安國의 說은 墨子의 뜻이 아니다.

27-8-12 (天下)[58)]

畢云 二字는 疑衍이니 卽下天亦二字重文이라 莊은 讀無僇鼻務天下爲句하고 云 僇은 且也라 鼻는 當爲眉(해)라하다 案 莊說은 難通이니 不足據하다

畢沅 : 〈'天下'〉 2자는 잘못 들어간 듯하니, 아래 '天亦' 2자와 중복되는 글이다. 莊述祖는 "無僇鼻務天下"를 한 구절로 읽었으며, 말하기를 "'僇'은 '且'이다. '鼻'는 응당 '眉'가 되어야 한다."라 하였다.

案 : 莊述祖의 說은 통하기 어려우니, 근거로 삼기에 부족하다.

27-8-13 天亦縱棄紂하고 而不葆라하니라

하늘 또한 紂를 놓아버리고서 돌보지 않았다."라 하였다.

畢云 孔書泰誓에 云 紂乃夷居하여 弗事上帝神祇하고 遺厥先宗廟弗祀라 乃曰 吾有民有命이라하며 罔懲其侮이라하다

畢沅 : ≪僞古文尙書≫ 〈泰誓〉에 "紂乃夷居 弗事上帝神祇 遺厥先宗廟弗祀 乃曰 吾有民有

58) (天下) : 저본에는 '天下'자가 있으나, 畢沅의 주에 의거하여 衍文으로 처리하고, 번역도 생략하였다.

命 罔懲其侮(紂는 오만하여 上帝와 神祇를 섬기지 않고 선조의 宗廟를 버려두고 제사 지내지 않았다. 이내 말하기를 '내게 백성이 있고 命이 있다.'라고 하면서 오만함을 뉘우쳐 고치지 않았다.)" 라 하였다.

27-8-14 **察天以縱棄紂**하고 **而不葆者**컨대 **反天之意也**일새니라 **故**로 **夫憎人賊人**하며

하늘이 紂를 놓아버리고 돌보지 않은 이유를 살펴보건대, 하늘의 뜻에 거슬렀기 때문이다. 그러므로 사람을 미워하고 사람을 해치며,

賊은 吳鈔本에 作疾하다

'賊'은 吳寬의 鈔本에 '疾'로 되어 있다.

27-8-15 **反天之意**하여 **得天之罰者**를 **旣可得而知也**라

하늘의 뜻에 거슬러 하늘의 罰을 받은 자를 알 수 있다.

得은 舊本에 誤謂라 今據吳鈔本正하다 王校도 亦改得하다

'得'은 舊本에 '謂'로 잘못되어 있다. 이제 吳寬의 鈔本에 의거하여 바로잡는다. 王念孫이 교감하면서 또한 '得'으로 고쳤다.

27-9-1 **是故**로 **子墨子之有天之**[59]는

이런 까닭에 子墨子께서 하늘의 뜻을 지녔다 함은

畢云 一本에 作志하니 疑俗改라하다

畢沅 : 어떤 本에는 〈'之'가〉 '志'로 되어 있으니, 아마도 세속에서 〈'之'로〉 고친 듯하다.

27-9-2 辟(비)(人)〔之〕[60]컨대 **無以異乎輪人之有規**하며

59) 之 : 27-9-4의 王念孫 주에 의하면 '之'와 '志'는 통용한다. 여기서는 '志'의 의미이다.
60) (人)〔之〕: 저본에는 '人'으로 되어 있으나, 孫詒讓의 주에 의거하여 '之'로 바로잡았다.

비유컨대 수레바퀴를 만드는 사람이 그림쇠〔規〕를 가지고 있으며,

辟人의 人은 當作之하다 上文에 云 辟之無以異乎國君諸侯之有四境之內也라하니 是其證이라

'辟人'의 '人'은 응당 '之'가 되어야 한다. 위 글에 "辟之無以異乎國君諸侯之有四境之內也(비유컨대 國君과 諸侯가 사방의 국경 안을 소유하는 것과 다름이 없다.)"라 하였으니, 이것이 그 증거이다.

27-9-3 匠人之有矩也니라 今夫輪人이 操其規하여 將以量度(탁)天下之圜與不圜也하고

匠人이 곱자〔矩〕를 가지고 있는 것과 다름이 없다. 지금 수레바퀴를 만드는 사람이 그 그림쇠를 쥐고서 장차 천하의 둥근 것과 둥글지 않은 것을 헤아려 재면서

量度은 吳鈔本에 倒하다 下同이라

'量度'은 吳寬의 鈔本에 글자가 뒤바뀌어 〈'度量'으로 되어〉 있다. 아래도 같다.

27-9-4 曰 中吾規者를 謂之圜이라하고 不中吾規者를 謂之不圜이라하니 是以로 圜與不圜을 皆可得而知也니라 此其故何오 則圜法明也일새니라 匠人도 亦操其矩하여 將以量度天下之方與不方也하고 曰 中吾矩者를 謂之方이라하고 不中吾矩者를 謂之不方이라하니 是以로 方與不方을 皆可得而知之니라 此其故何오 則方法明也일새니라 故로 子墨子之有天之(意)[61]也는

말하기를 "내 그림쇠에 딱 들어맞는 것을 둥글다 하고, 내 그림쇠에 딱 들어맞지 않는 것을 둥글지 않다고 한다."라고 한다. 이런 까닭에 둥글고 둥글지 않은 것을 모두 알 수 있다. 이는 그 이유가 무엇인가. 둥근 것을 재는 본이 분명하기 때문이다.

匠人 또한 그 곱자를 쥐고서 장차 천하의 직각인 것과 직각이 아닌 것을 헤아려

61) (意) : 저본에는 '意'가 있으나, 王念孫의 주에 의거하여 衍文으로 처리하였다.

재면서 말하기를 "내 곱자에 딱 들어맞는 것을 직각이라 하고, 내 곱자에 딱 들어맞지 않는 것을 직각이 아니라고 한다."라고 한다. 이런 까닭에 직각인 것과 직각이 아닌 것을 모두 알 수 있다. 이는 그 이유가 무엇인가. 직각을 재는 본이 명확하기 때문이다.

그러므로 子墨子께서 하늘의 뜻을 가진 것은

王云 天之意는 本作天之하다 天之는 卽天志니 本篇之名也라 子墨子之有天之는 已見上文이라 古志字는 通作之하며 說見號令篇한대 後人不達하고 又見上下文에 皆云 順天之意어나 反天之意라 故로 於天之下에 加意字耳라하다

王念孫 : '天之意'는 본래 '天之'로 되어 있다. '天之'는 곧 '天志'이니, 本篇의 편명이다. "子墨子之有天之"는 이미 위 글에 보인다. 옛날에 '志'자는 통용하여 '之'로 썼으며, 설명이 ≪墨子≫ 〈號令〉에 보이는데, 後人이 미처 알지 못하였고, 또 위아래 글에 모두 "順天之意"라거나 "反天之意"라 하였기 때문에 '天之' 아래에 '意'자를 더했을 뿐이다.

27-9-5 上將以度(탁)天下之王公大人爲刑政也요

위로는 장차 천하의 王公大人이 刑政을 행하는 것을 헤아리기 위함이며,

爲上에 吳鈔本에 有之字라

'爲' 위에 吳寬의 鈔本에는 '之'자가 있다.

27-9-6 下將以量天下之萬民爲文學하고 **出言談也**일새니라 **觀其行**하여 **順天之意**면 **謂之善(意)〔悳〕**[62]**行**이라하고 **反天之意**면 **謂之不善(意)〔悳〕行**이라하니라

아래로는 장차 천하의 온 백성이 학문을 하고 言談을 내는 것을 헤아리기 위함이다. 그 행위를 살펴보아 하늘의 뜻에 순응하면 이를 일러 선한 德行이라 하고, 하늘의 뜻에 거스르면 이를 일러 선하지 못한 德行이라 한다.

---

62) (意)〔悳〕: 저본에는 '意'으로 되어 있으나, 孫詒讓의 주에 의거하여 '悳'으로 바로잡았다. 아래도 같다.

王校刪二意字하고 云 舊本에 謂之善下에 衍意字하며 謂之不善下에 脫行字하고 又衍意非二字하니 今據下文改正이라하다 案 意는 疑當作悳하니 與德通이라 善德行과 不善德行은 猶下云 善言談不善言談과 善刑政不善刑政也라 王謂衍文은 未塙이라 下行字는 舊本에 譌非하니 今從王校正하다

王念孫이 교감하면서 두 '意'자를 빼고 말하기를 "舊本에는 '謂之善' 아래에 '意'자가 잘못 들어가 있으며, '謂之不善' 아래에 '行'자가 빠져 있으며, 또 '意非' 두 자가 잘못 들어가 있으니, 이제 아래 글에 의거하여 고쳐서 바로잡는다."라 하였다.

案 : '意'는 아마도 응당 '悳'이 되어야 하니, '德'과 통용한다. '善德行'과 '不善德行'은 아래에서 '善言談'과 '不善言談', '善刑政'과 '不善刑政'이라고 말하는 것과 같다. 王念孫이 衍文이라고 여긴 것은 확실하지 않다. 〈다만〉 아래의 '行'자는 舊本에 '非'로 잘못되어 있으니, 이제 王念孫의 교감대로 바로잡는다.

27-9-7 觀其言談하여 順天之意면 謂之善言談이라하고 反天之意면 謂之不善言談이라하니라 觀其刑政하여 順天之意면 謂之善刑政이라하고 反天之意면 謂之不善刑政이라하니라 故로 置此以爲法하고 立此以爲儀하여 將以量度天下之王公大人卿大夫之仁與不仁하니 譬之컨대 猶分黑白也니라 是故로 子墨子曰 今天下之王公大人士君子가 中實將欲遵道利民인댄 本察仁義之本하여 天之意를 不可不順也니라 順天之意者는 義之法也라하시니라

그 言談을 살펴보아 하늘의 뜻에 순응하면 이를 일러 선한 言談이라 하고, 하늘의 뜻에 거스르면 이를 일러 선하지 못한 言談이라 한다. 그 刑政을 살펴보아 하늘의 뜻에 순응하면 이를 일러 선한 刑政이라 하고, 하늘의 뜻에 거스르면 이를 일러 선하지 못한 刑政이라 한다. 그러므로 이것을 두어 법으로 삼고 이것을 세워 표준으로 삼아 장차 천하의 王公大人과 卿大夫가 仁한가 仁하지 않는가를 헤아리니, 비유하자면 마치 黑과 白을 가르는 것과 같다. 이런 까닭에 子墨子께서 말씀하셨다.

"지금 천하의 王公大人과 士君子가 진실로 장차 〈하늘의 밝은〉 道를 따르고 백

성을 이롭게 하고자 한다면, 仁義의 근본을 철저히 살펴 하늘의 뜻을 따르지 않아서는 안 된다. 하늘의 뜻을 따르는 것이 義의 법이다."

〔附 錄〕

1. 參考圖版 目錄 및 出處

2. 戰國七雄圖

※ QR코드를 스캔하면 더 선명한 지도를 볼 수 있습니다.

(≪中國歷史地圖≫ 上冊 (程光裕·徐聖謨 主編, 中國文化大學出版部, 1980)에서 轉載)

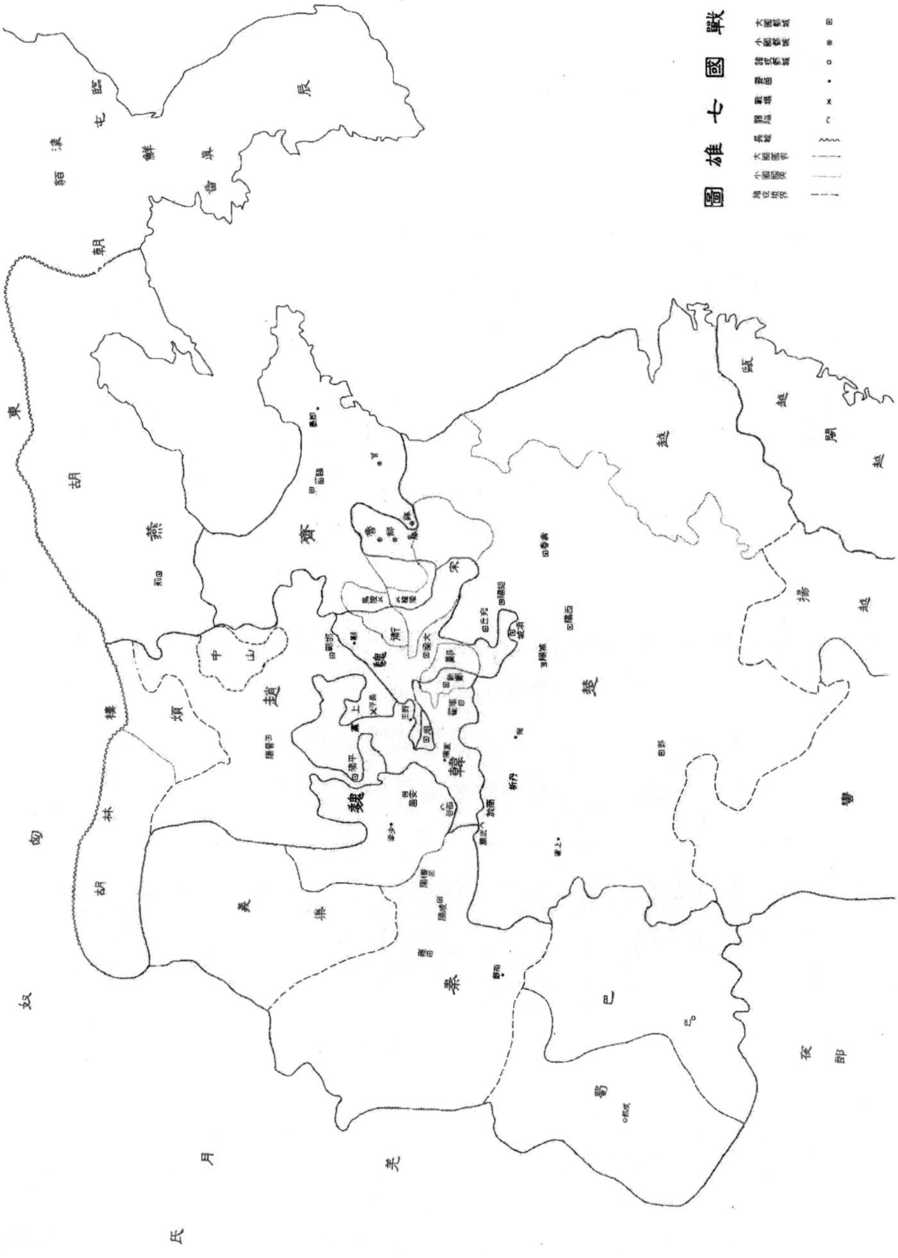

3. ≪墨子閒詁≫ 總目次

總目次

※ QR코드를 스캔하면 ≪墨子閒詁≫의 총목차를 볼 수 있습니다.

4. ≪墨子≫ 관련 研究論著

研究論著

※ QR코드를 스캔하면 ≪墨子≫ 관련 研究論著의 목록을 볼 수 있습니다.

責任飜譯者

李相夏

啓明大學校 中語中文學科 졸업

高麗大學校 大學院 國語國文學科 文學博士

民族文化推進會 부설 常任研究員 졸업

朝鮮大學校 漢文學科 敎授 역임

韓國古典飜譯院 부설 古典飜譯敎育院 敎授(現)

論文 및 譯書

〈漢文古典 文集飜譯의 특성과 문제점〉, 〈≪朱子書節要≫가 조선조에 끼친 영향〉, 〈退溪·南冥의 시와 대조적인 학문성향〉 등

≪寒洲 李震相의 主理論 研究≫, ≪冷淡家計≫, ≪儒學的 思惟와 韓國文化≫(공저) 등

≪挹翠軒遺稿≫, ≪月沙集≫, ≪容齋集≫, ≪鵝溪遺稿≫, ≪石洲集≫ 등

共同飜譯者

金太年

高麗大學校 漢文學科 졸업

高麗大學校 大學院 哲學科 哲學博士

仁荷大學校 韓國學研究所 HK教授 역임

韓國古典飜譯院 先任研究員 역임

退溪學研究院 研究員(現)

論文 및 譯書

〈'正典' 만들기의 한 사례, ≪율곡별집≫의 편찬과 그에 대한 비판들〉, 〈학안에서 철학사로 : 조선 유학사 서술의 관점과 방식에 대한 검토〉, 〈17~18세기 율곡학파의 사단칠정론〉 등

≪조선 유학의 개념들≫(공저), ≪자료와 해설, 한국의 철학사상≫(공저), ≪중국 없는 중화≫(공저), ≪巍巖遺稿≫(공역) 등

李奎泌

啓明大學校 漢文教育科 졸업

慶北大學校 漢文學科 碩士 졸업

成均館大學校 漢文學科 博士 졸업

韓國古典飜譯院 研究員 역임

成均館大學校 大東文化研究院 責任研究員 역임

慶北大學校 漢文學科 교수(現)

論文 및 譯書

〈대산 김매순의 학문과 산문 연구〉, 〈운문 번역과 그 체제 모색에 대한 제언〉, 〈조일 경학계의 풍토와 주석 양상〉

≪한국의 차문화 천년≫ 시리즈, ≪無名者集≫, ≪響山集≫ 등

東洋古典譯註叢書 103

譯註 墨子閒詁 2 정가 36,000원

2018년 12월 30일 초판 발행
2021년 01월 31일 초판 3쇄

校　注　孫詒讓
責任飜譯　李相夏
共同飜譯　金太年 李奎泌
諮問委員　吳圭根
潤文校訂　朴勝珠 南賢熙 田炳秀 李孝宰 兪在衡
編　輯　東洋古典飜譯編輯委員會
發 行 人　朴洪植
發 行 處　社團法人 傳統文化研究會

서울시 종로구 삼일대로 428 낙원빌딩 411호
전화 : (02)762-8401　전송 : (02)747-0083
전자우편 : juntong@juntong.or.kr
홈페이지 : juntong.or.kr
사이버書堂 : cyberseodang.or.kr
온라인서점 : book.cyberseodang.or.kr

등록 : 1989. 7. 3. 제1-936호

인쇄처 : 한국법령정보주식회사(02-462-3860)
총　판 : 한국출판협동조합(070-7119-1750)

ISBN 979-11-5794-180-3 94150
978-89-85395-71-7(세트)

※이 책은 2018년도 교육부 고전문헌 국역지원사업 지원비에 의해 초판(비매품) 간행.